普通高等教育"十一五"规划教材（高职高专教育）

PUTONG
GAODENG JIAOYU
SHIYIWU
GUIHUA JIAOCAI

建筑力学

乔淑玲 编
韩志军 主审

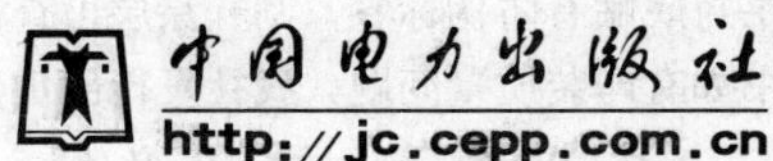

内 容 提 要

本书为普通高等教育“十一五”规划教材（高职高专教育）。

本书包括静力学、材料力学、结构力学三部分，共二十三章。第一部分静力学包括静力学基础、平面汇交力系、力矩与平面力偶系、平面一般力系和空间力系；第二部分材料力学包括材料力学的基本概念、轴向拉伸和压缩、连接件的强度计算、平面图形的几何性质、扭转、平面弯曲、平面弯曲梁的应力及强度计算、梁的弯曲变形、梁的主应力、组合变形、压杆的稳定性；第三部分结构力学包括平面杆系结构的计算简图、平面杆件结构的几何组成分析、静定结构的内力分析、静定结构的位移计算、力法、位移法和力矩分配法。

本书精心编排建筑力学基础知识，摒弃了繁复的理论推算，重视建筑力学的应用与实践，全书内容简明扼要，通俗易懂，体现了高职教育教学的特点。本书配套制作了课件，采用 flash 软件编制，生动、形象地反映结构的受力、变形和破坏情况，操作简单、方便。

本书可作为高职高专建筑工程技术、道路与桥梁工程、水利工程、建筑工程项目管理等专业的教材，也可供广大自学者及相关专业工程技术人员的参考使用。

图书在版编目（CIP）数据

建筑力学/乔淑玲编．—北京：中国电力出版社，2010.2（2013.7 重印）

普通高等教育“十一五”规划教材．高职高专教育

ISBN 978-7-5083-9714-6

Ⅰ.①建… Ⅱ.①乔… Ⅲ.①建筑力学－高等学校：技术学校－教材 Ⅳ.①TU311

中国版本图书馆 CIP 数据核字（2009）第 205403 号

中国电力出版社出版、发行

（北京市东城区北京站西街 19 号 100005 http：//jc.cepp.com.cn）

北京丰源印刷厂印刷

各地新华书店经售

*

2010 年 2 月第一版 2013 年 7 月北京第三次印刷

787 毫米×1092 毫米 16 开本 22.5 印张 546 千字

定价 **36.00** 元

前言

为贯彻落实教育部《关于进一步加强高等学校本科教学工作的若干意见》和《教育部关于以就业为导向深化高等职业教育改革的若干意见》的精神，加强教材建设，确保教材质量，中国电力教育协会组织制订了普通高等教育"十一五"教材规划。该规划强调适应不同层次、不同类型院校，满足学科发展和人才培养的需求，坚持专业基础课教材与教学急需的专业教材并重、新编与修订相结合。本书为新编教材。

本书是按照高职高专人才的培养目标和教育特点，结合编者多年教学改革的实践经验编写的。

本书体现高等职业教育教学改革的特点，以必要和够用为准则，突出针对性、适用性和实用性，书中结合工程实际优选例题、思考题和习题；汲取有关教材的长处，结合编者的教学经验进行编写；加强基础、重视应用、强化实践；内容简明扼要、通俗易懂；配有一套flash课件，课件制作既具有教育性，又具备科学性与艺术性，不仅为教师提供方便，更能生动、形象地反映结构的受力、变形和破坏情况，使建筑力学课程在内容、形式与特色上达到一个崭新的高度。

本书总时数为150学时左右，各院校可根据实际情况酌情取舍。

本书由太原理工大学理学院韩志军教授主审。

在本书的编写过程中，参考了部分相同学科教材和资料，在此对作者表示衷心感谢！

鉴于编者水平有限，本书难免有不足之处，敬请读者批评指正。

编 者

2009年8月

目录

第二部分　材料力学

第三部分　结构力学

绪　论

在科技发展的今天，建筑物标志着一个国家的繁荣程度。一栋高耸而复杂的建筑物，在建造之前，设计人员要对其整体及组成的各部分一一进行受力分析和计算，确定其形状、尺寸、所选材料和排列位置等，以确保建筑物的正常使用。建筑力学对这种繁杂而细致的计算工作提供了理论基础和计算方法。

一、建筑力学的研究对象

建造一个建筑物，首先要对其进行结构设计，设计时一般先对结构进行整体布置，再将结构分为一些基本部分，对各基本部分进行设计计算，然后再通过构造处理，把各部分联系起来构成一个整体结构。建筑物在使用中会受到各种力的作用，如楼板除自身的重量外，还承受人群、设备的压力；梁受到自身的重力和楼板的压力；柱子受到自身的重力、梁传来的压力、风力；基础则承受柱子传来的压力等。工程中习惯将这些主动作用于建筑物上的力叫**荷载**。在建筑物中承受荷载并传递荷载起骨架作用的部分称为**建筑结构**，简称**结构**，组成结构的各部分叫做**构件**。结构可以是一个构件（如一根梁、一根柱子等），也可以是由多个构件组成的体系。

从几何角度来看，结构一般分三类：

（1）杆件结构。杆件结构是由杆件组成的结构。杆件的几何特征是长度比横截面尺寸要大很多，如梁、拱、刚架等。如图 0-1 所示为杆件结构。

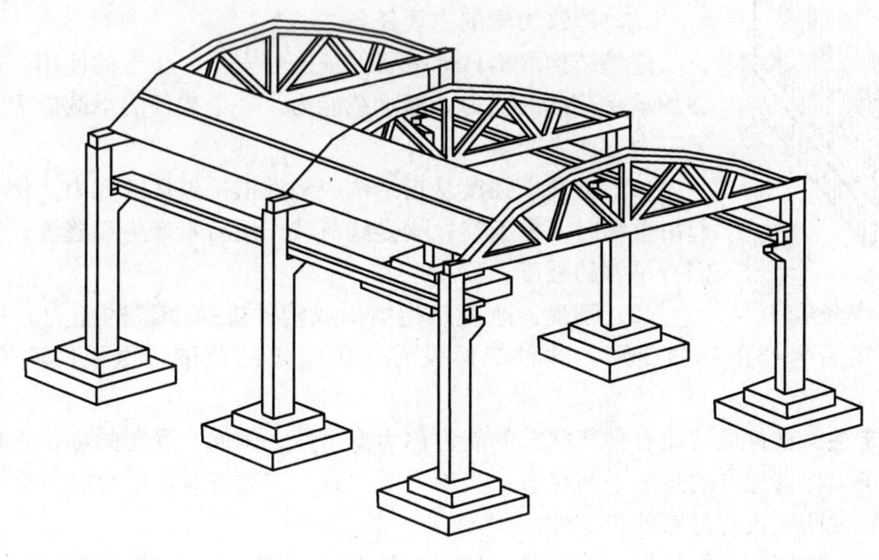

图 0-1　杆件结构

（2）薄壁结构。薄壁结构也称板壳结构，它的几何特征是长度、宽度比厚度大很多，如房屋中的楼板、壳体屋盖［见图 0-2（a）、（b）］等。

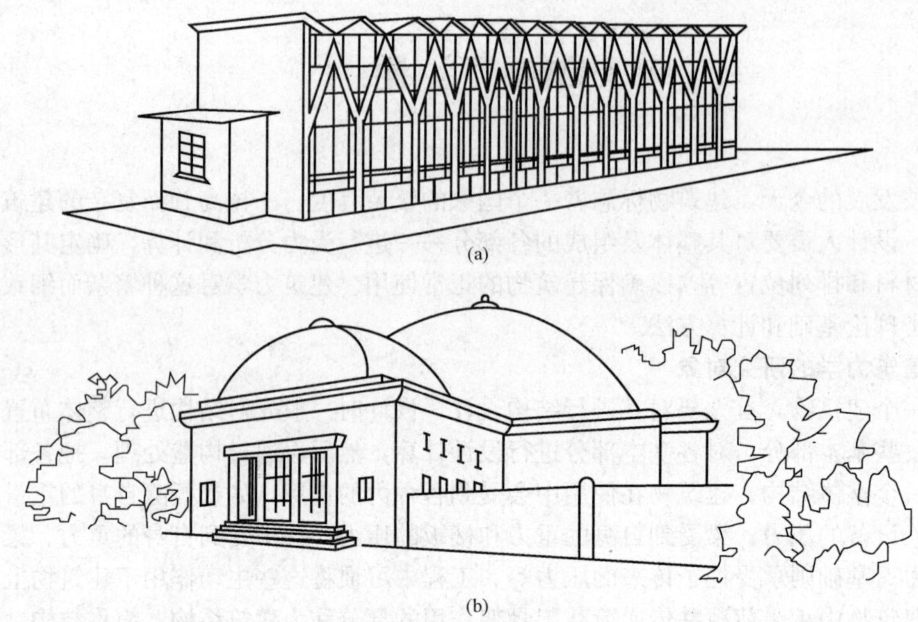

(a)

(b)

图 0-2 薄壁结构

(a) 房屋中的楼板；(b) 壳体屋盖

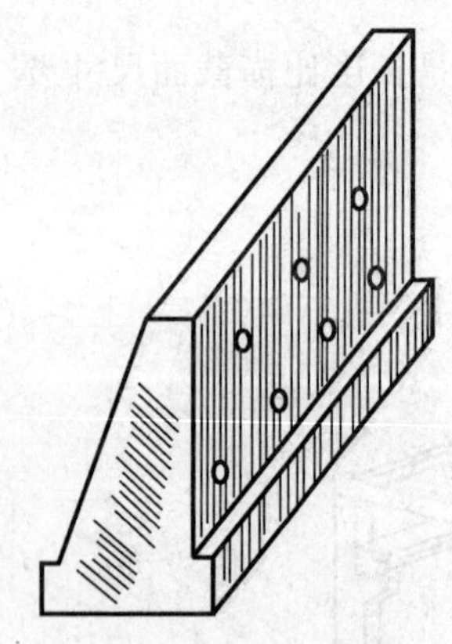

图 0-3 实体结构

(3) 实体结构。这类结构的长、宽、厚三个尺寸大小相仿。如水坝、挡土墙（见图 0-3）等。

建筑力学的主要研究对象是杆件和杆件结构。

二、建筑力学的主要任务

建筑结构或构件如果要保证能够安全、正常的使用，就要有足够的承受荷载的能力，即承载能力。一个构件的承载能力主要由以下三个方面来衡量：

(1) **强度**。强度是指结构或构件抵抗破坏的能力。例如，钢索起吊重物时不会断裂；梁受到荷载作用后不产生裂缝等，这说明它们有足够的强度。

(2) **刚度**。刚度是指结构或构件抵抗变形的能力。例如，梁受到荷载作用后会产生弯曲变形，这种变形没有超出限定的范围，这说明它有足够的刚度。

(3) **稳定性**。构件保持原有平衡状态的能力称为稳定性。例如，受压的细长直杆，当压力不大时，可以保持原有的直线平衡状态；当压力增大到一定数值时，就会突然变弯而丧失工作能力，这说明它没有足够的稳定性。

一个构件所选用的材料越好，截面尺寸越大，其强度、刚度和稳定性越好，但盲目地选料、增大截面尺寸势必会造成巨大的浪费。**建筑力学的任务就是保证结构或构件有足够的强度、刚度和稳定性的前提下，为以最经济的代价选择适宜的材料，确定合理的形状和尺寸，提供必要的理论基础和计算方法。**

三、建筑力学的主要内容

建筑力学内容包括静力学、材料力学和结构力学三大部分。

静力学主要研究力系的简化与平衡，并利用它对结构或构件进行受力分析；材料力学主要研究构件受力后的变形和破坏规律，以便建立构件满足强度、刚度和稳定性要求所需的条件，为设计既安全又经济的合理构件，提供科学的计算方法；结构力学则以构件体系作为研究对象，分析其几何组成规律，分析杆件结构位移和内力的计算方法。

第一部分　静　力　学

第一章　静力学基础

第一节　静力学基本概念

一、物体的平衡

平衡是指物体相对于地球保持静止或匀速直线运动的状态。物体的平衡总是相对的、暂时的。例如，保持静止的房屋、水坝、桥梁、沿直线匀速起吊的构件等都是相对地球而言的；又如，在直线轨道上匀速运动的火车是平衡的，但当它行驶到曲线轨道上时又处于非平衡状态，所以说平衡是暂时的。处于平衡状态的物体，其运动状态保持不变。

二、刚体的概念

在外力作用下，大小和形状保持不变的物体称为**刚体**。事实上，刚体是不存在的，它只是将实际物体抽象化而得到的理想模型。任何物体受力后，都将发生不同程度的变形，只是微小变形对研究物体的平衡问题影响很小时，可以略去不计。在静力学中研究的物体均视为刚体。

三、力的概念

（1）**力的概念**。**力是物体间的相互机械作用**。例如，人们用手弯铁丝时，对铁丝施加了"力"的作用，将铁丝弯成各种形状，同时也感觉到铁丝对手有作用力；在建筑工地上，起重机起吊重物时，钢索用"力"将重物吊起，同时钢索也受到重物对它的作用力。力不可能脱离物体而单独存在，有受力体，就有施力体。

（2）**力对物体的作用效应**。力可以使物体产生两种效应，即内效应和外效应。使物体运动状态发生改变的效应为外效应；使物体变形的效应为内效应。

（3）**力的三要素**。力对物体的作用效应，取决于力的三个要素：**力的大小、方向和作用点**。

1）力的大小反映了物体间相互作用的强弱程度。在国际单位制中，力的单位为牛顿（N）或千牛顿（kN），1kN＝1000N。

2）力的方向通常包括方位和指向两个含义。例如，重力的方向是"铅垂向下"，"铅垂"是指力的方位，"向下"是指力的指向。

3）力的作用点是指力作用在物体上的位置。力的作用位置实际上有一定的范围，不过当作用范围与物体相比很小时，可近似地看作是一个点。

实践证明，在力的三个要素中，改变任何一个要素，都将改变力对物体的作用效果。

（4）**力的表示**。力是一个有大小和方向的量，所以力是矢量。

通常用一个带箭头的线段来表示力的三要素。线段的长度（按一定的比例画）表示力的大小，线段与某定直线的夹角表示力的方位；箭头表示力的指向；线段的起点或终点表示力的作用点（见图1-1）。

用字母符号表示力矢量时，常用黑体字 **F**、**P** 等或一带箭头的非黑体字 $\vec{F}$、$\vec{P}$ 等来表示。字母 F、P 只表示力矢量的大小。

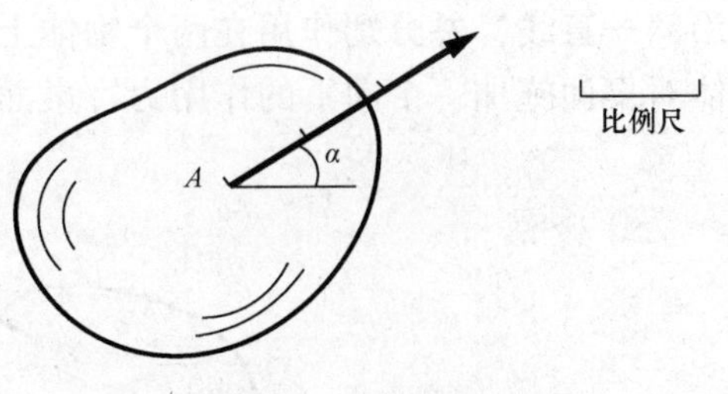

图 1-1　力的表示

四、力系及其合成与平衡

同时作用于物体上的一群力称为力系。使物体保持平衡状态的力系称为**平衡力系**，平衡力系不能改变物体的运动状态。

作用于物体上的力系，要使物体处于平衡状态，必须满足一定的条件，这些条件称为**力系的平衡条件**。

如果一个力系对物体的作用能用另一个力系来代替而不改变作用效果时，这两个力系互为**等效力系**。

将一个比较复杂的力系用作用效果完全相同的简单力系或一个力来代替的过程称为**力系的简化**，或称为**力系的合成**。如果一个力和一个力系等效，则该力称为此力系的**合力**，而力系中各个力称为这个力的**分力**。

五、静力学的研究对象

建筑物中的所有构件在正常情况下都处于平衡状态，静力学就是研究物体在力系作用下处于平衡的规律。

第二节　静力学公理

静力学公理是人类从实践中总结出来的普遍规律，静力学中的全部理论，就是依据静力学公理推导出来的，它是静力学的基础。

一、二力平衡公理

作用在刚体上的两个力，使刚体保持平衡的必要和充分条件是：这两个力大小相等，方向相反，且作用在同一条直线上（简称等值、反向、共线），这就是二力平衡公理。

在两个力作用下平衡的构件称二力构件［见图 1-2（a）、（b）、（c）］，若此构件为直杆称为二力杆［见图 1-2（d）］。可见，**二力构件的受力特点是：二力等值、反向、沿着两作用点的连线。**

应该注意，二力平衡公理只适用于刚体，对于变形体，它只是必要条件，并不是充分条件。例如，一根绳子受两个等值、反向、共线的拉力作用可以平衡，但受到两个等值、反向、共线的压力作用就不能平衡。

【例 1-1】　小球重量为 **W**，用一根绳子悬挂在天花板上（见图 1-3）。可以发现，当绳子位于铅垂位置时，小球才能平衡，而当绳子偏离铅垂位置时，小球不会处于平衡状态，为什么？

解　分析小球的受力情况。当小球只受到铅垂向下的重力和绳子的拉力时，根据二力平衡公理，这两个力等值、反向、共线，小球才能处于平衡状态。所以，只有当小球回到绳子为铅垂位置时，绳子的拉力和小球的重力的作用线才能共线而使小球平衡。

二、作用与反作用公理

两个物体间的作用力和反作用力，总是同时存在，同时消失，且大小相等，方向相反，

沿同一直线，并分别作用在两个物体上，这就是作用与反作用公理。例如，置于桌面上的物体对桌面施加一个向下的作用力，桌面同时也对物体施加一反方向的作用力（见图 1-4）。

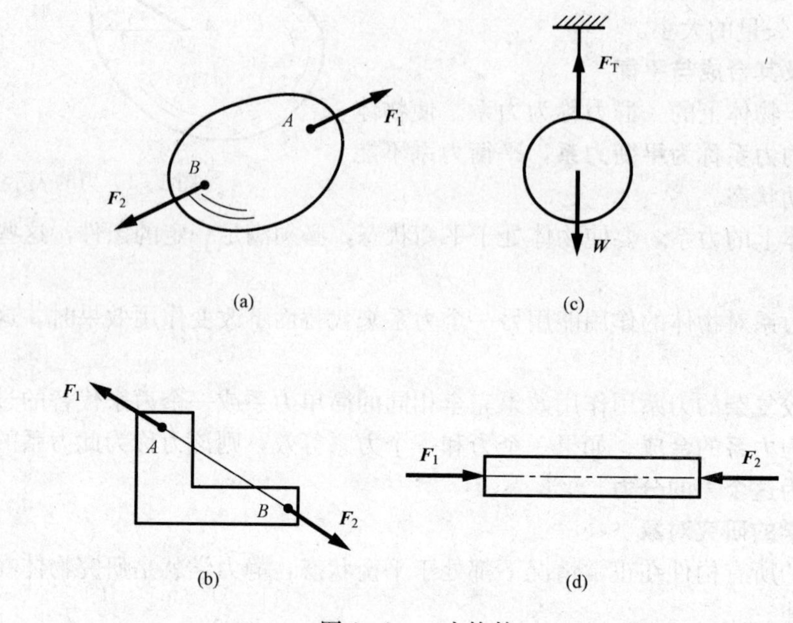

图 1-2　二力构件

（a）二力构件 1；（b）二力构件 2；（c）二力构件 3；（d）二力杆

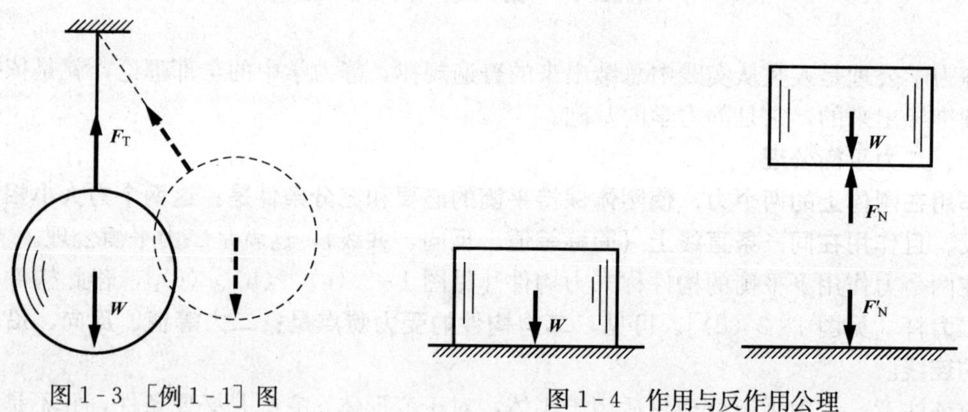

图 1-3 ［例 1-1］图　　图 1-4　作用与反作用公理

这个公理说明力永远是成对出现，物体间的作用总是相互的，有作用力就有反作用力，两者总是同时存在，同时消失。

这里要注意，作用和反作用公理与二力平衡公理的区别。作用力和反作用力是分别作用在两个物体上，而两个平衡力是作用在同一个物体上。

【例 1-2】　如图 1-5（a）所示，A、B 两物体叠放在桌面上。A 物体重 $\boldsymbol{W}_A$，B 物体重 $\boldsymbol{W}_B$。试分析 A、B 两物体各受哪些力的作用，这些力的反作用力各是什么？哪些力是平衡力？

解　如图 1-5（b）A 物体受重力 $\boldsymbol{W}_A$ 和 B 物体对它的支承力 $\boldsymbol{F}_{N1}$，这两个力使 A 物体处于平衡状态，是一对平衡力。B 物体受重力 $\boldsymbol{W}_B$、A 物体对它的压力 $\boldsymbol{F}'_{N1}$ 和桌面对它的支承力 $\boldsymbol{F}_{N2}$，这三个力使 B 物体处于平衡状态，是一个平衡力系。

A 物体的重力 $\boldsymbol{W}_A$ 的反作用力是 A 物体对地球的吸引力，支承力 $\boldsymbol{F}_{N1}$ 的反作用力是 $\boldsymbol{F}'_{N1}$，

它们等值、反向、共线、分别作用在A物体和B物体上。

B物体的重力$\boldsymbol{W}_B$的反作用力也是B物体对地球的吸引力，$\boldsymbol{F}_{N2}$的反作用力是A物体和B物体对桌面的压力$\boldsymbol{F}'_{N2}$，它们分别作用于B物体和桌面上。

平衡力系中的各力都作用在同一个物体上，而作用力和反作用力是分别作用在两个不同的物体上。判断一个力的反作用力，首先要分析该力的来源。

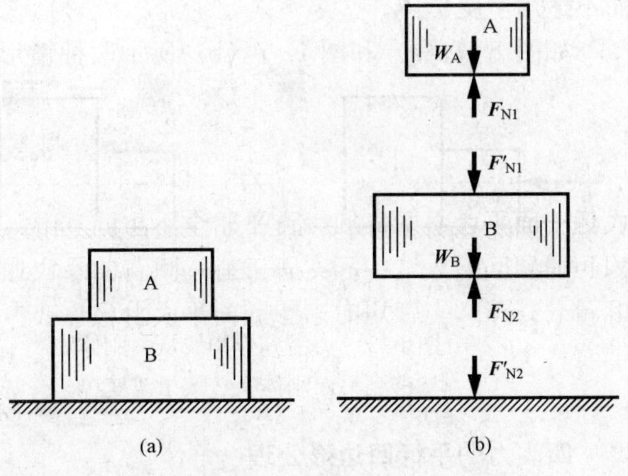

图1-5 [例1-2] 图

(a) A、B两物体叠放在桌面上；(b) 受力分析

三、加减平衡力系公理

在作用于刚体上的力系中加上或减去任意的平衡力系，不会改变原力系对刚体的作用效应，这就是加减平衡力系公理。因为平衡力系不会改变物体的运动状态，所以在物体的原力系上加上或减去任意的平衡力系，是不会改变物体的运动效果的。

推论　力的可传性原理

力的可传性原理是**作用在刚体上某点的力，沿其作用线移动到刚体内任一点，不会改变它对刚体的作用效应**。

证明　(1) 设力$\boldsymbol{F}$作用在刚体的A点，如图1-6 (a) 所示。

(2) 根据加减平衡力系公理，在力的作用线上取一点B，并在该点加一对平衡力$\boldsymbol{F}_1$和$\boldsymbol{F}_2$，且$F_1=-F_2=F$，如图1-6 (b) 所示。

(3) 由于$\boldsymbol{F}$和$\boldsymbol{F}_2$是一对平衡力，可以去掉，只剩下作用在B点的力$\boldsymbol{F}_1$，而$\boldsymbol{F}_1$和$\boldsymbol{F}$等效，就相当于把$\boldsymbol{F}$从A点沿其作用线移到B点，如图1-6 (c) 所示。

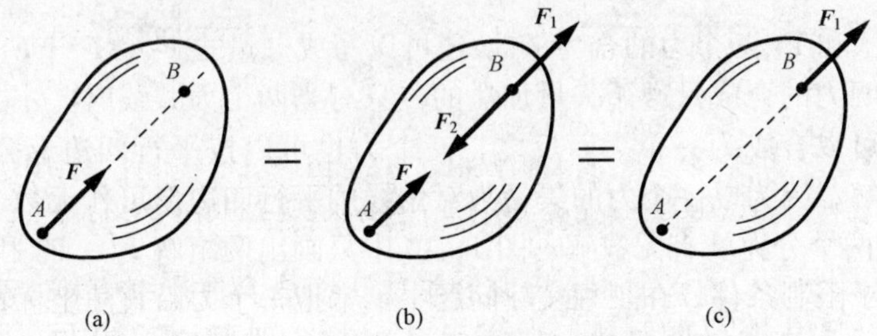

图1-6　力的可传性原理的证明过程

(a) 设力$\boldsymbol{F}$作用在刚体的A点；(b) 在B点加一对平衡力；(c) 把$\boldsymbol{F}$从A点沿其作用线移到B点

由力的可传性原理可知，力对刚体的作用效应与力的作用点在作用线上的位置无关，因此，**力的三要素可改为：力的大小、方向和作用线**。

在此公理中要注意两点：

(1) 力的可传性原理只能在同一刚体内应用，力不能沿其作用线从一个刚体移到另一个刚体上。

(2) 加上或减去一个平衡力系，或使力沿着作用线移动，都不会改变力对物体的外效应，但会改变力对物体的内效应。所以，加减平衡力系公理和力的可传性原理只适用于刚体而不适用于变形体。

如图 1-7（a）和图 1-7（b）所示两种情形，显然将力 $\boldsymbol{F}$ 从物体 A 沿其作用线移到 B 物体上，效果并不相等。如图 1-8 所示，可变形杆件 AB，在两端受到等值、反向、共线的拉力作用时，会被拉长。若将这两个力沿其作用线分别移到杆件的另一端，则杆件受压缩短。可见，两种情况虽然都处于平衡状态，但其内效应发生改变。

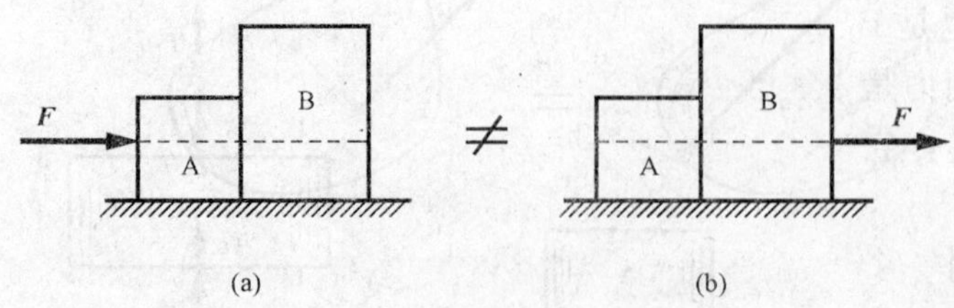

图 1-7　力沿其作用线从一刚体移到另一刚体上，效果改变

四、力的平行四边形公理

作用于物体上同一点的两个力，可以合成为一个力，合力仍作用于该点，合力的大小和方向由这两个力为邻边所构成的平行四边形的对角线所确定，这就是力的平行四边形公理。

如图 1-9 所示，$\boldsymbol{F}_1$ 和 $\boldsymbol{F}_2$ 为作用于刚体上 A 点的两个力，以这两个力为邻边作出平行四边形 $ABCD$，从 A 点出发的对角线 AC，即为 $\boldsymbol{F}_1$、$\boldsymbol{F}_2$ 的合力 $\boldsymbol{F}_R$。

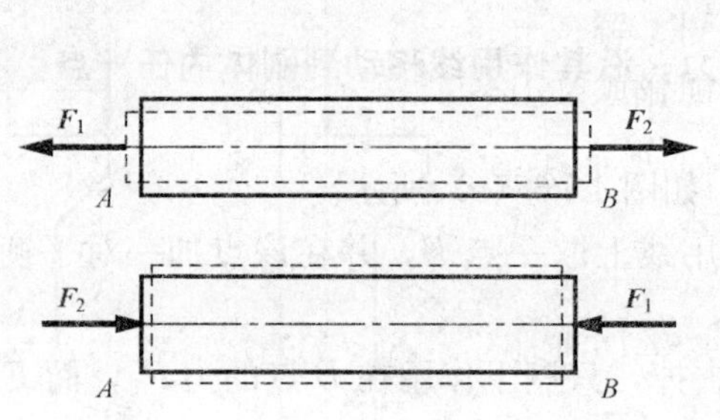

图 1-8　杆件 AB 的拉伸与压缩

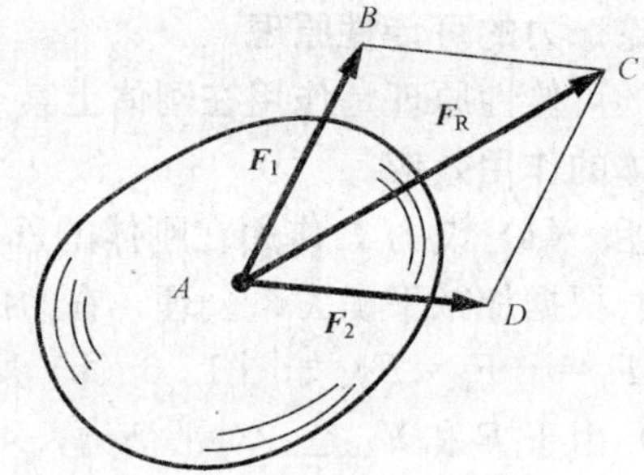

图 1-9　力的平行四边形公理

图 1-9 中 $\boldsymbol{F}_1$ 和 $\boldsymbol{F}_2$ 两个力的合力 $\boldsymbol{F}_R$，还可以写成矢量式 $\boldsymbol{F}_R=\boldsymbol{F}_1+\boldsymbol{F}_2$。

这个公理说明力的合成是遵循矢量加法的，只有当两个力共线时，才能用代数加法。

两个共点力可以合成为一个力，反之，一个力也可以按平行四边形公理分解为两个分力，但有无数个解。因为以一个力的矢量为对角线的平行四边形可作无数个。如图 1-10 所示，将 F 分解为两个分力就有无数解，图 1-10 中只画出两组解 $\boldsymbol{F}_1$、$\boldsymbol{F}_2$ 和 $\boldsymbol{F}_3$、$\boldsymbol{F}_4$。要得到唯一解，必须给予限制条件。在工程实际问题中，常把一个力沿直角坐标轴方向分解，得到两个互相垂直的分力 $\boldsymbol{F}_x$ 和 $\boldsymbol{F}_y$，如图 1-11 所示。

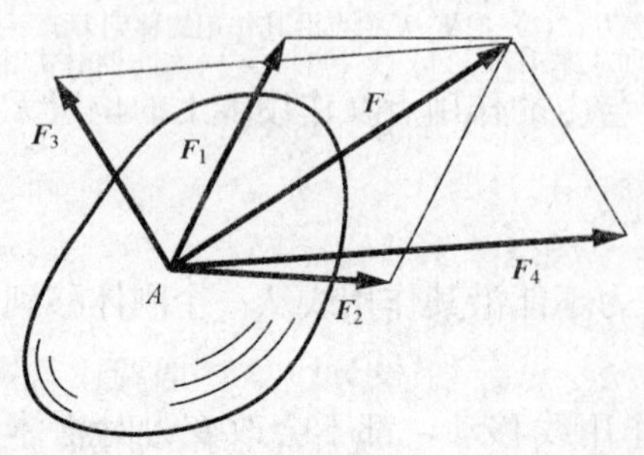

图 1-10　将 $\boldsymbol{F}$ 分解为两个分力有无数解

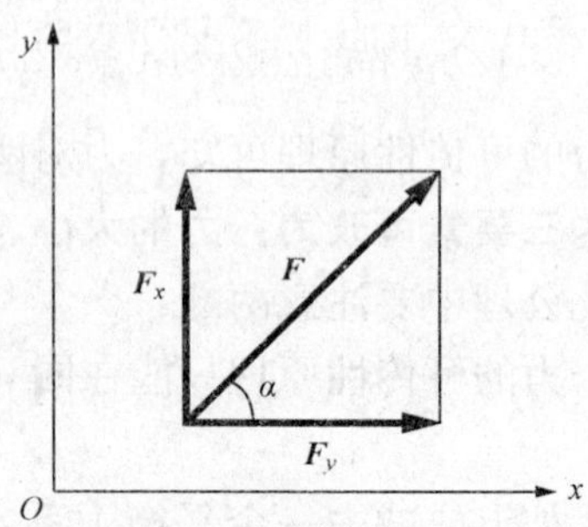

图 1-11　将力 $\boldsymbol{F}$ 沿直角坐标轴方向分解

推论 三力平衡汇交定理

三力平衡汇交定理是作用于同一**刚体上共面而不平行的三个力使刚体平衡时，这三个力的作用线必汇交于一点**。

证明 （1）如图1-12（a）所示，设刚体受到共面而不平行的三个力 $\boldsymbol{F}_1$、$\boldsymbol{F}_2$、$\boldsymbol{F}_3$ 作用而平衡。根据力的可传性原理将 $\boldsymbol{F}_2$、$\boldsymbol{F}_3$ 沿其作用线移到二者的交点 O 处，如图1-12（b）所示。

（2）根据平行四边形公理将 $\boldsymbol{F}_2$、$\boldsymbol{F}_3$ 合成合力 $\boldsymbol{F}_R$，于是刚体相当于只受到两个力 $\boldsymbol{F}_1$ 和 $\boldsymbol{F}_R$ 作用处于平衡状态，如图1-12（c）所示。

（3）根据二力平衡公理可知，$\boldsymbol{F}_1$、$\boldsymbol{F}_R$ 必在同一直线上。即 $\boldsymbol{F}_1$ 必过 $\boldsymbol{F}_2$、$\boldsymbol{F}_3$ 的交点 O，因此，三个力 $\boldsymbol{F}_1$、$\boldsymbol{F}_2$、$\boldsymbol{F}_3$ 的作用线必交于一点。

此定理常用来确定物体在共面而不平行的三个力作用下平衡时，其中某一未知力的方向。

注意：已知刚体受到三个共面的汇交力作用，这个刚体却未必处于平衡。

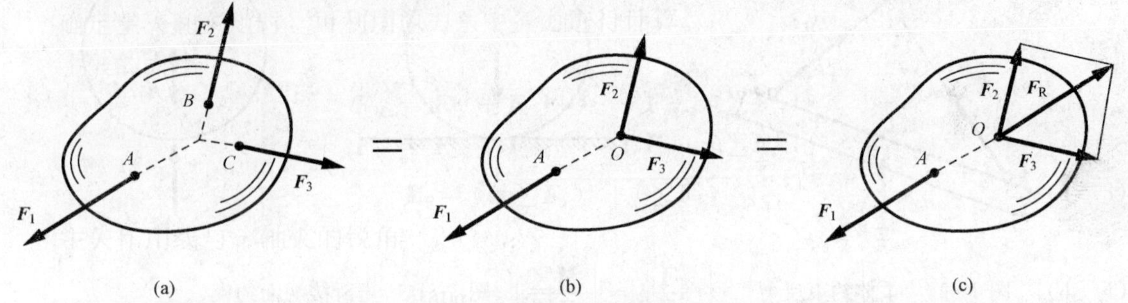

图1-12 三力平衡汇交定理的证明过程

（a）刚体受到共面而不平行的三个力作用而平衡；（b）根据力的可传性原理将 $\boldsymbol{F}_2$、$\boldsymbol{F}_3$ 沿其作用线移到 O 点；（c）$\boldsymbol{F}_2$、$\boldsymbol{F}_3$ 的合力 $\boldsymbol{F}_R$ 与 $\boldsymbol{F}_1$ 必共线

第三节 约束与约束反力

一、约束与约束反力的概念

当一个物体的运动受到周围其他物体的限制时，这个物体称为**非自由体**，例如建筑物中的楼板受到梁的限制，梁又受到柱子的限制，柱子又受到基础的限制，所以楼板、梁、柱子都是非自由体。不受其他物体的限制，在空中可以自由运动的物体称为**自由体**，例如断了线的风筝、飞行中的飞机、炮弹等都是自由体。

限制其他物体运动的物体称为**约束体**，简称为**约束**。例如梁是楼板的约束体，柱子是梁的约束体，而基础又是柱子的约束体等。当约束体限制一个物体的运动时，总是要对它施加与该物体运动方向相反的力，这个力称为**约束反力**。**约束反力的方向总是与该约束所能阻碍物体的运动方向相反**。

物体受到的力一般可分为两类：一是使物体有运动或运动趋势的力，称为**主动力**，例如重力、水压力、风力等，主动力在工程中又称**荷载**；另一类是约束反力。通常主动力是已知的，约束反力是未知的，利用已知力确定未知的约束反力是静力学研究的一个重要内容。

二、常见的几种约束及其反力

1. 柔体约束

柔软的绳索、链条、皮带等限制其他物体运动时，就是**柔体约束**。由于柔体约束只能限制物体沿着柔体约束的中心线离开柔体的运动，而不能限制物体沿其他方向的运动。所以，**柔体约束反力的特点是：通过接触点，沿着柔体的中心线，对被约束的物体施加拉力**。柔体约束反力通常用 $\boldsymbol{F}_{\mathrm{T}}$ 表示，如图 1-13 所示。

2. 光滑接触面约束

物体与另一物体相互接触，当接触处的摩擦力很小，可以略去不计时，两物体彼此间的约束即为**光滑接触面约束**。这种约束只能阻碍物体沿接触面公法线方向指向约束体的运动。所以，**光滑接触面约束反力的特点是：通过接触点，沿着接触面的公法线，指向被约束的物体**，通常用 $\boldsymbol{F}_{\mathrm{N}}$ 表示，如图 1-14 所示。

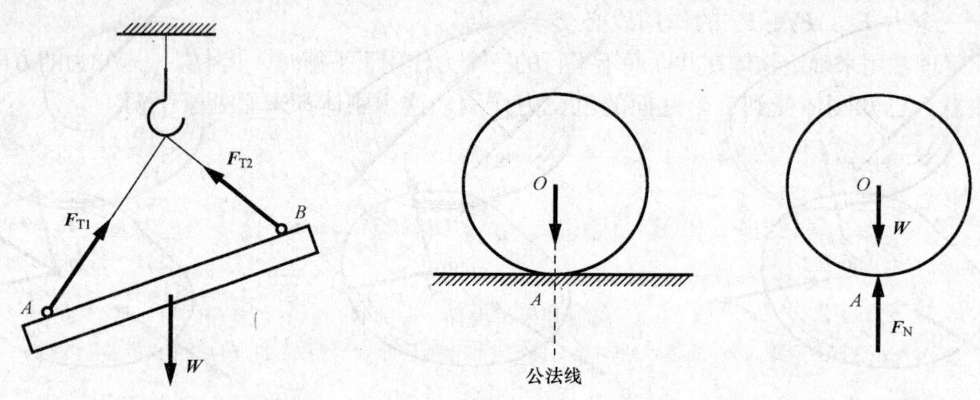

图 1-13 柔体约束反力　　　　图 1-14 光滑接触面约束

【例 1-3】 重量为 W 的杆置于光滑的槽中，如图 1-15（a）所示，画出槽面对杆的约束反力。

解 杆与槽面在 A、B、C 处相接触，所以在这三处受到光滑面约束，其约束反力应通过接触点，沿着接触面的公法线，指向被约束的物体，如图 1-15（b）所示。这里要注意公法线的正确判断。

3. 圆柱铰链约束

圆柱铰链约束是由一个圆柱形销钉插入两个物体的圆孔中构成（见图 1-16），而且认为销钉与圆孔的表面都是光滑的，例如门、窗合页等。

圆柱铰链不能限制两物体的相对转动，只能限制物体在垂直于销钉轴线的平面内沿任意方向的相对移动。当一物体相对另一物体有相对运动趋势时，销钉与孔壁在某处接触，并通过接触点对有运动趋势的物体施加反方向的作用，限制其运动。由于物体的运动趋势是可变的，所以销钉和孔壁的接触点也是可变的，约束反力的方向是未知的。所以，**圆柱铰链约束反力的特点是：在垂直于销钉轴线的平面内，通过销钉中心，但方向不定**。

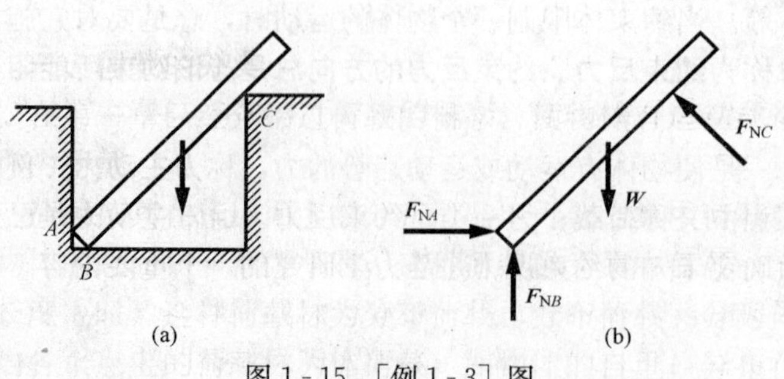

图 1-15 ［例 1-3］图
（a）重量为 W 的杆置于光滑的槽中；（b）杆的受力分析图

圆柱铰链的计算简图，如图 1-17（a）所示。圆柱铰链的约束反力可用一个大小、方向都未知的力 $\boldsymbol{F}$ 表示，如图 1-17（b）所示，也可用两个互相垂直的分力 $\boldsymbol{F}_x$、和 $\boldsymbol{F}_y$ 表示，如图 1-17（c）所示。

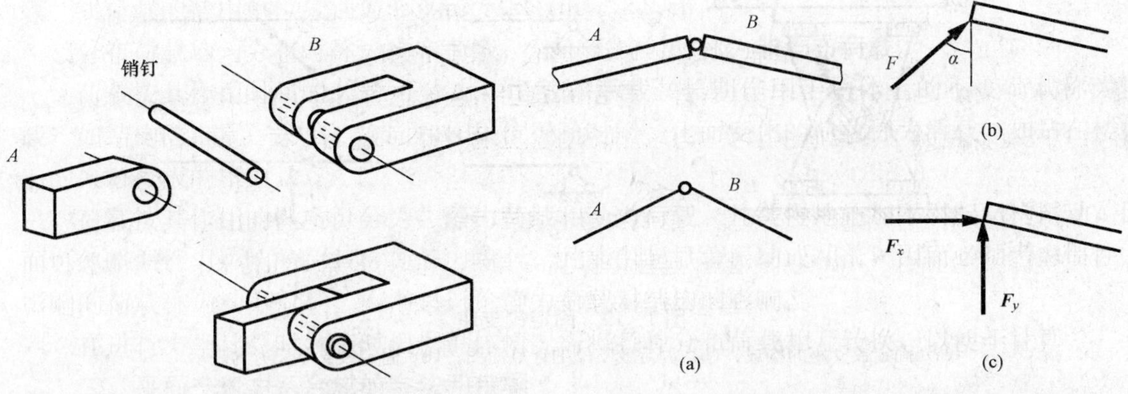

图 1-16 圆柱铰链约束

图 1-17 圆柱铰链的简图及反力的表示法

（a）圆柱铰链的计算简图；（b）圆柱铰链的约束反力可用一个大小、方向都未知的力 $\boldsymbol{F}$ 表示；（c）圆柱铰链的约束反力可用两个互相垂直的分力表示

4. 链杆约束

两端利用圆柱铰链将其他两个物体相连而中间不受力的作用，这样的直杆称为链杆约束，如图 1-18（a）所示。链杆只能限制物体沿着链杆中心线趋向或远离链杆的移动。所以，**链杆约束反力的特点：沿着链杆的中心线，指向不定**。链杆约束的计算简图和反力的表示，如图 1-18（b）、（c）所示。

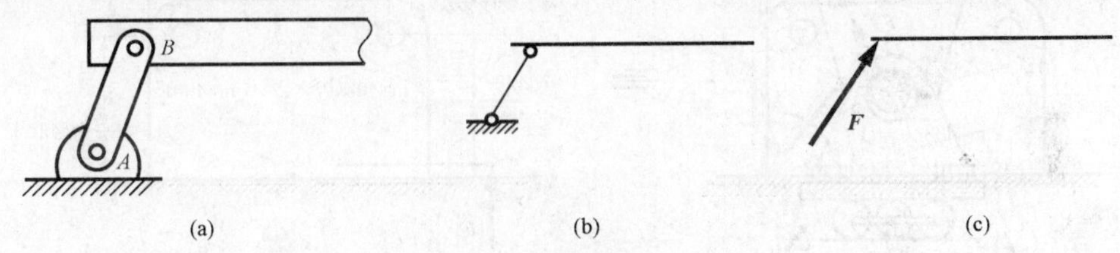

图 1-18 链杆约束

（a）链杆约束的构成；（b）链杆约束的计算简图；（c）链杆约束反力的表示

三、支座及支座反力

工程中常通过支座将一个构件支承在基础或另一静止的构件上。支座在限制构件的运动时，对构件所施加的力称为**支座反力**。常见的支座有以下几种：

1. 固定铰支座

如图 1-19（a）所示，支座固定在基础或静止的结构上，构件再与支座用光滑的圆柱铰链连接，就构成了固定铰支座。固定铰支座只能限制构件在垂直于销钉轴线的平面内沿径向的移动，而不能限制构件绕销钉的转动。所以，**固定铰支座反力的特点和圆柱铰链反力的特点相同**。固定铰支座的计算简图和反力的表示，如图 1-19（b）、（c）所示。

固定铰支座是桥梁上广为采用的较理想的支座，而在房屋建筑中较少采用这种理想的支座。通常将限制构件移动而允许构件转动的支座都视为固定铰支座。例如，梁的端部支承在柱子上，并将预埋在梁和柱子里的两块钢板焊接起来，它可以阻止梁的移动，但因焊缝的长度有限，对梁转动的限制作用很小，因此，把这种连接视为固定铰支座。

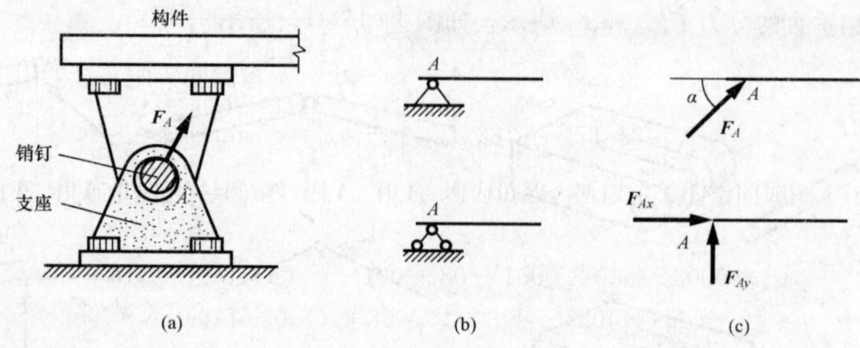

图 1-19　固定铰支座

(a) 固定铰支座的构成；(b) 固定铰支座的计算简图；(c) 固定铰支座反力的表示

2. 可动铰支座

如图 1-20 (a) 所示，在固定铰支座下面加几个辊轴支承于平面上，但因有支座的连接，使它不能离开支承面，就构成可动铰支座。可动铰支座只能限制构件沿垂直于支承面方向的移动，而不能限制构件绕销钉的转动和沿支承面方向的移动。所以，**可动铰支座的支座反力的特点是：通过销钉中心，并垂直于支承面，但指向不定**。可动铰支座的计算简图和反力的表示，如图 1-20 (b)、图 1-20 (c) 所示。

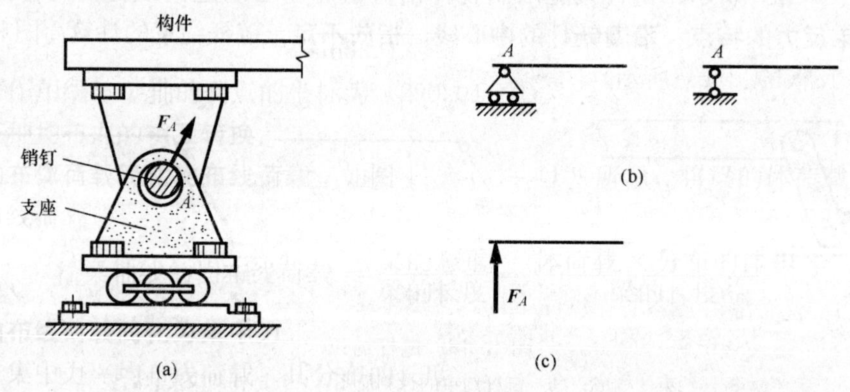

图 1-20　可动铰支座

(a) 可动铰支座的构成；(b) 可动铰支座的计算简图；(c) 可动铰支座的反力表示

可动铰支座常用于桥梁、屋架等结构中。例如，一根横梁通过混凝土垫块支承在柱子上，略去垫块与梁之间的摩擦，则垫块只能限制梁沿铅垂方向移动，而不能限制梁的转动和沿水平方向的移动。因此，可以把它视为可动铰支座。

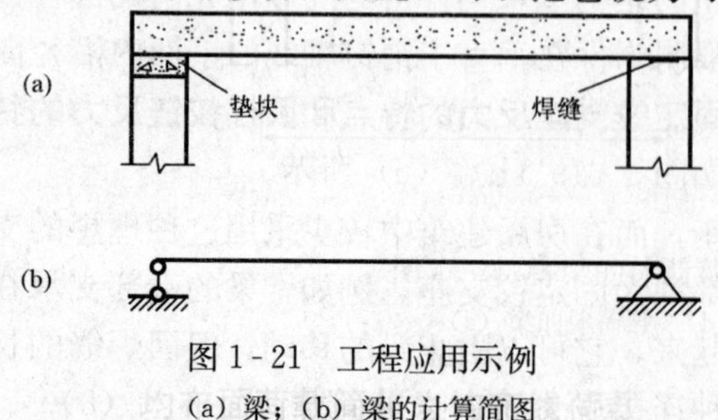

图 1-21　工程应用示例

(a) 梁；(b) 梁的计算简图

由于可动铰支座不限制杆件沿轴线方向的伸长或缩短，因此桥梁、屋架等工程结构一端用固定铰支座，另一端用可动铰支座，以适应由于温度变化引起的伸缩。如图 1-21 (a) 所示的梁，其计算简图如图 1-21 (b) 所示。

3. 固定端支座

工程中将构件牢固地嵌在墙或基础内，使

构件既不能向任意方向移动，也不能转动，这种约束称为固定端支座，如图 1-22（a）所示。固定端支座可限制物体移动和转动，所以，**其支座反力有限制构件移动的力和限制转动的反力偶**。固定端支座的计算简图和反力的表示，如图 1-22（b）、（c）所示，由于限制移动的力的方向未知，故通常用两个互相垂直的分力表示。

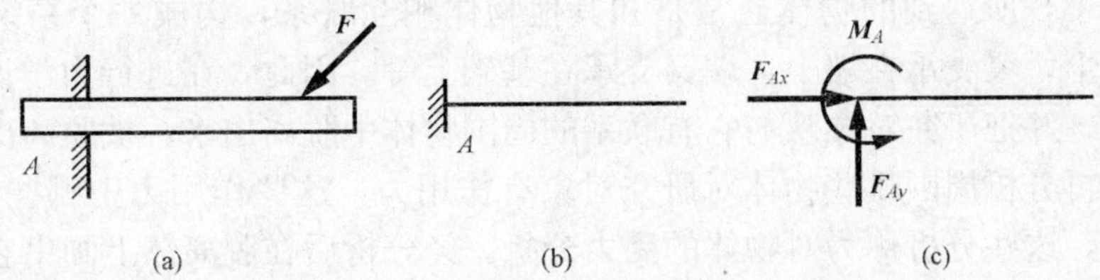

图 1-22　固定端支座

（a）构件牢固地嵌在墙或基础内；（b）固定端支座的计算简图；（c）固定端支座反力的表示

例如，房屋建筑中的挑梁，如图 1-22（a）所示，其计算简图如图 1-22（b）所示；又如预制混凝土柱，插入杯形基础后，四周用沥青麻丝填实，这样，柱子不能向上下、左右移动，但可以有微小的转动，可视为固定铰支座，如图 1-23（a）所示，其计算简图如图 1-23（b）所示，如果四周用细石混凝土填实，柱子不能移动和转动，可视为固定端支座，如图 1-24（a）所示，其计算简图如图 1-24（b）所示。

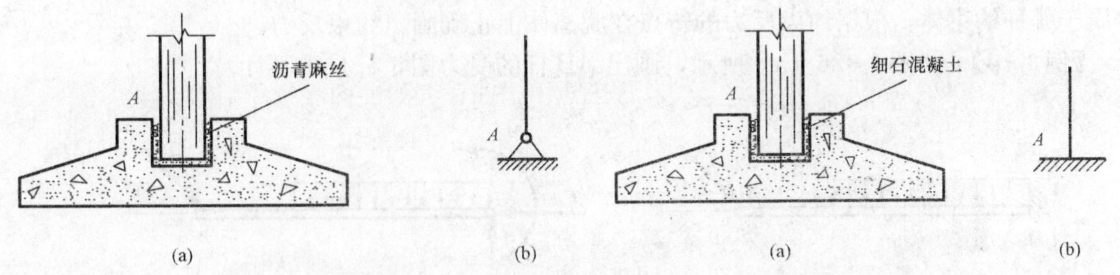

图 1-23　预制混凝土柱用沥青麻丝填实

（a）固定铰支座；（b）计算简图

图 1-24　预制混凝土柱用细石混凝土填实

（a）固定端支座；（b）计算简图

4. 定向支座

如图 1-25（a）所示的支座形式，不能限制构件沿一个方向的平行滑动，但可以限制构件的转动和沿其他方向的移动，其计算简图和反力的表示，如图 1-25（b）所示。

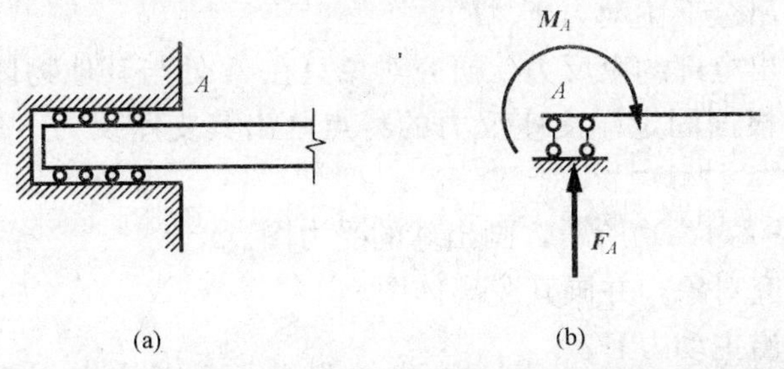

图 1-25　定向支座

（a）定向支座的结构形式；（b）定向支座的计算简图和反力表示

第四节 物体的受力分析和受力图

一、物体的受力分析

在工程实际中，所遇到的物体通常是和其他物体相互联系，构成一个系统的情况。例如，楼板放在梁上，梁支承在墙上，墙又支承在基础上等。因此，在进行力学计算时，首先要明确**研究对象**，并把研究对象从与它有联系的周围物体中脱离出来，被脱离出来的研究对象称为**脱离体**。再分析周围哪些物体对研究对象有作用力，这些作用力中哪些力是已知的，哪些力是未知的，这些分析称为对**物体的受力分析**。经分析后在脱离体上画出它所受的全部的主动力和约束反力，这样的图形称为**受力图**。

确定研究对象，并正确进行受力分析，画出受力图是对物体进行力学计算的依据，是本课程要求学生掌握的基本技能之一，必须认真对待，熟练掌握。

二、单个物体的受力图

画单个物体受力图的方法和步骤：

(1) 明确研究对象，并将研究对象从周围物体中脱离出来，画出脱离体图。

(2) 在脱离体上画出全部的主动力。

(3) 分析研究对象与周围哪些物体有直接联系，有联系处必有约束反力。再分析周围物体属于哪种约束体，根据约束反力的特点在脱离体上正确画出约束反力。

【例 1-4】 如图 1-26 (a) 所示，画出 AB 杆的受力图，杆自重不计。

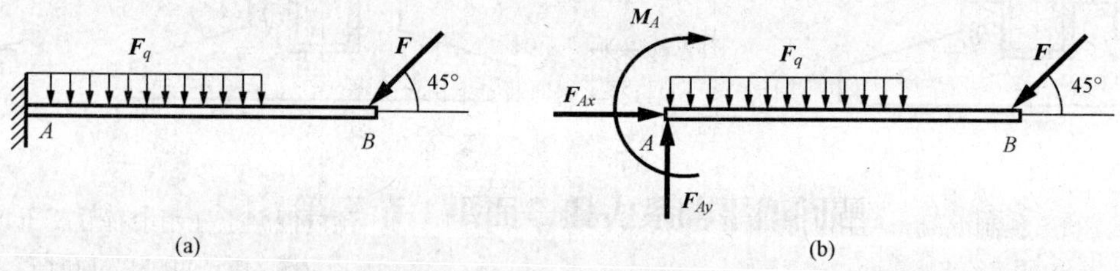

图 1-26 ［例 1-4］图

(a) 计算简图；(b) AB 杆的受力图

解 (1) 取 AB 杆为研究对象，并画其脱离体图。

(2) 在脱离体上画出全部主动力 $\boldsymbol{F}$、$\boldsymbol{F}_q$。

(3) 在脱离体上画出全部约束反力。研究对象只在 A 处与其他物体有直接联系，所以，在该处必有约束反力，根据固定端支座反力的特点画出其支座反力（反力的指向均假设），如图 1-26 (b) 所示。

【例 1-5】 如图 1-27 (a) 所示，画出球的受力图。

解 (1) 取球为研究对象，并画其脱离体图。

(2) 在脱离体上画出主动力 $\boldsymbol{W}$。

(3) 在脱离体上画出全部约束反力。小球在 A、B 两点与其他物体有直接联系，所以，在这两处有约束反力。A 处为光滑面约束，B 处为柔体约束，其约束反力如图 1-27 (b) 所示。

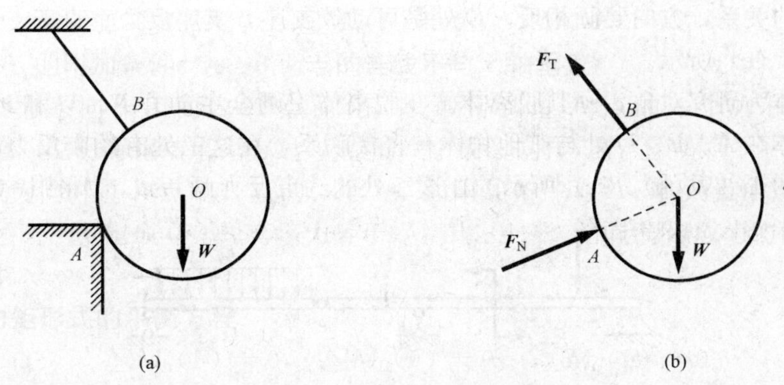

图 1-27 ［例 1-5］图

(a) 计算简图；(b) 球的受力图

【例 1-6】 画出简支梁 AB 的受力图，梁的自重不计，如图 1-28（a）所示。

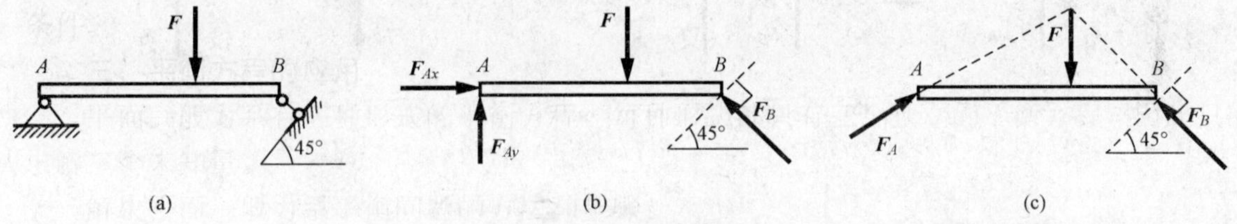

图 1-28 ［例 1-6］图

(a) 简支梁 AB；(b) AB 梁的受力图；(c) 利用三力平衡汇交定理确定 A 处反力作用线方位

解 (1) 取 AB 梁为研究对象，并画其脱离体图。

(2) 在脱离体上画出主动力 $\boldsymbol{F}$。

(3) 在脱离体上画出全部约束反力。梁 AB 在 A 处和 B 处与基础有直接联系，在这两处有约束反力。A 处是固定铰支座，B 处是可动铰支座，根据其支座反力的特点正确画出支座反力（各支座反力的指向均假设），如图 1-28（b）所示。图 1-28（c）所示为利用三力平衡汇交定理确定 A 处反力作用线的方位，指向假设。

三、物体系统的受力图

物体系统的受力图和单个物体受力图的画法基本相同。下面通过例题分析来总结物体系统的受力图的画法和注意事项。

【例 1-7】 如图 1-29（a）所示，各梁自重不计，试画梁 AC、CD 及整体 AD 的受力图。

解 (1) 取 AC 梁为研究对象，画其脱离体图。在脱离体上画主动力 $\boldsymbol{F}$ 和 M，再画全部约束反力。AC 梁在 A、B 和 C 处与其他物体有直接联系，在这三处有约束反力，A 处是固定铰支座，用两个互相垂直的分力 $\boldsymbol{F}_{Ax}$ 和 $\boldsymbol{F}_{Ay}$ 表示（指向假设）。B 处是可动铰支座，支座反力垂直于支承面，指向假设。C 处是圆柱铰链，用两个互相垂直的分力 $\boldsymbol{F}_{Cx}$ 和 $\boldsymbol{F}_{Cy}$ 表示（指向假设），如图 1-29（b）所示。

(2) 取 CD 梁为研究对象，画其脱离体图。在脱离体上画主动力 $\boldsymbol{F}_q$，CD 梁在 C 处和 D 处与其他物体有直接联系，这两处有约束反力，AC 梁 C 处和 CD 梁 C 处的约束反力是作用力和反作用力的关系，方向要画相反。D 处是可动铰支座，支座反力垂直于支承面，指向假设，如图 1 - 29（c）所示。

（3）取整体为研究对象，画其脱离体。在脱离体上画全主动力 $\boldsymbol{F}$、M 和 $\boldsymbol{F}_q$ 后，再考虑约束反力。整体在 A、B、D 处与其他物体有直接联系，在这三处有约束反力，且这三处的约束反力要和图 1 - 29（b）、（c）所示的在这三处的约束反力画一致，如图 1 - 29（d）所示。

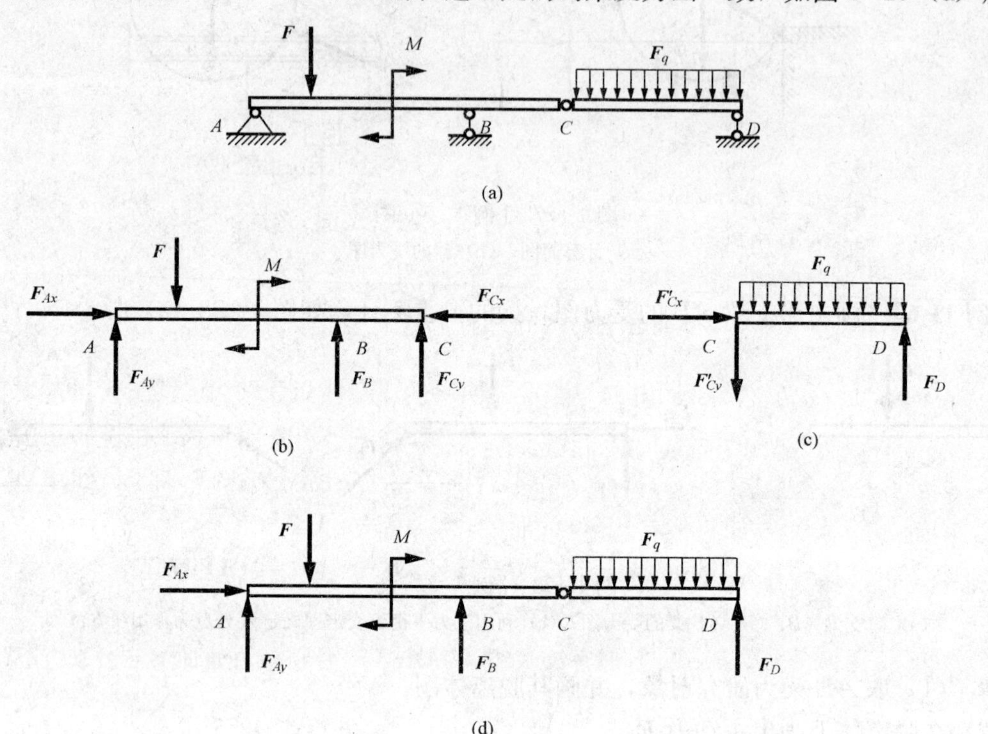

图 1 - 29 ［例 1 - 7］图

(a) 结构的计算简图；(b) AC 梁的受力图；(c) CD 梁的受力图；(d) 整体的受力图

【例 1 - 8】 如图 1 - 30（a）所示，各杆自重不计，试画 AC、BC 杆及整体的受力图。

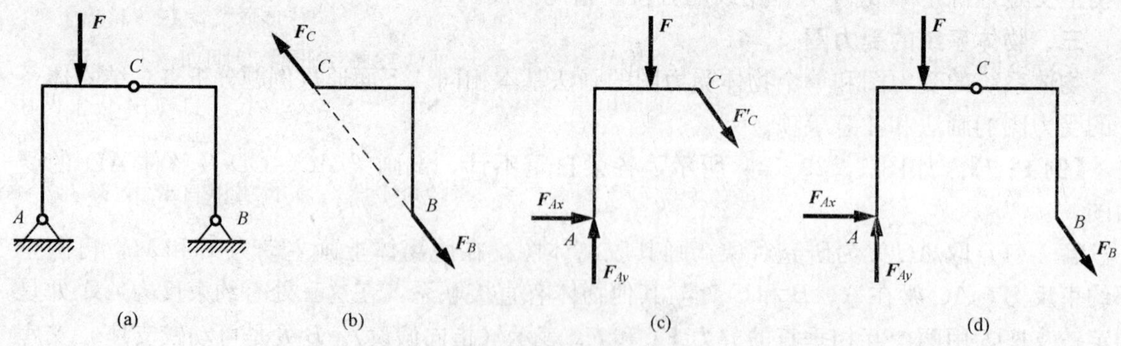

图 1 - 30 ［例 1 - 8］图解法 1

(a) 结构的计算简图；(b) BC 杆受力图；(c) AC 杆受力图；(d) 整体受力图

解 （1）取 BC 杆为研究对象，画其脱离体，因为 BC 杆是二力构件，尽量按二力构件的受力特点画其所受的力（指向假设），如图 1 - 30（b）所示。

（2）取 AC 杆为研究对象，画其脱离体，在脱离体上先画全部主动力，再画全部约束反力。AC 杆在 A 处和 C 处与其他物体有直接联系，在这两处有约束反力。AC 杆 C 处的约束反力和 BC 杆 C 处的约束反力是作用力和反作用力关系，所以，方向一定要画相反。A 处是固定铰支座，用两个互相垂直的分力表示（指向假设），如图 1-30（c）所示。

（3）取整体为研究对象，画其脱离体，在脱离体上画主动力 $\boldsymbol{F}$，再画全部约束反力。整体在 A 处和 B 处与其他物体有直接联系，在这两处有约束反力，A 处和 B 处的支座反力要和 AC 杆 A 处、BC 杆 B 处的支座反力画一致，如图 1-30（d）所示。

另外，AC 杆也可以利用三力平衡汇交定理确定 A 处反力作用线的方位，指向假设［见图 1-31（a）］，这时整体受力图中，A 处反力要和 AC 杆 A 处的反力画一致，如图 1-31（b）所示。

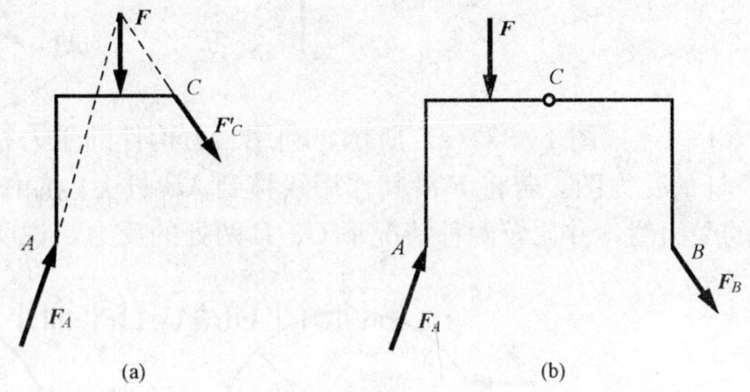

图 1-31 ［例 1-8］图解法 2
（a）利用三力平衡汇交定理确定 A 处反力作用线的方位；（b）整体受力图

通过以上例题的分析，可总结出画物体系统的受力图的方法和注意事项，如下：

（1）明确研究对象，并画其脱离体。

（2）为防止漏掉某个力，先考虑全部主动力，再考虑全部约束反力。

（3）画约束反力时，只考虑与研究对象有直接联系的其他物体对研究对象的约束反力。尤其是画物体系统的约束反力时，只考虑系统以外的物体对系统的作用力，而不考虑系统内各部分之间的相互作用力。

（4）画约束反力时，先判断约束体的类型，再根据约束反力的特点正确画出约束反力。

（5）画系统各部分的受力图时，一定要注意作用力和反作用力的关系。

（6）同一个约束反力在多个受力图中出现时，要画一致。

（7）注意识别二力构件，系统中有二力构件时，先根据二力构件的受力特点画出二力构件的受力图。

（8）利用三力平衡汇交定理画图。解题时根据需要可以利用这一定理确定未知力作用线的方位。

思 考 题

1-1 什么是平衡？试举出物体处于平衡状态的例子。

1-2 二力平衡公理和作用与反作用公理中的两个力有何异同点？

1-3 什么是二力构件？指出图 1-32 所示中哪些是二力构件（假定所有接触面均为光滑，凡未画出重力的杆件，都不考虑重力）？

1-4 常见的约束类型有哪些？各约束的特征是什么？其反力又如何表示？

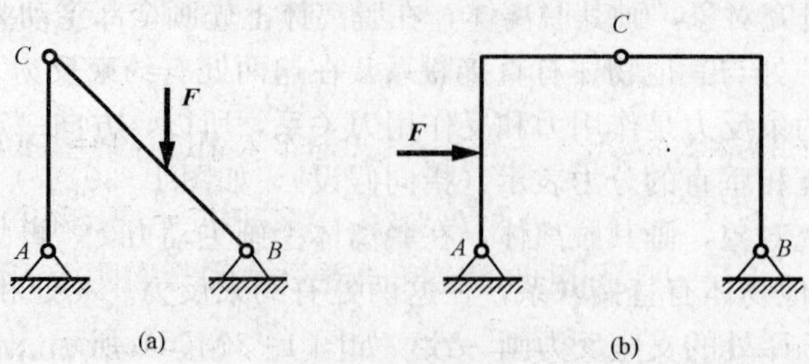

图 1-32 思考题 1-3 图

习 题

1-1 如图 1-33（a）所示，利用二力构件的受力特点和三力平衡汇交定理画 AB 杆和 AC 杆的受力图。若将 $\boldsymbol{F}$ 沿其作用线移到 AB 杆上，如图 1-31（b）所示，画出 AC 杆、AB 杆的受力图，并比较两种情况下 C、B 两处的反力，说明理由。

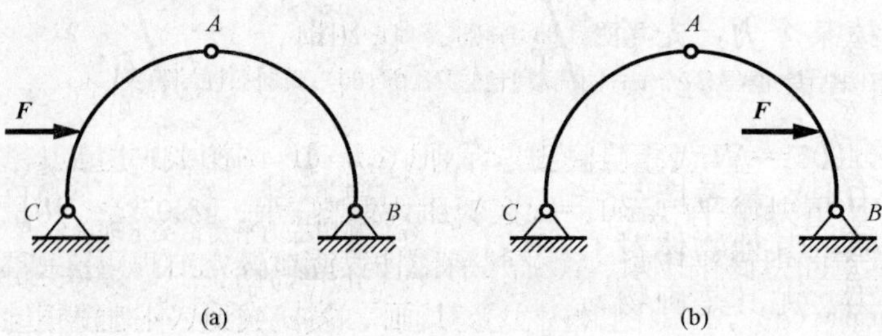

图 1-33 题 1-1 图

1-2 画图 1-34 所示中各物体的受力图。

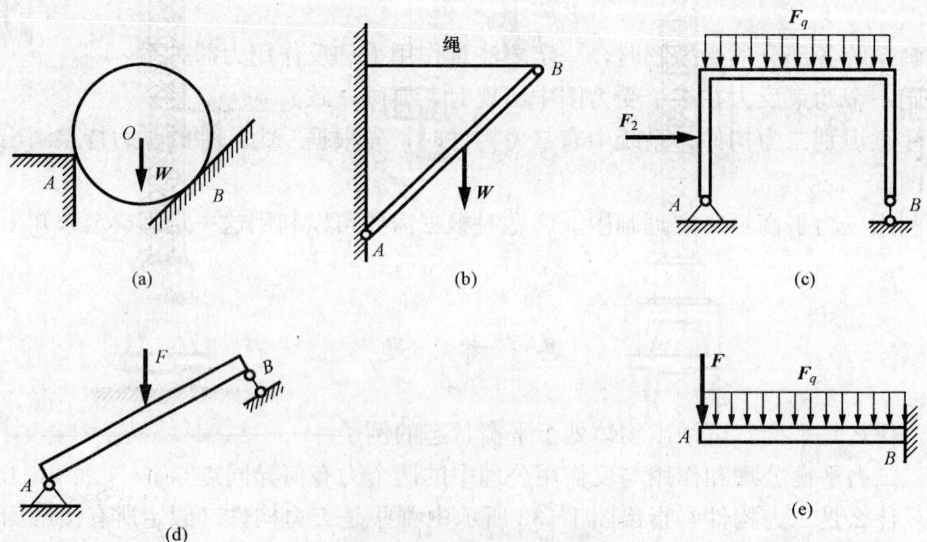

图 1-34 题 1-2 图

1-3 画图1-35所示中AD杆、BC杆及整体的受力图。

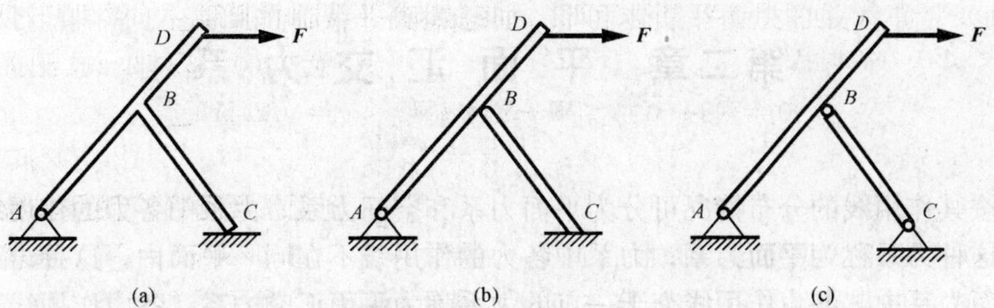

图1-35 题1-3图

1-4 画出图1-36所示各物体系统中指定物体的受力图。

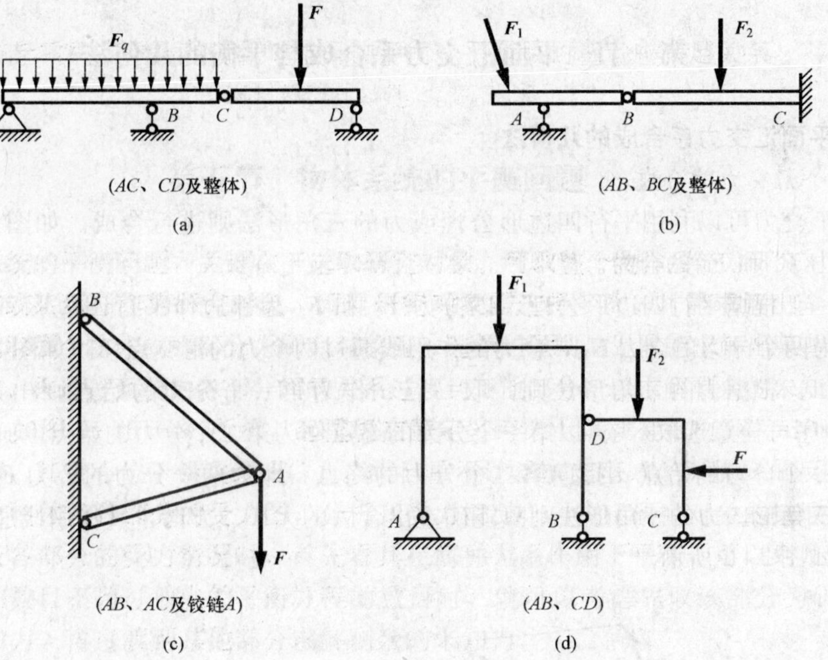

图1-36 题1-4图

第二章　平 面 汇 交 力 系

力系按其作用线的分布情况可分为平面力系和空间力系。力系中各力的作用线都在同一平面内，这种力系称为**平面力系**；力系中各力的作用线不在同一平面内，这种力系称为**空间力系**。平面力系中，各力作用线交于一点的力系称为**平面汇交力系**；各力作用线互相平行的力系称为**平面平行力系**；各力的作用线任意分布的力系称为**平面一般力系**。

本章主要利用几何法和解析法分析平面汇交力系的合成与平衡问题。

第一节　平面汇交力系合成与平衡的几何法

一、平面汇交力系合成的几何法

1. 两个汇交力的合成

两个汇交力可以利用平行四边形公理或力的三角形法则进行合成。如图 2-1 所示，求两个汇交力 $\boldsymbol{F}_1$ 和 $\boldsymbol{F}_2$ 的合力。

方法一：根据平行四边形公理，以分力 $\boldsymbol{F}_1$ 和 $\boldsymbol{F}_2$ 为邻边作平行四边形 $ABCD$，其对角线 AC 即为两个分力的合力 $\boldsymbol{F}_\mathbf{R}$，合力的作用线通过两个力的汇交点 A，如图 2-1 所示。

方法二：根据力的三角形法则，取一点 a 作为第一个分力的始点画出第一个分力 $\boldsymbol{F}_2$（分力的顺序可任意选取），再以第一个分力的终点作为第二个分力的始点，画出第二个分力 $\boldsymbol{F}_1$，从第一个分力的始点 a 指向第二个分力的终点 c 即为两个分力的合力 $\boldsymbol{F}_\mathbf{R}$。三角形 abc 称为**力的三角形**。力的三角形法则只能确定出合力的大小、方向，其作用线通过两个分力的汇交点，如图 2-2 所示。

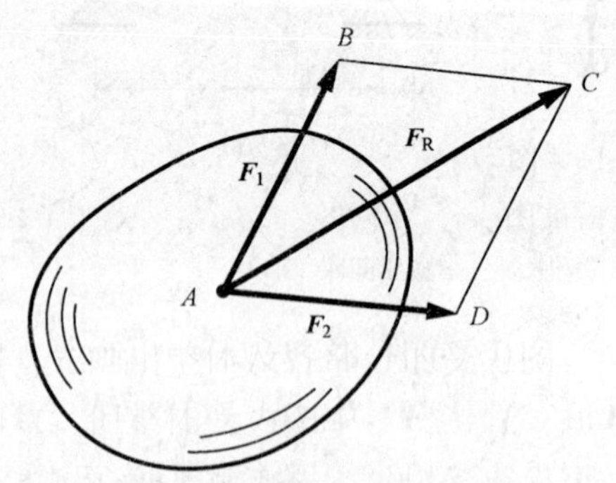

图 2-1　用平行四边形公理求合力

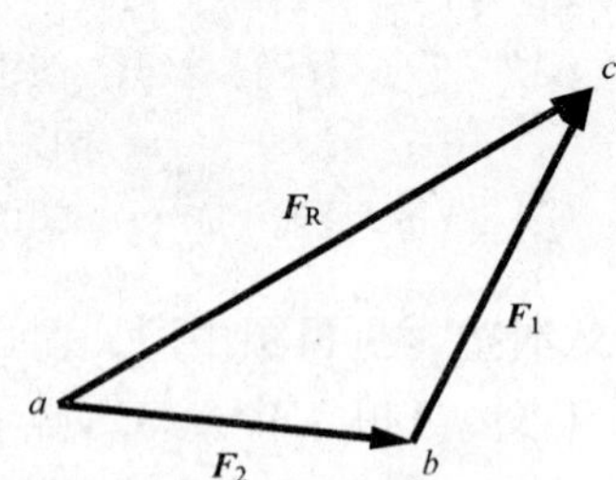

图 2-2　用力的三角形法则求合力

2. 任意个汇交力的合成

任意个汇交力的合成多用力多边形法则。如图 2-3（a）所示，求平面汇交力系的合力。取点 a 作为第一个力的始点画出第一个力 $\boldsymbol{F}_1$，以第一个力的终点 b 作为第二个力的始点画出第二个力 $\boldsymbol{F}_2$，以第二个力的终点 c 作为第三个力的始点画第三个力 $\boldsymbol{F}_3$，以第三个力的终点 d 作为第四个力的始点画第四个力 $\boldsymbol{F}_4$，最后，从第一个力的始点 a 指向最后一个力的终点e即为此平面汇交力系的合力$\boldsymbol{F}_R$，如图2-3（b）所示，合力的作用线通过该力系的交点。多边形$abcde$称为**力多边形**，这种方法称为**力多边形法则**。图2-3（c）所示为作力多边形时，选择了不同的力的顺序，作出的力多边形形状和图2-3（b）的不同，但最后得出的合力大小、方向是相同的。

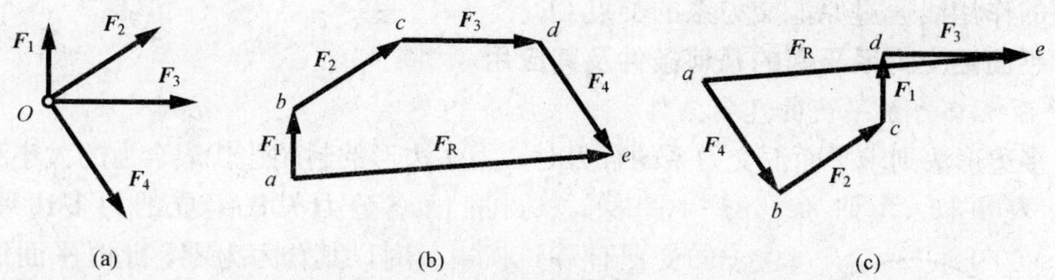

图2-3 任意个汇交力的合成

（a）平面汇交力系；（b）用力多边形法则求合力；（c）选择不同的力的顺序合成

可见，**平面汇交力系合成的结果是一个合力，合力的大小等于各分力的矢量和，合力的作用线通过原汇交力系的交点**。可用公式表示为

$$\boldsymbol{F}_R=\boldsymbol{F}_1+\boldsymbol{F}_2+\cdots+\boldsymbol{F}_n=\sum\boldsymbol{F} \tag{2-1}$$

用力多边形法则求合力时，要注意以下几点：

（1）求一个力时，要指明它的三要素。

（2）力多边形中，各分力首尾相接，封闭边表示合力的大小，合力的方向是从第一个力的始点指向最后一个力的终点。

（3）画力多边形时，力的顺序不同，力多边形的形状也不同，但合力的大小、方向是不变的。

（4）应用力多边形法则求力系的合力的大小和方向，是针对平面汇交力系而言的，能否应用于其他力系，有待于今后具体分析。

【例2-1】 如图2-4（a）所示，在固定环上套有三根绳索，三根绳索上的拉力分别为：$F_1=50\text{N}$，$F_2=200\text{N}$，$F_3=150\text{N}$。试用几何法确定这三个力的合力。

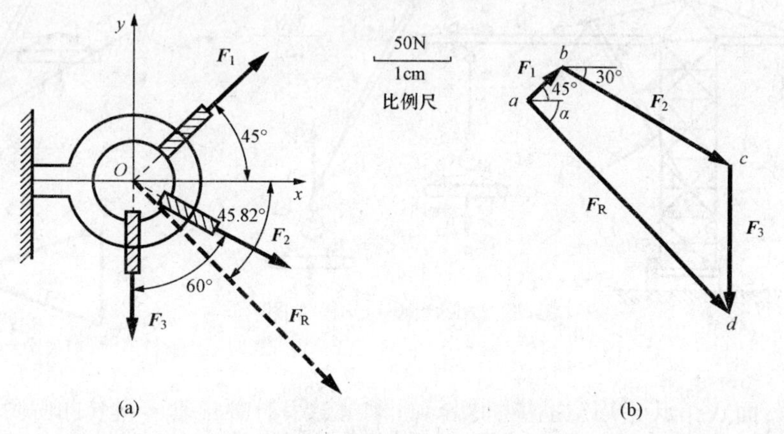

图2-4 ［例2-1］图

（a）在固定环上套有三根绳索；（b）力多边形

解 (1) 选择比例如图。

(2) 按 $\boldsymbol{F}_1$、$\boldsymbol{F}_2$、$\boldsymbol{F}_3$ 的顺序作力多边形 $abcd$，如图 2-4 (b) 所示。

(3) 封闭边即为合力 $\boldsymbol{F}_R$。按比例尺量得

$$F_R = 299.28\text{N},\quad \alpha = 45.82°$$

合力的作用线通过原汇交力系的交点 O。

二、平面汇交力系平衡的几何条件及其应用

1. 平面汇交力系平衡的几何条件

用力多边形法则求平面汇交力系的合力时，力多边形的封闭边代表合力的大小和方向。当各分力矢量组成的力多边形自行封闭时，其合力为零，此时平面汇交力系平衡。反之，如果平面汇交力系平衡，其合力必为零，力多边形一定自行封闭。因此，**平面汇交力系平衡的几何条件是力多边形中各分力首尾相接自行封闭。**

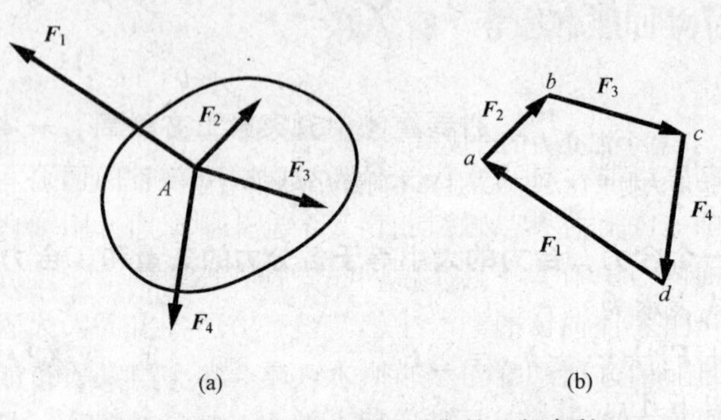

图 2-5 平面汇交力系平衡的几何条件

(a) 平面汇交力系；(b) 力多边形首尾相接自行封闭

如图 2-5 (a) 所示，为一平面汇交力系，其力多边形首尾相接自行封闭［见图 2-5 (b)］，所以，该力系为一平衡力系。

2. 平面汇交力系平衡的几何条件的应用

利用平面汇交力系平衡的几何条件，可以解决两类问题：

(1) 检验刚体在平面汇交力系作用下是否平衡。

(2) 当刚体处于平衡时，利用平衡条件，通过作用于物体上的已知力，求解未知力（未知力的数目不能超过两个）。

【例 2-2】 图 2-6 (a) 所示的起重机吊起一重 $W_2=10\text{kN}$ 的钢管，$\alpha=15°$。试求 AB、AC、AD 绳的拉力。

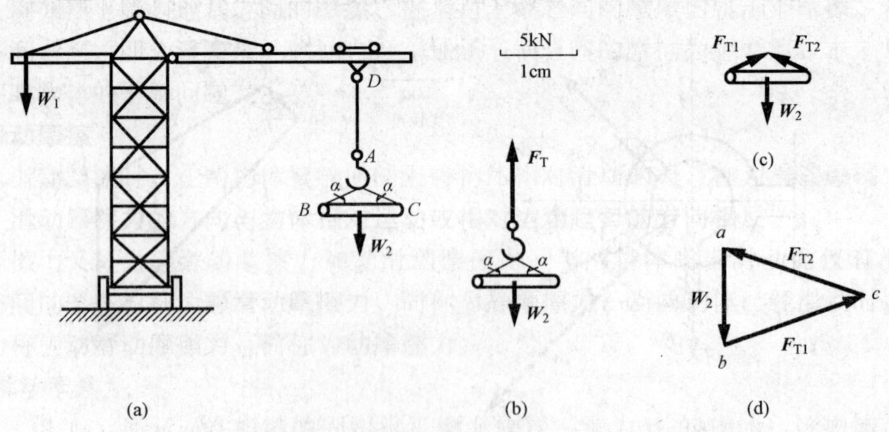

图 2-6 ［例 2-2］图

(a) 起重机吊起一钢管；(b) 吊钩及钢管受力图；(c) 钢管受力图；(d) 自行封闭的力多边形

解 (1) 取吊钩及钢管整体为研究对象，受力图如图 2-6 (b) 所示，根据二力平衡公

理，可知 AD 绳的拉力为 $F_T = W_2 = 10kN$。

(2) 取钢管为研究对象，受力图如图 2-6 (c) 所示，可见钢管受的力系为平面汇交力系。

(3) 选择比例，作力多边形。因钢管处于平衡状态，力多边形应是首尾相接自行封闭。作力多边形时，先画已知力 $\boldsymbol{W}_2$，再过 $\boldsymbol{W}_2$ 的始点和终点分别作与力 $\boldsymbol{F}_{T1}$、$\boldsymbol{F}_{T2}$ 的平行的直线，找出封闭的多边形后，再根据平衡的几何条件确定未知力的指向，如图 2-6 (d) 所示。

(4) 按比例量得 AB、AC 绳的拉力为 $F_{T1} = F_{T2} = 19kN$。

【例 2-3】 平面刚架在 C 点受水平力 $\boldsymbol{F}$ 作用，如图 2-7 (a) 所示。设 $F=100kN$，不计刚架的自重，试求 A、B 处的支座反力。

解 (1) 取刚架为研究对象，利用三力平衡汇交定理画其受力图，如图 2-7 (b) 所示 (A、B 处的反力指向假设)。

(2) 选择比例，作力多边形。刚架受平面汇交力系作用而平衡，所以，作出的力多边形应首尾相接自行封闭，如图 2-7 (c) 所示。

(3) 按比例量出 $\boldsymbol{F}_A$、$\boldsymbol{F}_B$ 的大小分别为 $F_A = 125kN, F_B = 75kN$。

从力多边形中，可以看出受力图中 $\boldsymbol{F}_A$ 的指向假设的和实际方向相反，而 $\boldsymbol{F}_B$ 的指向和实际的指向相同。可见，力多边形法则不仅可以量出未知力的大小，还可以确定出未知力的实际指向。

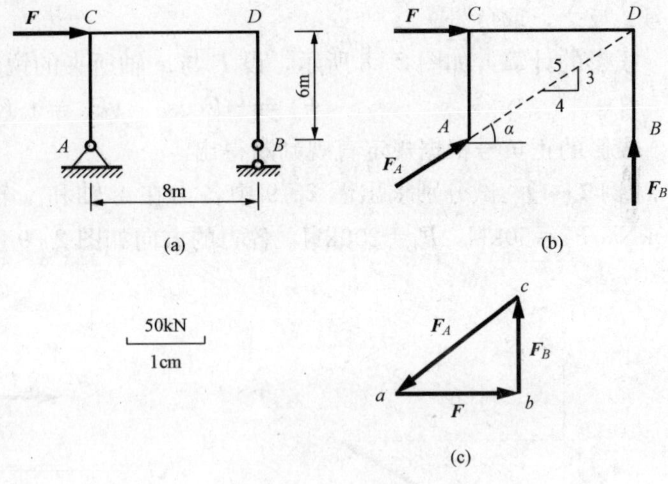

图 2-7 [例 2-3] 图

(a) 计算简图；(b) 刚架受力图；(c) 自行封闭的力多边形

通过以上例题，可以总结出几何法求解平面汇交力系平衡问题的方法及注意事项如下：

(1) 选择研究对象，画其受力图。画受力图时，要考虑研究对象最多只能与两个未知力有关。所以，要尽量利用二力构件的受力特点及三力平衡汇交定理来确定未知力作用线的方位，指向假设，使研究对象在平面汇交力系作用下处于平衡状态。

(2) 选择比例，作力多边形。作力多边形时，先画已知力，后画未知力。按力多边形首尾相接、自行封闭的特点确定未知力的实际指向。

(3) 按比例量出未知力的大小。

(4) 注意计算简图、受力图和力多边形图的区别和联系。

计算简图只准确地显示各力的作用位置和方位，其大小用数据表示出来，力多边形图中显示了力的大小、方位和指向，不显示各力的作用位置。计算简图、受力图和力多边形中同一个力的作用线必须平行。

第二节 平面汇交力系合成与平衡的解析法

平面汇交力系的几何法具有直观、简捷的优点，但其精确度较差，在力学中用得较多的还是解析法。

一、平面汇交力系合成的解析法

1. 力在坐标轴上的投影

投影的定义：设力 $\boldsymbol{F}$ 作用于物体的某点 A，直角坐标系 xOy 与 $\boldsymbol{F}$ 在同一平面内，从力 $\boldsymbol{F}$ 的始点 A 及终点 B 分别向 x 轴和 y 轴作垂线，得垂足 a 和 b，并在 x 轴上得线段 ab。线段 ab 加上正号或负号称为**力 $\boldsymbol{F}$ 在 x 轴上的投影**，用 $\boldsymbol{F}_x$ 表示。用同样的方法可得线段 a_1b_1，加上正号或负号得力 $\boldsymbol{F}$ 在 y 轴上的投影 $\boldsymbol{F}_y$，如图 2-8 所示，即

$$F_x = \pm ab, \quad F_y = \pm a_1 b_1$$

投影的正负号规定：从力的始点的投影到终点的投影的趋向与投影轴的正向一致时，取正号；反之，取负号。

投影的计算：如图 2-8 所示，设 $\boldsymbol{F}$ 与 x 轴所夹的锐角为 α，则

$$F_x = \pm F\cos\alpha, \quad F_y = \pm F\sin\alpha \tag{2-2}$$

投影的正负号根据规定直观判断得出。

【例 2-4】 试分别求出图 2-9 中各力在 x 轴和 y 轴的投影。已知 $F_1=100\text{kN}$，$F_2=120\text{kN}$，$F_3=50\text{kN}$，$F_4=200\text{kN}$，各力的方向如图 2-9 所示。

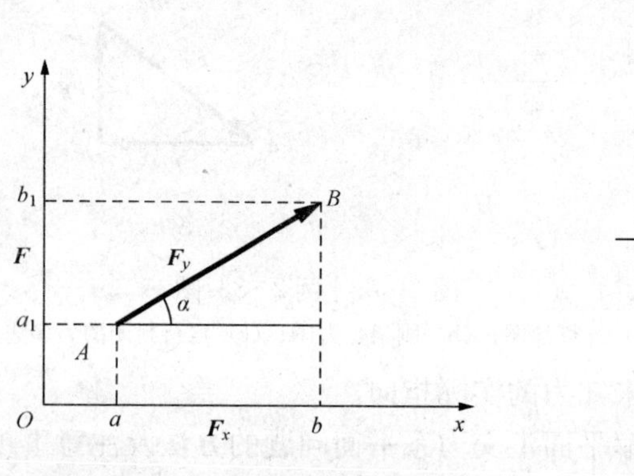

图 2-8 力在坐标轴上的投影

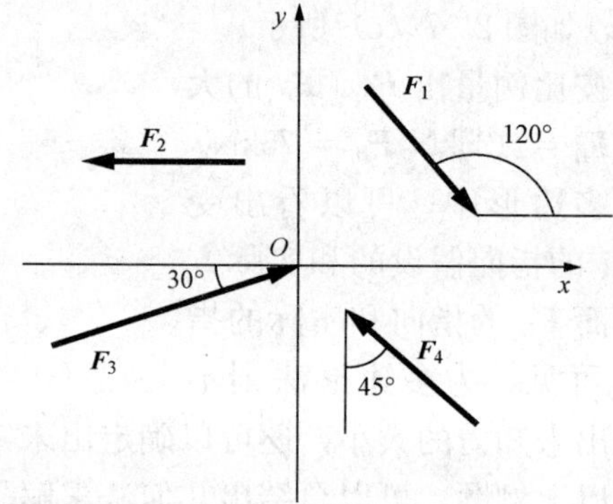

图 2-9 ［例 2-4］图

解 计算投影时，要灵活利用三角函数关系及投影正负号规定来确定，注意式（2-2）中，α 为力与 x 轴夹的锐角。

$$F_{1x} = F_1\cos60^\circ = 100 \times \frac{1}{2} = 50(\text{kN})$$

$$F_{1y} = -F_1\sin60^\circ = -100 \times \frac{\sqrt{3}}{2} = -86.6(\text{kN})$$

$$F_{2x} = -F_2 = -120\text{kN}, F_{2y} = 0$$

$$F_{3x} = F_3\cos30^\circ = 50 \times \frac{\sqrt{3}}{2} = 43.3(\text{kN})$$

$$F_{3y} = F_3\sin30^\circ = 50 \times \frac{1}{2} = 25(\text{kN})$$

$$F_{4x} = -F_4\sin45^\circ = -200 \times \frac{\sqrt{2}}{2} = -141.4(\text{kN})$$

$$F_{4y}=F_4\cos45°=200\times\frac{\sqrt{2}}{2}=141.4(\text{kN})$$

由本例可知，当力与坐标轴垂直时，力在该坐标轴上的投影为零。当力与坐标轴平行时，力在该轴上的投影的绝对值等于该力的大小。

已知力在直角坐标轴上的投影，求力。如果已知力 $\boldsymbol{F}$ 在两个坐标轴上的投影 $\boldsymbol{F}_x$、$\boldsymbol{F}_y$，则力 $\boldsymbol{F}$ 的大小和它与 x 轴夹的锐角 α 可由下式求得

$$F=\sqrt{F_x^2+F_y^2} \tag{2-3}$$

$$\tan\alpha=\left|\frac{F_y}{F_x}\right| \tag{2-4}$$

力 $\boldsymbol{F}$ 的指向根据 $\boldsymbol{F}_x$、$\boldsymbol{F}_y$ 的正负号确定。

【例 2-5】 已知作用于 A 点力 $\boldsymbol{F}$ 在 x 轴和 y 轴上的投影分别为 $\boldsymbol{F}_x=-100\text{kN}$，$\boldsymbol{F}_y=75\text{kN}$，试确定该力的大小和方向。

解 由式（2-3）可得力 $\boldsymbol{F}$ 的大小为

$$F=\sqrt{F_x^2+F_y^2}=\sqrt{(-100)^2+75^2}=125(\text{kN})$$

由式（2-4）力 $\boldsymbol{F}$ 作用线与 x 轴夹的锐角为

$$\tan\alpha=\left|\frac{F_y}{F_x}\right|=\left|\frac{75}{-100}\right|=0.75,\quad \alpha=36.87°$$

因 F_x 为负值，F_y 为正值，要符合这一条件，作用于 A 点的力 $\boldsymbol{F}$ 只能在第二象限，指向如图 2-10 所示。

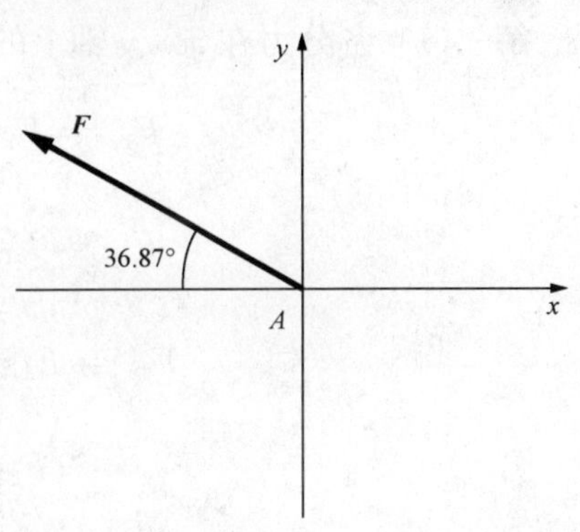

图 2-10 ［例 2-5］图

2. 合力投影定理

合力投影定理建立了合力和分力在同一坐标轴上投影之间的关系。设有一平面汇交力系 $\boldsymbol{F}_1$、$\boldsymbol{F}_2$、$\boldsymbol{F}_3$ 作用于物体的 O 点，如图 2-11（a）所示，利用几何法确定其合力 $\boldsymbol{F}_R$，如图 2-11（b）所示。各分力及合力在 x 轴上的投影分别为

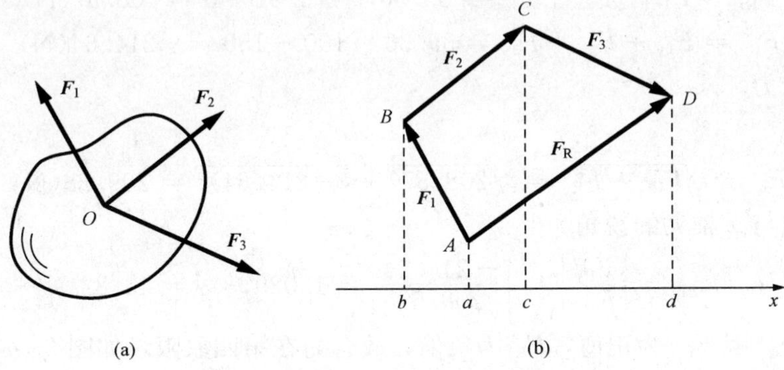

图 2-11 合力投影定理的证明

（a）平面汇交力系；（b）利用几何法确定其合力 $\boldsymbol{F}_R$

$$F_{1x}=-ab,\quad F_{2x}=bc,\quad F_{3x}=cd,\quad F_{Rx}=ad$$

而

$$ad=bc-ab+cd$$

因此可得 $$F_{Rx}=F_{1x}+F_{2x}+F_{3x}$$

这一关系推广到任意个汇交力的情形，则有

$$F_{Rx}=F_{1x}+F_{2x}+\cdots+F_{nx}=\sum F_x \tag{2-5}$$

由此可见，**合力在任意轴上的投影，等于各分力在同一轴上投影的代数和，这就是合力投影定理**。

3. 用解析法求平面汇交力系的合力

当平面汇交力系为已知时，可选定直角坐标系，求得力系中各分力在 x、y 轴上的投影，再利用合力投影定理求得合力 $\boldsymbol{F}_R$ 在 x、y 轴上的投影 $\boldsymbol{F}_{Rx}$、$\boldsymbol{F}_{Ry}$，则合力的大小、作用线与 x 轴夹的锐角 α 可由下式确定

$$F_R=\sqrt{F_{Rx}^2+F_{Ry}^2}=\sqrt{(\sum F_x)^2+(\sum F_y)^2} \tag{2-6}$$

$$\tan\alpha=\left|\frac{F_{Ry}}{F_{Rx}}\right|=\left|\frac{\sum F_y}{\sum F_x}\right| \tag{2-7}$$

合力的指向由 F_{Rx}、F_{Ry} 的正负号确定。合力的作用线通过原力系的汇交点。

【例 2-6】 用解析法求［例 2-1］中平面汇交力系的合力。

解 (1) 各分力在 x、y 轴上的投影分别为

$$F_{1x}=F_1\cos45^\circ=50\times\frac{\sqrt{2}}{2}=35.36(\mathrm{N})$$

$$F_{1y}=F_1\sin45^\circ=50\times\frac{\sqrt{2}}{2}=35.36(\mathrm{N})$$

$$F_{2x}=F_2\sin60^\circ=200\times\frac{\sqrt{3}}{2}=173.21(\mathrm{N})$$

$$F_{2y}=-F_2\cos60^\circ=-200\times\frac{1}{2}=-100(\mathrm{N})$$

$$F_{3x}=0,\quad F_{3y}=-F_3=-150(\mathrm{N})$$

(2) 计算合力在两个坐标轴上的投影

$$F_{Rx}=F_{1x}+F_{2x}+F_{3x}=35.36+173.21+0=208.57(\mathrm{N})$$

$$F_{Ry}=F_{1y}+F_{2y}+F_{3y}=35.36-100-150=-214.64(\mathrm{N})$$

(3) 计算合力。

合力的大小

$$F_R=\sqrt{F_{Rx}^2+F_{Ry}^2}=\sqrt{208.57^2+(-214.64)^2}=299.28(\mathrm{N})$$

合力作用线与 x 轴夹的锐角

$$\tan\alpha=\left|\frac{F_{Ry}}{F_{Rx}}\right|=\left|\frac{-214.64}{208.57}\right|=1.029,\quad \alpha=45.82^\circ$$

合力的指向：因 F_{Rx} 为正值，F_{Ry} 为负值，故合力在第四象限，如图 2-4（a）所示。

二、平面汇交力系平衡的解析条件及其应用

1. 平面汇交力系平衡的解析条件

从上一节可知，**平面汇交力系平衡的必要和充分条件是该力系的合力等于零**。由式(2-6)可得

$$F_R=\sqrt{F_{Rx}^2+F_{Ry}^2}=\sqrt{(\sum F_x)^2+(\sum F_y)^2}=0$$

则有
$$\sum F_x = 0,\quad \sum F_y = 0 \tag{2-8}$$

所以，**平面汇交力系平衡的必要和充分的解析条件是：力系中所有各力在两个坐标轴上投影的代数和分别等于零**。式（2-8）为**平面汇交力系的平衡方程**。

2. 平面汇交力系平衡的解析条件的应用

平面汇交力系有两个独立的平衡方程，可以求解两个未知量。所以，用解析法求解平面汇交力系的平衡问题时，关键是对物体进行受力分析，选择与已知力、未知力都有关的物体为研究对象，以便利用已知力求解未知力。另外，研究对象最多只能与两个未知力有关。

【例 2-7】 利用解析法求［例 2-3］中 A、B 处的支座反力。

解 （1）以刚架为研究对象，受力图如图 2-7（b）所示。

（2）建立直角坐标系。建立直角坐标系时，要根据未知力的分布情况，尽量使未知力与某坐标轴垂直，这样可以使方程中含有的未知量少，简化计算。

（3）列平衡方程

$$\sum F_x = 0,\quad F + F_A\cos\alpha = 0$$
$$\sum F_y = 0,\quad F_A\sin\alpha + F_B = 0$$

将数据代入得

$$100 + F_A \times \frac{4}{5} = 0,\quad F_A \times \frac{3}{5} + F_B = 0$$

解得 $F_A = -125\text{kN}$（负号表示假设的方向与实际方向相反），$F_B = 75\text{kN}$。

【例 2-8】 图 2-12（a）所示的支架中，各杆的自重不计，杆两端均为铰接，在销钉 A 处悬挂重为 $W=10\text{kN}$ 的重物，求杆 AB、AC 所受的力。

解 （1）取重物为研究对象，受力图如图 2-12（b）所示，根据二力平衡公理可知，绳对重物的拉力 $F_T = W = 10\text{kN}$。

（2）取铰 A 为研究对象。杆 AB、AC 均为二力杆，假设二杆均受拉力，则根据作用力和反作用力关系，画出铰 A 的受力图，如图 2-12（c）所示。

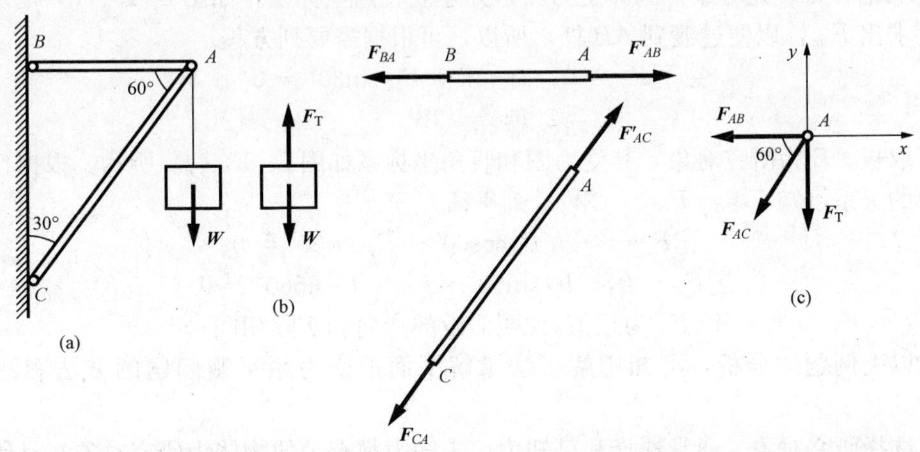

图 2-12 ［例 2-8］图

（a）计算简图；（b）重物的受力图；（c）杆 AB、AC 和铰 A 的受力图

(3) 建立直角坐标系，列平衡方程

$$\sum F_x = 0,\quad -F_{AB} - F_{AC}\cos60^\circ = 0$$

$$\sum F_y = 0,\quad -F_{AC}\sin60^\circ - F_T = 0$$

代入数据 $F_T = 10kN$，解得 $F_{AC} = -11.55kN$（符号表示假设指向与实际相反），$F_{AB} = 5.77kN$。

【例 2-9】 如图 2-13（a）所示，自重为 W 的钢管搁置在倾斜的板 AB（自重不计）与墙之间，钢管与板的接触点 D 是 AB 的中点，各接触处都是光滑的。试求绳 BC 的拉力和铰 A 的反力。

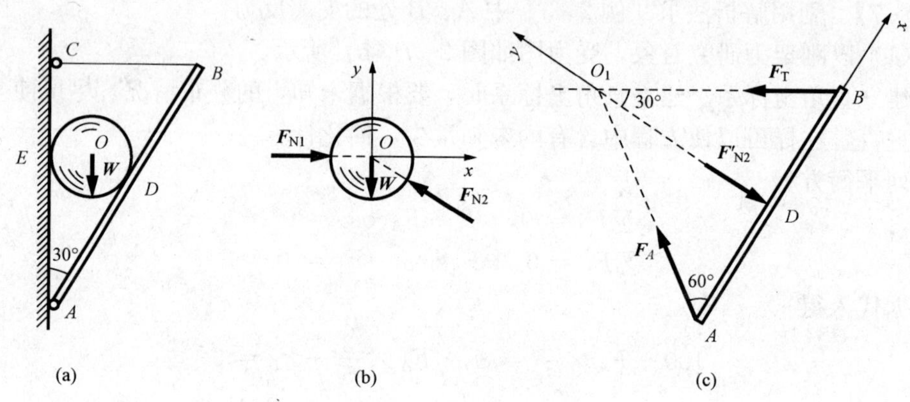

图 2-13 ［例 2-9］图

（a）钢管搁置在倾斜的板 AB 与墙之间；（b）钢管的受力图；（c）板 AB 的受力图

解 这是一个物体系统的平衡问题，所以，首先要根据已知力和每个物体的受力情况，分析选择研究对象的顺序。因为 AB 杆只与三个未知力有关，而两个独立的平衡方程解不出三个未知力，所以，只能先取与已知力、两个未知力有关的钢管为研究对象，计算出 AB 板对钢管的作用力，再利用 AB 板与钢管之间的关系过渡到 AB 板。

(1) 取钢管为研究对象，画其受力图，并建立直角坐标系，如图 2-13（b）所示。这里目的是要求出 F_{N2}，以便过渡到 AB 杆，所以，可根据需要列方程。

$$\sum F_y = 0,\quad -W + F_{N2}\sin30^\circ = 0$$

解得

$$F_{N2} = 2W$$

(2) 取板 AB 为研究对象，其受力图和直角坐标系如图 2-13（c）所示。根据作用力和反作用力的关系可知 $F'_{N2} = F_{N2} = 2W$ 。列平衡方程

$$\sum F_x = 0,\quad F_A\cos60^\circ - F_T\cos60^\circ = 0$$

$$\sum F_y = 0,\quad F_A\sin60^\circ - F'_{N2} + F_T\sin60^\circ = 0$$

解得 $F_A = F_T = 1.15W$（F_A 为正值，说明假设的指向和实际相同）。

通过以上例题的分析，可知用解析法求解平面汇交力系平衡问题的方法和注意事项如下：

(1) 选择研究对象。通常选择和已知力、未知力都有关的物体为研究对象，且研究对象最多只能与两个未知力有关。

(2) 画受力图。注意利用二力构件的受力特点和三力平衡汇交定理确定未知力作用线的方位，指向未定时可以先假设。

(3) 建立直角坐标系。根据未知力的分布情况，恰当地选取直角坐标系，尽量使未知力与某坐标轴垂直，以便简化计算。

(4) 列平衡方程，求解未知力。根据受力图判断力系是平面汇交力系时，方可利用平衡条件求解。计算结果如果为负值，说明该力假设的方向和实际方向相反。

思 考 题

2-1 平面汇交力系平衡的几何条件和解析条件是什么？

2-2 试指出图2-14所示的两个力多边形中，四个力之间的关系。

2-3 力 $\boldsymbol{F}$ 在 x 轴和 y 轴上的投影与其沿 x 轴和 y 轴的分力有何不同？试以图2-15所示两种情况为例，说明投影的绝对值和分力的大小在哪种情况下相等，哪种情况下不相等。

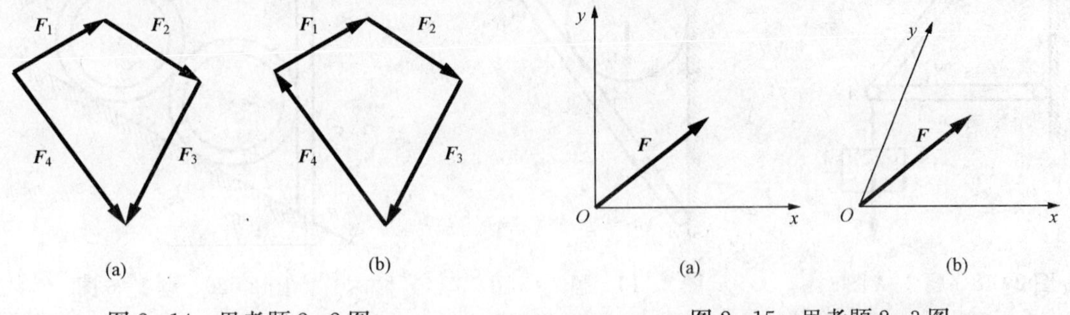

图2-14 思考题2-2图　　图2-15 思考题2-3图

2-4 已知力 F，(1) 在 x 轴上的投影为正值，在 y 轴上的投影为负值；(2) 在 x、y 轴上的投影均为负值；(3) 在 x 轴上的投影为零，在 y 轴上的投影为正值。试判断该力的方向。

习 题

2-1 如图2-16所示，已知 $F_1=150\text{N}$，$F_2=200\text{N}$，$F_3=30\text{N}$，$F_4=100\text{N}$，用几何法求四个力的合力。

2-2 如图2-17所示，一均质球重 $W=100\text{kN}$，放在两个相交的光滑斜面之间。斜面 AB 的倾角 $\alpha=45°$，斜面 BC 的倾角 $\beta=60°$。用几何法求两斜面对球的反力的大小。

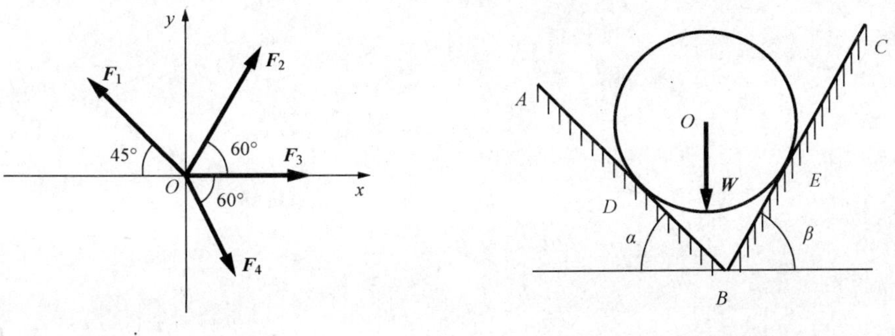

图2-16 题2-1图　　图2-17 题2-2图

2-3 用解析法求题 2-1 中四个力的合力。

2-4 如图 2-18 所示，杆 AB 和杆 AC 彼此以铰链连接，两杆的另一端均交接在铅垂墙上。铰 A 处挂一重物 W=10kN，试计算 AB 杆和 AC 杆所受的力。

2-5 如图 2-19 所示，球体重 W=40kN，放在光滑的墙和杆之间，试计算球对墙和杆的压力。

2-6 相同的两根钢管 C 和 D 搁置在斜坡上，并用两根铅垂立柱挡住，如图 2-20 所示。设每根管子重 4kN，求管子作用在每根立柱上的压力，摩擦不计。

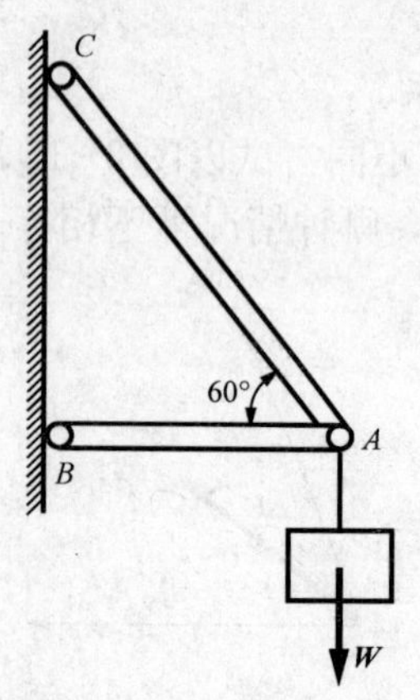

图 2-18 题 2-4 图

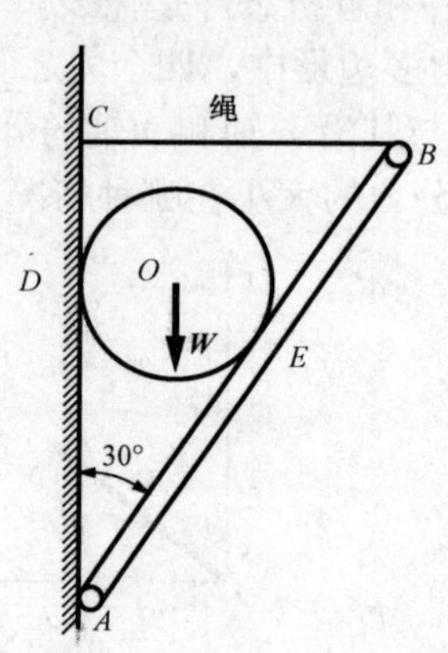

图 2-19 题 2-5 图

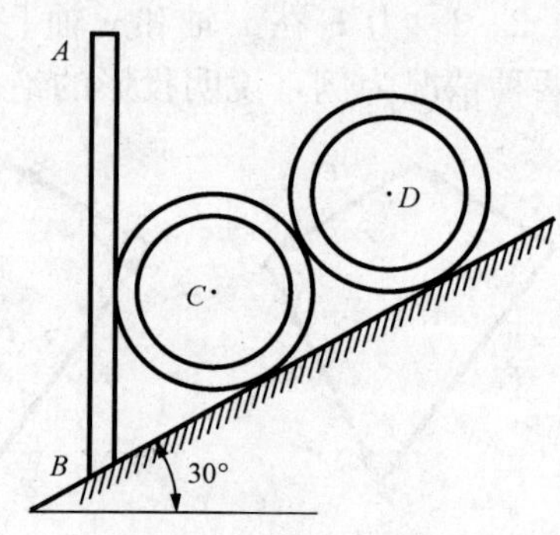

图 2-20 题 2-6 图

第三章 力矩与平面力偶系

本章主要分析力矩和平面力偶系的合成与平衡问题。

第一节 力矩及其计算

一、力对点之矩

力矩的定义：力可以使物体移动，也可以使物体转动。力使物体移动的效应取决于力的大小和方向。那么，力使物体转动的效应由哪些因素来决定呢？现以扳手拧螺帽为例来分析这个问题。如图 3-1 所示，力 $\boldsymbol{F}$ 使扳手带动螺帽绕螺母中心转动，这个转动效应不仅与力的大小成正比、转动中心 O（称为**矩心**）到力作用线的垂直距离 d（称为**力臂**）成正比，而且与力使螺帽转动的转向有关。由此可见，力使物体转动的效应由以下两个因素决定：

（1）力的大小和力臂的乘积，即 Fd。

（2）力使物体绕矩心的转动方向。

用力的大小和力臂的乘积 Fd 再加上表示转向的正负号来表示力使物体绕矩心 O 转动的效应，称为**力 $\boldsymbol{F}$ 对 O 点的矩**，简称**力矩**，用符号 $M_O(\boldsymbol{F})$ 表示，即

$$M_O(\boldsymbol{F}) = \pm Fd \tag{3-1}$$

力矩的正负号规定：使物体产生逆时针转向的力矩为正；反之，为负。可见，力使物体转动的效应是由力矩来衡量的，力矩是个代数量。

力矩的单位：力矩的单位是力与长度的单位的乘积。在国际单位制中常用牛顿米（N·m）或千牛顿米（kN·m）。

由力矩的定义可知：

（1）同一个力对不同的点的矩是不同的。所以，说力矩时一定要指明矩心。

（2）当力的作用线通过某点时，因力臂等于零，所以，力矩为零。

（3）力沿其作用线移动时，因为力的大小、方向和力臂都没有改变，所以力对某指定点的矩也不会改变。

（4）力矩的大小可以利用力的始点、终点、矩心所构成的力三角形的面积来计算，如图 3-2 所示。

$$M_O(\boldsymbol{F}) = \pm Fd = \pm 2\Delta ABO \tag{3-2}$$

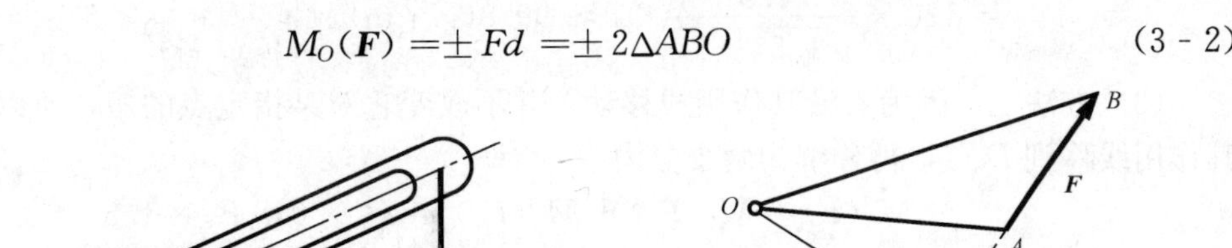

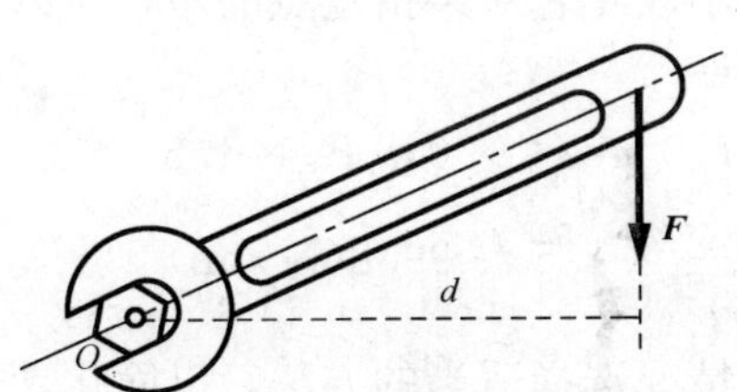

图 3-1 力 F 使扳手带动螺帽绕螺母中心转动

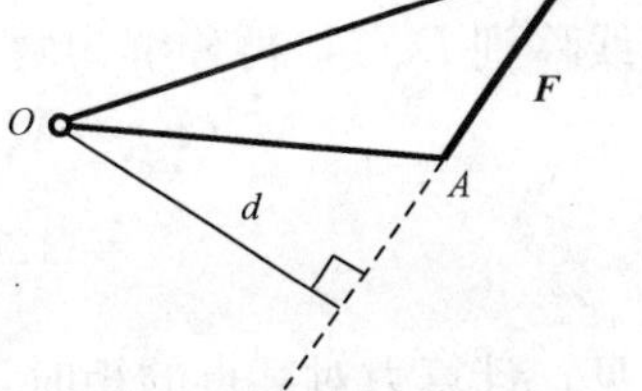

图 3-2 力矩的大小

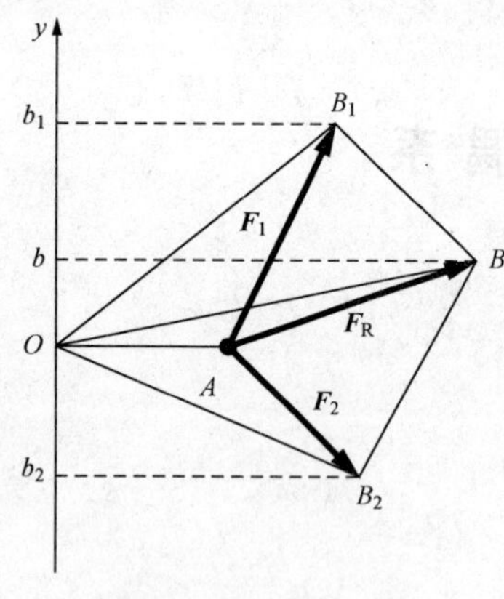

图 3-3 合力矩定理

二、合力矩定理

设物体 A 点作用有平面汇交力系 $\boldsymbol{F}_1$、$\boldsymbol{F}_2$，其合力为 $\boldsymbol{F}_R$。在力系的作用面内取一点 O，过 O 点并垂直于 OA 作 y 轴，如图 3-3 所示，则 $\boldsymbol{F}_1$、$\boldsymbol{F}_2$、$\boldsymbol{F}_R$ 在 y 轴上的投影分别为

$$F_{1y}=Ob_1,\quad F_{2y}=-Ob_2,\quad F_{Ry}=Ob$$

各力对 O 点的矩分别为

$$M_O(\boldsymbol{F}_1)=2\Delta OAB_1=OA\cdot Ob_1=OA\cdot F_{1y}$$
$$M_O(\boldsymbol{F}_2)=-2\Delta OAB_2=-OA\cdot Ob_2=OA\cdot F_{2y}$$
$$M_O(\boldsymbol{F}_R)=2\Delta OAB=OA\cdot Ob=OA\cdot F_{Ry}$$

根据合力投影定理有

$$F_{Ry}=F_{1y}+F_{2y}$$

则有

$$\begin{aligned}M_O(\boldsymbol{F}_R)&=OA\cdot F_{Ry}=OA\cdot(F_{1y}+F_{2y})\\&=OA\cdot F_{1y}+OA\cdot F_{2y}=M_O(\boldsymbol{F}_1)+M_O(\boldsymbol{F}_2)\end{aligned}$$

推广到任意个汇交力的情形，有

$$M_O(\boldsymbol{F}_R)=M_O(\boldsymbol{F}_1)+M_O(\boldsymbol{F}_2)+\cdots+M_O(\boldsymbol{F}_n)=\sum M_O(\boldsymbol{F}) \tag{3-3}$$

由此得出：**平面汇交力系的合力对平面内任一点的力矩等于各分力对同一点的力矩的代数和**，这就是**平面汇交力系的合力矩定理**。这个定理也适用于有合力的其他各种力系。

应用合力矩定理可以简化力矩的计算。在求一个力对某点的矩时，若力臂不易确定，就可以将力分解为力臂易确定的两个相互垂直的分力，再利用合力矩定理计算力矩。

【例 3-1】 放在地面上的板条箱如图 3-4 所示，受到 $F=120\text{N}$ 的力作用。试求该力对点 A 的矩。

解 (1) 方法一：利用力臂计算

$$M_A(\boldsymbol{F})=F\cdot d=120\times1.5\times\frac{1}{\sqrt{1.5^2+1^2}}$$
$$\approx99.8(\text{N}\cdot\text{m})$$

(2) 方法二：利用合力矩定理计算。将力在 B 点分解为两个分力 $\boldsymbol{F}_x$ 和 $\boldsymbol{F}_y$，则有

$$\begin{aligned}M_A(\boldsymbol{F})&=M_A(\boldsymbol{F}_x)+M_A(\boldsymbol{F}_y)\\&=F_x\times1+F_y\times0\\&=120\times\frac{1.5}{\sqrt{1.5^2+1^2}}\times1\approx99.8(\text{N}\cdot\text{m})\end{aligned}$$

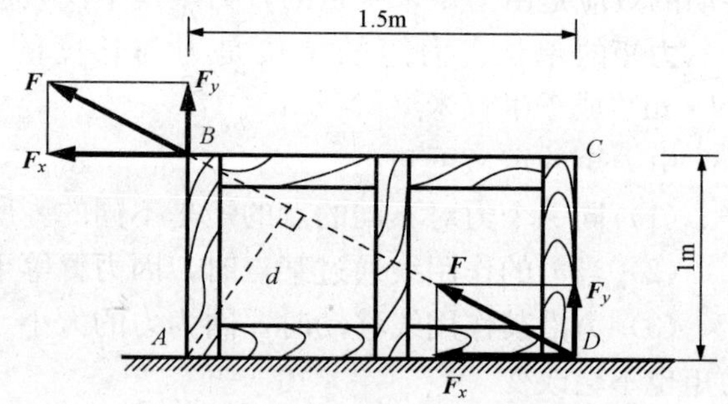

图 3-4 [例 3-1] 图

(3) 方法三：因为力沿其作用线移动，并不改变它对某指定点的矩，所以，可以将力沿其作用线移到 D 点，再分解为两个分力

$$\begin{aligned}M_A(\boldsymbol{F})&=M_A(\boldsymbol{F}_x)+M_A(\boldsymbol{F}_y)=F_x\times0+F_y\times1.5\\&=120\times\frac{1}{\sqrt{1.5^2+1^2}}\times1.5\approx99.8(\text{N}\cdot\text{m})\end{aligned}$$

可见，计算力对某点的矩时，可根据具体情况选择适当的方法，以简化计算。

第二节　力　偶

一、力偶的定义

在日常生活和生产实践中，经常会见到物体受一对大小相等、方向相反、作用线平行而不重合的力作用。例如司机用双手操纵转向盘、用手转动锁把、木工用丁字头螺丝钻孔（见图 3-5）等。

这种由一对大小相等，方向相反，作用线平行、但不共线的两个力组成的力系，称为**力偶**。用符号（$\boldsymbol{F}$，$\boldsymbol{F}'$）表示，力偶的两个力之间的垂直距离 d 称为**力臂**，力偶所在的平面称为力偶的**作用面**。由以上实例可知，力偶只能使物体产生转动效应。

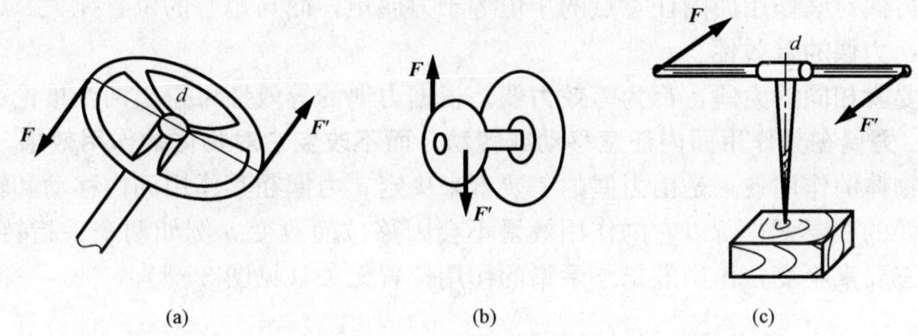

图 3-5　力偶
（a）用双手操纵转向盘；（b）用手转动锁把；（c）用丁字头螺丝钻孔

二、力偶的三要素

由实践知，在力偶的作用面内，力偶对物体的转动效应与组成力偶的力的大小、力偶臂的长短以及力偶的转向有关。因此力偶对物体的作用效果，由以下两个因素决定：

（1）组成力偶的力的大小和力偶臂的乘积 Fd。

（2）力偶在作用面内的转向。

作用在某平面内的力偶，用力的大小和力偶臂的乘积 Fd，加上表示转向的正负号来表示对物体的作用效果，称为**力偶矩**。用符号 $M(\boldsymbol{F},\boldsymbol{F}')$ 表示，即

$$M(\boldsymbol{F},\boldsymbol{F}') = \pm Fd \tag{3-4}$$

力偶矩的正负号：使物体逆时针转动的力偶矩为正；反之，为负。力偶矩是个代数量。

力偶矩的单位：力偶矩的单位与力矩的单位相同，即牛顿米（N·m）、千牛顿米（kN·m）。

力偶对物体的转动效应，取决于力偶的三要素：**力偶矩的大小、力偶的转向、力偶的作用面**。

三、力偶的性质

性质一：力偶在任一坐标轴上的投影恒为零，故力偶无合力，不能用一个力来代替，也不能和一个力平衡，力偶只能和力偶平衡。

设在物体上作用一力偶（$\boldsymbol{F}$，$\boldsymbol{F}'$），如图 3-6 所示。任意取一坐标轴 x，力与 x 轴的夹角为 α，则力偶在该轴上的投影为

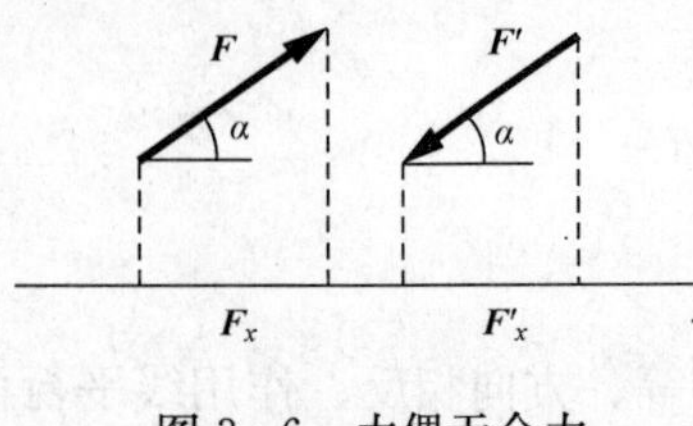

图 3-6　力偶无合力

$$\sum F_x = F\cos\alpha - F'\cos\alpha = 0$$

可见，力偶无合力，它对物体的平移运动不会产生任何影响，力偶只能使物体转动。而力可以使物体移动或兼转动，它们是力系中两个不同的基本元素。

性质二：力偶对其作用面内任一点的矩恒等于力偶矩，而与矩心的位置无关。

设有力偶（$\boldsymbol{F}$，$\boldsymbol{F}'$），其力偶臂为 d，如图 3-7 所示，在力偶的作用面内任取一点 O 为矩心，现求此力偶对 O 点的矩。设矩心 O 到 $\boldsymbol{F}$ 的垂直距离为 d_1，则力偶对 O 点的矩等于组成力偶的两个力对 O 点矩的代数和，即

$$M_O(\boldsymbol{F},\boldsymbol{F}') = Fd_1 - F'(d_1 + d) = -F'd = M_O(\boldsymbol{F},\boldsymbol{F}')$$

可见，力偶对其作用面内任意点的矩恒等于力偶矩，而与矩心的位置无关。

性质三：力偶的等效性。

凡三个要素相同的力偶，都为**等效力偶**。根据力偶的等效性可得出两个推论：

推论 1　力偶在其作用面内任意移动或转动，而不改变它对物体的作用效果。

力偶对物体的作用效果是由力偶的三要素来决定。力偶在其作用面内移动和转动时，并没有改变力偶的三要素，所以它的作用效果不会因移位而改变。例如两个手指转动瓶盖时，只要力偶的三要素不变，作用效果与手指的作用位置无关（见图 3-8）。

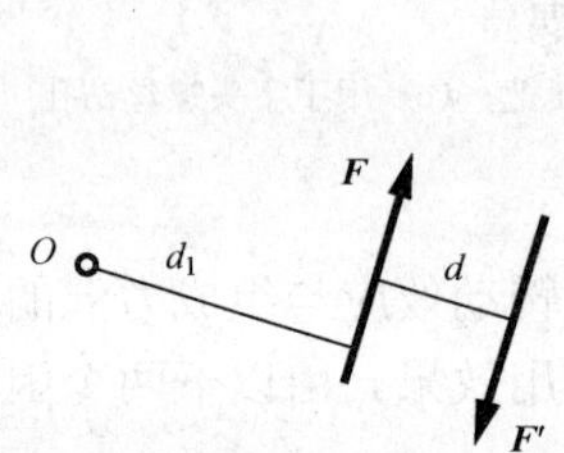

图 3-7　力偶对其作用面内任意点的矩恒等于力偶矩

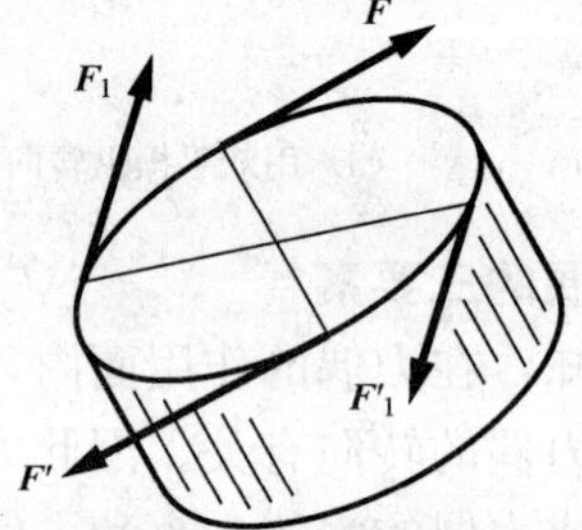

图 3-8　力偶的等效性

推论 2　在保持力偶矩的大小、力偶的转向不变的情况下，可同时相应地改变组成力偶的力的大小和力偶臂的长度。

如图 3-9 所示的力偶的作用效果都相同，故在表示力偶时，已无需表明力偶在其作用面内的具体位置、力和力偶臂的大小，因此，习惯上用一个带箭头的弧线来表示力偶的转向，M 表示力偶矩的大小。

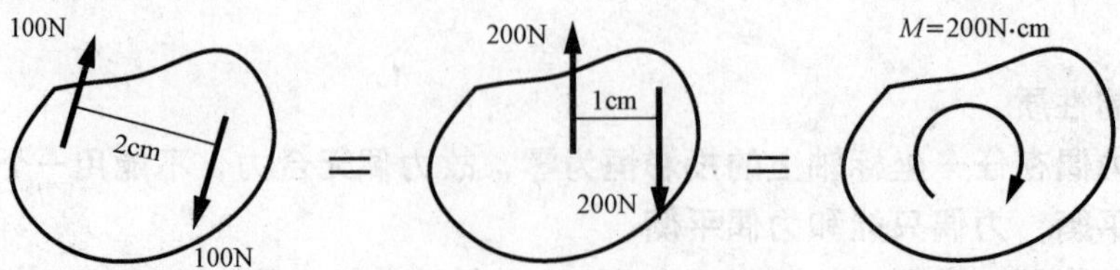

图 3-9　无需表明力偶在其作用面内的具体位置、力和力偶臂的大小

【例 3-2】 图 3-10 所示梁上作用有力 $\boldsymbol{F}$ 及力偶 M，试求（1）力 $\boldsymbol{F}$ 及力偶 M 在 x、y 轴上的投影；（2）力 $\boldsymbol{F}$ 及力偶 M 对 A、B 两点之矩。

解 （1）力在 x、y 轴上的投影分别为

$$F_x = -F\cos 45^\circ = -50 \times \frac{\sqrt{2}}{2}$$

$$\approx -35.6(\text{kN}), \quad F_y = -F\sin 45^\circ$$

$$= -50 \times \frac{\sqrt{2}}{2} \approx -35.6(\text{kN})$$

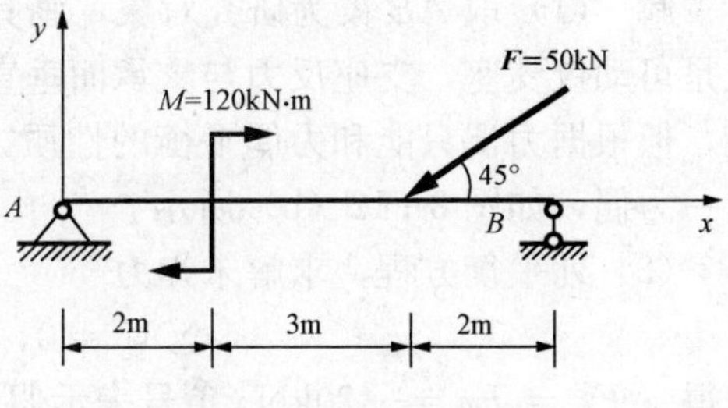

力偶在 x、y 轴上的投影都等于零。

图 3-10 ［例 3-2］图

（2）力对 A、B 点的矩利用合力矩定理计算，有

$$M_A(\boldsymbol{F}) = F_x \times 0 + F_y \times 5 = -50\sin 45^\circ \times 5 \approx -176.78(\text{kN} \cdot \text{m})$$

$$M_B(\boldsymbol{F}) = F_x \times 0 + F_y \times 2 = 50\sin 45^\circ \times 2 \approx 70.71(\text{kN} \cdot \text{m})$$

力偶对 A、B 点的矩都等于 $-120\text{kN} \cdot \text{m}$。

第三节 平面力偶系的合成与平衡

在物体的某一平面内同时作用有两个或两个以上的力偶时，这群力偶就称为**平面力偶系**。

一、平面力偶系的合成

力偶只能使物体转动，而且力偶的转动效应是由力偶矩确定。因而，物体在平面力偶作用下，也只能转动而不能移动，其转动效应必等于力偶系中各个力偶转动效应的总和。可见，**平面力偶系可以合成一个合力偶，其力偶矩等于各分力偶矩的代数和**。即

$$M = M_1 + M_2 + \cdots + M_n \tag{3-5}$$

【例 3-3】 如图 3-11 所示为一平面力偶系，求其合力偶矩。

解 计算各分力偶矩

$$M_1 = 15 \times 2 = 30(\text{kN} \cdot \text{m}), \quad M_2 = -60 \times 1.5 = -90(\text{kN} \cdot \text{m})$$

$$M_3 = -25(\text{kN} \cdot \text{m})$$

由式（3-5）得合力偶矩为

$$M = M_1 + M_2 + M_3 = 30 - 90 - 25 = -85(\text{kN} \cdot \text{m})$$

合力偶矩的大小为 $85\text{kN} \cdot \text{m}$，负值表示合力偶顺时针转向，与原力偶系共面。

二、平面力偶系的平衡条件

平面力偶系可以合成为一个合力偶，当合力偶矩等于零时，力偶系中各分力偶对物体的转动效应相互抵消，物体处于平衡状态；反之，若物体在平面力偶系作用下的转动效应为零，即物体平衡，则该平面力偶系的合力偶矩必等于零。因此，**平面力偶系平衡的必要和充分条件是：力偶系中各力偶矩的代数和等于零**。即

$$\sum M = 0 \tag{3-6}$$

平面力偶系只有一个独立的平衡方程，可以求解一个未知量。

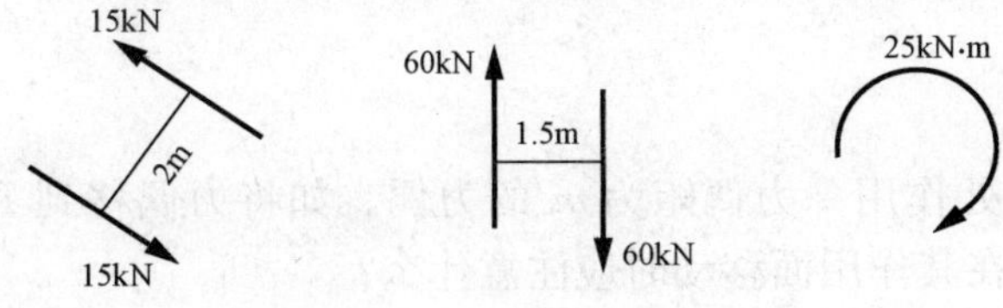

图 3-11 ［例 3-3］图

【例 3-4】 梁 AB 受 $M=-100\text{kN}\cdot\text{m}$ 的力偶作用，如图 3-12（a）所示，求支座 A、B 的反力。

解 （1）取 AB 梁为研究对象，画其受力图。梁上有主动力偶和支座 A、B 的反力，B 处是可动铰支座，支座反力与支承面垂直，指向假设向下；A 处是固定铰支座，支座反力未定，但根据力偶只能和力偶平衡的性质，可判断出 A 处的反力 $\boldsymbol{F}_A$ 与 B 处的反力 $\boldsymbol{F}_B$ 必组成另一力偶，如图 3-12（b）所示。

（2）列平衡方程，求解未知力

$$\sum M=0,\quad -100-F_A\times 5=0$$

解得　$F_A=F_B=-20\text{kN}$（负号表示假设指向和实际相反）。

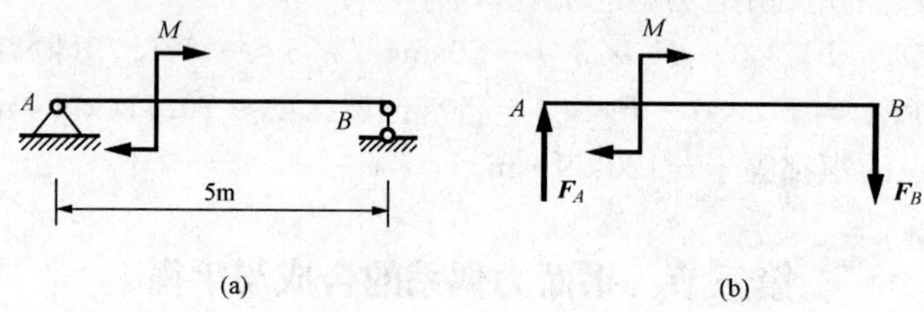

图 3-12 ［例 3-4］图

（a）AB 梁受力偶 M 作用；（b）AB 杆受力图

思　考　题

3-1　用手拔钉子拔不出来，为什么用羊角锤就容易拔起？如图 3-13 所示，若锤把上作用力 $F=50\text{kN}$，问拔钉子的力有多大？加在锤把上的力沿什么方向省力？

3-2　力偶不能与一个力平衡，为什么图 3-14 所示的轮子能平衡呢？

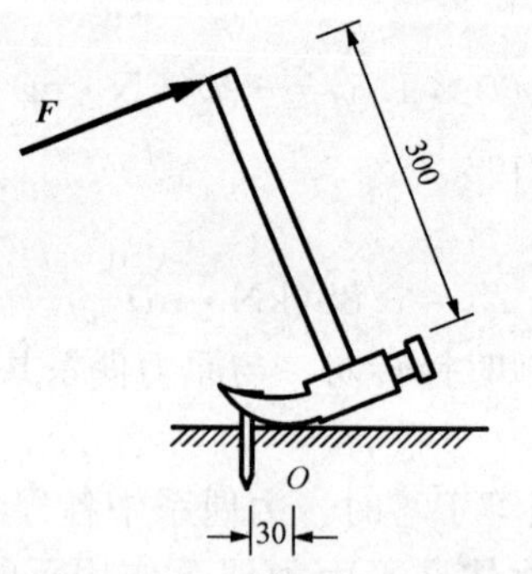

图 3-13　思考题 3-1 图

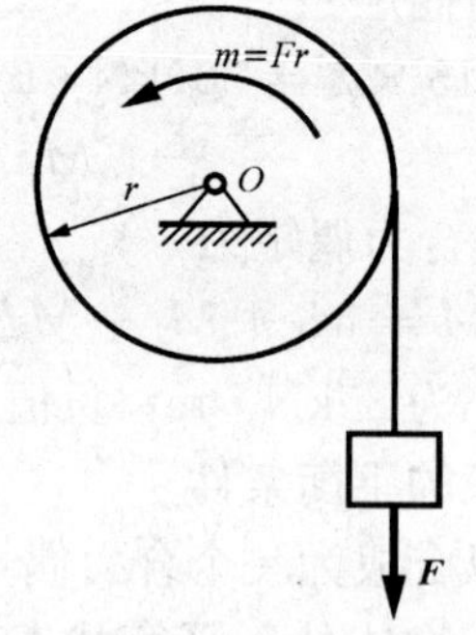

图 3-14　思考题 3-2 图

3-3　填写表 3-1 以比较力矩和力偶矩。

3-4　填写表 3-2 比较力和平面力偶。

3-5　图 3-15 所示的三铰刚架，在 D 处作用一力偶矩为 m 的力偶。如将力偶移到 E 处，支座 A、B 处的反力是否会变化，力偶在其作用面移动时应注意什么？

表 3-1 **力矩和力偶矩比较表**

异同点 \ 项目		力 矩	力偶矩
不同点	转动效应		
	与矩心的选择		
	对力和力偶的效应能否完全描述		
相同点	单位		
	正负号的规定		

表 3-2 **力和平面力偶比较表**

异同点 \ 项目	力	平面力偶
要素		
在轴上的投影		
对点取矩		
等效条件		
性质		

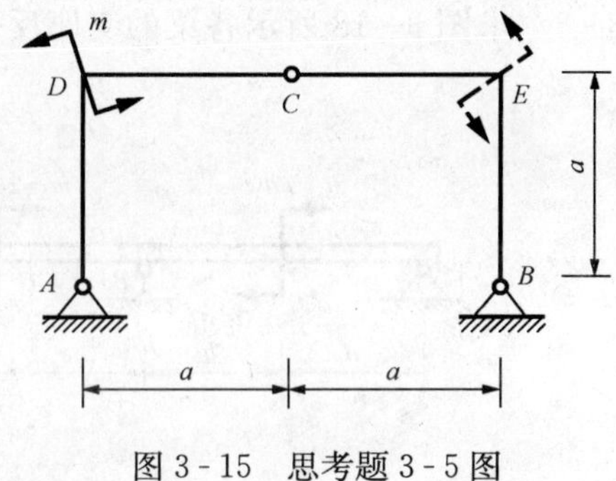

图 3-15 思考题 3-5 图

习 题

3-1 试计算图 3-16 所示的各力对 O 点之矩。

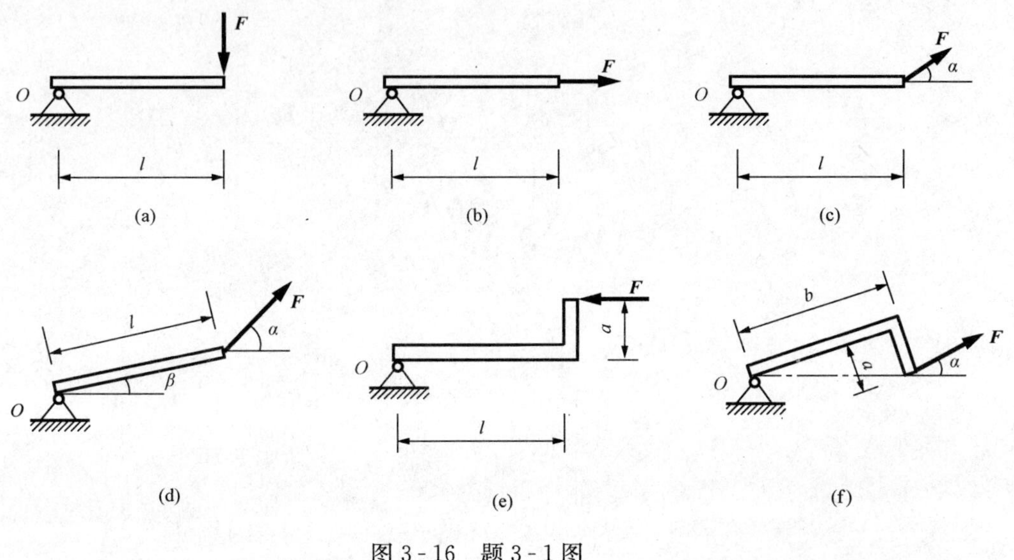

图 3-16 题 3-1 图

3-2 如图3-17所示，已知挡土墙重 $W_1=70\text{kN}$，垂直土压力 $W_2=115\text{kN}$，水平土压力 $F=85\text{kN}$，试分别求此三力对前趾 A 的矩，并验算此挡土墙会不会倾倒？

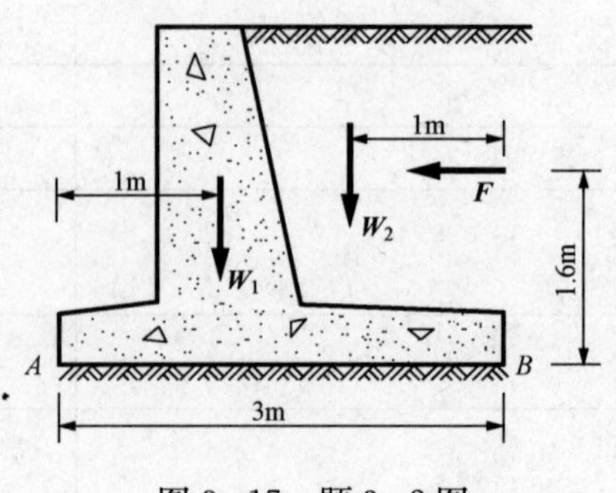

图3-17 题3-2图

3-3 求图3-18所示各梁的支座反力。

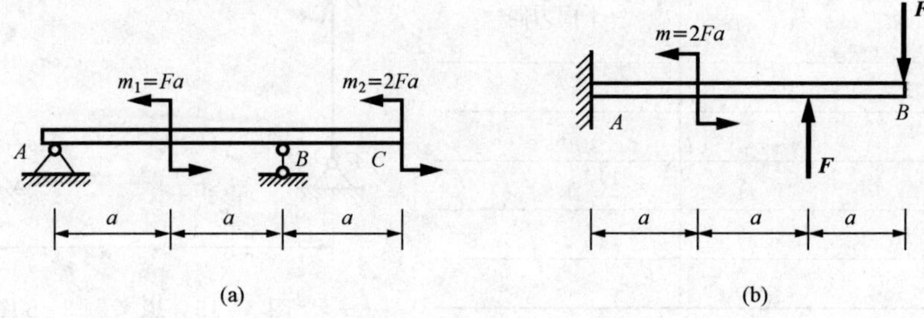

图3-18 题3-3图

第四章 平 面 一 般 力 系

平面力系中各力作用线既不汇交于一点，相互间也不全部平行，此力系称为**平面一般力系**。平面汇交力系、平面力偶系都是平面一般力系的特例。在工程实际中，大量问题都可以简化为平面一般力系问题，即使是空间问题，亦可简化为平面问题来加以解决，所以分析和解决平面一般力系问题的方法具有普遍性。

本章讨论平面一般力系的简化、合成和平衡问题。

第一节 平面一般力系的简化

一、力的平移定理

力可以沿其作用线在物体上移动，而不改变它对物体的运动效果。那么，将一个力在其作用面内平行移动，会不会改变它对物体的运动效果呢？来看一个实例，如图 4-1（a）所示，钳工攻丝时，只用一手加力，当力 $\boldsymbol{F}$ 作用在扳手的右端 A 点时，扳手可以转动。但将力 $\boldsymbol{F}$ 平移到 O 点时，扳手不但不会转动，甚至可能使丝锥折断［见图 4-1（b）］。可见，力的作用线是不能随便平移的。如何才能使力在其作用面内平行移动后，不会改变它对物体的运动效果呢？

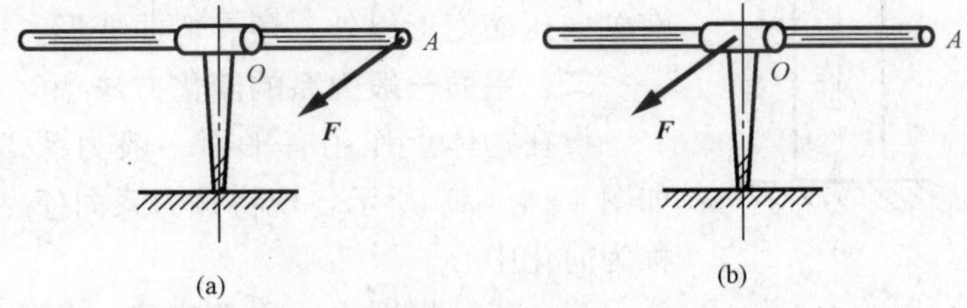

图 4-1 力的平移
（a）力 $\boldsymbol{F}$ 作用在扳手的右端 A 点；（b）将力 $\boldsymbol{F}$ 平移到 O 点

如图 4-2 所示，欲将作用于 A 点的力 $\boldsymbol{F}$ 平移到物体内任一点 O［见图 4-2（a）］，根据加减平衡力系公理，可在 O 点施加一对与力 $\boldsymbol{F}$ 等值、平行的平衡力 $\boldsymbol{F}'$、$\boldsymbol{F}''$［见图 4-2（b）］，而力 $\boldsymbol{F}$ 和 $\boldsymbol{F}'$ 组成一个附加力偶，其力偶矩等于原力对 O 点的矩，即

$$M(\boldsymbol{F},\boldsymbol{F}') = M_O(\boldsymbol{F}) = \pm Fd$$

于是原来作用于 A 点的力 $\boldsymbol{F}$ 与作用于 O 点的力 $\boldsymbol{F}''$ 和附加力偶的联合作用等效［见图 4-2（c）］。

由此可知：**作用于物体上的力，可平移到物体内任一点，但必须同时附加一个力偶，其力偶矩等于原力对新作用点的矩，此即为力的平移定理。**

力的平移定理将一个力转化为一个力和一个力偶。反之，在同一平面内的一个力 $\boldsymbol{F}$ 和一个力偶矩为 M 的力偶也可合成为一个合力。这个合力的大小、方向与原力 $\boldsymbol{F}$ 相同，只是偏离原来作用线一段距离 d，且

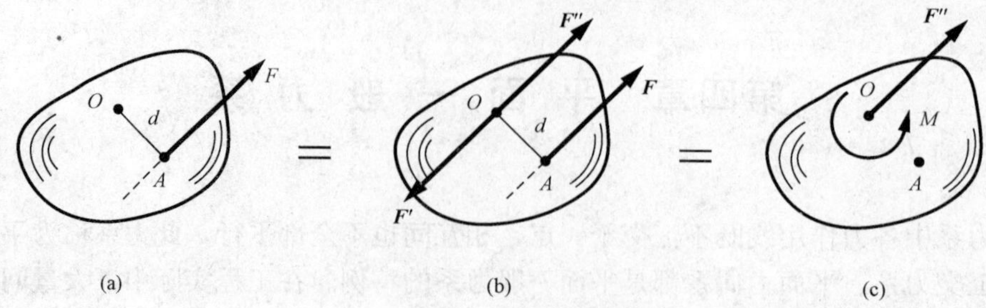

图 4-2 力的平移定理

(a) 力 $\boldsymbol{F}$ 作用于 A 点；(b) 在 O 点施加一对与力 $\boldsymbol{F}$ 等值、平行的平衡力；(c) 力 $\boldsymbol{F}$ 平移到 O 点

$$d=\frac{|M|}{F}$$

力的平移定理不仅是力系简化的基本依据，也是分析力对物体作用效应的一个重要手段。

【例 4-1】 如图 4-3 (a) 所示，在柱子的 A 点受有吊车传来的荷载 $F=100\text{kN}$，求将力 $\boldsymbol{F}$ 等效平移到柱子的轴线上 B 点。

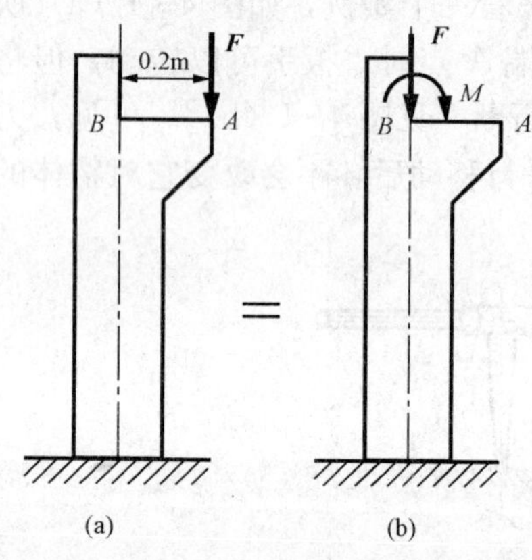

图 4-3 [例 4-1] 图

(a) 柱子的 A 点受有荷载 $\boldsymbol{F}$；

(b) 将力 $\boldsymbol{F}$ 平移到 B 点

解 根据力的平移定理，将力 $\boldsymbol{F}$ 平移到 B 点，同时还必须附加一力偶，其力偶矩为

$$M=M_B(\boldsymbol{F})=-100\times0.2=-20(\text{kN}\cdot\text{m})$$

负号表示附加力偶顺时针转向 [见图 4-3 (b)]。将力 $\boldsymbol{F}$ 平移后，它对柱子的作用效果可以明显看出，除了有轴向压缩变形以外，还有弯曲变形。

二、平面一般力系的简化方法

设在物体上作用有平面一般力系 $\boldsymbol{F}_1$、$\boldsymbol{F}_2$、…、$\boldsymbol{F}_n$，如图 4-4 (a) 所示，现将该力系向任一点 O 简化，O 点称为简化中心。

第一步：根据力的平移定理，将力系中各力都平移到 O 点，就得到一平面汇交力系 $\boldsymbol{F}'_1$、$\boldsymbol{F}'_2$、…、$\boldsymbol{F}'_n$ 和一平面力偶系 M_1、M_2、…、M_n，如图 4-4 (b) 所示。

其中

$$\boldsymbol{F}_1=\boldsymbol{F}'_1,\quad \boldsymbol{F}_2=\boldsymbol{F}'_2,\quad \cdots,\quad \boldsymbol{F}_n=\boldsymbol{F}'_n$$

$$M_1=M_O(\boldsymbol{F}_1),\quad M_2=M_O(\boldsymbol{F}_2),\quad \cdots,\quad M_n=M_O(\boldsymbol{F}_n)$$

第二步：平面汇交力系可合成为一个作用于 O 点的合力 $\boldsymbol{F}'_{\text{R}}$，因平面汇交力系中各力的大小和方向与原力系中各力对应相同，则有

$$\boldsymbol{F}'_{\text{R}}=\boldsymbol{F}'_1+\boldsymbol{F}'_2+\cdots+\boldsymbol{F}'_n=\boldsymbol{F}_1+\boldsymbol{F}_2+\cdots+\boldsymbol{F}_n=\sum\boldsymbol{F} \tag{4-1}$$

平面力偶系可合成一合力偶，其力偶矩为

$$\begin{aligned}M_O&=M_1+M_2+\cdots+M_n\\&=M_O(\boldsymbol{F}_1)+M_O(\boldsymbol{F}_2)+\cdots+M_O(\boldsymbol{F}_n)=\sum M_O(\boldsymbol{F})\end{aligned} \tag{4-2}$$

该合力偶如图 4-4 (c) 所示。

三、简化结果

平面一般力系向作用面内任一点简化得到一个力和一个力偶，这个力的力矢（只有大小

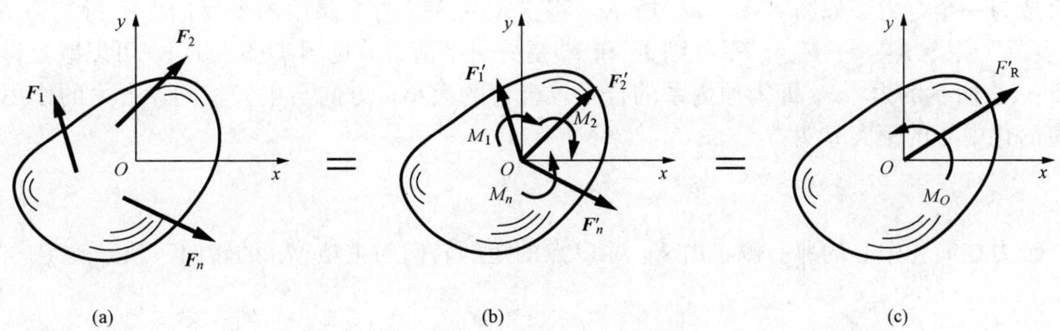

图 4-4 平面一般力系的简化方法

(a) 平面一般力系；(b) 将力系中各力都平移到 O 点；(c) 主矢和主矩

和方向）为原力系的**主矢**，这个力偶的力偶矩称为原力系对简化中心的**主矩**。

确定主矢和主矩时，可利用原力系中各力进行计算。

主矢的大小

$$F'_{Rx}=F_{1x}+F_{2x}+\cdots+F_{nx}=\sum F_x$$
$$F'_{Ry}=F_{1y}+F_{2y}+\cdots+F_{ny}=\sum F_y$$
$$F'_R=\sqrt{(\sum F_x)^2+(\sum F_y)^2} \tag{4-3}$$

主矢作用线与 x 轴夹的锐角

$$\tan\alpha=\left|\frac{\sum F_y}{\sum F_x}\right|=\left|\frac{F'_{Ry}}{F'_{Rx}}\right| \tag{4-4}$$

主矢的指向由 F_{Rx} 和 F_{Ry} 的正负号确定。

主矩 $$M_O=M_O(F_1)+M_O(F_2)+\cdots+M_O(F_n)=\sum M_O(F) \tag{4-5}$$

显然，主矢是由原力系中各力来确定，与简化中心的位置无关。而主矩等于原力系中各力对简化中心的矩的代数和，它随简化中心位置的改变而改变，所以在一般情况下主矩与简化中心有关，确定主矩时，一定要指明简化中心。

四、简化结果的讨论

平面一般力系向平面内一点简化的结果有四种情况：

(1) $F'_R=0, M_O\neq 0$。

此时主矩 M_O 与原力系等效，即原力系合成为一个合力偶，合力偶矩等于原力系对简化中心的主矩，即

$$M_O=M_O(F_1)+M_O(F_2)+\cdots+M_O(F_n)=\sum M_O(F)$$

由于力偶对其平面内任一点的矩与矩心无关，因此当力系合成为一力偶时，主矩与简化中心的位置无关。

(2) $F'_R\neq 0, M_O=0$。

此时主矢和原力系等效，即原力系可合成为一个合力，合力大小、方向与主矢相同，合力的作用线通过简化中心。

(3) $F'_R=0, M_O=0$。

这时物体处于平衡状态，原力系为平衡力系，这种情形将在下一节详细讨论。

(4) $F'_R\neq 0, M_O\neq 0$。

此时原力系与主矢、主矩的共同作用等效。可以逆用力的平移定理，将主矢和主矩进一

步合成为一个合力。如图 4-5（a）所示，将主矩为 M_O 的力偶用两个反向、平行的力 $\boldsymbol{F}''_{\mathrm{R}}$、$\boldsymbol{F}_{\mathrm{R}}$ 表示，并令 $\boldsymbol{F}'_{\mathrm{R}}=-\boldsymbol{F}''_{\mathrm{R}}=\boldsymbol{F}_R$，则 $\boldsymbol{F}''_{\mathrm{R}}$和 $\boldsymbol{F}'_{\mathrm{R}}$是一对平衡力［见图 4-5（b)］，可以减去得图 4-5（c）所示的力，$\boldsymbol{F}_{\mathrm{R}}$ 即为原力系的合力。合力的大小、方向与主矢相同，合力的作用线偏离简化中心的距离 d 为

$$d=\frac{|M_O|}{\boldsymbol{F}'_{\mathrm{R}}}$$

合力在简化中心的那一侧，由 $\boldsymbol{F}_{\mathrm{R}}$ 对 O 点的矩的转向与主矩 M_O 的转向一致来确定。

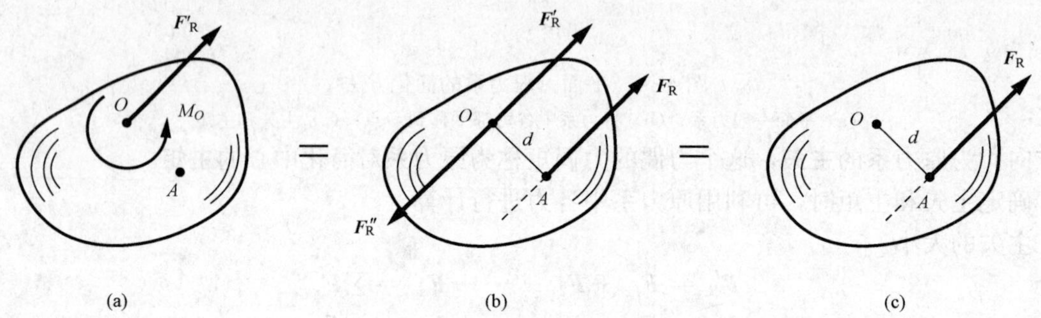

图 4-5 简化结果的讨论

（a）主矢和主矩；（b）将主矩为 M_O 的力偶用两个反向、平行的力表示；（c）原力系的合力 $\boldsymbol{F}_{\mathrm{R}}$

五、平面力系的合力矩定理

在第二章已经讨论过平面汇交力系的合力矩定理，现在推导平面一般力系的合力矩定理。

如图 4-4 和图 4-5 所示 $\qquad M_O(\boldsymbol{F}_{\mathrm{R}})=M_O$

而 $\qquad M_O=\sum M_O(\boldsymbol{F})$

所以有 $\qquad M_O(\boldsymbol{F}_{\mathrm{R}})=\sum M_O(\boldsymbol{F}) \qquad (4-6)$

由于简化中心是任意选取的，故式（4-6）有普遍意义，于是得**平面力系的合力矩定理：平面一般力系的合力对作用面内任一点的矩，等于力系中各个分力对同一点的矩的代数和**。

平面力系的合力矩定理可用于简化力矩的计算，也可用于确定平面一般力系的合力的作用线的位置。

第二节 平面一般力系的合成

一、荷载的分类

在第一章已经介绍过荷载的概念。使物体有运动或运动趋势的力称为主动力，在工程中又称为**荷载**。

荷载按其在作用面上的分布情况，可分为**集中荷载**和**分布荷载**。当荷载作用的面积相对于物体的总面积非常微小时，这种荷载称为集中荷载。当荷载连续地分布在一定体积、面积或长度上时，这种荷载称为分布荷载。分布荷载又分为**体荷载**、**面荷载**和**线荷载**。分布在物体内各个点上的荷载称为体荷载，如物体的自重；分布在一定面积上的荷载称为面荷载，如屋顶上的雪荷载；分布在狭长范围内，可以把它简化为沿狭长面积的中心线分布的荷载称为

线荷载，如分布在梁面上的荷载就可以简化为沿梁面中心线分布的线荷载。体荷载、面荷载、线荷载的常用单位分别为 kN/m^3、kN/m^2、kN/m。

分布荷载均匀分布时称为**均布荷载**；分布不均匀时称为**非均布荷载**。

荷载按其作用时间的久暂可分为：**恒载**和**活载**。长期作用于物体上的不变荷载称为恒载，如结构的自重；大小、方向和作用位置随时间变化而变化的荷载称为活载，如站在楼板上的人对楼板的压力。

荷载按其作用的性质可分为：**静力荷载**和**动力荷载**。凡缓慢地施加不引起结构振动，因而可忽略惯性力影响的荷载称为静力荷载；凡能引起显著振动或冲击，因而必须考虑惯性力影响的荷载称为动力荷载。本书只讨论静力荷载对结构的影响。

在进行力学计算时，有时根据具体情况需将各种分布荷载相互转换，以便于计算。

二、平面一般力系合成的方法和步骤

平面一般力系合成的方法和步骤如下：

（1）选择简化中心，将平面一般力系向该点简化得到主矢和主矩。

（2）逆用力的平移定理，将主矢和主矩进一步合成为合力。

【例 4-2】 平面一般力系由三个力和两个力偶组成，如图 4-6（a）所示，求此力系的合力，并计算合力的作用线与 x 轴的交点的坐标。图中尺寸单位为 mm。

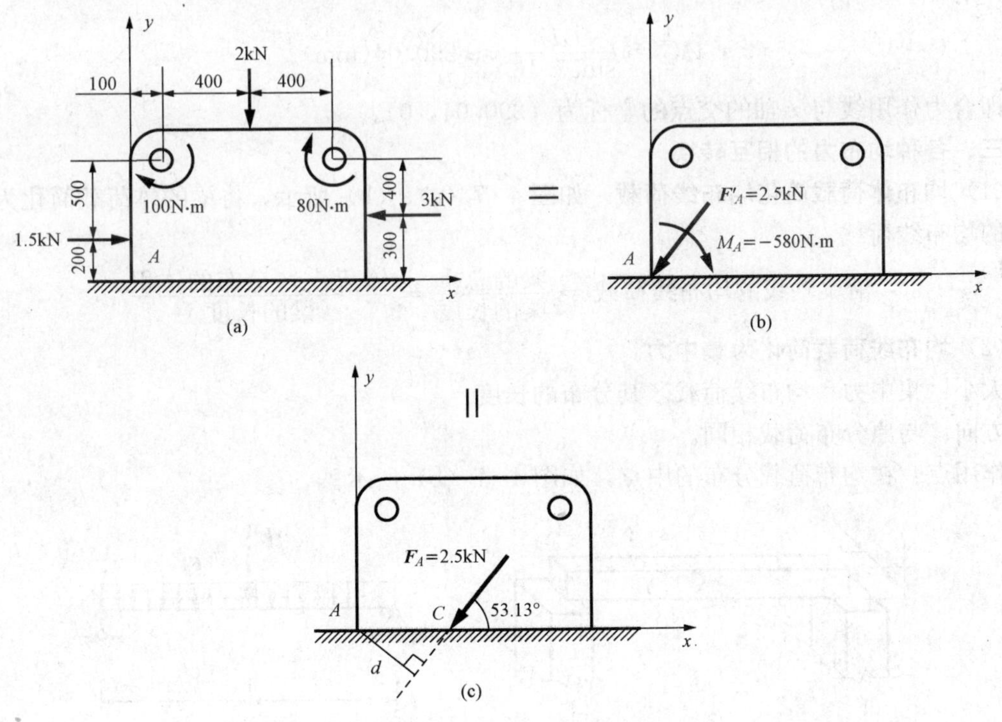

图 4-6 ［例 4-2］图

（a）由三个力和两个力偶组成平面一般力系；（b）将力系向 A 点简化；（c）合力

解　（1）取 A 点为简化中心，将力系向 A 点简化。

主矢的大小

$$F'_{Rx}=\sum F_x=1.5-3=-1.5(\text{kN}),\quad F'_{Ry}=\sum F_y=-2(\text{kN})$$

$$F'_{R}=\sqrt{(\sum F_x)^2+(\sum F_y)^2}=\sqrt{(-1.5)^2+(-2)^2}=2.5(\text{kN})$$

主矢作用线与 x 轴夹的锐角

$$\tan\alpha=\left|\frac{-2}{-1.5}\right|=1.33, \alpha=53.13^{\circ}$$

指向由 $\boldsymbol{F}'_{Rx}$ 和 $\boldsymbol{F}'_{Ry}$ 的正负号确定，因 $\boldsymbol{F}'_{Rx}$ 和 $\boldsymbol{F}'_{Ry}$ 均为负数，所以主矢的指向如图 4-6（b）所示。

主矩为

$$M_A=\sum M_A(\boldsymbol{F})=-100-80-1500\times0.2-2000\times(0.1+0.4)+3000\times0.3=-580(\text{N}\cdot\text{m})$$

负号表示顺转，如图 4-6（b）所示。

（2）计算力系的合力

合力的大小、方向与主矢相同，即 $F_R=2.5\text{kN}=2500\text{N}$

合力作用线偏离矩心的距离为 $d=\dfrac{|M_A|}{F'_R}=\dfrac{|-580|}{2500}=0.232(\text{m})=232\text{mm}$

因为主矩为负值，所以合力对简化中心的矩也应是顺转，合力作用线位置如图 4-6（c）所示。

（3）计算合力作用线与 x 轴的交点的坐标。如图 4-6（c）所示，设合力与 x 轴的交点为 C，则

$$AC=\frac{d}{\sin53.13^{\circ}}\approx290.04(\text{mm})$$

即合力作用线与 x 轴的交点的坐标为（290.04，0）。

三、各种均布力的相互转换

（1）**均布体荷载简化均布线荷载**。如图 4-7（a）、（b）所示，将梁的体荷载简化为沿梁轴线的均布线荷载

$$沿梁轴线的均布线荷载=\frac{梁的总重}{梁的长度}=\frac{体荷载\times分布的体积}{梁的长度}$$

（2）**均布线荷载简化为集中力**。

大小：集中力=均布线荷载×其分布的长度。

方向：与原分布荷载相同。

作用点：在均布荷载分布的中点，如图 4-7（b）所示。

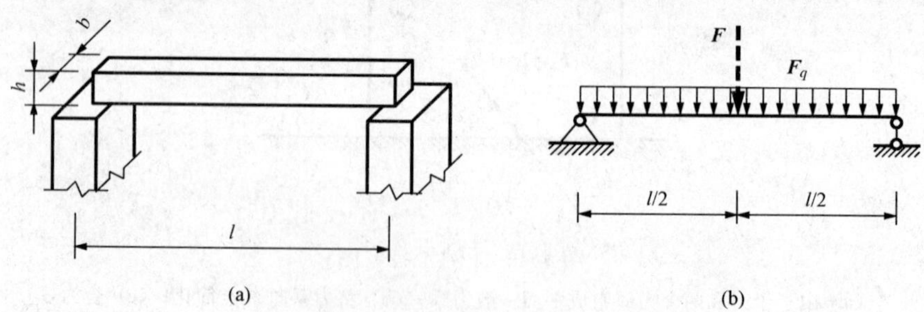

图 4-7 将梁的体荷载简化为沿梁轴线的均布荷载

（a）梁的体荷载；（b）均布线荷载简化为集中力

（3）**均布面荷载简化为均布线荷载**。

$$均布线荷载=\frac{面荷载\times分布的面积}{线荷载分布的长度}$$

如图 4-8 所示，将均匀分布的面荷载分别简化为沿板长或板宽分布的线荷载。

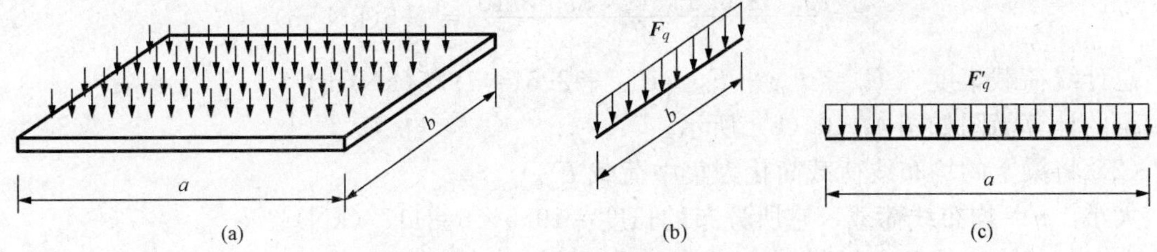

图 4-8　均布面荷载简化为均布线荷载

(a) 均布面荷载；(b) 简化为沿板宽分布的线荷载；(c) 简化为沿板长分布的线荷载

(4) **三角形分布荷载简化为集中力**。如图 4-9 所示，梁受三角形分布的荷载作用，其最大荷载集度为 F_q，则该分布荷载的合力可以通过下面方法求得。

1) 计算合力的大小。距 A 端 x 处取一微段 $\mathrm{d}x$，微段上的分布荷载可认为均布，则该段上的荷载为 $F'_q\mathrm{d}x$，而 $F'_q=\frac{x}{l}F_q$，故合力的大小为

$$F=\int_0^l F'_q\mathrm{d}x=\int_0^l \frac{x}{l}F_q\mathrm{d}x=\frac{1}{2}F_ql$$

2) 合力的作用点和方向。设合力的作用点距 A 端距离为 h，则根据合力矩定理有

$$Fh=\int_0^l F'_qx\mathrm{d}x=\int_0^l \frac{x^2}{l}F_q\mathrm{d}x=\frac{1}{3}F_ql^2$$

将　$F=\frac{1}{2}F_ql$ 代入上式得 $h=\frac{2}{3}l$，合力的方向与原分布荷载的方向相同。

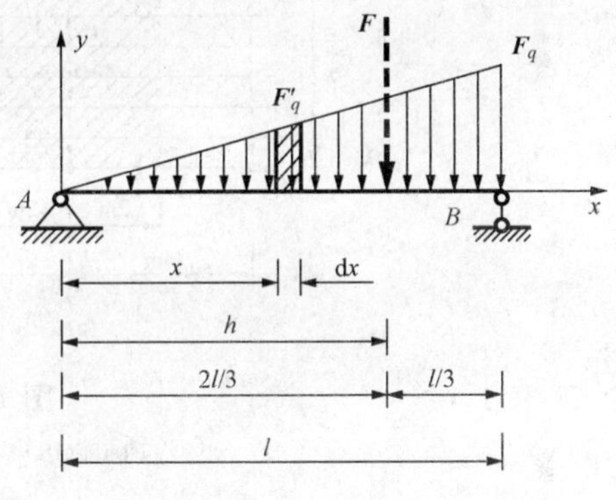

图 4-9　三角形分布荷载简化为集中力

由上述可知：**三角形分布的荷载，其合力的大小等于最大荷载集度与分布长度乘积的一半，方向和原分布荷载的方向相同，作用点距最大荷载集度一端的距离是整个分布长度的三分之一。**

【例 4-3】 某办公楼层的预制板由矩形截面梁支承，梁又支承在柱子上，梁、柱子的间距如图 4-10 (a) 所示。已知板及其面层的自重为 2.25kN/m²，板上受到活荷载按 2kN/m² 计，矩形梁截面尺寸 $b\times h=200\text{mm}\times500\text{mm}$，梁的材料密度为 2.5kg/m³。试计算梁所受到的线荷载集度，并求其合力。

解　(1) 计算梁所受到的线荷载集度 F_q。如图 4-10 (a) 所示，梁受到楼板传来的荷载及梁的自重均为分布荷载，将这些荷载简化为沿梁轴线的均布线荷载。由于梁距为 4m，所以每根梁所承担板传来的荷载范围如图 4-10 (a) 阴影线区域所示，这样沿梁轴线方向每 1m 长所承受的荷载为

板传来的荷载

$$F_{q1}=\frac{板传来的总荷载}{梁的长度}=\frac{板的面荷载\times分布的面积}{梁的长度}$$

$$=\frac{(2.25+2)\times4\times6}{6}=17(\text{kN/m})$$

梁的自重

$$F_{q2}=\frac{\text{梁的总重}}{\text{梁的长度}}=\frac{\text{梁的体积}\times\text{梁材料的密度}}{\text{梁的长度}}$$

$$=\frac{0.2\times0.5\times6\times2.5\times10}{6}=2.5(\text{kN/m})$$

总计线荷载集度 $F_q=F_{q1}+F_{q2}=17+2.5=19.5(\text{kN/m})$

梁的计算简图如图 4-10（b）所示。

（2）将梁上的均布线荷载简化为集中荷载 F_q。

大小：F＝均布线荷载×它所分布的长度＝19.5×6＝117（kN）。

方向：与均布线荷载相同。

作用点：在均布线荷载所分布的中点，即梁的中点，如图4-10（b)所示。

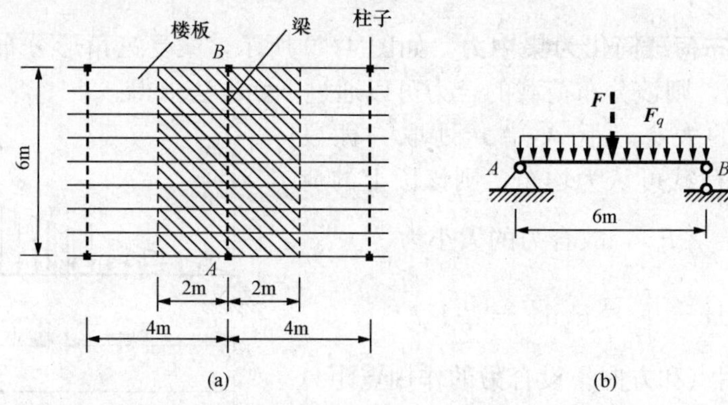

图 4-10 ［例 4-3］图

（a）预制板由矩形截面梁支承；（b）梁的计算简图

第三节 平面一般力系的平衡问题

一、平衡条件和平衡方程的基本形式

在讨论平面一般力系简化结果时，已经知道，当主矢、主矩都等于零时，物体处于平衡状态；反之，若力系平衡，则其主矢和主矩必定为零。由此可见，平面一般力系平衡的必要和充分条件是：力系的主矢 $\boldsymbol{F}'_R$和力系对任一点的主矩 M_O 都等于零。即

$$F'_R=0,\quad M_O=0$$

由式（4-3）、式（4-5）可得平面一般力系的平衡方程为

$$\sum F_x=0,\quad \sum F_y=0,\quad \sum M_O(\boldsymbol{F})=0 \qquad (4-7)$$

因此，**平面一般力系平衡的必要和充分条件是：力系中所有各力在两个坐标轴上的投影的代数和都等于零；力系中所有各力对任一点的力矩的代数和等于零。**

式（4-7）为**平面一般力系平衡方程的基本形式**，其中前两个式子称为**投影方程**，后一式子称为**力矩方程**。

平面一般力系有三个独立的平衡方程，可以求解三个未知量。

二、平衡方程的其他形式

（1）**二力矩形式的平衡方程**

$$\sum F_x = 0,\quad \sum M_A(F) = 0,\quad \sum M_B(F) = 0 \tag{4-8}$$

式（4-8）的**附加条件：A、B 两点的连线不与 x 轴垂直**。

平面一般力系向作用面内 A 点简化，一般得到过 A 点的一个力和一个力偶。若 $\sum M_A(F)=0$，说明简化结果只有过 A 点的一个力。同样，若 $\sum M_B(F)=0$ 也同时成立，说明力系合成为同时过 A 点和 B 点的一个力，而附加条件为 A、B 两点的连线不与 x 轴垂直，则要使 $\sum F_x=0$ 也成立，只有该力等于零，式（4-8）才能得以成为物体取得平衡的必要和充分条件。

（2）三力矩形式的平衡方程

$$\sum M_A(F) = 0,\quad \sum M_B(F) = 0,\quad \sum M_C(F) = 0 \tag{4-9}$$

式（4-9）的**附加条件：A、B、C 三点不共线**。

若满足式（4-9）中的任一力矩式，说明简化得到的力过该矩心，若三个方程同时满足，则力系合成为过 A、B、C 三点的一个力，而附加条件为 A、B、C 三点不共线，则只有该力为零，才能使三个方程同时成立，式（4-9）才得以成为力系平衡的必要和充分条件。

三、平衡方程的应用

平面一般力系有三种形式的平衡方程，每种形式都只有三个独立的平衡方程，因此只能求解三个未知量。

解决平面一般力系平衡问题的方法和步骤：

（1）确定研究对象，并画其受力图。选择和已知力、未知力都有关的物体为研究对象，且研究对象最多只能与三个未知力有关。

（2）建立直角坐标系。根据物体的受力情况，恰当地选取直角坐标系，尽量使未知力与坐标轴垂直，减少投影方程中未知量的数目，以简化计算。

（3）列平衡方程，求解未知量。适当地选取平衡方程的形式、矩心和投影轴，使列出的平衡方程简单、易解。平衡方程的基本形式可以普遍应用，而二力矩形式和三力矩形式在应用时，一定要注意是否满足附加条件。一般情况下，当三个未知力两两有两个交点时，多考虑应用二力矩形式，当三个未知力两两有三个交点时，多考虑应用三力矩形式。另外，列力矩方程时，选择未知力的交点作为矩心，可减少力矩方程中未知量的数目，简化计算。

（4）校核。校核时将已求出的未知力作为已知力，列出第四个非独立的平衡方程，若其代数和为零，则计算结果正确。

【例 4-4】 如图 4-11（a）所示为一悬臂式起重机。梁自重 $W_1=6\text{kN}$，作用在梁的中点，提升重量 $W_2=15\text{kN}$ 的重物，斜杆 BC 的自重不计，求支座 A 的反力和斜杆 BC 所受的力。

解　（1）取 AB 梁为研究对象，画其受力图如图 4-11（b）所示。BC 为二力杆，它的约束反力沿 BC 线，假设受拉。A 处为固定铰支座，支座反力用两个相互垂直的分力 F_{Ax} 和 F_{Ay} 表示，指向假设。

（2）建立直角坐标系，列平衡方程。平衡方程的基本形式有

$$\sum F_x = 0,\quad F_{Ax} - F_B\cos30^\circ = 0$$

$$\sum F_y = 0,\quad F_{Ay} - W_1 - W_2 + F_B\sin30^\circ = 0$$

$$\sum M_A(F) = 0,\quad -W_1\times2 - W_2\times3 + F_B\sin30^\circ\times4 = 0$$

代入数解得　$F_{Ax}=24.68\text{kN}$，$F_{Ay}=6.75\text{kN}$，$F_B=28.5\text{kN}$。

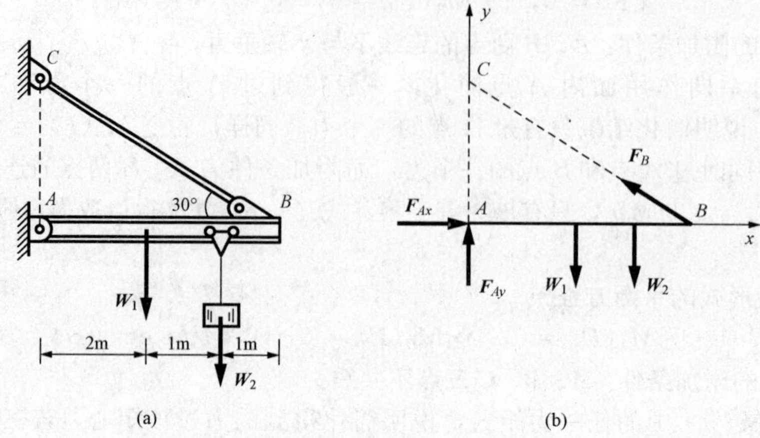

图 4-11 ［例 4-4］图

(a) 悬臂式起重机；(b) AB 梁受力图

计算结果为正的，说明假设的反力的指向与实际方向相同。

此题也可利用二力矩形式和三力矩形式进行求解。

二力矩形式

$$\sum \boldsymbol{F}_x = 0,\quad F_{Ax} - F_B\cos30^\circ = 0$$

$$\sum M_A(\boldsymbol{F}) = 0,\quad -W_1\times 2 - W_2\times 3 + F_B\sin30^\circ\times 4 = 0$$

$$\sum M_B(\boldsymbol{F}) = 0,\quad -F_{Ay}\times 4 + W_1\times 2 + W_2\times 1 = 0$$

AB 连线不与 x 轴垂直，符合二力矩形式的附加条件。

三力矩形式

$$\sum M_A(\boldsymbol{F}) = 0,\quad -W_1\times 2 - W_2\times 3 + F_B\sin30^\circ\times 4 = 0$$

$$\sum M_B(\boldsymbol{F}) = 0,\quad -F_{Ay}\times 4 + W_1\times 2 + W_2\times 1 = 0$$

$$\sum M_C(\boldsymbol{F}) = 0,\quad F_{Ax}\times 4\times \tan30^\circ - W_1\times 2 - W_2\times 3 = 0$$

其中 A、B、C 三点不共线，符合三力矩形式的附加条件。

【例 4-5】 计算如图 4-12（a）所示刚架的支座反力。

解 (1) 取刚架为研究对象，画其受力图，如图 4-12（b）所示。A 处是固定铰支座，用两个互相垂直的分力表示，指向假设，B 处是可动铰支座，支座反力与支承面垂直，指向假设。

(2) 建立直角坐标系，列平衡方程

$$\sum F_x = 0,\quad F_{Ax} = 0$$

$$\sum F_y = 0,\quad F_{Ay} + F_B - 2\times 5 = 0$$

$$\sum M_A(\boldsymbol{F}) = 0,\quad 4 + F_B\times 4 - 2\times 5\times\left(\frac{5}{2} - 1\right) = 0$$

解得 $F_{Ax} = 0$，$F_{Ay} = 7.25\text{kN}$，$F_B = 2.75\text{kN}$

(3) 校核 $\sum M_B(\boldsymbol{F}) = -7.25\times 4 + 4 + 2\times 5\times 2.5 = 0$

计算结果无误。

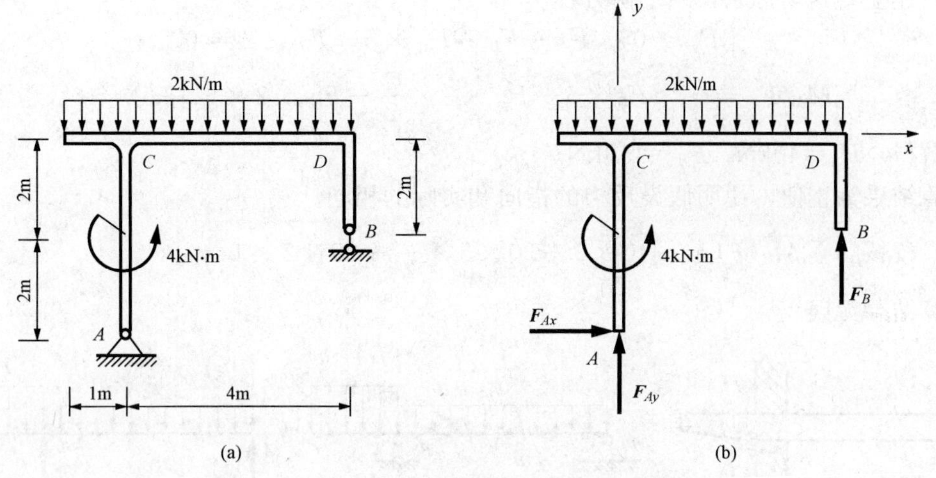

图 4-12　[例 4-5] 图

(a) 刚架；(b) 刚架的受力图

第四节　平面平行力系的平衡问题

平面力系中各个分力的作用线互相平行，这种力系称为平面平行力系。平面平行力系是平面一般力系的特例。它的平衡方程可以从平面一般力系的平衡方程中导出。

如图 4-13 所示为一平面平行力系，取图示直角坐标系。则 $\sum \boldsymbol{F}_x \equiv 0$，故有

$$\sum F_y = 0, \quad \sum M_O(\boldsymbol{F}) = 0 \qquad (4-10)$$

因为力系中各力都与 y 轴平行，所以 $\sum \boldsymbol{F}_y = 0$ 就表明各力的代数和等于零。这样，**平面平行力系平衡的必要和充分条件是：力系中所有各力的代数和等于零；力系中各力对任一点的矩的代数和等于零。**

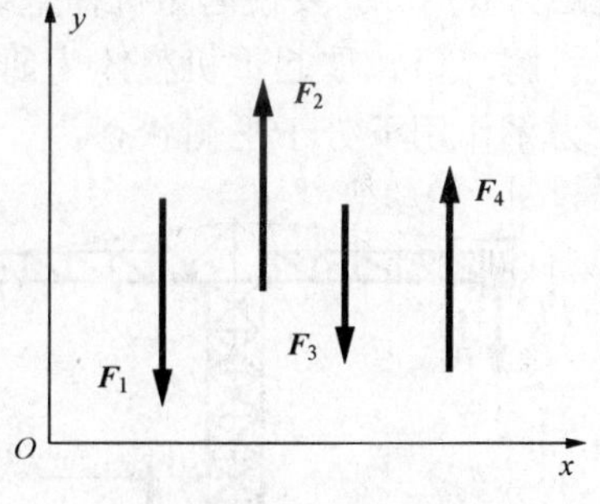

图 4-13　平面平行力系

同理，由平面一般力系平衡方程的二力矩形式 (4-8)，可导出平面平行力系平衡方程的另一种形式为

$$\sum M_A(\boldsymbol{F}) = 0, \quad \sum M_B(\boldsymbol{F}) = 0 \qquad (4-11)$$

此式的**附加条件：$\boldsymbol{AB}$ 连线不与各力的作用线平行**。

平面平行力系有两个独立的平衡方程，可以求解两个未知量。

【例 4-6】 某房屋的外伸梁的尺寸如图 4-14 (a) 所示。该梁的 AB 段受均布线荷载 $F_{q1}=20\text{kN/m}$，BC 段受均布荷载 $F_{q2}=25\text{kN/m}$，求支座 A、B 的反力。

解　(1) 取外伸梁 AC 为研究对象，计算简图如图 4-14 (b) 所示。外伸梁在 A、B 处的约束可以分别简化为固定铰支座和可动铰支座。

(2) 画研究对象的受力图，如图 4-14 (c) 所示。A 处是固定铰支座，用两个互相垂直的分力 $\boldsymbol{F}_{Ax}$ 和 $\boldsymbol{F}_{Ay}$ 表示，但根据梁的受力情况，沿 x 方向的力只有 $\boldsymbol{F}_{Ax}$，可直接判断出 $\boldsymbol{F}_{Ax}$ 必为零，这样 A 处的反力沿垂直方向，用 $\boldsymbol{F}_A$ 表示，指向假设。外伸梁在平面平行力系作用下处于平衡状态。

（3）建立直角坐标系，列平衡方程

$$\sum F_y = 0, \quad F_A + F_B - F_{q1} \times 5 - F_{q2} \times 2 = 0$$

$$\sum M_A(\boldsymbol{F}) = 0, \quad F_B \times 5 - F_{q1} \times 5 \times \frac{5}{2} - F_{q2} \times 2 \times (1+5) = 0$$

代入数解得 $F_A = 40\text{kN}$，$F_B = 110\text{kN}$。

计算结果为正值，说明假设反力的指向和实际的相同。

（4）校核 $\sum M_B(\boldsymbol{F}) = -40 \times 5 + 20 \times 5 \times \frac{5}{2} - 25 \times 2 \times 1 = 0$

计算结果无误。

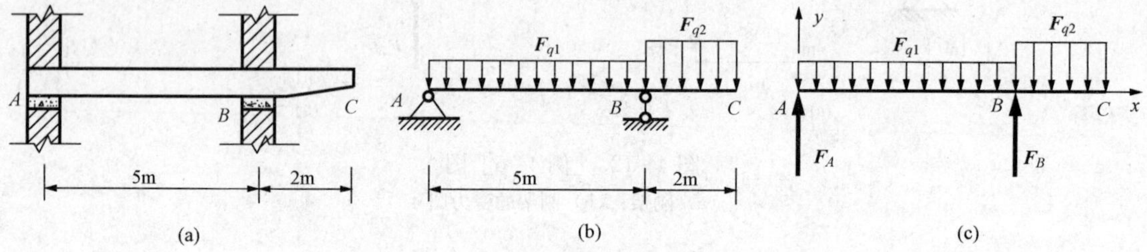

图 4-14 ［例 4-6］图

（a）某房屋的外伸梁；（b）梁 AC 的计算简图；（c）AC 梁的受力图

【例 4-7】 塔式起重机如图 4-15（a）所示，机身自重为 $W_1 = 500\text{kN}$，作用线距右轨 $e = 1.5\text{m}$，最大起重量 $W_3 = 250\text{kN}$，距右轨最大距离为 $l = 10\text{m}$，平衡块重 W_2，距左轨为 $a = 6\text{m}$，轨距为 $b = 3\text{m}$，要使起重机在空载和满载时能保持平衡，试求平衡块的重量 W_2 之值。

解 （1）取起重机整体为研究对象，画其受力图如图 4-15（b）所示。起重机在平面平行力系作用下处于平衡状态。

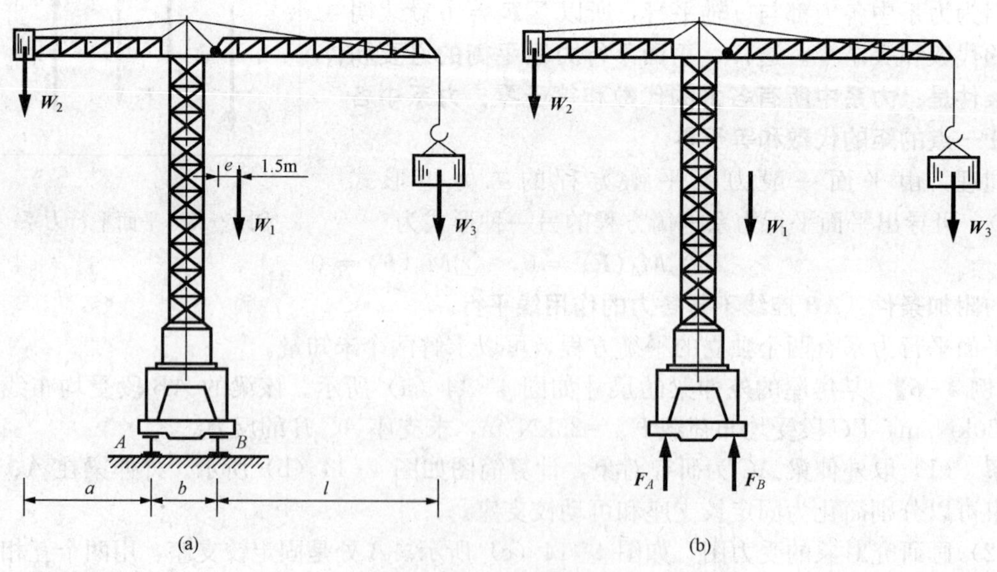

图 4-15 ［例 4-7］图

（a）塔式起重机；（b）起重机受力图

（2）考虑起重机向左翻倒的情形。只有空载时（$W_3=0$），起重机有可能绕 A 点向左翻倒。起重机处于即将向左翻倒的临界平衡状态时，即可求得平衡块的最大重量（此时 B 处不受起重机的压力，即 $F_B=0$），为

$$\sum M_A(\boldsymbol{F})=0,\quad W_2\times a-W_1\times(b+e)=0$$

得 $W_2=375\text{kN}$。

（3）考虑起重机向右翻倒的情形。

起重机满载（$W_3=250\text{kN}$）时，有可能绕 B 点向右翻倒。起重机处于即将向右翻倒的临界平衡状态时，即可求得平衡块的最小重量（此时左轨 A 处不受起重机的压力，即 $F_A=0$），为

$$\sum M_B(\boldsymbol{F})=0,\quad W_2\times(a+b)-W_1\times e-W_3\times l=0$$

得 $W_2=361.1\text{kN}$。

可见，要使起重机在空载和满载时能保持平衡，平衡块的重量应满足关系

$$361.1\text{kN}\leqslant W_2\leqslant 375\text{kN}$$

第五节 物体系统的平衡问题

求解物体系统的平衡问题，关键在于选取研究对象。可取整个物体系统为研究对象，也可取其中单个物体或某部分作为研究对象，而且研究对象需选择多次，才能求解出全部的未知力。那么应先选取哪个物体或哪部分为研究对象呢？选择的原则是先取能求解出某些未知力的部分为研究对象，再通过系统内各部分间的关系过渡到其他部分，以求解剩余的未知力。

【例 4-8】 如图 4-16（a）所示，起重机在静定多跨梁上，载有重物 $W_1=10\text{kN}$，起重机重 $W_2=50\text{kN}$，其重心位于铅垂线 EC 上。梁自重不计，求支座 A、B 和 D 的反力。

解 先画出整体及各部分的受力图，分析其受力情况，再决定研究对象的选取顺序。

分析整体及各部分的受力情况时，首先看其在何种力系作用下平衡，可以列几个平衡方程，当未知力的数目不超过独立的平衡方程的数目时，就可以考虑先取该部分为研究对象，求解有关的未知力，再过渡到其他部分求解剩余的未知力。

（1）取起重机为研究对象，受力图如图 4-16（b）所示。列平衡方程

$$\sum F_y=0,\quad F_H+F_G-W_1-W_2=0$$

$$\sum M_H(\boldsymbol{F})=0,\quad F_G\times 2-W_1\times 5-W_2\times 1=0$$

解得 $F_H=10\text{kN}$，$F_G=50\text{kN}$。

（2）取梁 CD 为研究对象，受力图如图 4-16（c）所示。根据作用力和反作用力的关系知，$F'_H=10\text{kN}$，$F'_G=50\text{kN}$。

根据需要列一个平衡方程

$$\sum M_C(\boldsymbol{F})=0,\quad -F'_G\times 1+F_D\times 6=0$$

解得 $F_D=8.33\text{kN}$

（3）取整梁 ACD 为研究对象，受力图如图 4-16（d）所示，列平衡方程

$$\sum F_y=0,\quad F_A+F_B+F_D-F'_H-F'_G=0$$

$$\sum M_A(\boldsymbol{F})=0,\quad F_B\times 3+F_D\times 12-F'_H\times 5-F'_G\times 7=0$$

解得 $F_A=-48.33\text{kN}$（负号表示指向和实际相反），$F_B=100\text{kN}$。

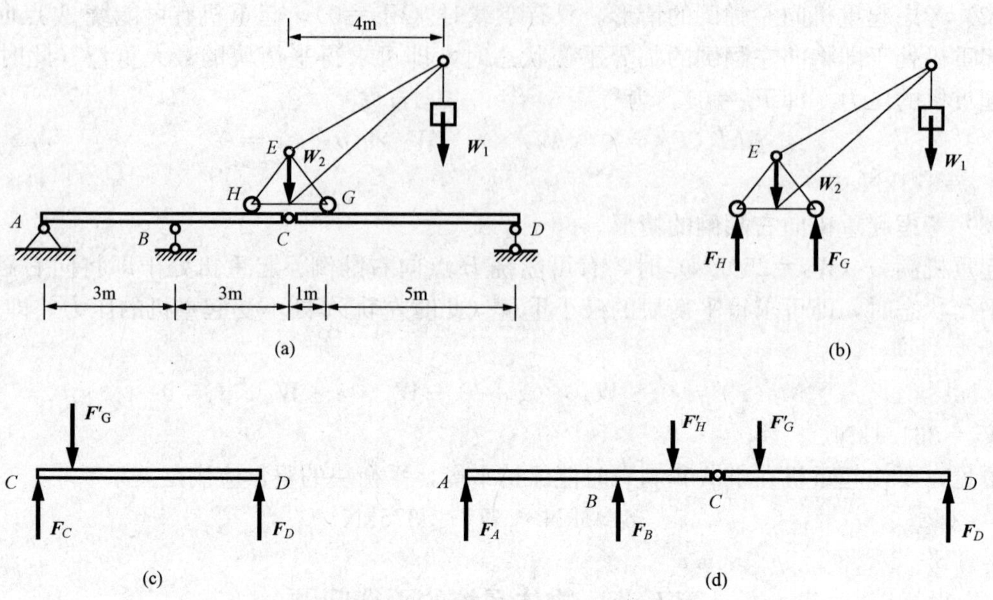

图 4-16 ［例 4-8］图

(a) 起重机在静定多跨梁上；(b) 起重机的受力图；(c) 梁 CD 的受力图；(d) 整梁 ACD 的受力图

【例 4-9】 钢筋混凝土三铰刚架受荷载如图 4-17 (a) 所示，已知 $F=12\text{kN}$，$F_q=8\text{kN/m}$，求支座 A、B 及 C 处的约束反力。

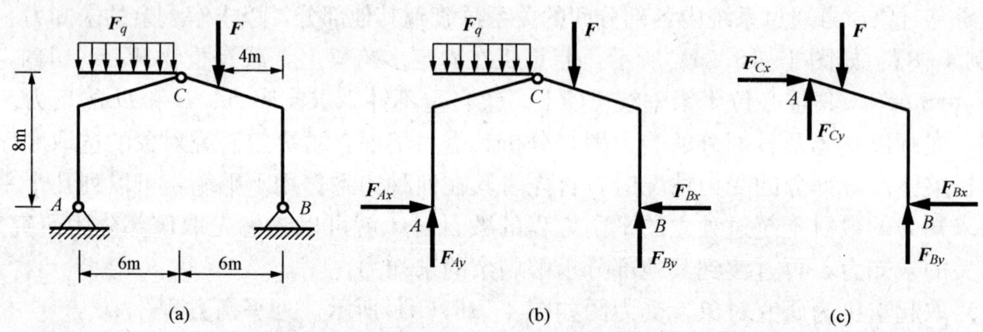

图 4-17 ［例 4-9］图

(a) 钢筋混凝土三铰刚架；(b) 整体受力图；(c) 右半部受力图

解 先画出整体及各部分的受力图，分析其受力情况。由图可见，整体及各部分都有四个未知数，但整体受力图中，$\boldsymbol{F}_{Ax}$、$\boldsymbol{F}_{Ay}$ 和 $\boldsymbol{F}_{Bx}$ 交于 A 点，$\boldsymbol{F}_{Bx}$、$\boldsymbol{F}_{By}$ 和 $\boldsymbol{F}_{Ax}$ 交于 B 点，分别以这两点为矩心列平衡方程，可以先求出 $\boldsymbol{F}_{Ay}$ 和 $\boldsymbol{F}_{By}$，再取其中一部分为研究对象求解剩余未知力。

(1) 取整体为研究对象，受力图如图 4-17 (b) 所示。

$$\sum F_x=0,\quad F_{Ax}-F_{Bx}=0$$

$$\sum M_A(\boldsymbol{F})=0,\quad F_{By}\times 12-F\times 8-F_q\times 6\times 3=0$$

$$\sum M_B(\boldsymbol{F})=0,\quad -F_{Ay}\times 12+F_q\times 6\times 9+F\times 4=0$$

解得 $F_{Ax}=F_{Bx}$，$F_{Ay}=40\text{kN}$，$F_{By}=20\text{kN}$。

（2）取右半部为研究对象，画其受力图如图 4 - 17（c）所示

$$\sum \boldsymbol{F}_x = 0,\quad F_{Cx} - F_{Bx} = 0$$

$$\sum \boldsymbol{F}_y = 0,\quad F_{Cy} + F_{By} - F = 0$$

$$\sum M_C(\boldsymbol{F}) = 0,\quad F_{By} \times 6 - F_{Bx} \times 8 - F \times 2 = 0$$

解得　$F_{Bx} = F_{Cx} = F_{Ax} = 12\text{kN}, F_{Cy} = -8\text{kN}$(负号表示假设的指向与实际相反)。

（3）校核。考虑左半部，以 C 点为矩心，列力矩方程有

$$\sum M_C(\boldsymbol{F}) = 12 \times 8 - 40 \times 6 + 8 \times 6 \times 3 = 0$$

计算结果无误。

【例 4 - 10】 用支架 ABC 承托斜面上的圆球，如图 4 - 18（a）所示，球重 $W=1000\text{kN}$。若 AB 和 BC 杆的自重及各种摩擦不计，试求 BC 杆所受的压力。

解　分析整体及各部分的受力情况，BC 是二力杆，假设受拉［见图 4 - 18（b）］。AB 杆有四个未知数，而球 O 在平面汇交力系作用下平衡，有两个未知数。经分析，计算如下：

（1）取球为研究对象，画其受力图如图 4 - 18（c）所示。根据需要列平衡方程

$$\sum \boldsymbol{F}_x = 0,\ F'_D - W\cos 60^\circ = 0$$

解得　$F'_D = 500\text{kN}$。

（2）取 AB 杆为研究对象，画其受力图如图 4 - 18（d）所示。根据作用力和反作用力的关系有 $F_D = F'_D = 500\text{kN}$，则

$$\sum M_A(\boldsymbol{F}) = 0,\quad F_D \times r + F'_B \sin 60^\circ \times 3r = 0$$

解得　$F'_B = -192.46\text{kN}$。

所以，$F_B = -192.46\text{kN}$（负号表示 BC 杆实际受压）。

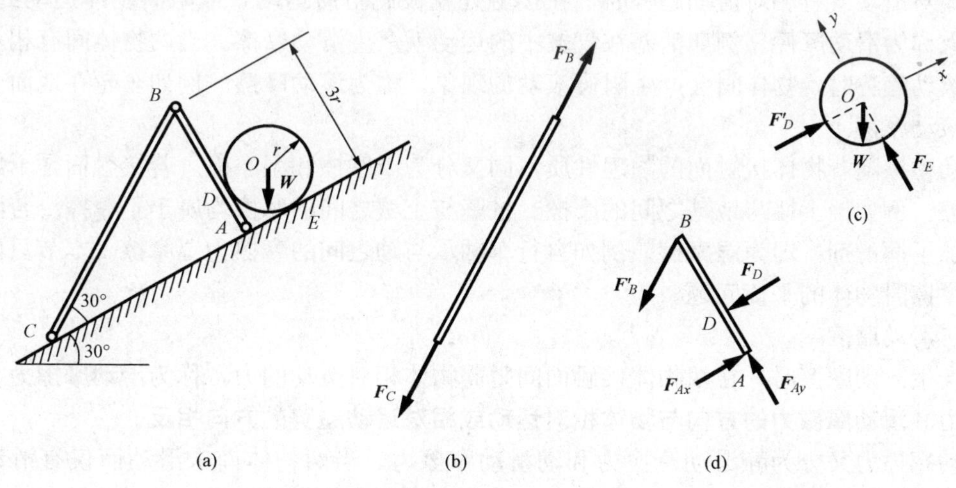

图 4 - 18 ［例 4 - 10］图

（a）支架 ABC 承托斜面上的圆球；（b）BC 杆受力图；（c）球的受力图；（d）AB 杆的受力图

通过以上例题的分析，求解物体系统的平衡问题时应注意以下几个方面：

（1）先对整个系统及各部分进行受力分析，决定研究对象的选取顺序，这样可以使计算过程简单、思路清晰。

对整个系统及各部分进行受力分析时，关键是看其在何种力系作用下平衡，可以列几个

平衡方程，有几个未知数，当未知力的数目不超过独立平衡方程的数目时，就可以先取该部分为研究对象进行计算，再考虑如何过渡到整体或其他部分，来求解要求的未知力。

(2) 注意系统内各部分间的作用力和反作用力的关系，它是各部分间相互过渡的桥梁。

(3) 系统中有二力杆时，要按二力杆的受力特点画其受力图，这样可以减少未知力的数目。

(4) 对于分布荷载，考虑研究对象的平衡问题，列平衡方程时，可以按照简化的合力进行计算。但画受力图时，要按原分布情况来画，以便在后面内容中能分析其实际变形情况。

第六节 考虑摩擦时物体的平衡问题

一、摩擦在工程实践中的重要性

在前面各章中对物体进行受力分析时，都假定两物体的接触面是完全光滑的，不考虑摩擦力作用。但实际上完全光滑的接触是不存在的，两物体的接触面之间一般都有摩擦。在一些问题中，摩擦对所研究的问题不起主要作用，因而可以略去不计，使得分析与解决问题的过程大为简化。但在有些问题中，摩擦对所研究的问题起着决定性的作用，必须加以考虑。例如重力式挡土墙、重力水坝都是依靠摩擦来保证自身的稳定；胶带传动、夹紧某些工件的夹具、车辆的行驶、人的走路等都是依靠摩擦去实现。摩擦有其有利的一面，也有其不利的一面。例如摩擦会消耗机械能量、降低机械工作效率、磨损机器部件等。研究摩擦的目的，就是要掌握摩擦的规律，充分利用其有利的一面，尽可能地克服其不利的一面。

按两接触物间的相对运动形式，摩擦可分为滑动摩擦和滚动摩擦。当两个接触物体沿接触面有相对滑动或有相对滑动趋势时，在接触处就彼此阻碍运动，或阻碍物体运动的发生，这种现象称为**滑动摩擦**。例如活塞在气缸中的运动就产生滑动摩擦。当两物体间有相对滚动或相对滚动趋势时，物体间会产生阻碍滚动的现象，称为**滚动摩擦**。例如车轮在地面上滚动时产生滚动摩擦。

滑动摩擦随着物体接触面的物理性质不同又分为干摩擦和湿摩擦。若接触面是干燥的即为**干摩擦**。例如挡土墙与地基之间的摩擦、桩基与土壤之间的摩擦均属于干摩擦。若两物体接触处加了润滑剂，即为**湿摩擦**。例如自行车轴承与轴之间的摩擦为湿摩擦。本节只研究静滑动干摩擦时物体的平衡问题。

二、滑动摩擦

当产生滑动摩擦时，在两物体接触面间阻碍物体相对滑动的力，称为**滑动摩擦力，简称为摩擦力。滑动摩擦力的方向与物体相对运动或相对运动趋势的方向相反。**

滑动摩擦力又分为静滑动摩擦力和动滑动摩擦力。当两物体尚未滑动而仅有滑动趋势时，两物体间的摩擦力称为**静滑动摩擦力**，简称为**静摩擦力**；当两物体已经滑动时，两物体间的摩擦力称为**动滑动摩擦力**，简称为**动摩擦力**。

1. 静滑动摩擦力

如图 4 - 19 (a) 所示，在粗糙的固定水平面上放置一重为 $\boldsymbol{W}$ 的物体，该物体在重力及水平面的支承力作用下处于平衡状态，此时摩擦力为零；现在物体上加一水平推力 $\boldsymbol{F}$，当推力不太大时，物体并没有运动，仍然处于平衡状态，可见物体还受到阻碍它滑动的静摩擦力 $\boldsymbol{F}_f$，如图 4 - 19 (b) 所示。由平衡条件 $\sum \boldsymbol{F}_x = 0$ 可知

$$\boldsymbol{F}_f = \boldsymbol{F}$$

可见，静摩擦力是约束力，其大小和方向由主动力所确定，随主动力而变化。

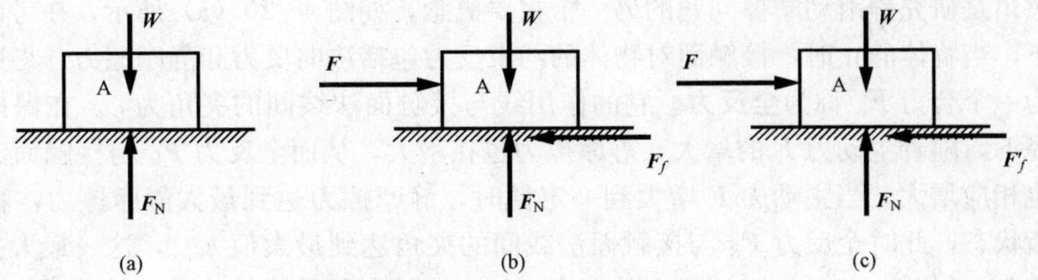

图 4-19　静滑动摩擦力

(a) 在粗糙的固定水平面上放置一重为 W 的物体；(b) 在物体上加一水平推力 F；(c) 动滑的摩擦力

2. 最大静摩擦力

静摩擦力随主动力 $\boldsymbol{F}$ 的增大而增大，但当主动力 $\boldsymbol{F}$ 增大到一定值时，物体便不再平衡，而开始滑动。物体在即将滑动而尚未滑动时的平衡状态称为**临界平衡状态**。物体在临界平衡状态时，所受静摩擦力为**最大静摩擦力**，用 $F_{f\max}$ 表示。

实验研究证明：**最大静摩擦力的大小与两接触物体间的正压力（即法向约束反力）成正比**。即

$$F_{f\max} = fF_{\mathrm{N}} \tag{4-12}$$

这就是**静滑动摩擦定律**，又称为**库仑定律**。式中 f 为静滑动摩擦系数，简称静摩擦系数。它和两物体接触间的材料、接触面的粗糙程度、湿度、温度有关，但与接触面积的大小无关，其数值由实验测定。表 4-1 列出部分材料的静摩擦系数，可供参考。

表 4-1　**常用材料的静摩擦系数**

材　料	f	材　料	f
钢—钢	0.10～0.20	混凝土—土	0.30～0.40
钢—铸铁	0.30	木材—木材	0.4～0.6
混凝土—砖	0.70～0.80	土—木材	0.30～0.70
混凝土—岩石	0.50～0.80	铸铁—木材	0.40～0.50

可见，当静摩擦力在 $0 \leqslant F_f \leqslant F_{f\max}$ 范围时，物体处于静止状态。

3. 动滑动摩擦力

当物体处于临界平衡状态时，静摩擦力达到最大值，继续加大推力，物体开始滑动，这时物体受到动滑动摩擦力 F'_f。

实验证明：**动滑动摩擦力的大小与两接触物间的正压力（即法向反力）成正比**。即

$$F'_f = f'F_{\mathrm{N}} \tag{4-13}$$

上述规律称为**动摩擦定律**。式中 f' 为动摩擦系数，它与接触物体的材料和表面情况有关。动摩擦系数一般小于静摩擦系数。动摩擦系数随相对滑动速度的增大而减小，当相对速度不大时，动摩擦系数可近似地认为是个常数，参看表 4-1。在一般工程计算中，不考虑速度变化对 f' 的影响，在精确度要求不高时，可近似认为动摩擦系数与静摩擦系数相等。

三、摩擦角与自锁现象

1. 摩擦角

摩擦角是研究静滑动摩擦问题的另一个重要概念。如图 4 - 20（a）所示，在考虑摩擦力的情况下，当物体静止时，接触面对物体的约束反力包括法向反力和静摩擦力，将这两个反力合成为一个合力 F_R 称为**全反力**。它的作用线与接触面法线间的夹角为 φ。在保持物体静止的前提下，随着主动力 $\boldsymbol{F}$ 的增大，静摩擦力也在增大，从而全反力 $\boldsymbol{F}_R$ 与接触面法线间的夹角 φ 也相应增大。当主动力 $\boldsymbol{F}$ 增大到一定值时，静摩擦力达到最大静摩擦力，物体处于临界平衡状态，此时全反力 $\boldsymbol{F}_R$ 与接触面法线间的夹角达到最大值 φ_{max}，这一最大夹角 φ_{max} 称为**摩擦角**，如图 4 - 20（b）所示。从图中可知，摩擦角与静摩擦系数间的关系如下

$$\tan\varphi_{max} = \frac{F_{fmax}}{F_N} = \frac{fF_N}{F_N} = f \tag{4 - 14}$$

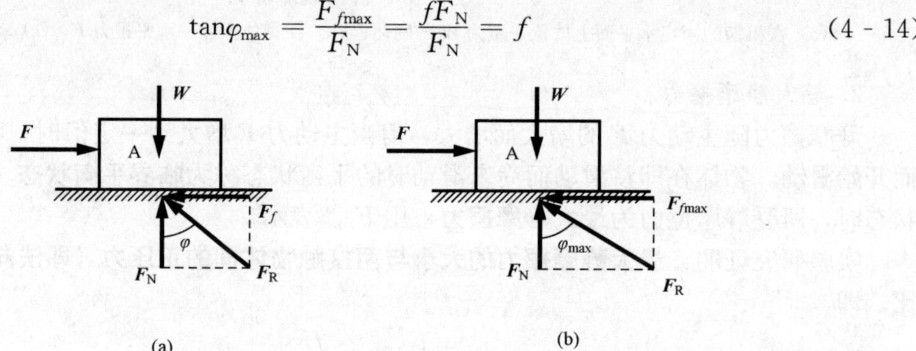

图 4 - 20 摩擦角

(a) 全反力 $\boldsymbol{F}_R$ 的作用线与接触面法线间的夹角 φ；(b) 夹角 φ 达到最大值

即摩擦角的正切等于静摩擦系数。摩擦角和摩擦系数一样，都是表征材料摩擦性质的物理量，其大小只与接触面的材料性质有关。

可见，物体受静摩擦力作用而处于静止状态，可从两方面确定，即 $0 \leqslant F_f \leqslant F_{fmax}$ 和 $0 \leqslant \varphi \leqslant \varphi_{max}$。

2. 自锁现象

如图 4 - 21 所示，设作用于物体上主动力的合力为 $\boldsymbol{F}_R'$，其作用线与支承面法线间的夹角为 θ，则物体相当于受到两个力的作用。根据静力平衡关系可知：

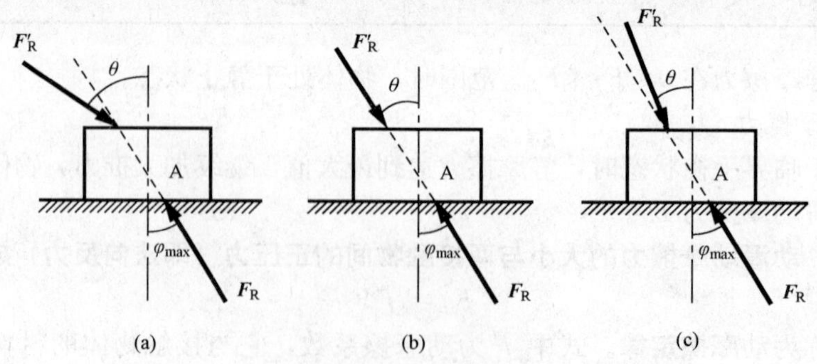

图 4 - 21 自锁现象

(a) $\theta > \varphi_{max}$，物体将滑移；(b) $\theta = \varphi_{max}$，物体处于临界平衡状态；(c) $\theta < \varphi_{max}$，物体可以保持平衡状态，即自锁

（1）当$\theta > \varphi_{max}$时，无论F'_R多么小，物体都将会滑移，而不可能处于平衡状态，如图4-21（a）所示。

（2）当$\theta = \varphi_{max}$时，物体处于临界平衡状态，如图4-21（b）所示。

（3）当$\theta < \varphi_{max}$时，物体可以保持平衡状态。在F'_R方向不变情况下，随着F'_R值的增大，不会改变物体原有的平衡状态，相反物体与支承面之间的结合越牢靠，越不容易受到外界干扰而产生滑移。主动力F'_R对接触面起“锁定”作用，这种现象称为**自锁**，如图4-21（c）所示。

工程上经常利用自锁现象来设计一些卡紧装置。但是在有些情况下又要避免自锁现象的发生，例如传送带就是利用自锁现象防止运输物在传送带上下滑，而在水闸门的设计中又要防止闸门在启闭时因自锁而被卡住。

四、考虑摩擦时物体的平衡问题

考虑摩擦时物体的平衡问题与不计摩擦时物体的平衡问题在解题思路上有相同点，也有不同点。相同点是两类问题都满足平衡条件，不同点反映在考虑摩擦时的平衡问题具有以下特点：

（1）物体具有一个平衡范围。由于静摩擦力的大小可以在$0 \leqslant F_f \leqslant F_{f\max}$范围内变化，相应的物体的平衡位置或所受的主动力也允许在一定的范围内变化。所以，这类问题的解答往往具有一个变化范围，称为**物体的平衡范围**。

（2）物体的受力分析中一定要考虑摩擦力。

（3）除静力平衡方程外，还要列出考虑摩擦的补充方程，当物体处于临界平衡状态时，可列出$F_{f\max} = fF_N$。

考虑摩擦时物体的平衡问题大致有两种类型：

（1）已知物体所受的主动力，判断物体的运动状态，并求所产生的摩擦力。

（2）要使物体处于静止状态，求有关未知量的值或所具有的范围。

下面通过例题来分析这两类问题的解题思路。

【例4-11】 如图4-22（a）所示，有两块相同的砖A、砖B叠放在地面上，已知$W_A = W_B = 40$N，$a = 240$mm，$b = 120$mm，两砖之间的静摩擦系数$f_1 = 0.3$，砖与地之间的摩擦系数$f_2 = 0.1$。现在砖A的顶点C作用一水平力$\boldsymbol{F}$，当力$\boldsymbol{F}$逐渐增加时，砖块最先产生怎样的运动？

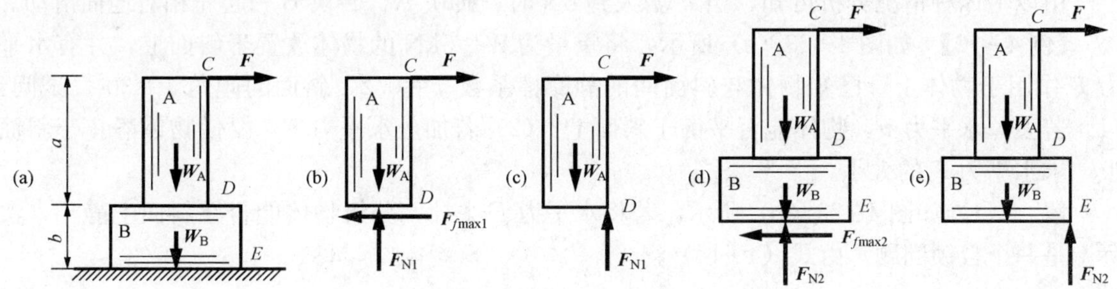

图4-22 ［例4-11］图

（a）两块相同的砖A、砖B叠放在地面上；（b）砖块A的受力图；（c）砖块A在砖块B上绕D点即将翻倒时的受力图；（d）两块砖为一体的受力图；（e）两块砖一起绕E点即将翻倒时的受力图

解 当力$\boldsymbol{F}$逐渐增加时，砖块可能产生四种运动情况：砖块A沿砖块B相对滑动；砖

块 A 在砖块 B 上绕 D 点翻倒；砖块 A、砖块 B 一起沿地面滑动；两块砖一起在地面绕 E 点翻倒。下面分别对可能产生运动的四种临界平衡状态进行分析和计算，看哪种情况所需的力 $\boldsymbol{F}$ 最小，哪种运动将最先发生。

（1）计算砖块 A 相对砖块 B 即将滑动的临界平衡状态时，力 $\boldsymbol{F}$ 的大小。取砖块 A 为研究对象，其受力图如图 4-22（b）所示。砖块 A 相对砖块 B 处于即将滑动的临界平衡状态，此时摩擦力达到最大值。则有

$$\sum \boldsymbol{F}_x = 0,\quad F - F_{f\max1} = 0$$

$$\sum \boldsymbol{F}_y = 0,\quad F_{N1} - W_A = 0$$

$$F_{f\max1} = 0.3F_{N1}$$

解得 $F=12\text{N}$。

（2）计算砖块 A 在砖块 B 上绕 D 点即将翻倒的临界平衡状态时，力 $\boldsymbol{F}$ 的大小。如图 4-22（c）所示，此时砖块 B 对砖块 A 的反力作用于 D 点。取 D 点为矩心，则有

$$\sum M_D(\boldsymbol{F}) = 0,\quad -F\times a + W_A\times\frac{b}{2} = 0$$

解得 $F=10\text{N}$。

（3）计算两块砖一起相对地面即将滑动的临界平衡状态时，力 $\boldsymbol{F}$ 的大小。取两块砖一体为研究对象，受力图如图 4-22（d）所示。两块砖一起相对地面处于即将滑动的临界平衡状态，此时地面对砖块 B 的静摩擦力达到最大。则有

$$\sum F_x = 0,\quad F - F_{f\max2} = 0$$

$$\sum F_y = 0,\quad F_{N2} - W_A - W_B = 0$$

$$F_{f\max2} = 0.1F_{N2}$$

解得 $F=8\text{N}$。

（4）计算两块砖一起绕 E 点即将翻倒的临界平衡状态时，力 $\boldsymbol{F}$ 的大小。如图 4-22（e）所示，此时地面对砖块 B 的反力作用于 E 点，取 E 点为矩心，则有

$$\sum M_E(\boldsymbol{F}) = 0,\quad -F(a+b) + W_A\times\frac{a}{2} + W_B\times\frac{a}{2} = 0$$

解得 $F=26.7\text{N}$。

由以上四种情况分析可知，当 F 增大到 8N 时，砖块 A、砖块 B 一起先相对地面滑动。

【例 4-12】 如图 4-23（a）所示，将重量为 $W=5\text{kN}$ 的物体放置于斜面上，并有水平力 $\boldsymbol{F}$ 作用于物体上。已知物体与斜面间的静摩擦系数 $f=0.2$，斜面的倾角 $\alpha=30°$。试问：（1）若去掉水平力 $\boldsymbol{F}$，物体能否平衡于斜面上？（2）若加上水平力 $\boldsymbol{F}$，要使物体静止于斜面上，求水平力 $\boldsymbol{F}$ 的大小。

解 （1）如图 4-23（b）所示，若将水平力 F 去掉，分析物体能否在斜面上静止，实际上是一个自锁问题。由式（4-14）得

$$\tan\varphi_{\max} = f = 0.2$$

所以

$$\varphi_{\max} = 11°18'$$

根据自锁条件，主动力作用线与支承面法线间的夹角 $\varphi \leqslant \varphi_{\max}$ 时，物体才能自锁于斜面上。而从图中的几何关系可知

$$\alpha = \varphi = 30° > \varphi_{\max}$$

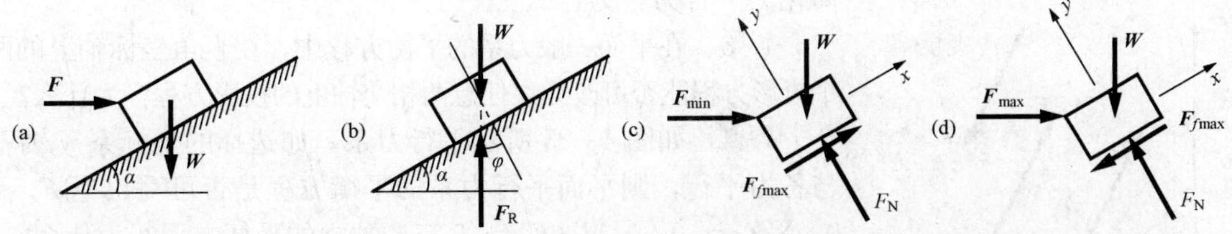

图 4-23 ［例 4-12］图

(a) 重物放置于斜面上；(b) 将水平力 $\boldsymbol{F}$ 去掉；(c) 物体处于即将下滑的临界平衡状态；(d) 物体处于即将上滑的临界平衡状态

所以，物体将会下滑。

(2) 在物体上加一水平力 $\boldsymbol{F}$，使物体静止于斜面上，当水平力 $\boldsymbol{F}$ 太小时，物体会下滑；反之，当水平力太大时，物体又会上滑。所以，要使物体平衡于斜面上，施加的水平力 $\boldsymbol{F}$ 有一个取值范围。

如图 4-23 (c) 所示，为物体处于即将下滑的临界平衡状态，这时摩擦力达到最大值且沿斜面向上，则有

$$\sum \boldsymbol{F}_x = 0,\quad F_{min}\cos 30^\circ - W\sin 30^\circ + F_{fmax} = 0$$
$$\sum \boldsymbol{F}_y = 0,\quad -F_{min}\sin 30^\circ - W\cos 30^\circ + F_N = 0$$
$$F_{fmax} = 0.2F_N$$

解得　$F_{min}=1.69\text{kN}$。

即水平力 $\boldsymbol{F}$ 不得小于 1.69kN，否则物体会下滑。

(3) 如图 4-23 (d) 所示，为物体处于即将上滑的临界平衡状态，摩擦力达到最大值且沿斜面向下。列平衡方程

$$\sum \boldsymbol{F}_x = 0,\quad F_{max}\cos 30^\circ - W\sin 30^\circ - F_{fmax} = 0$$
$$\sum \boldsymbol{F}_y = 0,\quad -F_{max}\sin 30^\circ - W\cos 30^\circ + F_N = 0$$
$$F_{fmax} = 0.2F_N$$

解得　$F_{max}=4.39\text{kN}$。

即施加的水平力不得大于 4.39kN，否则物体会上滑。

由以上分析可知，要使物体平衡于斜面上，施加的水平力 F 必须在一个范围内，即 $169\text{kN}\leqslant F\leqslant 4.39\text{kN}$。

思　考　题

4-1　如图 4-24 所示，当球拍的力作用在乒乓球边缘 A 点时，该球作下列哪种运动？(1) 沿该点切线方向作直线运动。(2) 作旋转运动。(3) 同时作直线运动和顺时针方向旋转。(4) 同时作直线运动和逆时针方向旋转。

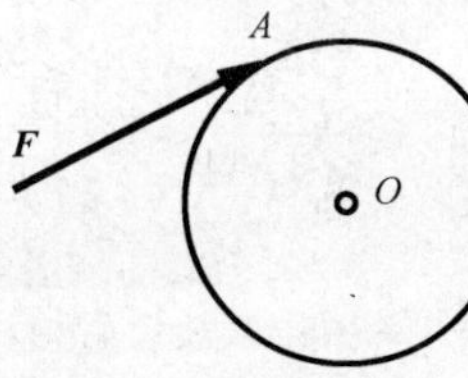

A
F
O

图 4-24　思考题 4-1 图

4-2　已知平面一般力系向某点简化得到一个合力，试问能否选一适当的简化中心，把力系简化为一合力偶？反之，如平面一般力系向一点简化得到一个力偶，能否选一适当的简化中心，使力系

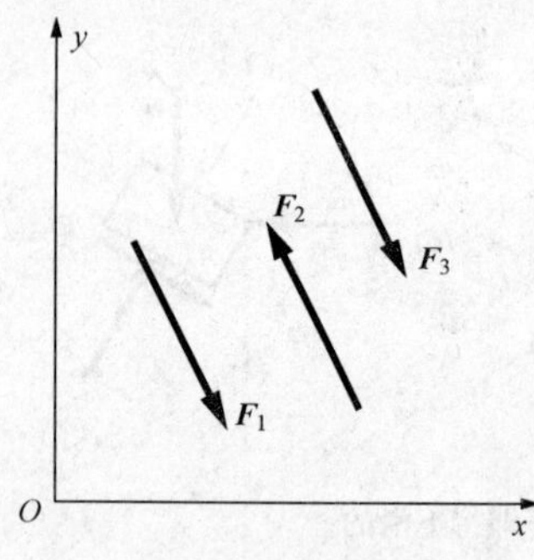

图 4-25　思考题 4-4 图

简化为一合力？为什么？

4-3　在平面一般力系的平衡方程中，在直角坐标轴上的两个投影方程能否可改为在任意两相交轴上的投影方程？为什么？

4-4　如图 4-25 所示平行力系，如选择的坐标系 y 轴不与各力平行，则平面平行力系的平衡方程是否可写出 $\sum \boldsymbol{F}_x = 0$，$\sum \boldsymbol{F}_y = 0$，$\sum M_O(\boldsymbol{F}) = 0$ 三个独立的平衡方程？为什么？

4-5　如图 4-26 所示，两物体接触面间的静摩擦系数 $f=0.2$，试分析各物体的运动状态，并求所受摩擦力的大小和方向。

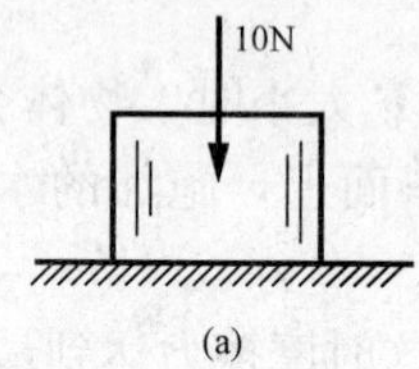

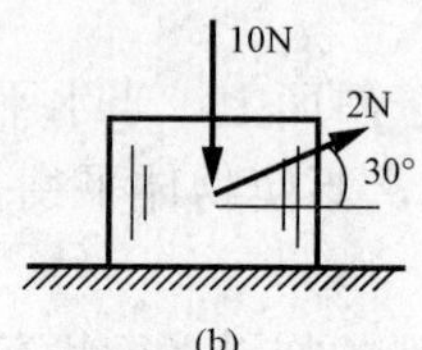

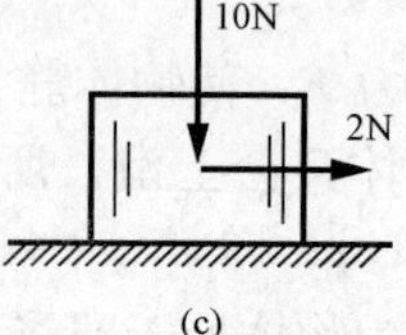

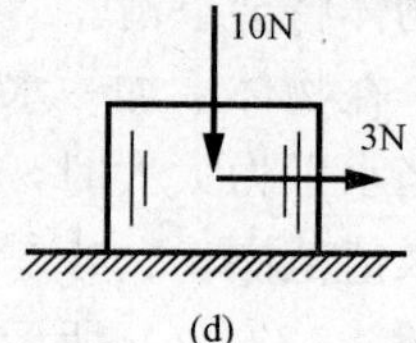

图 4-26　思考题 4-5 图

4-6　如图 2-27（a）、（b）所示两物体重都是 $\boldsymbol{W}$，接触面间的静摩擦系数都是 f，要使物体向右滑动，问哪一种施力方法较为省力？为什么？

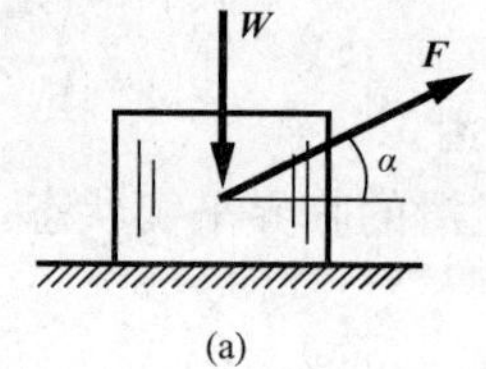

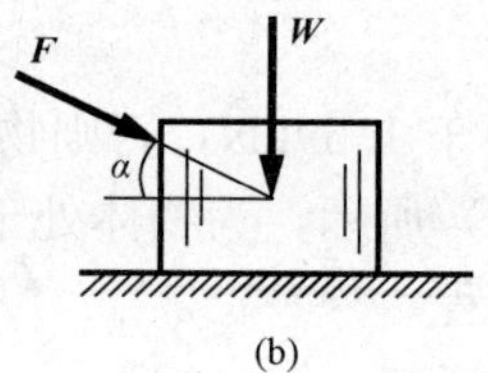

图 4-27　思考题 4-6 图

习　　题

4-1　重力坝受力情况如图 4-28 所示，设坝的自重分别为 $W_1=9600\text{kN}$，$W_2=21600\text{kN}$，水压力 $F=10120\text{kN}$。试将此力系向坝底 O 点简化，并求简化的最后结果。

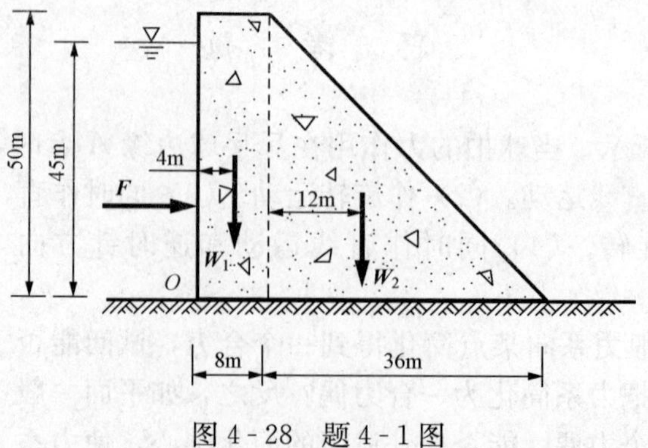

图 4-28　题 4-1 图

4-2　求图 4-29 所示各梁的支座反力。

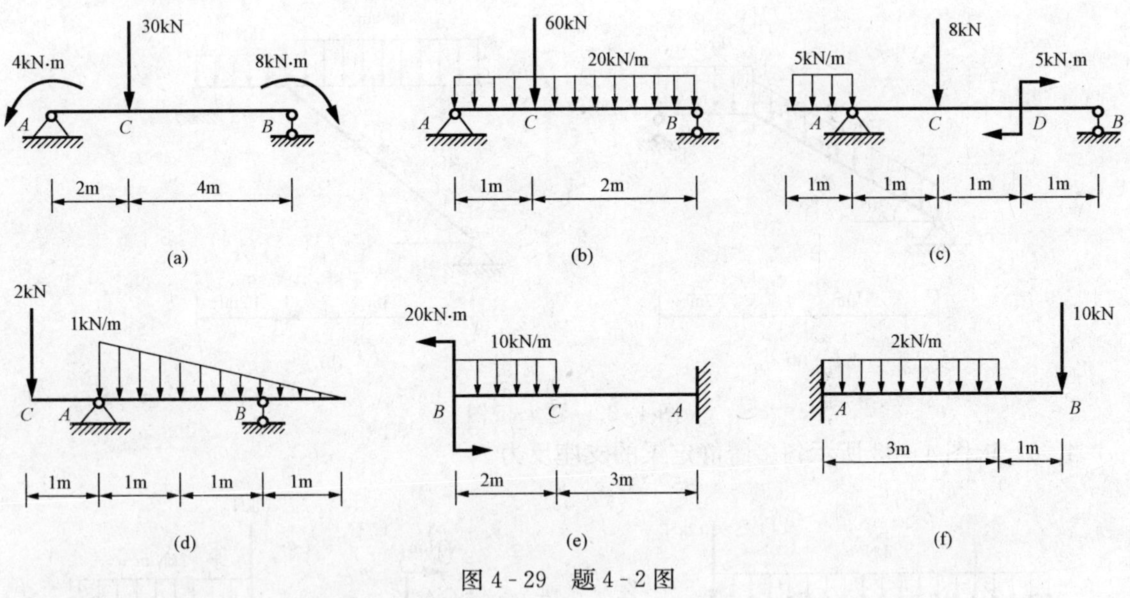

图 4-29　题 4-2 图

4-3　求图 4-30 所示刚架的支座反力。

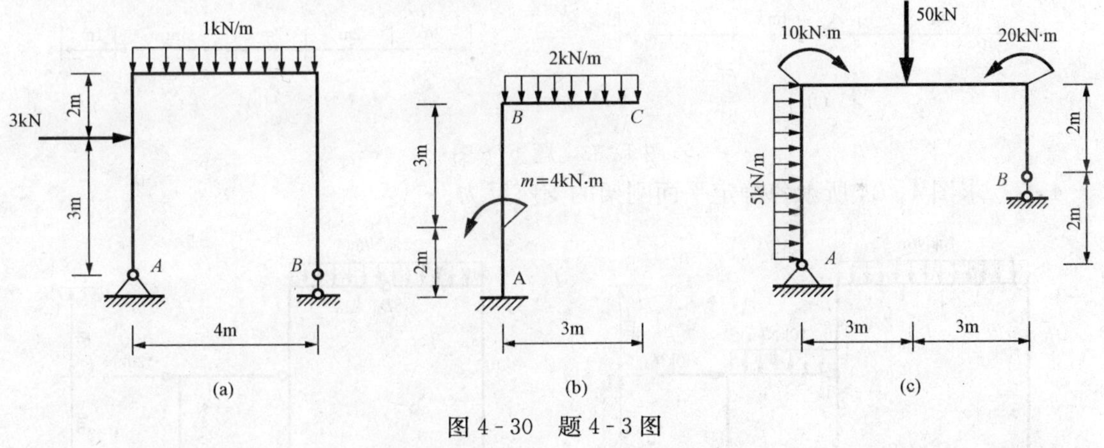

图 4-30　题 4-3 图

4-4　如图 4-31 所示三铰支架的受力情况，已知 $F=10\text{kN}$，$F_q=2\text{kN/m}$，求铰链 A、B 处的约束反力。

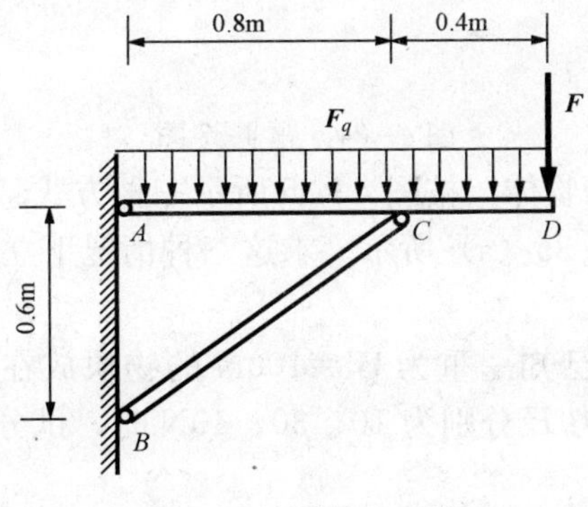

图 4-31　题 4-4 图

4-5　求图 4-32 所示各梁的支座反力。

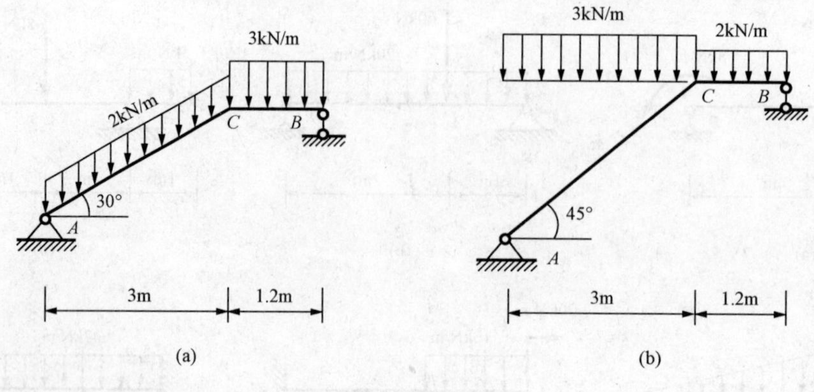

图 4-32　题 4-5 图

4-6　求图 4-33 所示各多跨静定梁的支座反力。

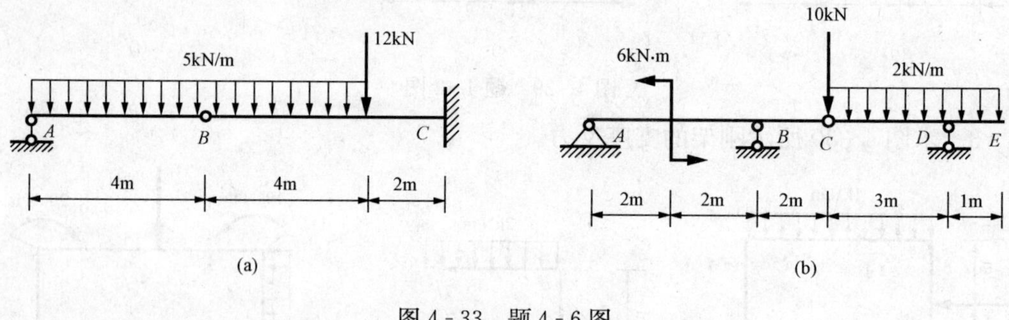

图 4-33　题 4-6 图

4-7　求图 4-34 所示各静定平面刚架的支座反力。

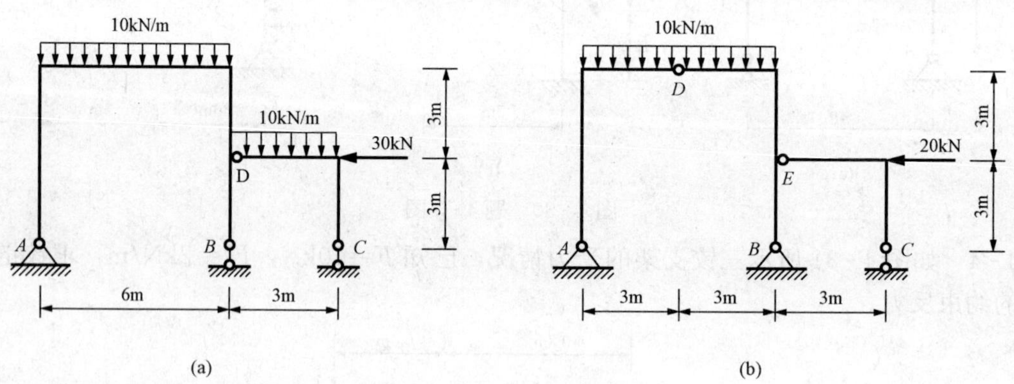

图 4-34　题 4-7 图

4-8　一个重 W=4kN 的物体，按图 4-35 所示三种方式悬挂在支架上。已知滑轮直径 d=300mm，其余尺寸如图 4-35（a）所示。求这三种情况下立柱固定端支座 A 的反力及连杆 DE 所受的力。

4-9　如图 4-36 所示，已知一重为 $\boldsymbol{W}$=100N 的物块放在水平面上，其摩擦系数 f=0.3，当作用在物块上的水平力 F 分别为 10、30、40N 时，试分析这三种情况下，物体是否平衡？摩擦力等于多少？

4-10　已知物体重 W=100N，分别用 F=500N 和 F=300N 的力压在一铅垂表面上，如图 4-37 所示，其摩擦系数 $f=0.3$，问此时物块所受的摩擦力分别等于多少？

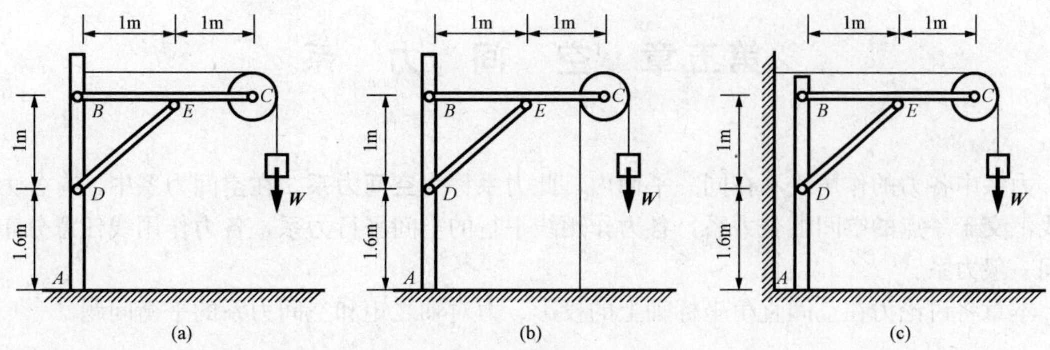

图 4-35　题 4-8 图

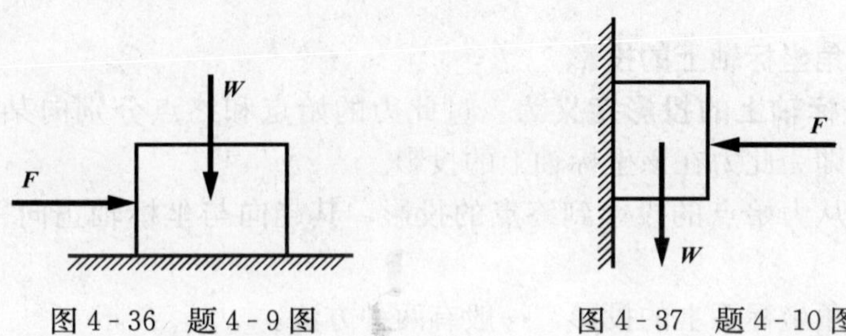

图 4-36　题 4-9 图　　图 4-37　题 4-10 图

4-11　如图 4-38 所示，铁板重 2000N，其上压一重 5000N 的物体，今欲将铁板抽出，先用绳索将重物沿水平方向拉住，然后用 $\boldsymbol{F}$ 力拉动铁板。已知铁板和水平面间的摩擦系数 $f_1=0.2$，重物与铁板间的摩擦系数 $f_2=0.25$，求抽出铁板所需力 $\boldsymbol{F}$ 的最小值。

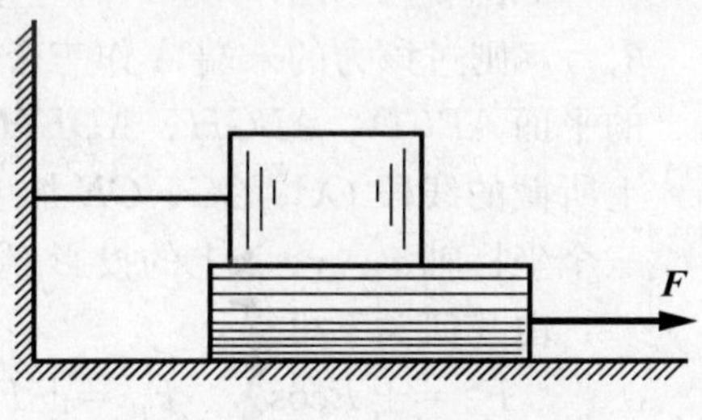

图 4-38　题 4-11 图

第五章　空　间　力　系

力系中各力的作用线不在同一平面内，此力系称为**空间力系**。在空间力系中，有各力作用线汇交于一点的空间汇交力系，各力作用线平行的空间平行力系，各力作用线任意分布的空间一般力系。

本章将讨论力在空间直角坐标轴上的投影、力对轴之矩和空间力系的平衡问题。

第一节　力在空间直角坐标轴上的投影及分解

一、力在空间直角坐标轴上的投影

空间力 $\boldsymbol{F}$ 在某坐标轴上的投影定义为：过此力的始点和终点分别向某坐标轴作垂线，则两垂足间夹的线段即为此力在该坐标轴上的投影。

投影的正负号：从力始点的投影到终点的投影，其趋向与坐标轴正向一致取正号；反之，取负号。

确定力在空间直角坐标系上的投影，一般有两种方法。

1. 直接投影法

若已知力 $\boldsymbol{F}$ 及其与 x、y、z 三坐标轴夹角，求该力在三坐标轴上的投影，一般采用直接法。

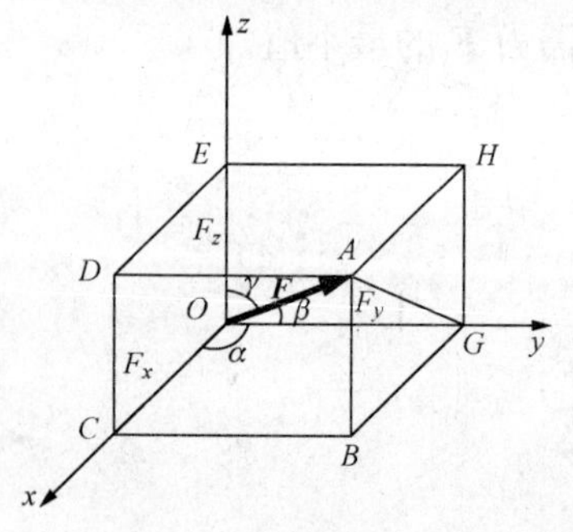

图 5-1　直接投影法

如图 5-1 所示，力 $\boldsymbol{F}$ 与三坐标轴的正向夹角分别为 α、β、γ，则过该力的末端 A 作三个分别与坐标轴 x、y、z 垂直的平面 $ABCD$、$ABGH$、$ADEH$，这三个平面在三个坐标轴上所截的线段 OC、OG、OE 加上正号或负号，即为力 $\boldsymbol{F}$ 在三个坐标轴 x、y、z 上的投影 F_x、F_y、F_z。

由几何关系可得

$$F_x = \pm F\cos\alpha,\quad F_y = \pm F\cos\beta,\quad F_z = \pm F\cos\gamma \tag{5-1}$$

力在轴上的投影是代数量，其正负号可根据规定直观判断。图 5-1 所示的力 $\boldsymbol{F}$ 在三个坐标轴上的投影均为正。

2. 二次投影法

当力与坐标轴的夹角不是全部已知时，多采用二次投影法。如图 5-2 所示，力 $\boldsymbol{F}$ 与 z 轴的夹角为 γ，先将力 $\boldsymbol{F}$ 投影到 z 轴以及与 z 轴垂直的 xOy 面上，得 F_z 和 $\boldsymbol{F}_{xy}$（力在平面上的投影是矢量），且 $F_{xy} = F\sin\gamma$。

再将 $\boldsymbol{F}_{xy}$ 投影到 x、y 轴上，设 $\boldsymbol{F}_{xy}$ 与 x 轴的夹角为 φ，于是有

$$\left.\begin{aligned} F_z &= F\cos\gamma \\ F_x &= F_{xy}\cos\varphi = F\sin\gamma\cos\varphi \\ F_y &= F_{xy}\sin\varphi = F\sin\gamma\sin\varphi \end{aligned}\right\} \tag{5-2}$$

如果已知力 $\boldsymbol{F}$ 在三个坐标轴上的投影 F_x、F_y、F_z，由图 5-1 可求得力的大小

$$F=\sqrt{F_{xy}^2+F_z^2}=\sqrt{F_x^2+F_y^2+F_z^2} \tag{5-3}$$

力的作用线与三个坐标轴间的夹角分别为

$$\alpha=\arccos\frac{F_x}{F},\quad \beta=\arccos\frac{F_y}{F},\quad \gamma=\arccos\frac{F_z}{F} \tag{5-4}$$

力的指向由力在三个坐标轴上投影的正负号来确定。

二、力沿空间直角坐标系的分解

为了分析力对物体的作用，有时需要将力沿空间直角坐标轴分解。设有一力 $\boldsymbol{F}$ 作用于物体的 O 点，取如图 5-3 所示的直角坐标系。以力 $\boldsymbol{F}$ 为对角线，以三个坐标轴为三棱边，作平行六面体，于是可将力 $\boldsymbol{F}$ 直接分解为沿坐标轴的三个正交分力 $\boldsymbol{F}_x$、$\boldsymbol{F}_y$、$\boldsymbol{F}_z$。

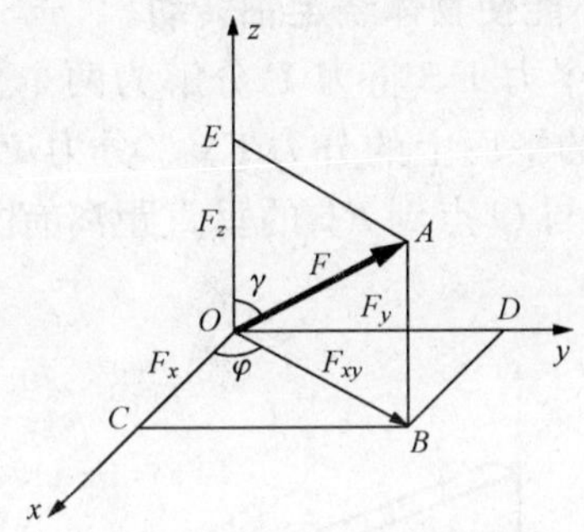

图 5-2　二次投影法

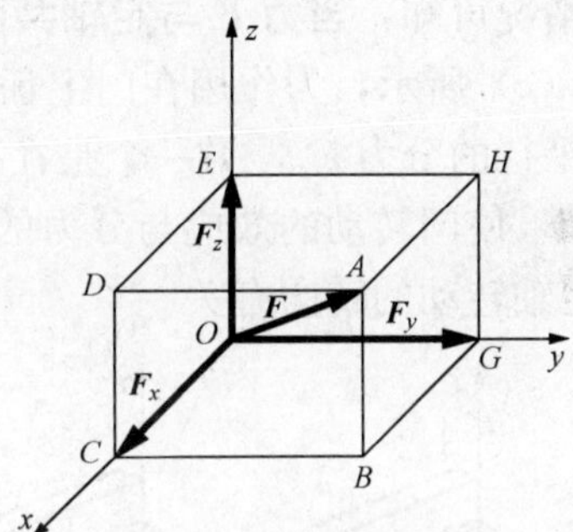

图 5-3　力沿空间直角坐标系的分解

在直角坐标系中，同一个力沿三个坐标轴的分量和在三个坐标轴上的投影大小相等。但分力是矢量，而投影是代数量。

【例 5-1】 求图 5-4 中各力在 x、y、z 轴上的投影。已知，$F_1=2\text{kN}$，$F_2=3\text{kN}$，$F_3=5\text{kN}$。

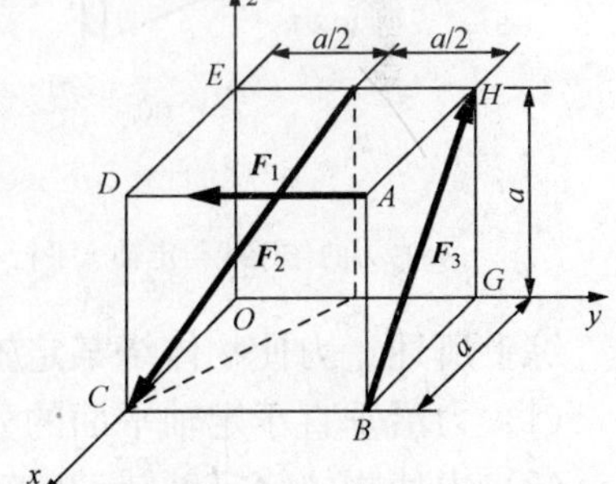

图 5-4 ［例 5-1］图

解　力 $\boldsymbol{F}_1$ 与 y 轴平行，与 Oxz 面垂直，与 x、z 轴垂直，所以有

$$F_{1x}=0,\quad F_{1y}=-2\text{kN},\quad F_{1z}=0$$

$\boldsymbol{F}_2$ 在三个坐标轴上的投影为

$$F_{2x}=\frac{2}{3}F_2=\frac{2}{3}\times 3=2(\text{kN})$$

$$F_{2y}=-\frac{1}{3}F_2=-\frac{1}{3}\times 3=-1(\text{kN})$$

$$F_{2z}=-\frac{2}{3}F_2=-\frac{2}{3}\times 3=-2(\text{kN})$$

$\boldsymbol{F}_3$ 在平面 $ABGH$ 内，与 y 轴垂直，所以有

$$F_{3x}=-F_3\cos 45^\circ=-5\times\frac{\sqrt{2}}{2}\approx-3.54(\text{kN})$$

$$F_{3y}=0,\quad F_{3z}=F_3\sin 45^\circ=5\times\frac{\sqrt{2}}{2}\approx 3.54(\text{kN})$$

第二节 力对轴之矩

一、力对轴之矩的定义

在日常生活和生产实践中，经常会遇到物体绕某定轴转动的情况。力使物体绕某定轴转动的效应由哪些因素来决定？下面以门的开启和关闭为例来分析。

如图 5-5 所示，为一扇可绕定轴 z 转动的门。从经验可知，有两种情况力不能使门绕定轴 z 转动：

(1) 力的作用线与定轴 z 平行，如图 5-5 (a) 所示。

(2) 力的作用线与定轴 z 相交，如图 5-5 (b) 所示。

总结两种情况可知：**当力 $\boldsymbol{F}$ 与定轴共面时，该力不能使物体绕定轴转动**。

如图 5-5 (c) 所示，为作用在门上任意方向的一个力 $\boldsymbol{F}$，将力 $\boldsymbol{F}$ 分解为两个分力，一个为与定轴 z 平行的分力 $\boldsymbol{F}_z$，另一个是在垂直于 z 轴的平面上的分力 $\boldsymbol{F}_{xy}$。分力 $\boldsymbol{F}_z$ 不能使门转动，分力 $\boldsymbol{F}_{xy}$ 使门转动的效应与分力的大小有关、与 O 点到 $\boldsymbol{F}_{xy}$ 的垂直距离有关、与分力 $\boldsymbol{F}_{xy}$ 使门绕定轴转动的转向有关。

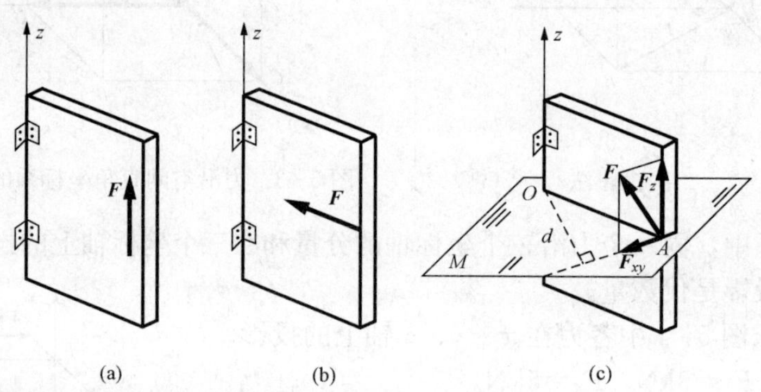

图 5-5 力对轴之矩

(a) 力的作用线与定轴 z 平行；(b) 力的作用线与定轴 z 相交；(c) 作用在门上任意方向的力

综上所述，力使物体绕某定轴转动的效应由以下两个因素决定：

(1) 力沿垂直于定轴平面的分力的大小和此分力的作用线到定轴垂直距离的乘积。

(2) 力使物体绕定轴转动的转向。

用力沿垂直于定轴平面的分力 $\boldsymbol{F}_{xy}$ 的大小和此分力的作用线到定轴垂直距离 d 的乘积，再加上表示转向的正负号来表示力使物体绕某定轴转动的效应，称为**力对定轴之矩**。用公式表示

$$M_z(\boldsymbol{F}) = \pm F_{xy}d \tag{5-5}$$

由定义可知，当力沿其作用线滑移时，力的投影也沿直线滑移，力对轴的矩不变。

力对轴之矩的正负号：用右手螺旋法则确定，如图 5-6 所示。以右手四指表示物体绕 z 轴转动的转向，若大拇指指向与 z 轴正向一致，则取正号；反之，取负号。

力对轴之矩的单位：和力对点之矩的单位相同，常用 N·m 或 kN·m。

二、空间力系的合力矩定理

可以证明：**空间力系的合力对某轴的矩等于各个分力对同一轴的矩的代数和**，其表达

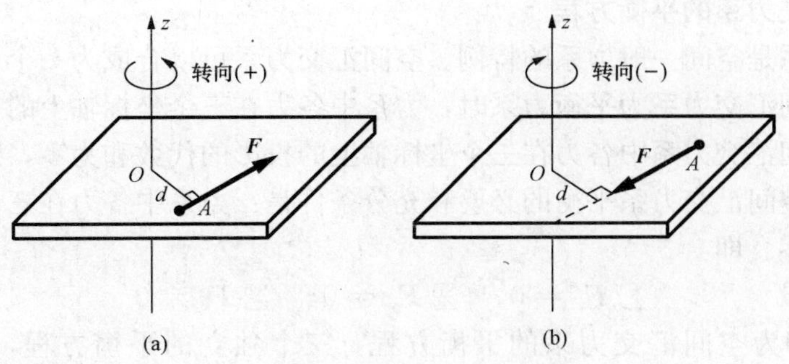

图 5-6　力对轴之矩的正负号规定

(a) 正号；(b) 负号

式为

$$M_z(\boldsymbol{F}) = \sum M_z(\boldsymbol{F}_i) \tag{5-6}$$

这就是**空间力系的合力矩定理**。合力矩定理常用来简化力对轴的矩的计算。

【例 5-2】 如图 5-7 所示，托架 $ABCD$ 套在转轴 z 上，D 点在水平面 Axy 上。在 D 点作用一力 $F=200\text{N}$，该力的作用线平行于平面 Axz，且与水平面的夹角 $\alpha=30°$，求力 $\boldsymbol{F}$ 对三个坐标轴的矩。

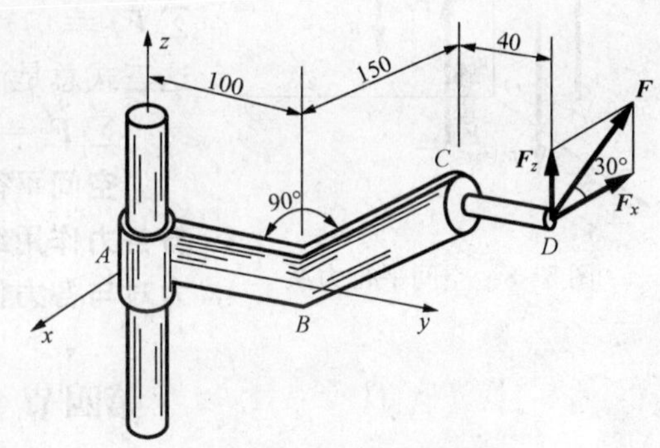

图 5-7 ［例 5-2］图

解 根据具体情况可以选择定义式或合力矩定理计算力对轴之矩。将力 $\boldsymbol{F}$ 在 D 点沿坐标轴 x、z 分解为两个分力 $\boldsymbol{F}_x$、$\boldsymbol{F}_z$，则有

$$M_x(\boldsymbol{F}) = M_x(\boldsymbol{F}_x) + M_x(\boldsymbol{F}_z) = 0 + 200 \times \sin 30° \times (0.1 + 0.04) = 14(\text{N}\cdot\text{m})$$

$$M_y(\boldsymbol{F}) = M_y(\boldsymbol{F}_x) + M_y(\boldsymbol{F}_z) = 0 + 200 \times \sin 30° \times 0.15 = 15(\text{N}\cdot\text{m})$$

$$M_z(\boldsymbol{F}) = M_z(\boldsymbol{F}_x) + M_z(\boldsymbol{F}_z) = 0 + 200 \times \cos 30° \times (0.1 + 0.04) = 24.2(\text{N}\cdot\text{m})$$

第三节　空间力系的平衡方程

一、空间一般力系的平衡条件和平衡方程

要使物体在空间处于平衡状态，即物体不会沿三个坐标轴方向移动，也不会绕三个坐标轴转动，则作用于物体上的各力必在三个坐标轴上的投影的代数和为零，对三个坐标轴之矩的代数和为零；反之，若作用于物体上的各力在三个坐标轴上投影的代数和为零，对三个坐标轴之矩的代数和为零，则该物体在空间一定处于平衡状态。所以，**空间一般力系平衡的必要和充分条件是：力系中各力在三个坐标轴上投影的代数和为零，以及力系中各力对这三个坐标轴的矩的代数和为零**。即

$$\sum \boldsymbol{F}_x = 0,\quad \sum \boldsymbol{F}_y = 0,\quad \sum \boldsymbol{F}_z = 0 \tag{5-7}$$

$$\sum M_x(\boldsymbol{F}) = 0,\quad \sum M_y(\boldsymbol{F}) = 0,\quad \sum M_z(\boldsymbol{F}) = 0$$

式 (5-7) 即为空间一般力系的平衡方程。六个独立的平衡方程，可以求解六个未知量。

二、空间汇交力系的平衡方程

空间汇交力系是空间一般力系的特例。空间汇交力系可以合成为一个合力，和平面汇交力系一样，当空间汇交力系为平衡力系时，力系中各力在三个坐标轴上的投影的代数和必为零；反之，若空间汇交力系中各力在三个坐标轴上的投影的代数和为零，则该力系一定是平衡力系。所以，空间汇交力系平衡的必要和充分条件是：力系中各力在三个坐标轴上的投影的代数和分别为零。即

$$\sum \boldsymbol{F}_x = 0,\quad \sum \boldsymbol{F}_y = 0,\quad \sum \boldsymbol{F}_z = 0 \tag{5-8}$$

式（5-8）即为空间汇交力系的平衡方程。三个独立的平衡方程，可以求解三个未知力。

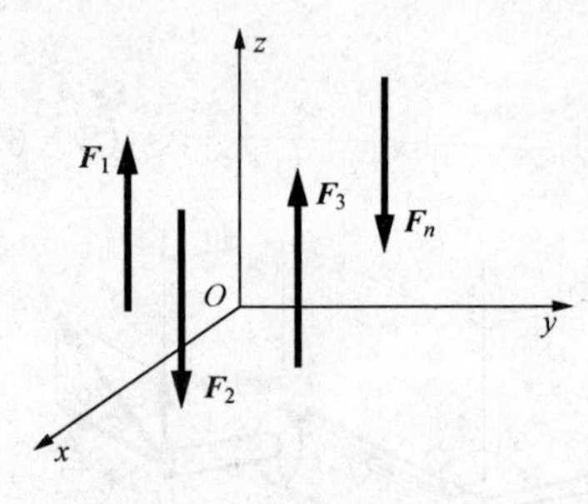

图 5-8 空间平行力系

三、空间平行力系的平衡方程

空间平行力系是空间一般力系的特例，其平衡方程可以根据空间一般力系的平衡方程推导出。如图 5-8 所示，有 $\sum \boldsymbol{F}_x \equiv 0, \sum \boldsymbol{F}_y \equiv 0, \sum M_z(\boldsymbol{F}) \equiv 0$，即不论力系是否平衡，这三式总是满足的。因此，空间平行力系的平衡方程为

$$\sum \boldsymbol{F}_z = 0,\quad \sum M_x(\boldsymbol{F}) = 0,\quad \sum M_y(\boldsymbol{F}) = 0 \tag{5-9}$$

空间平行力系平衡的必要和充分条件是：力系中各力在与各力作用线平行的坐标轴上的投影的代数和为零，以及各力对与各力作用线垂直的两个坐标轴的矩的代数和为零。

第四节 重 心

重心是力学中一个很重要的概念，物体的平衡，建筑物的稳定性等许多问题都涉及重心的概念，本节主要介绍重心的概念和重心位置的确定方法。

一、重心的概念

地球上所有的物体都受到地球的吸引力，这种引力称为物体的**重力**。实验证明：不论物体在空间放置的方位如何，物体重力的作用线总是通过一个确定的点，这个点就是物体重力的作用点，称为**物体的重心**。

二、确定重心及其形心位置的坐标公式

1. 一般物体重心的坐标公式

如图 5-9 所示，设物体重力、体积分别 $\boldsymbol{W}$、V，重心坐标为 $C(x_C, y_C, z_C)$ 将物体分成 n 个微块，每个微块的重力分别为 $\Delta\boldsymbol{W}_1$、$\Delta\boldsymbol{W}_2$、…、$\Delta\boldsymbol{W}_n$，体积分别为 ΔV_1、ΔV_2、…、ΔV_n，每个微块的重心坐标分别为 $C_1(x_1, y_1, z_1)$、$C_2(x_2, y_2, z_2)$、…、$C_n(x_n, y_n, z_n)$ 。根据空间力系的合力矩定理，有

$$\sum M_x(\boldsymbol{F}) = 0, W \cdot y_C = \Delta W_1 \cdot y_1 + \Delta W_2 \cdot y_2 + \cdots + \Delta W_n \cdot y_n = \sum \Delta W \cdot y$$
$$\sum M_y(\boldsymbol{F}) = 0, W \cdot x_C = \Delta W_1 \cdot x_1 + \Delta W_2 \cdot x_2 + \cdots + \Delta W_n \cdot x_n = \sum \Delta W \cdot x$$

由以上两式可得

$$y_C = \frac{\sum \Delta W \cdot y}{W}$$

$$x_C = \frac{\sum \Delta W \cdot x}{W}$$

将物体连同坐标轴转过 90°，使 Oxz 成为水平面，由重心的概念可知重心的位置不会改变，再对 x 轴应用合力矩定理得

$$z_C=\frac{\sum \Delta W\cdot z}{W}$$

所以，一般**物体重心的坐标公式**为

$$x_C=\frac{\sum \Delta W\cdot x}{W},\quad y_C=\frac{\sum \Delta W\cdot y}{W},\quad z_C=\frac{\sum \Delta W\cdot z}{W} \tag{5-10}$$

2. 均质物体重心的坐标公式

若物体为均质物体，即物体的密度 ρ 是常量，则式（5-10）可写为

$$\left.\begin{aligned}x_C&=\frac{\sum \Delta W\cdot x}{W}=\frac{\sum \Delta V\cdot \rho\cdot x}{\Delta V\cdot \rho}=\frac{\sum \Delta V\cdot x}{V}\\y_C&=\frac{\sum \Delta W\cdot y}{W}=\frac{\sum \Delta V\cdot \rho\cdot y}{\Delta V\cdot \rho}=\frac{\sum \Delta V\cdot y}{V}\\z_C&=\frac{\sum \Delta W\cdot z}{W}=\frac{\sum \Delta V\cdot \rho\cdot z}{\Delta V\cdot \rho}=\frac{\sum \Delta V\cdot z}{V}\end{aligned}\right\} \tag{5-11}$$

式（5-11）为**均质物体重心的坐标公式**。由公式可知，均质物体的重心位置完全取决于物体的几何形状和尺寸，而与物体的重量无关，故又称为**形心**。

3. 均质等厚薄板重心的坐标公式

设薄板的总面积为 A，每个微块的面积分别为 ΔA_1、ΔA_2、…、ΔA_n，厚度为 h，如图 5-10 所示，薄板在 Oxy 面内。因为板的厚度很小，可认为等于零，所以，z_C 也等于零，则由式（5-11）可得

$$\left.\begin{aligned}x_C&=\frac{\sum \Delta V\cdot x}{V}=\frac{\sum \Delta A\cdot h\cdot x}{A\cdot h}=\frac{\sum \Delta A\cdot x}{A}\\y_C&=\frac{\sum \Delta V\cdot y}{V}=\frac{\sum \Delta A\cdot h\cdot y}{A\cdot h}=\frac{\sum \Delta A\cdot y}{A}\end{aligned}\right\} \tag{5-12}$$

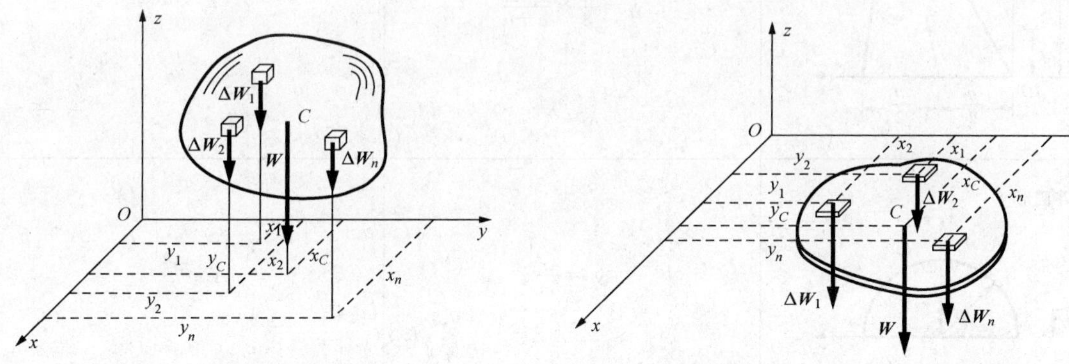

图 5-9 一般物体的重心　　图 5-10 均质等厚薄板重心

这就是**均质等厚薄板的重心坐标公式**。从式（5-12）可知，均质等厚薄板的重心坐标只与板的平面几何形状、尺寸有关，与板的重量、厚度无关，故也称为**平面图形的形心坐标公式**。

三、均质物体重心（形心）的确定方法

1. 简单形体的形心位置

工程中常见的均质物体很多是简单形体，或由几个简单形体组成的组合形体。简单形体

的形心位置可从有关工程手册中查到，现将几种常见的简单形体的形心位置列成表供参考，见表 5-1。

表 5-1 常见简单形体的形心位置

图 形	形心位置	面积或体积
直角三角形	$x_C=\frac{a}{3}$ $y_C=\frac{h}{3}$	$A=\frac{ah}{2}$
三角形	在三中线的交点 $y_C=\frac{h}{3}$	$A=\frac{ah}{2}$
梯形	在上、下底中点的连线上 $y_C=\frac{h}{3}\times\frac{a+2b}{a+b}$	$A=\frac{h}{2}\ (a+b)$
半圆形	$y_C=\frac{4r}{3\pi}$	$A=\frac{\pi r^2}{2}$
扇形	$x_C=\frac{2}{3}\times\frac{r\sin\alpha}{\alpha}$	$A=\alpha r^2$

续表

图 形	形心位置	面积或体积
弓形 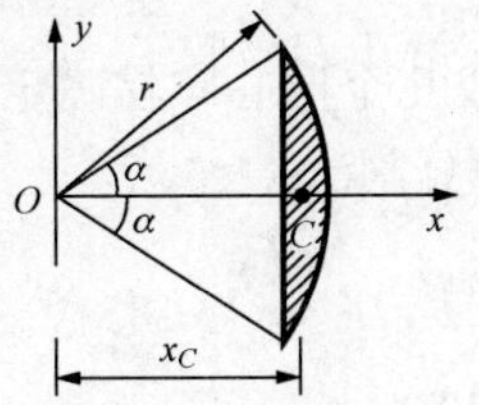	$x_C=\frac{2}{3}\times\frac{r^3\sin^3\alpha}{A}$	$A=\frac{r^2\ (2\alpha-\sin2\alpha)}{2}$
二次抛物线(1) 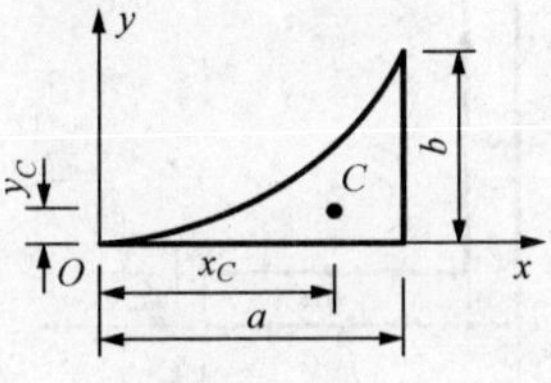	$x_C=\frac{3}{4}a$ $y_C=\frac{3}{10}b$	$A=\frac{1}{3}ab$
二次抛物线(2) 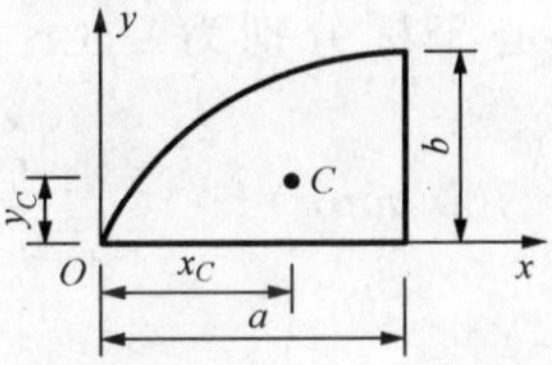	$x_C=\frac{3}{5}a$ $y_C=\frac{3}{8}b$	$A=\frac{2}{3}ab$
半球体 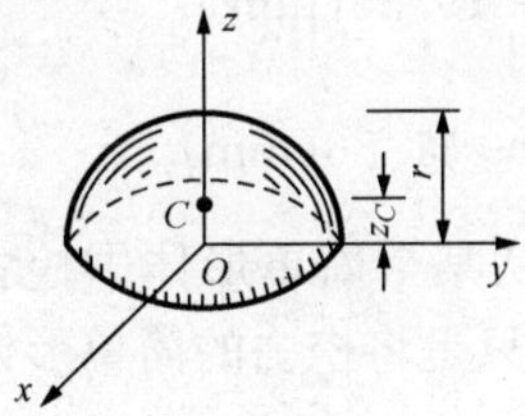	$z_C=\frac{3}{8}r$	$V=\frac{2}{3}\pi r^3$
正锥体(圆锥、棱锥) 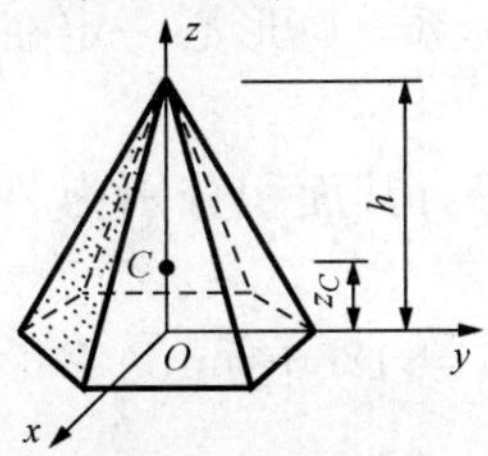	$z_C=\frac{h}{4}$	$V=\frac{1}{3}hA_{底}$

在工程实践中，经常会遇到具有对称轴、对称面或对称中心的形体，这种形体的形心一

定在对称轴、对称面或对称中心上。例如圆形的形心在圆心上，矩形、工字形的形心在两个对称轴的交点上，T形的形心在其对称轴上，球形的形心在其球心处，圆柱形的形心在对称面和对称轴的交点上等，如图5-11所示。

2. 组合形体的形心位置

(1) **分割法**。确定组合形体的形心位置时，可先将图形分割成几个形心容易确定的简单形体，再利用式(5-11)或式(5-12)进行计算，这种方法称为分割法。

【例5-3】 试确定图5-12所示L形平面图形的形心。

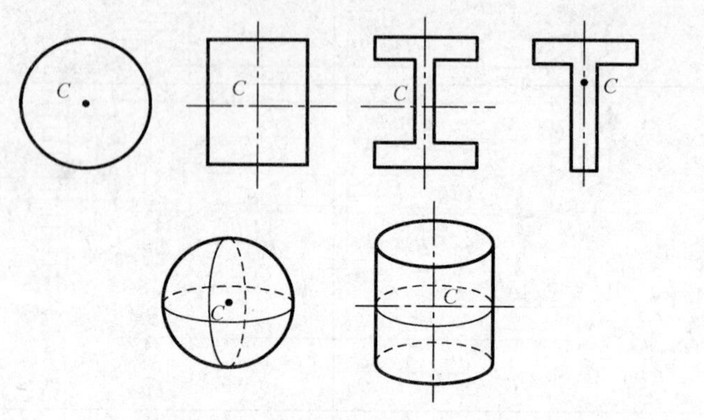

图5-11 简单形体的形心位置

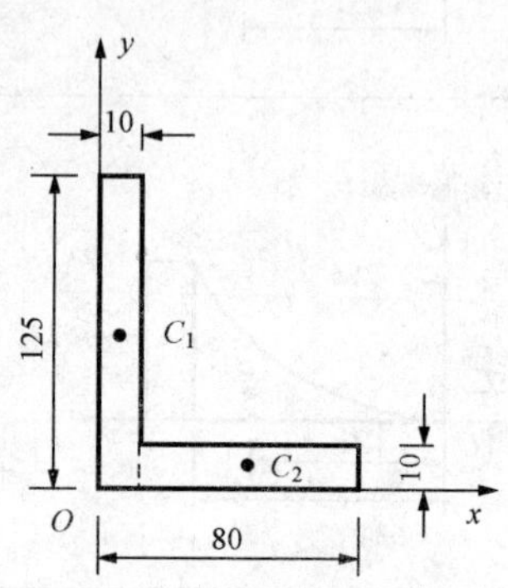

图5-12 [例5-3]图

解 将图形分割成两个矩形，其面积分别为A_1、A_2，形心坐标分别为$C_1(x_1, y_1)$、$C_2(x_2、y_2)$，则

$$A_1 = 125 \times 10 = 1250(\text{mm}^2), \quad A_2 = 70 \times 10 = 700(\text{mm}^2)$$

$$x_1 = 5\text{mm}, \quad x_2 = 45\text{mm}$$

$$y_1 = 62.5\text{mm}, \quad y_2 = 5\text{mm}$$

应用式(5-12)可得L平面图形的形心为

$$x_C = \frac{A_1 \times x_1 + A_2 \times x_2}{A} = \frac{1250 \times 5 + 700 \times 45}{1250 + 700} \approx 19.36(\text{mm})$$

$$y_C = \frac{A_1 \times y_1 + A_2 \times y_2}{A} = \frac{1250 \times 62.5 + 700 \times 5}{1250 + 700} \approx 41.86(\text{mm})$$

(2) **负面积法(或负体积法)**。有些组合形体，可以看作是从某个简单形体中挖去另一个简单形体而成的。确定这类组合形体的形心时，仍用分割法，只是将挖去的简单形体的面积(或体积)作为负值来考虑。

【例5-4】 确定图5-13所示槽形平面图形的形心。

解 此题可以用分割法或负面积法计算。取图5-13所示坐标系，则形心一定在对称轴y上。

(1) 分割法。将图形分割成如图5-13(a)所示的简单图形，其面积分别为A_1、A_2、A_3，形心坐标分别为$C_1(x_1, y_1)$、$C_2(x_2、y_2)$、$C_3(x_3, y_3)$，则有

$$A_1 = A_2 = 140 \times 25 = 3500(\text{mm}^2), \quad A_3 = 120 \times 15 = 1800(\text{mm}^2)$$

$$y_1 = y_2 = 70(\text{mm}), \quad y_3 = 7.5(\text{mm})$$

应用式(5-12)可得平面图形的形心坐标为

$$x_C = 0$$

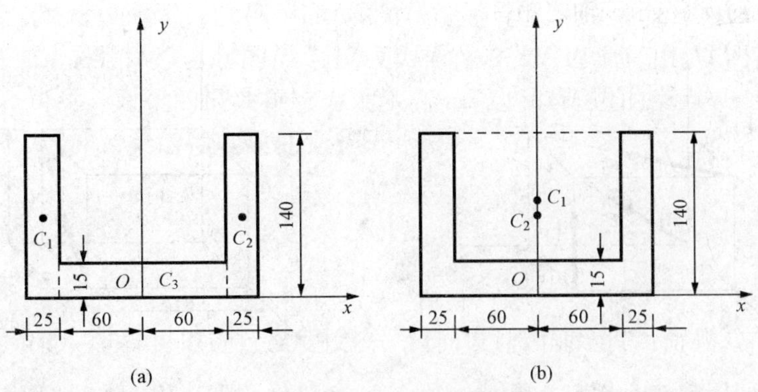

图 5-13 ［例 5-4］图

(a) 分割法；(b) 负面积法

$$y_C = \frac{A_1 \times y_1 + A_2 \times y_2 + A_3 \times y_3}{A} = \frac{3500 \times 70 \times 2 + 1800 \times 7.5}{3500 \times 2 + 1800} \approx 57.22(\text{mm})$$

(2) 负面积法。如图 5-13 (b) 所示，把图形看成大矩形和空的小矩形两部分组成，其面积分别为 A_1、A_2，形心坐标分别为 $C_1(x_1, y_1)$、$C_2(x_2, y_2)$，则

$$A_1 = 140 \times 170 = 23800(\text{mm}^2), \quad A_2 = -125 \times 120 = -15000(\text{mm}^2)$$

$$y_1 = 70\text{mm}, \quad y_2 = 77.5\text{mm}$$

所以平面图形的形心坐标为

$$x_C = 0$$

$$y_C = \frac{A_1 \times y_1 + A_2 \times y_2}{A} = \frac{23800 \times 70 - 15000 \times 77.5}{23800 - 15000} \approx 57.22(\text{mm})$$

思 考 题

5-1 力在空间直角坐标轴上的投影和此力沿该坐标轴的分力，它们之间有什么联系和区别?

5-2 如何计算力对轴之矩？有哪些方法?

5-3 二次投影法中，力在平面上的投影是代数量还是矢量？为什么?

5-4 已知力 $\boldsymbol{F}$ 在 x 轴上的投影及它对 z 轴的矩如下列三种情况，说明各情况下力 $\boldsymbol{F}$ 的作用线与 z 轴的关系。(1) $F_z=0$，$M_z(\boldsymbol{F})=0$；(2) $F_z=0$，$M_z(\boldsymbol{F})\neq0$；(3) $F_z\neq0$，$M_z(\boldsymbol{F})\neq0$。

5-5 选取不同的坐标轴计算物体的重心时，所得的重心坐标是否相同？重心在物体内的位置是否改变?

习 题

5-1 试计算如图 5-14 所示各力分别在 x、y、z 轴上的投影。已知 $F_1=3\text{kN}$，$F_2=2\text{kN}$，$F_3=1\text{kN}$。

5-2 一力 $\boldsymbol{F}$ 作用于长方体如图 5-15 所示。已知 $a=20\text{cm}$，$b=15\text{cm}$，$c=10\text{cm}$，$F=$

5kN，试求力 $\boldsymbol{F}$ 对 x、y、z 轴之矩。

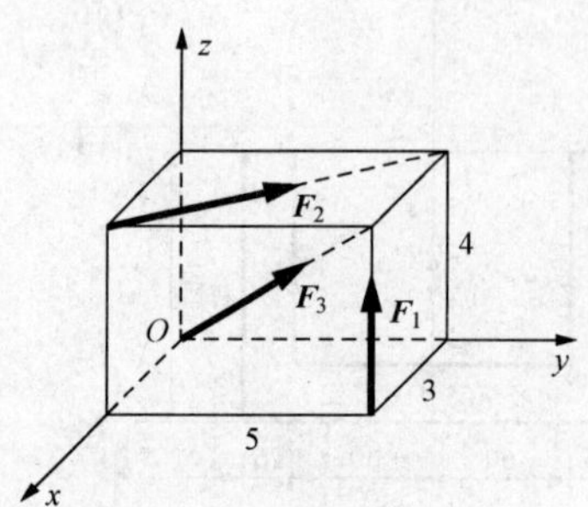

图 5-14　题 5-1 图

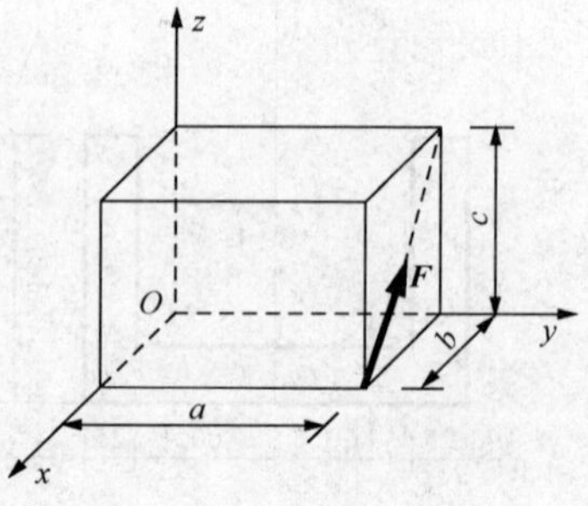

图 5-15　题 5-2 图

5-3　求图 5-16 所示各平面图形的形心位置。

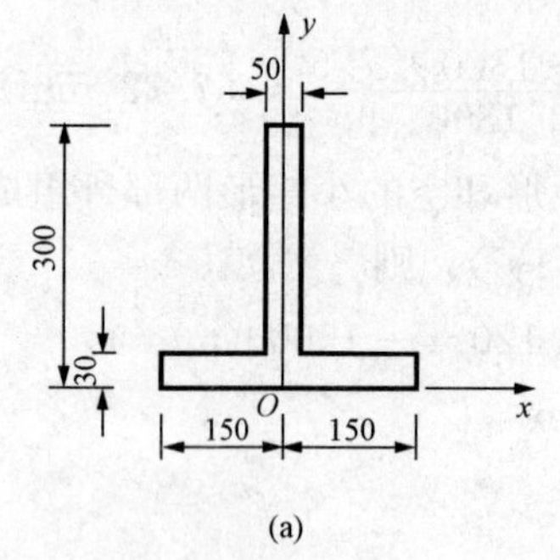

(a)

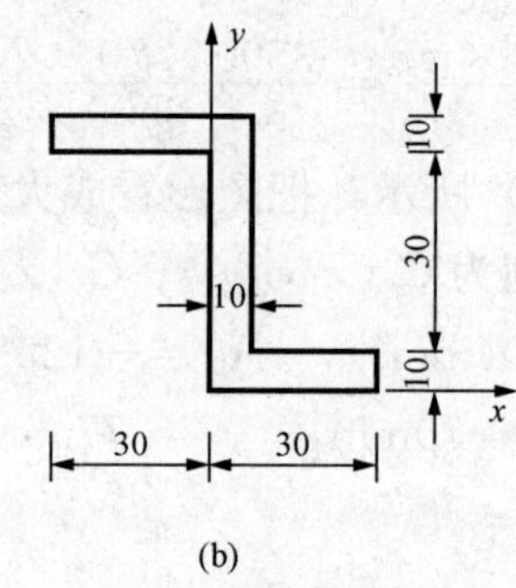

(b)

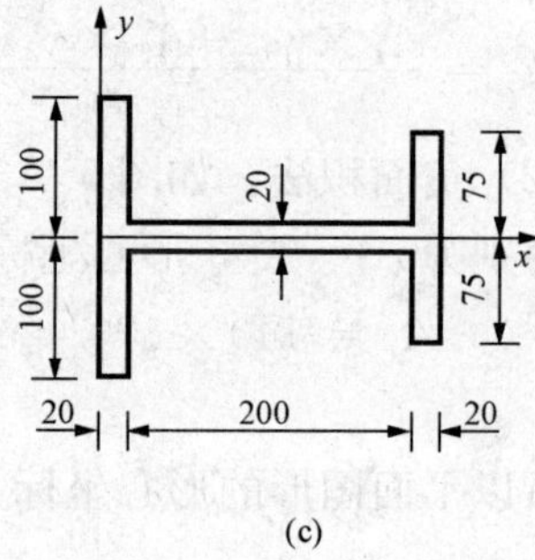

(c)

图 5-16　题 5-3 图

5-4　求图 5-17 所示的阴影部分的形心位置。

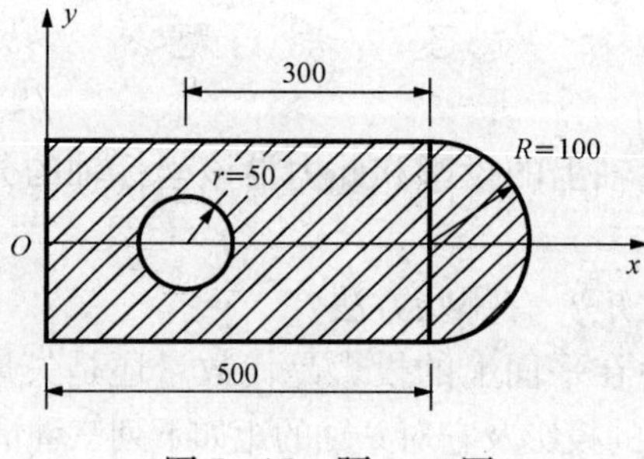

图 5-17　题 5-4 图

第二部分　材　料　力　学

第六章　材料力学的基本概念

第一节　变形固体的基本假设

一、变形固体

建筑工程中的构件都由固体材料组成，如钢、铸铁、木材、混凝土等。这些固体材料在外力作用下会产生变形，又称为**变形固体**。材料力学主要研究杆件在外力作用下的变形和破坏规律，分析其强度、刚度和稳定性。因此，不能把它视为刚体而应当视为变形固体。

变形固体在外力作用下会产生两种不同性质的变形：一种是当外力消除后，变形也随之消失，这种变形称为**弹性变形**；另一种是外力消除后，变形不能完全消失而留有残余，这种残余部分的变形称为**塑性变形**。材料力学将研究杆件及其材料在弹性范围内的变形问题。

二、变形固体的基本假设

变形固体是多种多样的，其性质也各不相同。为了便于问题的研究，略去次要因素，保留主要性质，在材料力学中对变形固体作了如下假设：

（1）连续性假设。认为变形固体在其整个体积内连续不断地充满了物质，无任何空隙。依据这一假设，当把力学中某量视为固体内点的坐标函数时，可以利用高等数学中微分和积分等进行分析。

（2）均匀性假设。认为变形固体内各点处的力学性质完全相同。因此，在分析问题时，构件内任一点的力学性质完全可以代表整个变形固体。

（3）各向同性假设。认为固体材料在各个方向上的力学性质完全相同，符合这种假设的材料称为各向同性材料。若材料沿不同方向具有不同的力学性质时，则称为各向异性材料。在材料力学中只局限于研究各向同性的材料。

（4）弹性假设。认为作用于构件上的外力不超过某一限度时，构件的变形是完全弹性的。

实践结果表明，采用以上假设不仅大大方便了理论的研究和计算方法的推导，且计算结果的精确度完全可以满足工程的要求。

第二节　杆件变形的基本形式

杆件在不同形式的外力作用下，将发生不同形式的变形。杆件变形的基本形式有以下四种：

（1）**轴向拉伸或压缩**。当杆件受到沿轴线方向的外力作用时，杆件将沿轴线方向伸长或缩短，这种变形称为轴向拉伸或压缩，如图 6-1（a）、图 6-1（b）所示。

（2）**剪切**。当杆件受到一对相距很近、大小相等、方向相反、作用线垂直于杆轴线的外力作用时，位于两个力之间的各横截面发生相对错动，这种变形称为**剪切变形**，如图6-1（c）所示。

（3）**扭转**。当杆件受到一对大小相等、转向相反、作用面与杆件轴线垂直的外力偶作用时，杆件各横截面发生绕轴线的相对转动，这种变形称为**扭转变形**，如图6-1（d）所示。

（4）**弯曲**。当杆件受到垂直于杆件轴线的外力或作用在杆件纵向平面的力偶的作用时杆件的轴线由直线弯成曲线，这种变形称为**弯曲变形**，如图6-1（e）所示。

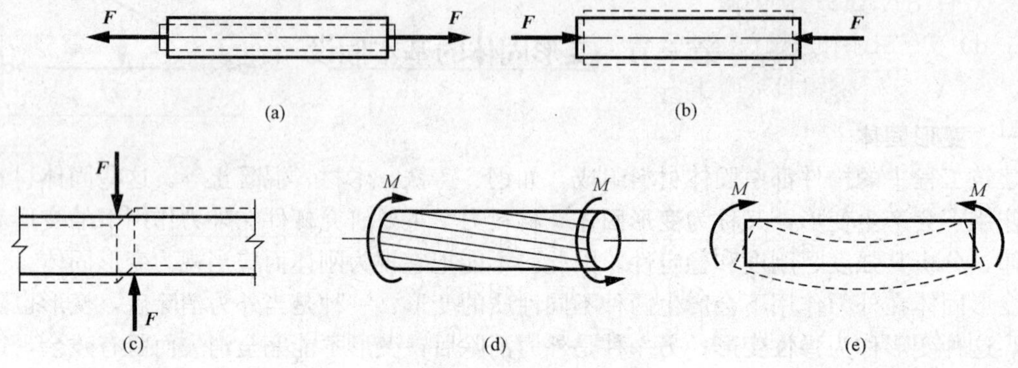

图6-1　杆件变形的基本形式

（a）拉伸；（b）压缩；（c）剪切；（d）扭转；（e）弯曲

第三节　内力·应力

一、内力

当物体受到外力作用后，内部各质点间的相互作用力称为**内力**。内力是由外力引起的，并随外力的增大而增大。但是，对于任一杆件而言，内力的增大是有限度的，超过此限度，杆件就会发生破坏，这表明内力与杆件的强度、刚度有密切的关系。因此，研究杆件的内力是材料力学的主要内容之一。

二、计算内力的基本方法——截面法

为了确定杆件内某截面的内力，可以用假想的截面沿要求内力的截面将杆件截开，分为两半部，取其中的一半部为研究对象，利用静力平衡方程求出内力，这种方法称为**截面法**。

截面法计算内力的步骤：

（1）用假想的截面沿要求内力的截面将杆件切开，分为两半部，取其中的一半部为研究对象。

（2）画研究对象的受力图。画受力图时，另一部分对研究对象的作用力用内力来代替。

（3）利用研究对象的平衡条件，列平衡方程求解内力。

所以，截面法计算内力的步骤可以归结为三个字“切、代、平”。

三、应力

在工程设计中，仅仅知道内力，还不能解决杆件的强度问题。例如两根材料相同、截面面积不同的杆件，受同样大小的轴向拉力作用，随着拉力的增大，细杆将首先拉断。这一事实说明，杆件的强度不仅与杆件的内力有关，还与横截面积有关，也就是说杆件的强度还与

内力在截面上分布的集度有关。

内力在截面上分布的密集程度，或内力在一点处的集度称为**应力**。如图 6-2（a）所示的杆件某截面上 K 点，围绕该点取一微小面积 ΔA，作用在该面积上的微内力为 ΔF，则 ΔA 上内力的平均集度为

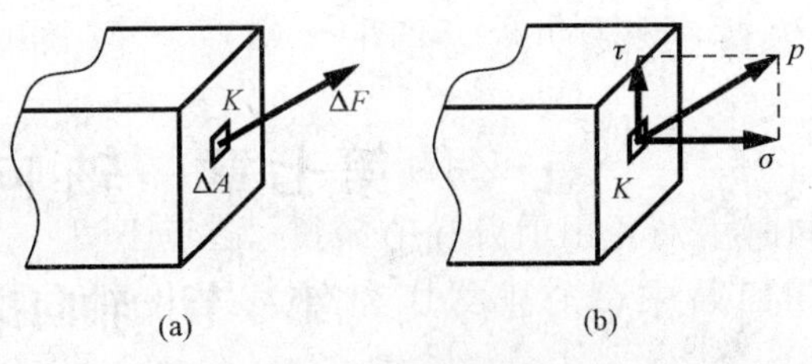

图 6-2　计算应力
（a）平均应力；（b）分应力

$$p_{av}=\frac{\Delta F}{\Delta A}$$

式中：p_{av}称为面积 ΔA 上的平均应力。

当内力分布不均匀时，平均应力的值将随 ΔA 的大小而变化，它不能确切地反映 K 点处内力的集度。只有当 ΔA 趋于零时，平均应力 p_{av} 的极限值 p 才能代表 K 点处的内力集度，即 K 点的应力为

$$p=\lim_{\Delta A\to 0}\frac{\Delta F}{\Delta A}=\frac{dF}{dA}$$

通常将应力分解为两个分应力，与截面垂直的分应力称为**正应力**，用 σ 表示；与截面相切的分应力称为**切应力**，用 τ 表示，如图 6-2（b）所示。

应力的国际单位为“帕斯卡”，简称“帕”，用符号 Pa 表示，$1\text{Pa}=1\text{N/m}^2$。

工程实际中应力数值较大，常用千帕（kPa）、兆帕（MPa）、吉帕（GPa）作单位，$1\text{kPa}=10^3\text{Pa}$，$1\text{MPa}=10^6\text{Pa}$，$1\text{GPa}=10^9\text{Pa}$。

思　考　题

6-1　简述变形固体的概念。变形固体有哪些基本假设？

6-2　杆件变形的基本形式有哪几种？并举出各种基本变形的工程实例。

6-3　什么是内力？计算内力的基本方法是什么？

6-4　什么是应力？内力和应力有何区别？有何联系？

第七章 轴向拉伸和压缩

第一节 轴向拉伸和压缩的概念

在工程结构中，轴向拉伸或压缩的杆件很多。如图 7-1（a）所示三铰支架中，AB 杆受拉，BC 杆受压；图 7-1（b）所示的桁架中，所有杆件受拉或受压。

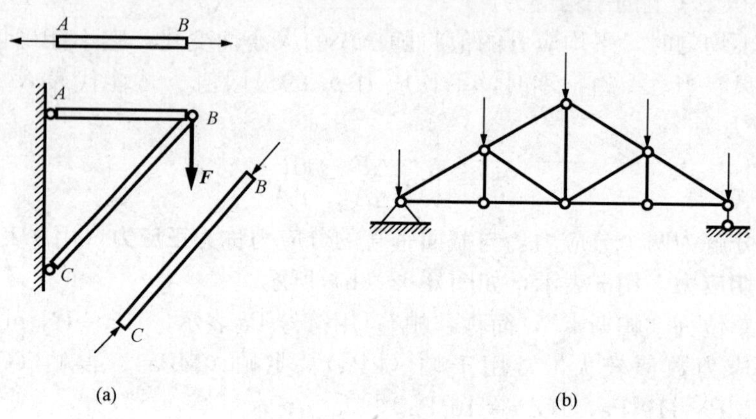

图 7-1 轴向拉伸和压缩
（a）三角支架；（b）桁架

由以上实例可知，轴向拉伸或压缩变形杆件的**受力特点**：外力沿杆件轴线方向，即外力为**轴向外力**。**变形特点**：杆件沿轴线方向伸长或缩短。

第二节 轴向拉（压）杆的内力

一、轴向拉（压）杆横截面上的内力

1. 轴力

如图 7-2（a）所示的等截面直杆在轴向外力 F 作用下，产生轴向拉伸变形。现求任一横截面Ⅰ—Ⅰ上的内力。

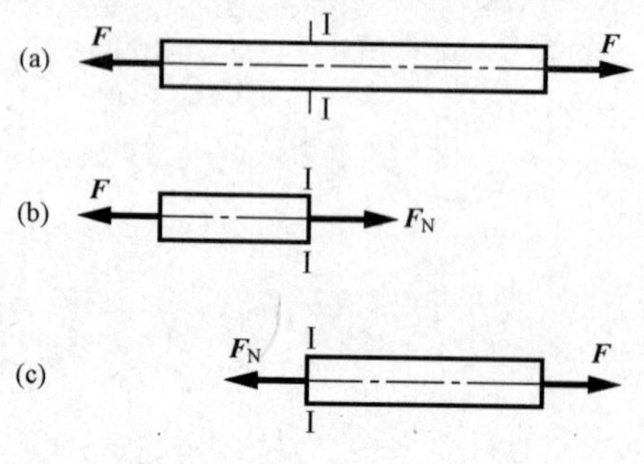

图 7-2 轴力
（a）等截面直杆的受力情况；（b）左半部受力图；（c）右半部受力图

用假想的截面沿Ⅰ—Ⅰ截面截开，若取左半部为研究对象，如图 7-2（b）所示，由平衡条件可知，该截面上必有与外力 F 平衡的内力，因为内力的作用线沿杆件的轴线，故称为**轴力**，通常用 F_N 表示。轴力的单位与力的单位相同，常用的为牛（N）或千牛（kN）。由平衡方程 $\sum F_x=0$ 得

$$F_N - F = 0, \quad F_N = F$$

如取右半部为研究对象，如图 7-2（c）所示，同样可得出相同的结果。

2. 轴力的正负号

当杆件受拉时，轴力为拉力，其方向背离截面；当杆件受压时，轴力为压力，其方向指向截面。规定：轴力以拉力为正，压力为负。

3. 用截面法计算指定截面的轴力

用截面法计算轴力的步骤：

(1) 用假想截面将杆件沿要求内力的截面截开，取其中的一半部为研究对象。

(2) 画研究对象的受力图。画受力图时，先假设截面上的轴力为正向。

(3) 根据研究对象的平衡条件列平衡方程，求解未知力。计算出结果为正，说明假设方向和实际方向相同；否则，相反。

【例 7-1】 计算图 7-3 (a) 所示的 1—1、2—2 截面上的轴力。

解 (1) 计算 1—1 截面轴力。用假想截面沿 1—1 截面将杆件截开，取左半部为研究对象，受力图如图 7-3 (b)所示，则由平衡方程$\sum F_x=0$得

$$F_{N1}-8=0,\quad F_{N1}=8\text{kN}$$

结果为正，说明假设方向与实际方向相同，1—1 截面的轴力为拉力。

(2) 计算 2—2 截面轴力。用假想截面沿 2—2 截面将杆件截开，取右半部为研究对象，受力图如图 7-3 (c) 所示，则由平衡方程$\sum F_x=0$得

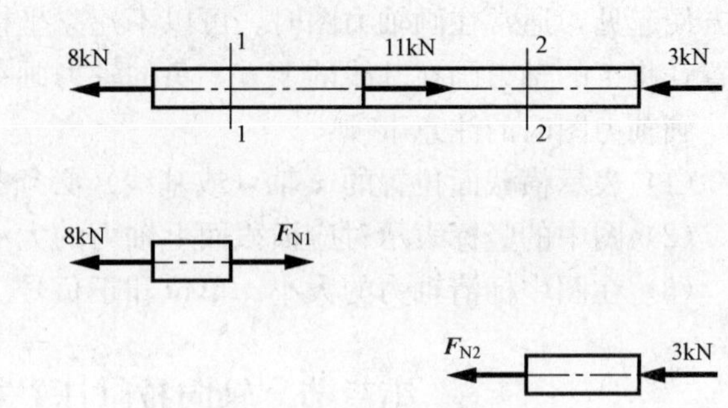

图 7-3 ［例 7-1］图

(a) 杆件的受力情况；(b) 1—1 截面左半部受力图；(c) 2—2 截面右半部受力图

$$-F_{N2}-3=0,\quad F_{N2}=-3\text{kN}$$

结果为负，说明假设方向与实际方向相反，2—2 截面上的轴力为压力。

4. 用简捷法计算指定截面轴力

由截面法可总结出计算轴力的简捷方法：拉压杆件任一横截面上的轴力等于该截面一侧(左半部或右半部) 所有轴向外力的代数和。轴向外力的正负号：外力指向截面取负号，远离截面取正号。若计算结果为正说明是拉力，反之，是压力。

【例 7-2】 用简捷法计算［例 7-1］中各指定截面的轴力。

解 1—1 截面：考虑 1—1 截面以左，则 $F_{N1}=8\text{kN}$。若考虑 1—1 截面以右，则 $F_{N1}=11-3=8(\text{kN})$。

2—2 截面：考虑 2—2 截面以右，则 $F_{N2}=-3\text{kN}$。

二、轴力图

为了表明各横截面上的轴力随横截面位置而变化的情况，用平行于杆轴线的坐标（即 x 坐标）表示横截面的位置，用垂直于杆轴线的坐标（F_N 坐标）表示横截面上轴力的数值，按一定的比例绘制出表示轴力与截面位置关系的图线，这种图线称为**轴力图**。从轴力图上可直观地看出最大轴力的数值及其所在横截面的位置。习惯上将正的轴力画在 x 轴的上方，负的轴力画在 x 轴的下方。

【例 7-3】 试画图 7-4 (a) 所示等直杆的轴力图。

解 (1) 分段计算轴力。按外力的作用点将杆件分为 AB、BC、CD、DE 段，分别计算每

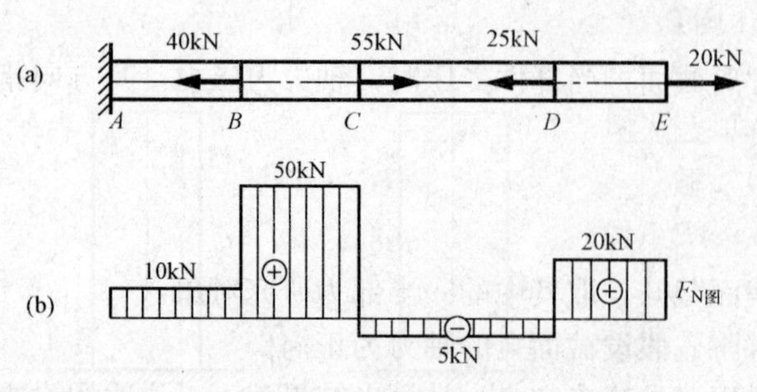

图 7-4 [例 7-3] 图

(a) 等直杆的受荷情况；(b) 轴力图

一段横截面上的轴力。因为每一段内均无荷载作用，所以轴力无变化，即每一段内各个横截面上的轴力相等，取其中的任一截面即可计算出该段截面的轴力

$$F_{NAB}=-40+55-25+20=10(\text{kN})$$

$$F_{NBC}=55-25+20=50(\text{kN})$$

$$F_{NCD}=-25+20=-5(\text{kN})$$

$$F_{NDE}=20\text{kN}$$

(2) 分段画轴力图。按前述作轴力图的规则，作出杆件的轴力图。有时为了方便起见，通常在画轴力图时，可以不建立坐标系，而是用一条基线表示杆件各横截面的位置，将正的轴力画在基线的上方，负的轴力画在基线的下方，如图 7-4 (b) 所示。

画轴力图时的注意事项：

(1) 表示横截面位置的 x 轴（或基线）必须与杆件轴线平行。

(2) 图中的竖标表示对应横截面上轴力的大小，故要与纵坐标 F_N 平行。

(3) 在图中标清轴力的大小、单位和正负号。

第三节 轴向拉（压）杆横截面上的应力

轴向拉（压）杆横截面上只有一种与横截面垂直的内力，相应的也只有与横截面垂直的应力，即正应力。正应力在横截面上如何分布？下面先观察一个试验。

取一根用橡胶制成的等直杆，在它的表面均匀地画上若干与轴线平行的纵向线和与轴线垂直的横向线［见图 7-5 (a)］，使杆件表面形成许多小正方格。然后在两端施加一对轴向外力 F［见图 7-5 (b)］，使杆件产生轴向拉伸变形，观察其变形，可以看到以下几个现象：

(1) 所有的纵向线都伸长了，且伸长量相等。

(2) 所有的横向线仍保持为直线，且仍垂直于杆的轴线，只是它们之间的距离增大了，原来的小方格变成了小矩形。

根据观察到的现象，可作**平面假设**：若将横向线看作横截面，则变形前为平面的横截面，变形后仍保持为平面，且仍然垂直于杆的轴线，只是沿杆轴作相对的平移。

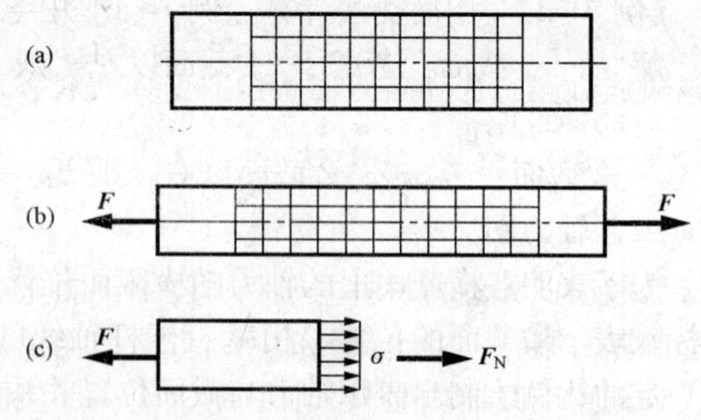

图 7-5 轴向拉伸变形

(a) 在等直杆表面均匀画上若干与轴线平行的纵向线和与轴线垂直的横向线；(b) 在轴两端施加一对轴向外力 F；(c) 横截面上的正应力均匀分布

根据这一假设，可得出**结论**：轴向拉（压）杆横截面上只有正应力，且正应力在横截面上均匀分布，即横截面上各点的应力相等［见图 7-5 (c)］，计算公式为

$$\sigma=\frac{F_N}{A} \tag{7-1}$$

式中：σ 为横截面上的正应力；F_N 为横截面上的轴力；A 为横截面面积。

正应力随轴力也有正负之别：拉应力为正，压应力为负。

【例 7-4】 如图 7-6（a）所示变截面杆，已知 $F=20\text{kN}$，横截面面积 $A_1=2000\text{mm}^2$，$A_2=1000\text{mm}^2$，试作轴力图，并计算杆件各段横截面上的正应力。

解 （1）分段计算轴力，并画轴力图

$$F_{NAB}=F_{NBC}=-2F=-40\text{kN},\quad F_{NCD}=F=20\text{kN}$$

轴力图如图 7-6（b）所示。

（2）计算杆件各段横截面上的正应力

$$\sigma_{AB}=\frac{F_{NAB}}{A_1}=-\frac{40\times10^3}{2000}=-20(\text{MPa})(\text{压})$$

$$\sigma_{BC}=\frac{F_{NBC}}{A_2}=-\frac{40\times10^3}{1000}=-40(\text{MPa})(\text{压})$$

$$\sigma_{CD}=\frac{F_{NCD}}{A_2}=\frac{20\times10^3}{1000}=20(\text{MPa})(\text{拉})$$

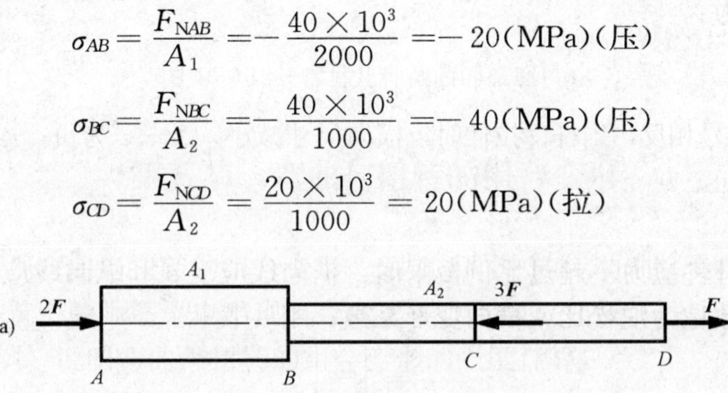

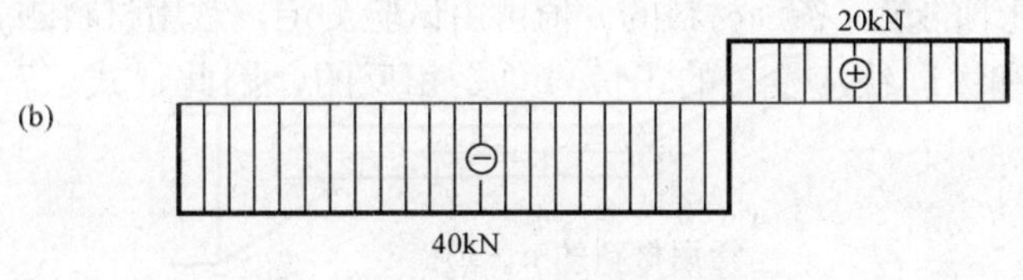

图 7-6 ［例 7-4］图

（a）变截面杆的受荷情况；（b）轴力图

第四节　轴向拉（压）杆的变形·胡克定理

一、纵向变形

杆件在轴向外力作用下，沿轴线方向长度的改变量称为**纵向变形**，或**纵向绝对变形**。如图 7-7 所示，设杆件原长为 l，变形后的长度为 l_1，则纵向变形为

$$\Delta l=l_1-l \tag{7-2}$$

杆件拉伸时纵向变形为正，压缩时纵向变形为负。纵向变形 Δl 的常用单位是 m、cm 或 mm。

Δl 只反映杆的总变形量，它受到原长度的影响，而无法说明杆的变形程度。由于杆的各段是均匀伸长（或缩短）的，所以，可采用每单位长度杆的纵向变形来反映杆的变形程度，这个量称为**纵向线应变**，简称**线应变**，用 ε 表示。

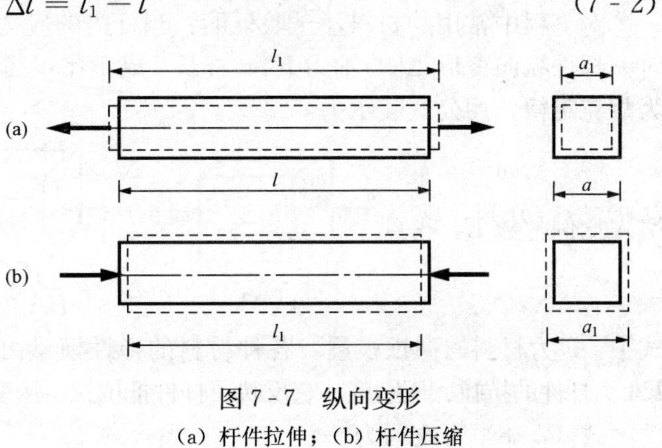

图 7-7　纵向变形

（a）杆件拉伸；（b）杆件压缩

$$\varepsilon = \frac{\Delta l}{l} \tag{7-3}$$

ε 的正负号与 Δl 相同，拉伸时为正；压缩时为负。ε 是一个无量纲的量。

二、横向变形

杆件拉伸或压缩时，横截面尺寸的改变量称为**横向变形，或横向绝对变形**。设杆件变形前的横向尺寸为 a，变形后为 a_1，则横向变形为

$$\Delta a = a_1 - a \tag{7-4}$$

横向线应变 ε' 为

$$\varepsilon' = \frac{\Delta a}{a} \tag{7-5}$$

与 Δl、ε 的正负号相反，当杆件拉伸时，横向尺寸减小，Δa、ε' 为负；当杆件压缩时，横向尺寸增大，Δa、ε' 为正。

三、泊松比

试验证明，当杆件应力不超过比例极限时，横向线应变 ε' 和纵向线应变 ε 比值的绝对值为一常数，这一常数称为**泊松比或横向变形系数**，用 μ 表示

$$\mu = \left|\frac{\varepsilon'}{\varepsilon}\right| \tag{7-6}$$

泊松比 μ 是一个无量纲的量，各种材料的 μ 值可由试验测定，常用材料的 μ 值见表 7-1。

由于横向线应变 ε' 和纵向线应变 ε 的正负号总是相反的，因此，式（7-6）也可写为

$$\varepsilon' = -\mu\varepsilon \tag{7-7}$$

表 7-1 常用材料的 μ、E 值

材料名称	弹性模量 E(GPa)	泊松比 μ
Q235（低碳）钢	200～210	0.24～0.28
16Mn 钢	200～220	0.25～0.33
铸铁	115～160	0.23～0.27
铝合金	70～72	0.26～0.33
混凝土	15～36	0.16～0.18
木材	10～12	

四、胡克定律

对工程中常用的材料，试验证明：当杆内的应力不超过材料的比例限值（详见第五节）时，杆件纵向变形 Δl 与轴力 $\boldsymbol{F}_{\mathrm{N}}$、杆长 l 成正比，与横截面面积 A 成反比，这一比例关系称为**胡克定律**，用公式表示为

$$\Delta l \propto \frac{F_{\mathrm{N}} l}{A}$$

引入比例常数 E，得到

$$\Delta l = \frac{F_{\mathrm{N}} l}{EA} \tag{7-8}$$

式中：E 为材料的**弹性模量**，各种材料的弹性模量由试验测定，常用材料的 E 值见表 7-1，EA 为杆件的抗拉、压刚度，它反映了杆件抵抗拉、压变形的能力，EA 越大，杆件的变形越小。

式（7-8）可改写为

$$\varepsilon = \frac{\sigma}{E} \text{或} \sigma = E\varepsilon \tag{7-9}$$

式（7-9）为胡克定律的又一表达式，它表明：在应力不超过比例极限时，正应力与线应变成正比。

【例 7-5】 阶梯杆受荷情况如图 7-8（a）所示，$A_1 = 100\text{mm}^2$，$A_2 = 200\text{mm}^2$，$A_3 = 80\text{mm}^2$，材料的 $E = 2\times10^5\text{MPa}$，计算杆的总变形。

解 （1）计算各段横截面上的轴力

$$F_{NAB} = F_{NBC} = -4\text{kN},\quad F_{NCD} = 3\text{kN}$$

（2）计算杆件的总变形。若杆件各段的轴力、截面和材料有变化时，应按照外力 F 的作用点、截面 A 和弹性模量 E 的变化情况分段考虑，即 $\Delta l = \sum_{i=1}^{n}\frac{F_{Ni}l_i}{E_iA_i}$，所以

$$\Delta l = \Delta l_{AB} + \Delta l_{BC} + \Delta l_{CD} = \frac{F_{NAB}l_{AB}}{EA_{AB}} + \frac{F_{NBC}l_{BC}}{EA_{BC}} + \frac{F_{NCD}l_{CD}}{EA_{CD}}$$

$$= -\frac{4\times10^3\times100}{2\times10^5\times100} - \frac{4\times10^3\times50}{2\times10^5\times200} + \frac{3\times10^3\times200}{2\times10^5\times80} = 1.25\times10^{-2}(\text{mm})$$

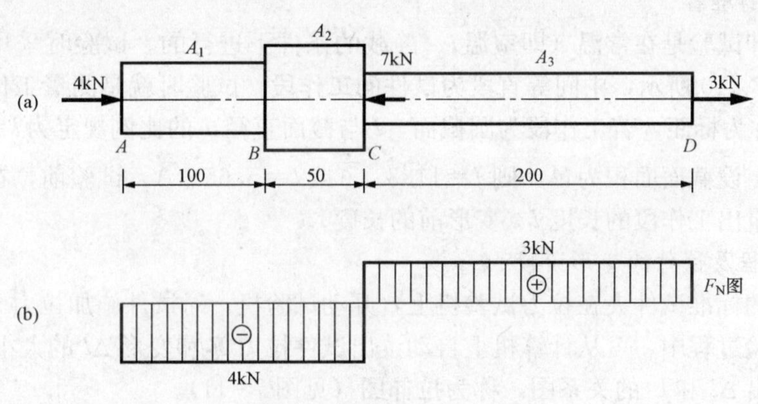

图 7-8 ［例 7-5］图

（a）阶梯杆受荷情况；（b）轴力图

【例 7-6】 如图 7-9（a）所示的混凝土柱，已知混凝土的重度 γ，弹性模量 E，柱长为 l，截面积为 A。求柱顶 A 的位移。

解 距顶端 x 处取一截面，截开后取上半部为研究对象如图 7-9（b）所示。该截面的轴力为

$$F_N(x) = -F - \gamma Ax$$

在 x 截面处取一微段 dx，如图 7-9（c）所示。由于微段 dx 很小，可认为两端截面内力相等，则微段的变形为

$$d\Delta l = \frac{F_N(x)dx}{EA}$$

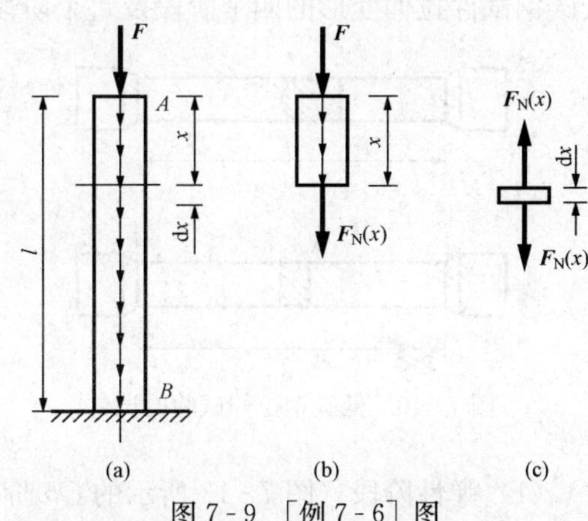

图 7-9 ［例 7-6］图

（a）混凝土柱的受荷情况；（b）上半部为研究对象；（c）在 x 截面处取一微段 dx

积分得全柱的总变形，即柱顶 A 的位移为

$$\Delta l=\int_{0}^{l}\frac{F_{\mathrm{N}}(x)}{EA}\mathrm{d}x=\int_{0}^{l}\frac{-F-\gamma Ax}{EA}\mathrm{d}x=-\frac{Fl}{EA}-\frac{\gamma l^{2}}{2E}$$

负号表示柱子缩短了 Δl。

第五节 材料在拉伸和压缩时的力学性能

材料受外力后所表现出来的强度和变形方面的性质称为材料的力学性能。例如前面所涉及的弹性模量、泊松比、极限应力等。材料的力学性能是根据材料的拉伸、压缩试验测定的。

工程中使用的材料种类很多，习惯上根据试件在拉断时塑性变形的大小，分为塑性材料和脆性材料两类。如砖、混凝土、铸铁等是脆性材料；而低碳钢、铅、铜等为塑性材料。本节将以工程中常用的低碳钢和铸铁为例，讨论这两种材料的力学性能。

一、低碳钢拉伸时的力学性能

1. 试验前的准备

低碳钢拉伸试验是在常温（即室温）、静载的条件下进行的。试验时采用国家规定的标准试件，如图 7-10 所示，中间等直段为试件的**工作段**，试验时就是测量工作段的变形。工作段的长度 l 称为**标距**，若工作段为圆截面，l 与截面直径 d 的比例规定为 $l=5d$ 或 $l=10d$；如截面为矩形，设截面面积为 A，则 $l=11.3\sqrt{A}$或 $l=5.65\sqrt{A}$。试验前，在工作段的两端作两个标点，量出工作段的长度 l（变形前的长度）。

2. 试验过程及试件的变形阶段

将低碳钢的标准试件夹在拉力试验机上，开动试验机，对试件施加拉力 $\boldsymbol{F}$，使其产生拉伸变形。在试验过程中，可从计算机上自动读出试件拉力 $\boldsymbol{F}$ 和变形 Δl 的大小，Δl 随着拉力 F 而变化。调出 Δl 和 F 的关系图，称为**拉伸图**（见图 7-11）。

由于 Δl 受到原长度的影响，为了确切反映材料的力学性质，以 $\sigma=F/A$ 为纵坐标，$\varepsilon=\Delta l/l$ 为横坐标，这样得出的曲线称为**应力—应变图**（见图 7-12）。应力—应变图反映出了低碳钢试件拉伸变形的四个阶段及每个阶段表现出的力学性能。

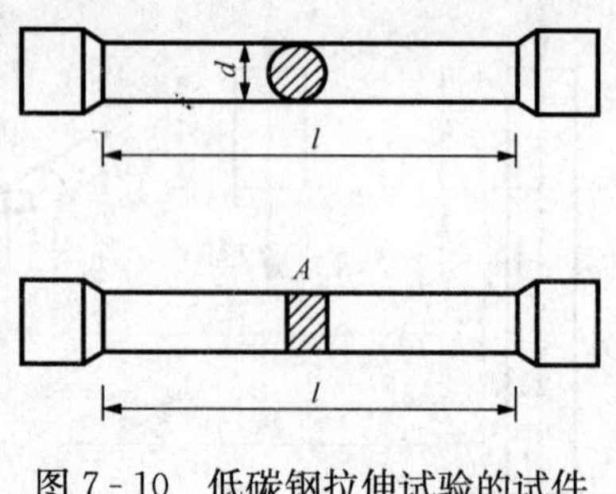

图 7-10 低碳钢拉伸试验的试件

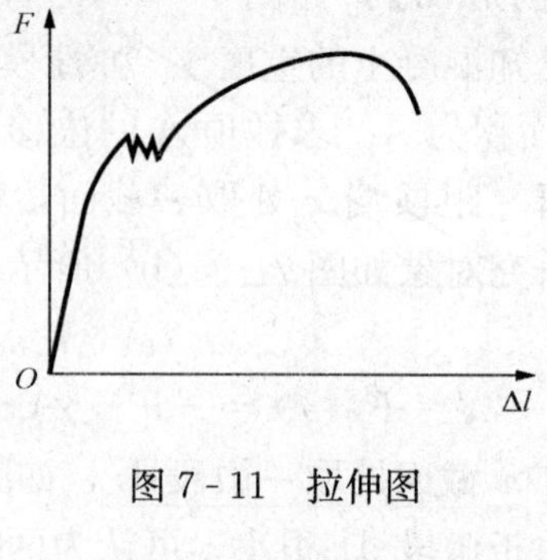

图 7-11 拉伸图

(1) 弹性阶段（图 7-12 所示的 Ob 阶段）。在此阶段内如果把荷载逐渐卸除至零，则试件的变形完全消失，可见这一阶段，变形是完全弹性的，因此称为弹性阶段，这一阶段的最高点 b 对应的应力称为**弹性极限**，用 σ_{e} 表示。

图中的 Oa 段为直线，表明 σ 和 ε 成正比，a 点对应的应力值称为**比例极限**，用 σ_p 表示。当应力不超过比例极限 σ_p 时，σ 和 ε 成正比，直线 Oa 的斜率为材料的弹性模量 E，即

$$\tan\alpha = \frac{\sigma}{\varepsilon} = E$$

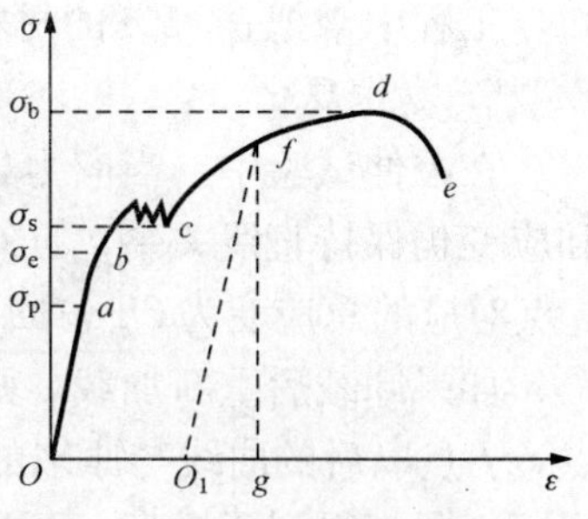

图 7-12　应力—应变图

图 7-12 中可看出 ab 段微弯，不再是直线，说明 ab 段内，σ 和 ε 不再成正比，但变形仍然是完全弹性的。由于 a、b 两点非常接近，在实际应用中对 σ_p 和 σ_e 未加严格区别，认为在弹性内，应力与应变成正比。

(2) 屈服阶段（图 7-12 所示 bc 段）。当应力超过 b 点对应值以后，应变迅速增加，而应力在很小的范围内波动，其图形上出现了接近水平的锯齿形阶段 bc，这一阶段称为屈服阶段。屈服阶段的最低点 c 所对应的应力称为**屈服极限**，用 σ_s 表示。在此阶段材料失去了抵抗变形的能力，产生显著的塑性变形。应力和应变不再成线性关系，胡克定律不再适用。如果试件表面光滑，这时，可看到试件表面出现与试件轴线大约呈 45°的斜线，称为滑移线（见图 7-13），这是由于在 45°斜面上存在最大切应力，造成材料内部晶粒之间相互滑移所致。

(3) 强化阶段（图 7-12 所示的 cd 段）。经过屈服阶段后，材料又恢复了抵抗变形的能力，此时，增加荷载才会继续变形，这个阶段称为强化阶段。强化阶段最高点 d 对应的应力称为**强度极限**，用 σ_b 表示。它是材料所能承受的最大应力。

(4) 颈缩阶段（图 7-12 所示 de 段）。当应力达到强度极限后，试件在某一薄弱处横截面尺寸急剧减小，出现“颈缩”现象（见图 7-14）。此时，试件继续变形所需的拉力相应减小，达到 e 点，试件被拉断。

图 7-13　试件表面出现滑移线　　图 7-14　颈缩现象

3. 强度指标

(1) 当材料的应力达到屈服极限 σ_s 时，杆件虽未断裂，但产生了显著的变形，影响到构件的正常使用，所以屈服极限 σ_s 是衡量材料强度的一个重要指标。

(2) 材料的应力达到强度指标 σ_b 时，出现颈缩现象并很快断裂，所以，强度极限 σ_b 也是衡量材料强度的一个重要指标。

4. 塑性指标

试件拉断后，弹性变形消失，残留下塑性变形。试件标距由 l 变为 l_1，断口处的横截面积由原来的 A 变为 A_1，则工程中反映材料塑性的两个塑性指标分别为

延伸率

$$\delta = \frac{l_1 - l}{l} \times 100\% \tag{7-10}$$

截面收缩率

$$\psi = \frac{A - A_1}{A} \times 100\% \tag{7-11}$$

工程中常把 $\delta>5\%$ 的材料称为塑性材料；把 $\delta<5\%$ 的材料称为脆性材料。

5. 冷作硬化

在拉伸试验中，当应力达到强化阶段任一点 f 时，逐渐卸载至零，则可以看到，应力和应变仍保持直线关系，且卸载直线 fO_1 基本上与弹性阶段的 Oa 平行，如图 7-12 所示，f 点对应的总应变为 Og，回到 O_1 点后，弹性应变 O_1g 消失，余留部分 OO_1 为塑性应变。

如果卸载后重新加载，则应力与应变曲线将大致沿着卸载时的同一直线 O_1f 上升到 f 点，f 点以后的曲线与原来的 σ—ε 曲线相同。由此可见卸载后再加载，材料的比例极限与屈服极限都得到了提高，而塑性降低，这种现象称为**冷作硬化**。工程中常利用冷作硬化来提高钢筋的强度，达到节约钢材的目的。

二、低碳钢压缩时的力学性能

低碳钢压缩试件一般采用圆柱体，高为直径的 1.5～3 倍，低碳钢压缩时的应力—应变图，如图 7-15 所示的虚线，实线为拉伸试验的应力—应变图。比较两者，可以看出，在屈服阶段以前，低碳钢拉伸与压缩的应力—应变曲线基本重合，两者的比例极限、屈服极限、弹性模量均相同。过了屈服极限后，试件出现了显著的塑性变形，越压越扁，由于上下压板与试件之间的摩擦力约束了试件两端的横向变形，试件被压成了鼓形，如图 7-15 所示。随着压力增加，其受压面积也增加，试件只压扁而不破坏，因此，不能测出强度极限。

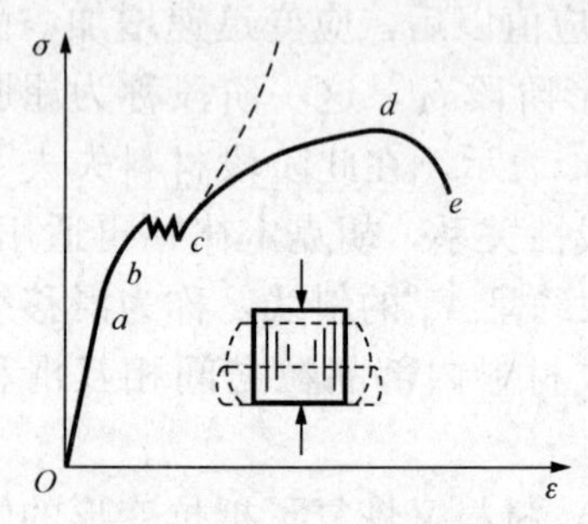

图 7-15 低碳钢压缩试件压缩时的应力—应变图

三、铸铁的拉伸和压缩时的力学性能

1. 铸铁的拉伸试验

将铸铁的标准拉伸试件，按低碳钢拉伸试验同样的方法进行测验，得到铸铁拉伸的应力—应变图，如图 7-16 所示。图 7-16 中没有明显的直线部分，没有屈服阶段和颈缩现象。拉断时应变很小，为 0.4%～0.5%，断裂时的应力为强度极限，是脆性材料衡量强度的唯一指标。在工程计算中通常以产生 0.1% 的总应变所对应的曲线的割线斜率来表示材料的弹性模量，即 $E=\tan\alpha$。

2. 铸铁的压缩试验

图 7-17 所示为铸铁压缩时的应力—应变图。整个曲线与拉伸时相似，没有明显的屈服阶段。但压缩时塑性变形比较明显。铸铁压缩时的强度极限为拉伸时的 4～5 倍。破坏时不

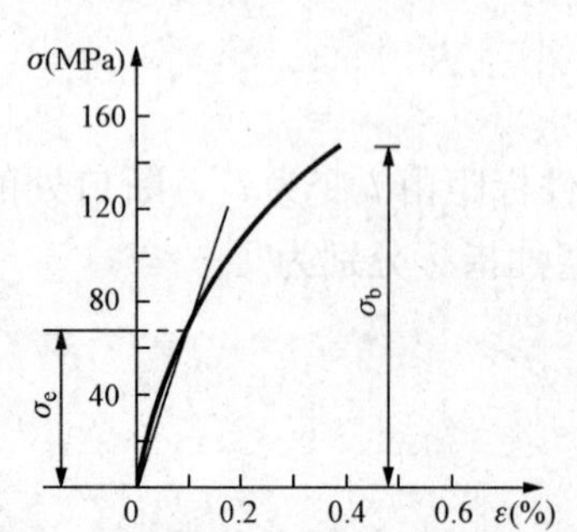

图 7-16 铸铁拉伸的应力—应变图

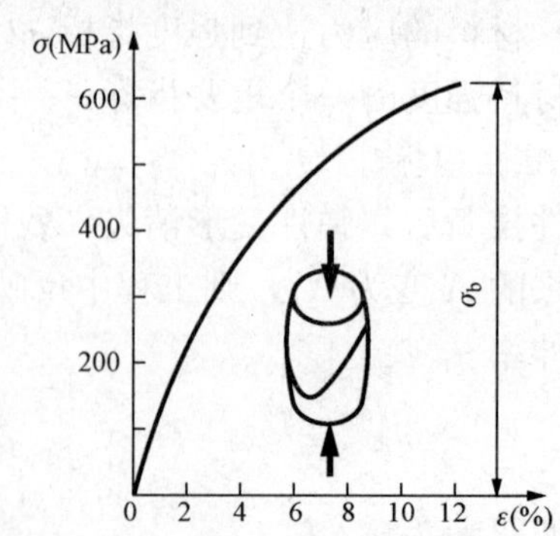

图 7-17 铸铁压缩时的应力—应变图

同于拉伸时沿横截面，而是沿与轴线大致成45°～55°的斜截面破坏，如图7-17所示。这说明铸铁的压缩破坏是由于抗剪强度低而造成的。由于脆性材料的抗压能力比抗拉能力强，通常作受压构件，例如墩台、柱、墙体等。

第六节　拉（压）杆的强度条件及应用

一、许用应力与安全系数

构件受到荷载作用后，截面上所产生的应力称为**工作应力**。工作应力随外力的增加而增加。对于某种材料制成的构件而言，工作应力的增加是有限度的，当工作应力超过一定的限度时，构件就要破坏。引起构件破坏的应力称为**极限应力**，用σ^0表示。

为了确保构件能安全正常的使用，不致发生破坏，必须给构件以必要的安全储备，因此，规定将极限应力σ^0缩小K倍作为衡量材料承载能力的依据，称为**许用应力**，用$[\sigma]$表示。即

$$[\sigma]=\frac{\sigma^0}{K} \tag{7-12}$$

式中：K为大于1的系数，称为**强度安全系数**，其数值由各设计规范中规定。

二、轴向拉、压杆的强度条件

为了保证构件能安全正常地工作，其内最大工作应力不得超过材料的许用应力，即

$$\sigma_{max}=\frac{F_N}{A}\leqslant[\sigma] \tag{7-13}$$

式（7-13）为拉、压杆的强度条件。

据强度条件，可以解决工程实际中有关强度的三类问题：

（1）校核强度。已知荷载、杆件的横截面尺寸及材料的许用应力，则可直接按式(7-13)对构件进行强度校核。

（2）设计截面尺寸。已知荷载、材料的许用应力，据式（7-13）确定构件的截面尺寸。

（3）计算许可荷载。已知横截面尺寸、材料的许用应力，则可由强度条件计算出构件所能承受的最大轴力，进而确定许可荷载。

【例7-7】　用绳索起吊钢筋混凝土预制板如图7-18（a）所示。板重$W=10\text{kN}$，绳索的直径$d=40\text{mm}$，许用应力$[\sigma]=10\text{MPa}$，试校核绳索的强度。

解　（1）取整体为研究对象，由二力平衡公理可知

$$F=W=10\text{kN}$$

（2）取吊钩为研究对象，受力图如图7-18（b)所示，则

$$\sum F_x=0,\quad F_{TBC}\cos45^\circ-F_{TAC}\cos45^\circ=0$$

$$\sum F_y=0,\quad F-F_{TBC}\sin45^\circ-F_{TAC}\sin45^\circ=0$$

所以　$F_{TAC}=F_{TBC}=7.07\text{kN}$。

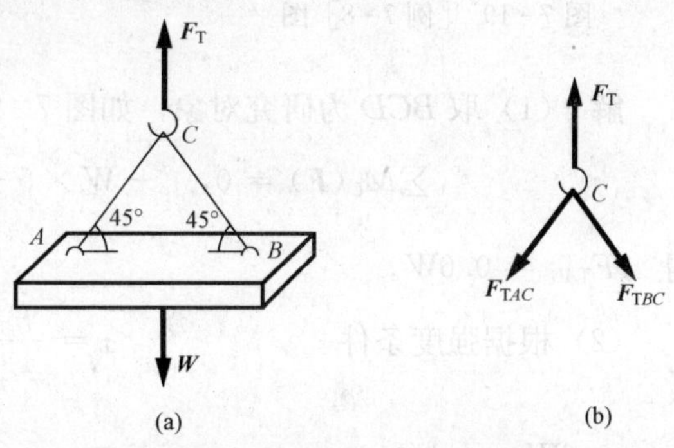

图7-18　［例7-7］图
（a）用绳索起吊钢筋混凝土预制板；（b）吊钩受力图

（3）校核强度。两根绳索的受力情况相同，校核其中的一根即可，绳索内最大工作应

力为

$$\sigma = \frac{F_{TAC}}{A} = \frac{7.07 \times 10^3}{\frac{1}{4}\pi \times 40^2} \approx 5.63(\text{MPa}) < [\sigma]$$

所以，绳索满足强度条件。

【例 7-8】 图 7-19 所示为一轴心受压柱的基础。已知轴心压力 $F=500\text{kN}$，基础埋深 $H=1.8\text{m}$，基础和土的平均容重 $\gamma=19.6\text{kN/m}^3$，基础土的许用应力 $[\sigma]=0.2\text{MPa}$，试计算基础所需底面积。

解 基础底面积所承受的压力为柱子传来的压力 F 和基础的自重 $W=\gamma HA$。根据强度条件

$$\sigma = \frac{F+W}{A} = \frac{F+\gamma HA}{A} \leqslant [\sigma],\quad \frac{F}{a^2} + \gamma H \leqslant [\sigma]$$

$$a \geqslant \sqrt{\frac{F}{[\sigma]-\gamma H}} = \sqrt{\frac{500 \times 10^3}{0.2 - 19.6 \times 1.8 \times 10^{-3}}} \approx 1742.25(\text{mm})$$

取 $a=1750\text{mm}$。

【例 7-9】 图 7-20 所示起重机的 BC 杆由钢丝绳 AB 拉住，钢丝绳直径 $D=25\text{mm}$，$[\sigma]=160\text{MPa}$，试求起重机的最大起重量 W。

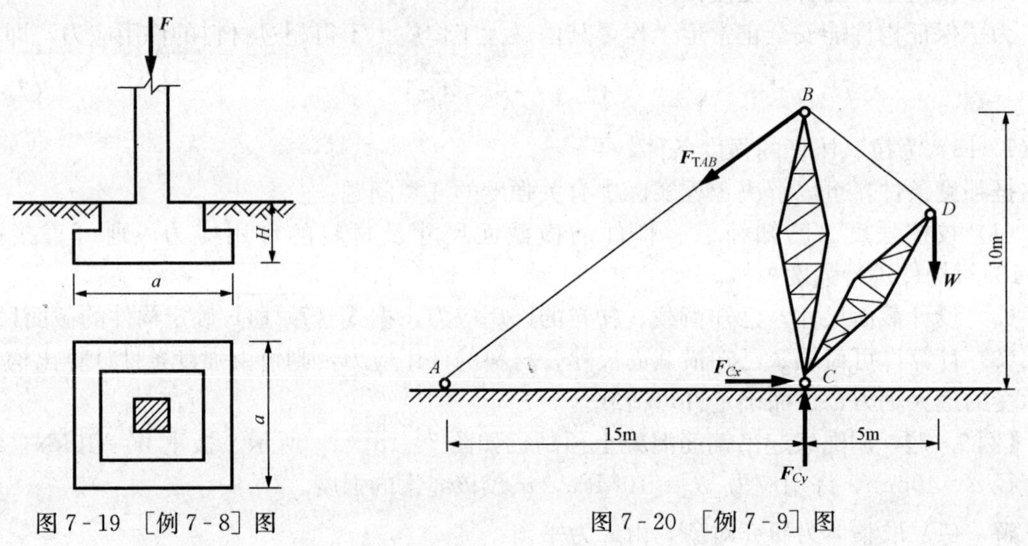

图 7-19 ［例 7-8］图　　图 7-20 ［例 7-9］图

解 (1) 取 BCD 为研究对象，如图 7-20 所示，由

$$\sum M_C(\boldsymbol{F}) = 0,\quad -W \times 5 + F_{TAB} \times \frac{15}{\sqrt{15^2+10^2}} \times 10 = 0$$

得 $F_{TAB} = 0.6W$。

(2) 根据强度条件
$$\sigma = \frac{F_{TAB}}{\frac{1}{4}\pi d^2} \leqslant [\sigma]$$

得 $\dfrac{0.6W}{\frac{1}{4}\pi d^2} \leqslant [\sigma]$，解得

$$W \leqslant \frac{\pi d^2[\sigma]}{4 \times 0.6} = \frac{\pi \times 25^2 \times 160}{4 \times 0.6} \approx 131\text{kN}$$

所以，起重机的最大起重量为 131kN。

第七节　应力集中的概念

一、应力集中的概念

等截面直杆在轴向拉伸或轴向压缩时，横截面上的正应力是均匀分布的。但是当杆件截面尺寸有突变时，则在截面突变处应力就不再均匀分布了，而是在突变附近应力急剧加大，离突变地方越远，应力逐渐趋于均匀。这种由于杆件外形的突然变化引起局部应力急剧增大的现象，称为**应力集中**。例如图 7 - 21、图 7 - 22 所示的杆件，根据工程需要，在杆件上钻一圆孔或开槽，则在有孔或有槽的截面上，孔或槽的附近应力急剧增大，较远的地方应力逐渐趋于均匀。

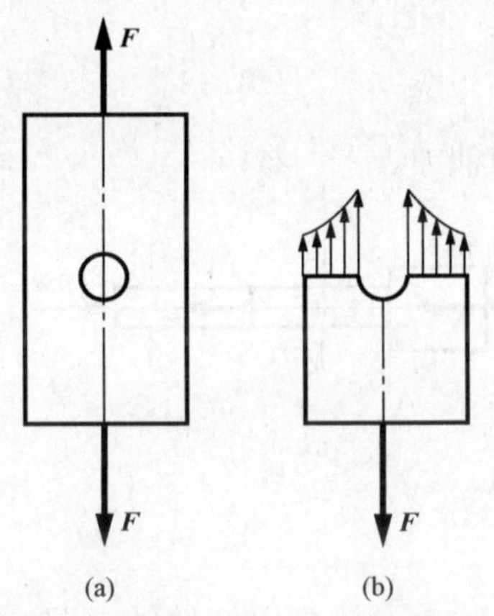

图 7 - 21　应力集中示例 1

(a) 在杆件上钻一圆孔；(b) 孔附近应力急剧增大

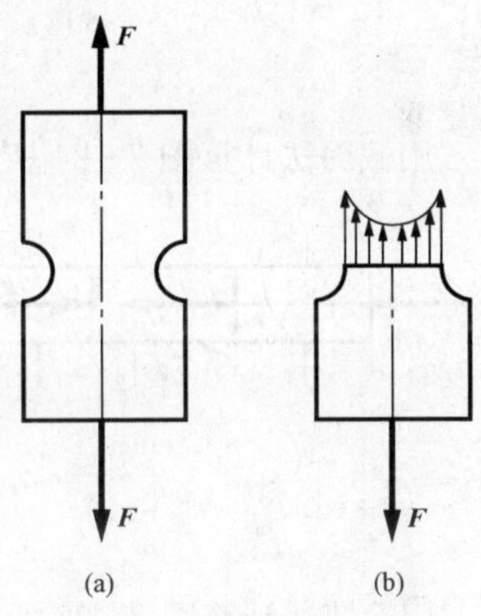

图 7 - 22　应力集中示例 2

(a) 在杆件上开槽；(b) 槽附近应力急剧增大

二、应力集中对构件强度的影响

应力集中对构件强度的影响程度随材料的不同而异。对于塑性材料，当应力集中处的最大应力达到屈服极限时，就不再继续增大了，随着外力的增大，其他点的应力逐渐增大，最后当整个截面上的应力都达到屈服极限时，杆件才会因变形过大不能正常工作。因此，应力集中对塑性材料强度的影响较小。对于脆性材料，没有屈服阶段，当应力集中处的最大应力达到强度极限时，就会引起局部断裂，从而导致整个构件的断裂。因此，应力集中对脆性材料强度的影响较大。但在随时间作周期性变化的外力或冲击外力作用时，不论是塑性材料还是脆性材料，应力集中对杆件强度的影响都较大。

思　考　题

7 - 1　两根长度、截面和受荷情况相同的杆件，其材料不同，它们的内力和应力是否相同？

7-2 变形和应变有何区别？受拉杆件的总伸长若等于零，那么杆内的应变是否等于零？

7-3 在拉压杆中，轴力最大的截面一定是危险截面，这种说法对吗？为什么？

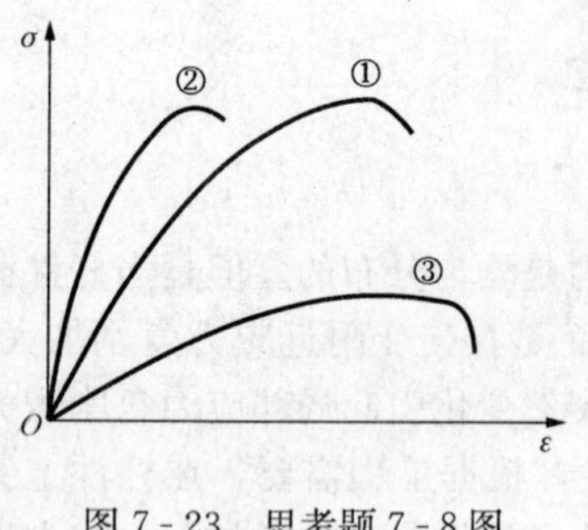

图 7-23 思考题 7-8 图

7-4 低碳钢试件在整个拉伸过程中可分为哪几个阶段？各阶段有什么特征？

7-5 脆性材料和塑性材料破坏的强度指标是什么？

7-6 材料的塑性指标是什么？工程中如何区分塑性材料和脆性材料？

7-7 材料的弹性模量 E，标志材料的何种性能？

7-8 三种材料的应力一应变图如图 7-23 所示，试问：(1) 哪种材料强度高？(2) 哪种材料塑性好？(3) 哪种材料刚度大？

习 题

7-1 用截面法计算图 7-24 所示各杆指定截面上的轴力。

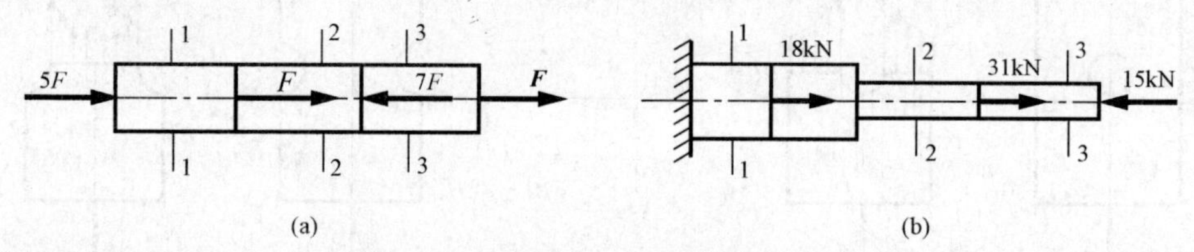

图 7-24 题 7-1 图

7-2 用简捷法计算图 7-25 所示各杆指定截面上的轴力，并画出杆的轴力图。

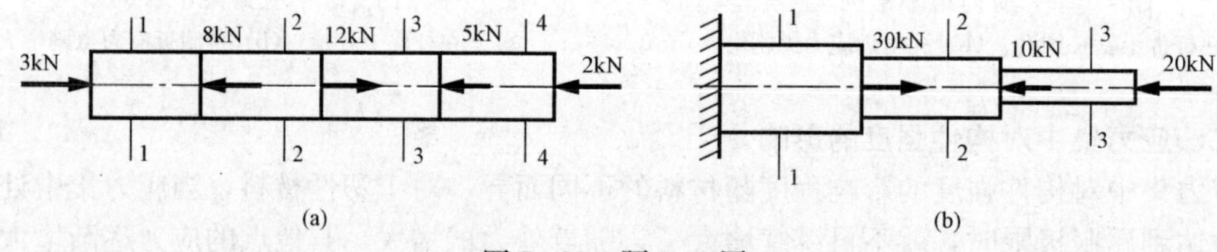

图 7-25 题 7-2 图

7-3 直杆受力如图 7-26 所示，它们的横截面面积为 A 及 $A_1=\dfrac{A}{2}$，弹性模量为 E，试求：(1) 各段横截面上的应力；(2) 杆的纵向变形。

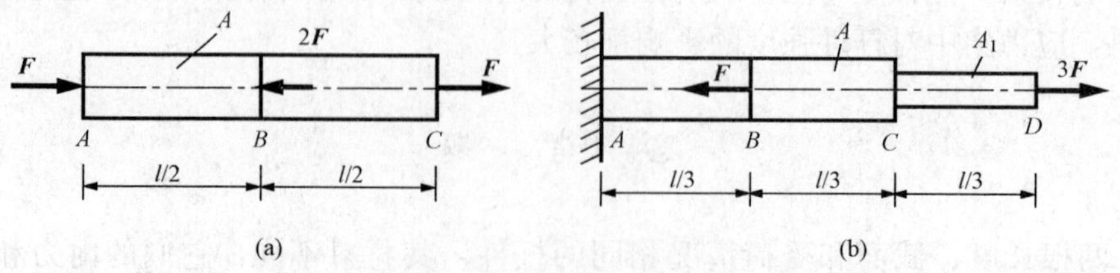

图 7-26 题 7-3 图

7-4　拉伸试验时，低碳钢试件直径 $d=10\text{mm}$，在标距 $l=100\text{mm}$ 内伸长 $\Delta l=0.06\text{mm}$，已知低碳钢的比例极限 $\sigma_p=200\text{MPa}$，弹性模量 $E=200\text{GPa}$，问此时试样的应力是多少？所受的拉力是多大？

7-5　一根直径 $d=20\text{mm}$，长度 $l=1\text{m}$ 的轴向拉杆，在弹性范围内承受轴向拉力 $F=80\text{kN}$，材料的弹性模量 $E=2.1\times10^5\text{MPa}$，泊松比 $\mu=0.3$。试求该杆的纵向变形和横向变形。

7-6　如图 7-27 所示，杆 1 为直径 $d=50\text{mm}$ 的圆截面钢杆，许用应力 $[\sigma]_1=140\text{MPa}$；杆 2 为边长 $a=100\text{mm}$ 的正方形截面木杆，许用应力 $[\sigma]_2=4.50\text{MPa}$。已知节点 B 处挂一重物 $W=36\text{kN}$，试校核两杆的强度。

7-7　如图 7-28 所示结构图，水平梁 AB 上受均布荷载 $F_q=10\text{kN/m}$，B 端用斜杆 BC 拉住，斜杆由两根等边角钢制造，其许用应力 $[\sigma]=160\text{MPa}$，试选择角钢的型号。

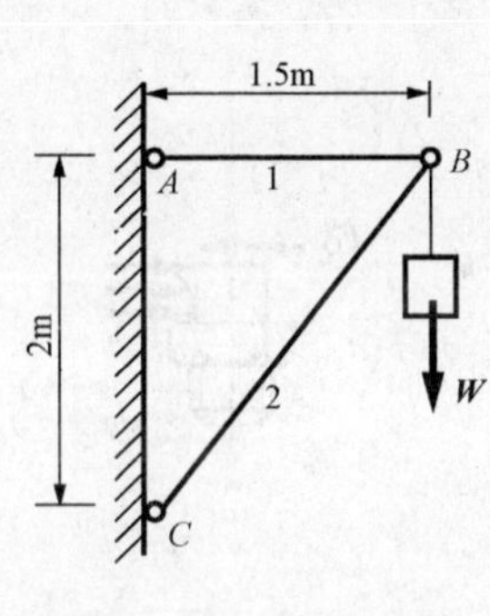

图 7-27　题 7-6 图

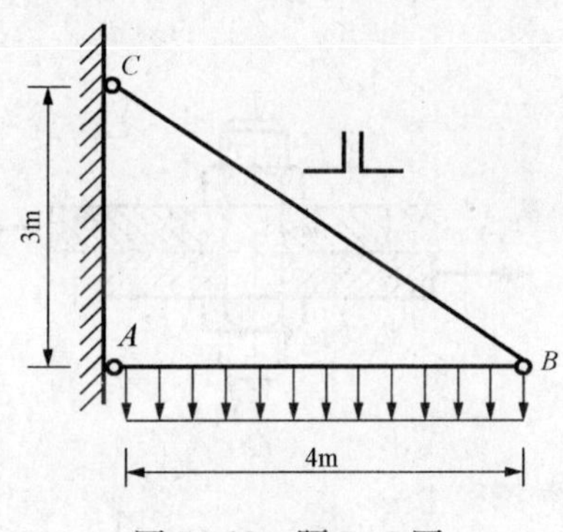

图 7-28　题 7-7 图

7-8　如图 7-29 所示起重架，在 D 点作用荷载 $F=30\text{kN}$，若杆 AD、ED、AC 的许用应力分别为 $[\sigma]_1=40\text{MPa}$，$[\sigma]_2=100\text{MPa}$，$[\sigma]_3=100\text{MPa}$，求三根杆所需的面积。

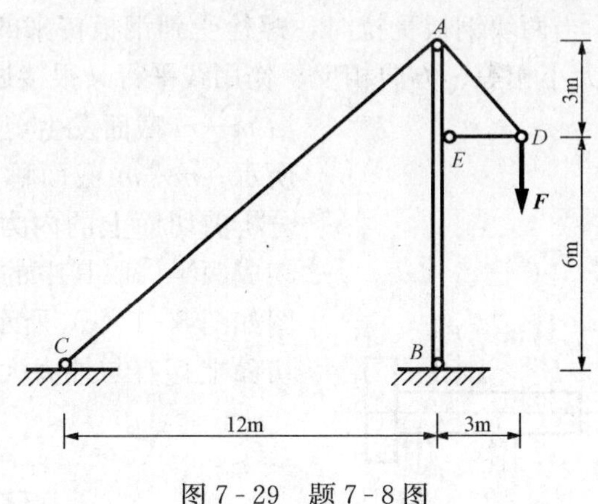

图 7-29　题 7-8 图

第八章　连接件的强度计算

第一节　剪切和剪切强度计算

一、剪切的概念

产生剪切变形杆件的**受力特点**是：所受两个力大小相等、方向相反、作用线互相平行且相距很近。**变形特点**：位于两个力之间的横截面随力的方向产生错动［见图 6-1（c)］。在建筑工程中，剪切变形多发生在连接件上。例如连接两块钢板的螺栓［见图 8-1（a)］、销轴连接中的销钉（见图 8-2)、榫接的接头（见图 8-3）等。下面分析连接件的破坏规律及强度计算。

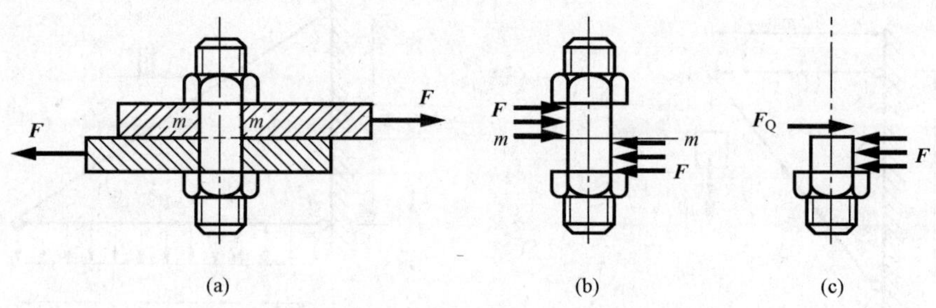

图 8-1　剪切变形杆件示例 1

（a）连接两块钢板的螺栓；（b）螺栓的受力图；
（c）螺栓的一半的受力图

二、剪切强度计算

如图 8-1（a）所示，当两块钢板受拉时，螺栓受到钢板传来的两组横向力，每组力的合力等于 F。螺栓在这样大小相等、方向相反、作用线平行又很接近的两个力作用下，将会沿 m—m 截面发生剪切变形，如图 8-1（b）所示。m—m 截面称为**剪切面**。现用截面法分析剪切面上的内力。沿 m—m 截面将螺栓切成两半，取其中的一半为研究对象，受力图如图 8-1（c）所示。由平衡条件可知，剪切面上存有与外力大小相等、方向相反，且

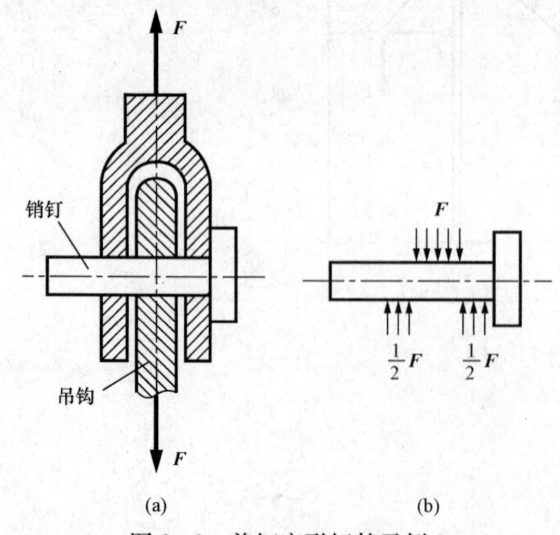

图 8-2　剪切变形杆件示例 2

（a）销轴连接中的销钉；（b）销钉的受力图

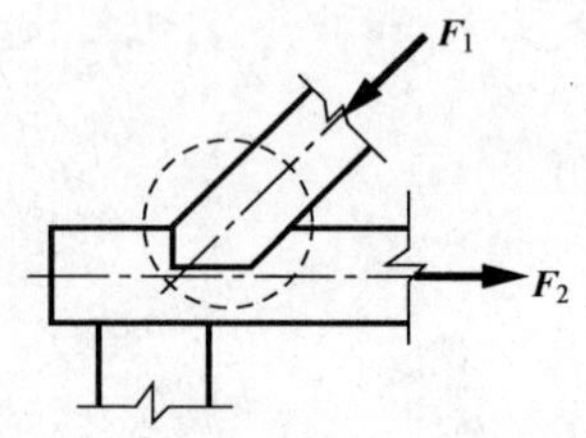

图 8-3　榫接的接头

平行于截面的内力，称为**剪力**，用 F_Q 表示。由

$$\sum F_x = 0, \quad F_Q - F = 0$$

得　$F_Q = F$。

剪力 F_Q 在剪切面上的分布集度称为**切应力**，用 τ 表示。切应力在剪切面上的分布较复杂，在实用计算中假定切应力在剪切面上均匀分布，则

$$\tau = \frac{F_Q}{A} \tag{8-1}$$

为了保证受剪构件安全正常地工作，剪切面上的切应力不得超过剪切许用应力，即剪切强度条件为

$$\tau = \frac{F_Q}{A} \leqslant [\tau] \tag{8-2}$$

式中：A 为剪切面积；$[\tau]$为材料的许用切应力，可从有关手册或规范中查得。

与轴向拉、压强度条件一样，根据剪切强度条件也可以解决三类问题：剪切强度校核、剪切面尺寸的选择、确定连接件的许可荷载。

第二节　挤压及挤压强度计算

连接件除了有剪切破坏外，还伴随有挤压现象。如图 8-4（a）所示的螺栓连接中，钢板的圆孔可能被挤压成椭圆形，或螺栓的侧表面被压溃。这种在接触面上传递压力而产生局部变形的现象叫**挤压**。接触面的面积称为**挤压面**［见图 8-4（b）］，作用于挤压面上的压力称为**挤压力**，用 F_c 表示。挤压力在接触面上的分布集度称为**挤压应力**，用 σ_c 表示。

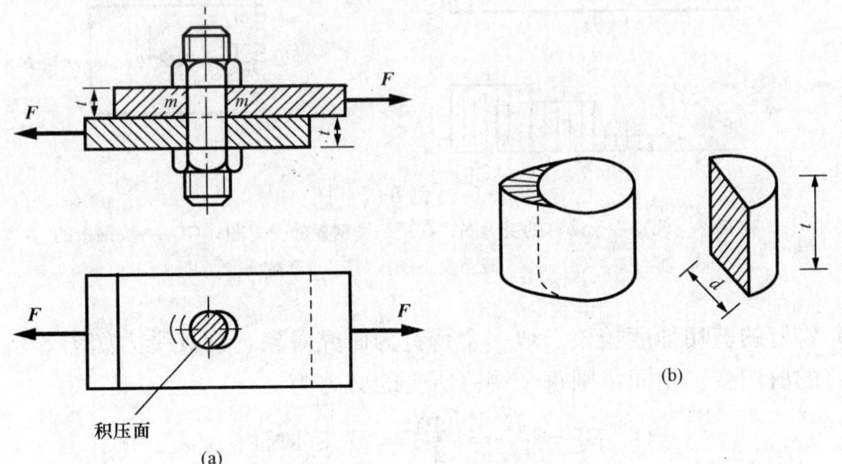

图 8-4　挤压和挤压强度计算

（a）螺栓连接；（b）挤压应力计算

挤压应力在挤压面上的分布较复杂，实用计算中假定挤压应力在挤压面上均匀分布，则

$$\sigma_c = \frac{F_c}{A_c} \tag{8-3}$$

式中：A_c 为挤压面的计算面积，当挤压面为平面时，A_c 直接用接触面的面积；当接触面为

半圆柱面时，取圆柱体的直径平面面积。如图 8-4（b）所示，$A_c = dt$。

为了保证挤压面有足够的挤压强度。挤压应力不得超过挤压许用应力，即挤压强度条件为

$$\sigma_c = \frac{F_c}{A_c} \leqslant [\sigma_c] \tag{8-4}$$

式中：$[\sigma_c]$为材料的许用挤压应力，可在有关手册和规范中查得。

可见，对于连接件，必须同时进行剪切和挤压强度验算。另外，用螺栓或铆钉连接的杆件，由于螺栓孔削弱了截面积，还应该对截面削弱处进行抗拉校核。

【例 8-1】 试校核图 8-5（a）所示连接件的强度。已知拉力 $F=110\text{kN}$，铆钉直径 $d=16\text{mm}$，钢板厚度 $t=10\text{mm}$，钢板宽度 $b=86\text{mm}$，钢板和铆钉的材料相同，其许用切应力 $[\tau]=140\text{MPa}$，许用挤压应力 $[\sigma_c]=320\text{MPa}$，许用拉应力 $[\sigma]=180\text{MPa}$。

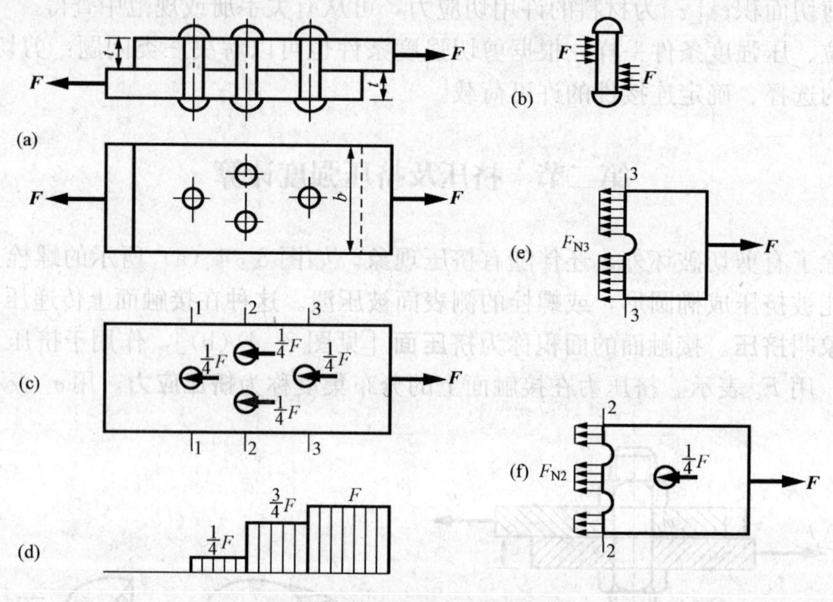

图 8-5 ［例 8-1］图

（a）连接件；（b）一个铆钉的受力图；（c）一块钢板的受力图；（d）一块钢板的轴力图；（e）3—3 截面受力图；（f）2—2 截面受力图

解 （1）铆钉的剪切强度校核。取一个铆钉为研究对象，画其受力如图 8-5（b）所示。假设每个铆钉的剪切变形相同，则每个铆钉所受的剪力为

$$F_Q = \frac{F}{4} = \frac{110}{4} = 27.5(\text{kN})$$

每个铆钉受剪面积为

$$A = \frac{1}{4}\pi d^2 = \frac{1}{4}\pi \times 16^2 \approx 200.96(\text{mm}^2)$$

由剪切强度条件式（8-2）得

$$\tau = \frac{F_Q}{A} = \frac{27.5 \times 10^3}{200.96} \approx 136.84(\text{MPa}) < [\tau]$$

所以铆钉满足剪切强度条件。

(2) 铆钉的挤压强度校核。每个铆钉与钢板接触处的挤压力为

$$F_c = \frac{F}{4} = 27.5\text{kN}$$

挤压面的计算面积为

$$A_c = dt = 16 \times 10 = 160(\text{mm}^2)$$

根据挤压强度条件

$$\sigma_c = \frac{F_c}{A_c} = \frac{27.5 \times 10^3}{160} \approx 171.87(\text{MPa}) < [\sigma_c]$$

可见也满足挤压强度。

(3) 校核钢板的抗拉强度。两块钢板受力和开孔情况相同，分析一块钢板即可。取上面一块钢板为研究对象，其受力图和轴力图如图 8-5（c）、图 8-5（d）所示。1—1 截面和 3—3 截面都只有一个孔，受拉面积相同，但 3—3 截面轴力大［见图 8-5（e）］，所以 1—1 面不必进行强度计算。2—2 截面有两个孔，面积和轴力都与 3—3 截面不相同［图 8-5（f）］，也需对此受拉面进行强度计算。

3—3 截面

$$F_{N3} = F$$

$$\sigma_{3-3} = \frac{F}{(b-d)t} = \frac{110 \times 10^3}{(86-16) \times 10} \approx 157.1(\text{MPa}) < [\sigma]$$

2—2 截面

$$F_{N2} = F - \frac{1}{4}F = \frac{3}{4}F$$

$$\sigma_{2-2} = \frac{\frac{3}{4}F}{(b-2d)t} = \frac{\frac{3}{4} \times 110 \times 10^3}{(86-2\times 16) \times 10} \approx 152.8(\text{MPa}) < [\sigma]$$

所以，钢板满足抗拉强度。

经过校核，整个连接件满足强度要求。

第三节　切应力互等定理·剪切胡克定律

一、切应力互等定理

如图 8-6（a）所示的受剪构件，围绕 K 点取出一个微小的正六面体，其边长分别为 dx、dy、dz，如图 8-6（b）所示。在建筑力学中这个微小的正六面体称为**单元体**。由于单元体很小，可认为单元体每个面上的应力均匀分布，每对平行面上的应力相同。设作用在侧面 $abhe$、$cdfg$ 上的切应力皆为 τ，则对应的微剪力均为 $\tau\text{d}y\text{d}z$，这两个面上的微剪力大小相等、方向相反构成一力偶，其力偶矩为 $\tau\text{d}y\text{d}z\text{d}x$。由于单元体处于平衡状态，因此，在单元体的上、下面上，也必然存在着切应力 τ'，其相应的微剪力 $\tau'\text{d}x\text{d}z$ 也构成一力偶，且与侧面上的力偶矩大小相等、转向相反，即

$$\tau\text{d}y\text{d}z\text{d}x = \tau'\text{d}x\text{d}z\text{d}y$$

所以

$$\tau = \tau' \qquad (8-5)$$

式（8-5）即为**切应力互等定理**的表达式，它表明：在互相垂直的两个面上同时存在切应力，且数值相等，方向同时指向或背离两个面的交线。

二、剪切胡克定律

图 8-6（b）所示的单元体在切应力作用下产生虚线所示的变形，矩形的直角发生了微小改变。直角的改变量 γ 称为**切应变**。

试验表明：当切应力不超过材料的剪切比例极限 τ_p 时，切应力与切应变成正比（见图 8-7），称为**剪切胡克定律**。可表示为

$$\tau = G\gamma \tag{8-6}$$

式中：G 为比例常数，称为材料的**切变模量**，它反映了材料抵抗剪切变形的能力，它的单位与应力的单位相同，各种材料的 G 值可由试验测定。常用工程材料的 G 值可从有关手册中查出。

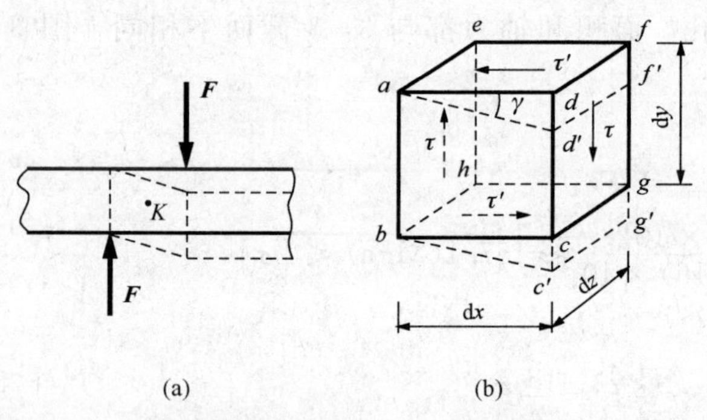

图 8-6 切应力互等定理

（a）受剪构件；（b）取出一个微小的正六面体

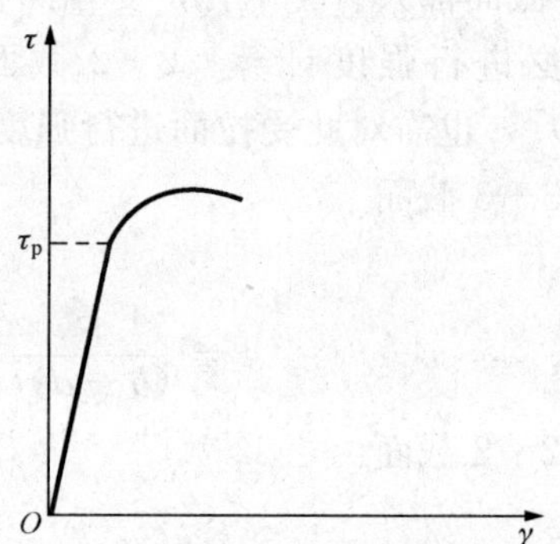

图 8-7 切应力与切应变关系图

思 考 题

8-1 剪切变形的受力特点和变形特点是什么？

8-2 剪切和挤压的实用计算作了哪些假设？

8-3 挤压面和计算挤压面是否相同？举例说明。

8-4 指出图 8-8 所示各图中构件的挤压面和剪切面。

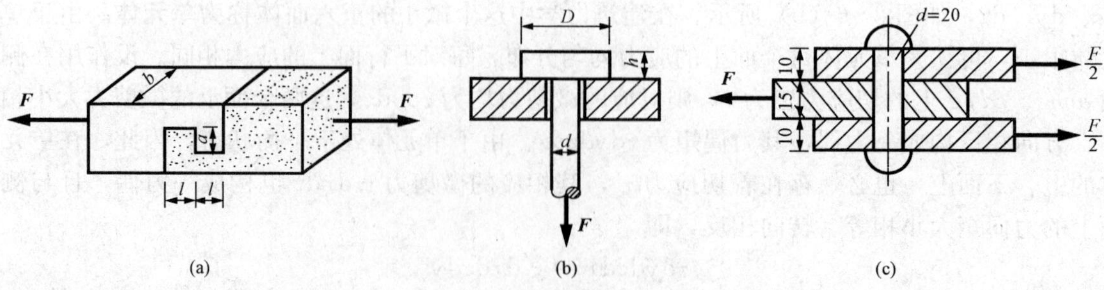

图 8-8 思考题 8-4 图

8-5 两块钢板用4个铆钉搭接如图8-9所示，从钢板的拉伸强度考虑，问哪一种铆钉布置较为合理？

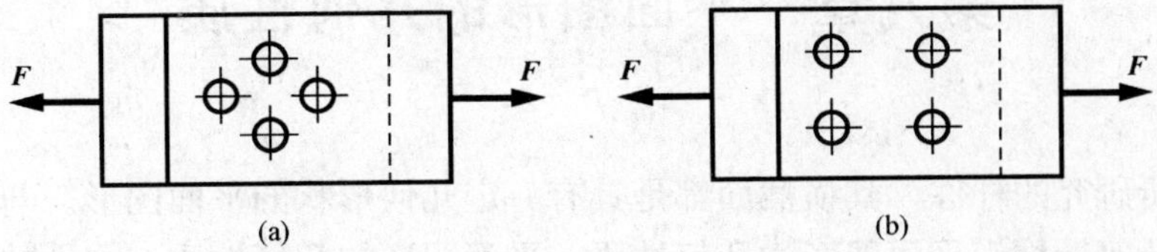

图8-9 思考题8-5图

习 题

8-1 图8-10所示两块钢板，由两个铆钉连接，承受拉力 $F=20\text{kN}$，铆钉的直径 $d=12\text{mm}$，钢板的厚度 $t=20\text{mm}$，铆钉的许用应力 $[\tau]=80\text{MPa}$，$[\sigma_c]=200\text{MPa}$。试校核铆钉的强度。

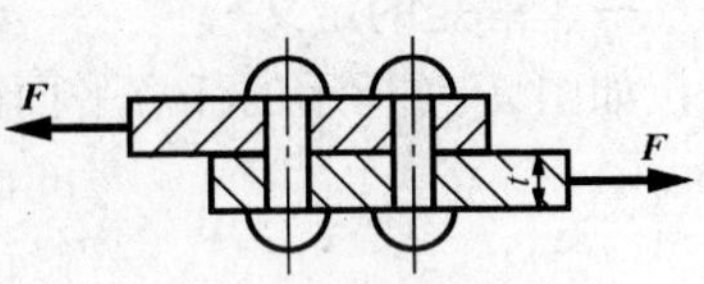

图8-10 题8-1图

8-2 如图8-11（a）所示连接件中两块钢板对接，钢板与铆钉的材料相同，材料的许用应力为 $[\sigma]=160\text{MPa}$，$[\tau]=140\text{MPa}$，$[\sigma_c]=320\text{MPa}$，铆钉直径 $d=28\text{mm}$，钢板厚度 $t=20\text{mm}$，盖板厚 $t_1=10\text{mm}$，连接件上受到拉力 $F=250\text{kN}$，钢板的宽度 $b=200\text{mm}$。试校核连接件的强度。

8-3 正方形截面的混凝土柱如图8-12所示，横截面边长 $b=200\text{mm}$，该柱放置在边长 $a=1\text{m}$ 的正方形混凝土基础板上，该柱在柱顶受到轴向压力 $F=100\text{kN}$。若地基对混凝土基础板的支承反力是均匀分布的，混凝土的许用切应力 $[\tau]=1.5\text{MPa}$。要使混凝土柱不会穿过混凝土基础板，求板应有的最小厚度。

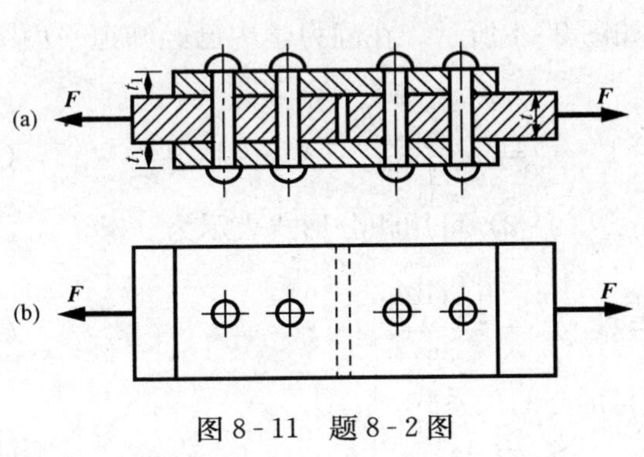

图8-11 题8-2图

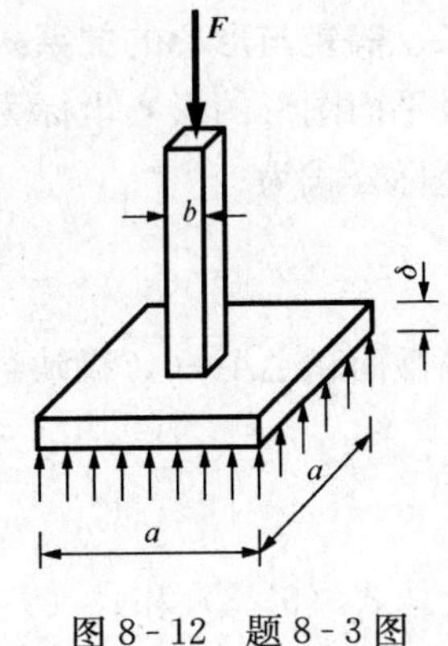

图8-12 题8-3图

第九章　平面图形的几何性质

材料力学所研究的杆件，其横截面都是具有一定几何形状的平面图形。与平面图形形状和尺寸有关的几何量称为**平面图形的几何性质**。平面图形的几何性质与构件的强度、刚度和稳定性有密切关系，因此，要分析构件的承载能力，就必须掌握平面图形的几何性质及其计算。

第一节　静　　矩

一、静矩的定义

如图 9-1 所示的任意平面图形，在其所在的平面内建立直角坐标系 zOy，设平面图形的面积为 A，在图形内取一微面积 dA，其坐标为（z，y），则微面积 dA 乘以它到 z 轴的坐标 y，即 ydA 为微面积对 z 轴的静矩，同理，zdA 为微面积对 y 轴的静矩。平面图形上所有微面积对 z 轴（或 y 轴）的静矩总和即为该平面图形对 z 轴（或 y 轴）的静矩，分别用 S_z、S_y 表示，即

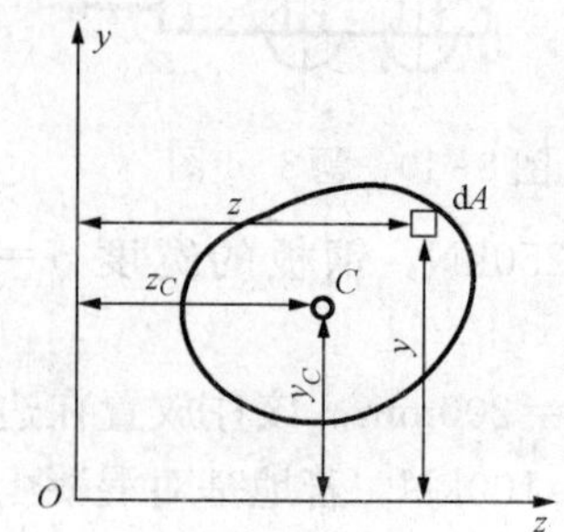

图 9-1　静矩的定义

$$S_z = \int_A y\mathrm{d}A, \quad S_y = \int_A z\mathrm{d}A \tag{9-1}$$

从上述公式可知，平面图形的静矩是对某一坐标轴而言的，同一平面图形对不同的坐标轴，其静矩不同。静矩的数值可能为正、负或零。静矩的常用单位是 m^3、cm^3 或 mm^3。

二、静矩与形心的关系式

设平面图形的形心坐标为（z_C，y_C），如图 9-1 所示。在静力学中已经知道平面图形的形心坐标公式为

$$z_C = \frac{\sum \Delta A z}{A}, \quad y_C = \frac{\sum \Delta A y}{A} \tag{9-2}$$

当微面积 $\Delta A \to 0$，微块数目 $n \to \infty$ 时，式（9-2）可用积分形式表示为

$$z_C = \frac{\int_A z\mathrm{d}A}{A}, \quad y_C = \frac{\int_A y\mathrm{d}A}{A} \tag{9-3}$$

比较式（9-3）和式（9-1）可得静矩与形心的关系式

$$S_z = Ay_C, \quad S_y = Az_C \tag{9-4}$$

由式（9-4）可知，平面图形对某轴的静矩等于平面图形的面积乘以其形心到该轴的坐标。当坐标轴通过形心时，其静矩为零；反之，当平面图形对某轴的静矩为零时，该轴一定通过平面图形的形心。

三、简单图形静矩的计算

计算简单平面图形对某轴的静矩时，可直接利用式（9-4）进行计算。

【例 9-1】 试计算图 9-2 所示矩形截面对 z、y 轴的静矩。

解 矩形截面的形心在图形对称轴的交点 C 上，则

$$S_z = bh \times \left(-\frac{h}{2}\right) = -\frac{1}{2}bh^2, \quad S_y = bh \times \frac{b}{2} = \frac{1}{2}b^2 h$$

四、组合图形静矩的计算

组合图形对某轴的静矩等于各个简单图形对该轴静矩的代数和。

【例 9-2】 试计算图 9-3 所示的平面图形对 z、y 轴的静矩。

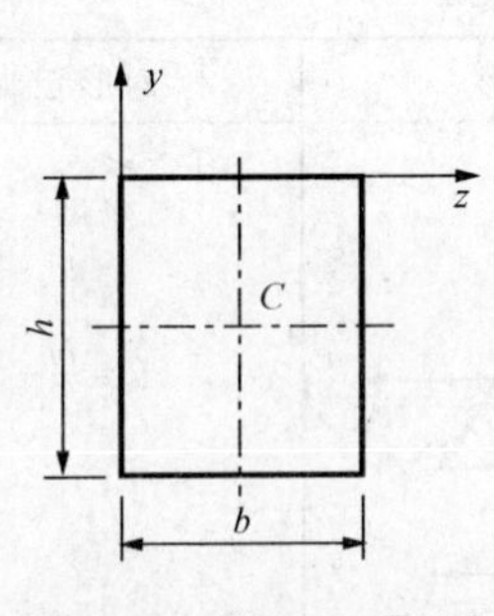

图 9-2 ［例 9-1］图

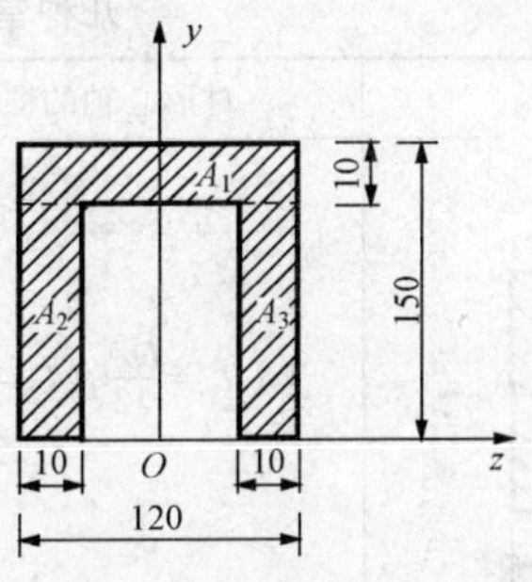

图 9-3 ［例 9-2］图

解 将图形分割为三个矩形，如图中虚线所示。则

$$A_1 = 120 \times 10 = 1200(\text{mm}^2), \quad y_1 = 145\text{mm}$$

$$A_2 = A_3 = 140 \times 10 = 1400(\text{mm}^2), \quad y_2 = y_3 = 70\text{mm}$$

y 轴是形心轴，所以，有

$$S_y = 0, \quad S_z = 1200 \times 145 + 1400 \times 70 \times 2 = 37 \times 10^4(\text{mm}^3)$$

第二节　惯性矩·惯性半径

一、惯性矩的定义

如图 9-1 所示，图形上微面积 $\mathrm{d}A$ 乘以它到 z 轴的坐标 y 的平方，即为微面积对 z 轴的惯性矩，即 $y^2\mathrm{d}A$。同理，微面积对 y 轴的惯性矩为 $z^2\mathrm{d}A$。整个图形上各微面积对 z 轴或 y 轴惯性矩的总和称为平面图形对 z 轴或 y 轴的惯性矩，惯性矩通常用 I 表示，即

$$I_z = \int_A y^2 \mathrm{d}A, \quad I_y = \int_A z^2 \mathrm{d}A \tag{9-5}$$

惯性矩是针对某一坐标轴而言的，同一平面图形对不同的坐标轴，其惯性矩不同，惯性矩恒为正值，它的常用单位为 m^4、cm^4 或 mm^4。

二、简单图形惯性矩的计算

简单图形的惯性矩可直接利用式（9-5）通过积分求得。

【例 9-3】 试计算图 9-4 所示矩形对形心轴 z、y 的惯性矩。

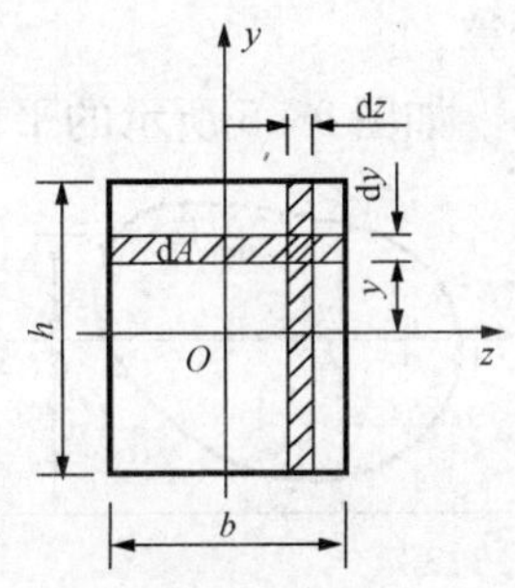

图 9-4 ［例 9-3］图

解 距 z 轴为 y 处取一平行于 z 轴的微面积 $\mathrm{d}A = b\mathrm{d}y$，则微面积对 z 轴的惯性矩为 $y^2\mathrm{d}A = y^2 b\mathrm{d}y$，整个矩形对 z 轴的惯性

矩为

$$I_z=\int_{-\frac{h}{2}}^{\frac{h}{2}} y^2 b\mathrm{d}y=\frac{bh^3}{12}$$

同理可得，矩形对 y 轴的惯性矩为

$$I_y=\int_{-\frac{b}{2}}^{\frac{b}{2}} z^2 h\mathrm{d}z=\frac{b^3 h}{12}$$

为了便于查用，表 9-1 列出了几种简单图形对其形心轴惯性矩的计算式。

表 9-1 **几种常见图形对其形心轴的惯性矩**

图形	对形心轴的惯性矩	图形	对形心轴的惯性矩
	$I_z=\frac{bh^3}{12}$，$I_y=\frac{b^3h}{12}$		$I_z=\frac{bh^3}{36}$，$I_y=\frac{b^3h}{36}$
	$I_z=I_y=\frac{\pi D^4}{64}$		$I_z=\left(\frac{1}{8}-\frac{8}{9\pi^2}\right)\pi R^4$，$I_y=\frac{\pi R^4}{8}$
	$I_z=I_y=\frac{\pi}{64}(D^4-d^4)$		

三、平行移轴公式

同一平面图形对不同的坐标轴，其惯性矩不同。表 9-1 中简单图形惯性矩的计算式都是图形对形心轴的惯性矩，而对于与形心轴平行的其他坐标轴的惯性矩需利用平行移轴公式计算。

如图 9-5 所示的平面图形，其形心为 C，面积为 A，z 轴为形心轴，z_1 轴与 z 轴平行，且相距为 a。在平面内取一微面积 $\mathrm{d}A$，微面积到 z 轴的距离为 y，则微面积对 z_1 的惯性矩为 $(y+a)^2\mathrm{d}A$，整个图形对 z_1 轴的惯性矩为

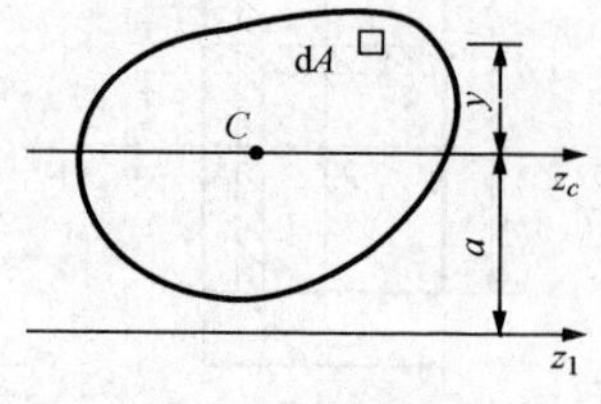

图 9-5 平行移轴公式

$$\begin{aligned}I_{z1}&=\int_A (y+a)^2\mathrm{d}A\\&=\int_A y^2\mathrm{d}A+2a\int_A y\mathrm{d}A+a^2\int_A \mathrm{d}A\end{aligned}$$

式中：$\int_A y^2 \mathrm{d}A$ 为图形对形心轴 z 的惯性矩 I_z；$\int_A y \mathrm{d}A$ 为图形对形心轴 z 的静矩，其值为零；$\int_A \mathrm{d}A$ 为图形的面积 A。因此有

$$I_{z1} = I_z + a^2 A \tag{9-6}$$

式（9-6）称为**平行移轴公式**。它表明：图形对任一轴的惯性矩，等于图形对与该轴平行的形心轴的惯性矩，再加上图形的面积与两轴间距离平方的乘积。

从式（9-6）可知，在一组平行轴中，图形对形心轴的惯性矩最小，而距离形心越远的坐标轴，其惯性矩越大。

【例 9-4】 矩形截面宽为 b，高为 h，如图 9-6 所示。试计算矩形对 z 轴、y 轴的惯性矩。

解 z 轴和 y 轴都不是图形的形心轴，故不能直接利用表 9-1 中的公式计算，而要用平行移轴公式计算

$$I_z = I_{zC} + a^2 A = \frac{bh^3}{12} + \left(\frac{h}{2}\right)^2 \times bh = \frac{bh^3}{3}$$

$$I_y = I_{yC} + a^2 A = \frac{b^3 h}{12} + \left(\frac{b}{2}\right)^2 \times bh = \frac{hb^3}{3}$$

四、组合图形惯性矩的计算

组合图形对某轴的惯性矩等于组成组合图形的各简单图形对该轴惯性矩的和。计算每个简单图形惯性矩时，要考虑是否利用平行移轴公式进行计算。

【例 9-5】 试计算图 9-7 所示工字形截面对其形心轴 z 和 y 的惯性矩。

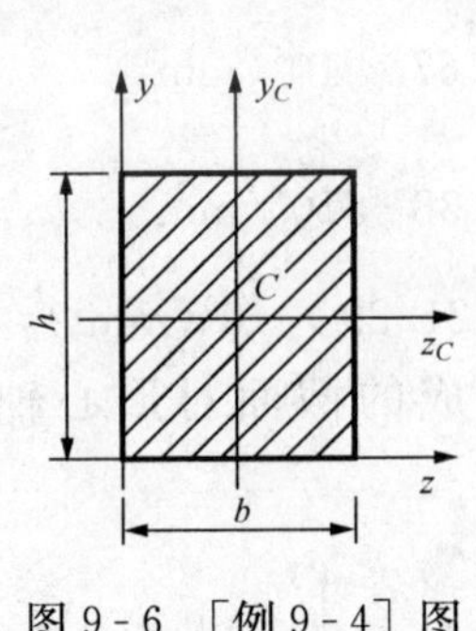

图 9-6 ［例 9-4］图

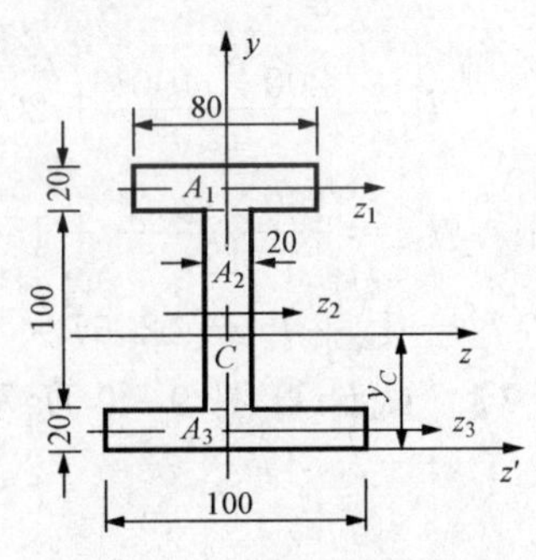

图 9-7 ［例 9-5］图

解 （1）确定形心位置。形心一定在对称轴 y 上，故有 $z_C=0$。

为求 y_C，建立图 9-7 所示的参考轴 z'。将图形分为三个矩形，其面积分别为 A_1、A_2 和 A_3，形心坐标分别为（z_1，y_1）、（z_2，y_2）和（z_3，y_3），则

$$A_1 = 80 \times 20 = 1600(\mathrm{mm}^2)$$

$$A_2 = 100 \times 20 = 2000(\mathrm{mm}^2)$$

$$A_2 = 100 \times 20 = 2000(\mathrm{mm}^2)$$

$$y_1 = 130\mathrm{mm}, \quad y_2 = 70\mathrm{mm}, \quad y_3 = 10\mathrm{mm}$$

$$y_C = \frac{A_1 y_1 + A_2 y_2 + A_3 y_3}{A_1 + A_2 + A_3}$$

$$= \frac{1600 \times 130 + 2000 \times 70 + 2000 \times 10}{1600 + 2000 + 2000} \approx 65.71(\text{mm})$$

(2) 计算惯性矩。平面图形对 z 轴（或 y 轴）的惯性矩等于三个矩形对 z 轴（或 y 轴）的惯性矩之和。故有

$$I_z^1 = I_{z_1} + a_1^2 A_1 = \frac{80 \times 20^3}{12} + 64.29^2 \times 1600 \approx 6.67 \times 10^6(\text{mm}^4)$$

$$I_z^2 = I_{z_2} + a_2^2 A_2 = \frac{20 \times 100^3}{12} + 4.29^2 \times 2000 \approx 1.70 \times 10^6(\text{mm}^4)$$

$$I_z^3 = I_{z_3} + a_3^2 A_3 = \frac{100 \times 20^3}{12} + 55.71^2 \times 2000 \approx 6.27 \times 10^6(\text{mm}^4)$$

所以

$$\begin{aligned} I_z &= I_z^1 + I_z^2 + I_z^3 \\ &= 6.67 \times 10^6 + 1.70 \times 10^6 + 6.27 \times 10^6 \\ &= 14.64 \times 10^6(\text{mm}^4) \end{aligned}$$

y_C 轴通过三个矩形的形心，不需利用平行移轴公式，故有

$$\begin{aligned} I_y &= I_y^1 + I_y^2 + I_y^3 \\ &= \frac{20 \times 80^3}{12} + \frac{100 \times 20^3}{12} + \frac{20 \times 100^3}{12} \\ &\approx 2.59 \times 10^6(\text{mm}^4) \end{aligned}$$

【例 9-6】 试计算图 9-8 所示槽形截面对 z 轴的惯性矩。

解 槽形截面对 z 轴的惯性矩，可看成是大矩形截面与小矩形截面对 z 轴惯性矩之差。故

$$I_z^1 = \frac{200 \times 400^3}{12} + 200 \times 400 \times 200^2 = 42.67 \times 10^8(\text{mm}^4)$$

$$I_z^2 = \frac{150 \times 300^3}{12} + 150 \times 300 \times 200^2 = 21.38 \times 10^8(\text{mm}^4)$$

$$I_z = I_z^1 + I_z^2 = 42.67 \times 10^8 - 21.38 \times 10^8 = 21.29 \times 10^8(\text{mm}^4)$$

【例 9-7】 试计算图 9-9 所示由两根 20 槽钢组成的截面对形心轴 z、y 的惯性矩。

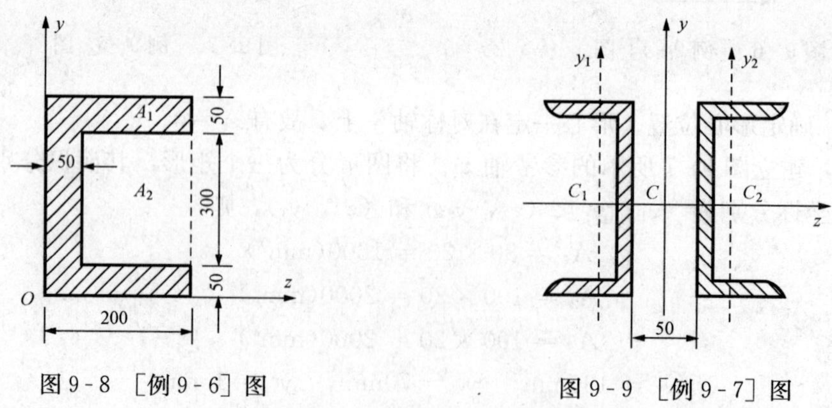

图 9-8 ［例 9-6］图　　图 9-9 ［例 9-7］图

解 组合图形的形心在对称轴 z、y 的交点上。由附录型钢规格表查得每根槽钢的形心

C_1 或 C_2 到腹板边缘的距离为 19.5mm，每根槽钢的面积为

$$A_1 = A_2 = 3.28 \times 10^3 \text{mm}^2$$

每根槽钢对 z、y 轴的惯性矩都相同，故有

$$I_z = I_z^1 + I_z^2 = 2I_z^1 = 2 \times 19.137 \times 10^6 \approx 38.27 \times 10^6 (\text{mm}^4)$$

$$I_y = 2I_y^1 = 2\left[1.436 \times 10^6 + 3.28 \times 10^3 \times \left(\frac{50}{2} + 19.5\right)^2\right]$$

$$\approx 15.87 \times 10^6 \text{mm}^4$$

五、惯性半径

在工程中因为某些计算的特殊需要，常将图形的惯性矩表示为图形面积 A 与某一长度平方的乘积。即

$$I_z = i_z^2 A, \quad I_y = i_y^2 A \tag{9-7}$$

或

$$i_z = \sqrt{\frac{I_z}{A}}, \quad i_y = \sqrt{\frac{I_y}{A}} \tag{9-8}$$

式中：i_z、i_y 分别为平面图形对 z 轴和 y 轴的惯性半径，常用的单位有 m 或 mm。

第三节　极惯性矩·惯性积

一、极惯性矩

如图 9-10 所示，ρ 是微面积 $\mathrm{d}A$ 到坐标原点的距离。微面积 $\mathrm{d}A$ 乘以它到原点距离 ρ 的平方，即为微面积对于坐标原点的极惯性矩，而所有微面积对坐标原点极惯性矩的总和称为**平面图形对坐标原点的极惯性矩**。通常用 I_ρ 表示，即

$$I_\rho = \int_A \rho^2 \mathrm{d}A \tag{9-9}$$

极惯性矩是针对坐标原点而言的，其值恒为正值，常用单位为 m^4、cm^4 或 mm^4。

由图 9-10 可知，$\rho^2 = z^2 + y^2$，故

$$I_\rho = \int_A \rho^2 \mathrm{d}A = \int_A (z^2 + y^2) \mathrm{d}A$$

$$= \int_A z^2 \mathrm{d}A + \int_A y^2 \mathrm{d}A = I_z + I_y \tag{9-10}$$

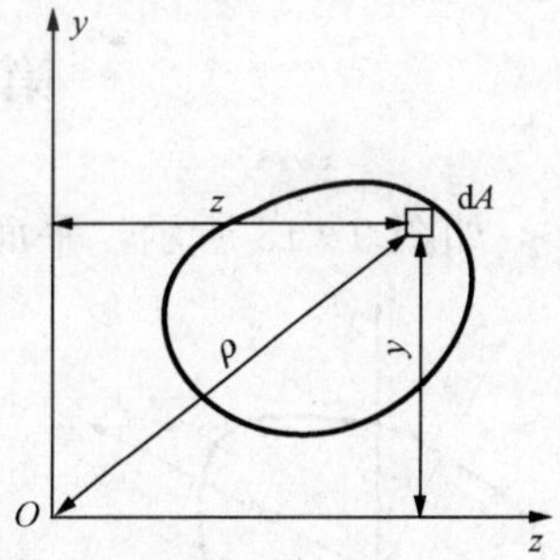

图 9-10　极惯性矩

由式（9-10）可知，平面图形对坐标原点的极惯性矩等于图形对两个正交坐标轴惯性矩之和。

根据式（9-10）可算得图 9-11（a）所示的圆形截面对圆心的极惯性矩为

$$I_\rho = I_z + I_y = \frac{\pi D^4}{64} + \frac{\pi D^4}{64} = \frac{\pi D^4}{32} \tag{9-11}$$

图 9-11（b）所示的圆环形截面对圆心的极惯性矩为

$$I_\rho = I_z + I_y = \frac{\pi}{64}(D^4 - d^4) \times 2 = \frac{\pi}{32}(D^4 - d^4) \tag{9-12}$$

二、惯性积

如图 9-10 所示，微面积 $\mathrm{d}A$ 与它到两个坐标轴的坐标 z、y 的乘积，称为微面积对两个

坐标轴的惯性积，在整个图形内的总和称为该图形对正交坐标轴 z、y 的**惯性积**，用 I_{zy} 表示，即

$$I_{zy}=\int_A zy\mathrm{d}A \tag{9-13}$$

惯性积是针对两个正交坐标轴而言的，惯性积可以是正值、负值或零，它的常用单位是 m^4、cm^4 或 mm^4。

如图 9-12 所示的图形，y 轴为对称轴，在对称轴 y 的两侧对称位置上取相同的微面积 $\mathrm{d}A$，由于它们的 z 坐标大小相等，符号相反，所以两个微面积对两个正交坐标轴的惯性积之和为零，推广到整个图形，就得到

$$I_{zy}=\int_A zy\mathrm{d}A=0$$

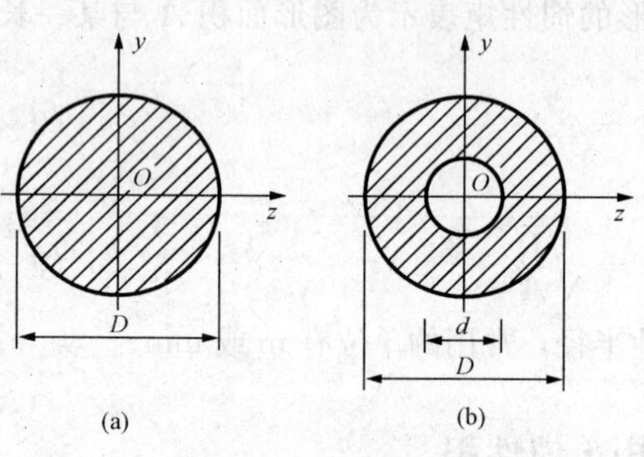

图 9-11　极惯性矩计算

(a) 圆形截面；(b) 圆环形截面

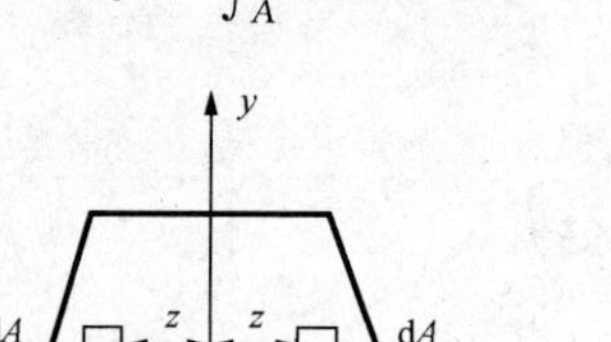

图 9-12　对称图形的极惯性矩

由此可知，平面图形对于包括对称轴在内的两个正交坐标轴的惯性积一定等于零。

第四节　形心主惯性轴和形心主惯性矩

如图 9-13 所示，平面图形对正交坐标轴 z、y 的惯性积可由式 (9-13) 确定，当两根坐标轴同时绕原点 O 转动时，惯性积也随之变化。假设当坐标轴 z、y 转到 z'、y' 位置时，图形对其惯性积为零，则坐标轴 z'、y' 称为图形通过 O 点的**主惯性轴**，简称**主轴**。平面图形对主轴的惯性矩称为**主惯性矩**，简称**主惯矩**。当主轴通过图形的形心时，主轴又称为**形心主轴**，平面图形对形心主轴的惯性矩称为**形心主惯性矩**，简称**形心主惯矩**。

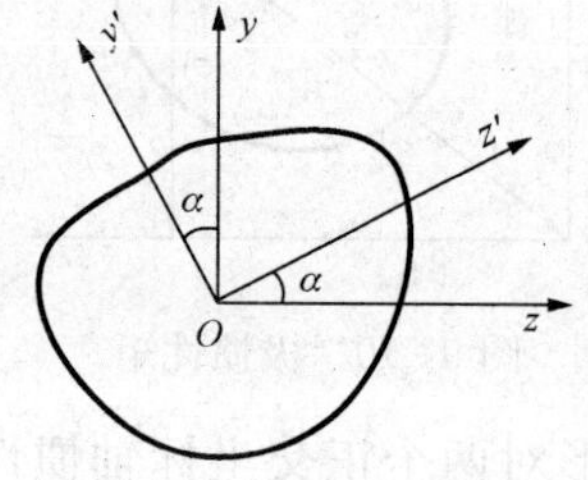

图 9-13　平面图形对正交坐标轴的惯性积

可以证明，形心主惯矩是图形对通过形心的各个轴的惯性矩中的最大者和最小者。

思　考　题

9-1　静矩和形心有何关系？

9-2　如图 9-14 所示，矩形截面 m—m 以上部分对形心轴 z_C 的静矩和 m—m 以下部分对形心轴 z_C 的静矩有何关系？

9-3　如图 9-15 所示两截面的惯性矩 I_z 可否按下式计算？

$$I_z=\frac{BH^3}{12}-\frac{bh^3}{12}$$

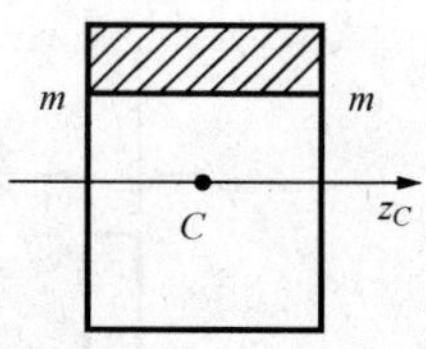

图 9-14　思考题 9-2 图

9-4　大致画出图 9-16 所示各平面图形的形心主惯性轴的位置，并分别指出图形对哪一根形心主惯性轴的惯性矩最大？

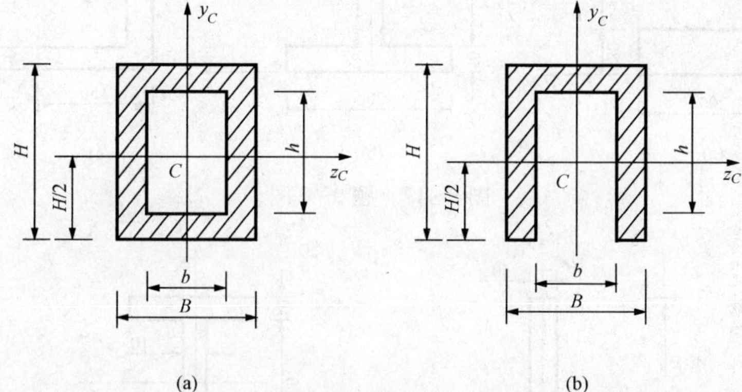

图 9-15　思考题 9-3 图

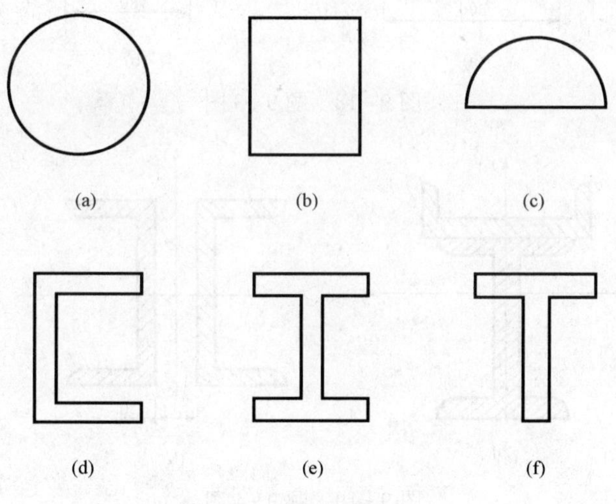

图 9-16　思考题 9-4 图

习　　题

9-1　计算图 9-17 所示各图形对 z 轴和 y 轴的静矩。

9-2　计算题 9-1 中各图形对 y 轴和 z 轴的惯性矩。

9-3　计算图 9-18 所示各截面对其形心主轴的惯性矩。

9-4　计算图 9-19 中各图形对其形心主轴的惯性矩，其中槽钢为 16a，工字钢为 22a。

9-5　计算图 9-20 所示中各图形阴影部分对形心轴的惯性矩。

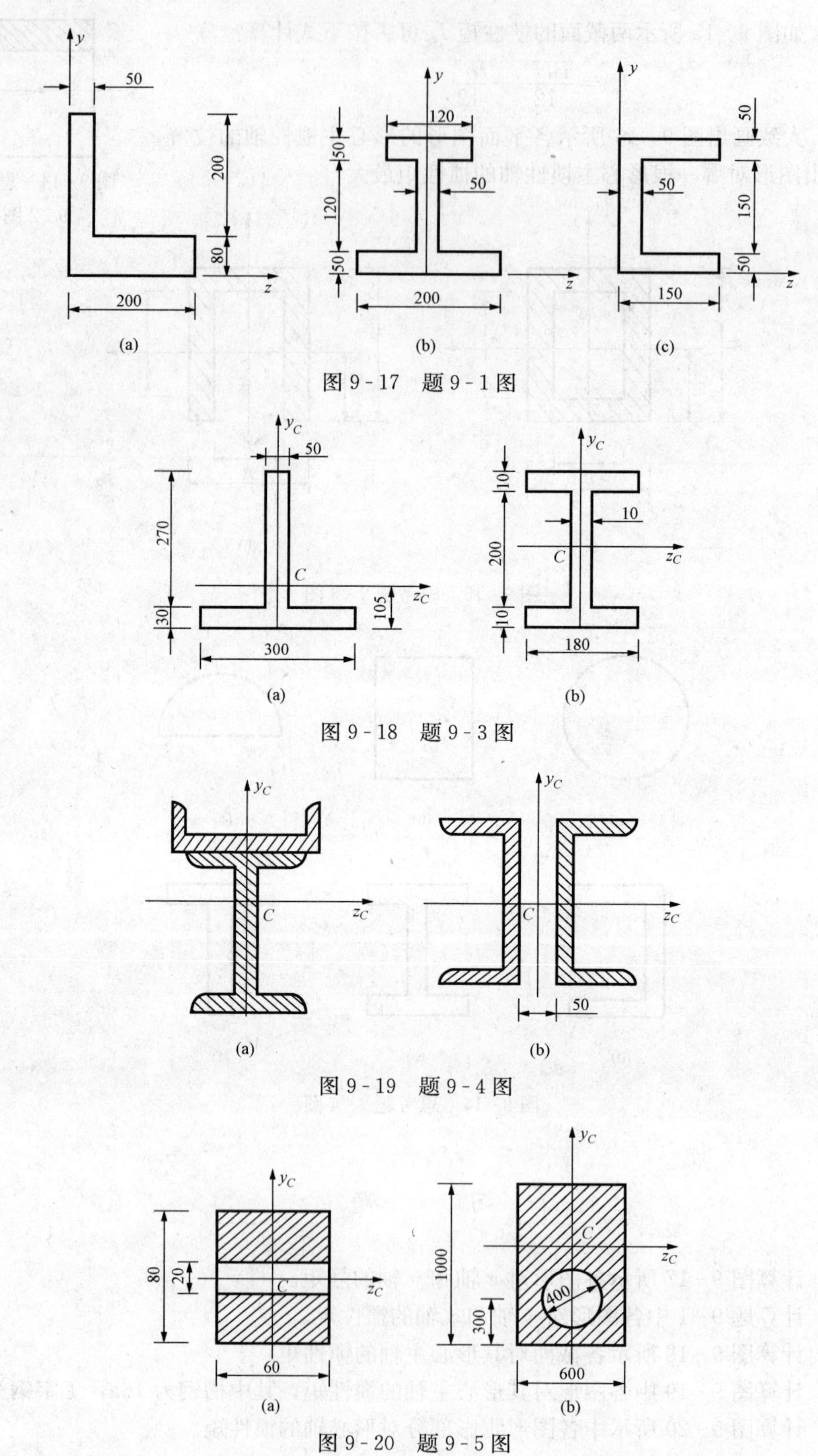

图 9-17 题 9-1 图

图 9-18 题 9-3 图

图 9-19 题 9-4 图

图 9-20 题 9-5 图

第十章　扭　　转

第一节　扭转的概念

在日常生活和工程实际中，经常会遇到以扭转变形为主要变形的构件。例如汽车转向盘的操纵杆［见图10-1（a）］、被拧的螺丝钉、开门时的钥匙等都以扭转变形为主要变形的构件。房屋中的雨篷梁［见图10-1（b）］、边梁等在使用中不仅会发生弯曲变形，同时也有扭转变形。工程中常把以扭转变形为主要变形的构件称为轴。

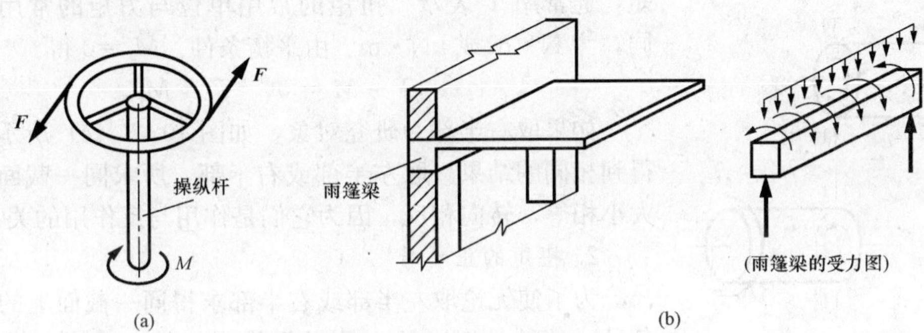

图10-1　扭转
（a）汽车转向盘的操纵杆；（b）房屋中的雨篷梁

综合上述各实例可知，**扭转变形杆件的受力特点**：作用于杆件上的一组力偶互相平衡，且作用面与杆件轴线垂直。**变形特点**：位于力偶间的各横截面绕杆的轴线发生相对转动。任意两个横截面绕杆轴转过的相对角度称为两截面的**相对扭转角**，简称**扭转角**。如图10-2所示，A截面和B截面的相对扭转角为φ_{AB}。图10-2中纵向线ab扭转变形后倾斜的角度γ称为**剪切角或切应变**。

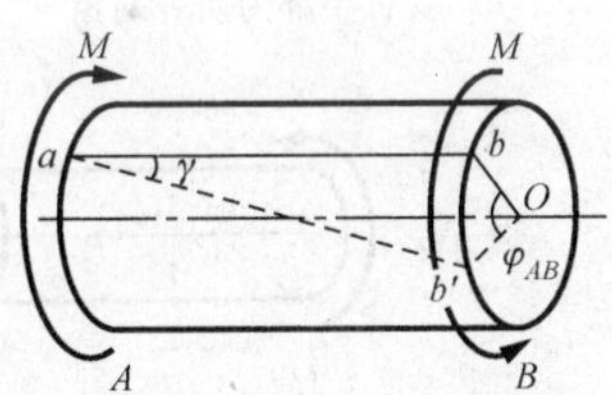

图10-2　扭转角和剪切角

第二节　圆轴扭转时横截面上的内力

一、外力偶矩的计算

圆轴扭转时横截面上的内力需根据其上作用的外力偶计算，而作用于圆轴上的外力偶，有时在工程中并不是已知的，而需要根据给定的功率和转速换算。这里直接给出了功率、转速和外力偶矩间的换算式。

当功率P、转速n和外力偶矩M的单位分别为千瓦（kW）、转/分（r/min）、牛米（N·m）时，外力偶矩的计算式为

$$M = 9549\frac{P}{n} \tag{10-1}$$

当功率的单位为马力（PS）时，计算式为

$$M = 7024\frac{P}{n} \tag{10-2}$$

二、扭矩计算

1. 扭矩

如图 10-3（a）所示，圆轴受到两个力偶作用产生扭转变形，现分析其在扭转变形时任一横截面Ⅰ—Ⅰ上的内力。

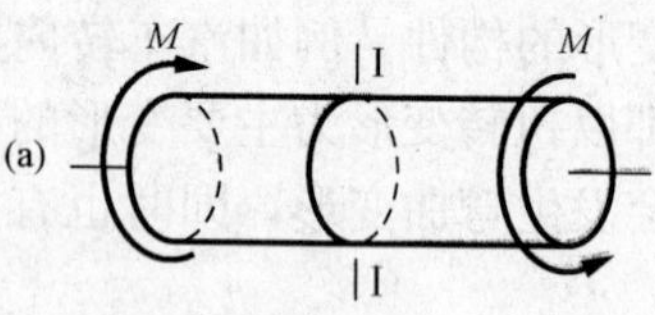

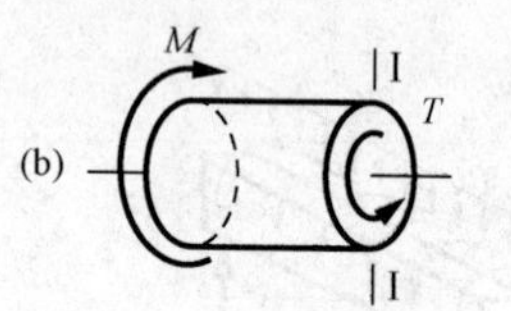

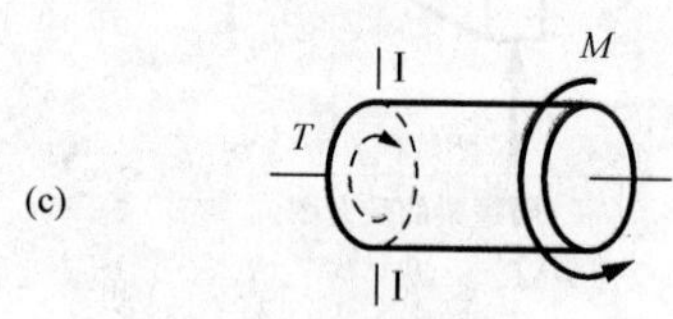

图 10-3 扭矩
（a）圆轴受到两个力偶作用产生扭转变形；（b）取左半部为研究对象；（c）取右半部为研究对象

用假想平面沿要求内力的Ⅰ—Ⅰ截面截开，若取左半部为研究对象，如图 10-3（b）所示，则由平衡条件可知，该截面上一定有与外力偶 M 相平衡的内力偶，其力偶矩称为**扭矩**，通常用 T 表示。扭矩的常用单位与力矩的常用单位相同，为 N·m 或 kN·m。由平衡条件 $\sum M_x = 0$ 得

$$T - M = 0, \quad T = M$$

如果取右半部为研究对象，如图 10-3（c）所示，也可得到相同的结果。取左半部或右半部，所求同一截面的扭矩大小相等，转向相反，因为它们是作用与反作用的关系。

2. 扭矩的正负号

为了使无论取左半部或右半部求得同一截面上的扭矩正负号一致，对扭矩的正负号作如下规定：采用右手螺旋法则，如图 10-4 所示。即以右手的四个手指表示扭矩的转向，若大拇指的指向离开截面时，扭矩取正号；反之，若大拇指指向截面时，扭矩取负号。

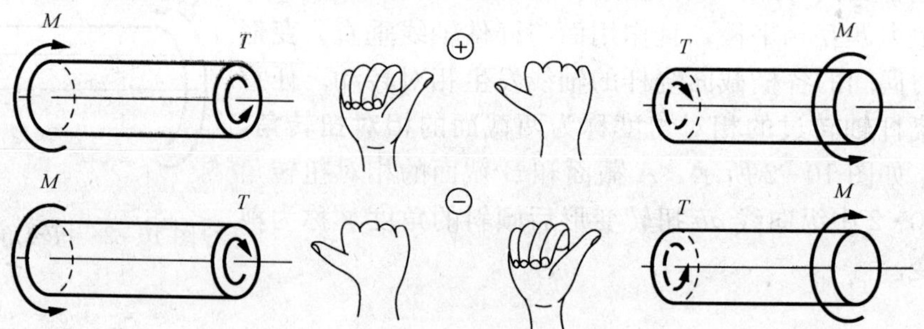

图 10-4 扭矩的正负号规定

3. 用截面法计算指定截面扭矩

用截面法计算扭矩的步骤如下：

（1）用假想截面将杆件沿要求内力的截面截开，取其中的一半部为研究对象。

（2）画研究对象的受力图。画受力图时，先假设截面上的扭矩为正向。

（3）根据研究对象的平衡条件列平衡方程，求解未知力。计算出结果为正，说明假设方向和实际方向相同；否则，相反。

【例 10-1】 传动轴如图 10-5（a）所示，A 处为主动轮，输入功率为 $P_A = 70\text{kW}$，B、C、D 处为从动轮，其输出功率分别为 $P_B = 30\text{kW}$，$P_C = P_D = 20\text{kW}$，轴的转速 $n = 200\text{r/min}$。试

求指定截面 1—1、2—2、3—3 截面的扭矩。

解　(1) 换算外力偶矩。由式(10-1)得轴上的外力偶矩分别为

$$M_A = 9549\frac{P_A}{n} = 9549 \times \frac{70}{200}$$

$$= 3342.15(\text{N} \cdot \text{m})$$

$$M_B = 9549\frac{P_B}{n} = 9549 \times \frac{30}{200}$$

$$= 1432.35(\text{N} \cdot \text{m})$$

$$M_C = M_D = 9549\frac{P_C}{n} = 9549 \times \frac{20}{200}$$

$$= 954.90(\text{N} \cdot \text{m})$$

(2) 计算各截面的扭矩。

1—1 截面：用假想平面沿 1—1 截面切开，取左半部为研究对象，画其受力图，如图 10-5 (b) 所示，由平衡方程 $\sum M_x = 0$ 得

$$T_1 + M_B = 0$$

$$T_1 = -M_B = -1432.35\text{N} \cdot \text{m}$$

(负号表示假设转向和实际相反)

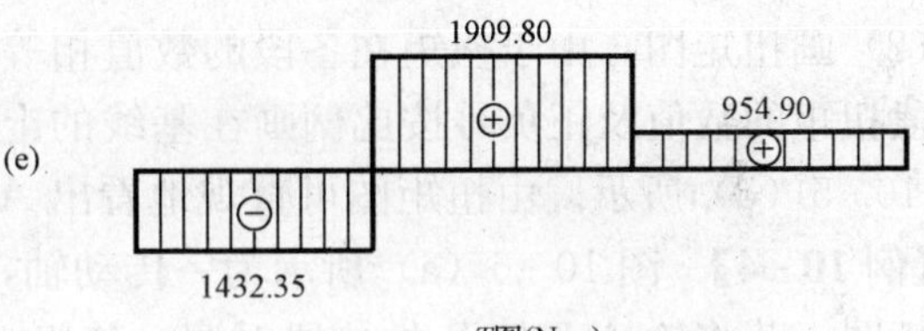

图 10-5　[例 10-1] 图

(a) 传动轴的受荷情况；(b) 1—1 截面左半部受力图；(c) 2—2 截面左半部受力图；(d) 3—3 截面右半部受力图；(e) 扭矩图

2—2 截面：用同样的方法沿 2—2 切开，取左半部为研究对象，受力图如图 10-5 (c) 所示，由平衡方程 $\sum M_x = 0$ 得

$$T_2 - M_A + M_B = 0$$

$$T_2 = M_A - M_B = 3342.15 - 1432.35 = 1909.80(\text{N} \cdot \text{m})$$

3—3 截面：同样沿 3—3 截面切开，取右半部为研究对象，画其受力图如图 10-5 (d) 所示，由平衡方程 $\sum M_x = 0$ 得

$$T_3 - M_D = 0$$

$$T_3 = M_D = 954.90\text{N} \cdot \text{m}$$

4. 用简捷法计算扭矩

由截面法可总结出计算扭矩的简捷方法：受扭杆件任一横截面上的扭矩等于该截面一侧(左半部或右半部)所有外力偶矩的代数和。外力偶矩的正负号：正向的外力偶使截面产生负向扭矩，即用右手的四个手指表示外力偶的转向，若大拇指指向截面外，外力偶矩取负号；反之，取正号。

【例 10-2】　用简捷法计算 [例 10-1] 中各指定截面的扭矩。

解　1—1 截面：若考虑 1—1 截面以左，则有

$$T_1 = -M_B = -1432.35\text{N} \cdot \text{m}$$

2—2 截面：若考虑 2—2 截面以右，则

$$T_2 = M_C + M_D = 954.90 + 954.90 = 1909.80(\text{N} \cdot \text{m})$$

3—3 截面：若考虑 3—3 截面以左，则

$$T_3 = -M_B + M_A - M_C$$
$$= -1432.35 + 3342.15 - 954.90 = 954.90(\text{N}\cdot\text{m})$$

5. 扭矩图

为了表明各横截面上的扭矩随横截面位置的改变而变化的情况，从而确定最大扭矩及其所在横截面的位置，类似轴力图的画法可绘制扭矩图。

【例 10 - 3】 试绘制［例 10 - 1］圆轴的扭矩图。

解 (1) 分段计算扭矩。按外力偶的作用面将杆件分为 BA、AC、CD 段，分别计算每一段横截面上的扭矩。因为每一段内均无荷载作用，所以扭矩无变化，即每一段内各个横截面上的扭矩相等，取其中的任一截面即可计算出该段截面的扭矩。

$$T_{BA} = T_1 = -1432.35\text{N}\cdot\text{m}$$
$$T_{AC} = T_2 = 1909.80\text{N}\cdot\text{m}$$
$$T_{CD} = T_3 = 954.90\text{N}\cdot\text{m}$$

(2) 画扭矩图。由于扭矩在各段的数值相等，故每段的扭矩图均为与基线平行的直线。将各段扭矩的数值及正负号按比例画在基线的上、下，并连接起来即得整个圆轴的扭矩图，如图 10 - 5 (d) 所示。由扭矩图可直观地看出 AC 段内各横截面扭矩最大。

【例 10 - 4】 图 10 - 6 (a) 所示为一传动轴，轮 A、B、C、D 上作用着外力偶，试画轴的扭矩图。若将轮 A 和轮 B 的位置对调，其扭矩图有何改变?

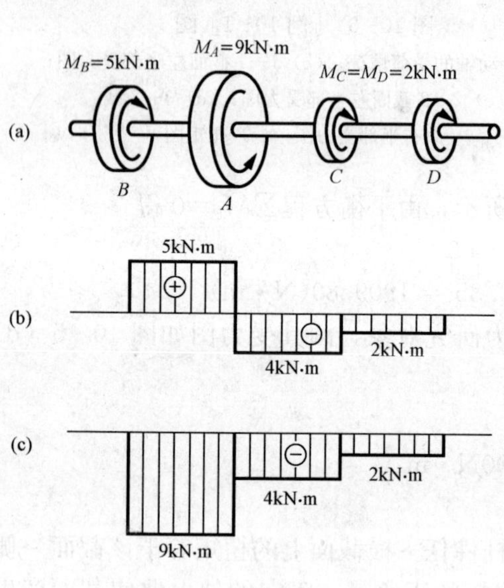

图 10 - 6 ［例 10 - 4］图
(a) 传动轴的受荷情况；(b) 扭矩图；(c) 将轮 A 和轮 B 对调后的扭矩图

解 (1) 分段计算扭矩。按外力偶的作用面将轴分为 BA、AC、CD 段，则

$$T_{BA} = M_B = 5\text{kN}\cdot\text{m}$$
$$T_{AC} = M_B - M_A = 5 - 9$$
$$= -4(\text{kN}\cdot\text{m})$$
$$T_{CD} = -M_D = -2\text{kN}\cdot\text{m}$$

(2) 画扭矩图。传动轴的扭矩图如图 10 - 6 (b) 所示。

(3) 若将轮 A 和轮 B 的位置对调，其扭矩图如图 10 - 6 (c) 所示。

图 10 - 6 (b) 的最大扭矩为 $T_{BA} = 5\text{kN}\cdot\text{m}$，而图 10 - 6 (c) 最大扭矩为 $T_{BA} = 9\text{kN}\cdot\text{m}$，由此可知，合理布置主动论和从动轮的位置，可降低最大扭矩，提高轴的强度。一般情况下，将主动论布置在从动轮的中间，且尽量使两侧从动轮上的功率或外力偶矩相等，这种布置最为合理。

第三节 等直圆轴扭转时横截面上的应力

圆轴扭转时横截面上的应力需从三个方面分析：几何变形关系、物理关系和静力平衡关系。

1. 几何变形关系

取一实心圆轴，在其表面画出许多纵向线和圆周线，形成许多小矩形，如图 10-7（a）所示。然后在两端施加力偶 M，使其产生扭转变形，如图 10-7（b）所示。扭转变形后可以观察到以下几个现象：

（1）所有圆周线的大小、形状和间距都不变，只是绕轴线转了不同的角度；

（2）所有的纵向线倾斜了相同的角度，原来的矩形变成了平行四边形。

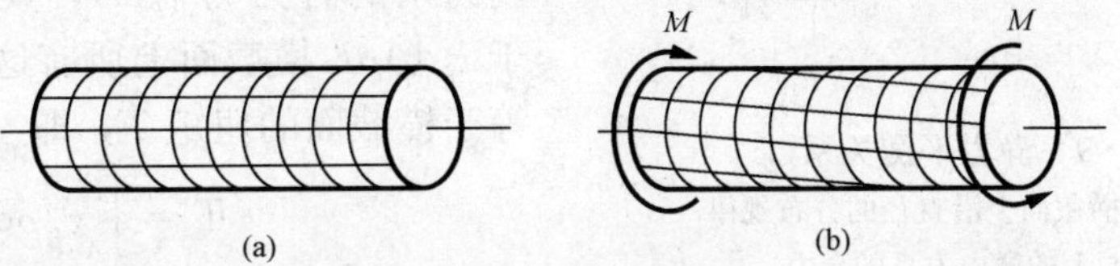

图 10-7　圆轴扭转实验

（a）实心圆轴；（b）在两端施加力偶 M，使圆轴产生扭转变形

根据观察到的现象，对圆轴内部的变形情况进行推断，可作出**平面假设**：圆轴扭转变形前的各横截面，在变形后仍保持为平面，且大小、形状和间距保持不变，只是绕轴线转过不同的角度。

依据平面假设可作出结论：圆轴扭转时，横截面上只有切应力，其切应力与截面相切，方向与半径垂直。

为了进一步分析切应力在横截面上的分布规律，从圆轴中取一微段，如图 10-8 所示。A 截面相对 B 截面转动了一个角度 $d\varphi$，O_2b 转到 O_2b' 位置，在半径为 ρ 的内层圆柱上，纵向线 cd 倾斜到 cd' 位置，倾斜的角度 γ_ρ 为切应变。在变形很小的情况下，有

$$\tan\gamma_\rho = \frac{dd'}{cd} = \frac{\rho \cdot \mathrm{d}\varphi}{\mathrm{d}x} \approx \gamma_\rho$$

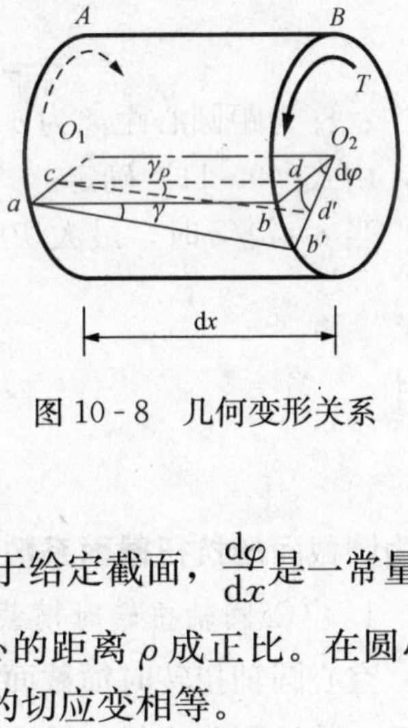

图 10-8　几何变形关系

所以

$$\gamma_\rho = \rho\frac{\mathrm{d}\varphi}{\mathrm{d}x} \tag{10-3}$$

式中：$\frac{\mathrm{d}\varphi}{\mathrm{d}x}$表示**单位长度扭转角**，是扭转角沿轴线的变化规律。对于给定截面，$\frac{\mathrm{d}\varphi}{\mathrm{d}x}$是一常量。因此，式（10-3）表明：横截面上任一点的切应变与该点到圆心的距离 ρ 成正比。在圆心处切应变为零，离圆心越远，切应变越大，距圆心等距离处各点的切应变相等。

2. 物理关系

由剪切胡克定律可知，在弹性范围内，截面上任一点的切应力和切应变成正比。即

$$\tau_\rho = G\gamma_\rho$$

将式（10-3）代入上式得

$$\tau_\rho = G\rho\frac{\mathrm{d}\varphi}{\mathrm{d}x} \tag{10-4}$$

式（10-4）表明：横截面上任一点的切应力与该点到圆心的距离 ρ 成正比。切应力在横截面上沿半径的分布规律如图 10-9（a）所示。

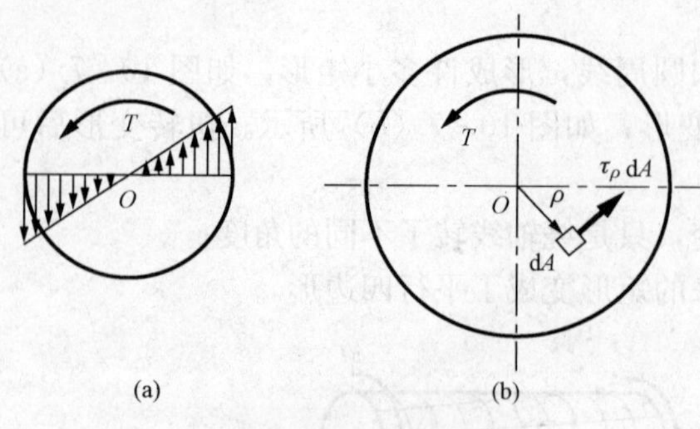

图 10-9　静力平衡关系
(a) 切应力在横截面上沿直径的分布规律；
(b) 微面上的微内力系的合力

3. 静力平衡关系

式（10-4）中的$\dfrac{\mathrm{d}\varphi}{\mathrm{d}x}$是未知的，必须利用静力平衡条件确定，并建立切应力的计算公式。如图 10-9（b）所示，在横截面上距圆心为ρ处，取一微面积 $\mathrm{d}A$，微面上的微内力系的合力为$\tau_\rho \mathrm{d}A$，其对圆心的力矩等于$\tau_\rho \mathrm{d}A\rho$，横截面上所有这些微力矩总和就等于横截面的扭矩 T，即

$$T = \int_A \tau_\rho \rho \mathrm{d}A$$

将式（10-4）代入上式，得

$$T = \int_A G\rho^2 \frac{\mathrm{d}\varphi}{\mathrm{d}x}\mathrm{d}A = G\frac{\mathrm{d}\varphi}{\mathrm{d}x}\int_A \rho^2 \mathrm{d}A = GI_\rho \frac{\mathrm{d}\varphi}{\mathrm{d}x}$$

式中：$I_\rho = \int_A \rho^2 \mathrm{d}A$ 为横截面对圆心的极惯性矩。

所以

$$\frac{\mathrm{d}\varphi}{\mathrm{d}x} = \frac{T}{GI_\rho} \tag{10-5}$$

式（10-5）为单位长度的扭转角的计算式，将其代入式（10-4），可得

$$\tau_\rho = \frac{T}{I_\rho}\rho \tag{10-6}$$

式中：τ_ρ 为距圆心距离为ρ处的切应力；T 为该截面上的扭矩；I_ρ 为该截面对圆心的极惯性矩，由式（9-11）确定。式（10-6）即为圆轴扭转时横截面上任一点切应力的计算式。

当$\rho = D/2$时，最大切应力发生在横截面边缘上各点，其值由下式确定

$$\tau_{\max} = \frac{T}{W_\rho} \tag{10-7}$$

其中

$$W_\rho = \frac{I_\rho}{\rho_{\max}} = \frac{\pi D^3}{16} \tag{10-8}$$

称为圆截面的**抗扭截面系数**。

4. 空心圆轴扭转时横截面上的应力

空心圆轴扭转时横截面上切应力的变化规律与实心圆轴相类似，分布规律如图 10-10 所示；其计算公式仍可采用式（10-6），截面上最小切应力发生在内边缘，而最大切应力发生在外边缘，最大切应力的计算式仍用式（10-7）。其中极惯性矩 I_ρ 可由式（9-12）求得，抗扭截面系数为

$$W_\rho = \frac{\pi}{16D}(D^4 - d^4) \tag{10-9}$$

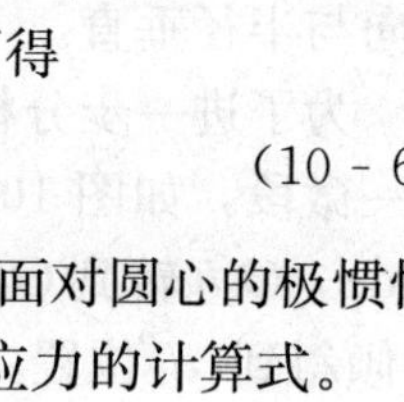

图 10-10　空心圆截面切应力沿直径的分布规律

【例 10-5】　实心圆轴的直径 $D=100\text{mm}$，受外力偶作用，如图 10-11（a）所示，试求：（1）轴内阴影截面上 a、b、O 三点处的切应力数值及方向；（2）轴内的最大切应力。

解　(1) 画扭矩图，如图 10-11 (b) 所示。

(2) 计算阴影截面上 a、b、O 点的切应力

$$I_\rho = \frac{\pi \times 100^4}{32} \approx 9.81 \times 10^6 (\text{mm}^4)$$

$$\tau_a = \frac{5 \times 10^6 \times 50}{9.81 \times 10^6} \approx 25.48(\text{MPa})$$

$$\tau_b = \frac{5 \times 10^6 \times 25}{9.81 \times 10^6} \approx 12.74(\text{MPa})$$

$$\tau_O = 0$$

各点切应力的方向如图 10-11 (c) 所示。

(3) 计算轴内最大切应力。此轴为等直杆，最大切应力发生在扭矩最大截面的周边各点上

$$\tau_{\max} = \frac{T_{\max}}{W_\rho} = \frac{T_{\max}}{\dfrac{\pi D^3}{16}} = \frac{9 \times 10^6}{\dfrac{\pi \times 100^3}{16}} \approx 45.86(\text{MPa})$$

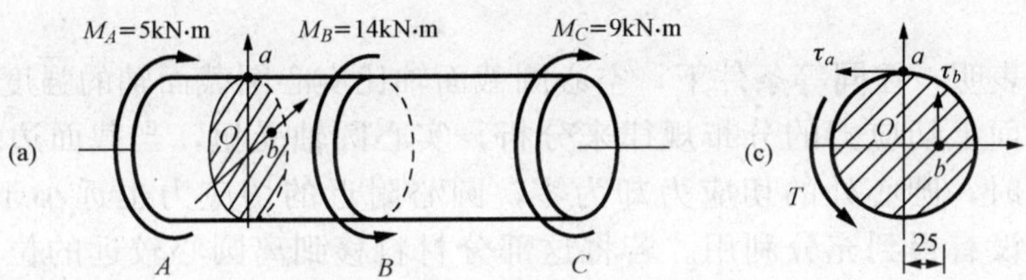

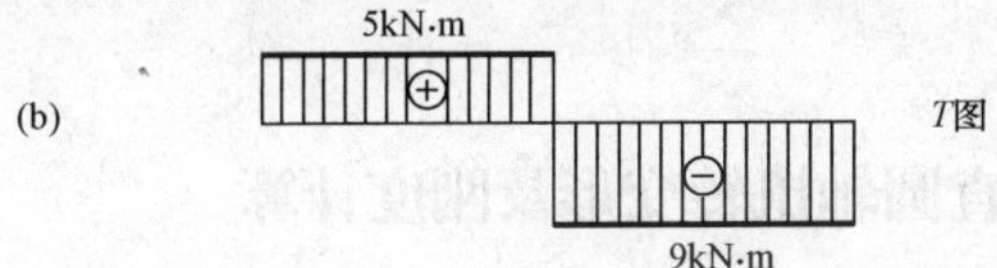

图 10-11 ［例 10-5］图

(a) 实心圆轴受荷情况；(b) 扭矩图；(c) 各点切应力的方向

第四节　等直圆轴扭转时的强度计算

一、强度条件

为了保证圆轴在扭转变形中不发生破坏，必须使轴内的最大切应力不超过材料的许用切应力，即

$$\tau_{\max} = \frac{T}{W_\rho} \leqslant [\tau] \tag{10-10}$$

式 (10-10) 即为圆轴扭转的**强度条件**。式中 $[\tau]$ 为材料的许用切应力，各种材料的许用切应力可从有关手册中查出。

二、强度条件的应用

利用圆轴的强度条件可以解决与强度有关的三类问题：校核圆轴扭转强度、设计截面尺寸及确定许可荷载。解决这三类问题都需要根据危险截面、危险点进行计算。最大切应力所在的截面为危险截面，而危险截面上最大切应力所在的点为危险点。

【例 10-6】 实心圆截面轴和空心圆截面轴，其材料相同，截面和长度均相等。已知实心圆截面直径 $D_1=72\text{mm}$，空心圆截面外径 $D_2=120\text{mm}$，内径 $d=96\text{mm}$，材料的许用切应力$[\tau]=50\text{MPa}$，试计算两轴所能承受的最大扭矩，并作比较。

解 (1) 由式（10-10）可得，实心圆轴所能承受的最大扭矩为

$$T_{实\max}\leqslant[\tau]\times W_\rho=50\times\frac{\pi\times72^3}{16}\approx3.66\times10^6(\text{N}\cdot\text{mm})=3.66\text{kN}\cdot\text{m}$$

空心圆截面轴所能承受的最大扭矩为

$$T_{空\max}\leqslant[\tau]\times\frac{\pi}{16D_2}(D_2^4-d^4)=50\times\frac{\pi}{16\times120}(120^4-96^4)$$

$$\approx10.01\times10^6(\text{N}\cdot\text{mm})=10.01\text{kN}\cdot\text{m}$$

(2) 比较两轴承受的最大扭矩

$$\frac{T_{空\max}}{T_{实\max}}=\frac{10.01}{3.66}\approx2.73$$

可见，在其他条件均相同的情况下，空心圆截面轴所能承受的最大扭矩是实心圆截面轴的2.73倍。

[例 10-6] 表明，在同等条件下，空心圆截面轴比实心圆截面轴的强度要高很多。这一结果也可从截面上切应力的分布规律来分析，实心圆轴受扭，当截面边缘切应力达到扭转许用切应力时，圆心处的切应力却为零，圆心附近的切应力也远小于许用切应力，因此这部分材料没有得到充分利用。若将这部分材料移到离圆心较远的位置，使其成为空心轴，这样可以增大截面的抗扭截面系数，从而提高轴的承载能力。因此，工程中常采用空心圆轴。

第五节 等直圆轴扭转变形及刚度计算

一、圆轴扭转的变形计算

圆轴扭转变形是由扭转角度量的，在第三节中已经得到单位长度扭转角的计算式（10-5），即

$$\text{d}\varphi=\frac{T}{GI_\rho}\text{d}x$$

对于等截面圆轴，若两截面相距 l，且其间扭矩 T、G 为常数，则两截面的相对扭转角为

$$\varphi=\int_l\text{d}\varphi=\int_l\frac{T}{GI_\rho}\text{d}x=\frac{Tl}{GI_\rho}\qquad(10-11)$$

式（10-11）即为圆轴扭转角的计算式。扭转角的单位为 rad，其正负号与扭矩 T 的正负号一致。由式（10-11）可见，扭转角 φ 与扭矩 T、两截面的间距 l 成正比，与 GI_ρ 成反比。在 T、l 一定时，GI_ρ 越大，变形 φ 越小。GI_ρ 反映了圆轴抵抗扭转变形的能力，称为圆轴的**抗扭刚度**。

当两截面间扭矩、截面和材料有变化时，应根据其变化情况分段计算各段两端截面的相对扭转角，最后将其代数和。因此，式（10-11）可变为

$$\varphi=\sum_{i=1}^{n}\frac{T_il_i}{G_iI_{\rho i}}\qquad(10-12)$$

【例 10-7】 传动轴受外力偶如图 10-12 (a)所示，AC 段直径 $D_1=80\text{mm}$，CD 段直径 $D_2=50\text{mm}$，材料的切变模量 $G=80\text{GPa}$，求 A、B 截面和 A、D 截面的相对扭转角。

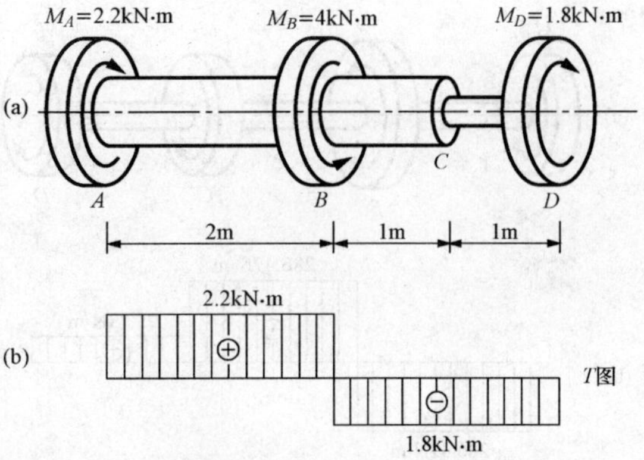

解 (1) 画扭矩图。各段横截面上的扭矩为 $T_{AB}=2.2\text{kN}\cdot\text{m}$，$T_{BD}=-1.8\text{kN}\cdot\text{m}$。根据各段扭矩画扭矩图，如图 10-12 (b) 所示。

图 10-12 ［例 10-7］图
(a) 传动轴受外力偶作用；(b) 扭矩图

(2) 计算 A 截面和 B 截面的相对扭转角

$$I_{\rho AB}=I_{\rho BC}=\frac{\pi D_1^4}{32}=\frac{\pi\times 80^4}{32}\approx 40.19\times 10^5(\text{mm}^4)$$

$$I_{\rho CD}=\frac{\pi D_2^4}{32}=\frac{\pi\times 50^4}{32}\approx 6.13\times 10^5(\text{mm}^4)$$

A 截面和 B 截面之间扭矩、截面和材料均无变化，可直接采用式 (10-11) 计算，即

$$\varphi_{AB}=\frac{T_{AB}l_{AB}}{G_{AB}I_{\rho AB}}=\frac{2.2\times 10^6\times 2\times 10^3}{80\times 10^3\times 40.19\times 10^5}\approx 0.0137(\text{rad})$$

A 截面和 D 截面之间扭矩、截面有变化，需根据其变化情况分段计算，再求其总和。

$$\varphi_{BC}=\frac{T_{BC}l_{BC}}{G_{BC}I_{\rho BC}}=-\frac{1.8\times 10^6\times 1000}{80\times 10^3\times 40.19\times 10^5}\approx -0.0056(\text{rad})$$

$$\varphi_{CD}=\frac{T_{CD}l_{CD}}{G_{CD}I_{\rho CD}}=-\frac{1.8\times 10^6\times 1000}{80\times 10^3\times 6.13\times 10^5}\approx -0.0367(\text{rad})$$

$$\varphi_{AD}=\varphi_{AB}+\varphi_{BC}+\varphi_{CD}=0.0137-0.0056-0.0367\approx -0.0286(\text{rad})$$

二、圆轴扭转的刚度计算

1. 刚度条件

为了保证圆轴的正常工作，除满足强度要求外，还必须有足够的刚度，即要求圆轴在单位长度内的扭转角不超过某一限值，即

$$\theta_{\max}=\frac{\varphi}{l}=\frac{T}{GI_\rho}\leqslant[\theta] \tag{10-13}$$

式中：θ 为单位长度扭转角，rad/m；$[\theta]$为许用单位长度扭转角，(°)/m。要使等式两边的单位一致，可将式 (10-13) 改为

$$\theta_{\max}=\frac{T}{GI_\rho}\times\frac{180}{\pi}\leqslant[\theta] \tag{10-14}$$

式 (10-14) 即为圆轴扭转时的**刚度条件**。$[\theta]$的数值，可从有关手册中查出。

2. 刚度条件的应用

和强度条件的应用一样，应用刚度条件可以校核扭转轴的刚度、确定截面尺寸、计算许可荷载。

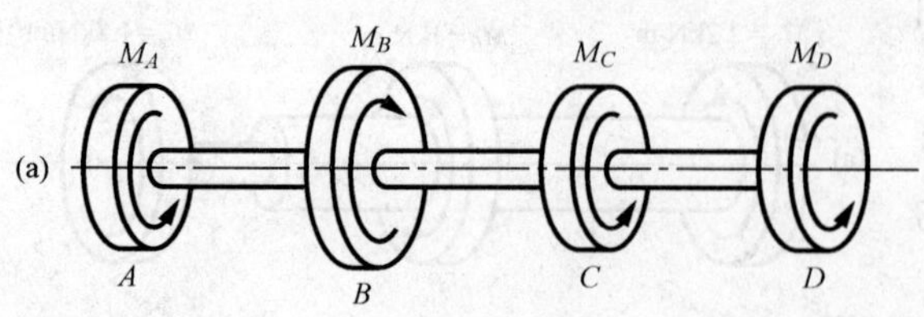

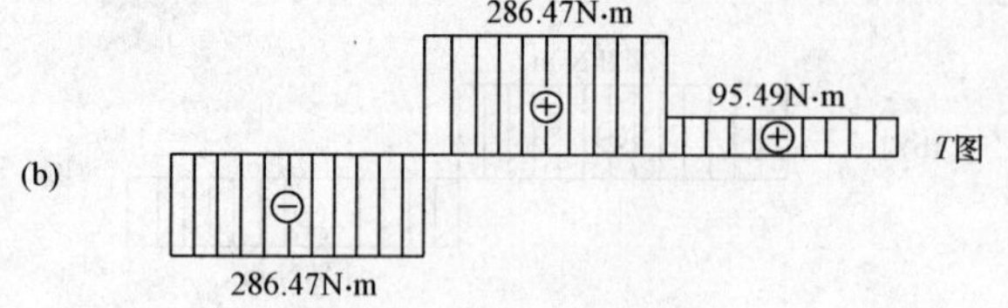

图 10-13　[例 10-8] 图
(a) 传动轴受荷情况；(b) 扭矩图

【例 10-8】 某传动轴如图 10-13 (a) 所示，已知直径 $d=40\text{mm}$，轮 B 的输入功率 $P_B=30\text{kW}$，轮 A、C、D 的输出功率分别为 $P_A=15\text{kW}$，$P_C=10\text{kW}$，$P_D=5\text{kW}$。轴的转速 $n=500\text{r/min}$，$[\tau]=60\text{MPa}$，$[\theta]=1.5°/\text{m}$，$G=80\text{GPa}$。试校核轴的强度和刚度。

解　(1) 计算外力偶矩

$$M_A=9549\frac{P_A}{n}=9549\times\frac{15}{500}=286.47(\text{N}\cdot\text{m})$$

$$M_B=9549\frac{P_B}{n}=9549\times\frac{30}{500}=572.94(\text{N}\cdot\text{m})$$

$$M_C=9549\frac{P_C}{n}=9549\times\frac{10}{500}=190.98(\text{N}\cdot\text{m})$$

$$M_D=9549\frac{P_D}{n}=9549\times\frac{5}{500}=95.49(\text{N}\cdot\text{m})$$

(2) 画扭矩图

$$T_{AB}=-M_A=-286.47\text{N}\cdot\text{m}$$

$$T_{BC}=-M_A+M_B=-286.47+572.94=286.47(\text{N}\cdot\text{m})$$

$$T_{CD}=M_D=95.49\text{N}\cdot\text{m}$$

根据各段的扭矩画出扭矩图，如图 10-13 (b) 所示。

(3) 校核传动轴的强度。圆轴为等截面圆轴，其最大切应力发生在扭矩最大的截面上，故有

$$\tau_{\max}=\frac{T_{\max}}{W_\rho}=\frac{286.47\times10^3}{\frac{\pi\times40^3}{16}}=22.81\text{MPa}<\{\tau\}$$

所以，传动轴满足强度要求。

(4) 校核传动轴的刚度。由刚度条件得

$$\theta_{\max}=\frac{T_{\max}}{GI_\rho}\times\frac{180}{\pi}=\frac{286.47\times32}{80\times10^9\times\pi\times0.04^4}\times\frac{180}{\pi}=0.817(°/\text{m})<[\theta]$$

可见，传动轴也满足刚度要求。

第六节　矩形截面杆的扭转

一、非圆截面等直杆扭转概述

在等直圆轴的扭转问题中，其横截面上的应力是在平面假设的基础上进行分析的。但对于非圆截面等直杆，扭转变形后横截面会发生翘曲，如图 10-14 所示为矩形截面杆的扭转。因而等直圆轴扭转的平面假设及计算公式不能应用到非圆截面杆的扭转问题中。

非圆截面等直杆扭转时，当各截面能自由翘曲，且各相邻截面翘曲的程度完全相同时，

横截面上仍然是只有切应力而没有正应力，这种扭转称为**自由扭转**或**纯扭转**。反之，当截面受到约束作用而不能自由翘曲时，各相邻截面的翘曲程度会产生差异，这种差异，使得横截面上不仅有切应力，还存在正应力，这种扭转称为**约束扭转**。约束扭转在实体截面杆引起的正应力数值很小，可忽略不计，因而仍可按自由扭转计算，但在薄壁截面杆（如工字形、T形、槽形等）中引起的正应力则不可忽略。本节只介绍杆件的自由扭转问题。

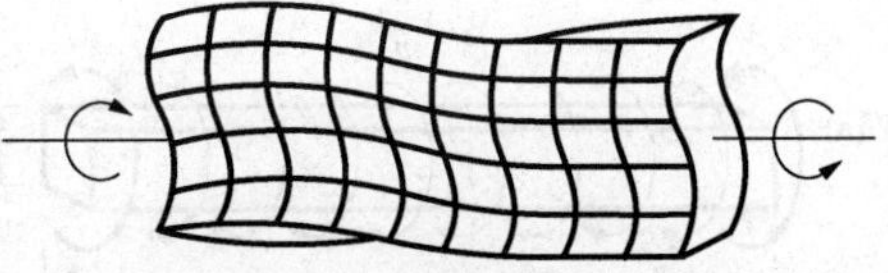

图 10-14　矩形截面杆的扭转

二、矩形截面杆的自由扭转

在建筑工程中，经常采用矩形、工字形、T形、槽形等非圆截面杆，特别是矩形截面杆，因而这里重点介绍矩形截面等直杆的自由扭转。

矩形截面杆的扭转问题需根据弹性力学的方法研究，下面给出其主要结论。如图 10-15 所示，当最大切应力不超过材料的剪切比例极限时，横截面上切应力的分布规律如下：

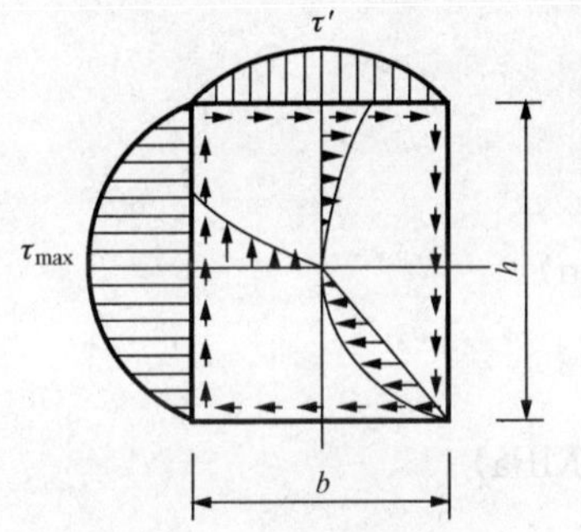

图 10-15　矩形截面上切应力分布图

（1）横截面周边各点处的切应力方向与周边相切，形成与扭矩转向相同的切应力流，且在各边中点处切应力最大，而在四个角点处为零。

（2）最大切应力发生在矩形截面长边的中点处，其值为

$$\tau_{\max} = \frac{T}{\alpha h b^2} \tag{10-15}$$

（3）短边中点处的切应力也是该边各点切应力的最大者，其值为

$$\tau' = \xi \tau_{\max} \tag{10-16}$$

（4）矩形截面杆单位长度扭转角的计算式为

$$\theta_{\max} = \frac{T}{G\beta h b^3} \tag{10-17}$$

式中：T 为截面的扭矩；b、h 为截面的宽度和高度；G 为材料的切变模量；α、β、ξ 均为与比值 h/b 有关的系数，可从表 10-1 中查得。

表 10-1　　**系数 α、β、ξ 的值**

h/b	1	1.5	2	2.5	3	4	6	8	10
α	0.208	0.231	0.246	0.258	0.267	0.282	0.299	0.307	0.312
β	0.141	0.196	0.229	0.249	0.263	0.281	0.299	0.307	0.312
ξ	1.000	0.860	0.795	0.766	0.753	0.745	0.743	0.742	0.742

【例 10-9】 图 10-16（a）所示矩形截面杆，两端受集中力偶 M=12kN·m 的作用，沿杆全长作用有均布力偶，其集度为 m=10kN·m/m。已知杆长 l=2.4m，截面宽 b=0.2m，高 h=0.3m。试求：（1）画扭矩图；（2）求全轴的最大切应力；（3）若改为面积相等的圆截面杆，最大切应力又为多少？

解　（1）画扭矩图。距左端 x 处截面上的扭矩为

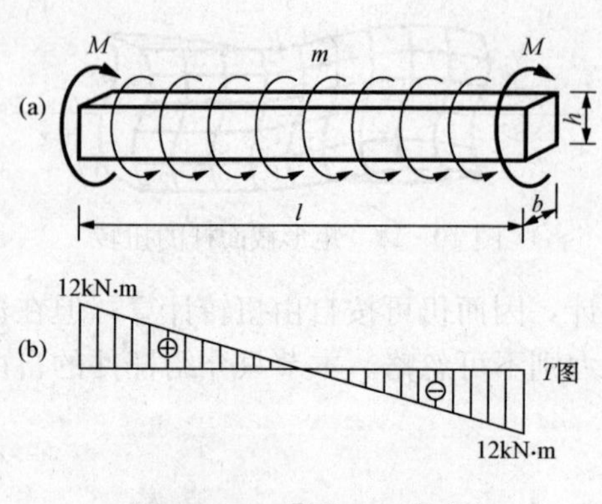

图 10-16 ［例 10-9］图
(a) 矩形截面杆受荷情况；(b) 扭矩图

$$T = M - mx = 12 - 10x$$

根据扭矩方程画出扭矩图，如图 10-16（b）所示。

（2）计算最大切应力。根据$\frac{h}{b}=1.5$查表10-1得

$$\alpha = 0.231, \quad \beta = 0.196, \quad \xi = 0.860$$

所以

$$\tau_{max} = \frac{T_{max}}{\alpha h b^2} = \frac{12 \times 10^6}{0.231 \times 300 \times 200^2} \approx 4.33(\text{MPa})$$

（3）计算圆形截面杆的最大切应力。由于圆形截面和矩形截面相等，即

$$\frac{\pi D^2}{4} = bh$$

所以

$$D = \sqrt{\frac{4 \times 200 \times 300}{\pi}} \approx 276.5(\text{mm})$$

取 D=280mm，则由式（10-7）得

$$\tau_{max} = \frac{T_{max}}{W_\rho} = \frac{16 \times 12 \times 10^6}{\pi \times 280^3} \approx 2.79(\text{MPa})$$

可见，在材料、面积和外力偶相同情况下，圆形截面杆的最大切应力比矩形截面杆小。

对于实心截面杆，在截面积相等的情况下，可以证明圆截面杆扭转时的最大切应力最小，其他形状截面的实心杆都较圆截面杆大。形状越接近圆形截面，其最大切应力就越小，所以受扭杆件多采用圆形截面。

思 考 题

10-1 扭转杆件的受力特点和变形特点是什么？图 10-17 所示的各杆件哪些发生扭转变形？

10-2 扭矩的正负号是如何规定的？用简捷法计算扭矩时，外力偶矩的正负号又如何选取？

10-3 图 10-18 所示的各截面的切应力分布图是否正确？

10-4 主动轮 A 上的外力偶矩 M_A=800N·m，从动轮 B、C、D 上的外力偶矩分别为 M_B=100N·m，M_C=400N·m，M_D=300N·m。问主动轮和从动轮如何布置才是最合理的？

10-5 直径和长度相同而材料不同的两根圆轴，在相同的外力偶矩作用下，扭矩图是否相同？最大切应力是否相同？扭转角是否相同？为什么？

10-6 若实心圆轴的直径减小为原来的一半，其他条件都不变，那么轴的最大切应力和扭转角将如何变化？

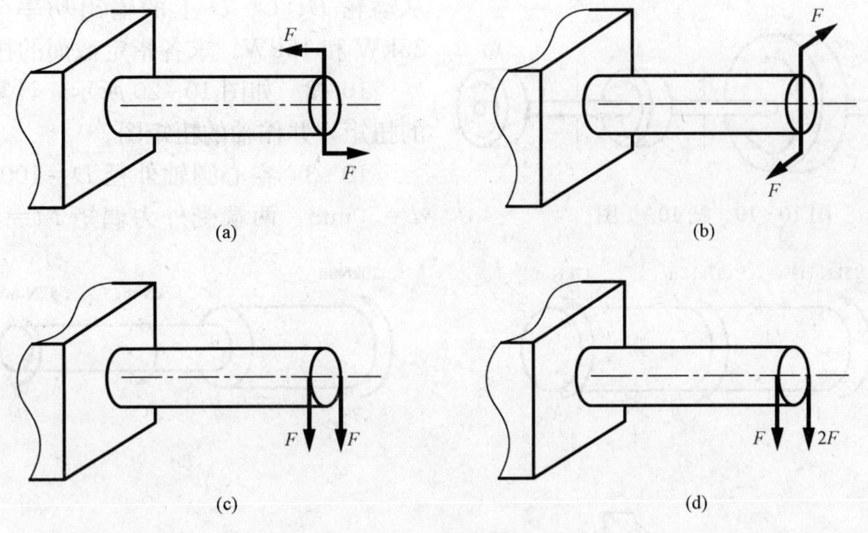

图 10-17 思考题 10-1 图

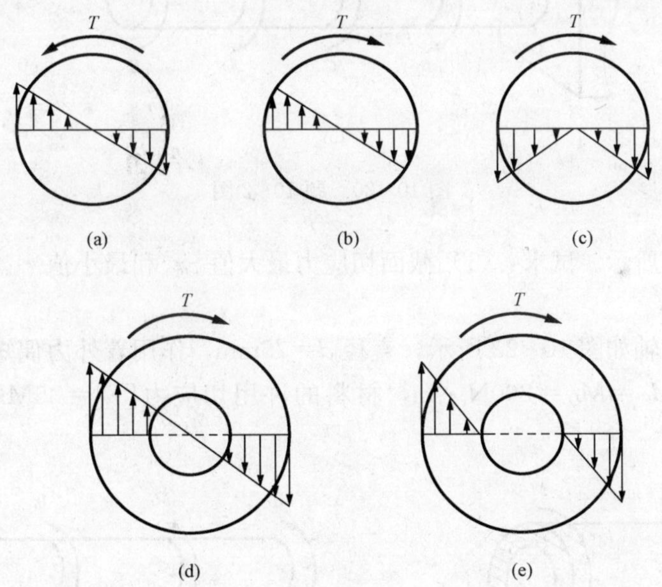

图 10-18 思考题 10-3 图

10-7 一空心圆轴，外径为 D，内径为 d，其极惯性矩 I_ρ 和抗扭截面系数 W_ρ 按下式计算是否正确？

$$I_\rho = \frac{\pi D^4}{32} - \frac{\pi d^4}{32}, \quad W_\rho = \frac{\pi D^3}{16} - \frac{\pi d^3}{16}$$

习 题

10-1 如图 10-19 所示，传动轴的转速为 200r/min，主动轮 A 上的输入功率为 80kW，

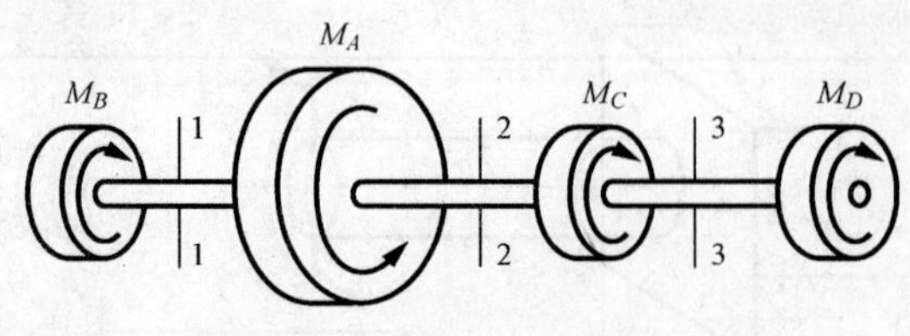

图 10 - 19 题 10 - 1 图

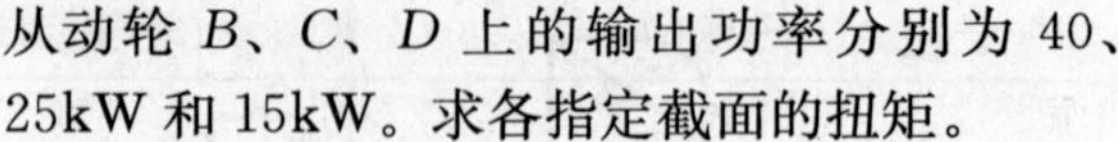

从动轮 B、C、D 上的输出功率分别为 40、25kW 和 15kW。求各指定截面的扭矩。

10 - 2 如图 10 - 20 所示，计算各段轴上的扭矩，并作轴的扭矩图。

10 - 3 空心圆轴外径 $D=100\text{mm}$，内径 $d=50\text{mm}$，两端受外力偶矩 $M=1000\text{N}\cdot\text{m}$

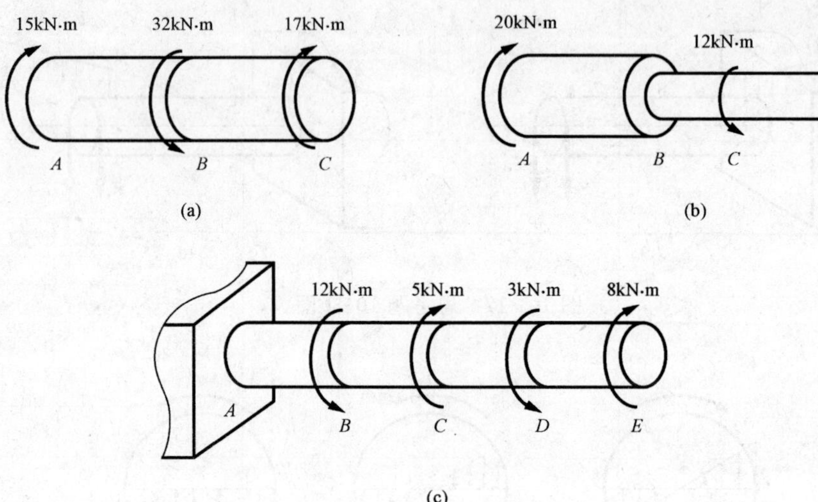

图 10 - 20 题 10 - 2 图

作用，如图 10 - 21 所示。试求：(1) 截面切应力最大值 $\tau_{\max}$ 和最小值 $\tau_{\min}$；(2) 画出截面的切应力分布图。

10 - 4 一传动轴如图 10 - 22 所示，直径 $d=75\text{mm}$，作用着外力偶矩 $M_A=1000\text{N}\cdot\text{m}$，$M_B=600\text{N}\cdot\text{m}$，$M_C=M_D=200\text{N}\cdot\text{m}$，材料的许用切应力 $[\tau]=35\text{MPa}$，试校核该轴的强度。

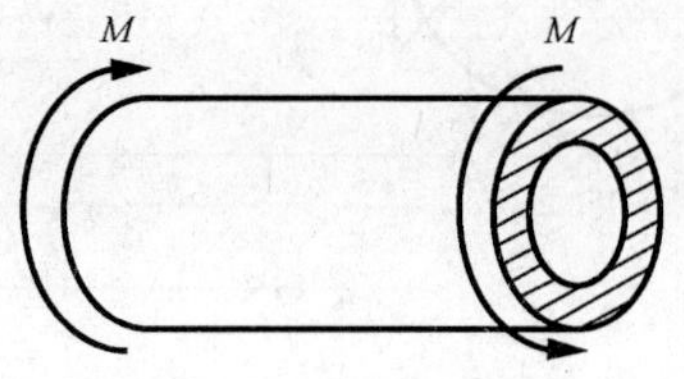

图 10 - 21 题 10 - 3 图

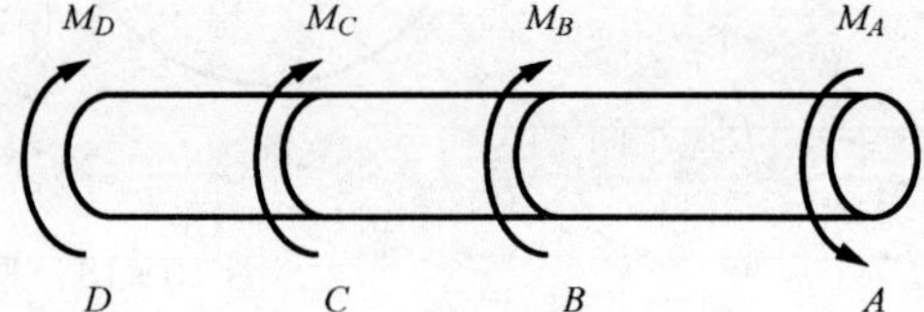

图 10 - 22 题 10 - 4 图

10 - 5 传动轴如图 10 - 23 所示，已知 $M_A=1\text{kN}\cdot\text{m}$，$M_B=1.5\text{kN}\cdot\text{m}$，$M_C=0.5\text{kN}\cdot\text{m}$，各段直径分别为 $d_1=70\text{mm}$，$d_2=50\text{mm}$。试求：(1) 画出扭矩图；(2) 各段轴内的最大切应力和全轴内的最大切应力力；(3) C 截面和 A 截面的相对扭转角，各段的单位长度扭转角及全轴的最大单位长度扭转角。设材料的切变模量 $G=80\text{GPa}$。

10 - 6 一钢轴的转速 $n=240\text{r/min}$，传递功率 $P=60\text{PS}$，已知 $[\tau]=40\text{MPa}$，$[\vartheta]=1°/\text{m}$，$G=8\times10^4\text{MPa}$，试按强度和刚度条件计算轴的直径。

10-7　如图 10-24 所示为一矩形截面受扭杆，其横截面尺寸为 100mm×300mm，在杆两端受到 M=20N·m 的外力偶作用，材料的[τ]=30MPa，[θ]=1°/m，G=12GPa，试校核该轴的强度和刚度。

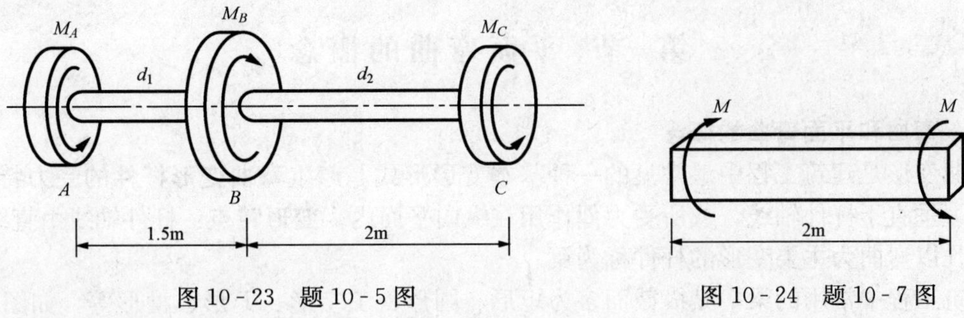

图 10-23　题 10-5 图　　　　图 10-24　题 10-7 图

第十一章 平 面 弯 曲

第一节 平面弯曲的概念

一、弯曲和平面弯曲的概念

弯曲变形是建筑工程中最常见的一种基本变形形式。产生**弯曲变形杆件的受力特点**是：所受外力垂直于杆件轴线，或所受力偶作用在纵向平面内。**变形特点**：杆件轴线由直线变成曲线。凡以弯曲为主要变形的杆件称为梁。

建筑工程中常用的梁，其横截面多为矩形、圆形、工字形、T形、槽形等，如图11-1所示，这些截面都具有对称轴。横截面的对称轴与梁的轴线构成的平面称为**纵向对称平面**，如图11-2所示的阴影面。**平面弯曲变形杆件的受力特点**是：所有的外力不仅与杆的轴线垂直，且都作用在同一纵向对称面内。**变形特点**：梁的轴线在此纵向对称平面内由直线变成曲线，如图11-2所示。

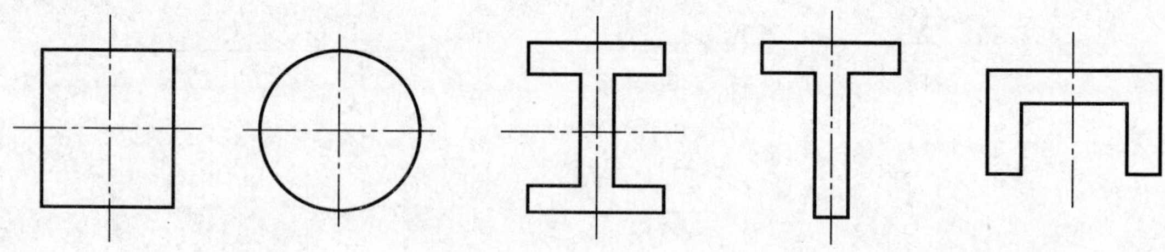

图11-1 不同横截面的梁

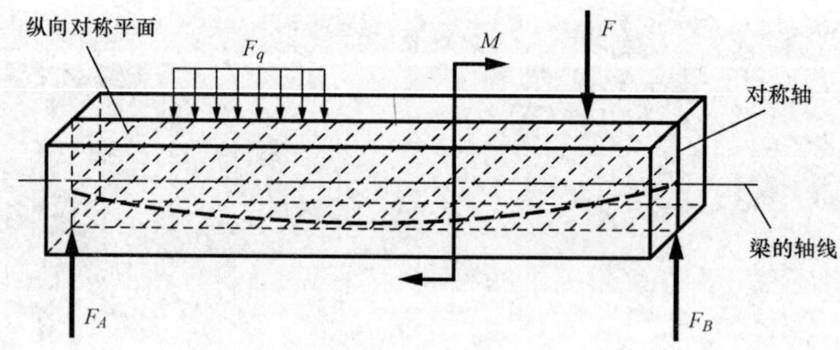

图11-2 纵向对称平面

二、梁的分类

工程中常用的单跨静定梁有三种形式，如下：

(1) 悬臂梁。一端固定，一端自由的梁称为**悬臂梁**。例如阳台的挑梁，如图11-3 (a) 所示，其计算简图如图11-3 (b) 所示。

(2) 简支梁。一端为固定铰支座，另一端为可动铰支座，这样的单跨梁为**简支梁**。如图11-4 (a) 所示的楼面梁，其计算简图如图11-4 (b) 所示。

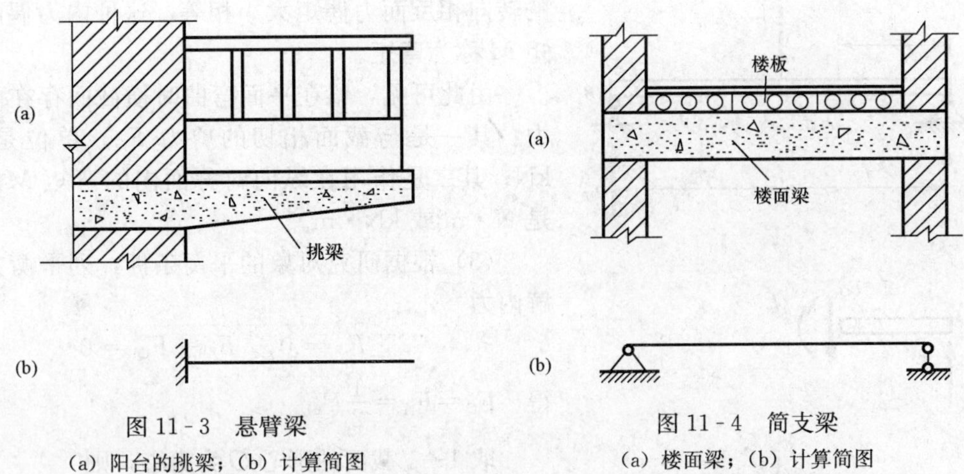

图 11-3 悬臂梁

(a) 阳台的挑梁；(b) 计算简图

图 11-4 简支梁

(a) 楼面梁；(b) 计算简图

(3) 外伸梁。梁身的一端或两端伸出支座的简支梁称为**外伸梁**。如图 11-5 (a) 所示的外伸梁，其计算简图如图 11-5 (b) 所示。

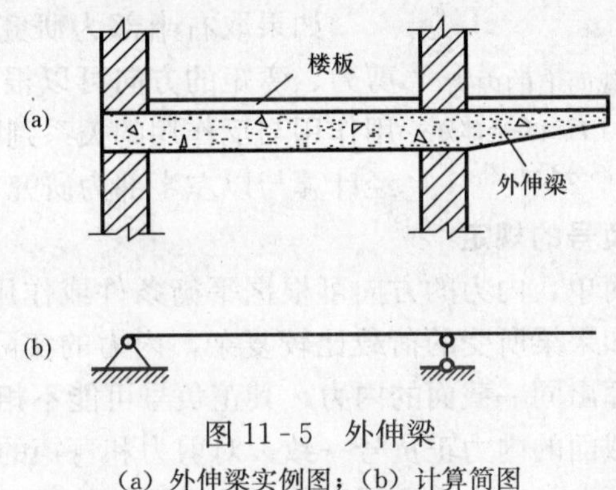

图 11-5 外伸梁

(a) 外伸梁实例图；(b) 计算简图

本章主要分析以上三种梁在平面弯曲时横截面上的内力。

第二节 梁平面弯曲时的内力

一、梁平面弯曲时横截面上的内力——剪力和弯矩

梁在平面弯曲时横截面上存在什么内力？内力又如何计算？现以图 11-6 (a) 所示的简支梁为例用截面法进行分析。

(1) 计算支座反力

$$F_A = F_B = \frac{1}{2}F(\uparrow)$$

(2) 在梁内取任一截面 1—1，设该截面到 A 端的距离为 x。假想沿该截面将梁截开，由于整个梁处于平衡状态，所以从中取出的任意部分也应处于平衡状态。现取左半部为研究对象，如图 11-6 (b) 所示。由 $\sum F_y = 0$ 可知，1—1 截面必然存在与 F_A 大小相等、方向相反的内力 F_Q，以保证研究对象在 y 方向的平衡，这个内力称为**剪力**；但 F_A 和 F_Q 又构成了一个力偶，由 $\sum M = 0$ 可知，1—1 截面还存在一种内力偶，这个力偶的转向必与上述力偶

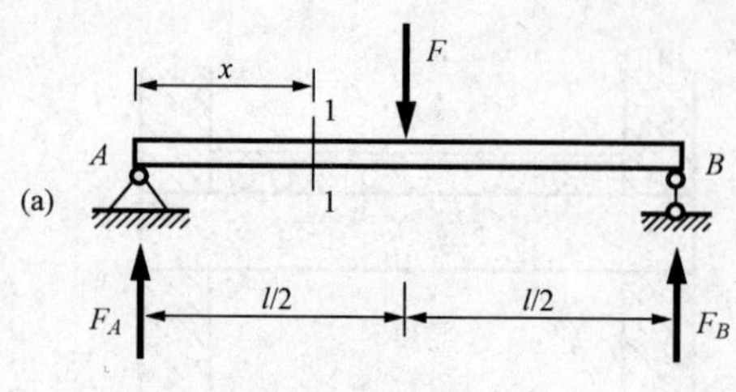

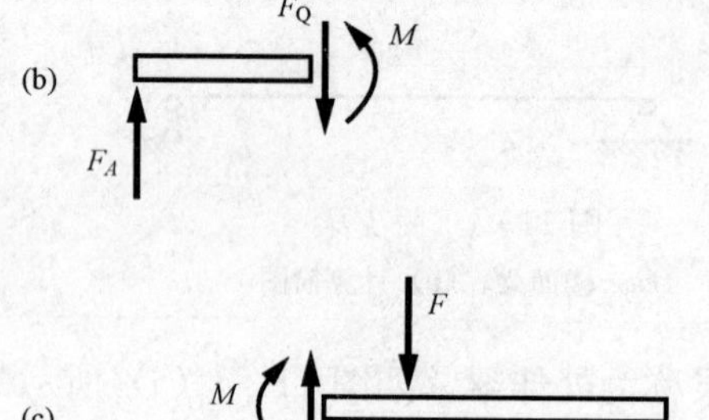

图 11-6　梁平面弯曲时横截面上的内力
(a) 简支梁的受力情况；(b) 1—1 截面左半部分受力图；(c) 1—1 截面右半部分受力图

的转向相反而力偶矩大小相等，这种内力偶的力偶矩 M 称为**弯矩**。

由此可见，梁在平面弯曲时横截面存在两种内力：其一是与截面相切的剪力 F_Q，单位是 N 或 kN；其二是作用在纵向对称面内的弯矩 M，单位是 N·m 或 kN·m。

(3) 根据研究对象的平衡条件，列平衡方程求解内力

$$\sum F_y = 0, \quad F_A - F_Q = 0$$

得　$F_Q = F_A = \frac{1}{2}F$。

取 1—1 截面的形心 O 为矩心，则

$$\sum M_O(\boldsymbol{F}) = 0, \quad -F_A x + M = 0$$

得　$M = F_A x = \frac{1}{2}Fx$。

如果取右半部为研究对象，则 1－1 截面上的剪力、弯矩的方向可以根据平衡条件判断，亦可利用作用与反作用的关系判断，如图 11-6（c）所示。经计算与以左半部为研究对象计算的结果相同。

二、剪力和弯矩正、负号的规定

上述例子受荷载比较简单，内力的方向可根据平衡条件或作用与反作用的关系判断出，因而计算结果均为正值。如果梁所受的荷载比较复杂，内力的实际方向就很难直观判断出，这样取左半部或右半部计算出同一截面的内力，其正负号可能不相同。为了使无论研究左半部或右半部，计算出同一截面的内力正负号一致，对剪力和弯矩的正负号作如下规定。

(1) **剪力正负号**。截面上的剪力使所研究的对象有顺转趋势时取正号；反之，有逆转趋势时取负号，如图 11-7（a）所示。

(2) **弯矩正负号**。截面上的弯矩使所研究的对象下凸时取正号；反之，上凸时取负号，如图 11-7（b）所示。

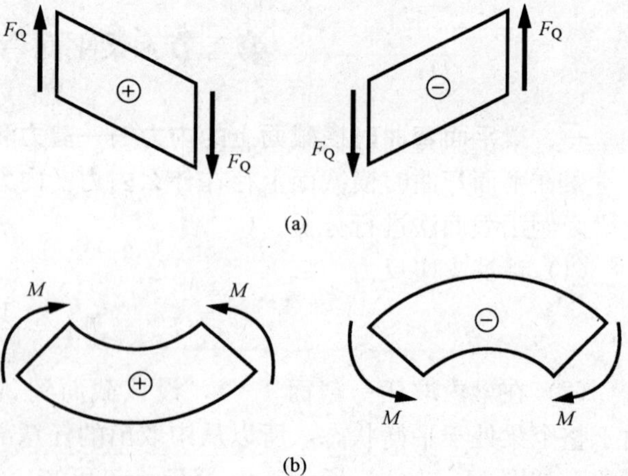

图 11-7　剪力和弯矩正、负号的规定
(a) 剪力正负号的规定；(b) 弯矩正负号的规定

三、用截面法计算指定截面的剪力和弯矩

用截面法计算指定截面内力的步骤和思路：

(1) 计算支座反力。

(2) 用假想截面将梁沿要求内力的截面截开，取左半部或右半部为研究对象（一般取受力比较简单的半部），画其受力图。画受力图时，先假设截面上的内力为正向。

(3) 利用研究对象的平衡条件列平衡方程，并求解内力。

列力矩方程时，取要求内力的截面的形心为矩心，这样可以简化计算。若计算结果为正值，说明内力为正向；若计算结果为负值，说明假设方向与实际方向相反，即内力实际为负向。

【例 11-1】 试用截面法计算图 11-8 所示梁指定截面上的剪力和弯矩。

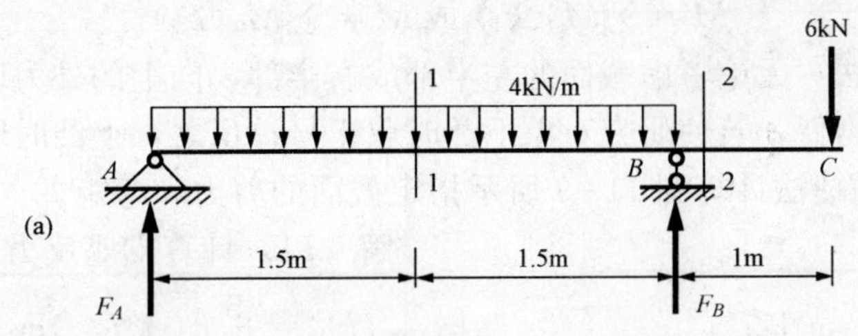

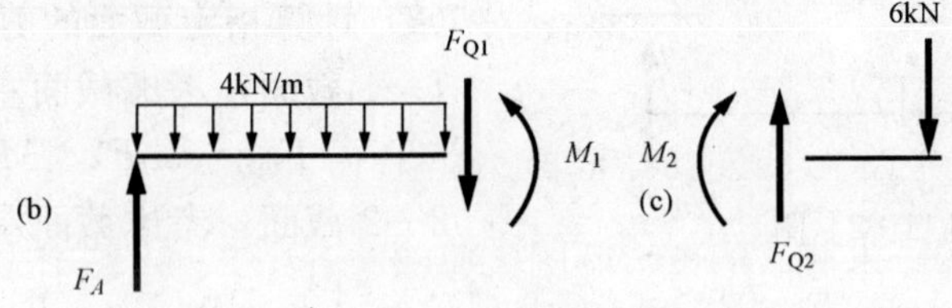

图 11-8 [例 11-1] 图

(a) 梁的受荷情况；(b) 1—1 截面左半部受力图；(c) 2—2 截面右半部受力图

解 (1) 计算支座反力

$$F_A = 4\text{kN}(\uparrow), \quad F_B = 14\text{kN}(\uparrow)$$

(2) 计算指定截面内力。

1—1 截面：用假想截面沿 1—1 截面将梁截开，取左半部为研究对象，受力图如图 11-8 (b) 所示，列平衡方程

$$\sum F_y = 0, \quad F_A - 4 \times 1.5 - F_{Q1} = 0$$

$$\sum M_1(\boldsymbol{F}) = 0, \quad -F_A \times 1.5 + 4 \times 1.5 \times \frac{1.5}{2} + M_1 = 0$$

解得 $F_{Q1} = -2\text{kN}$，$M_1 = 1.5\text{kN} \cdot \text{m}$。

2—2 截面：用假想截面沿 2—2 截面截开，取右半部为研究对象，受力图如图 11-8 (c) 所示，列平衡方程

$$\sum F_y = 0, \quad F_{Q2} - 6 = 0$$

$$\sum M_2(\boldsymbol{F}) = 0, \quad -M_2 - 6 \times 1 = 0$$

解得 $F_{Q2} = 6\text{kN}$，$M_2 = -6\text{kN} \cdot \text{m}$。

计算结果 F_{Q1}、M_2 为负值，表示假设方向与实际相反，即 F_{Q1}、M_2 实际为负向。

四、简捷法计算剪力和弯矩

用截面法计算剪力和弯矩时，可总结出直接利用外力计算内力的规律，用这种规律计算内力更为简单、快捷。

(1) **计算剪力。**截面上剪力的大小等于截面一侧（截面以左半部或以右半部）所有与轴线垂直的外力的代数和，即

$$F_Q = \sum F_l \text{ 或 } F_Q = \sum F_r$$

外力正负号的取法：外力使研究对象顺转时取正号；反之，逆转时取负号。简记为“顺转剪力正”。

（2）**计算弯矩。**截面上弯矩的大小等于截面一侧（截面以左半部或以右半部）所有外力对该截面形心力矩的代数和，即

$$M = \sum M_O(\boldsymbol{F}_l) \text{ 或 } M = \sum M_O(\boldsymbol{F}_r)$$

外力正负号的取法：无论考虑截面的左半部或右半部，向上的外力取正号；反之，向下的外力取负号。对于力偶，若使研究对象下凸时取正号；反之，上凸时取负号。

【例 11-2】 用简捷法计算图 11-9 所示指定截面的剪力和弯矩。

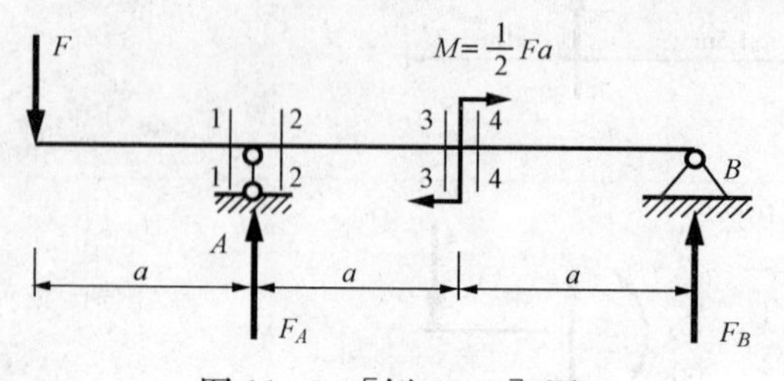

图 11-9 ［例 11-2］图

解 （1）计算支座反力

$$F_A = \frac{5}{4}F(\uparrow),\quad F_B = -\frac{1}{4}F(\downarrow)$$

（2）计算指定截面的剪力和弯矩。

1—1 截面：考虑截面左半部，则

$$F_{Q1} = -F,\quad M_1 = -Fa$$

2—2 截面：考虑截面左半部，则

$$F_{Q2} = -F + F_A = -F + \frac{5}{4}F = \frac{1}{4}F,\quad M_2 = -Fa$$

3—3 截面：考虑截面右半部，则

$$F_{Q3} = -F_B = \frac{1}{4}F$$

$$M_3 = -M + F_B \times a = -\frac{1}{2}Fa + \left(-\frac{1}{4}F\right) \times a = -\frac{3}{4}Fa$$

4—4 截面：考虑截面右半部，则

$$F_{Q4} = -F_B = \frac{1}{4}F,\quad M_4 = F_B \times a = -\frac{1}{4}F \times a = -\frac{1}{4}Fa$$

比较截面 1—1 和 2—2 的内力，因为

$$F_{Q2} - F_{Q1} = \frac{1}{4}F - (-F) = \frac{5}{4}F,\quad M_2 = M_1$$

可见，从 1—1 截面经过集中力 F_A 作用处，过渡到 2—2 截面，剪力发生了突变，突变的数值等于该集中力的大小，而弯矩没有发生变化。

比较截面 3—3 和 4—4 的内力，有

$$F_{Q4} = F_{Q3},\quad M_4 - M_3 = -\frac{1}{4}Fa - \left(-\frac{3}{4}Fa\right) = \frac{1}{2}Fa = M$$

可知，从 3—3 截面经过集中力偶作用处，过渡到 4—4 截面，剪力没有变化，而弯矩发生突变，突变的数值等于该集中力偶矩的大小。

由此得出结论：在集中力作用处，剪力发生突变，突变的数值等于该集中力的大小，而弯矩不发生变化。在集中力偶作用处，剪力不发生变化，而弯矩发生突变，突变的数值等于该集中力偶矩的大小。因此，在集中力作用处，截面的剪力无法确定，只能说该处稍偏左或稍偏右截面上剪力的大小；在集中力偶作用处，截面的弯矩无法确定，只能说该处稍偏左或稍偏右截面上弯矩的大小。

梁上集中力、集中力偶作用处、均布荷载的起止点、梁的端点称为**控制点**。控制点所在的截面称为**控制截面**。计算梁上各控制截面的剪力和弯矩时，要注意剪力和弯矩的突变情况。

【例 11-3】 计算图 11-10 所示梁上各控制截面的内力。

解 (1) 计算支座反力

$F_A = 30\text{kN}(\uparrow)$， $F_B = 30\text{kN}(\uparrow)$

(2) 计算各控制截面的内力。

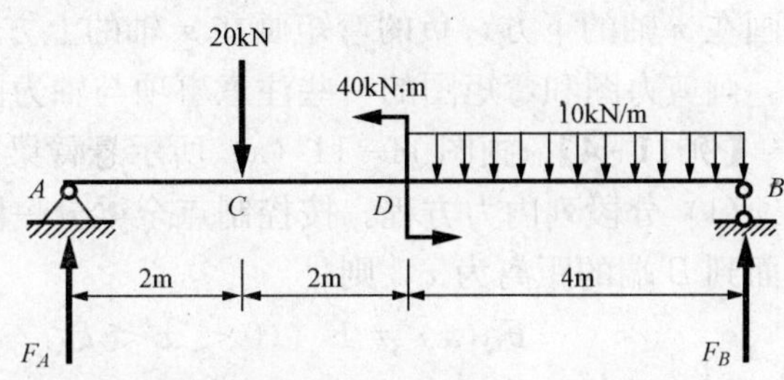

图 11-10 ［例 11-3］图

A 截面：A 截面处有集中力作用，剪力要突变，因此，只能计算 A 偏右截面上的剪力，而该截面上的弯矩可直接计算

$$F_{QAr} = F_A = 30\text{kN}, \quad M_A = 0$$

C 截面：C 截面处也有集中力作用，剪力要突变，因此要稍偏左、右计算，而弯矩无变化，可直接计算

$$F_{QCl} = F_A = 30\text{kN}, \quad F_{QCr} = F_A - 20 = 30 - 20 = 10(\text{kN})$$
$$M_C = F_A \times 2 = 30 \times 2 = 60(\text{kN} \cdot \text{m})$$

D 截面：该截面处有集中力偶作用，弯矩有突变，因此要稍偏左、右来计算，而剪力无变化，可直接计算

$$F_{QD} = F_A - 20 = 30 - 20 = 10(\text{kN})$$
$$M_{Dl} = F_A \times 4 - 20 \times 2 = 80(\text{kN} \cdot \text{m})$$
$$M_{Dr} = F_A \times 4 - 20 \times 2 - 40 = 40(\text{kN} \cdot \text{m})$$

B 截面：该截面处有集中力作用，因此有

$$F_{QBl} = -F_B = -30\text{kN}, M_B = 0$$

第三节 梁 的 内 力 图

通过对剪力和弯矩的计算，可以知道，梁在弯曲时，不同截面其内力一般是不相同的，即梁的内力随其横截面的位置而变化。因此，除了计算指定截面的内力外，还要了解内力沿梁轴线的变化规律，从中找到最大内力及其所在的位置，以便进行强度和刚度计算。

一、内力方程

若用横坐标 x 表示横截面沿梁轴线的位置，则内力可以表示为 x 的函数，即

$$F_Q = F_Q(x), \quad M = M(x)$$

上述两函数式分别称为**剪力方程**和**弯矩方程**，统称为**内力方程**。内力方程反映了内力沿梁轴线的变化规律。

二、内力图

用平行于梁轴线的坐标 x 表示梁横截面的位置，以垂直于梁轴线的纵坐标表示相应截面上的内力，将各截面的内力按一定的比例在坐标系中描绘出并连线，得到的图线称为**内力图**。内力图可以形象地表示内力沿梁轴线的变化情况，直观地找到最大内力及所在的位置。

绘制内力图的思路及步骤：

(1) 计算支座反力。

(2) 分段列内力方程。按照控制点将梁分成若干段，分别列出每一段的内力方程。

(3) 根据内力方程画内力图。画内力图时，首先建立坐标系，再根据内力方程判断图形的形状，描点作图。规定将正的剪力画在 x 轴的上方，负的剪力画在 x 轴的下方；正的弯矩画在 x 轴的下方，负的弯矩画在 x 轴的上方，即将弯矩图画在梁受拉的一侧。

画剪力图和弯矩图的一些注意事项与轴力图、扭矩图相同。

【例 11-4】 画图 11-11 (a) 所示悬臂梁的剪力图和弯矩图。

(1) 分段列内力方程。按控制点全梁分一段，即 AB 段。在 AB 段内取任一截面，设该截面到 B 端的距离为 x，则

$$F_Q(x)=F \quad (0<x<l), \quad M(x)=-Fx \quad (0\leqslant x<l)$$

(2) 画内力图。

剪力图：从剪力方程可知，AB 段内各个截面剪力都相同，其值为 F。因此，该段剪力图为一条平行于 x 轴的直线，且在 x 轴的上方，如图 11-11 (b) 所示。

弯矩图：弯矩方程表明，弯矩 $M(x)$ 是变量 x 的一次函数。因此，弯矩图是一条斜直线。当 $x=0$ 时，$M_B=0$；当 $x=l$ 时，$M_{Ar}=-Fl$。画出弯矩图如图 11-11 (c) 所示。

【例 11-5】 画出图 11-12 (a) 所示简支梁在集中力作用下的内力图。

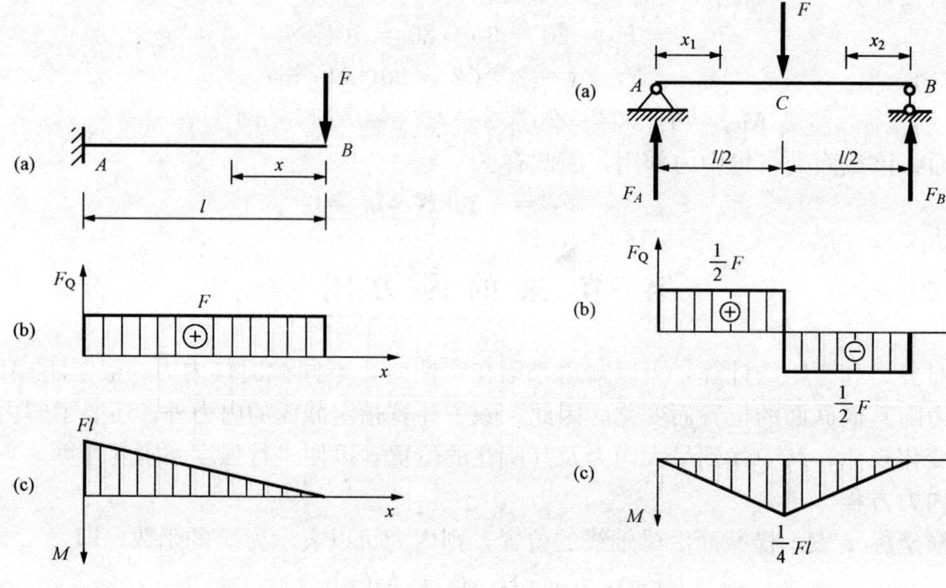

图 11-11 [例 11-4] 图

(a) 悬臂梁的受荷情况；(b) 剪力图；(c) 弯矩图

图 11-12 [例 11-5] 图

(a) 简支梁的受荷情况；(b) 剪力图；(c) 弯矩图

解 (1) 计算支座反力 $F_A=F_B=\frac{1}{2}F$ (↑)。

(2) 分段列内力方程。

AC 段：在 AC 段内取任一截面，设该截面到 A 端的距离为 x_1，则

$$F_Q(x_1)=F_A=\frac{1}{2}F \quad \left(0<x_1<\frac{l}{2}\right)$$

$$M(x_1)=F_A\times x_1=\frac{1}{2}Fx_1 \quad \left(0\leqslant x_1\leqslant\frac{l}{2}\right)$$

CB 段：在 CB 段内取任一截面，设该截面到 B 端的距离为 x_2，则

$$F_Q(x_2) = -F_B = -\frac{1}{2}F \quad \left(0 < x_2 < \frac{l}{2}\right)$$

$$M(x_2) = F_B \times x_2 = \frac{1}{2}Fx_2 \quad \left(0 \leqslant x_2 \leqslant \frac{l}{2}\right)$$

（3）分段画内力图。

剪力图：剪力方程表明，AC 段的剪力图为一条平行于 x 轴的直线，且在 x 轴的上方。而 CB 段的剪力图为在 x 轴下方的一条平行线。剪力图如图 11 - 12（b）所示。

弯矩图：AC 段和 CB 段的弯矩方程表明，这两段的弯矩图均为一条斜直线。弯矩图如图 11 - 12（c）所示。

【例 11 - 6】 画图 11 - 13（a）所示简支梁在均布荷载作用下的剪力图和弯矩图。

解　（1）计算支座反力　$F_A = F_B = \frac{1}{2}F_q l$（↑）

（2）分段列内力方程。全梁分为一段，在 AB 段内取任一截面，设该截面到 A 端的距离为 x，则

$$F_Q(x) = F_A - F_q x = \frac{1}{2}F_q l - F_q x \quad (0 < x < l)$$

$$M(x) = F_A x - F_q \times x \times \frac{1}{2}x = \frac{1}{2}F_q lx - \frac{1}{2}F_q x^2 \quad (0 \leqslant x \leqslant l)$$

（3）画内力图。当内力图上的坐标关系明确后，为了简化，可以用一条平行于梁轴线的基线代替坐标系，将正的剪力画在基线的上方，负的剪力画在基线的下方；正的弯矩画在基线的下方，负的弯矩画在基线的上方，即将弯矩图画在受拉的一侧。

剪力图：由剪力方程可知，剪力是 x 的一次函数，即剪力图是一条斜线。

当 $x=0$ 时，$F_{QAr} = \frac{1}{2}F_q l$；当 $x=l$ 时，$F_{QBl} = -\frac{1}{2}F_q l$。剪力图如图 11 - 13（b）所示。

弯矩图：弯矩方程表明，弯矩图是一条抛物线。

当 $x=0$ 时，$M_A=0$；当 $x=\frac{1}{4}l$ 时，$M_{\frac{1}{4}l} = \frac{3}{32}F_q l^2$；当 $x=\frac{1}{2}l$ 时，$M_{\frac{1}{2}l} = \frac{1}{8}F_q l^2$；当 $x=\frac{3}{4}l$ 时，$M_{\frac{3}{4}l} = \frac{3}{32}F_q l^2$；当 $x=l$ 时，$M_B=0$。弯矩图如图 11 - 13（c）所示。

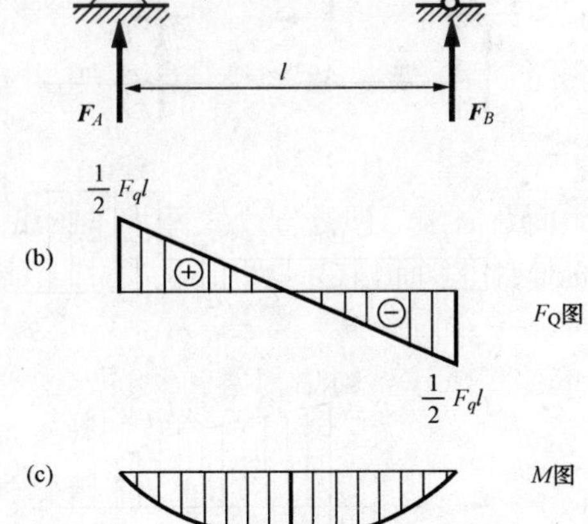

图 11 - 13 ［例 11 - 6］图
（a）计算简图；（b）剪力图；（c）弯矩图

【例 11 - 7】 画图 11 - 14（a）所示外伸梁的剪力图和弯矩图。

解　（1）计算支座反力　$F_A=1\text{kN}$（↑），$F_B=2\text{kN}$（↑）。

（2）分段列内力方程。

AC 段：在 AC 段内取任一截面，设该截面到 A 端的距离为 x_1，则

$$F_Q(x_1) = F_A = 1\text{kN} \quad (0 < x_1 \leqslant 2\text{m})$$
$$M(x_1) = F_A x_1 = x_1 \quad (0 \leqslant x_1 < 2\text{m})$$

CB 段：在 CB 段内取任一截面，设该截面到 B 端的距离为 x_2，则

$$F_Q(x_2) = 3 - F_B = 3 - 2 = 1\text{kN} \quad (0 < x_2 \leqslant 2\text{m})$$
$$M(x_2) = -3 \times (2 + x_2) + F_B x_2 = -x_2 - 6 \quad (0 \leqslant x_2 < 2\text{m})$$

BD 段：在 BD 段内取任一截面，设该截面到 D 端的距离为 x_3，则

$$F_Q(x_3) = 3\text{kN} \quad (0 < x_3 < 2\text{m})$$
$$M(x_3) = -3x_3 \quad (0 \leqslant x_3 \leqslant 2\text{m})$$

（3）分段画内力图。

剪力图：从剪力方程可知，各段剪力图均为与基线平行的直线。剪力图如图 11-14（b）所示。

弯矩图：由各段的弯矩方程可知，每段的弯矩图都为斜直线。

AC 段：当 $x_1=0$ 时，$M_A=0$

当 $x_1=2\text{m}$ 时，$M_{Cl}=F_A\times2=2$（kN·m）

CB 段：当 $x_2=0$ 时，$M_B=-3\times2=-6$（kN·m）

当 $x_2=2\text{m}$ 时，$M_{Cr}=F_B\times2-3\times4=2\times2-3\times4=-8$（kN·m）

BD 段：当 $x_3=0$ 时，$M_D=0$

当 $x_3=2\text{m}$ 时，$M_B=-3\times2=-6$（kN·m）

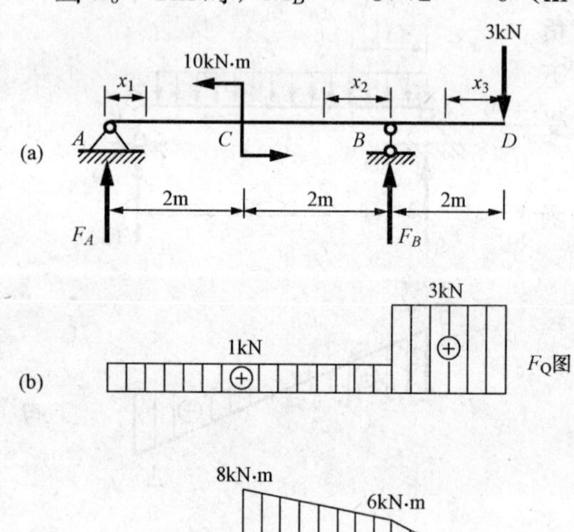

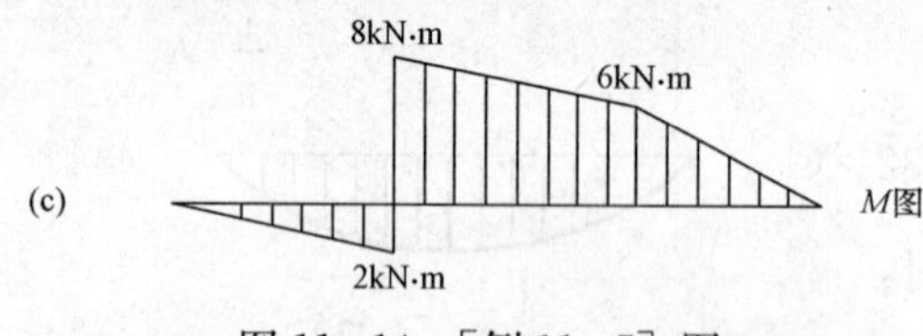

图 11-14 ［例 11-7］图

（a）计算简图；（b）剪力图；（c）弯矩图

弯矩图如图 11-14（c）所示。

由以上各例图可观察出内力图的一些规律：

（1）在无荷区段，当剪力图为与基线平行的一条直线时，弯矩图一定为一条斜直线，如［例 11-4］、［例 11-5］、［例 11-7］。

（2）在均布荷载区段，剪力图为一条斜直线，弯矩图为一条抛物线；在剪力等于零的截面上，弯矩一定极值，如［例 11-6］。

（3）在集中力作用处，剪力图发生突变，突变的数值等于该集中力的大小；而弯矩图只产生转折，如［例 11-5］、［例 11-7］。

（4）在集中力偶作用处，弯矩图发生突变，突变的数值等于该集中力偶矩的大小，而剪力图无变化，如［例 11-7］。

第四节 剪力、弯矩和分布荷载间的微分关系

在上一节中总结出内力图的一些规律，这些规律可以利用弯矩、剪力和分布荷载间的微分关系得到证明。

一、剪力、弯矩和分布荷载间的微分关系

如图 11-15（a）所示的简支梁，其上作用有任意分布荷载 $F_q(x)$，设分布荷载以向上为正。取 A 点为坐标原点，x 以向右为正向。距 A 点 x 处取一微段 $\mathrm{d}x$，则该段的受力图如图 11-15（b）所示。由该段的平衡条件得

$$\sum F_y = 0,\quad F_Q(x) + F_q(x)\mathrm{d}x - [F_Q(x) + \mathrm{d}F_Q(x)] = 0$$

$$\sum M_C(\boldsymbol{F}) = 0,\quad -M(x) - F_Q(x)\mathrm{d}x - \frac{1}{2}F_q(x)\mathrm{d}x^2 + [M(x) + \mathrm{d}M(x)] = 0$$

略去二阶微分量 $\frac{1}{2}F_q(x)\mathrm{d}x^2$ 后，有

$$\frac{\mathrm{d}F_Q(x)}{\mathrm{d}x} = F_q(x) \qquad (11-1)$$

$$\frac{\mathrm{d}M(x)}{\mathrm{d}x} = F_Q(x) \qquad (11-2)$$

$$\frac{\mathrm{d}^2M(x)}{\mathrm{d}x^2} = \frac{\mathrm{d}F_Q(x)}{\mathrm{d}x} = F_q(x) \qquad (11-3)$$

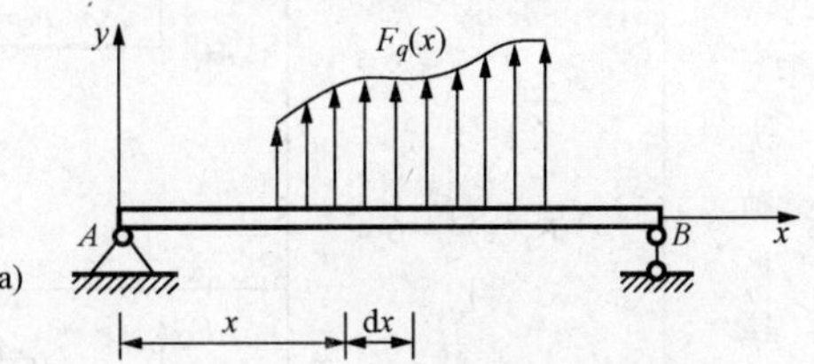

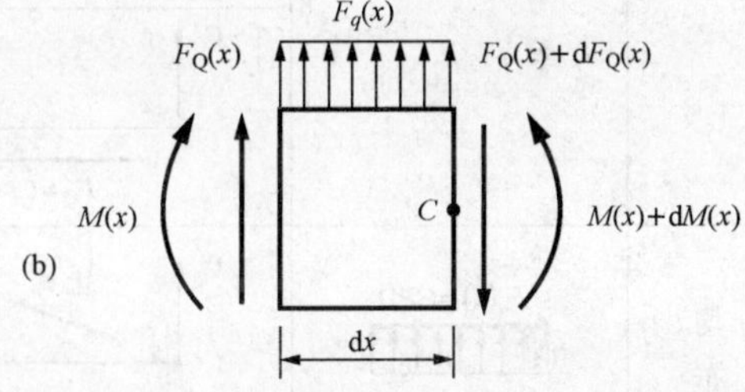

图 11-15　剪力、弯矩和分布荷载间的微分关系
（a）简支梁受荷情况；（b）微段的受力图

式（11-1）说明：梁上任一横截面的剪力对 x 的一阶导数等于该截面处的分布荷载集度。这一微分关系的几何意义是：剪力图上某点切线的斜率等于相应截面处的分布荷载集度。

式（11-2）说明：梁上任一横截面的弯矩对 x 的一阶导数等于该截面上的剪力。这一微分关系的几何意义是：弯矩图上某点切线的斜率等于相应截面上的剪力。

式（11-3）说明：梁上任一横截面上的弯矩对 x 的二阶导数等于该截面处的分布荷载集度。这一微分关系的几何意义是：弯矩图上某点的曲率等于相应截面处的分布荷载集度。

二、用剪力、弯矩和分布荷载间的微分关系说明内力图的规律

（1）在无荷区段，即 $F_q(x)=0$。由式（11-1）～式（11-3）可知：

1）当 $F_Q(x)=0$ 时，$M(x)=0$ 或 $M(x)=C$，即当剪力图为零时，弯矩图可能为零，也可能为一条平行于 x 轴的直线。

2）当 $F_Q(x)=C>0$ 时，$M(x)$ 为 x 的一次函数，且为增函数，即当剪力图为在 x 轴上方的一条平行线时，弯矩图从左往右为下斜直线。

3）当 $F_Q(x)=C<0$ 时，$M(x)$ 为 x 的一次函数，且为减函数，即当剪力图为在 x 轴下方的一条平行线时，弯矩图从左往右为上斜直线。

（2）在均布荷载区段，即 $F_q(x)=C$。

1）当 $F_q(x)=C>0$ 时，剪力 $F_Q(x)$ 为 x 的一次函数，且为增函数，弯矩 $M(x)$ 为 x 的二次函数，即剪力图从左往右为上斜直线，而弯矩图为一条上凸的抛物线。

2）当 $F_q(x)=C<0$ 时，剪力 $F_Q(x)$ 为减函数，即剪力图从左往右为下斜直线，而弯矩图为下凸的抛物线。

在均布荷载区段内，剪力等于零的截面上，弯矩有极值。

内力图的规律列于表 11-1 中，以便应用。

表 11-1　　梁上剪力、弯矩、荷载间的关系

荷载情况		剪 力 图	弯 矩 图	附　注
无荷区段	$F_q(x)=0$	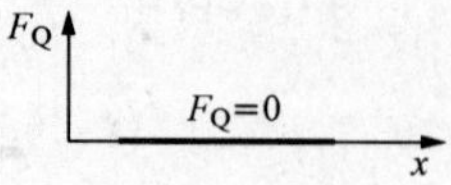 F_Q ，$F_Q=0$，x	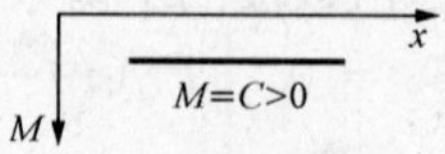 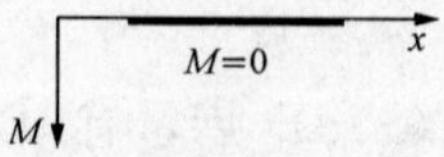 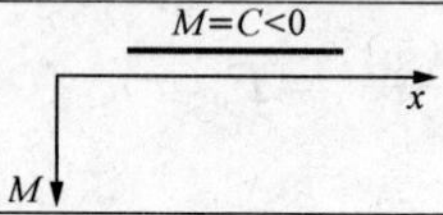 x，$M=C>0$，M x，$M=0$，M $M=C<0$，x，M	
		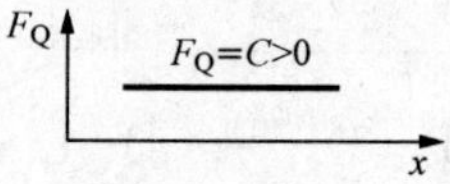 F_Q ，$F_Q=C>0$，x	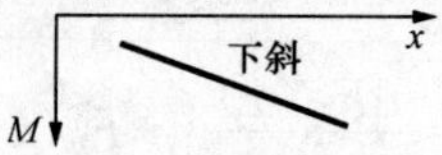 下斜，x，M	
		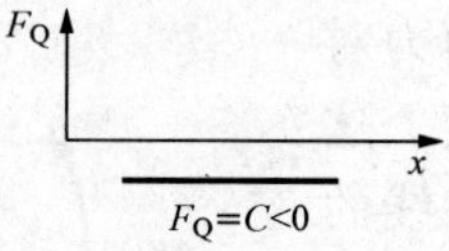 F_Q ，x，$F_Q=C<0$	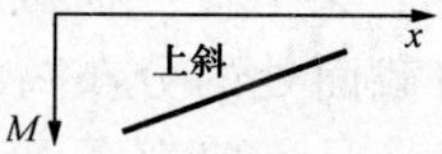 上斜，x，M	
均布荷载区段	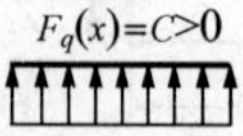 $F_q(x)=C>0$	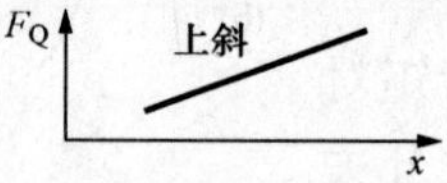 F_Q ，上斜，x	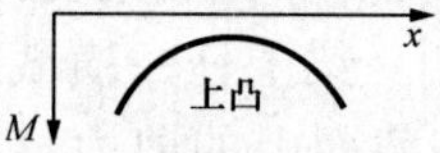 x，上凸，M	从左往右，剪力图的斜向，弯矩图的凸向均与荷载指向一致
	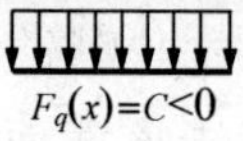 $F_q(x)=C<0$	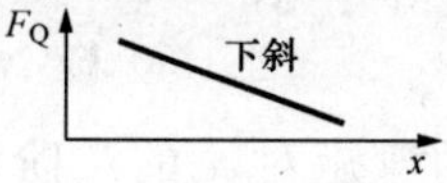 F_Q ，下斜，x	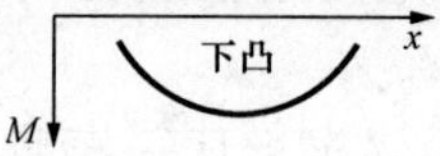 x，下凸，M	
		剪力等于零处	弯矩有极值	
集中力作用处	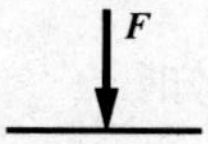 F	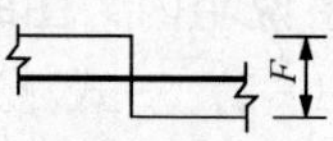 F		从左往右，剪力图的突向，弯矩图的折尖均与集中力的指向一致
集中力偶作用处	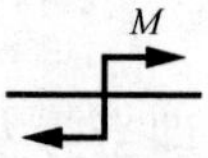 M	剪力图无变化	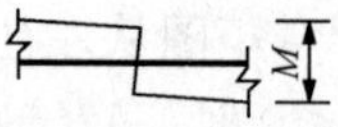 M	从左往右，当力偶顺时针转时，弯矩图下突；当力偶逆时针转时，弯矩图上突

值得注意的是，上述规律中图线的斜向、突向等适用于从左往右画内力图。若反过来画，要注意突变的方向。

【例 11-8】 用简捷法画图 11-16（a）所示简支梁的内力图。

解 （1）计算支座反力　$F_A=40\text{kN}$（↑），$F_B=20\text{kN}$（↑）

（2）分段画剪力图。AC、CD、EF、FB 各段为无荷区段，剪力图为零或平行线，即各

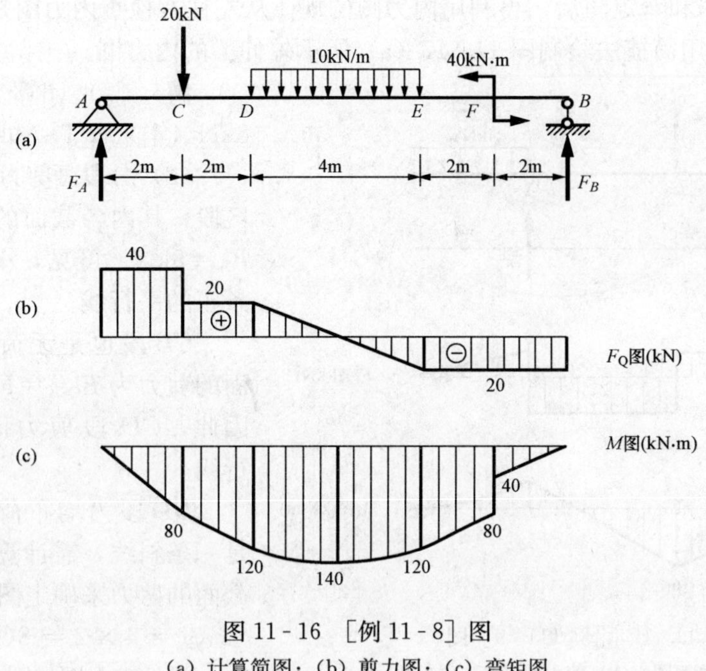

图 11-16 ［例 11-8］图

(a) 计算简图；(b) 剪力图；(c) 弯矩图

个截面剪力相等，因此，只需计算其中一个截面的剪力即可确定该段剪力图形。

AC 段内各截面的剪力为 $F_{QAC}=F_A=40\text{kN}$。

CD 段内各截面的剪力为 $F_{QCD}=F_A-20=20\text{kN}$。

剪力图经过集中力偶作用处无变化，因此，EF 段与 FB 段内各截面剪力相等为 $F_{QEF}=F_{QFB}=-F_B=-20\text{kN}$。

DE 段为均布荷载区段，剪力图为一条斜直线，因此，可将该段两端截面的剪力计算出来确定剪力图形

$$F_{QD}=20\text{kN},\quad F_{QE}=-F_B=-20\text{kN}$$

剪力图如图 11-16（b）所示。

（3）分段画弯矩图。AC、CD、EF、FB 各段为无荷区段，剪力图均为平行线，因此，相应段的弯矩图为斜直线，只需将每段两端控制截面的弯矩计算出来，即可确定该段的弯矩图线。

AC 段：$M_A=0$，$M_C=F_A\times2=80\text{kN}\cdot\text{m}$。

CD 段：$M_C=F_A\times2=80\text{kN}\cdot\text{m}$，$M_D=F_A\times4-20\times2=120\text{kN}\cdot\text{m}$。

EF 段：$M_E=F_B\times4+40=120\text{kN}\cdot\text{m}$，$M_{Fl}=F_B\times2+40=80\text{kN}\cdot\text{m}$。

FB 段：$M_{Fr}=F_B\times2=40\text{kN}\cdot\text{m}$，$M_B=0$。

DE 段为均布荷载区段，弯矩图为一条下凸抛物线，由剪力图可知，该段中点截面弯矩有极值，因此，需计算出该段两端控制截面弯矩及中点截面的极值才能确定出该段的弯矩图形

$$M_D=120\text{kN}\cdot\text{m},\quad M_E=120\text{kN}\cdot\text{m}$$

$$M_{极值}=F_A\times6-20\times4-10\times2\times1=140\text{kN}\cdot\text{m}$$

弯矩图如图 11-16（c）所示。

绘制完剪力图和弯矩图后，再利用内力图的规律从左往右检查内力图是否正确。

【例 11-9】 用简捷法绘制图 11-17（a）所示外伸梁的内力图。

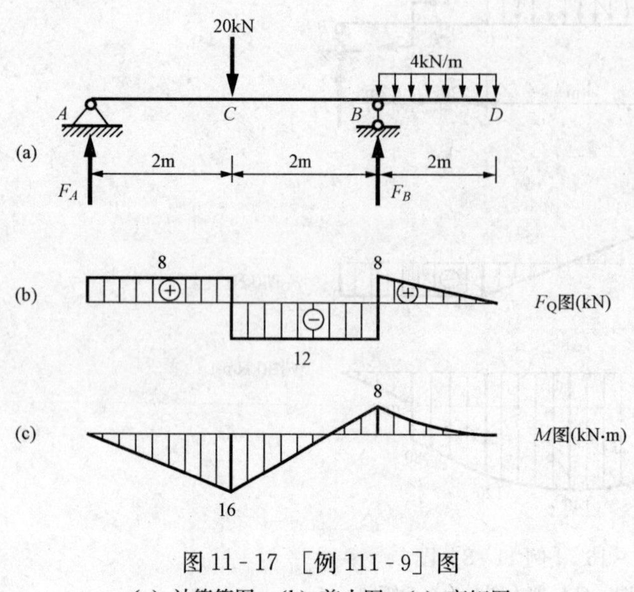

图 11-17 ［例 111-9］图

(a) 计算简图；(b) 剪力图；(c) 弯矩图

解 （1）计算支座反力 $F_A=8\text{kN}$（↑），$F_B=20\text{kN}$（↑）。

（2）分段画剪力图。AC 段为无荷区段，其内各截面的剪力为 $F_{QAC}=F_A=8\text{kN}$。可见，AC 段剪力图是一条正的平行线。

CB 段也是无荷区段，其内各截面的剪力为 $F_{QCB}=F_A-20=-12\text{kN}$。因此，$CD$ 段剪力图是一条负的平行线。

BD 段为均布荷载区段，剪力图是一条斜线，需计算出该段两端控制截面的剪力来确定图形

$$F_{QBr}=4\times2=8(\text{kN}),\quad F_{QD}=0$$

梁的剪力图如图 11-17（b）所示。

（3）分段画弯矩图。AC 段为无荷区段，剪力图为一条正的平行线，则弯矩图从左往右是一条下斜直线，需计算该段两端控制截面的弯矩来确定弯矩图线

$$M_A=0,\quad M_C=8\times2=16(\text{kN}\cdot\text{m})$$

CB 段为无荷区段，剪力图是一条负的平行线，则弯矩图从左往右是一条上斜直线，该段两端控制截面的弯矩为

$$M_C=16\text{kN}\cdot\text{m},\quad M_B=-4\times2\times1=-8(\text{kN}\cdot\text{m})$$

BD 为均布荷载区段，弯矩图是一条抛物线。由剪力图可知，该段弯矩图无极值，计算出两端控制截面的弯矩，即可确定出该段的弯矩图

$$M_B=-8\text{kN}\cdot\text{m},\quad M_D=0$$

梁的弯矩图如图 11-17（c）所示。

第五节 用叠加法画弯矩图

一、叠加原理

先分析一个例子，如图 11-18 所示的外伸梁有三种受荷情况：荷载 F_q、F 的共同作用，F 单独作用，均布荷载 F_q 单独作用。

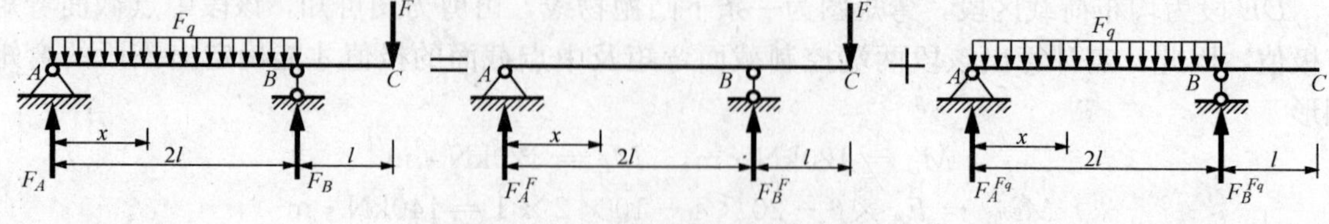

图 11-18 外伸梁有三种受荷情况

(1) 外伸梁在 F 单独作用时，支座反力、内力分别为

$$F_A^F=-\frac{1}{2}F,\quad F_B^F=\frac{3}{2}F,\quad F_Q^F(x)=F_A^F=-\frac{1}{2}F$$

$$M^F(x)=F_A^F x=-\frac{1}{2}Fx$$

(2) 外伸梁在 F_q 单独作用时，支座反力、内力分别为

$$F_A^{F_q}=F_B^{F_q}=F_q l$$

$$F_Q^{F_q}(x)=F_A^{F_q}-F_q x=F_q l-F_q x$$

$$M^{F_q}(x)=F_A^{F_q}x-\frac{1}{2}F_q x^2=F_q lx-\frac{1}{2}F_q x^2$$

(3) 外伸梁在 F_q、F 共同作用时，支座反力、内力分别为

$$F_A=F_q l-\frac{1}{2}F=F_A^{F_q}+F_A^F$$

$$F_B=F_q l+\frac{3}{2}F=F_B^{F_q}+F_B^F$$

$$F_Q(x)=F_A-F_q x=F_q l-\frac{1}{2}F-F_q x=F_Q^{F_q}(x)+F_Q^F(x)$$

$$M(x)=F_A x-\frac{1}{2}F_q x^2=F_q lx-\frac{1}{2}F_q x^2-\frac{1}{2}Fx=M^{F_q}(x)+M^F(x)$$

由上例可见，支座反力、内力均与外荷载成线性关系；梁在 F 和 F_q 共同作用下的支座反力或内力等于梁在 F、F_q 分别单独作用时支座反力或内力的代数和。

梁在小变形条件下，其支座反力、内力、应力和变形等参数均与外荷载成线性关系，这种情况下，当梁上有几项荷载共同作用时，由每一项荷载所引起的某一参数将不受其他荷载的影响。因此，梁在多项荷载共同作用时所引起的某一参数等于各项荷载单独作用时所引起的该参数值的代数和。这种关系称为**叠加原理**。

二、画弯矩图

根据叠加原理画内力图的方法称为**叠加法**。常见荷载作用下，剪力图比较简单，一般不用叠加法绘制。下面只讨论用叠加法绘制弯矩图。

根据叠加原理，先把作用在梁上的复杂荷载分解为几组简单荷载，分别画出梁在每组简单荷载作用下的弯矩图，最后将各弯矩图中相应截面的弯矩代数和，即得梁在复杂荷载作用下的弯矩图。

表 11-2 中给出了的三种单跨梁在简单荷载作用下的弯矩图，在这些弯矩图熟练掌握的基础上，用叠加法绘制弯矩图很方便。

【例 11-10】 用叠加法画图 11-19 所示悬臂梁的弯矩图。

解 (1) 将梁上的荷载分解为集中力 F 和均布荷载 F_q。

(2) 分别画出 F、F_q 单独作用时的弯矩图。

(3) 将两个弯矩图相叠加即得梁在 F、F_q 共同作用下的弯矩图，如图 11-19 所示。

叠加时，宜先用虚线画简单的弯矩图线，再以虚线为基线叠加另一弯矩图线。例如，直线和曲线叠加，应先画直线再叠加曲线；折线和曲线叠加，应先画折线再叠加曲线。另外要注意，叠加时，是相应截面弯矩的代数和，而不是将两个弯矩图拼在一起。

表 11-2　　单跨梁在简单荷载作用下的弯矩图

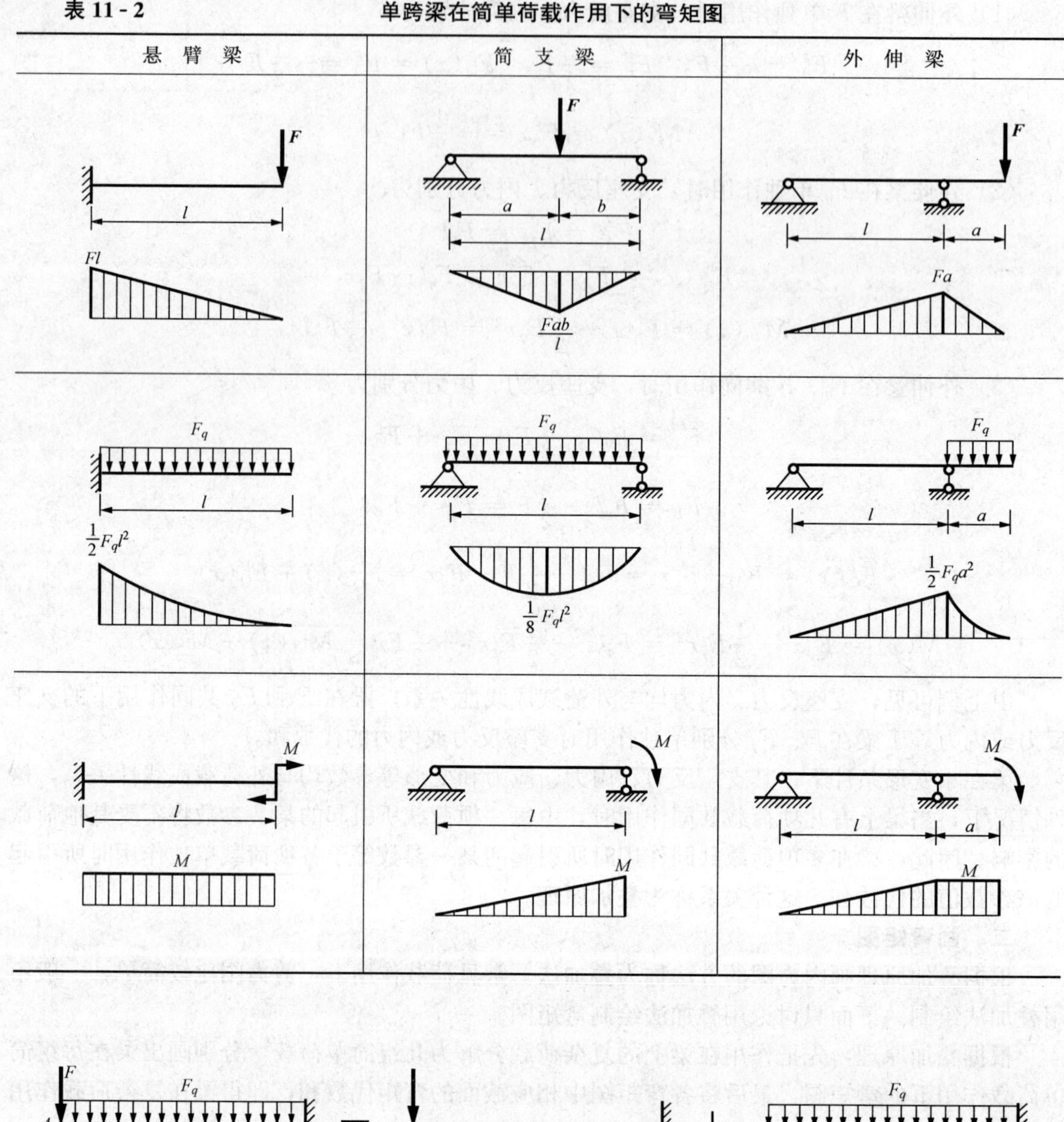

图 11-19 ［例 11-10］图

【例 11-11】 用叠加法画图 11-20 所示外伸梁的弯矩图。

解　(1) 将梁上荷载分解为均布荷载和集中力。

(2) 分别画出梁在均布荷载、集中力单独作用下的弯矩图。

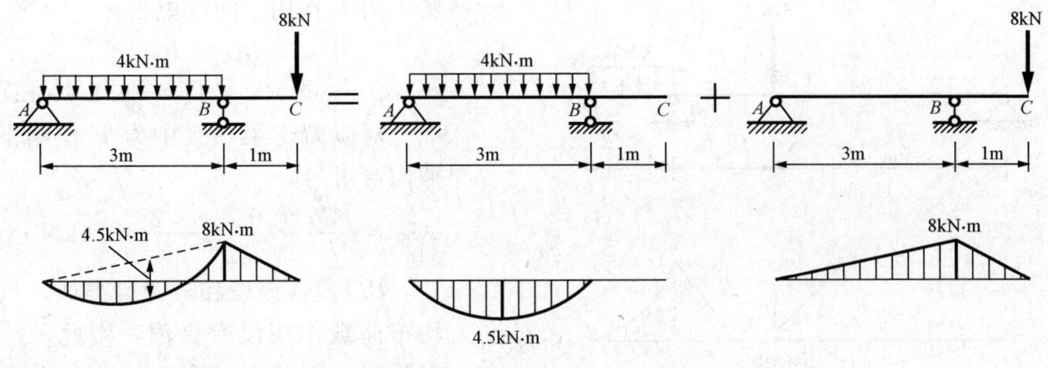

图 11-20 ［例 11-11］图

（3）分段叠加两个弯矩图，得到梁在两种荷载共同作用下的弯矩图。

用叠加法作弯矩图时，一般不能直接求出弯矩的极值，若需要确定极值，应先找出 $F_Q=0$ 的截面的位置，再求出该截面的弯矩。

三、用区段叠加法画弯矩图

上面介绍了利用叠加法画全梁的弯矩图，现在进一步将叠加法推广到画梁任一区段的弯矩图，这对画复杂荷载作用下梁的弯矩图以及后面刚架、连续梁的弯矩图是十分有用的。

一简支梁受荷情况如图 11-21（a）所示，取出 AB 段，其受力情况如图 11-21（b）所示。为了说明该段弯矩图的特性，将它与图 11-21（c）所示的简支梁作比较，简支梁的跨长与 AB 段的长度相同，并承受相同荷载 F_q、M_{AB} 和 M_{BA}，则可求得简支梁的支座反力与 AB 段两端的剪力相等。这样二者的受力情况完全相同，因此，弯矩图也完全相同。而简支梁的弯矩图可以利用叠加法画，相应地 AB 段的弯矩图也可用叠加法画，如图 11-21（d）所示。

由此得出：任意梁段都可以当作相应的简支梁，用叠加法画其弯矩图，这种用叠加法画某一梁段弯矩图的方法称为**区段叠加法**。

【例 11-12】 用区段叠加法绘制图 11-22（a）所示外伸梁的弯矩图。

解　（1）将梁分为 AB、BD 两段。

（2）画各段的弯矩图。

AB 段：用区段叠加法画。先求出该段两端控制截面的弯矩 M_A、M_B，并用虚线连接，再以虚线为基线叠加对应简支梁在

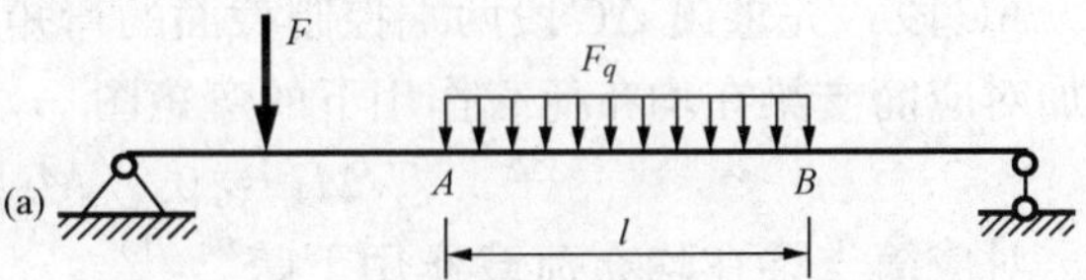

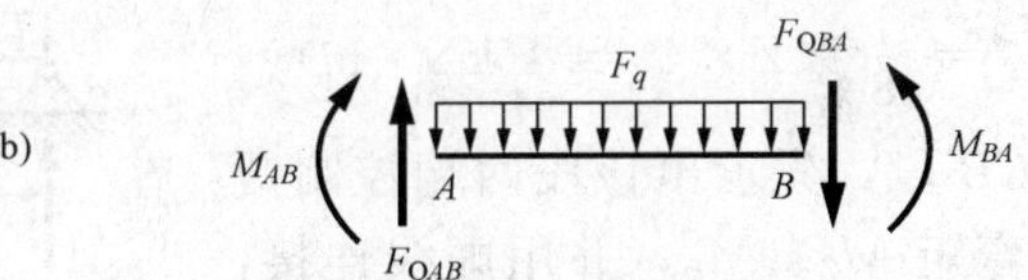

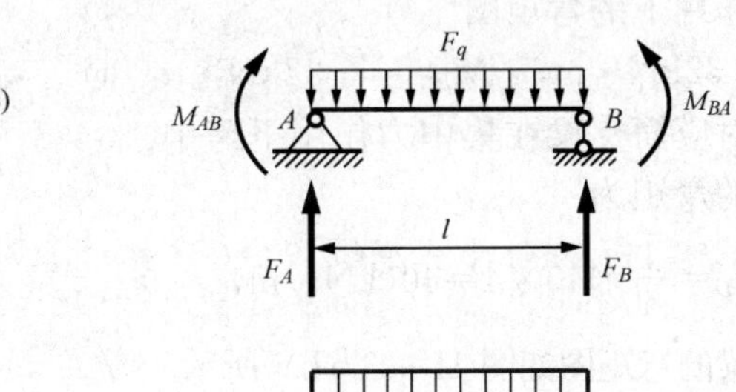

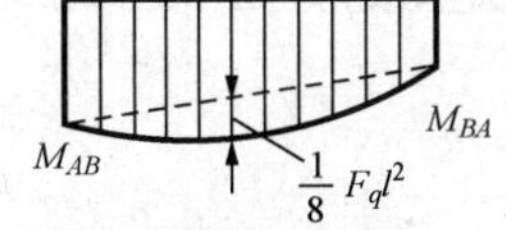

图 11-21　用区段叠加法画弯矩图

（a）一简支梁受荷情况；（b）AB 段的受力情况；（c）简支梁 AB 的受荷情况；（d）AB 段的弯矩图

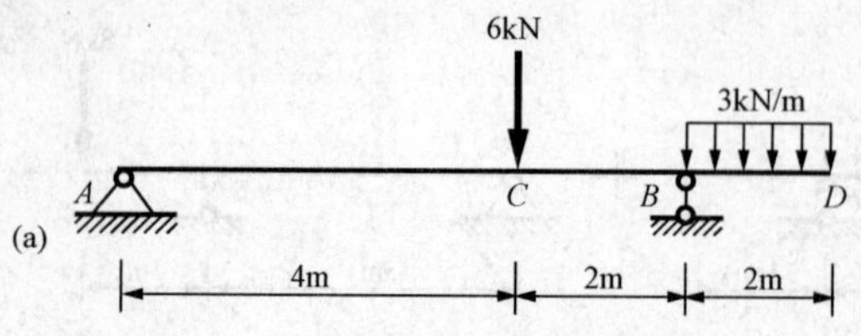

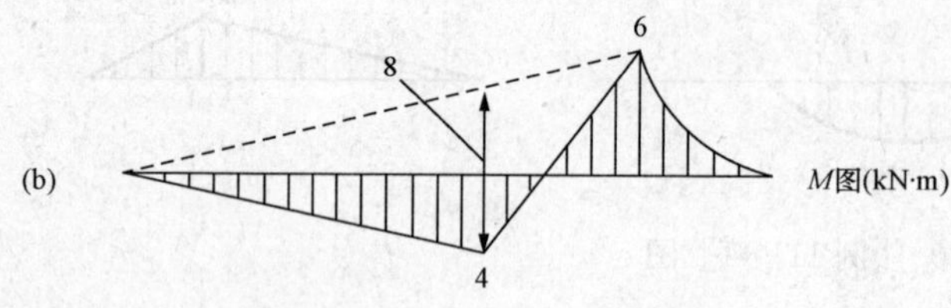

图 11-22 ［例 11-12］图

(a) 计算简图；(b) 弯矩图

集中力 F 作用下的弯矩图

$$M_A = 0,$$

$$M_B = -3\times2\times1 = -6(\text{kN}\cdot\text{m})$$

对应简支梁在集中力 F 作用下 C 截面弯矩为

$$M_C = \frac{Fab}{l} = \frac{6\times4\times2}{6} = 8(\text{kN}\cdot\text{m})$$

BD 段：该段和悬臂梁类似，只受均布荷载作用没有极值，因此，计算出两端控制截面的弯矩，结合规律连线即得弯矩图

$$M_B = -6\text{kN}\cdot\text{m},\quad M_D = 0$$

弯矩图如图 11-22（b）所示。

【例 11-13】 画图 11-23（a）所示梁的弯矩图。

解 （1）计算支座反力 $F_A = 12\text{kN}$（↑）， $F_B = 36\text{kN}$（↑）。

（2）将梁分为 AC、CB 两段。

（3）分段画弯矩图。

AC 段：先求出 AC 段两端控制截面的弯矩 M_A、M_C，并用虚线连接，再以虚线为基线叠加对应简支梁在均布荷载作用下的弯矩图

$$M_A = 0,\quad M_C = 32\text{kN}\cdot\text{m}$$

对应简支梁在均布荷载作用下跨中截面弯矩为

$$M_{中} = \frac{1}{8}\times2\times4^2 = 4(\text{kN}\cdot\text{m})$$

CB 段：先求出该段两端控制截面的弯矩 M_C、M_B，并用虚线连接，再以虚线为基线叠加对应简支梁在集中力作用下的弯矩图

$$M_C = 32\text{kN}\cdot\text{m},\quad M_{BL} = -32\text{kN}\cdot\text{m}$$

对应简支梁在集中力作用下跨中截面的弯矩为

$$M_D = \frac{1}{4}\times40\times4 = 40(\text{kN}\cdot\text{m})$$

梁的弯矩图如图 11-23（b）所示。

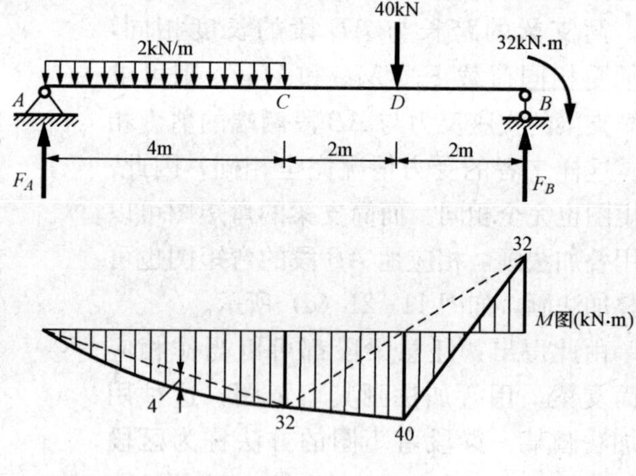

图 11-23 ［例 11-13］图

(a) 计算简图；(b) 弯矩图

思 考 题

11-1 什么是梁平面弯曲？产生平面弯曲杆件的受力特点和变形特点是什么？

11-2 剪力和弯矩的正负号是如何规定的？用简捷法计算剪力和弯矩时，外力的正负号又是如何取的？

11-3　简述在无荷区段、均布荷载区段、集中力作用处及集中力偶作用处，梁的剪力图和弯矩图有何特征？利用这些特征判断图 11-24 所示的各剪力图和弯矩图是否有错，如有错请改正。

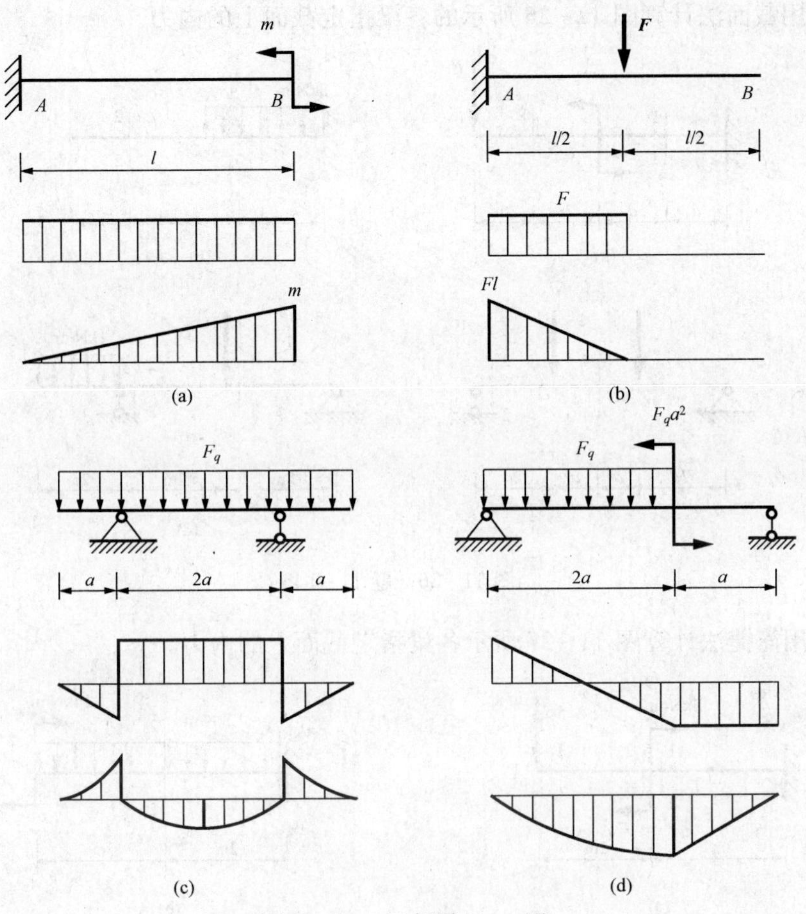

图 11-24　思考题 11-3 图

11-4　图 11-25 所示两弯矩图的叠加是否正确？如有错请改正。

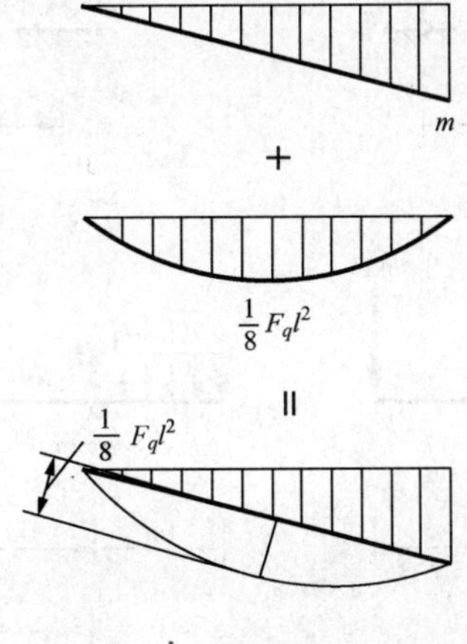

图 11-25　思考题 11-4 图

习 题

11-1 用截面法计算图 11-26 所示的各梁指定截面上的内力。

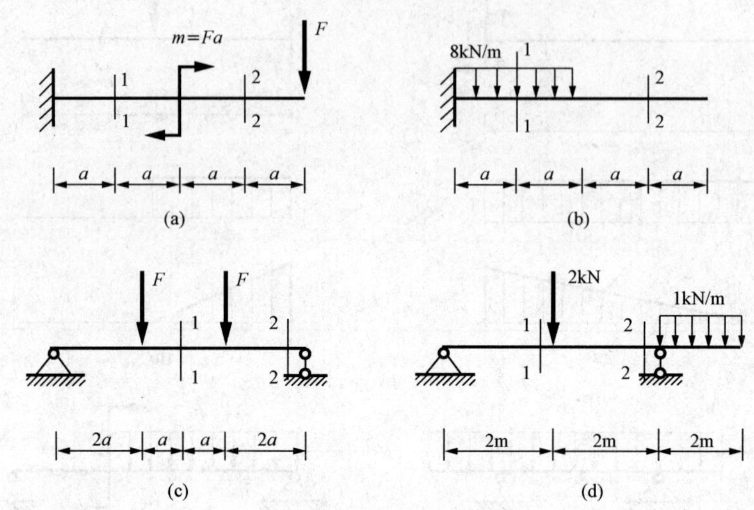

图 11-26 题 11-1 图

11-2 用简捷法计算图 11-27 所示各梁指定截面上的内力。

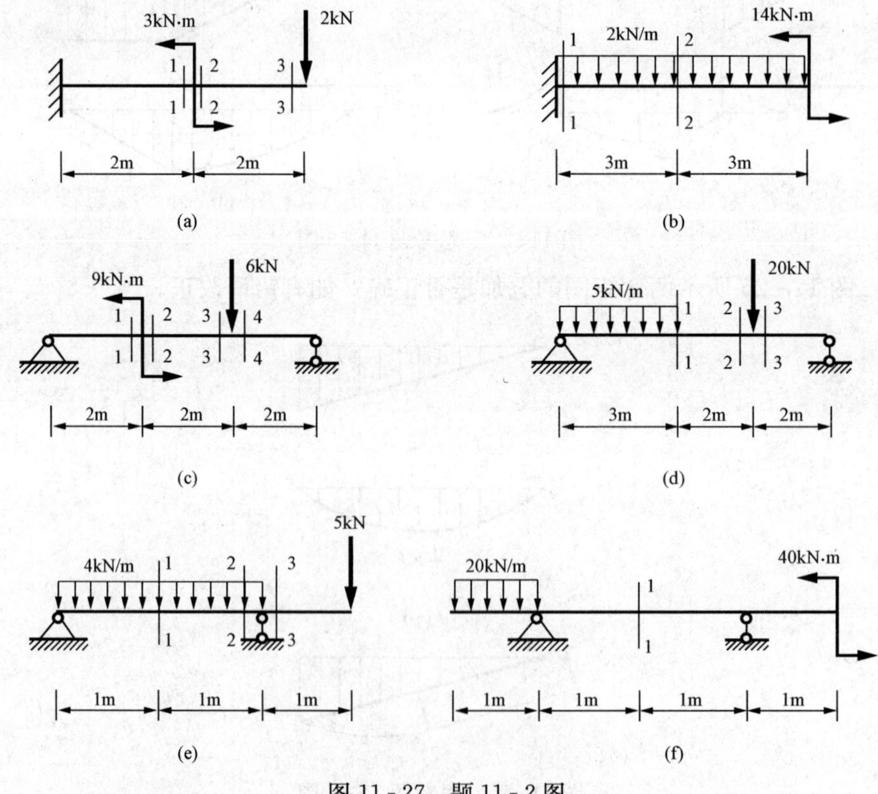

图 11-27 题 11-2 图

11-3　建立图 11-28 所示各梁的剪力方程和弯矩方程，并作出剪力图和弯矩图。

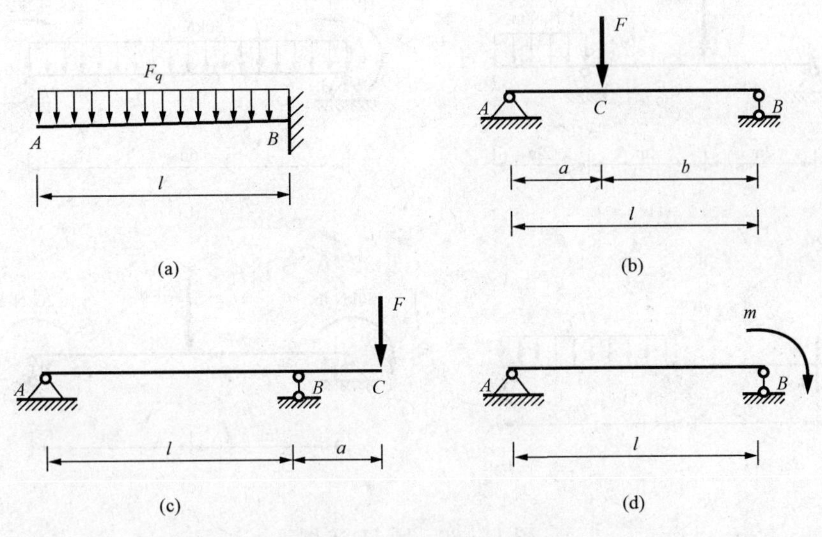

图 11-28　题 11-3 图

11-4　用简捷法作题 11-2 中各梁的剪力图和弯矩图，并求 $|F_Q|_{max}$ 和 $|M|_{max}$。

11-5　用简捷法作图 11-29 所示各梁的剪力图和弯矩图，并求 $|F_Q|_{max}$ 和 $|M|_{max}$。

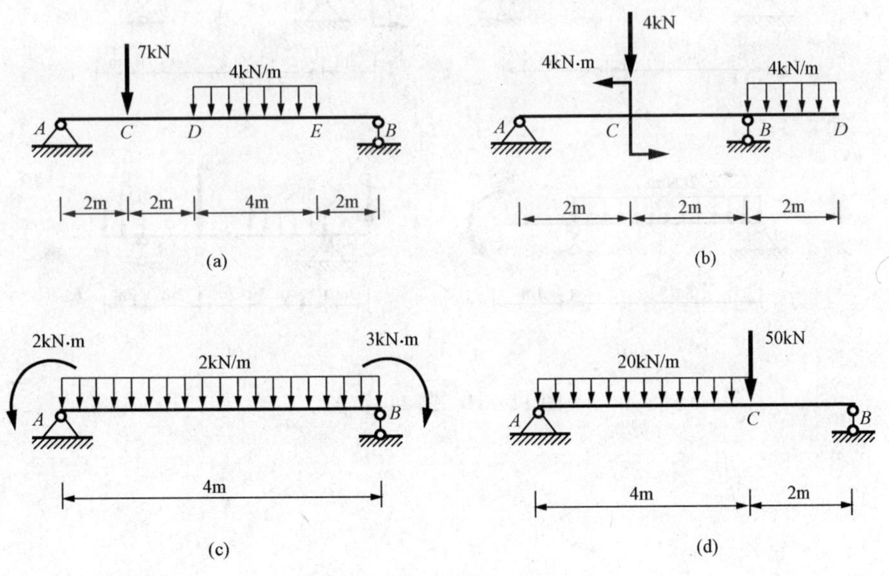

图 11-29　题 11-5 图

11-6　用叠加法画图 11-30 所示各梁的弯矩图。

11-7　用区段叠加法画图 11-31 所示各梁的弯矩图。

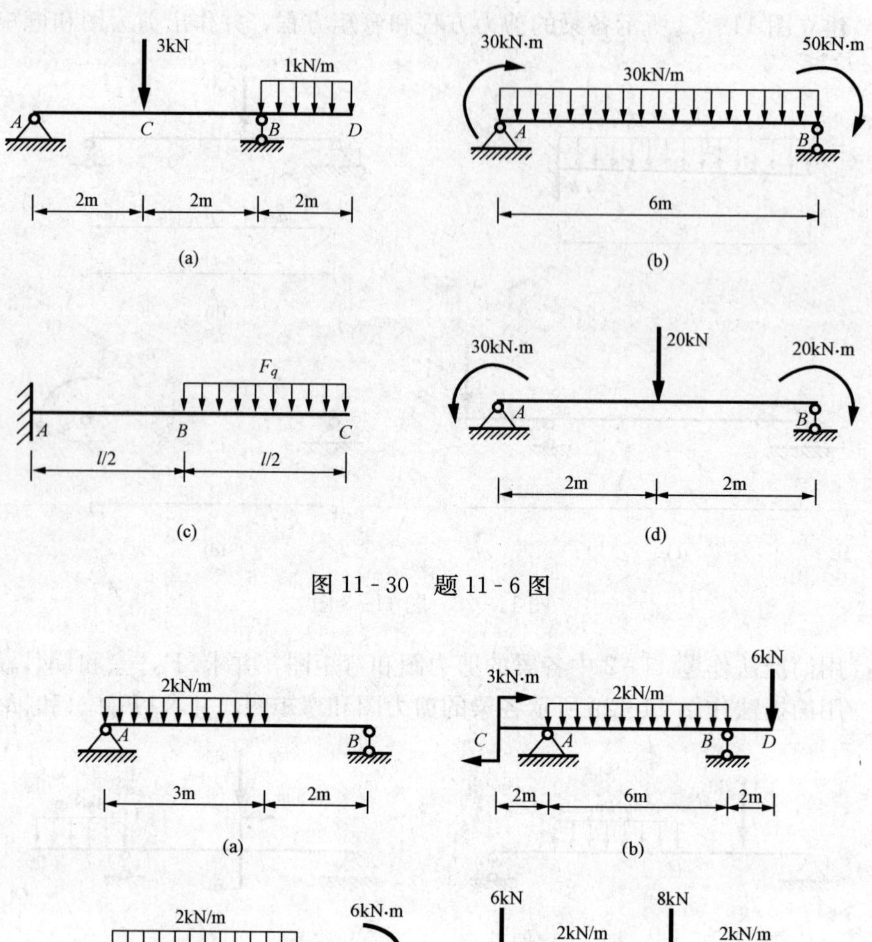

图 11-30 题 11-6 图

图 11-31 题 11-7 图

第十二章　平面弯曲梁的应力及强度计算

上一章讨论了梁弯曲时的内力，但要分析梁的强度，还必须根据内力进一步研究梁横截面上的应力，从而进行强度计算。梁在平面弯曲时横截面上的内力一般有剪力和弯矩，相应的就存在有切应力和正应力。

第一节　梁弯曲时的正应力及其正应力强度计算

梁在弯曲时，横截面上只有弯矩而没有剪力，这种弯曲称为**纯弯曲**；若横截面上同时存在剪力和弯矩，这种弯曲称为**横力弯曲**。为了使问题简化，下面以矩形截面梁为例，分析梁在纯弯曲时横截面上的正应力。

一、梁纯弯曲时的正应力

梁在纯弯曲时横截面上正应力与扭转变形相同需从三个方面分析，即几何变形关系、物理关系和静力平衡关系。

1. 几何变形关系

取一矩形截面梁，在其表面画上一系列与轴线平行的纵向线和与轴线垂直的横向线，构成许多小矩形［见图 12-1（a）］，然后在梁的两端各施加一个力偶，使其产生纯弯曲［见图 12-1（b）］。弯曲变形后可观察到以下几个现象：

（1）所有的纵向线都弯成曲线，且靠近顶部的纵向线缩短了，而靠近底部的纵向线伸长了。

（2）所有的横向线仍保持为直线，只是倾斜了一个角度，但仍然与弯成曲线的纵向线垂直。

（3）矩形截面的上部变宽，而下部变窄。

根据观察到的现象，推测梁的变形，可作出两个假设：

（1）**平面假设**。梁的横截面在弯曲后仍保持为平面，只是倾斜了一个角度，但仍然垂直于弯成曲线的轴线。

（2）**单向受力假设**。假设梁是由许多纵向纤维组成，各纤维只受单一的轴向拉伸或压缩变形，不存在互相挤压现象。

根据观察到的现象和假设可推断，靠近顶部的纵向纤维缩短了，而靠近底部纵向纤维伸长了，由变形的连续性可推断，由缩短到伸长整个变化过程必有一层纤维即不伸长也不缩短，这层纤维称为**中性层**。中性层与横截面的交线称为**中性轴**。中性轴将横截面分为两个区域，受拉区和受压区，如图 12-1（c）所示。

为了分析梁内任意一根纤维的线应变，在梁内取一微段 dx，如图 12-2 所示。横截面的中性轴为 z，纵向对称轴为 y。设 O_1O_2 为微段的中性层，ab 为一纵向线。弯曲变形后，微段两端截面的延长线交于 O 点，该点为中性层的曲率中心，中性层的曲率半径为 ρ，两截面间的夹角为 $d\theta$，弯成曲线的纵向线 a_1b_1 到中性层的距离为 y，则 ab 纤维的线应变为

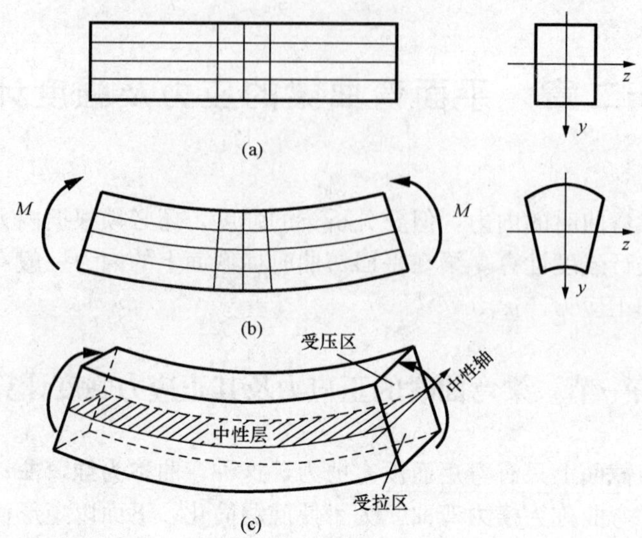

图 12-1　几何变形关系

（a）在矩形截面梁上画上一系列与轴线平行的纵向线和与轴线垂直的横向线；
（b）矩形截面梁纯弯曲后的现象；（c）受压区和受拉区

$$\varepsilon = \frac{a_1b_1 - ab}{ab} = \frac{(\rho + y)\mathrm{d}\theta - \rho\mathrm{d}\theta}{\rho\mathrm{d}\theta} = \frac{y}{\rho} \quad ①$$

对于确定的截面，ρ 为常数，即各纵向纤维的线应变 ε 与它到中性层的距离 y 成正比。

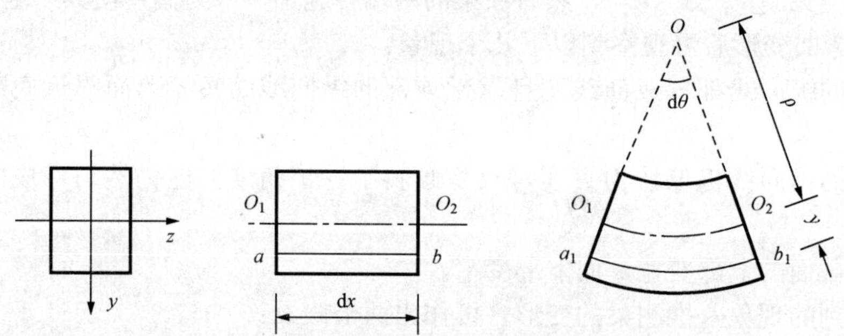

图 12-2　分析梁内任意一根纤维的线应变

2. 物理关系

根据单向受力假设，当应力不超过比例极限时，由胡克定律得

$$\sigma = E\varepsilon = E\frac{y}{\rho} \quad ②$$

对于给定截面，E 和 ρ 均为常数，因此，式②表明：横截面上任一点的正应力与它到中性轴的距离成正比。正应力沿截面高度按线性规律分布，如图 12-3 所示。

3. 静力平衡关系

式②不能用来计算横截面上任一点的正应力，因为 ρ 不易确定。这就需要从静力平衡关系来推导正应力的计算公式。

如图 12-4 所示，在横截面上坐标为（z，y）处取一微面积 $\mathrm{d}A$，则其上的微内力为

σdA。横截面上所有微内力构成一组平行力系，这组平行力系的总和等于该截面上的轴力；各微内力对 z 轴之矩的代数和等于该截面上的弯矩，即

$$\int_A \sigma dA = F_N = 0 \quad ③$$

$$\int_A y\sigma dA = M \quad ④$$

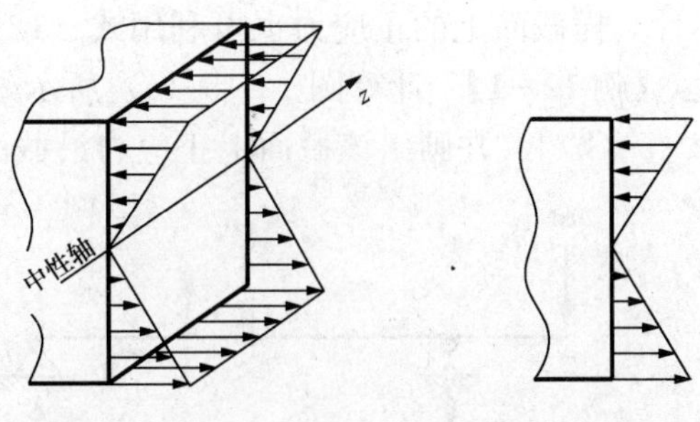

图 12-3　正应力沿截面高度按线性规律分布

将式②代入式③，得

$$\int_A E\frac{y}{\rho}dA = \frac{E}{\rho}\int_A y dA = \frac{E}{\rho}S_z = 0 \quad ⑤$$

由于$\frac{E}{\rho} \neq 0$，因此要使式⑤成立，必有

$$\int_A y dA = 0 \quad ⑥$$

式⑥表明截面对中性轴的静矩等于零。由此可知，**直梁弯曲时，中性轴必定通过横截面的形心**。

将式②代入式④，得

$$\int_A E\frac{y^2}{\rho}dA = \frac{E}{\rho}\int_A y^2 dA = \frac{E}{\rho}I_z = M$$

所以

$$\frac{1}{\rho} = \frac{M}{EI_z} \quad (12-1)$$

式中：$\frac{1}{\rho}$为中性层的曲率，它反映了梁的弯曲程度；EI_z 为**梁的抗弯刚度**，反映了梁抵抗弯曲变形的能力。

将式（12-1）代入式②，得

$$\sigma = \frac{M}{I_z}y \quad (12-2)$$

式（12-2）即为**梁纯弯曲时横截面上任一点正应力的计算式**。它表明：梁横截面上任一点的正应力 σ，与截面上的弯矩 M 和该点到中性轴的距离 y 成正比，与截面对中性轴 z 的惯性矩成反比。

利用式（12-2）计算时，M 和 y 均按绝对值代入公式，σ 的性质根据弯矩 M 的正负及所求点在横截面上的位置来判断。

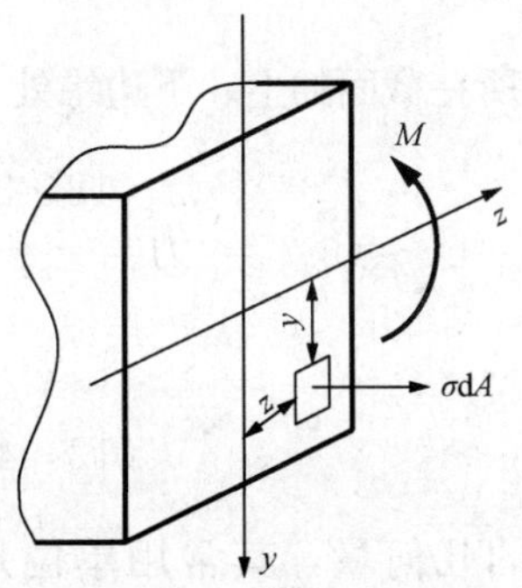

图 12-4　静力平衡关系

二、正应力公式的适用条件

正应力公式适用条件如下：

（1）纯弯曲梁。

（2）正应力不超过材料的比例极限。

（3）横截面有纵向对称轴的梁。例如矩形、圆形、工字形、T 形截面梁等。

（4）对于横力弯曲梁，当梁的跨长 l 与截面高度 h 的比值大于 5，即$\frac{l}{h} > 5$ 时，切应力的存在对正应力影响很小，可以忽略

不计，横截面上的正应力也可利用式（12-2）计算。

【例 12-1】 计算图 12-5（a）所示外伸梁 D 截面上 a、b、c、d 各点的正应力［见图 12-5（b)]，并画出该截面上正应力沿截面高度的分布图。

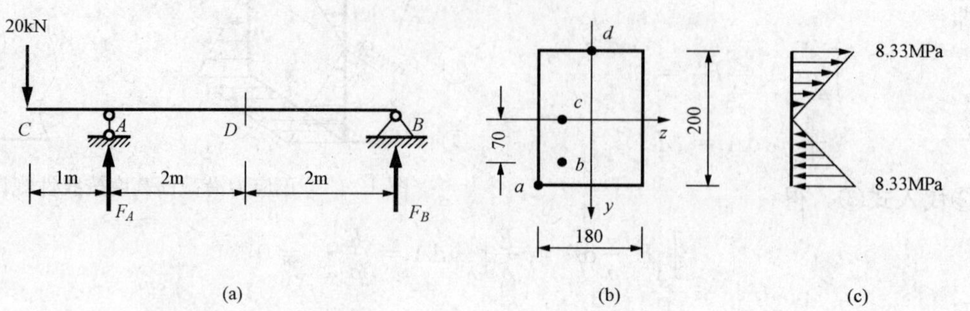

图 12-5 ［例 12-1］图

(a) 计算简图；(b) D 截面上的 a、b、c、d 点；(c) D 截面正应力的分布规律

解 （1）计算支座反力 $F_A=25\text{kN}$（↑）， $F_B=-5\text{kN}$（↓）。

（2）计算 D 截面各点的正应力。

D 截面弯矩为 $M_D=2F_B=-2\times5=-10$（kN·m）

截面对中性轴 z 的惯性矩为

$$I_z=\frac{bh^3}{12}=\frac{180\times200^3}{12}=12\times10^7(\text{mm}^4)$$

根据式（12-2）计算 D 截面各点的正应力。由于 D 截面弯矩为负值，因此 z 轴以上区域为受拉区，以下区域为受压区。

$$\sigma_a=\frac{10\times10^6\times100}{12\times10^7}\approx8.33(\text{MPa})(\text{压})$$

$$\sigma_b=\frac{10\times10^6\times70}{12\times10^7}\approx5.83(\text{MPa})(\text{压})$$

$$\sigma_c=0,\sigma_d=8.33\text{MPa}(\text{拉})$$

D 截面正应力沿高度的分布规律如图 12-5（c）所示。

三、梁正应力的强度计算

1. 最大正应力

计算梁的强度时，必须计算出梁内最大正应力。产生最大正应力的截面称为**危险截面**，危险截面上最大正应力所在点称为**危险点**。

（1）对于中性轴又是截面对称轴的梁，最大正应力发生在$|M|_{\max}$所在截面的上、下边缘处

$$\sigma_{\max}=\frac{|M|_{\max}y_{\max}}{I_z} \tag{12-3}$$

令 $W_z=\dfrac{I_z}{y_{\max}}$，则

$$\sigma_{\max}=\frac{|M|_{\max}}{W_z} \tag{12-4}$$

式中：W_z 称为**抗弯截面系数**，它是一个与截面形状和尺寸有关的几何量，其常用单位是 m^3、cm^3、mm^3。

对于高为 h，宽为 b 的矩形截面，对 z 轴或 y 轴的抗弯截面系数分别为

$$W_z = \frac{I_z}{y_{\max}} = \frac{bh^3/12}{h/2} = \frac{bh^2}{6}$$

$$W_y = \frac{I_y}{y_{\max}} = \frac{hb^3/12}{b/2} = \frac{hb^2}{6}$$

对于直径为 D 的圆形截面，抗弯截面系数为

$$W_z = W_y = \frac{\pi D^4/64}{D/2} = \frac{\pi D^3}{32}$$

对于型钢截面的抗弯截面系数，可从附录型钢规格表中查得。

(2) 对于中性轴不是截面对称轴的梁，如 T 形截面，其最大正应力可能发生在最大正弯矩、最大负弯矩所在截面的上边缘或下边缘处。

2. 正应力强度条件

为了保证梁能安全、正常地工作，必须保证其最大正应力不超过材料的许用应力。

(1) 对于材料的抗拉、抗压能力相同，即 $[\sigma_t]=[\sigma_c]=[\sigma]$ 的等截面梁，强度条件为

$$\sigma_{\max} \leqslant [\sigma] \tag{12-5}$$

(2) 对于材料的抗拉、抗压能力不同，即 $[\sigma_t]\neq[\sigma_c]$ 的等截面梁，强度条件为

$$\sigma_{t\max} \leqslant [\sigma_t], \quad \sigma_{c\max} \leqslant [\sigma_c] \tag{12-6}$$

利用强度条件可解决与强度有关的三方面问题：校核梁的强度、设计梁的截面尺寸、计算梁能承受的许可荷载。

【例 12-2】 圆截面简支木梁的受荷情况及截面尺寸如图 12-6 所示，已知材料的许用正应力为 $[\sigma]=11\text{MPa}$，试校核梁的正应力强度。

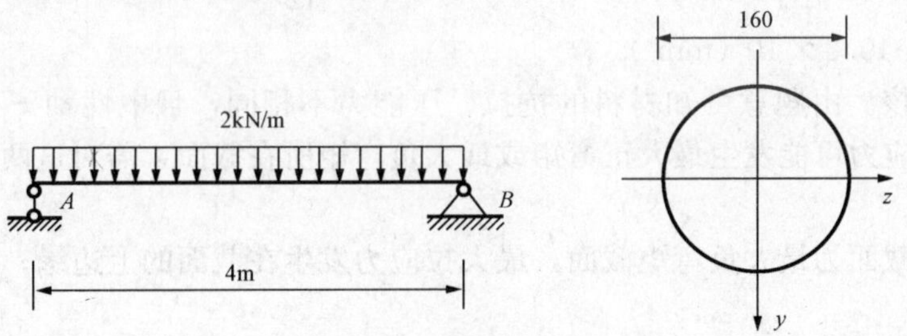

图 12-6 ［例 12-2］图

解 (1) 最大弯矩发生在跨中截面，是梁的危险截面

$$M_{\max} = \frac{1}{8}F_q l^2 = \frac{1}{8}\times 2\times 4^2 = 4(\text{kN}\cdot\text{m})$$

(2) 计算抗弯截面系数

$$W_z = \frac{\pi D^3}{32} = \frac{\pi\times 160^3}{32} \approx 4.02\times 10^5(\text{mm}^3)$$

(3) 校核正应力强度

$$\sigma_{\max} = \frac{M_{\max}}{W_z} = \frac{4\times 10^6}{4.02\times 10^5} \approx 9.95(\text{MPa}) < [\sigma]$$

梁的强度满足要求。

【例 12-3】 外伸梁受荷情况及截面尺寸如图 12-7 (a) 所示。已知材料的许用拉应力

$[\sigma_t]=30MPa$，许用压应力$[\sigma_c]=70MPa$，试校核梁的正应力强度。

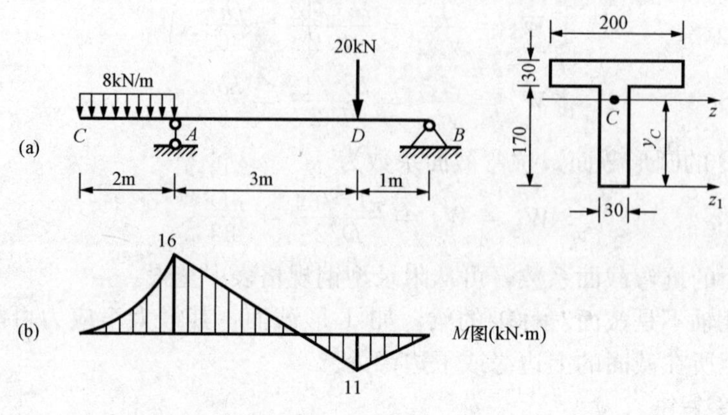

图 12-7 ［例 12-3］图

(a) 外伸梁受荷情况及截面尺寸；(b) 弯矩图

解 (1) 作弯矩图，如图 12-7 (b) 所示。

(2) 确定中性轴的位置，并计算截面对中性轴的惯性矩。因为中性轴必过形心，为了确定截面形心位置，取参考轴 z_1，则形心到参考轴的距离为

$$y_C=\frac{\sum A_i y_i}{A}=\frac{200\times30\times185+170\times30\times85}{200\times30+170\times30}=139(\text{mm})$$

截面对中性轴 z 的惯性矩为

$$I_z=\left(\frac{200\times30^3}{12}+200\times30\times46^2\right)+\left(\frac{30\times170^3}{12}+170\times30\times54^2\right)$$
$$\approx40.3\times10^6(\text{mm}^4)$$

(3) 强度校核。由题意可知材料的抗拉、压能力不相同，且中性轴 z 不是对称轴，因此，最大拉、压应力可能发生最大正弯矩或最大负弯矩所在截面，需对这两个截面都进行强度校核。

A 截面：该截面为最大负弯矩截面，最大拉应力发生在截面的上边缘；最大压应力发生在截面的下边缘

$$\sigma_{\text{tmax}}=\frac{16\times10^6\times61}{40.3\times10^6}\approx24.22(\text{MPa})<[\sigma_t]$$

$$\sigma_{\text{cmax}}=\frac{16\times10^6\times139}{40.3\times10^6}\approx55.19(\text{MPa})\leqslant[\sigma_c]$$

D 截面：该截面是最大正弯矩截面，最大拉应力发生在截面的下边缘；最大压应力发生在截面的上边缘

$$\sigma_{\text{tmax}}=\frac{11\times10^6\times139}{40.3\times10^6}\approx37.94(\text{MPa})>[\sigma_t]$$

所以梁的强度不满足要求。

以上计算结果可知，D 截面弯矩虽然比 A 截面小，但受拉边缘到中性轴的距离较大，因而求得的最大拉应力较 A 截面大。因此，对于中性轴不是对称轴的截面梁，最大正弯矩和最大负弯矩所在截面都要进行强度校核。

【例 12-4】 一工字钢梁，受荷情况如图 12-8 (a) 所示。已知材料的许用正应力$[\sigma]=$

160MPa，试选择工字钢的型号。

解　(1) 作弯矩图，如图 12-8 (b) 所示。

(2) 选择工字钢的型号。材料的抗拉、压能力相同，且中性轴又是截面的对称轴，可以确定最大正应力发生在$|M|_{max}$所在截面。根据正应力强度条件得

$$W_z \geqslant \frac{|M|_{max}}{[\sigma]} = \frac{20\times10^6}{160} = 0.125\times10^6(mm^3)$$
$$= 125cm^3$$

由附录型钢规格表查得工字钢的型号为 16，其抗弯截面系数为 $W_z = 141cm^3$。

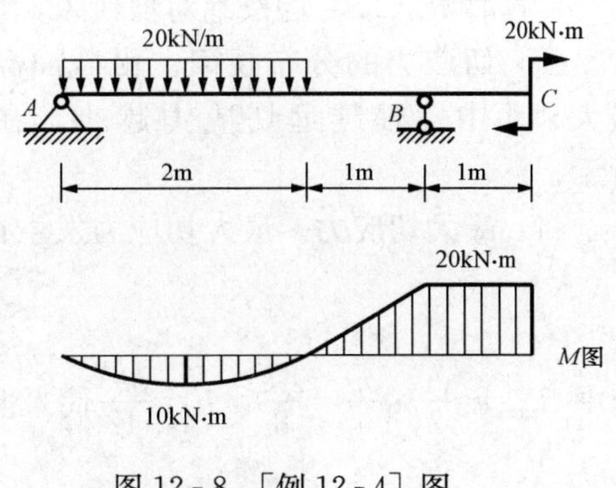

图 12-8　[例 12-4] 图

(a) 计算简图；(b) 弯矩图

第二节　梁的切应力及切应力强度计算

梁在横力弯曲时，横截面上的内力除弯矩外还有剪力，相应地横截面上除有正应力外还有切应力。一般情况下梁的强度主要由正应力强度决定，而切应力强度是次要因素。因而，下面重点介绍几种常用截面形状的等直梁横截面上切应力的分布规律及其计算。

一、矩形截面梁的切应力

对于高度 h 大于宽度 b 的矩形截面梁 [见图 12-9 (a)]，横截面上切应力的计算公式是在两个假设基础上经过理论分析而推导出来的。

(1) **两个假设。**

1) 横截面上各点切应力的方向与剪力的方向一致，如图 12-9 (b) 所示。

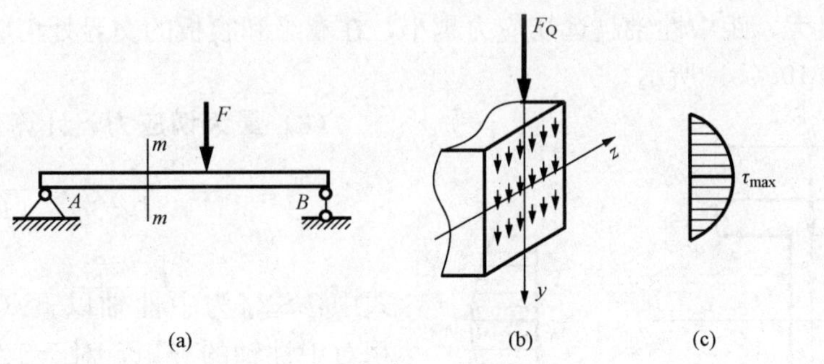

图 12-9　矩形截面梁的切应力

(a) 矩形截面梁；(b) 横截面上切应力分布图；

(c) 切应力的分布规律

2) 切应力沿截面宽度均匀分布。

(2) **切应力的计算式**，如下

$$\tau = \frac{F_Q S_z^*}{I_z b} \tag{12-7}$$

式中：F_Q 为横截面上的切应力；S_z^* 为需求切应力处，水平线以下（或以上）部分面积对中性轴的静矩；I_z 为整个矩形截面对中性轴的惯性矩；b 为需求切应力处横截面的宽度。

计算时 F_Q、S_z^* 均按绝对值代入，切应力的方向可根据剪力的方向来判断。

(3) **切应力的分布规律**。沿截面高度按二次抛物线规律分布，即在中性轴上切应力最大，距中性轴越远切应力越小，在上下边缘处切应力最小为零，如图 12-9 (c) 所示。

(4) **最大切应力**。最大切应力发生在中性轴上，计算公式为

$$\tau_{max}=\frac{F_Q S_{zmax}^*}{I_z b}$$

其中 $S_{zmax}^*=\frac{A}{2}\times\frac{h}{4}=\frac{Ah}{8}$，$I_z=\frac{bh^3}{12}$代入上式得

$$\tau_{max}=1.5\frac{F_Q}{A} \tag{12-8}$$

可见，矩形截面梁横截面上最大切应力为平均切应力的 1.5 倍。

二、工字形截面梁的切应力

工字形截面梁由腹板和翼缘组成［见图 12-10 (a)］，翼缘部分切应力分布比较复杂，而切应力值又较小，一般不计算。腹板部分是一个狭长的矩形，它的切应力计算、分布规律均可按矩形截面的切应力考虑。

(1) **计算公式**，如下

$$\tau=\frac{F_Q S_z^*}{I_z d} \tag{12-9}$$

式中：F_Q 为横截面上的切应力；I_z 为整个工字形截面对中性轴的惯性矩；S_z^* 为需求切应力处（如 K 点），水平线以下（或以上）部分面积对中性轴的静矩；d 为需求切应力处腹板的宽度。

(2) **分布规律**。切应力沿腹板宽度均匀分布，沿腹板高度按二次抛物线规律分布。在中性轴上切应力最大，距中性轴越远切应力越小，在翼缘和腹板的交界处切应力最小，但不等于零，如图 12-10 (b) 所示。

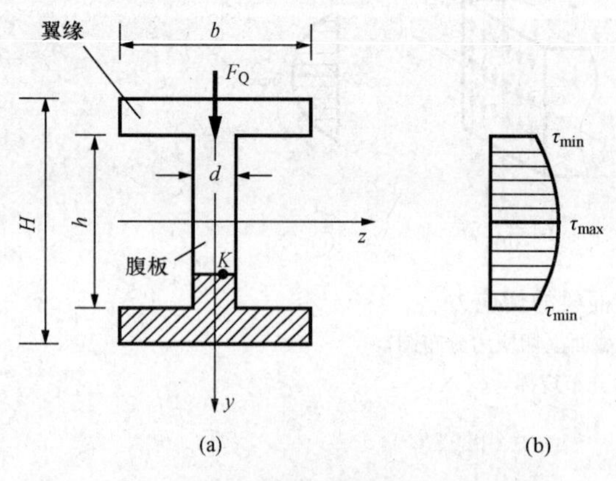

图 12-10　工字形截面梁的切应力
(a) 工字形截面梁；(b) 切应力的分布规律

(3) **最大切应力**，计算公式为

$$\tau_{max}=\frac{F_Q S_{zmax}^*}{I_z d}=\frac{F_Q}{(I_z/S_{zmax}^*)d} \tag{12-10}$$

式中：S_{zmax}^* 为中性轴以下（或以上）部分面积对中性轴的静矩，对于工字钢 I_z/S_{zmax}^* 可从附录型钢规格表查得。

腹板上的最大切应力和最小切应力相差不多，近似于均匀分布。因此，可用下列近似公式计算工字形截面中性轴处的最大切应力

$$\tau_{max}\approx\frac{F_Q}{hd} \tag{12-11}$$

三、圆形截面梁的切应力

圆形截面梁横截面上的切应力情况比较复杂，但最大切应力仍发生在中性轴上，且沿中性轴均匀分布，方向与该截面上剪力的方向相同，如图 12-11 (a) 所示。

$$\tau_{max} = \frac{4}{3} \times \frac{F_Q}{A} \tag{12-12}$$

式中：F_Q 为横截面上的切应力；A 为圆截面的面积。

可见，圆形截面梁横截面上的最大切应力为平均切应力的$\frac{4}{3}$倍。

四、圆环形截面梁

圆环形截面梁横截面上的最大切应力发生在中性轴上，且沿中性轴均匀分布，方向与该截面上剪力的方向相同［见图 12 - 11 (b)］，大小为平均切应力的 2 倍，即

$$\tau_{max} = 2\frac{F_Q}{A} \tag{12-13}$$

式中：F_Q 为横截面上的切应力；A 为圆环形截面的面积。

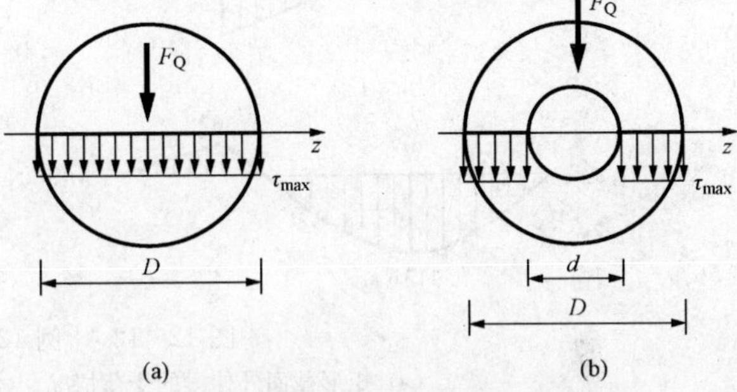

图 12 - 11　圆形截面梁和圆环形截面梁的切应力

(a) 圆形截面上最大切应力分布图；

(b) 圆环形截面最大切应力分布图

【例 12 - 5】 矩形截面外伸梁的受荷情况及截面尺寸如图 12 - 12 (a) 所示，试求：(1) C 偏左截面上 a、b、c、d 各点的切应力；(2) 梁内最大切应力，并说明发生的位置，画出该截面切应力沿截面高度的分布图；(3) 梁内最大正应力，并说明它们发生的位置，画出该截面正应力沿截面高度的分布图。

解 (1) 作剪力图和弯矩图，如图 12 - 12 (b)、图 12 - 12 (c) 所示。

(2) 计算 C 偏左截面上各点的切应力

$$F_Q = 18\text{kN}, I_z = \frac{120 \times 200^3}{12} = 8 \times 10^7 (\text{mm}^4)$$

$$\tau_a = \tau_d = 0$$

$$\tau_b = 1.5 \times \frac{18 \times 10^3}{120 \times 200} = 1.125(\text{MPa})$$

$$\tau_c = \frac{F_Q S_z^*}{I_z b} = \frac{18 \times 10^3 \times 120 \times 50 \times 75}{8 \times 10^7 \times 120} \approx 0.84(\text{MPa})$$

(3) 计算梁内最大切应力。梁内最大切应力发生在剪力最大截面的中性轴上，即 B 偏左截面的中性轴上各点，其值为

$$\tau_{max} = 1.5 \times \frac{96 \times 10^3}{120 \times 200} = 6(\text{MPa})$$

切应力分布图如图 12 - 12 (d) 所示。

(4) 计算梁内最大正应力。梁内最大正应力发生在弯矩为 117.6kN·m 截面的上下边缘处，其值为

$$\sigma_{max} = \frac{M_{max}}{W_z} = \frac{117.6 \times 10^6 \times 6}{120 \times 200^2} = 147(\text{MPa})$$

正应力分布图如图 12 - 12 (e) 所示。

五、切应力强度计算

为了保证梁能安全、正常地使用，除了有足够的正应力强度外，还要有足够的切应力强

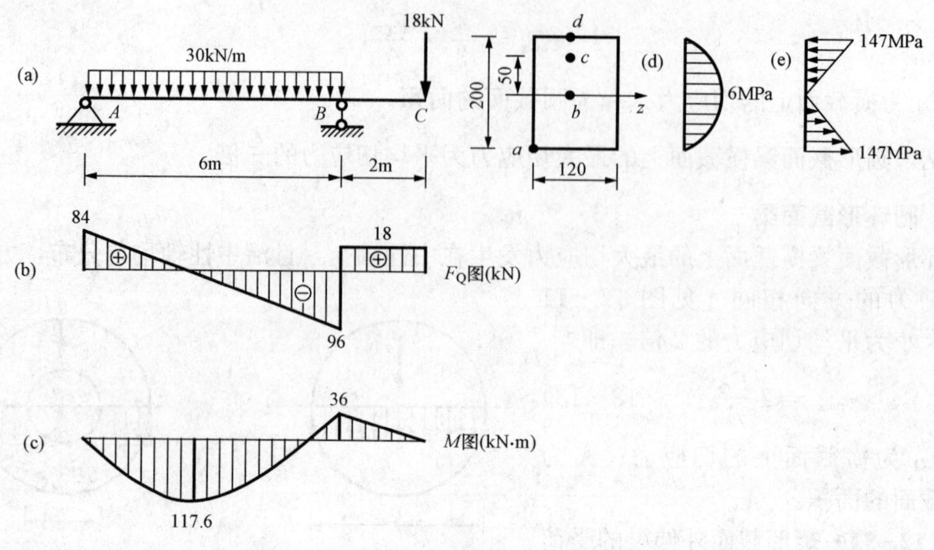

图 12-12 ［例 12-5］图

(a) 矩形截面外伸梁的受荷情况；(b) 剪力图；(c) 弯矩图；

(d) 切应力分布图；(e) 正应力分布图

度，即要使梁不发生剪切破坏，其内最大切应力不能超过材料的许用切应力$[\tau]$，因此，有

$$\tau_{max} \leqslant [\tau] \tag{12-14}$$

式（12-14）即为梁的**切应力强度条件**。利用切应力强度条件同样可以解决三方面问题：梁的切应力强度校核、设计截面尺寸和计算许可荷载。

梁的强度必须同时满足正应力和切应力两个强度条件。设计梁的截面尺寸时，通常是按正应力选择截面，再校核其是否满足切应力强度。梁的强度多由正应力控制，在一般情况下不需要再进行切应力强度计算。但在以下几种特殊情况下，必须校核梁的切应力强度：

(1) 梁的跨度较短而荷载较大，或在支座附近有较大的集中力作用时，梁内可能出现较大剪力等情况。

(2) 在焊接或铆接的组合截面（如工字形截面）钢梁中，当其横截面腹板部分的厚度与梁高之比小于型钢截面的相应比值时。

(3) 木梁。由于木材在顺纹方向的抗剪强度较差，在横力弯曲时可能因中性层上的切应力过大而使梁沿中性层发生剪切破坏。

进行强度计算时，需对其危险截面、危险点进行计算，正应力强度的危险截面和危险点是σ_{max}所在截面距中性轴最远的点，而切应力强度的危险截面、危险点在F_{Qmax}所在截面的中性轴处。

【例 12-6】 某工字钢简支梁受荷情况如图 12-13（a）所示，已知材料的许用正应力$[\sigma]=160$MPa，许用切应力$[\tau]=100$MPa。若选择工字钢型号为 25b，问此梁是否安全。

解 (1) 作剪力图和弯矩图，如图 12-13（b）、图 12-13（c）所示。

(2) 校核正应力强度。最大正应力发生在跨中截面的上下边缘处。查附录型钢规格表可知，型号为 25b 工字钢的抗弯截面系数 $W_z=423\text{cm}^3$，正应力为

$$\sigma_{max} = \frac{M_{max}}{W_z} = \frac{45\times10^6}{423\times10^3}$$

$$\approx 106.4(\text{MPa}) < [\sigma]$$

正应力满足强度要求。

(3) 校核切应力强度。最大切应力发生在 A 偏右、B 偏左截面的中性轴上。查附录型钢规格表知 $\frac{I_z}{S_{zmax}^*}=21.3\text{cm}$，$d=1\text{cm}$，切应力为

$$\tau_{max}=\frac{F_{Qmax}}{\frac{I_z}{S_{zmax}^*}d}=\frac{210\times10^3}{21.3\times10\times10}$$

$$\approx98.6(\text{MPa})<[\tau]$$

切应力满足强度要求。所以，此梁是安全的。

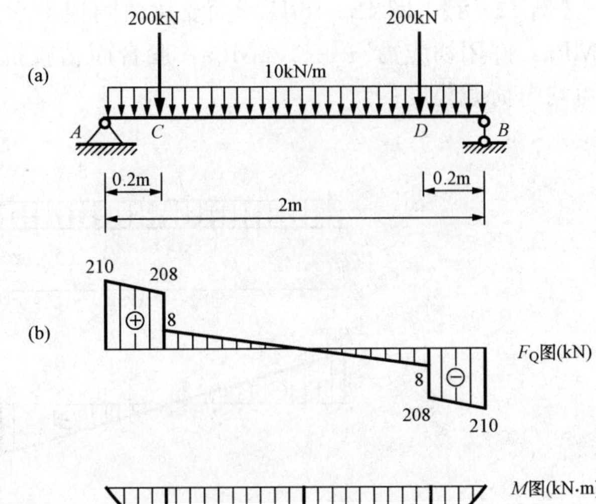

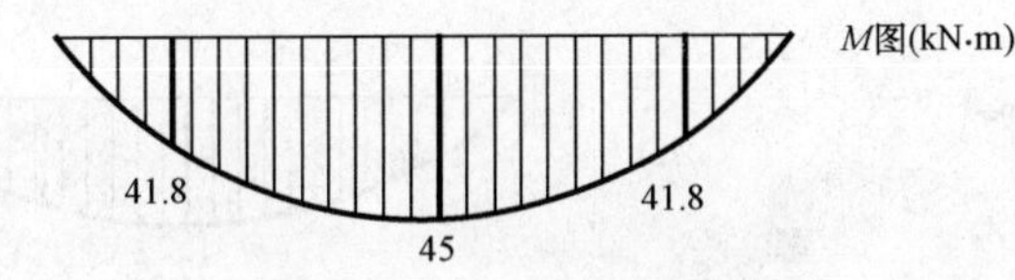

图 12 - 13 ［例 12 - 6］图

(a) 工字钢简支梁受荷情况；(b) 剪力图；(c) 弯矩图

【例 12 - 7】 图 12 - 14 所示木梁受一可移动的荷载作用。已知 $[\sigma]=10\text{MPa}$，$[\tau]=3\text{MPa}$。木梁的横截面为矩形，其高宽比 $\frac{h}{b}=\frac{3}{2}$。试选择此梁的截面尺寸。

解　梁上的荷载为移动荷载，故需确定荷载的最不利位置。

(1) 按正应力强度选择截面尺寸。在计算最大正应力时，荷载移动到跨中为最不利位置，此时梁内最大弯矩为

$$M_{max}=10\text{kN}\cdot\text{m}$$

所以

$$\sigma_{max}=\frac{M_{max}}{W_z}=\frac{10\times10^6}{bh^2/6}\leqslant10$$

将 $b=\frac{2}{3}h$ 代入上式得　$h\geqslant\sqrt[3]{\frac{10\times10^6\times6\times3}{2\times10}}\approx208$ (mm)

取 $h=210\text{mm}$，$b=140\text{mm}$。

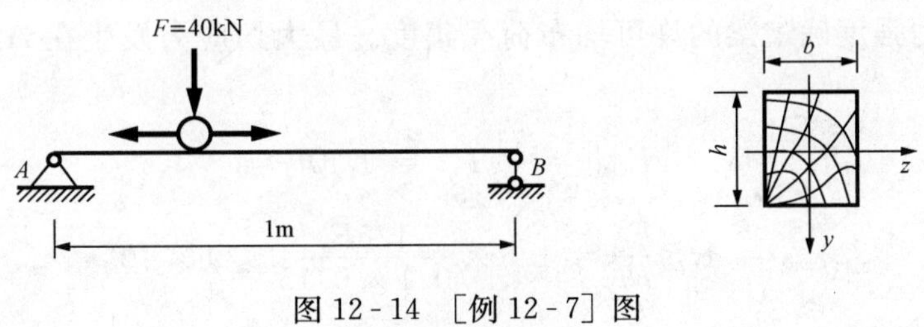

图 12 - 14 ［例 12 - 7］图

(2) 校核切应力强度。当荷载移动到支座附近时为切应力的最不利位置，此时梁内最大剪力为

$$F_{Qmax}=40\text{kN}$$

$$\tau_{max}=1.5\frac{F_{Qmax}}{bh}=1.5\times\frac{40\times10^3}{210\times140}\approx2.04(\text{MPa})<[\tau]$$

满足切应力强度要求。因此，该梁选择的截面尺寸为 $h=210\text{mm}$，$b=140\text{mm}$。

【例 12-8】 图 12-15 所示简支梁由两根木材胶合而成，已知木材的许用正应力$[\sigma]=10MPa$，许用切应力$[\tau]=1.0MPa$，胶合面粘胶抗剪许用应力$[\tau_1]=0.4MPa$。试确定梁的许可均布荷载集度$[F_q]$。

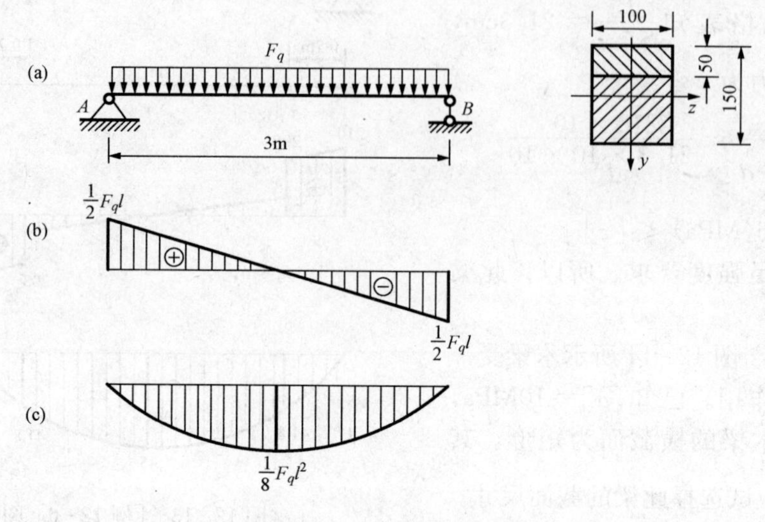

图 12-15 ［例 12-8］图

解 (1) 按正应力强度确定梁的许可均布荷载集度。最大正应力发生在弯矩最大截面（即跨中截面）的上下边缘处

$$M_{max}=\frac{1}{8}F_ql^2=\frac{9}{8}F_q$$

$$W_z=\frac{bh^2}{6}=\frac{0.1\times0.15^2}{6}=3.75\times10^{-4}(m^3)$$

所以
$$\sigma_{max}=\frac{M_{max}}{W_z}=\frac{\frac{9}{8}F_q}{3.75\times10^{-4}}\leqslant10\times10^3$$

解得 $F_q\leqslant3.33kN/m$。

(2) 按切应力强度确定梁的许可均布荷载集度。最大切应力发生在 A 偏右、B 偏左截面的中性轴上

$$F_{Qmax}=\frac{1}{2}F_ql=1.5F_q$$

故有
$$\tau_{max}=1.5\frac{F_Q}{bh}=1.5\times\frac{1.5F_q}{0.1\times0.15}\leqslant1\times10^3$$

解得 $F_q\leqslant6.67kN/m$。

(3) 按胶合面切应力强度确定梁的许可均布荷载集度。胶合面的最大切应力发生在 A 偏右、B 偏左截面上。

$$F_{Qmax}=\frac{1}{2}F_ql=1.5F_q$$

$$S_z^*=0.1\times0.05\times0.05=2.5\times10^{-4}(m^3)$$

$$I_z=\frac{bh^3}{12}=\frac{0.1\times0.15^3}{12}\approx28.13\times10^{-6}(m^4)$$

故有
$$\tau=\frac{F_{Q\max}S_z^*}{I_zb}=\frac{1.5F_q\times2.5\times10^{-4}}{28.13\times10^{-6}\times0.1}\leqslant0.4\times10^3$$

解得　$F_q\leqslant3.00\text{kN/m}$。

综合考虑三种强度，取$[F_q]=3.00\text{kN/m}$。

第三节　提高梁弯曲强度的措施

设计梁时，一方面要保证梁具有足够的强度，使其在荷载作用下能安全工作；另一方面又要使设计的梁能充分发挥材料的潜力，达到以较少的材料消耗获得较高的弯曲强度，满足即安全又经济合理的要求。

梁的弯曲强度主要由正应力强度所控制，由正应力强度条件$\sigma_{\max}=\dfrac{M_{\max}}{W_z}\leqslant[\sigma]$可知，提高梁弯曲强度需从降低$M_{\max}$和增大$W_z$两方面着手。

一、合理安排梁的受力情况，以降低弯矩最大值

（1）合理设置梁的支座。不同的支座会使相同长度、相同荷载的梁产生不同的弯矩。如图 12-16（a）所示，悬臂梁的最大弯矩为$\dfrac{1}{2}F_ql^2$，改装为简支梁后［见图 12-16（b）］，最大弯矩降低为$\dfrac{1}{8}F_ql^2$。而图 12-16（c）的最大弯矩减小为$\dfrac{1}{40}F_ql^2$。因此，合理设置梁的支座，可以减小最大弯矩，提高梁的弯曲强度。

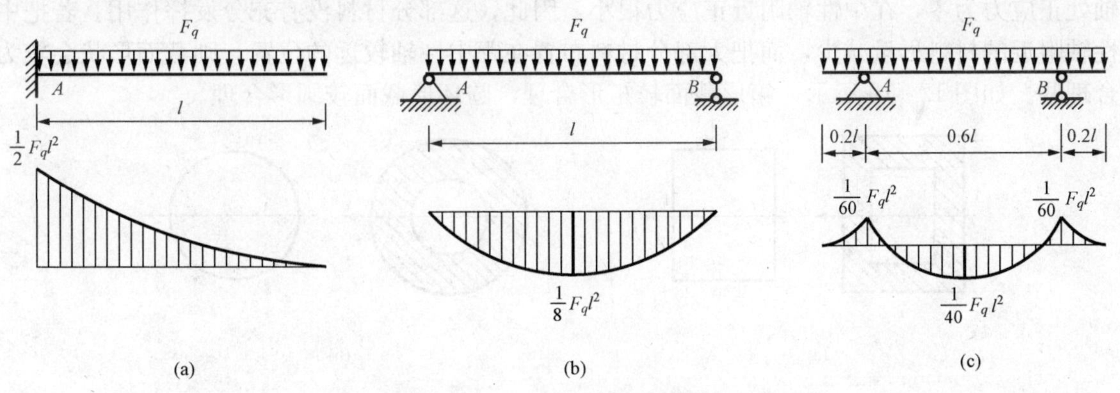

图 12-16　合理设置梁的支座

（a）悬臂梁；（b）改装为简支梁；（c）改变支座位置

（2）改善荷载的分布情况。改善荷载的分布情况也可减小最大弯矩，从而提高梁的弯曲强度。如图 12-17（a）所示，梁的最大弯矩为$\dfrac{1}{4}Fl$。若在梁AB上安置一短梁，其最大弯矩降低为$\dfrac{1}{8}Fl$。

二、选择合理的截面形状

（1）根据$\dfrac{W_z}{A}$选择截面形状。在面积相同的情况下，抗弯截面系数W_z越大，截面形状越合理。如图 12-18 所示，在面积相等情况下，工字形截面最为合理，其次为矩形截面、圆形截面。

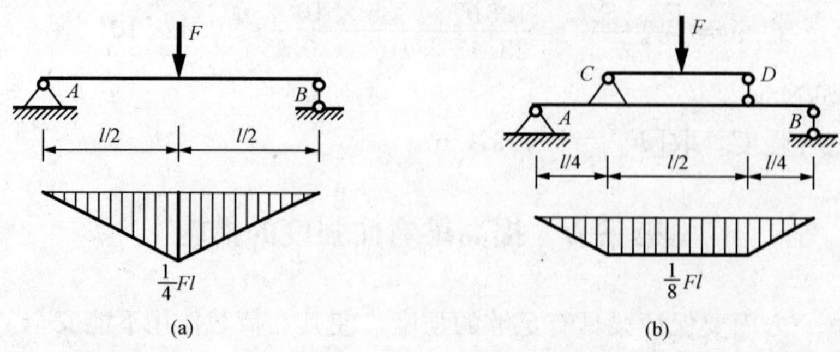

图 12-17　改善荷载的分布情况

(a) 梁的最大弯矩为$\frac{1}{4}Fl$；(b) 在梁上安置一短梁，最大弯矩降低

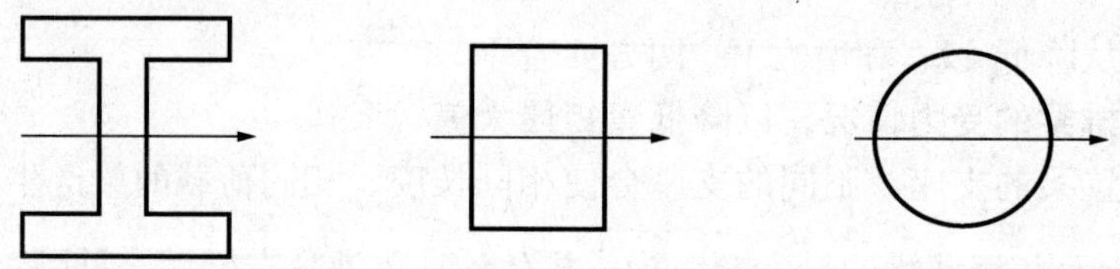

图 12-18　根据$\frac{W_z}{A}$选择截面形状

(2) 根据正应力的分布规律选择截面形状。弯曲正应力沿截面高度按线性分布，在中性轴处正应力为零，在中性轴附近正应力很小，因此，这部分材料没有充分发挥作用。若把中性轴附近的材料尽量减少，而把大部分材料布置在距中性轴较远的位置，则截面形状会较为合理些。如图 12-19 所示，箱形截面较矩形合理，圆环形截面较圆形合理。

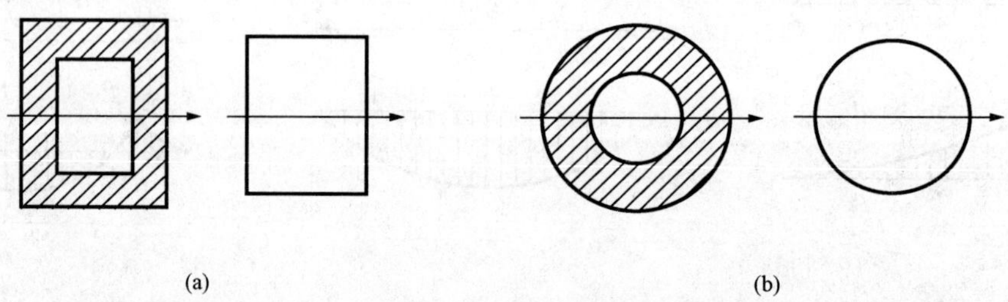

图 12-19　根据正应力分布的规律选择截面形状

(a) 箱形截面；(b) 圆环形截面

(3) 根据材料特性选择截面形状。对于抗拉、抗压强度相等的塑性材料，一般采用中性轴是对称轴的截面。例如矩形、工字形等截面，使得上下边缘的最大拉应力和最大压应力相等，同时达到材料的许用应力值。

对于抗拉、抗压强度不等的脆性材料，最好选择中性轴不是对称轴的截面，如 T 形截面、平放的槽形截面等。应将中性轴接近强度低的一边，使得受拉、受压边的最大拉应力和最大压应力同时达到许用拉应力和许用压应力，这样较合理。

三、采用变截面梁

设计梁的截面尺寸时，是根据全梁内的危险截面进行计算。因此，除危险截面外，其他弯矩较小的截面，其应力都远小于材料的许用应力。为了充分发挥材料的作用，应当在弯矩较大处采用较大的截面，弯矩较小处采用较小的截面。这种横截面沿梁轴线变化的梁称为**变截面梁**。若使每一横截面上的最大正应力正好等于材料的许用应力，这样的梁称为**等强度梁**。

从强度观点看，等强度梁是理想的，但施工比较复杂。因此工程上常采用形状简单而接近等强度梁的变截面梁，如图 12-20 所示的悬臂梁和简支梁。

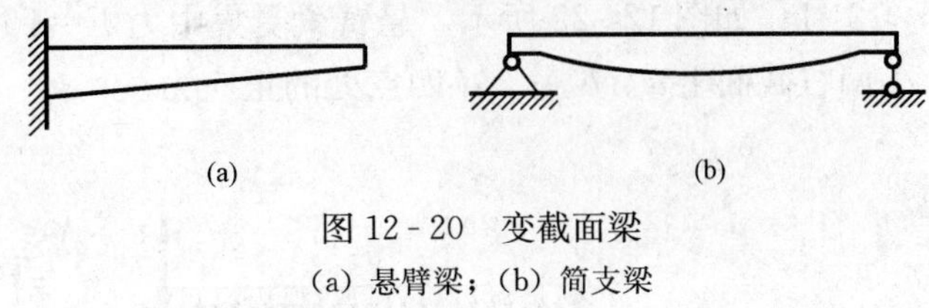

图 12-20　变截面梁

(a) 悬臂梁；(b) 简支梁

思　考　题

12-1　什么是纯弯曲？什么是横力弯曲？

12-2　什么是中性层？什么是中性轴？

12-3　在推导正应力公式时作了哪些假设？假设的依据是什么？在推导公式中起什么作用？

12-4　中性轴的位置如何确定？

12-5　梁的正应力在横截面上如何分布？试画出图 12-21 所示各横截面上沿直线 1—1 和 2—2 的正应力的分布图（C 为截面的形心）。

12-6　梁的切应力在横截面上如何分布？试比较矩形截面正应力和切应力的分布规律。

12-7　简述在何种情况下需要作梁的切应力强度校核？

12-8　提高梁的抗弯强度的措施有哪些？简述工程中常将矩形截面“立放”而不“平放”的原因。为了提高梁的抗弯强度，能否将矩形截面做成高而窄的长条形。

12-9　工程中常见的空心楼板是根据什么道理制作的？

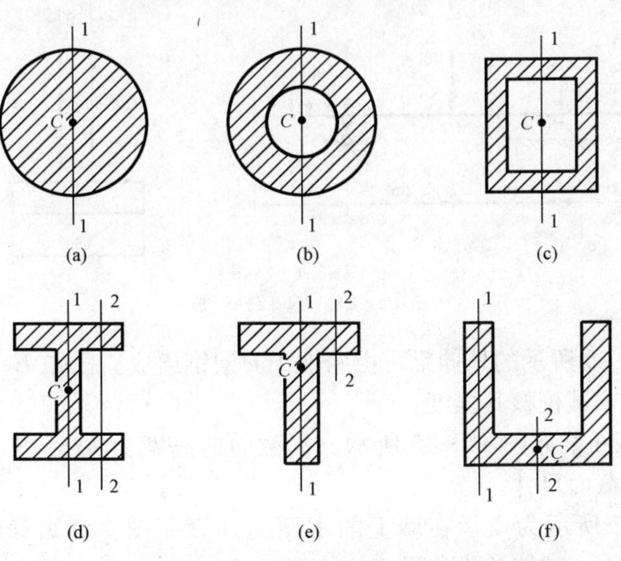

图 12-21　思考题 12-5 图

习 题

12-1 如图12-22所示，悬臂梁受集中力F=10kN和均布荷载F_q=28kN/m作用。计算A偏右截面上a、b、c、d四点处的正应力。

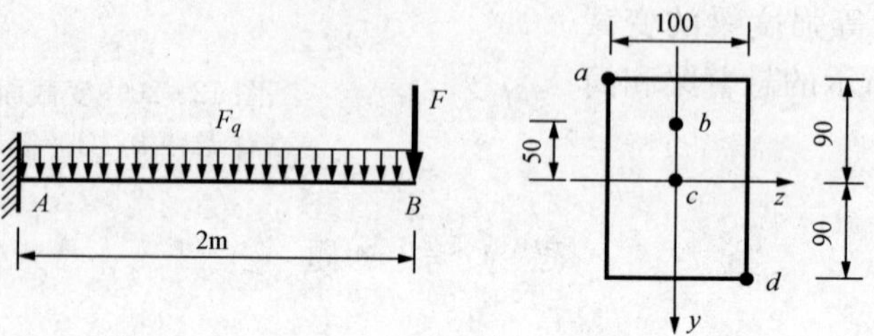

图12-22 题12-1图

12-2 计算图12-23所示梁的最大正应力，并说明其发生的位置。

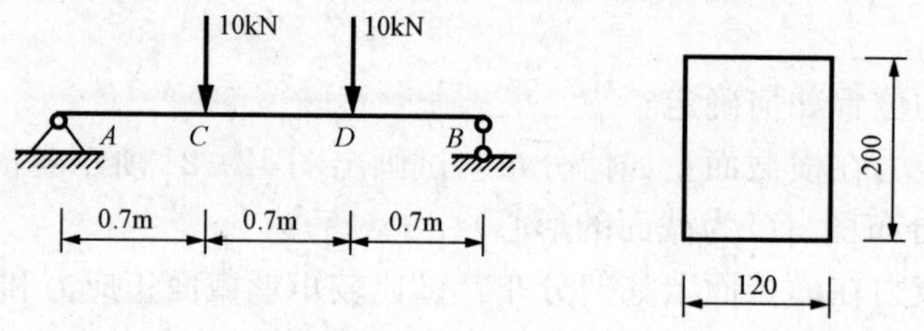

图12-23 题12-2图

12-3 倒T形截面梁受荷载情况及其截面尺寸如图12-24所示。求梁内最大拉应力和最大压应力，并说明它们发生的位置。

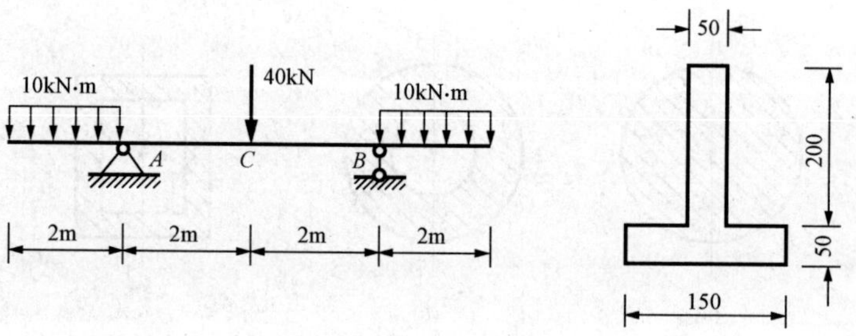

图12-24 题12-3图

12-4 如图12-25所示的外伸梁，由两根16a槽钢组成。已知F=15kN，材料的许用正应力[σ]=170MPa，试校核其强度。

12-5 一矩形截面梁如图12-26所示。横截面的高宽比h/b=3，材料的许用应力为[σ]=8MPa，试选择截面尺寸。

12-6 图12-27所示为支承在墙上的木栅的计算简图。已知材料的许用应力[σ]=12MPa，[τ]=1.2MPa。试校核梁的强度。

12-7 图12-28所示吊车梁用25a工字钢制作，已知材料的许用应力[σ]=170MPa，[τ]=100MPa，求荷载的许可值[F]。

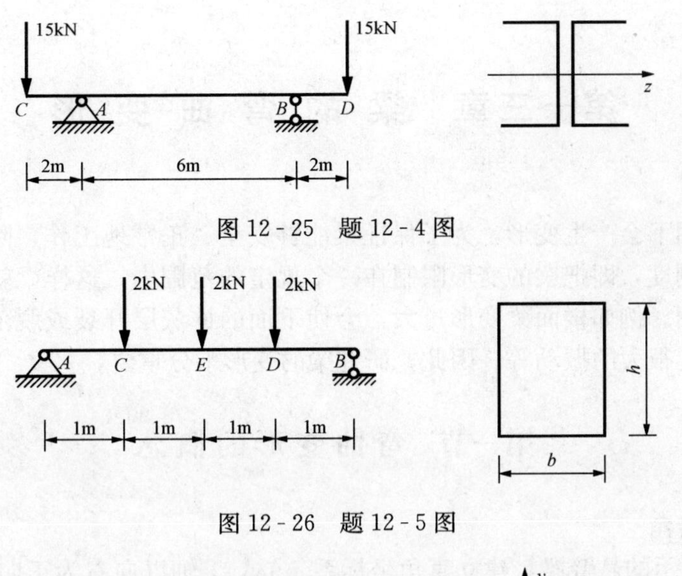

图 12-25　题 12-4 图

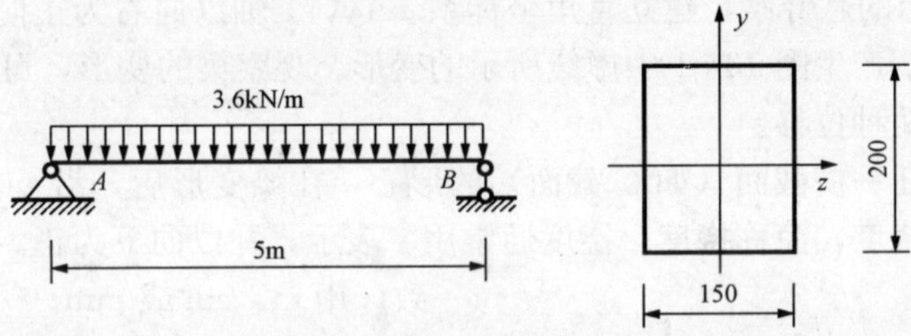

图 12-26　题 12-5 图

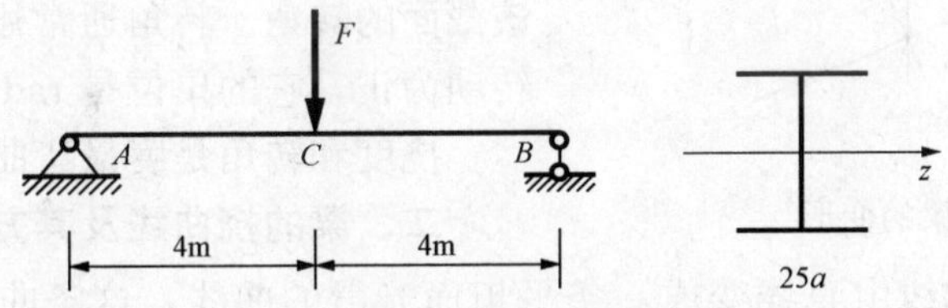

图 12-27　题 12-6 图

图 12-28　题 12-7 图

12-8　简支梁受力情况如图 12-29 所示，已知材料的许用应力$[\sigma]=170$MPa，$[\tau]=100$MPa，试选择工字钢的型号。

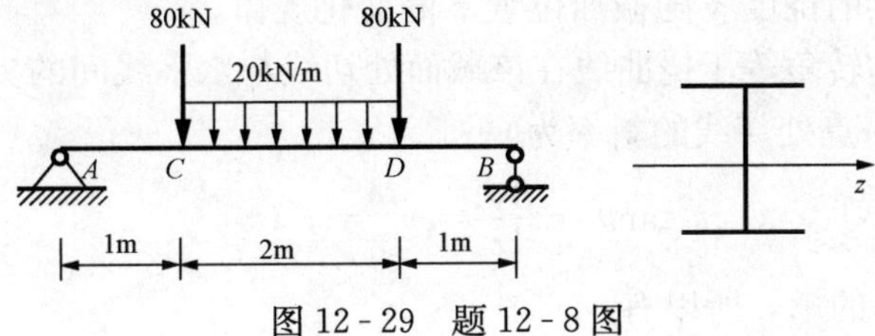

图 12-29　题 12-8 图

第十三章　梁的弯曲变形

梁在荷载作用下会产生变形，为了保证梁能够安全、正常地工作，除有足够的强度外，还必须有足够的刚度，即把梁的变形限制在一个规定的范围内，这样梁就不会因变形过大，而影响其正常使用。例如楼面梁变形过大，会使下面的抹灰层开裂或脱落；桥梁变形过大，机车通过时会引起很大的振动等。因此，研究梁的变形十分重要。

第一节　弯曲变形的概念

一、挠度和转角

如图 13 - 1 所示的悬臂梁，建立直角坐标系 xAy，x 轴以向右为正向，y 轴以向下为正向。梁在荷载作用下产生图 13 - 1 中虚线所示的变形。观察梁的变形，可以看出梁的横截面产生了挠度和转角两种位移。

（1）**挠度**。梁任一横截面（如 C 截面）的形心，在梁变形后，沿 y 方向的位移（CC'）称为**该截面形心的挠度**，简称**挠度**。挠度通常用 y 表示，并以向下为正。它的单位与长度单位一致，用 m、cm 或 mm。

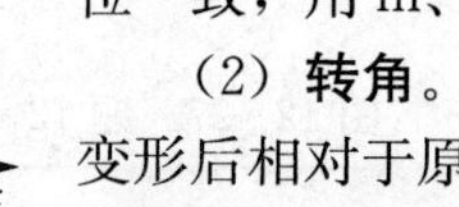

图 13 - 1　梁的变形

（2）**转角**。梁任一横截面（如 C 截面），在变形后相对于原来位置绕中性轴转过的角度称为**该截面的转角**。转角通常用 θ 表示，并以顺时针转动为正，它的单位是 rad。

挠度和转角是度量弯曲变形的两个基本量。

二、梁的挠曲线及其方程

梁弯曲变形后，轴线由直线变成一条平坦而光滑的曲线，这条曲线称为**挠曲线**（如图 13 - 1 所示的虚线）。因为它是弹性范围内的挠曲线，所以又称为**弹性曲线**。

梁的挠曲线可用方程表示，即

$$y = f(x) \tag{13 - 1}$$

挠曲线方程表示梁的挠度 y 随截面位置 x 的变化规律。

梁上任一横截面的转角等于挠曲线在该截面处切线与水平线间的夹角，如图 13 - 1 所示的 C 截面，挠曲线任一点处切线的斜率为

$$\tan\theta = \frac{\mathrm{d}y}{\mathrm{d}x} = y' = f'(x)$$

由于实际变形 θ 是很小的量，所以有

$$\theta \approx \tan\theta = y' \tag{13 - 2}$$

式（13 - 2）称为**转角方程**。它表明梁上任一横截面的转角等于挠曲线在该点处切线的斜率。

由此可见，计算梁的挠度和转角，关键在于建立梁的挠曲线方程。

三、挠曲线近似微分方程

在第十二章中已求得梁在纯弯曲时的曲率表达式（12-1）

$$\frac{1}{\rho}=\frac{M}{EI_z}$$

对于横力弯曲的梁，由于梁的跨度通常较横截面高度大得多，剪力对梁的变形影响很小，可以忽略不计，所以式（12-1）仍可应用。但应注意，这时的M和ρ都已不再是常数，它们随截面位置而不同。因此，式（12-1）应改为

$$\frac{1}{\rho(x)}=\frac{M(x)}{EI_z} \quad ①$$

另一方面，由高等数学可知，平面曲线的曲率与曲线方程之间存在下列关系

$$\frac{1}{\rho(x)}=\pm\frac{\dfrac{d^2y}{dx^2}}{\left[1+\left(\dfrac{dy}{dx}\right)^2\right]^{\frac{3}{2}}} \quad ②$$

由于分析的是小变形，$\frac{dy}{dx}$是一个很小的量，而$\left(\frac{dy}{dx}\right)^2$与1相比很微小，可忽略不计，故式②可近似地写为

$$\frac{1}{\rho(x)}=\pm\frac{d^2y}{dx^2} \quad ③$$

由式①和式③得

$$\frac{d^2y}{dx^2}=\pm\frac{M(x)}{EI_z} \quad ④$$

式中的正负号取决于坐标系的选择和弯矩正负号的规定。在图13-1所示的坐标系中，当M为正，挠曲线下凸，它的二阶导数$\frac{d^2y}{dx^2}<0$；当M为负，挠曲线上凸，它的二阶导数$\frac{d^2y}{dx^2}>0$，如图13-2所示。可见，弯矩$M(x)$的正负号与挠曲线二阶导数的正负号总是相反的，式④等号两边应取相反的符号，即

$$\frac{d^2y}{dx^2}=-\frac{M(x)}{EI_z} \quad (13-3)$$

式（13-3）称为**梁的挠曲线近似微分方程**，它只适用于弹性范围内的小变形。

式（13-3）是计算梁变形的基本公式，求解这一微分方程，就可以得到梁的挠曲线方程，从而进一步求得梁任一截面的挠度和转角。

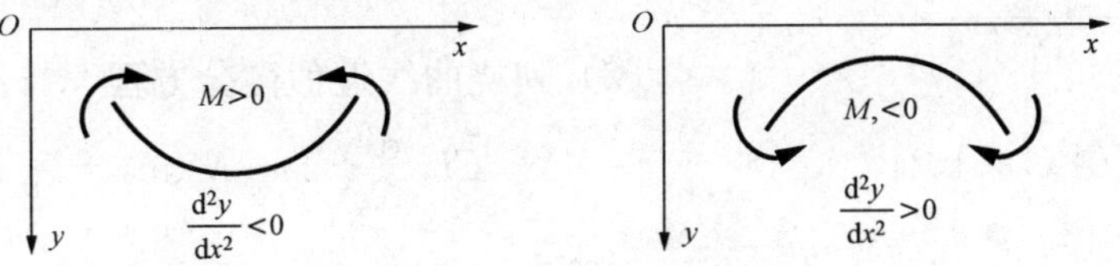

图13-2　弯矩的正负号

第二节　用积分法计算梁的变形

对于等截面梁，EI_z为常数，$M(x)$是x的函数，将挠曲线近似微分方程式（13-3）两

边积分一次得到转角方程

$$\theta=\frac{\mathrm{d}y}{\mathrm{d}x}=-\frac{1}{EI_z}\left[\int M(x)\mathrm{d}x+C\right] \tag{13-4}$$

再积分一次得到挠曲线方程

$$y=-\frac{1}{EI_z}\left\{\int\left[\int M(x)\mathrm{d}x\right]\mathrm{d}x+Cx+D\right\} \tag{13-5}$$

积分式中的积分常数 C、D 可通过已知的边界条件和连续条件确定。**边界条件**是指梁在某些截面处的已知位移条件，如图 13 - 3 所示。**连续条件**是基于梁的变形是连续的，因而任意截面处有唯一确定的挠度和转角。例如图 13 - 3（b）所示的简支梁，C 截面的挠度和转角是唯一的。

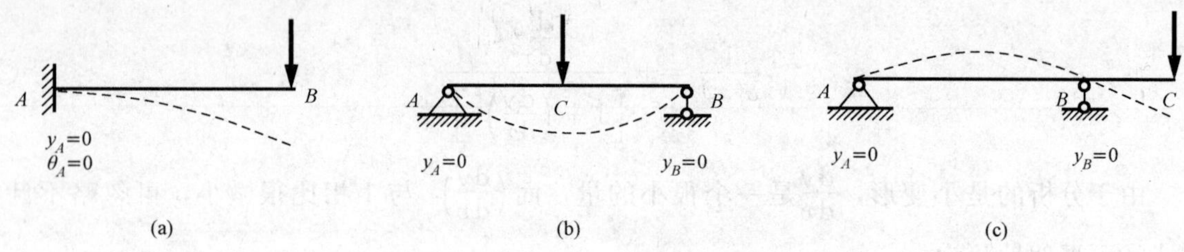

图 13 - 3 边界条件

（a）悬臂梁；（b）简支梁；（c）外伸梁

用积分法计算梁任一截面挠度和转角的思路如下：

（1）建立坐标系。土建工程中，习惯取梁的最左端为坐标原点，梁轴线指向右为 x 轴的正向，y 轴以向下为正向。

（2）分段列弯矩方程。按控制点将梁分成若干段，分别列出每一段的弯矩方程。

（3）将弯矩方程代入式（13 - 3），列出挠曲线近似微分方程，并经过积分得到转角方程和挠曲线方程。

（4）利用边界条件或连续条件确定积分常数。

（5）计算指定截面的挠度和转角。

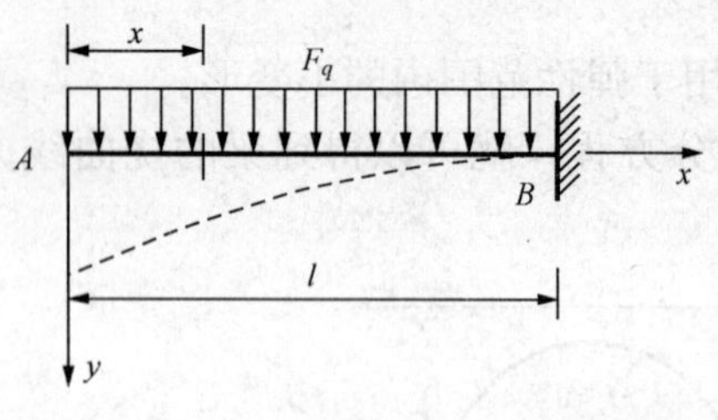

图 13 - 4 ［例 13 - 1］图

【例 13 - 1】 试求图 13 - 4 所示悬臂梁的最大挠度和最大转角。

解 （1）建立坐标系如图 13 - 4 所示，列弯矩方程

$$M(x)=-\frac{1}{2}F_qx^2$$

（2）列挠曲线近似微分方程

$$EI_z\frac{\mathrm{d}^2y}{\mathrm{d}x^2}=-M(x)=\frac{1}{2}F_qx^2$$

积分一次得

$$EI_z\theta=\frac{1}{6}F_qx^3+C \tag{①}$$

再积分一次得

$$EI_zy=\frac{1}{24}F_qx^4+Cx+D \tag{②}$$

（3）确定积分常数。将边界条件 $x=l$ 时，$y_A=0$，$\theta_A=0$ 代入式①和式②得

$$C=-\frac{1}{6}F_ql^3,\quad D=\frac{1}{8}F_ql^4$$

(4) 列出梁的挠曲线方程和转角方程。

将 $C=-\frac{1}{6}F_ql^3$，$D=\frac{1}{8}F_ql^4$ 代入式①和式②得到挠曲线方程和转角方程分别为

$$\theta=\frac{1}{EI_z}\left(\frac{1}{6}F_qx^3-\frac{1}{6}F_ql^3\right)$$

$$y=\frac{1}{EI_z}\left(\frac{1}{24}F_qx^4-\frac{1}{6}F_ql^3x+\frac{1}{8}F_ql^4\right)$$

(5) 计算梁的最大挠度和转角。根据梁的受力情况，由梁的挠曲线（图 13-4 中虚线所示）可见，最大挠度和最大转角都在自由端处。将 $x=0$ 分别代入挠曲线方程和转角方程得

$$y_{\max}=\frac{F_ql^4}{8EI_z}(\downarrow),\quad \theta_{\max}=-\frac{F_ql^3}{6EI_z}(\curvearrowleft)$$

【例 13-2】 如图 13-5 所示的简支梁，试求：(1) A 截面和 B 截面的转角；(2) 梁的最大挠度。

解 (1) 建立图示坐标系，列弯矩方程。梁按控制点可分为 AC、CB 两段，分别列出两段的弯矩方程。

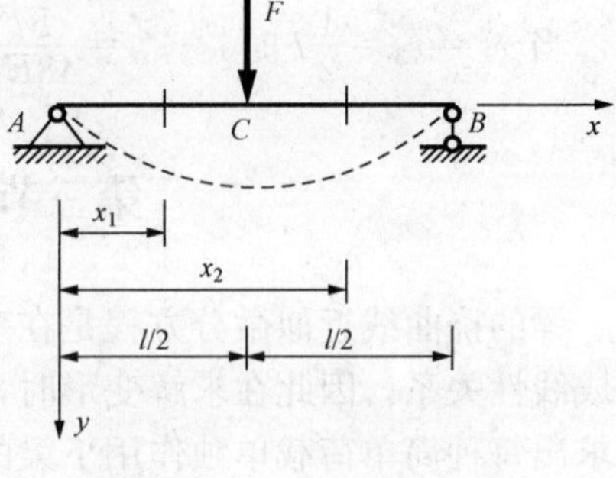

图 13-5 ［例 13-2］图

AC 段：在该段内取任一截面，设该截面到 A 端的距离为 x_1，则

$$M(x_1)=\frac{1}{2}Fx_1\quad\left(0\leqslant x_1\leqslant\frac{l}{2}\right)$$

CB 段：在该段内取任一截面，设该截面到 A 端的距离为 x_2，则

$$M(x_2)=\frac{1}{2}F(l-x_2)\quad\left(\frac{l}{2}\leqslant x_2\leqslant l\right)$$

(2) 列出各段的挠曲线近似微分方程。

AC 段 $$EI_z\frac{d^2y_1}{dx_1^2}=-\frac{1}{2}Fx_1$$

积分一次得 $$EI_z\theta_1=-\frac{1}{4}Fx_1^2+C_1 \quad ①$$

积分两次得 $$EI_zy_1=-\frac{1}{12}Fx_1^3+C_1x_1+D_1 \quad ②$$

CB 段 $$EI_z\frac{d^2y_2}{dx_2^2}=-\frac{1}{2}F(l-x_2)=\frac{1}{2}Fx_2-\frac{1}{2}Fl$$

积分一次得 $$EI_z\theta_2=\frac{1}{4}Fx_2^2-\frac{1}{2}Flx_2+C_2 \quad ③$$

积分两次得 $$EI_zy_2=\frac{1}{12}Fx_2^3-\frac{1}{4}Flx_2^2+C_2x_2+D_2 \quad ④$$

(3) 确定积分常数。

边界条件为 $x_1=0$，$y_1=0$；$x_2=l$，$y_2=0$。

连续条件为 $x_1=x_2=\frac{l}{2}$，$\theta_1=\theta_2$，$y_1=y_2$。

将边界条件和连续条件代入式①～式④，解得

$$C_1=\frac{1}{16}Fl^2,\quad D_1=0,\quad C_2=\frac{3}{16}Fl^2,\quad D_2=-\frac{1}{48}Fl^3$$

(4) 确定挠曲线方程和转角方程。

AC段
$$\theta_1=\frac{1}{EI_z}\left(-\frac{1}{4}Fx_1^2+\frac{1}{16}Fl^2\right)$$
$$y_1=\frac{1}{EI_z}\left(-\frac{1}{12}Fx_1^3+\frac{1}{16}Fl^2x_1\right)$$

CB段
$$\theta_2=\frac{1}{EI_z}\left(\frac{1}{4}Fx_2^2-\frac{1}{2}Flx_2+\frac{3}{16}Fl^2\right)$$
$$y_2=\frac{1}{EI_z}\left(\frac{1}{12}Fx_2^3-\frac{1}{4}Flx_2^2+\frac{3}{16}Fl^2x_2-\frac{1}{48}Fl^3\right)$$

(5) 计算 A 截面和 B 截面的转角。

当 $x_1=0$ 时，$\theta_A=\theta_1=\frac{Fl^2}{16EI_z}$（↻）；

当 $x_2=l$ 时，$\theta_B=\theta_2=-\frac{Fl^2}{16EI_z}$（↺）；

当 $x_1=x_2=\frac{1}{2}l$ 时，$y_{\max}=\frac{Fl^3}{48EI_z}$（↓）。

第三节 用叠加法计算梁的变形

梁的挠曲线近似微分方程是在变形服从胡克定律的条件下导出的，其挠度、转角与外荷载成线性关系。因此在求解变形时，也可采用叠加法。当梁同时作用几种荷载时，可以先分别求出每种简单荷载单独作用下梁的挠度或转角，然后进行叠加，就得到几种荷载共同作用下的挠度或转角，这种方法称为**叠加法**。

梁在各种常见简单荷载作用下的挠度和转角见表 13-1，以备查用。

【例 13-3】 悬臂梁同时受到均布荷载 F_q 和集中荷载 F 的作用如图 13-6（a）所示，试用叠加法计算梁的最大挠度。设 EI_z 为常数。

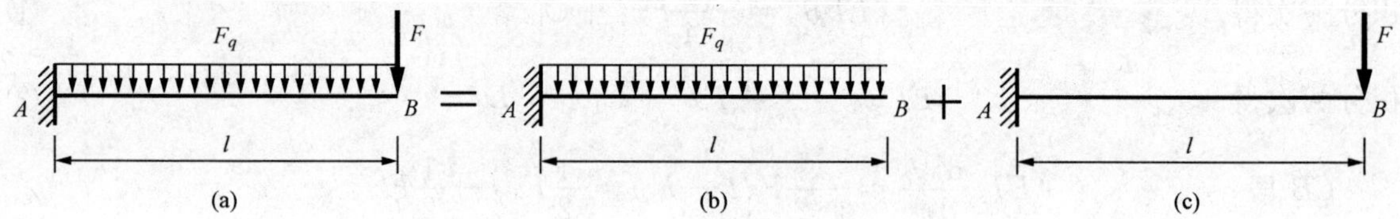

图 13-6 ［例 13-3］图

(a) 悬臂梁同时受到均布荷载和集中荷载的作用；(b) 梁受均布荷载作用；(c) 梁受集中荷载作用

解 (1) 将梁上的复杂荷载分解为两种简单荷载，如图 13-6（b）、图 13-6（c）所示。

(2) 由表 13-1 查得，悬臂梁在均布荷载作用下自由端 B 有最大挠度，其值为
$$y_B^{F_q}=\frac{F_ql^4}{8EI_z}(\downarrow)$$

悬臂梁在集中力 F 作用下自由端 B 有最大挠度，其值为
$$y_B^F=\frac{Fl^3}{3EI_z}(\downarrow)$$

（3）梁在荷载 F_q 和 F 共同作用下，自由端 B 处的最大挠度为

$$y_{\max}=y_B^{F_q}+y_B^{F}=\frac{F_q l^4}{8EI_z}+\frac{Fl^3}{3EI_z}(\downarrow)$$

【例 13-4】 简支梁受荷情况如图 13-7（a）所示，已知 $F_1=F_2=F$，抗弯刚度 EI_z 为常数。试用叠加法计算梁跨中截面的挠度和转角。

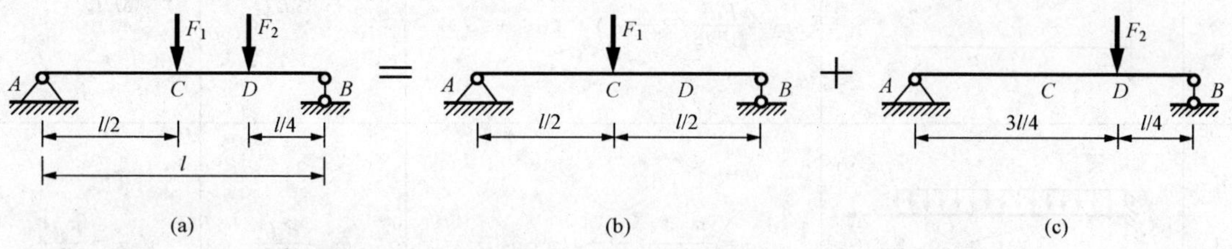

图 13-7 ［例 13-4］图

（a）简支梁受荷情况；（b）梁受 F_1 作用；（c）梁受 F_2 作用

解 （1）将梁上的复杂荷载分解为两种简单荷载，如图 13-7（b）、图 13-7（c）所示。

（2）查表 13-1 得，梁在 F_1 单独作用下，跨中的挠度和转角分别为

$$y_{C1}=\frac{Fl^3}{48EI_z}(\downarrow),\quad \theta_{C1}=0$$

梁在 F_2 单独作用下，跨中挠度和转角分别为

$$y_{C2}=\frac{Fb}{48EI_z}(3l^2-4b^2)=\frac{F\times\frac{l}{4}\left(3l^2-4\times\frac{l^2}{16}\right)}{48EI_z}=\frac{11Fl^3}{768EI_z}(\downarrow)$$

$$\theta_{C2}=\frac{Fb}{6EI_z l}(l^2-3x^2-b^2)=\frac{F\times\frac{l}{4}}{6EI_z l}\left(l^2-\frac{3}{4}l^2-\frac{l^2}{16}\right)=\frac{Fl^2}{128EI_z}(\curvearrowright)$$

（3）梁在 F_1 和 F_2 共同作用下，跨中挠度和转角分别为

$$y_C=y_{C1}+y_{C2}=\frac{Fl^3}{48EI_z}+\frac{11Fl^3}{768EI_z}=\frac{9Fl^3}{256EI_z}(\downarrow)$$

$$\theta_C=\theta_{C1}+\theta_{C2}=\frac{Fl^2}{128EI_z}(\curvearrowright)$$

表 13-1　　梁在简单荷载作用下的挠度和转角

序号	梁的简图	挠曲线方程	转　角	最大挠度
1	F　A　B　x　l　y	$y=\frac{Fx^2}{6EI_z}(3l-x)$	$\theta_B=\frac{Fl^2}{2EI_z}$	$y_B=\frac{Fl^3}{3EI_z}$

续表

序号	梁的简图	挠曲线方程	转　角	最大挠度
2	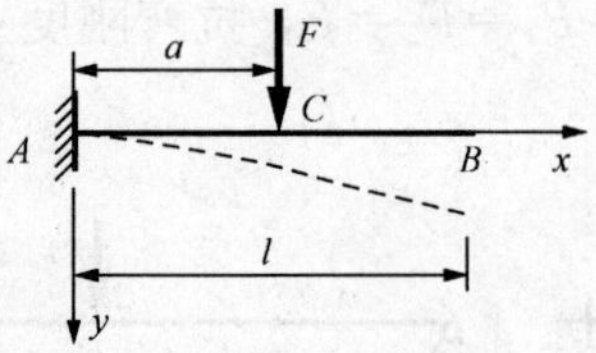	$y=\frac{Fx^2}{6EI_z}(3a-x)\quad(0\leqslant x\leqslant a)$ $y=\frac{Fa^2}{6EI_z}(3x-a)\quad(a\leqslant x\leqslant l)$	$\theta_B=\frac{Fa^2}{2EI_z}$	$y_B=\frac{Fa^2}{6EI_z}(3l-a)$
3	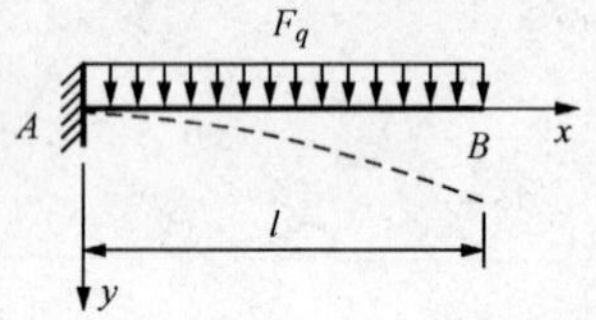	$y=\frac{F_qx^2}{24EI_z}(x^2-4lx+6l^2)$	$\theta_B=\frac{F_ql^3}{6EI_z}$	$y_B=\frac{F_ql^4}{8EI_z}$
4	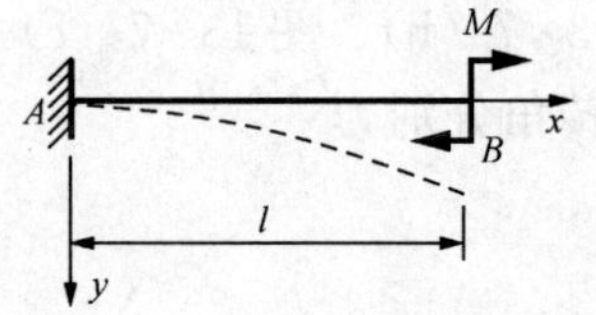	$y=\frac{Mx^2}{2EI_z}$	$\theta_B=\frac{Ml}{EI_z}$	$y_B=\frac{Ml^2}{2EI_z}$
5	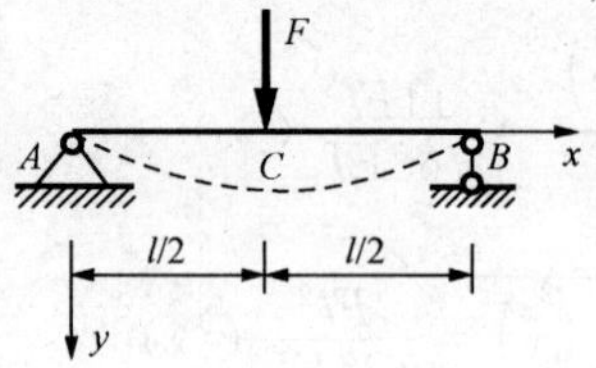	$y=\frac{Fx}{48EI_z}(3l^2-4x^2)\quad\left(0\leqslant x\leqslant\frac{1}{2}\right)$	$\theta_A=-\theta_B=\frac{Fl^2}{16EI_z}$	$y_C=\frac{Fl^3}{48EI_z}$
6	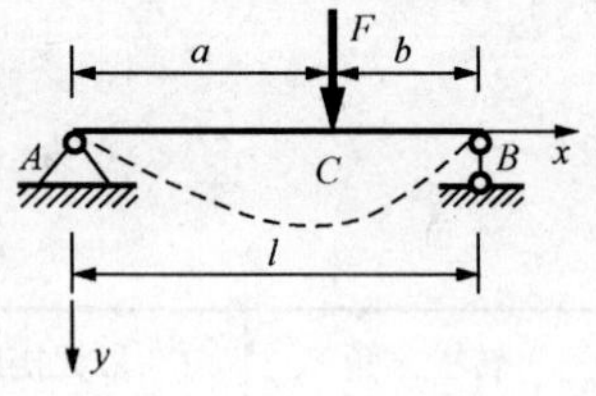	$y=\frac{Fbx}{6EI_zl}(l^2-x^2-b^2)\quad(0\leqslant x\leqslant a)$ $y=\frac{Fa(l-x)}{6EI_zl}(2lx-x^2-a^2)$ $(a\leqslant x\leqslant l)$	$\theta_A=\frac{Fab(l+b)}{6EI_zl}$ $\theta_B=-\frac{Fab(l+a)}{6EI_zl}$	设 $a>b$ 在 $x=\sqrt{\frac{l^2-b^2}{3}}$ 处， $y_{max}=\frac{\sqrt{3}Fb}{27EI_zl}(l^2-b^2)^{3/2}$ 在 $x=\frac{l}{2}$ 处， $y_{l/2}=\frac{Fb}{48EI_z}(3l^2-4b^2)$
7	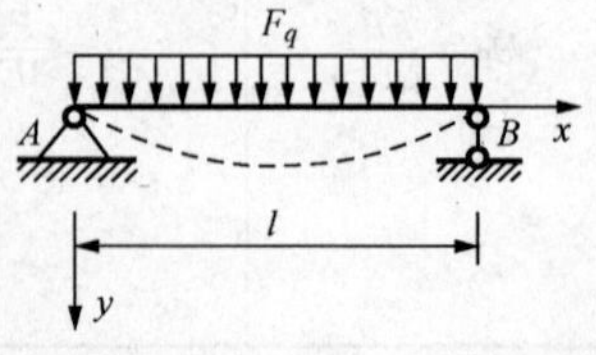	$y=\frac{F_qx}{24EI_z}(l^3-2lx^2+x^3)$	$\theta_A=-\theta_B=\frac{F_ql^3}{24EI_z}$	在 $x=l/2$ 处， $y_{max}=\frac{5F_ql^4}{384EI_z}$

续表

序号	梁的简图	挠曲线方程	转角	最大挠度
8	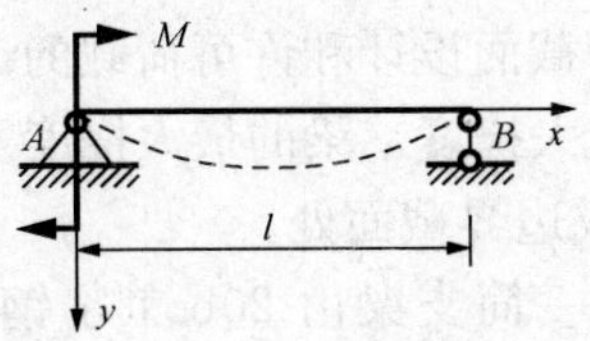	$y=\frac{Mx}{6EI_zl}(l-x)(2l-x)$	$\theta_A=\frac{Ml}{3EI_z}$ $\theta_B=-\frac{Ml}{6EI_z}$	在 $x=\left(1-\frac{1}{\sqrt{3}}\right)l$ 处， $y_{max}=\frac{Ml^2}{9\sqrt{3}EI_z}$ 在 $x=l/2$ 处， $y_{l/2}=\frac{Ml^2}{16EI_z}$
9	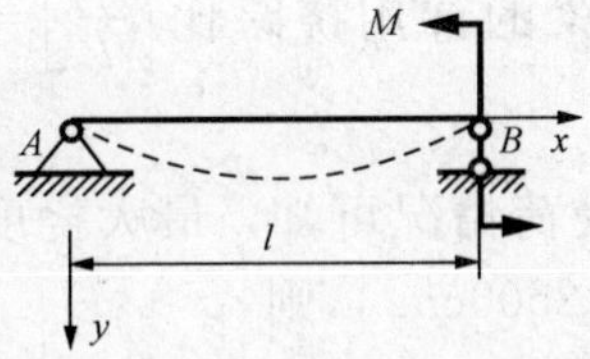	$y=\frac{Mx}{6EI_zl}(l^2-x^2)$	$\theta_A=\frac{Ml}{6EI_z}$ $\theta_B=\frac{Ml}{3EI_z}$	在 $x=l/\sqrt{3}$ 处， $y_{max}=\frac{Ml^2}{9\sqrt{3}EI_z}$ 在 $x=l/2$ 处， $y_{l/2}=\frac{Ml^2}{16EI_z}$
10	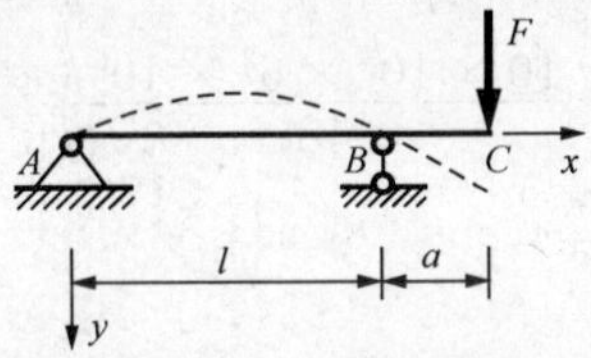	$y=-\frac{Fax}{6EI_zl}(l^2-x^2)\quad(0\leqslant x\leqslant l)$ $y=\frac{F(l-x)}{6EI_z}[(x-l)^2-3ax+al]$ $[l\leqslant x\leqslant(l+a)]$	$\theta_A=-\frac{Fal}{6EI_z}$ $\theta_B=\frac{Fal}{3EI_z}$ $\theta_C=\frac{Fa(3l+3a)}{6EI_z}$	$y_C=\frac{Fa^2}{3EI_z}(l+a)$
11	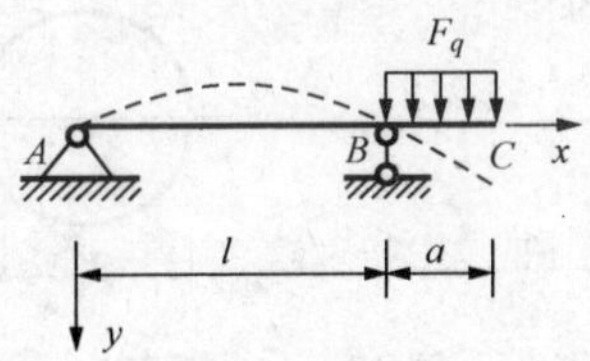	$y=-\frac{F_qa^2x}{12EI_zl}(l^2-x^2)\quad(0\leqslant x\leqslant l)$ $y=\frac{F_q(x-l)}{24EI_z}[2a^2(3x-l)$ $+(x-l)^2(x-l-4a)]$ $[l\leqslant x\leqslant(l+a)]$	$\theta_A=-\frac{F_qa^2l}{12EI_z}$ $\theta_B=\frac{F_qa^2l}{6EI_z}$ $\theta_C=\frac{F_qa^2(l+a)}{6EI_z}$	$y_C=\frac{F_qa^3}{24EI_z}(4l+3a)$
12	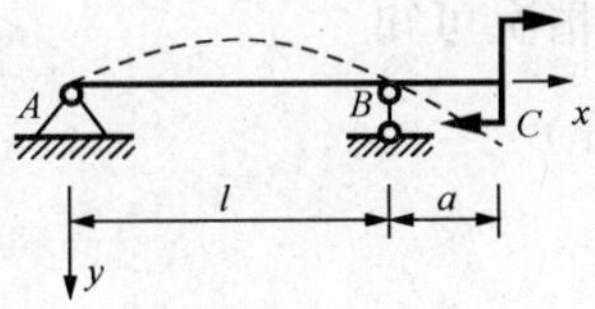	$y=-\frac{Mx}{6EI_zl}(l^2-x^2)\quad(0\leqslant x\leqslant l)$ $y=\frac{M}{6EI_z}(3x^2-4xl+l^2)$ $[l\leqslant x\leqslant(l+a)]$	$\theta_A=-\frac{Ml}{6EI_z}$ $\theta_B=\frac{Ml}{3EI_z}$ $\theta_C=\frac{M}{3EI_z}(l+3a)$	$y_C=\frac{Ma}{6EI_z}(2l+3a)$

第四节 梁的刚度校核及提高梁弯曲刚度的措施

一、梁的刚度校核

在建筑工程中，梁除了要满足强度条件外，还要满足刚度条件。梁的刚度条件为

$$\frac{y_{max}}{l}\leqslant\left[\frac{f}{l}\right] \tag{13-6}$$

式中：$\frac{y_{max}}{l}$为最大挠跨比；$\left[\frac{y}{l}\right]$为许用挠跨比，许用挠跨比可从设计规范中查得，一般在$\frac{1}{200}\sim\frac{1}{1000}$范围内。

利用刚度条件可以对梁进行三个方面的计算：校核刚度、截面设计和许可荷载的计算。

由刚度条件可知，对梁进行刚度计算，关键是计算梁的最大挠度。梁的最大挠度发生在$\theta=y'=0$的截面或边界截面处。

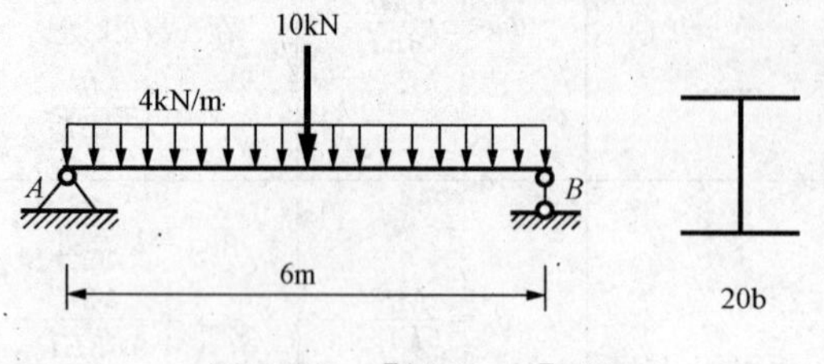

图 13-8 ［例 13-5］图

【例 13-5】 一简支梁由 20b 工字钢制成，受荷载作用如图 13-8 所示。已知材料的弹性模量$E=200\text{GPa}$，梁的许用挠跨比$\left[\frac{f}{l}\right]=\frac{1}{400}$，试校核梁的刚度。

解 由梁的受荷情况可知，最大挠度发生在跨中截面。由附录型钢规格表查得 20b 工字钢惯性矩为$I_z=2500\text{cm}^4$，则

$$\begin{aligned}\frac{y_{max}}{l}&=\frac{5F_q l^3}{384EI_z}+\frac{Fl^2}{48EI_z}\\&=\frac{1}{200\times10^3\times2500\times10^4}\times\left(\frac{5\times4\times6^3\times10^9}{384}+\frac{10\times10^3\times6^2\times10^6}{48}\right)\\&\approx\frac{1}{266.7}>\left[\frac{f}{l}\right]\end{aligned}$$

此梁的刚度不满足要求。

【例 13-6】 一简支木梁，其截面为圆形，受荷载情况及梁的跨长如图 13-9 所示。已知木材的许用正应力$[\sigma]=10\text{MPa}$，弹性模量$E=1.0\times10^4\text{MPa}$，许用挠跨比$\left[\frac{f}{l}\right]=\frac{1}{200}$。试确定木梁的直径。

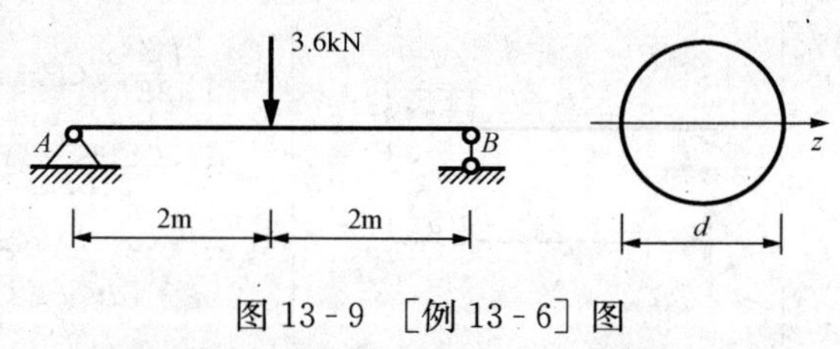

图 13-9 ［例 13-6］图

解 (1) 按正应力强度条件确定截面尺寸。由梁的受荷载情况可知

$$M_{max}=\frac{1}{4}\times3.6\times4=3.6(\text{kN}\cdot\text{m})$$

由强度条件

$$\sigma_{max}=\frac{M_{max}}{W_z}=\frac{M_{max}}{\frac{\pi d^3}{32}}\leqslant[\sigma]$$

得

$$d\geqslant\sqrt[3]{\frac{32M_{max}}{\pi[\sigma]}}=\sqrt[3]{\frac{32\times3.6\times10^6}{\pi\times10}}\approx154.2(\text{mm})$$

取$d=155\text{mm}$。

(2) 校核梁的刚度

$$\frac{y_{max}}{l}=\frac{Fl^2}{48EI_z}=\frac{3.6\times10^3\times4^2\times10^6}{48\times10^4\times\frac{\pi\times155^4}{64}}\approx\frac{1}{236}<\left[\frac{f}{l}\right]$$

梁满足刚度要求。

因此，木梁的直径 $d=155$mm。

二、提高梁抗弯刚度的措施

要提高梁的抗弯刚度，应从影响梁刚度的因素来考虑。从表 13-1 所示的挠曲线方程、转角方程可知，梁的挠度和转角与荷载作用、梁的跨长 l、抗弯刚度 EI_z 有关，因此，要减小梁的最大挠度，可采用以下措施：

（1）**改善荷载的分布情况。**在结构允许的情况下，合理调整荷载的位置及分布情况，可以降低最大弯矩，从而减小梁的最大挠度，提高抗弯刚度。如图 13-10（a）所示，在简支梁跨中作用有集中力 F 时，最大挠度为 $y_{\max}=\dfrac{Fl^3}{48EI_z}$。若将集中力改为均布荷载 F_q［见图 13-10（b）］，且 $F=F_q l$，则最大挠度为 $y_{\max}=\dfrac{5Fl^3}{384EI_z}$，仅为集中力作用时的 62.5%。

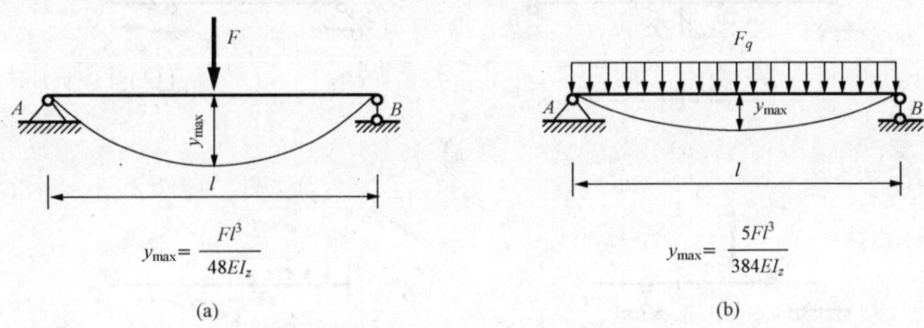

图 13-10 改善荷载的分布情况

（a）简支梁跨中作用有集中力 F；（b）将集中力改为均布荷载

（2）**减小梁的跨长。**梁的挠度与跨长 l 的 n 次幂成正比。设法减小梁的跨长，将会有效地减小梁的变形。如图 13-11（a）所示，简支梁跨中最大挠度 $y_{\max}=\dfrac{5F_q l^4}{384EI_z}$，若在跨中增加一支座［见图 13-11（b）］，则梁的最大挠度约为原梁的$\dfrac{1}{38}$。

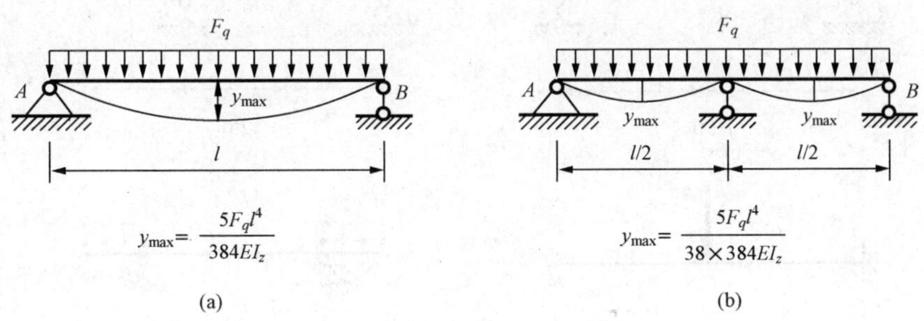

图 13-11 减小梁的跨长

（a）简支梁跨中有最大挠度；（b）在跨中增加支座

（3）**选择合理的截面形状。**选择合理的截面形状，可以增大惯性矩，提高抗弯刚度。如在面积相等的情况下，采用工字形截面、箱形截面要比矩形截面合理、圆环形截面又比圆形截面合理等。

（4）**选择合适的材料。**在其他条件相同情况下，选择弹性模量大的材料，可以提高刚度。例如用钢梁代替木梁可提高 E 值，从而提高刚度。但要注意，对于钢材，高强度钢与普通钢的 E 值很接近，靠用高强度钢来提高刚度是不行的。

思 考 题

13-1 什么是挠度和转角？挠度和转角的正负号是怎样规定的？

13-2 什么是挠曲线？请根据弯矩图和支座情况，画出图 13-12 所示各梁挠曲线的大致形状。

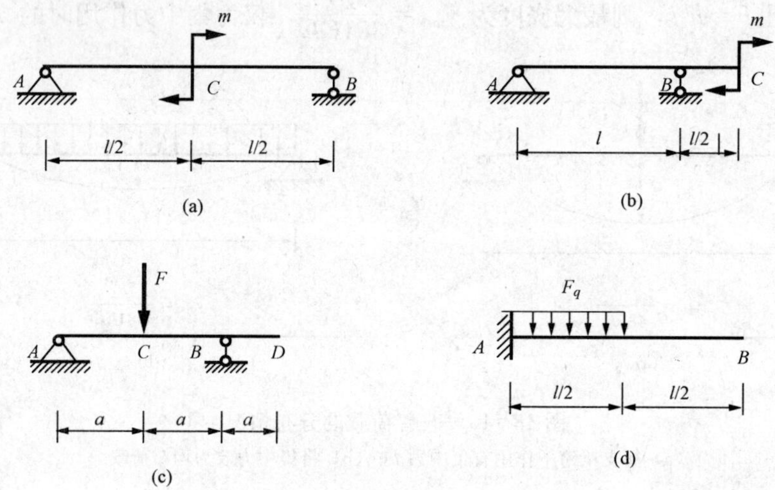

图 13-12 思考题 13-2 图

13-3 写出图 13-13 所示各梁的边界条件。

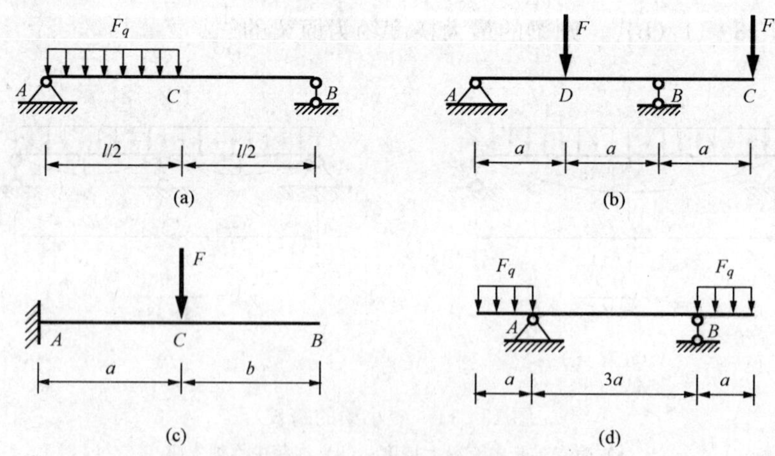

图 13-13 思考题 13-3 图

13-4 梁的最大挠度处弯矩一定取得最大值，最大挠度处转角一定等于零，这种说法对吗？

13-5 两根长度、截面、受力情况和支座均相同的梁，只是材料不同，它们的最大正应力和最大挠度是否相同？为什么？

习 题

13-1 用积分法计算图 13-14 所示各梁指定截面的挠度和转角。梁的抗弯刚度为 EI。

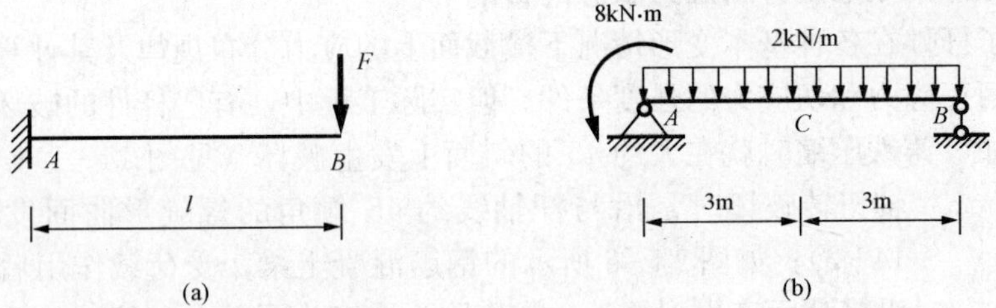

图 13-14 题 13-1 图

(a) y_B、θ_B；(b) y_C、θ_B

13-2 用叠加法计算 13-15 所示各梁指定截面的挠度和转角，各梁 EI 为常数。

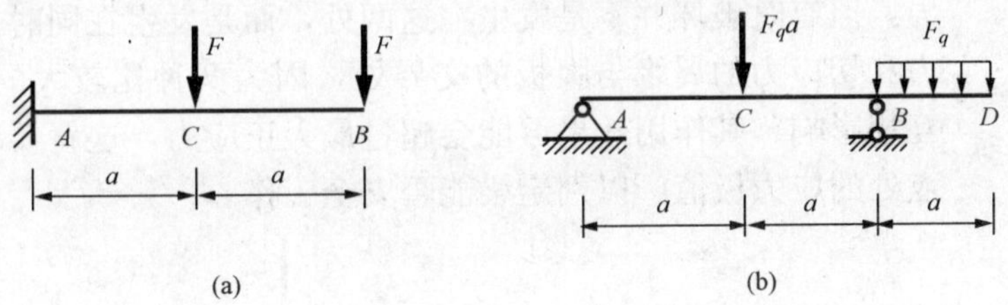

图 13-15 题 13-2 图

(a) y_B、θ_B；(b) y_C、y_D

13-3 如图 13-16 所示，一简支梁用 20b 工字钢制成，已知材料的弹性模量 $E=2\times10^5$MPa，$\left[\frac{f}{l}\right]=\frac{1}{400}$。试校核梁的刚度。

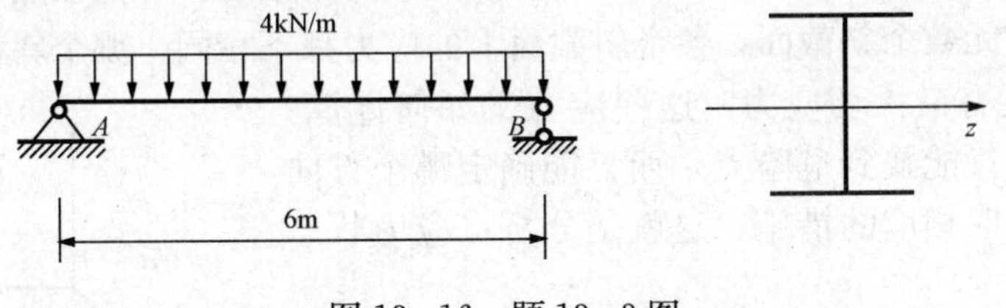

图 13-16 题 13-3 图

13-4 图 13-17 所示工字钢悬臂梁在自由端作用一集中力 $F=10$kN，已知材料的$[\sigma]=160$MPa，$E=200$GPa，许用挠跨比$\left[\frac{f}{l}\right]=\frac{1}{400}$。试选择工字钢型号。

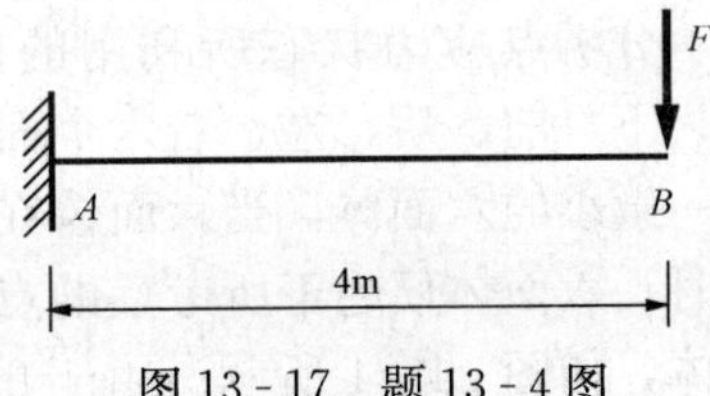

图 13-17 题 13-4 图

第十四章　梁的主应力

第一节　点的应力状态

一、应力状态的概念及分析应力状态的目的

前面研究了杆件在各种基本变形情况下横截面上的应力分布规律及其计算，并在此基础上建立了横截面正应力和切应力的强度条件。但实际工程中，有些杆件的破坏是沿某个斜截面产生的。例如，铸铁压缩时就在大约45°的斜面上发生破坏（见图14-1）；铸铁材料的圆轴扭转破坏时是沿与杆轴线约45°倾角的螺旋形曲面发生断裂（见图14-2）；如图14-3所示的钢筋混凝土梁，受荷载作用后，除了在跨中沿横截面产生裂缝外，支座附近也产生了斜向裂缝。这些都说明只研究横截面上的应力还不够，还必须分析其任意斜截面上的应力状况。

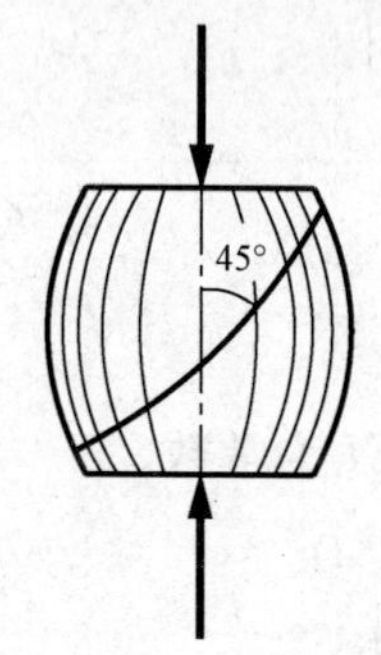

图14-1　铸铁压缩

对于截面尺寸有突变的梁，例如工字形截面、T形截面等，在横截面上，中性轴处有最大切应力，在离中性轴最远的边缘处有最大正应力，但有时破坏并不是发生在这两处，而是发生在同时具有较大的正应力和切应力的翼缘与腹板的交界处，因为两种比较大的应力共同存在，互相影响，其作用效果可能会超过最大正应力，这就要求必须分析这些点处的应力极值，以判定梁能否安全工作。

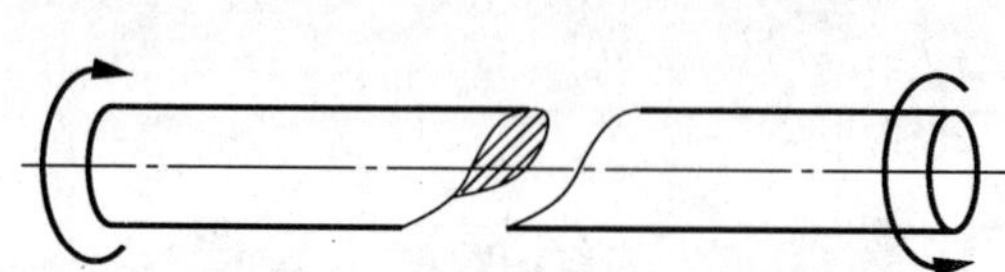
图14-2　铸铁材料的圆轴扭转破坏

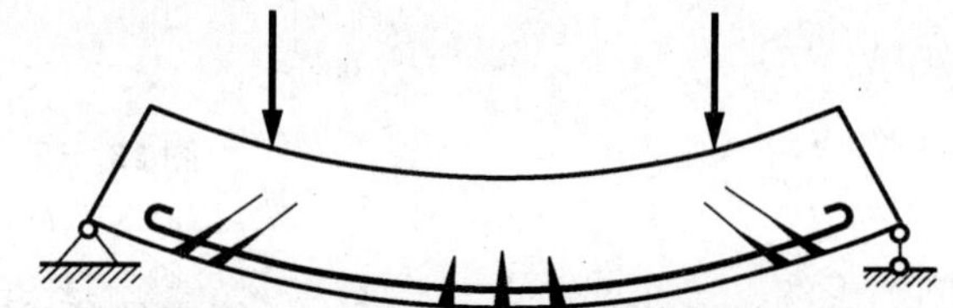
图14-3　钢筋混凝土梁受荷载作用

梁内过一点有无数个斜截面，这无数斜截面上应力的集合，即为**该点的应力状态**。

梁内过一点有无数个斜截面，各个斜截面上的应力都不相同，哪个斜截面上有最大正应力？哪个斜截面上有最大切应力？这些应力又如何计算？经过分析之后，不仅能找到危险点，而且能确定哪个方向是危险的，以便采取相应的措施，这就是分析点应力状态的目的。

二、应力状态的分类及其分析方法

分析点应力状态所利用的研究对象是单元体，即用上、下，前、后，左、右六个面围绕杆件内要考察的点截取一微小的六面体，当六面体在三个方向的尺寸趋于无穷小时，六面体便趋于所考察的点。这微小的六面体称为**单元体**，如图14-4所示。由于单元体的边长是无限小的。可以认为各平面上的应力均匀分布，且平行面上的应力相

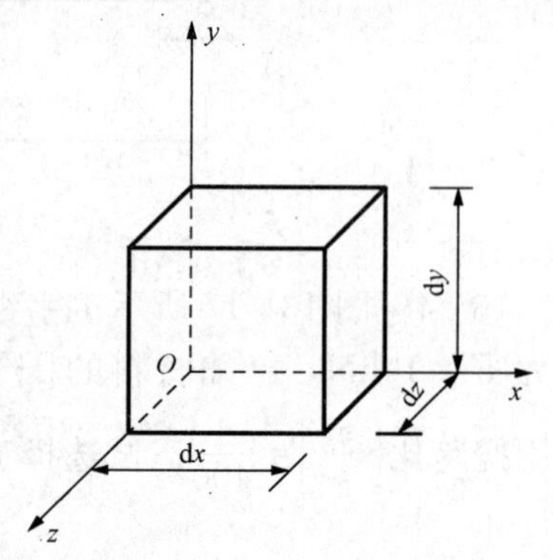

图14-4　单元体

同，单元体各平面上的应力就是杆件对应截面在该点处的应力。

在单元体中建立图 14-4 所示坐标系。习惯上，法线方向与 x 轴平行的面（左、右面）称为 x 面，与 y 轴平行的面（上、下面）称为 y 面，与 z 轴平行的面（前、后面）称为 z 面。分析点应力状态的思路是：先确定单元体中 x、y、z 三个面上的应力，再利用截面法由微块的平衡条件进一步求解出任一斜截面上的应力，从而找出最大应力及其作用面，以便作为强度计算的依据。因此，一点处的应力状态可用单元体及其 x、y、z 三个面上的应力来描述。

当单元体三个面都承受应力时，点处于**空间应力状态**，如图 14-5（a）所示。只有两个面上承受应力时，点处于**平面应力状态**，如图 14-5（b）所示。单元体中只有一个面上承受应力时，点处于**单向应力状态**，如图 14-5（c）所示。在平面应力状态中，当正应力 $\sigma_x=\sigma_y=0$ 时，点处于**纯剪切应力状态**，如图 14-5（d）。单向应力状态、纯剪切应力状态是平面应力状态的特殊情况。一般工程中常见的是平面应力状态。

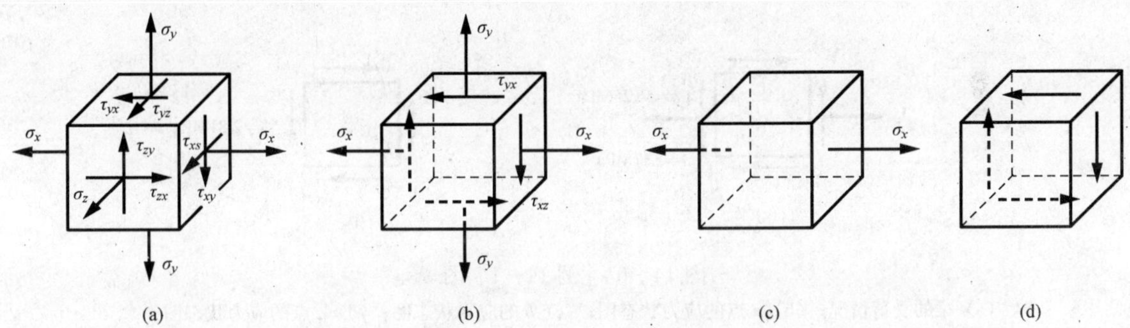

图 14-5 单元体应力状态

（a）点处于空间应力状态；（b）点处于平面应力状态；（c）点处于单向应力状态；（d）点处于纯剪切应力状态

三、点应力状态的确定

点的应力状态是由单元体及其 x、y、z 三个面上的应力描述的，单元体三个平面上的应力就是杆件对应截面在该点处的应力。

【例 14-1】 试绘出图 14-6（a）所示梁中 1—1、2—2 截面各指定点的应力状态图。

解 单元体 x 面上的应力等于杆件对应横截面在该点处的应力。因此，确定单元体应力状态时，应先确定 x 面上的应力。

（1）1—1 截面的内力为

$$F_{Q1}=0,\quad M_1=-15\times2+15\times1=-15(\text{kN}\cdot\text{m})$$

1—1 截面在 a、b、c 三点处的应力分别为

$$\sigma_a=-\frac{M_1}{W_z}=-\frac{15\times10^6}{\dfrac{80\times100^2}{6}}\approx-112.5(\text{MPa}),\quad \tau_a=0$$

$$\sigma_b=-\frac{M_1 y}{I_z}=-\frac{15\times10^6\times25}{\dfrac{80\times100^3}{12}}\approx-56.25(\text{MPa}),\quad \tau_b=0$$

$$\sigma_c=\frac{M_1}{W_z}=\frac{15\times10^6}{\dfrac{80\times100^2}{6}}\approx112.5(\text{MPa}),\quad \tau_c=0$$

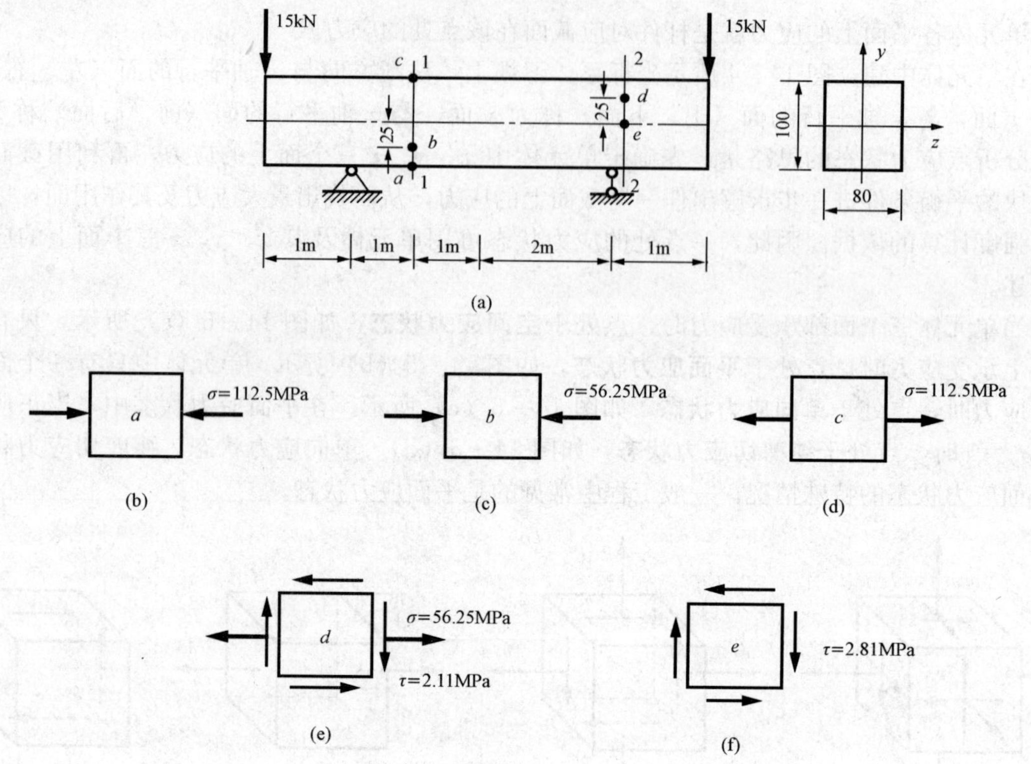

图 14-6 ［例 14-1］图

（a）梁的受荷情况；（b）a 点的应力状态图；（c）b 的应力状态图；（d）c 点的应力状态图；（e）d 点的应力状态图；（f）e 点的应力状态图

则 a、b、c 三点的应力状态如图 14-6（b）～（d）所示，三点均处于单向应力状态。

（2）2—2 截面的内力为

$$M_2 = -15\text{kN}\cdot\text{m},\quad F_{Q2} = 15\text{kN}$$

2—2 截面在 d、e 两点处的应力分别为

$$\sigma_d = \frac{M_2 y}{I_z} = \frac{15\times10^6\times25}{\dfrac{80\times100^3}{12}} \approx 56.25(\text{MPa})$$

$$\tau_d = \frac{F_{Q2}S_z^*}{I_z b} = \frac{15\times10^3\times25\times80\times37.5}{\dfrac{80\times100^3}{12}\times80} \approx 2.11(\text{MPa})$$

$$\sigma_e = 0,\quad \tau_e = 1.5\frac{F_Q}{A} = 1.5\times\frac{15\times10^3}{80\times100} \approx 2.81(\text{MPa})$$

d 点单元体 x 面上的应力已确定，y 面上没有正应力，只有切应力，由切应力互等定理即可判定，其应力状态图如图 14-6（e）所示，d 点处于二向应力状态。同样可确定 e 点的应力状态，如图 14-6（f）所示，e 点处于纯剪切应力状态。

第二节　平面应力状态的分析

平面应力状态的分析方法有两种：数解法和图解法。本节只介绍数解法。

一、任一斜截面上的应力

平面应力状态的一般情况如图 14 - 7（a）所示，x 面上的应力有 σ_x、τ_x，y 面上的应力有 σ_y、τ_y，根据切应力互等定理可知 $\tau_x=\tau_y$。正、负号的规定：正应力以拉为正，压为负；切应力使单元体顺转为正，逆转为负。

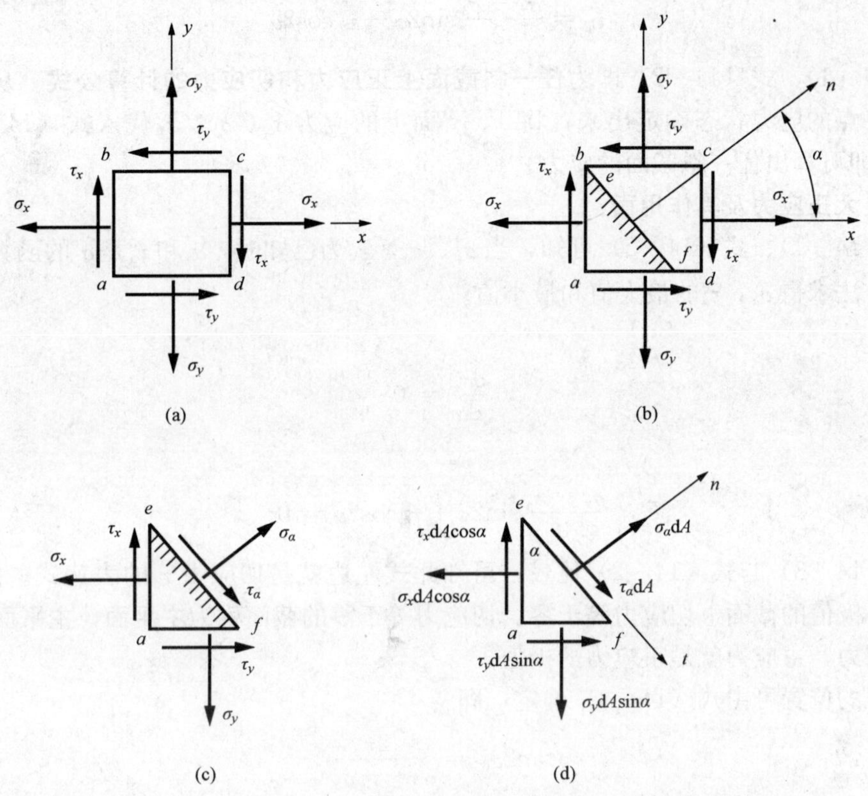

图 14 - 7 任一斜截面上的应力

（a）平面应力状态的一般情况；（b）在单元体中取任一斜截面 ef；（c）取 ef 左半部为研究对象；（d）建立坐标系 n 和 t

在单元体中取任一斜截面 ef [见图 14 - 7（b）]，该面外法线 n 与 x 轴的夹角为 α，该斜截面又称为 α 面。规定：α 由 x 轴到 n 轴逆时针转向为正，顺时针转向为负。取 ef 左半部为研究对象 [见图 14 - 7（c）]，则 α 面上有正应力 σ_α 和切应力 τ_α。设斜面 ef 的面积为 $\mathrm{d}A$，则 ae 面和 af 面的面积分别为 $\mathrm{d}A\cos\alpha$ 和 $\mathrm{d}A\sin\alpha$。建立图 14 - 7（d）所示的坐标系 n 和 t。根据微块的平衡条件列平衡方程

$$\sum \boldsymbol{F}_n = 0$$

$$\sigma_\alpha \mathrm{d}A - (\sigma_x \mathrm{d}A\cos\alpha)\cos\alpha + (\tau_x \mathrm{d}A\cos\alpha)\sin\alpha - (\sigma_y \mathrm{d}A\sin\alpha)\sin\alpha + (\tau_y \mathrm{d}A\sin\alpha)\cos\alpha = 0 \quad ①$$

$$\sum \boldsymbol{F}_t = 0$$

$$\tau_\alpha \mathrm{d}A - (\sigma_x \mathrm{d}A\cos\alpha)\sin\alpha - (\tau_x \mathrm{d}A\cos\alpha)\cos\alpha + (\sigma_y \mathrm{d}A\sin\alpha)\cos\alpha + (\tau_y \mathrm{d}A\sin\alpha)\sin\alpha = 0 \quad ②$$

由于 $\tau_x=\tau_y$，再利用三角关系式

$$\cos^2\alpha = \frac{1+\cos2\alpha}{2}, \quad \sin^2\alpha = \frac{1-\cos2\alpha}{2}$$

$$2\sin\alpha\cos\alpha = \sin 2\alpha$$

由式①、式②整理得

$$\sigma_\alpha = \frac{\sigma_x + \sigma_y}{2} + \frac{\sigma_x - \sigma_y}{2}\cos 2\alpha - \tau_x \sin 2\alpha \tag{14-1}$$

$$\tau_\alpha = \frac{\sigma_x - \sigma_y}{2}\sin 2\alpha + \tau_x \cos 2\alpha \tag{14-2}$$

式（14-1）、式（14-2）即为**任一斜截面上正应力和切应力的计算公式**。从公式可以看出，只要点的应力状态确定出来，将 x、y 面上的应力 σ_x、σ_y、τ_x 代入式（14-1）和式（14-2），即可算出任一斜截面的应力。

二、最大正应力及其作用面

由式（14-1）、式（14-2）可知，当 σ_x、σ_y、τ_x 为已知时，σ_α 和 τ_α 是 α 的函数。可以用求极值的方法求得 σ_α、τ_α 的最大值和最小值。

令

$$\frac{\mathrm{d}\sigma_\alpha}{\mathrm{d}\alpha} = 0$$

则有

$$\frac{\sigma_x - \sigma_y}{2}\sin 2\alpha + \tau_x \cos 2\alpha = 0 \tag{14-3}$$

将式（14-3）与式（14-2）比较，可知此式左边就是切应力 τ_α 的表达式。由此可见，正应力取得极值的截面上切应力等于零。切应力等于零的截面称为**主平面**，主平面上的正应力称为**主应力**，主应力就是正应力的极值。

主平面的位置可由式（14-3）确定，即

$$\tan 2\alpha_0 = -\frac{2\tau_x}{\sigma_x - \sigma_y} \tag{14-4}$$

式中：α_0 为主平面法线与 x 轴之间的夹角。由式（14-4）可得两个解：α_0 和 $\alpha_0 + 90°$。可见，两个主平面互相垂直。两个主平面上的主应力，一个是极大值，一个是极小值。

由式（14-4）、式（14-1）经过一系列的推导可得主应力的计算式为

$$\left.\begin{matrix}\sigma_{max}\\ \sigma_{min}\end{matrix}\right\} = \frac{\sigma_x + \sigma_y}{2} \pm \frac{1}{2}\sqrt{(\sigma_x - \sigma_y)^2 + 4\tau_x^2} \tag{14-5}$$

可以证明，每个单元体都有三对互相垂直的主平面，这三对主平面上的主应力，通常按它们数值的大小顺序排列，分别用 σ_1、σ_2、σ_3 表示。

三、最大切应力及其作用面

最大切应力计算如下：

同样，令

$$\frac{\mathrm{d}\tau_\alpha}{\mathrm{d}\alpha} = 0$$

则有

$$\frac{\sigma_x - \sigma_y}{2}\cos 2\alpha - \tau_x \sin 2\alpha = 0$$

于是

$$\tan 2\alpha_1 = \frac{\sigma_x - \sigma_y}{2\tau_x} \tag{14-6}$$

式中：α_1为切应力所在平面的法线与 x 轴的夹角。由式（14-6）可确定出两个互相垂直的切应力极值作用面。

比较式（14-4）、式（14-6）可知

$$\tan 2\alpha_1 = -\cot 2\alpha_0 = \tan(2\alpha_0 + 90°)$$

可见，切应力极值所在平面与主平面的夹角为 45°。

利用三角关系式，由式（14-2）整理得切应力极值的计算公式为

$$\left.\begin{matrix}\tau_{max}\\ \tau_{min}\end{matrix}\right\} = \pm \frac{1}{2}\sqrt{(\sigma_x - \sigma_y)^2 + 4\tau_x^2} \tag{14-7}$$

比较式（14-5）、式（14-7）可得

$$\left.\begin{matrix}\tau_{max}\\ \tau_{min}\end{matrix}\right\} = \pm \frac{\sigma_{max} - \sigma_{min}}{2} = \pm \frac{\sigma_1 - \sigma_3}{2} \tag{14-8}$$

【例 14-2】 一型号为 20a 工字形钢梁，受力情况如图 14-8（a）所示，试求 1—1 截面上 a、b、c 三点处的主应力，并确定其作用面。

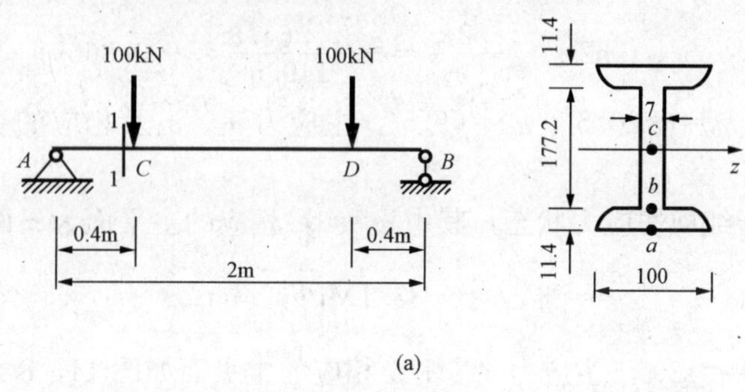

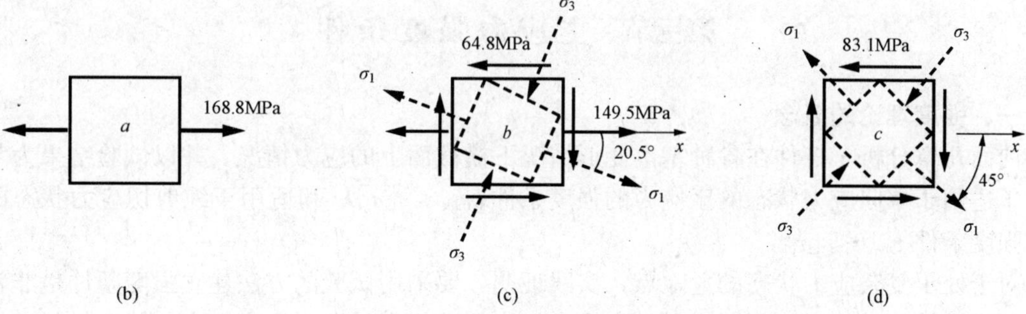

图 14-8 ［例 14-2］图

（a）工字形钢梁受力情况；（b）a 点的应力状态图；（c）b 点的应力状态图；（d）c 点的应力状态图

解 （1）1—1 截面上内力为

$$F_Q = 100\text{kN},\quad M = 40\text{kN} \cdot \text{m}$$

（2）绘制 a、b、c 三点的应力状态图。由附录型钢规格表查工字钢有关几何量

$$I_z = 2370\text{cm}^4,\quad W_z = 237\text{cm}^3,\quad \frac{I_z}{S_z^*} = 17.2\text{cm}$$

截面尺寸如图 14－8（a）所示。

1—1 截面在 a、b、c 三点处的应力分别为

$$\sigma_a=\frac{M}{W_z}=\frac{40\times10^6}{237\times10^3}\approx168.8(\text{MPa}),\quad \tau_a=0$$

$$\sigma_b=\frac{My}{I_z}=\frac{40\times10^6\times88.6}{2370\times10^4}\approx149.5(\text{MPa})$$

$$\tau_b=\frac{F_QS_z^*}{I_zd}=\frac{100\times10^3\times(100\times11.4\times94.3)}{2370\times10^4\times7}\approx64.8(\text{MPa})$$

$$\sigma_c=0,\quad \tau_c=\frac{F_Q}{(I_z/S_z^*)d}=\frac{100\times10^3}{17.2\times10\times7}\approx83.1(\text{MPa})$$

则 a、b、c 三点处的应力状态如图 14－8（b）～图 14－8（d）所示。

（3）计算各点的主应力和主平面。

a 点：a 点处于单向应力状态，$\sigma_1=168.8\text{MPa}$，$\sigma_2=\sigma_3=0$，作用面分别为 x、y、z 面。

b 点：b 点处于二向应力状态，其中 $\sigma_2=0$，相应的主平面为 z 面，σ_1、σ_3 为

$$\left.\begin{matrix}\sigma_1\\ \sigma_3\end{matrix}\right\}=\frac{\sigma_x}{2}\pm\frac{1}{2}\sqrt{\sigma_x^2+4\tau_x^2}=\frac{149.5}{2}\pm\frac{1}{2}\sqrt{149.5^2+4\times64.8^2}\approx\begin{cases}173.7(\text{MPa})\\ -24.2(\text{MPa})\end{cases}$$

$$\tan2\alpha_0=-\frac{2\tau_x}{\sigma_x}=-\frac{2\times64.8}{149.5}\approx-0.8669$$

由三角函数知 $\alpha_0=-20.5°$，$\alpha_0'=69.5°$。主应力 σ_1、σ_3 及相应的主平面如图 14－8（c）虚线所示。

c 点：c 点处于纯剪切应力状态，其中 $\sigma_2=0$，相应的主平面为 z 面。σ_1、σ_3 为

$$\left.\begin{matrix}\sigma_1\\ \sigma_3\end{matrix}\right\}=\pm\tau_x=\pm83.1\text{MPa},\quad \tan2\alpha_0=\infty$$

故 $\alpha_0=45°$，$\alpha_0'=135°$。主应力 σ_1、σ_3 及相应的主平面如图 14－8（d）虚线所示。

第三节 主应力强度条件

一、强度理论的概念

前面几章分析了杆件在各种基本变形情况下横截面上的应力情况。并以试验结果为基础建立了适用于单向应力状态的正应力的强度条件 $\sigma_{max}\leqslant[\sigma]$，和适用于纯剪切应力状态的切应力强度条件 $\tau_{max}\leqslant[\tau]$。

对于处于复杂应力状态的危险点，实践证明，要采用试验的方法建立强度条件是非常困难的。这类问题只能通过判断推理的方法来解决。人们在长期生产实践中，综合材料破坏的各种现象和资料，经过判断、推理，对材料的破坏现象提出了一些假设。认为：无论危险点是处于简单应力状态或是复杂应力状态，它的破坏是由同一特定因素引起的。因此，可以利用简单应力状态下的试验结果（拉压试验）来建立复杂应力状态下的强度条件，这种假设称为**强度理论**。

二、常用强度理论及其强度条件

工程中，材料的破坏形式分为两种：脆性断裂和塑性屈服。所以，常用的强度理论有适用于脆性材料的第一强度理论（最大拉应力理论）和第二强度理论（最大拉应变理论）。下

面主要介绍工程中广泛采用的适用于塑性材料的第三和第四强度理论。

1. 第三强度理论——最大切应力理论

第三强度理论认为：最大切应力是引起材料发生塑性屈服破坏的主要因素，即无论材料处于何种应力状态，只要危险点处的最大切应力 τ_{max} 达到材料单向拉伸破坏时的极限切应力 τ^0，材料就发生破坏。所以，材料的破坏条件为

$$\tau_{max} = \tau^0$$

梁内任意点的最大切应力由式（14-7）、式（14-8）可知，为

$$\tau_{max} = \frac{1}{2}\sqrt{(\sigma_x-\sigma_y)^2+4\tau_x^2} \quad 或 \quad \tau_{max} = \frac{\sigma_1-\sigma_3}{2}$$

材料在单向拉伸时，横截面上的拉应力达到极限应力 σ^0 时，与轴线成45°的斜截面上最大切应力为 $\tau^0=\frac{\sigma^0}{2}$，引入安全系数 K，许用应力 $[\sigma]=\frac{\sigma^0}{K}$，所以，第三强度理论的强度条件为

$$\sigma_1-\sigma_3 \leqslant [\sigma] \tag{14-9}$$

对于平面弯曲梁，处于平面应力状态的点，通常 $\sigma_y=0$，所以，第三强度理论的强度条件也可以写为

$$\sqrt{\sigma_x^2+4\tau_x^2} \leqslant [\sigma] \tag{14-10}$$

2. 第四强度理论——形状改变比能理论

构件受力变形后，材料单位体积内所储存的一种由变形而产生的能量称为**形状改变比能**。第四强度理论认为：形状改变比能是引起材料发生塑性屈服破坏的主要因素。无论材料处于何种应力状态，只要构件内危险点处的形状改变比能达到材料在单向拉伸屈服破坏时的极限形状改变比能，材料就会发生塑性屈服破坏。根据这一强度理论建立的强度条件为

$$\sqrt{\frac{1}{2}[(\sigma_1-\sigma_2)^2+(\sigma_2-\sigma_3)^2+(\sigma_3-\sigma_1)^2]} \leqslant [\sigma] \tag{14-11}$$

对于平面弯曲梁，第四强度理论的强度条件又可写为

$$\sqrt{\sigma_x^2+3\tau_x^2} \leqslant [\sigma] \tag{14-12}$$

在相同的应力条件下，按第三强度理论计算偏于安全，按第四强度理论则较为经济。工程计算中，钢梁一般按第四强度理论校核。按第四强度理论计算的结果与实验得到的结果比较接近，但必须是杆件的实际工作条件、结构形状等与实验条件相近，否则还是应用第三强度理论较为安全。

【例14-3】 如图14-9（a）所示焊接工字形截面钢梁，材料的许用正应力 $[\sigma]=170\text{MPa}$，许用切应力 $[\tau]=100\text{MPa}$，试对梁作强度校核。

解 （1）画剪力图和弯矩图，如图14-9（b）、图14-9（c）所示。

（2）计算截面的几何参数

$$I_z = 2\times\left(\frac{158\times20^3}{12}+158\times20\times240^2\right)+\frac{12\times460^3}{12}\approx4.62\times10^8(\text{mm}^4)$$

$$W_z=\frac{4.62\times10^8}{250}\approx1.85\times10^6(\text{mm}^3)$$

$$S_{z\max}^*=158\times20\times240+230\times12\times115\approx1.08\times10^6(\text{mm}^3)$$

（3）校核正应力强度。跨中截面有最大弯矩 $M_{max}=295\text{kN}\cdot\text{m}$，是正应力的危险截面。

$$\sigma_{max}=\frac{M_{max}}{W_z}=\frac{295\times10^6}{1.85\times10^6}\approx159.5(\text{MPa})<[\sigma]$$

正应力强度满足要求。

(4) 校核切应力强度。A 偏右、B 偏左截面有最大剪力 $F_{Qmax}=530\text{kN}$，为切应力的危险截面

$$\tau_{max}=\frac{F_{Qmax}S_{zmax}^*}{I_z d}=\frac{530\times10^3\times1.08\times10^6}{4.62\times10^8\times12}\approx103.2(\text{MPa})>[\tau]$$

超过许用应力的比例为$\frac{103.2-100}{100}=3.2\%$，并未超过工程上通常允许的5%的范围，正常。

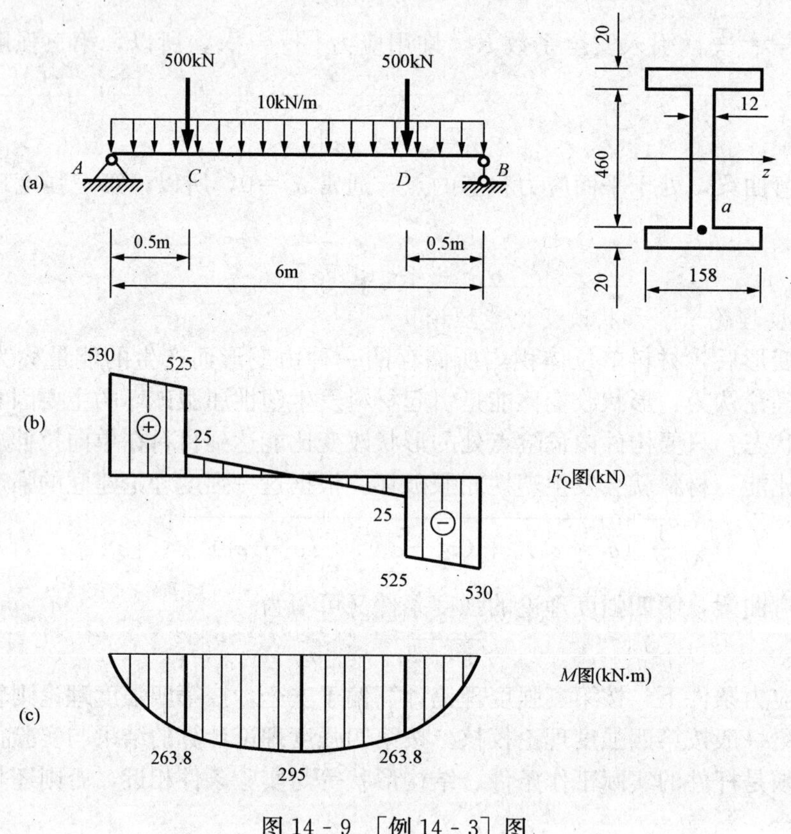

图 14-9 [例 14-3] 图

(a) 工字形截面钢梁的受荷情况；(b) 剪力图；(c) 弯矩图

(5) 校核主应力强度。由于此梁为焊接工字形截面钢梁，在 C 偏左、D 偏右截面上同时存在较大的剪力和弯矩，因此，在这两个截面翼缘和腹板的交界处（如 a 点）同时有较大的正应力和切应力，需进行主应力强度校核

$$F_Q=525\text{kN},\quad M=263.8\text{kN}\cdot\text{m}$$

$$\sigma_a=\frac{My}{I_z}=\frac{263.8\times10^6\times230}{4.62\times10^8}\approx131.3(\text{MPa})$$

$$\tau_a=\frac{F_Q S_z^*}{I_z d}=\frac{525\times10^3\times158\times20\times240}{4.62\times10^8\times12}\approx71.8(\text{MPa})$$

选用第四强度理论，则有

$$\sqrt{\sigma_x^2+3\tau_x^2}=\sqrt{131.3^2+3\times71.8^2}\approx180.8(\mathrm{MPa})>[\sigma]$$

主应力强度不满足要求。所以，此梁不安全。

通过此例可见，对于梁进行强度计算时，正应力强度仍起主导作用。同时，在必要时还需对中性轴上的点进行切应力强度校核。只有当梁截面尺寸有突然变化的地方，且这些地方同时存在着较大的正应力和切应力时，才需要进行主应力强度校核。例如焊接的工字形截面、T形截面、槽形截面梁等。实际上对于符合国家标准的型钢（如工字钢、槽钢）来说，并不需要对腹板和翼缘交界处的点用强度理论进行强度校核。因为由附录型钢规格表的附图可见，型钢截面在腹板与翼缘交界处有圆弧，而且工字钢翼缘的内边缘又有1：6的斜度，因而增加了交界处的截面宽度，这就保证了在截面上下边缘处的正应力和中性轴上切应力都不超过许用应力的情况下，腹板与翼缘交界处附近各点一般也不会发生强度不够的问题。

思考题

14-1 何谓一点处的应力状态？研究它有何意义？

14-2 如何利用点的应力状态分析任一斜截面上的应力？

14-3 什么叫主平面？主应力？主应力和正应力有什么区别？通过受力物体内某一点有几个主平面？

14-4 在单元体最大正应力作用面上有没有切应力？在最大切应力作用面上有没有正应力？

习题

14-1 试画出图14-10所示圆轴上a点处单元体应力状态图。

14-2 试画出图14-11所示悬臂梁中各指定点的单元体应力状态图。

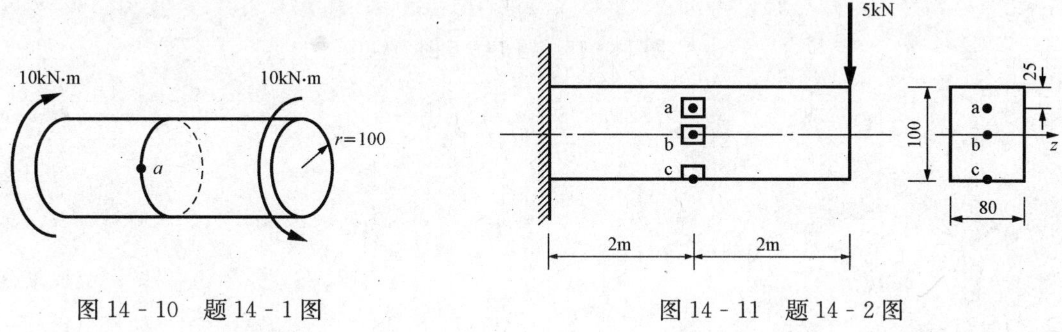

图14-10 题14-1图　　图14-11 题14-2图

14-3 已知单元体的应力状态如图14-12所示，求指定斜截面上的正应力力和切应力，图14-12中应力单位为MPa。

14-4 已知单元体的应力状态如图14-13所示，试求：(1) 主应力的大小和方向，并在单元体中表示出主平面的位置；(2) 最大切应力。

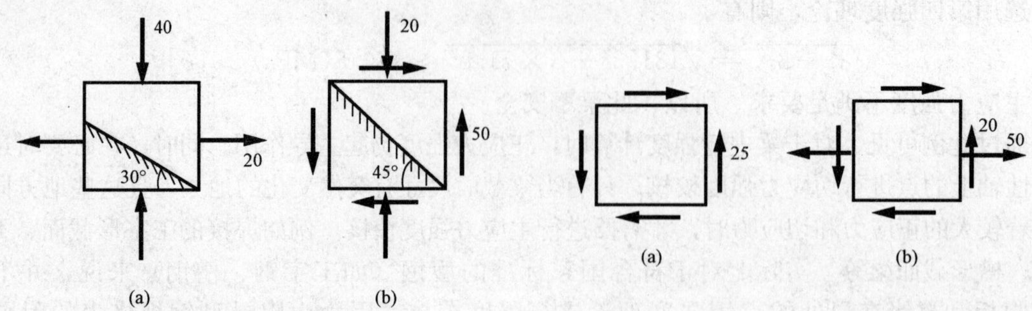

图 14 - 12 题 14 - 3 图　　图 14 - 13 题 14 - 4 图

14 - 5 简支梁的受荷载情况及尺寸如图 14 - 14 所示，试求：(1) 梁内最大正应力及其位置；(2) 梁内最大切应力及其位置；(3) 画出梁跨中 C 偏左截面上 K 点处的单元体应力状态图，并求其主应力的大小和方向。

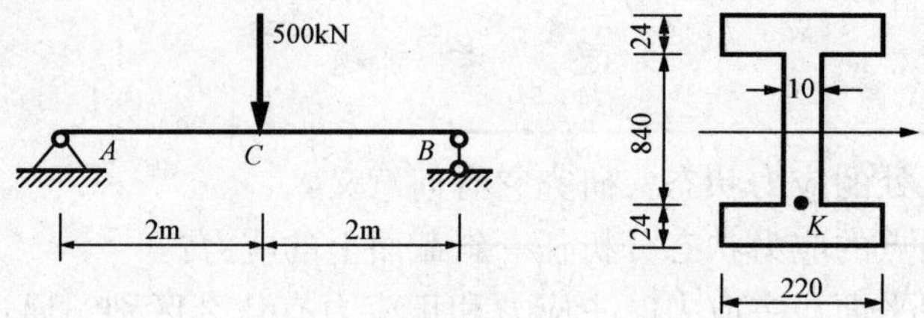

图 14 - 14 题 14 - 5 图

14 - 6 一用 20a 工字钢制成的简支梁，受力情况及尺寸如图 14 - 15 所示，已知材料的 $[\sigma]=150\text{MPa}, [\tau]=95\text{MPa}$，试对该梁进行全面的强度校核。

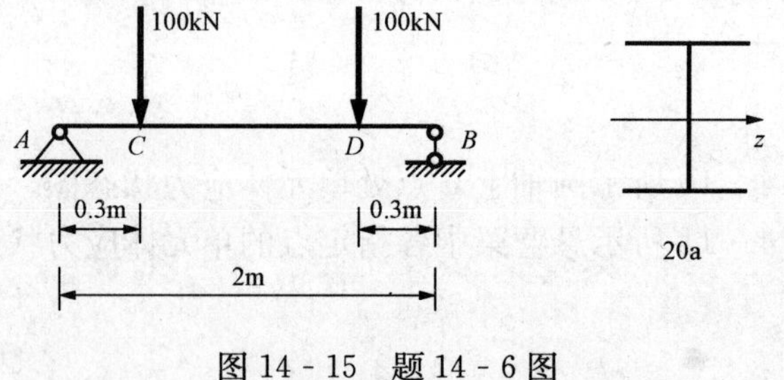

图 14 - 15 题 14 - 6 图

第十五章 组 合 变 形

第一节 组合变形的概念

前面几章讨论了杆件在四种基本变形情况下的强度和刚度计算，但是在实际工程中，有些杆件的受力情况比较复杂，其变形不只是单一的一种基本变形，而是两种或两种以上基本变形的组合。如图 15－1（a）所示的烟囱，除由自重引起的轴向压缩外，还有因水平风力而产生的弯曲变形；如图 15－1（b）所示的厂房柱，由于 F_2 偏离柱子的轴线，导致柱子产生轴向压缩和平面弯曲两种基本变形；如图 15－1（c）所示的钻机，其钻杆产生轴向压缩和扭转两种基本变形。这种由两种或两种以上基本变形组合而成的变形，称为**组合变形**。

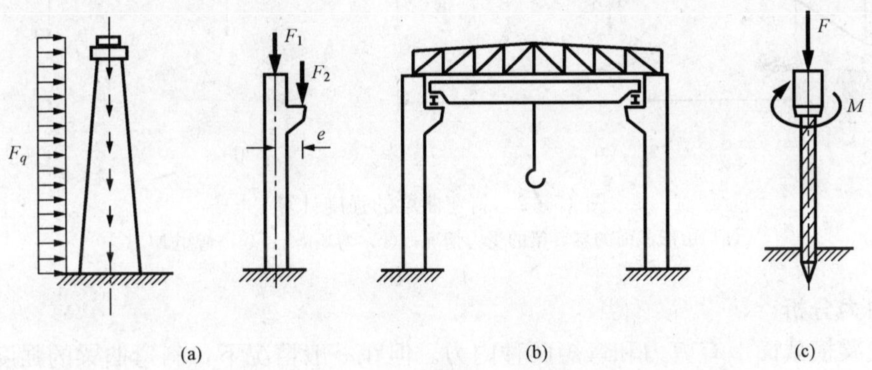

图 15－1 组合变形例图
（a）烟囱的受荷情况；（b）厂房柱的受荷情况；（c）钻杆的受荷情况

分析组合变形杆件强度的基本思路：

（1）将外力等效变换，分析杆件产生哪几种基本变形。

（2）将杆件的组合变形分解为几种基本变形形式。

（3）计算杆件在每一种基本变形情况下的内力。

（4）计算每一种基本变形情况下的应力，并将同一点的应力叠加起来，便可得到杆件在组合变形下的应力。

（5）计算组合变形杆件的强度。

第二节 斜 弯 曲

前面讨论过平面弯曲的问题，产生平面弯曲变形杆件的受力特点是：外力不仅与杆件轴线垂直，而且都作用在同一个纵向对称平面内。但是在实际工程中，许多杆件所受的外力虽然与杆件轴线垂直，但并不作用在纵向对称面内，梁弯曲后的挠曲线不在外力作用平面内，这种弯曲称为**斜弯曲**。

现以图 15－2（a）所示矩形截面的悬臂梁为例来分析斜弯曲梁的强度计算。

一、外力等效变换

图 15-2 (a) 所示矩形截面的悬臂梁，在自由端受一集中力 **F** 作用，该力的作用线通过截面的形心，且与梁的轴线垂直，但并不作用在纵向对称平面内，它与 y 轴的夹角为 φ。为此，首先将外力 **F** 沿 y 轴和 z 轴分解为两个分力，其值分别为

$$F_y = F\cos\varphi,\quad F_z = F\sin\varphi$$

分力 $\boldsymbol{F}_y$ 将使梁在纵向对称平面 xOy 内产生平面弯曲；分力 $\boldsymbol{F}_z$ 将使梁在纵向对称平面 xOz 内产生平面弯曲。可见，斜弯曲是由两个互相垂直的平面弯曲组合而成的。

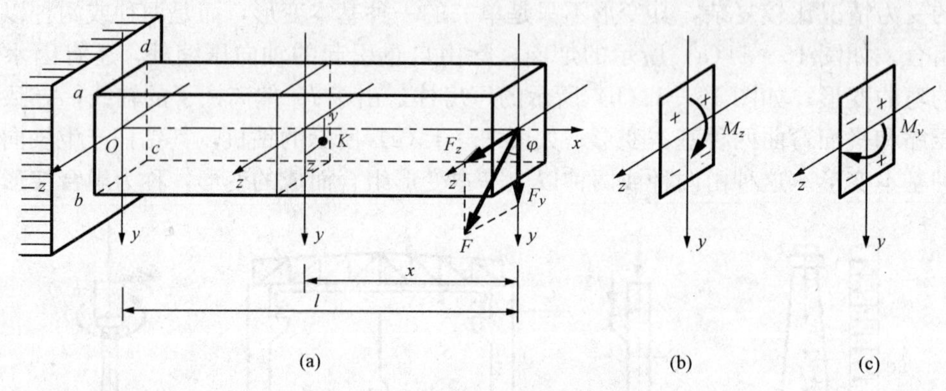

图 15-2 斜弯曲梁的强度计算

(a) 矩形截面的悬臂梁的受力情况；(b) 弯矩 M_z；(c) 弯矩 M_y

二、内力分析

斜弯曲梁横截面上有剪力和弯矩两种内力。但在一般情况下，斜弯曲梁的强度是由弯矩引起的最大正应力控制的，因此，在进行内力分析时，通常只计算弯矩。

在距自由端 x 处取一截面，则该截面上有由分力 $\boldsymbol{F}_y$ 和 $\boldsymbol{F}_z$ 所引起的弯矩 M_z、M_y [见图 15-2 (b)、图 15-2 (c)] 分别为

$$M_z = F_y x = (F\cos\varphi)x$$
$$M_y = F_z x = (F\sin\varphi)x$$

三、应力分析

距自由端为 x 的截面上取任一点 K，设该点的坐标为 (z, y)，则 M_z、M_y 在该点处引起的正应力分别为

$$\sigma'_K = -\frac{M_z y}{I_z},\quad \sigma''_K = +\frac{M_y z}{I_y}$$

应用叠加法得 K 点的正应力为

$$\sigma = \sigma'_K + \sigma''_K = -\frac{M_z y}{I_z} + \frac{M_y z}{I_y}$$

式中：I_z、I_y 分别为横截面对形心轴 z、y 的惯性矩，应力 σ'_K 和 σ''_K 的正负号，可根据弯矩和点在截面上的位置直接判断，拉应力取正号，压应力取负号，如图 15-2 (b)、图 15-2 (c) 所示。

四、最大正应力及强度计算

梁在 $\boldsymbol{F}_y$ 或 $\boldsymbol{F}_z$ 单独作用下，最大弯矩都发生在固定端偏右截面，其值分别为

$$M_{z\max}=F_y l=(F\cos\varphi)l,\quad M_{y\max}=F_z l=(F\sin\varphi)l$$

固定端偏右截面上，由 M_z 引起的最大拉应力发生在 ad 边上；由 M_y 引起的最大拉应力发生在 cd 边上，可见，此梁的最大拉应力发生在 ad 边和 cd 边的交点 d 处。同理，最大压应力发生在 b 点。因此，梁的强度条件为

$$\sigma_{\text{tmax}}=\frac{M_{z\max}}{W_z}+\frac{M_{y\max}}{W_y}\leqslant[\sigma_{\text{t}}]$$

$$\sigma_{\text{cmax}}=-\frac{M_{z\max}}{W_z}-\frac{M_{y\max}}{W_y}\leqslant[\sigma_{\text{c}}]$$

根据这一强度条件，同样可以进行强度校核、截面设计和确定许可荷载。在设计截面尺寸时，会遇到 W_z 和 W_y 两个未知量，可以先假设一个 $\frac{W_z}{W_y}$ 的比值，再根据强度条件确定出所需的抗弯截面系数，从而进一步设计出截面的尺寸，最后，再按照设计出的截面尺寸校核梁的强度。通常对矩形截面取 $\frac{W_z}{W_y}=1.2\sim2$，对工字形截面取 $\frac{W_z}{W_y}=8\sim10$，对槽形截面取 $\frac{W_z}{W_y}=6\sim8$。

【例 15-1】 矩形截面的悬臂梁如图 15-3（a）所示，已知 $F_1=0.8\text{kN}$，$F_2=1.6\text{kN}$，截面宽度 $b=90\text{mm}$，高度 $h=180\text{mm}$。试求梁的最大拉应力和最大压应力，并指出各发生在何处。

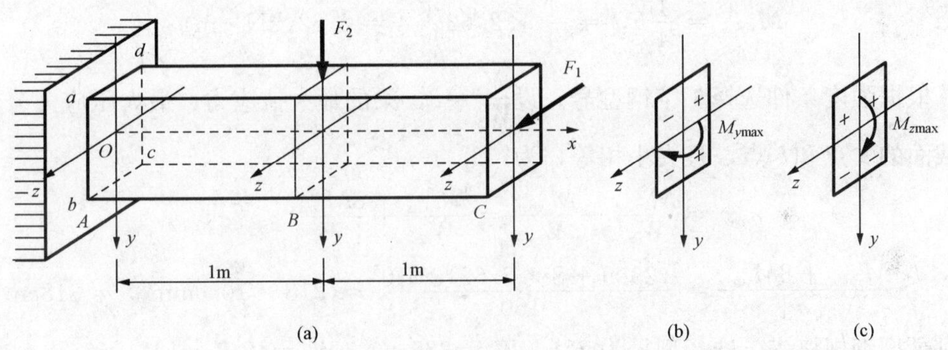

图 15-3 ［例 15-1］图

（a）矩形截面梁的受力情况；（b）$M_{y\max}$；（c）$M_{z\max}$

解 （1）内力分析。梁在 $\boldsymbol{F}_1$ 单独作用下，在 xOz 纵向对称平面内产生平面弯曲，y 轴为中性轴；在 $\boldsymbol{F}_2$ 单独作用下，在 xOy 纵向对称平面内产生平面弯曲，z 轴为中性轴。两种平面弯曲的最大弯矩都发生在 A 偏右截面［见图 15-3（b）、图 15-3（c）］，其值分别为

$$M_{y\max}=F_1\times2=0.8\times2=1.6(\text{kN}\cdot\text{m})$$

$$M_{z\max}=F_2\times1=1.6\times1=1.6(\text{kN}\cdot\text{m})$$

（2）应力分析。由 $M_{y\max}$ 和 $M_{z\max}$ 在 A 偏右截面引起的最大拉应力分别发生在 cd 和 ad 边上，叠加后 d 点有最大拉应力；同理，最大压应力发生在 b 点，其值分别为

$$\sigma_{\text{tmax}}=\frac{M_{y\max}}{W_y}+\frac{M_{z\max}}{W_z}=\frac{1.6\times10^6}{\frac{180\times90^2}{6}}+\frac{1.6\times10^6}{\frac{90\times180^2}{6}}\approx9.88(\text{MPa})$$

$$\sigma_{\text{cmax}}=-\frac{M_{y\max}}{W_y}-\frac{M_{z\max}}{W_z}=-\frac{1.6\times10^6}{\frac{180\times90^2}{6}}-\frac{1.6\times10^6}{\frac{90\times180^2}{6}}\approx-9.88(\text{MPa})$$

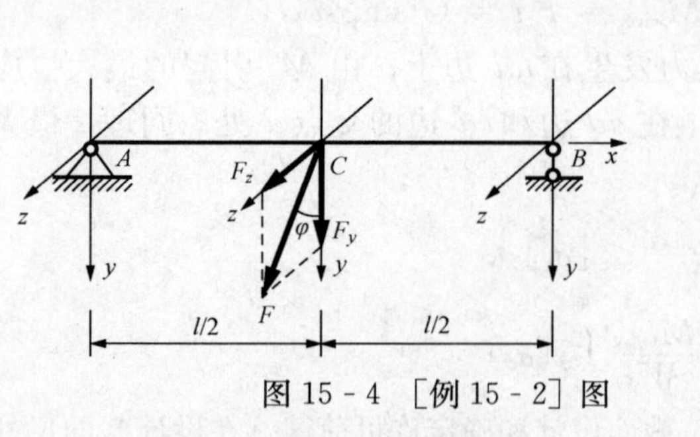

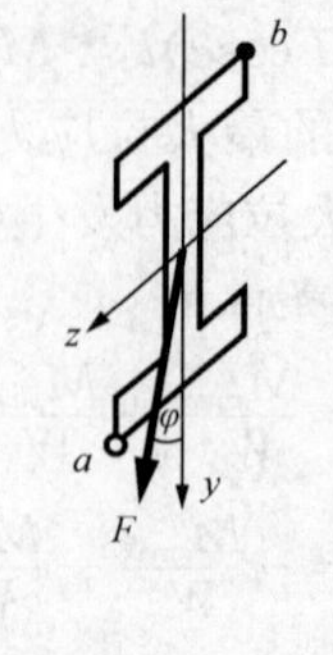

图 15-4 [例 15-2] 图

【例 15-2】 图 15-4 所示吊车梁由工字钢制成，材料的许用应力 $[\sigma]=160\text{MPa}$，$l=4\text{m}$，$F=30\text{kN}$，现因某种原因使 F 偏离纵向对称面，与 y 轴的夹角 $\varphi=5°$。试选择工字钢的型号。

解 (1) 将外力等效变换。将力 $\boldsymbol{F}$ 沿 z 轴和 y 轴分解，得

$$F_y = F\cos\varphi = 30\times\cos5° \approx 29.9(\text{kN})$$

$$F_z = F\sin\varphi = 30\times\sin5° = 2.62(\text{kN})$$

(2) 内力分析。梁在 $\boldsymbol{F}_y$ 单独作用下，在 xAy 平面内产生平面弯曲，中性轴为 z 轴，跨中最大弯矩为

$$M_{z\max} = \frac{1}{4}F_y l = \frac{1}{4}\times29.9\times4 = 29.9(\text{kN}\cdot\text{m})$$

梁在 $\boldsymbol{F}_z$ 单独作用下，在 xAz 平面内产生平面弯曲，中性轴为 y 轴，跨中最大弯矩为

$$M_{y\max} = \frac{1}{4}F_z l = \frac{1}{4}\times2.62\times4 = 2.62(\text{kN}\cdot\text{m})$$

(3) 根据强度条件选择工字钢型号。设 $\frac{W_z}{W_y}=8$，梁的最大拉应力、最大压应力分别发生在跨中截面的 a 点和 b 点，且大小相等，为

$$\sigma_{\max} = \frac{M_{z\max}}{W_z}+\frac{M_{y\max}}{W_y} = \frac{M_{z\max}}{W_z}+\frac{8M_{y\max}}{W_z}\leqslant[\sigma]$$

$$W_z \geqslant \frac{M_{z\max}+8M_{y\max}}{[\sigma]} = \frac{(29.9+8\times2.62)\times10^6}{160}\approx318\times10^3(\text{mm}^3)=318\text{cm}^3$$

查附录型钢规格表，选择型号为 22b，$W_z=325\text{cm}^3$，$W_y=42.7\text{cm}^3$。

(4) 校核强度。按照所选的型号校核梁的强度

$$\sigma_{\max} = \frac{M_{z\max}}{W_z}+\frac{M_{y\max}}{W_y} = \frac{29.9\times10^6}{325\times10^3}+\frac{2.62\times10^6}{42.7\times10^3}\approx153.4(\text{MPa})<[\sigma]$$

所以选用型号为 22b 的工字钢是合适的。

第三节 拉伸（或压缩）与弯曲的组合变形

在建筑结构中，还有些杆件的变形是由轴向拉伸（或压缩）与平面弯曲组合成的。如图 15-5 所示的简易吊车架，在起吊重物时，横梁产生轴向压缩和平面弯曲的组合变形。图 15-1 (a) 所示的烟囱产生轴向压缩和平面弯曲的组合变形。

现以图 15-6 (a) 所示矩形截面悬臂梁为例分析拉伸（或压缩）与弯曲的组合变形的强度计算。

一、内力分析

梁在轴向拉力 F 作用下产生轴向拉伸变形，内力为 $F_N=F$。

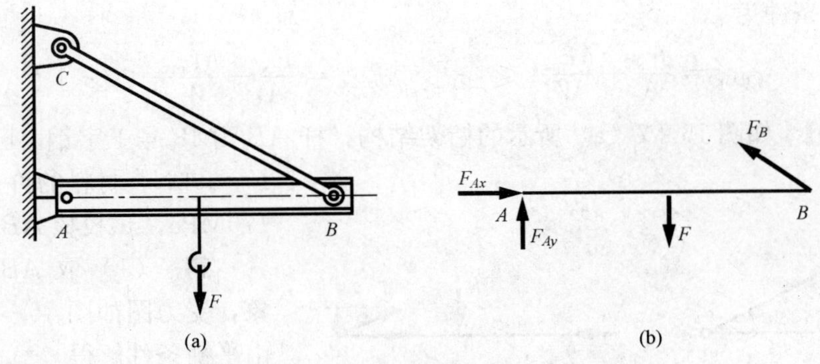

图 15 - 5 轴向拉伸（或压缩）与平面弯曲组合变形

（a）简易吊车架；（b）横梁产生轴向压缩和平面弯曲的组合变形

梁在均布荷载 F_q 作用下，在 xOy 平面内产生弯曲变形，z 轴为中性轴。最大弯矩发生在 A 偏右截面，为

$$M_{z\max}=\frac{1}{2}F_q l^2$$

二、应力分析和强度计算

梁在轴向拉伸时，内部各点的拉应力均匀分布［见图 15 - 6（b）］，为

$$\sigma'_{\max}=+\frac{F_N}{A}$$

梁在弯曲时，最大拉、压应力分别发生在 A 偏右截面的上、下边缘处［见图 15 - 6（c）］，为

$$\sigma''_{\max}=\pm\frac{M_{z\max}}{W_z}$$

叠加后可知，最大拉应力发生在 A 偏右截面的上边缘，其值为

$$\sigma_{t\max}=\frac{F_N}{A}+\frac{M_{z\max}}{W_z}$$

若有压应力，最大压应力发生在 A 偏右截面的下边缘，其值为

$$\sigma_{c\max}=\frac{F_N}{A}-\frac{M_{z\max}}{W_z}$$

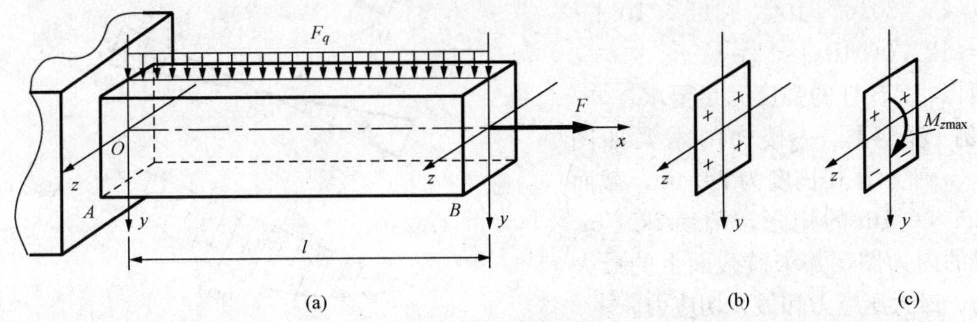

图 15 - 6 应力分析

（a）矩形截面悬臂梁的受荷情况；（b）梁在拉伸时内部各点的拉应力均匀分布；

（c）梁在弯曲时，最大拉、压应力分别发生在 A 偏右截面的上、下边缘处

故正应力强度条件为

$$\sigma_{\mathrm{tmax}}=\frac{F_{\mathrm{N}}}{A}+\frac{M_{z\max}}{W_z}\leqslant[\sigma_{\mathrm{t}}],\quad \sigma_{\mathrm{cmax}}=\frac{F_{\mathrm{N}}}{A}-\frac{M_{z\max}}{W_z}\leqslant[\sigma_{\mathrm{c}}]$$

【例 15-3】 如图 15-7(a)所示的桁架结构，杆 AB 为 18 号工字钢。已知 $l=2.8\mathrm{m}$，$F=30\mathrm{kN}$，材料的许用应力 $[\sigma]=170\mathrm{MPa}$，试校核 AB 杆的强度。

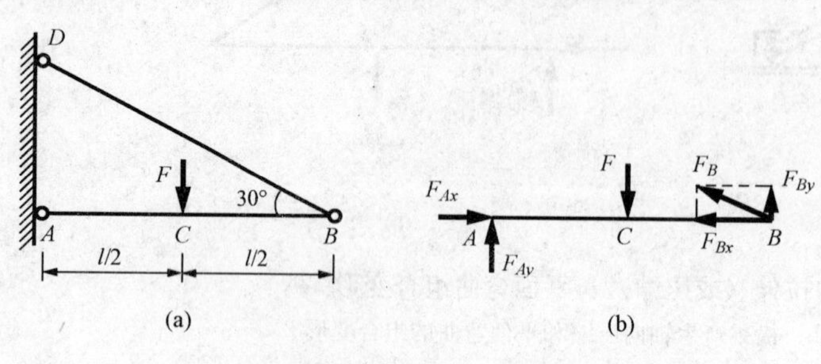

图 15-7 [例 15-3] 图

(a) 桁架结构的计算简图；(b) AB 杆受力图

解 (1) 取 AB 杆为研究对象，受力图如图 15-7(b)所示。由平衡条件解得

$$F_{Ax}=25.98\mathrm{kN},\quad F_{Ay}=15\mathrm{kN},\quad F_B=30\mathrm{kN}$$

(2) 将力 $\boldsymbol{F}_B$ 分解为两个分力 $\boldsymbol{F}_{Bx}$、$\boldsymbol{F}_{By}$，则

$$F_{Bx}=25.98\mathrm{kN},\quad F_{By}=15\mathrm{kN}$$

力 $\boldsymbol{F}_{Ax}$、$\boldsymbol{F}_{Bx}$ 使 AB 杆产生轴向压缩变形，而力 $\boldsymbol{F}_{Ay}$、$\boldsymbol{F}$、$\boldsymbol{F}_{By}$ 使梁产生平面弯曲变形。

(3) 内力分析。

AB 杆轴向压缩时各横截面轴力相等，为 $F_{\mathrm{N}}=25.98\mathrm{kN}$。

AB 杆弯曲时，最大弯矩发生在中点截面 C 上，其值为

$$M_{\max}=\frac{1}{4}Fl=\frac{1}{4}\times 30\times 2.8=21(\mathrm{kN\cdot m})$$

(4) 最大正应力和强度计算。

查附录型钢规格表，得 $W_z=185\mathrm{cm}^3$，$A=30.6\mathrm{cm}^2$。最大正应力发生在中点截面 C 的上边缘，其值为

$$\sigma_{\max}=\left|-\frac{F_{\mathrm{N}}}{A}-\frac{M_{\max}}{W_z}\right|=\left|-\frac{25.98\times10^3}{30.6\times10^2}-\frac{21\times10^6}{185\times10^3}\right|\approx122.0(\mathrm{MPa})<[\sigma]$$

所以，AB 杆的强度满足要求。

【例 15-4】 一楼梯斜木梁如图 15-8(a)所示，其长度为 $l=4\mathrm{m}$，截面为 $0.2\mathrm{m}\times0.1\mathrm{m}$ 的矩形，$F_q=2\mathrm{kN/m}$。试作梁的内力图，并求横截面上的最大拉应力、最大压应力和最大切应力。

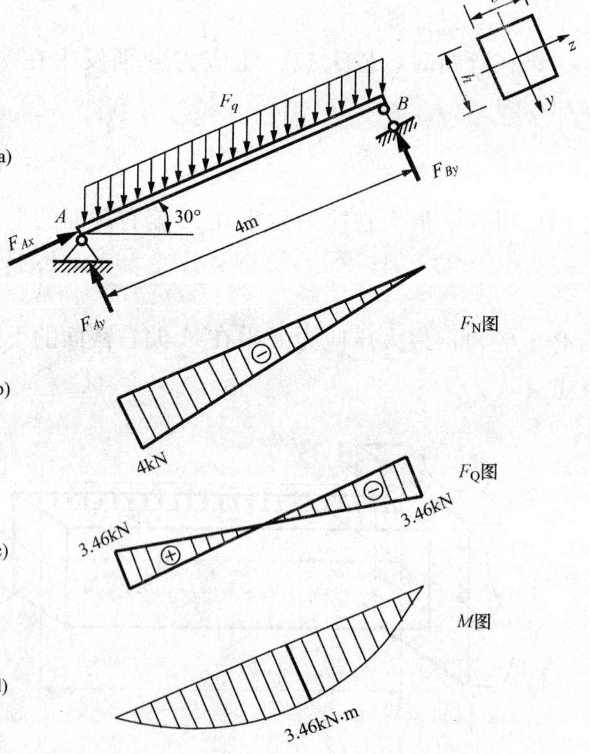

图 15-8 [例 15-4] 图

(a) 楼梯斜木梁的受荷情况；(b) 轴力图；(c) 剪力图；(d) 弯矩图

解 (1) 计算支座反力

$$F_{Ax}=4\mathrm{kN},\quad F_{Ay}=3.46\mathrm{kN},\quad F_{By}=3.46\mathrm{kN}$$

（2）作内力图。轴力图、剪力图和弯矩图如图 15 - 8（b）～图 15 - 8（d）所示。可见，梁内最大轴力、最大剪力和最大弯矩分别为

$$|F_N|_{max} = 4\text{kN}, \quad |F_Q|_{max} = 3.46\text{kN}, \quad M_{max} = 3.46\text{kN} \cdot \text{m}$$

（3）计算梁内最大拉应力、最大压应力和最大切应力。斜梁在荷载作用下产生轴向压缩和平面弯曲两种基本变形。根据变形情况可判断出最大拉应力发生在跨中截面的下边缘

$$\sigma_{tmax} = -\frac{F_{N中}}{A} + \frac{M_{max}}{W_z} = -\frac{2 \times 10^3}{100 \times 200} + \frac{3.46 \times 10^6}{\frac{100 \times 200^2}{6}} \approx 5.1(\text{MPa})$$

最大压应力可能发生在 A 偏右截面或跨中截面的上边缘。A 偏右截面的压应力为

$$\sigma_{A右} = -\frac{4 \times 10^3}{100 \times 200} \approx -0.2(\text{MPa})$$

跨中截面的最大压应力为

$$\sigma_{中} = -\frac{F_{N中}}{A} - \frac{M_{max}}{W_z} = -\frac{2 \times 10^3}{100 \times 200} - \frac{3.46 \times 10^6}{\frac{100 \times 200^2}{6}} \approx -5.3(\text{MPa})$$

所以最大压应力发生在跨中截面的上边缘，其值为

$$\sigma_{cmax} = -5.3\text{MPa}$$

梁内最大切应力发生在 A 偏右、B 偏左截面的中性轴处，其值为

$$\tau_{max} = 1.5\frac{F_{Qmax}}{A} = 1.5 \times \frac{3.46 \times 10^3}{100 \times 200} \approx 0.26(\text{MPa})$$

第四节 偏心压缩（拉伸）

作用于杆件上的外力，当其作用线与杆的轴线平行但不重合时，杆件就受到**偏心压缩**（**或拉伸**）。如图 15 - 1（b）中的厂房柱，F_2 的作用线与柱的轴线平行，但偏离柱轴线一段距离 e，F_2 称为**偏心力**，e 称为**偏心距**。偏心力 F_2 使柱子产生偏心压缩变形。

一、单向偏心压缩（或拉伸）

如图 15 - 9（a）所示的矩形截面柱，偏心力 F 作用在截面一根形心主轴上时，柱子将产生**单向偏心压缩**（当偏心力为拉力时，柱子产生**单向偏心拉伸**）。

（1）**外力等效变换**。将力 $\boldsymbol{F}$ 平移到截面形心 O 处，得到一个通过形心的轴向压力 $\boldsymbol{F}$ 和附加力偶矩 $M=Fe$，如图 15 - 9（b）所示。可见，柱子在 $\boldsymbol{F}$ 单独作用下产生轴向压缩变形；在附加力偶单独作用下，在 xOy 平面内产生纯弯曲，z 轴为中性轴。

（2）**内力计算**。在柱内取任一横截面分析其内力和应力。柱子轴向压缩和纯弯曲时，各个横截面的轴力 F_N 和弯矩 M_z 是相同的，如图 15 - 9（c）所示。其值分别为

$$F_N = F, \quad M_z = M = Fe$$

（3）**计算最大应力**。柱子轴向压缩时，各截面压应力均匀分布［见图 15 - 9（d）］，为

$$\sigma' = -\frac{F_N}{A}$$

柱子纯弯曲时，最大拉应力发生在截面的左边缘，最大压应力发生在截面右边缘［见图 15 - 9（e）］，为

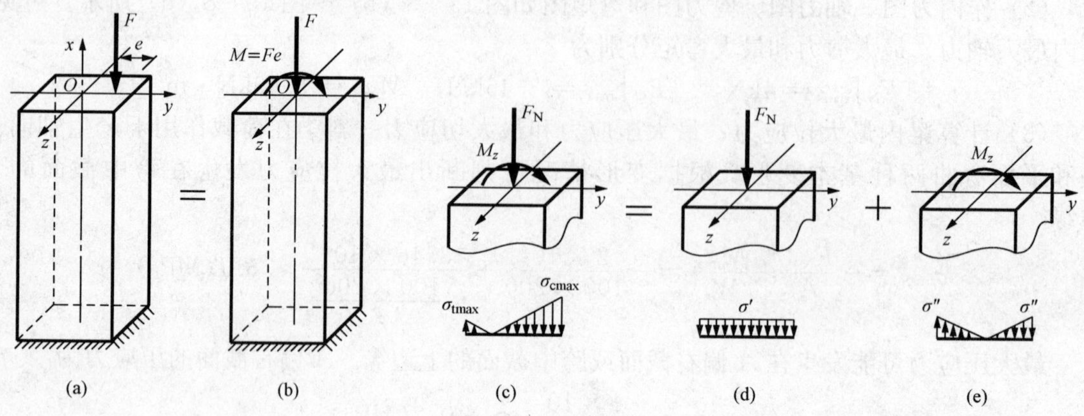

图 15 - 9 单向偏心压缩（或拉伸）

(a) 矩形截面柱的受力情况；(b) 将力 $\boldsymbol{F}$ 平移到截面形心 O 处的情形；(c) 柱内任一横截面的应力分布图；(d) 柱子轴向压缩时，各截面压应力分布图；(e) 柱子纯弯曲时，横截面的应力分布图

$$\sigma''=\pm\frac{M_z}{W_z}$$

显然，叠加后得到的最大拉应力和最大压应力［见图 15 - 9（c）］分别为

$$\sigma_{tmax}=-\frac{F_N}{A}+\frac{M_z}{W_z},\quad \sigma_{cmax}=-\frac{F_N}{A}-\frac{M_z}{W_z}$$

（4）**强度计算**。强度条件为

$$\sigma_{tmax}=-\frac{F_N}{A}+\frac{M_z}{W_z}\leqslant[\sigma_t],\quad \sigma_{cmax}=-\frac{F_N}{A}-\frac{M_z}{W_z}\leqslant[\sigma_c]$$

二、双向偏心压缩（或拉伸）的应力和强度计算

如图 15 - 10（a）所示，当偏心力 F 的作用线与柱轴线平行，但不通过截面任一形心主轴时，柱子产生**双向偏心压缩（或拉伸）**。

（1）**外力等效变换**。如图 15 - 10（a）所示的偏心受压柱，设压力 F 偏离 z、y 轴的偏心距分别为 e_y、e_z。先将力 $\boldsymbol{F}$ 平移到 z 轴，产生附加力偶矩 $M_1=Fe_y$，再将力 F 平移到形心 O，又产生附加力偶矩 $M_2=Fe_z$，如图 15 - 10（b）所示。可见，双向偏心压缩是轴向压缩和两个互相垂直的平面弯曲的组合。

（2）**内力计算**。力 $\boldsymbol{F}$ 使柱子产生轴向压缩变形；M_1 使柱子在 xOy 平面内产生纯弯曲，z 轴为中性轴；M_2 使柱子在 xOz 平面内产生纯弯曲，y 轴为中性轴。柱内各横截面内力都是相同的，现取任一截面 $ABCD$ 进行分析，如图 15 - 10（c）～图 15 - 10（f）所示，截面上各内力分别为

$$F_N=F,\quad M_z=M_1=Fe_y,\quad M_y=M_2=Fe_z$$

（3）**计算最大应力**。柱子轴向压缩时，各横截面上压应力均匀分布［见图 15 - 10（c）］，为

$$\sigma'=-\frac{F_N}{A}$$

柱子在 xOy 平面内纯弯曲时，最大拉应力发生在截面 AB 边缘，最大压应力发生截面的 CD 边缘，为

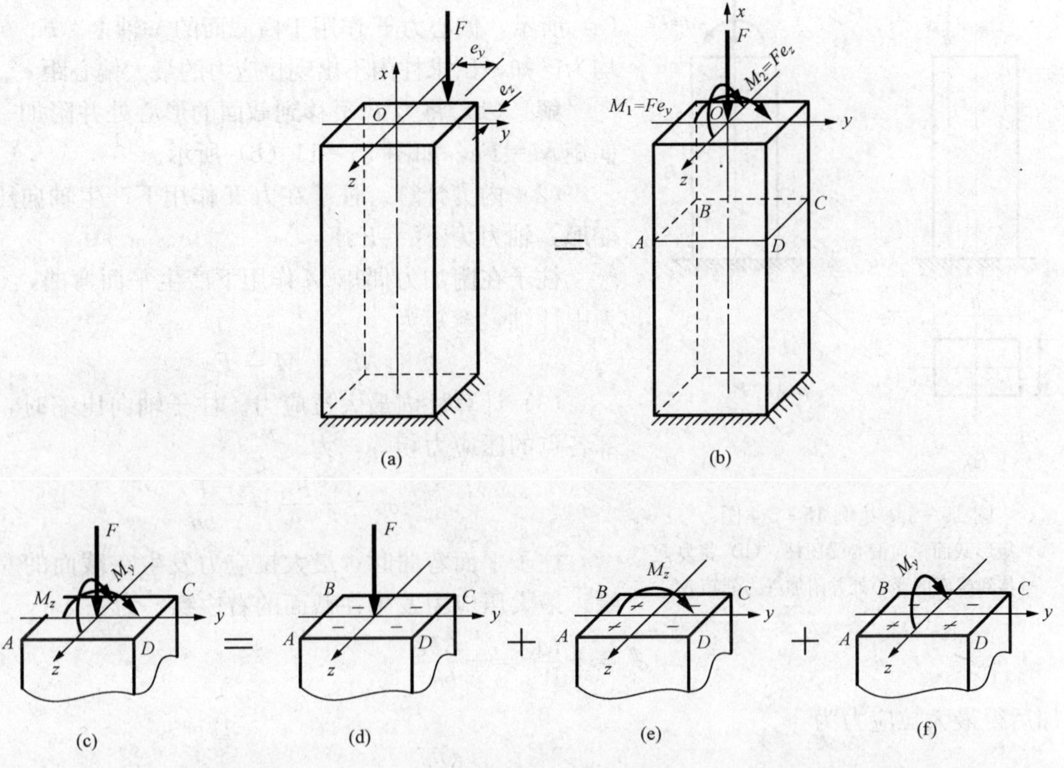

图 15－10 双向偏心压缩（或拉伸）的应力和强度计算

（a）柱子的受力情况；（b）将力 F 平移到形心 O 处后的情形；（c）横截面上的内力；（d）轴向压缩时截面上的应力；（e）M_z 及应力分布情况；（f）M_y 及应力分布情况

$$\sigma''=\pm\frac{M_z}{W_z}$$

柱子在 xOz 平面内纯弯曲时，最大拉应力发生在截面 AD 边缘，最大压应力发生在 BC 边缘，为

$$\sigma'''=\pm\frac{M_y}{W_y}$$

叠加后，最大拉应力发生在截面的 A 点，其值为

$$\sigma_{\text{tmax}}=-\frac{F_{\text{N}}}{A}+\frac{M_z}{W_z}+\frac{M_y}{W_y}$$

最大压应力发生在截面的 C 点，其值为

$$\sigma_{\text{cmax}}=-\frac{F_{\text{N}}}{A}-\frac{M_z}{W_z}-\frac{M_y}{W_y}$$

（4）**强度计算**。强度条件为

$$\sigma_{\text{tmax}}=-\frac{F_{\text{N}}}{A}+\frac{M_z}{W_z}+\frac{M_y}{W_y}\leqslant[\sigma_{\text{t}}]$$

$$\sigma_{\text{cmax}}=-\frac{F_{\text{N}}}{A}-\frac{M_z}{W_z}-\frac{M_y}{W_y}\leqslant[\sigma_{\text{c}}]$$

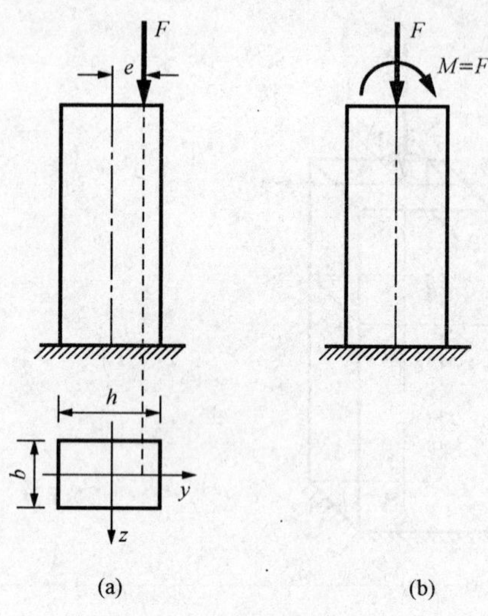

图 15 - 11 ［例 15 - 5］图
（a）矩形截面单向偏心受压柱；（b）将力 F 平移到截面的形心处并附加一力偶矩 M

【例 15 - 5】 矩形截面单向偏心受压柱如图 15 - 11（a）所示，偏心力 F 作用于横截面的 y 轴上。F、b、h 均为已知，试求柱内不出现拉应力的最大偏心距 $e_{\max}$。

解 （1）将力 F 平移到截面的形心处并附加一力偶矩 $M=Fe$，如图 15 - 11（b）所示。

（2）内力计算。柱子在力 F 作用下产生轴向压缩变形，轴力为 $F_N=F$。

柱子在附加力偶矩 M 作用下产生平面弯曲，z 轴为中性轴，弯矩为

$$M_z = M = Fe$$

（3）计算柱内最大拉应力。柱子轴向压缩时，内部各点的压应力相等，为

$$\sigma' = -\frac{F_N}{A} = -\frac{F}{bh}$$

柱子平面弯曲时，最大拉应力发生在截面的左边缘，最大压应力发生在截面的右边缘，为

$$\sigma'' = \pm\frac{M_z}{W_z} = \pm\frac{6Fe}{bh^2}$$

叠加后得最大拉应力为

$$\sigma_{\text{tmax}} = -\frac{F}{bh} + \frac{6Fe}{bh^2}$$

（4）计算 $e_{\max}$。要使柱内不出现拉应力，则

$$\sigma_{\text{tmax}} = -\frac{F}{bh} + \frac{6Fe}{bh^2} \leqslant 0$$

解得

$$e \leqslant \frac{h}{6}$$

故有

$$e_{\max} = \frac{h}{6}$$

同理，当荷载作用于 z 轴上时，将 b 边六等分，要使柱内不出现拉应力，偏心力偏离形心的距离应不超过 $\frac{b}{6}$。

三、截面核心

土建工程中，有很多材料的抗拉性能远小于抗压性能，对于这些材料做成的构件，要求横截面上只产生压应力，而不出现拉应力，以免出现裂缝，例如混凝土柱、石拱、基础底面等都属于这种情况。当荷载作用在截面形心周围的一个区域内时，杆件内部只产生压应力而不出现拉应力，这个荷载作用的区域称为**截面核心**。常见几种截面的截面核心如图 15 - 12 所示。

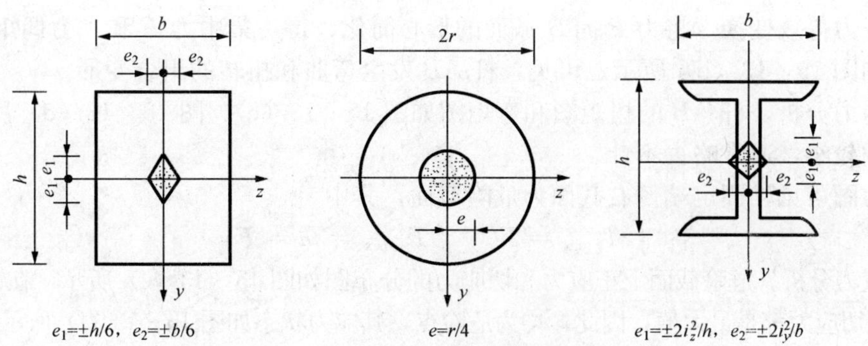

图 15 - 12　常见几种截面的截面核心

第五节　弯曲与扭转的组合变形

工程中，常出现弯曲与扭转的组合变形。例如工厂中的传动轴除受扭外，还经常伴随有弯曲变形，房屋建筑中的雨篷梁也出现组合变形等。下面以如图 15 - 13（a）所示的圆截面直角曲拐 ABC 为例，说明弯曲与扭转的组合变形的强度计算。

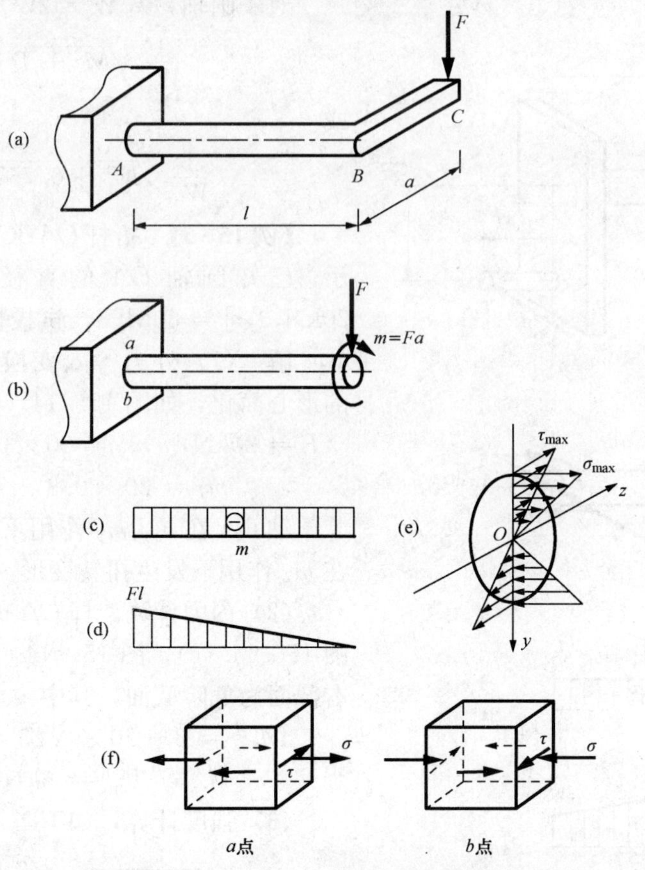

图 15 - 13　弯曲与扭转的组合变形

（a）圆截面直角曲拐的受力情况；（b）将力 F 向 B 截面的形心简化；（c）杆 AB 的扭矩图；（d）杆 AB 的弯矩图；（e）危险截面上正应力和切应力的分布图；（f）a 点和 b 点的应力状态图

（1）外力等效变换。将力 F 向 B 截面的形心简化，得一集中力 F 和一力偶矩为 $m=Fa$ 的力偶，如图 15 - 13（b）所示。可见，杆 AB 发生弯曲和扭转的组合变形。

（2）内力分析。杆 AB 的扭矩图和弯矩图如图 15 - 13（c）、图 15 - 13（d）所示。由于剪力的影响较小，通常略去不计。

由内力图可见，固定端偏右截面为危险截面，其中

$$|M|_{\max}=Fl,\quad |T|_{\max}=m=Fa$$

（3）应力分析。危险截面上正应力和切应力的分布图如图 15 - 13（e）所示，在 a 点和 b 点的正应力和切应力都是最大值，因此，均为危险点，其应力状态如图 15 - 13（f）所示。其中

$$\sigma=\frac{M_{\max}}{W_z},\quad \tau=\frac{T_{\max}}{W_\rho}$$

对于许用拉、压应力相等的塑性材料制成的杆，这两点的危险程度是相同的。因此，可取其中任一点进行强度计算。

（4）强度计算。对于受弯扭组合变形的杆件，一般都用塑性材料制成，通常采用第三和第四强度理论进行强度计算。因此，得强度条件为

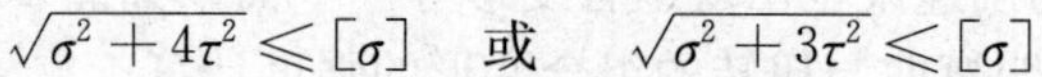

$$\sqrt{\sigma^2+4\tau^2}\leqslant[\sigma] \quad 或 \quad \sqrt{\sigma^2+3\tau^2}\leqslant[\sigma]$$

对于圆轴，有 $W_\rho=2W_z$，上两式可写成

$$\frac{1}{W_z}\sqrt{M^2+T^2}\leqslant[\sigma]$$

或

$$\frac{1}{W_z}\sqrt{M^2+0.75T^2}\leqslant[\sigma]$$

【例 15 - 6】 折杆 $OABC$ 如图 15 - 14（a）所示，已知圆轴 OA 的直径 $d=125\text{mm}$，$F=20\text{kN}$，$[\sigma]=80\text{MPa}$，试校核圆轴 OA 的强度。

解 （1）外力等效变换。将力 F 向 A 截面的形心简化，如图 15 - 14（b）所示，得到

$$F=20\text{kN},\quad m_y=20\times0.15=3(\text{kN}\cdot\text{m})$$

$$m_x=20\times0.3=6(\text{kN}\cdot\text{m})$$

轴 OA 在 F、m_y 作用下发生平面弯曲变形，在 m_x 作用下发生扭转变形。

（2）内力计算。杆 OA 的扭矩图和弯矩图如图 15 - 14（c）、图 15 - 14（d）所示。固定端偏右截面为危险截面，其中

$$M_{\max}=3+20\times0.23=7.6(\text{kN}\cdot\text{m})$$

$$T_{\max}=6\text{kN}\cdot\text{m}$$

（3）强度计算，如下

$$\frac{1}{W_z}\sqrt{M^2+T^2}=\frac{\sqrt{7.6^2+6^2}\times10^6}{\frac{\pi\times125^3}{32}}$$

$$\approx50.5(\text{MPa})<[\sigma]$$

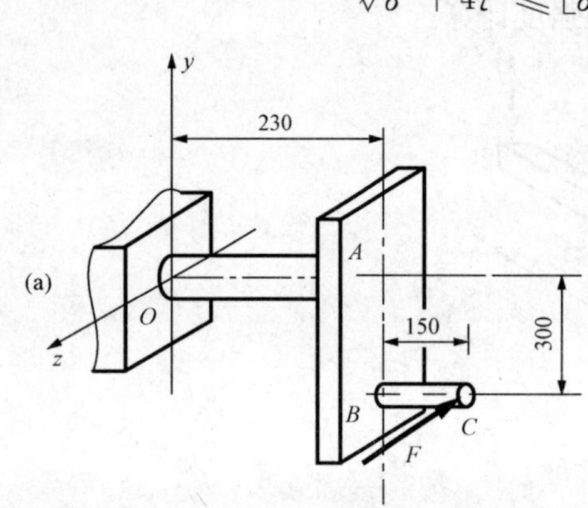

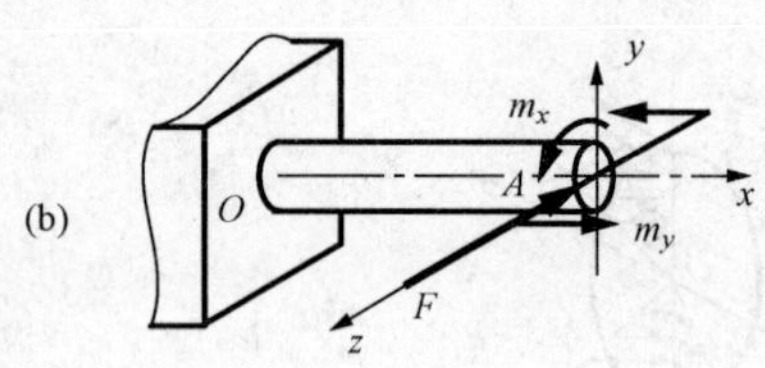

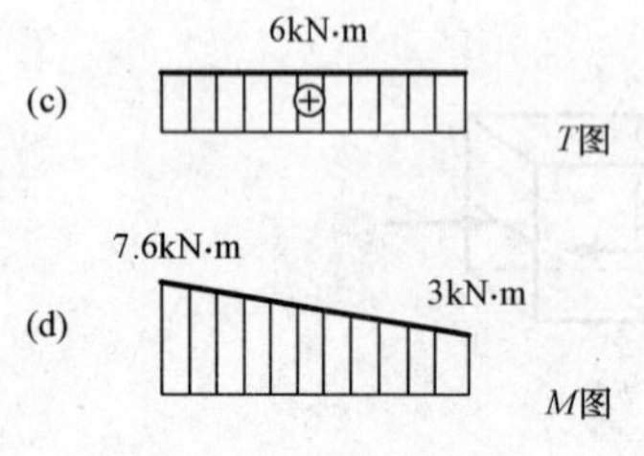

图 15 - 14 ［例 15 - 6］图

（a）折杆的受力情况；（b）将力 F 向 A 截面的形心简化；（c）杆 OA 的扭矩图；（d）杆 OA 的弯矩图

轴 OA 满足强度要求。

【例 15-7】 雨篷梁如图 15-15（a）所示，采用 360mm×240mm 的矩形截面，梁长 l=2m，上面墙体传来的荷载及自重共计 20kN/m²，梁上的活荷载为 0.7kN/m²。雨篷板的宽度 b=1m，板上的活荷载为 0.7kN/m²，板的自重为 4.55kN/m²。求雨篷梁跨中及端部截面上的最大应力。

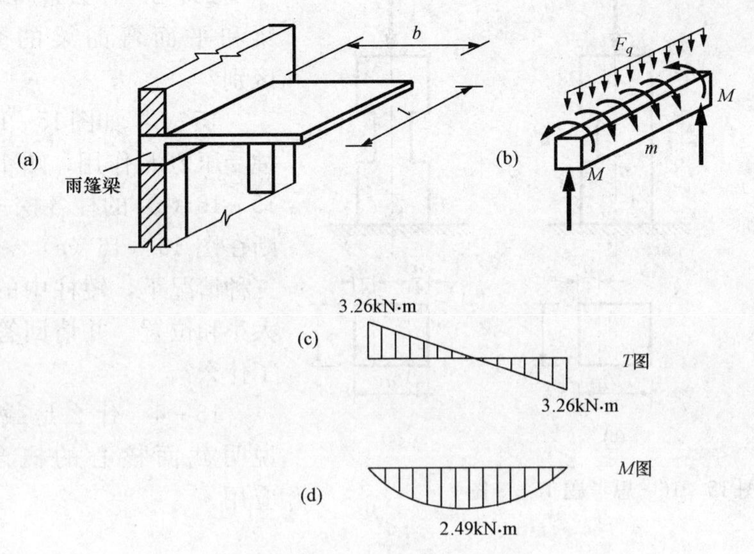

图 15-15 ［例 15-7］图

（a）雨篷梁；（b）雨篷梁受力图；（c）梁的扭矩图；（d）梁的弯矩图

解 （1）计算雨篷梁所受的荷载

雨篷板上的均布面荷载引起梁上的分布扭矩为

$$m=(4.55+0.7)\times 1\times\left(\frac{1}{2}+\frac{0.24}{2}\right)\approx 3.26(\text{kN}\cdot\text{m/m})$$

两端支座边缘处的反力偶矩为 M=3.26kN·m。

雨篷梁上的分布线荷载为

$$F_q=(20+0.7)\times 0.24\approx 4.97(\text{kN/m})$$

雨篷梁的受力图如图 15-15（b）所示。

（2）计算内力。梁的扭矩图和弯矩图如图 15-15（c）、图 15-15（d）所示。可见，端部截面上的最大扭矩为 $T_{\max}$=3.26kN·m。

梁跨中截面上的最大弯矩为

$$M_{\max}=\frac{1}{8}F_q l^2=\frac{1}{8}\times 4.97\times 2^2\approx 2.49(\text{kN}\cdot\text{m})$$

（3）应力计算。由于梁跨中截面上只有弯矩，而没有扭矩，所以最大正应力发生在跨中截面的上、下边缘处，其值为

$$\sigma_{\max}=\frac{M_{\max}}{W_z}=\frac{2.49\times 10^6}{\frac{240\times 360^2}{6}}\approx 0.48(\text{MPa})$$

端部截面上只有最大扭矩而没有弯矩，所以端部截面长边中处的最大切应力为

$$\tau_{\max}=\frac{T_{\max}}{\alpha h b^2}=\frac{3.26\times 10^6}{0.231\times 360\times 240^2}\approx 0.68(\text{MPa})$$

思 考 题

15-1 简述分析组合变形强度问题的基本思路。

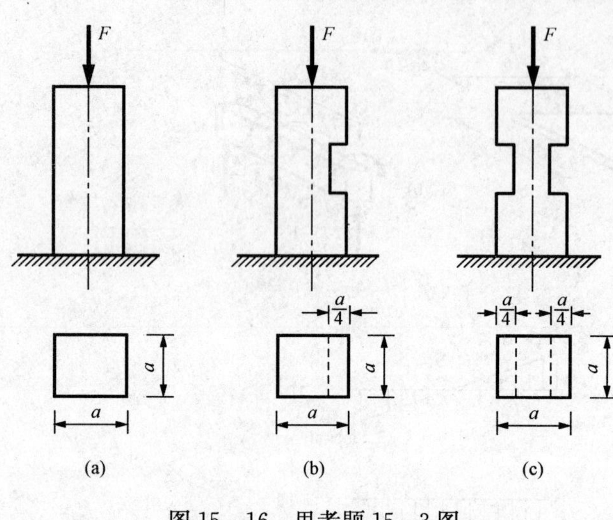

图 15-16 思考题 15-3 图

15-2 什么是斜弯曲梁？斜弯曲梁和平面弯曲梁的受力特点有何区别？

15-3 如图 15-16 所示的三根短柱受压力 F 作用，图 15-16（b）、图 15-16（c）的柱各挖去一部分。试判断在图 15-16（a）～图 15-16（c）三种情况下，短柱中的最大压应力的大小和位置。并请回答计算结果说明了什么？

15-4 什么是截面核心？举例说明截面核心的概念在工程中的应用。

习 题

15-1 矩形截面悬臂梁受力情况如图 15-17 所示，F 通过截面形心，与 y 轴成 φ 角。已知 $F=1.2\text{kN}$，$\varphi=12°$，$l=2\text{m}$，$\dfrac{h}{b}=1.5$，材料的许用应力 $[\sigma]=10\text{MPa}$，试确定 b 和 h 的尺寸。

15-2 如图 15-18 所示悬臂吊车，横梁采用 25a 工字钢，梁长 $l=4\text{m}$，$\alpha=30°$，横梁重 $F_1=20\text{kN}$，电动葫芦重 $F_2=4\text{kN}$，横梁材料的许用应力 $[\sigma]=100\text{MPa}$，试校核横梁的强度。

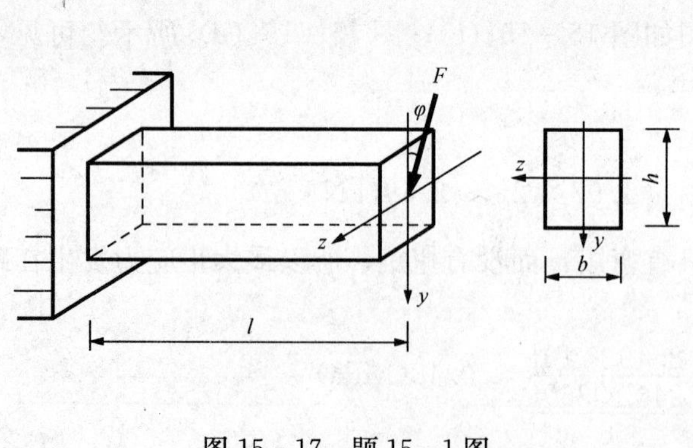

图 15-17 题 15-1 图

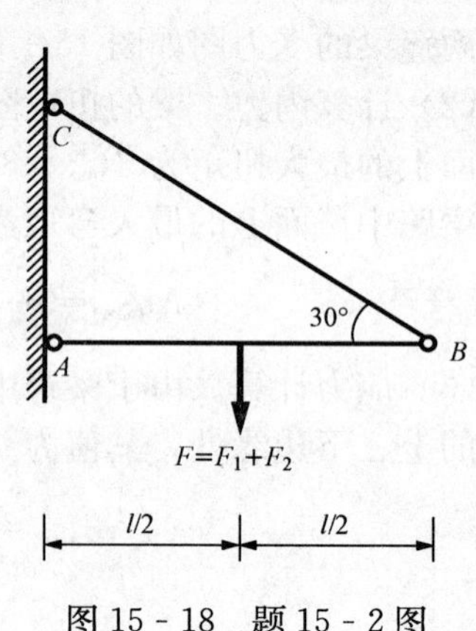

图 15-18 题 15-2 图

15-3 梁的结构尺寸和受荷情况如图 15-19 所示，已知 $F=40\text{kN}$，且与梁 AB 平行，梁的横截面为矩形，尺寸如图 15-19 所示。试计算梁 AB 的最大拉应力。

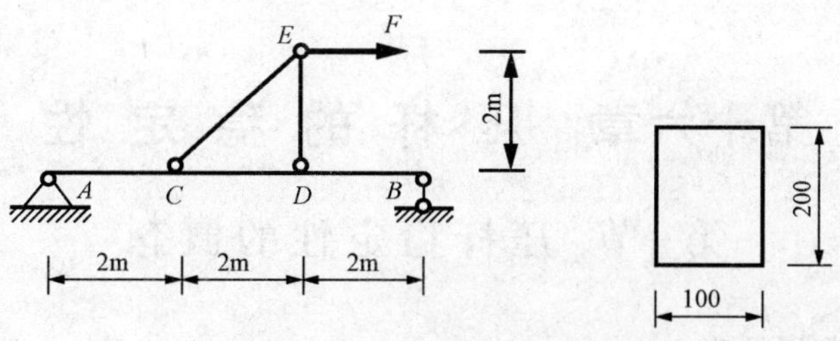

图 15-19　题 15-3 图

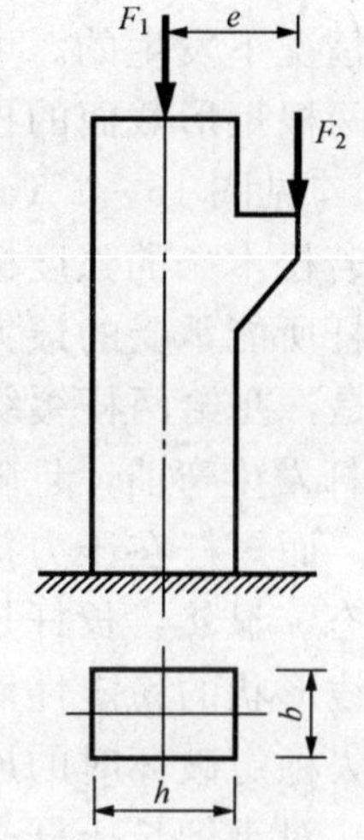

图 15-20　题 15-4 图

15-4　如图 15-20 所示为一矩形截面厂房柱，所受压力 $F_1=100kN$，$F_2=45kN$，F_2 与柱轴线偏心矩 $e=200mm$，截面宽 $b=200mm$，如要求柱截面上不出现拉应力，截面高 h 应为多少？

15-5　如图 15-21 所示的矩形截面悬臂梁，自由端 B 处受一力 $F=3kN$，一力偶 $M=2kN\cdot m$ 作用，截面尺寸如图 15-21 所示。求危险截面危险点的应力。

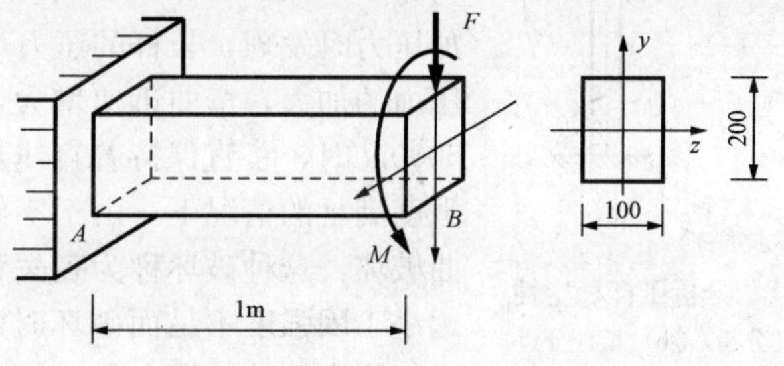

图 15-21　题 15-5 图

第十六章 压杆的稳定性

第一节 压杆稳定性的概念

一、分析压杆稳定性的意义

轴向受压杆的承载能力是依据强度条件 $\sigma=\dfrac{F_N}{A}\leqslant[\sigma]$ 确定的，但在实际工程中发现，许多细长受压杆的破坏是在满足强度条件的情况下发生的。可以做一个简单的实验，如图 16 - 1 所示，取两根矩形截面的松木条，$b\times h=30\text{mm}\times5\text{mm}$，一根杆长 20mm［见图 16 - 1（a）］，另一根杆长 1000mm［见图 16 - 1（b）］。若松木条的强度极限为 $\sigma_b=40\text{MPa}$，根据强度条件可确定出两杆所能承受的最大压力为 $F=\sigma_b A=40\times30\times5=6000(\text{N})$。但是，在给两杆缓缓施加压力时发现，长杆的压力加到 30N 时，杆发生弯曲，且随着压力的加大，弯曲迅速增大，杆随即折断。而短杆在压力接近 6000N 时，一直保持着直线形状的平衡状态。显然，长杆是在强度满足的情况下，由于不能保持原有直线形状的稳定性而弯曲破坏，这种破坏称为**丧失稳定**。压杆丧失稳定破坏时的压力远小于因强度不足而破坏时的压力。因此，对于细长压杆必须进行稳定性的计算。

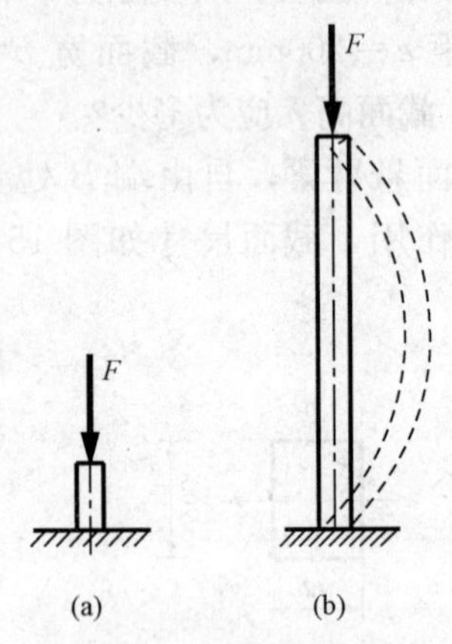

图 16 - 1 分析压杆稳定性
（a）短杆分析；（b）长杆分析

二、平衡状态的稳定性

如图 16 - 2 所示为小球所处的三种平衡状态，由生活经验得知，这三种平衡状态对干扰的反映能力不同。图 16 - 2（a）所示的小球在槽面底 A 的位置处于平衡状态，用一横向干扰力使小球离开原来的位置，当干扰力去掉后，小球会在 A 点的附近来回滚动，最后又回到原来的位置而平衡，所以，小球在槽面底 A 处的平衡状态是**稳定平衡状态**。而图 16 - 2（c）所示小球在凸面顶 C 点的平衡状态则不同，当它受到横向力的干扰后，会沿曲面滚下去，再也不会平衡，所以，小球在凸面顶 C 的平衡状态是**不稳定平衡状态**。图 16 - 2（b）中在水平面 B 点处于平衡状态的小球，受到横向干扰力后，会向前滚动，当干扰力去掉后，小球既不会回到原处，也不会继续滚动，而是在新的位置处于新的平衡状态，小球在水平面 B 点的平衡状态称为**临界平衡状态**。

压杆的平衡状态类似于小球，如图 16 - 3（a）所示的压杆，当压力不太大时，对压杆施加一横向干扰力，压杆有微弯，当干扰力去掉后，压杆会恢复到原来的直线平衡状态，所以压杆原来的平衡状态为稳定平衡状态。当压力增大到某一

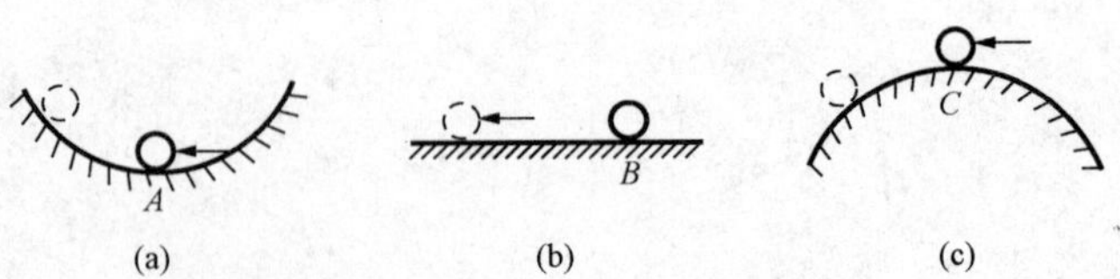

图 16 - 2 平衡状态的稳定性
（a）小球处于平衡稳定状态；（b）小球处于临界平衡状态；
（c）小球处于不稳定平衡状态

特定值 F_{cr} 时，如图 16 - 3（b）所示，作同样的干扰后，压杆已不能回复到原来的直线形状，而会在微弯下保持新的平衡状态，所以原来的平衡状态为临界平衡状态。F_{cr} 称为**临界力**。继续增大压力，当压力超过临界力时，横向力干扰下，压杆的微弯曲会继续增大，甚至会弯曲折断［见图 16 - 3（c）］，原来的平衡状态为不稳定平衡状态。

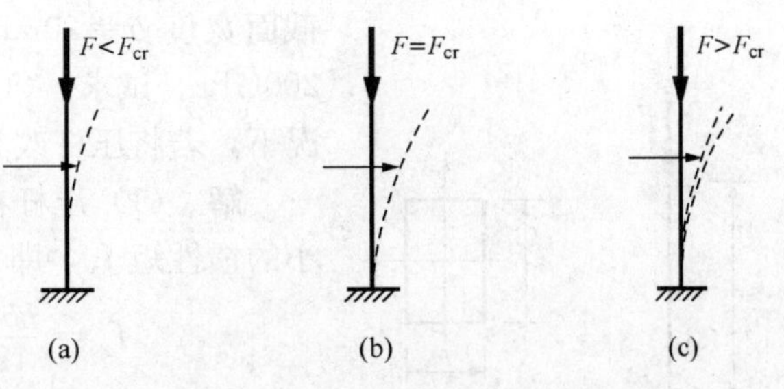

图 16 - 3　压杆的平衡状态

（a）稳定平衡状态；（b）临界平衡状态；（c）不稳定平衡状态

在实际工程中，要求压杆处于稳定平衡状态，而要使压杆处于稳定平衡状态，关键是确定临界力，只有在压力小于临界力时，才能保证压杆的稳定性。

第二节　压杆临界力的计算

压杆的临界力大小可以由实验测试或理论推导得到。临界力的大小与压杆的长度、截面形状和尺寸、材料以及两端的支承情况有关。

一、细长压杆临界力的计算式——欧拉公式

这里直接给出细长压杆临界力计算的通用公式，为

$$F_{cr}=\frac{\pi^2 EI}{(\mu l)^2} \tag{16-1}$$

式中：E 为材料的弹性模量；μ 为压杆的长度系数，与压杆两端的约束情况有关，不同支承情况下的长度系数见表 16 - 1；l 为压杆的实际长度，μl 称为压杆的折算长度；I 为截面对形心主轴的惯性矩，当压杆两端在各个方向约束情况相同时，应取最小的惯性矩；当压杆两端约束在各个方向不同时，应分别考虑，将各个方向的临界力都算出来，经比较选择合适的数值。

表 16 - 1　　各种支承情况下压杆的长度系数及临界力的计算式

两端支承情况	两端铰支	一端固定 一端铰支	一端固定 一端自由	两端固定
挠曲线形状				
长度系数	1.0	0.7	2.0	0.5
临界力计算式	$F_{cr}=\frac{\pi^2 EI}{l^2}$	$F_{cr}=\frac{\pi^2 EI}{(0.7l)^2}$	$F_{cr}=\frac{\pi^2 EI}{(2l)^2}$	$F_{cr}=\frac{\pi^2 EI}{(0.5l)^2}$

【例 16 - 1】　如图 16 - 4 所示，一端固定一端自由的矩形截面细长压杆，其杆长 $l=2\text{m}$，

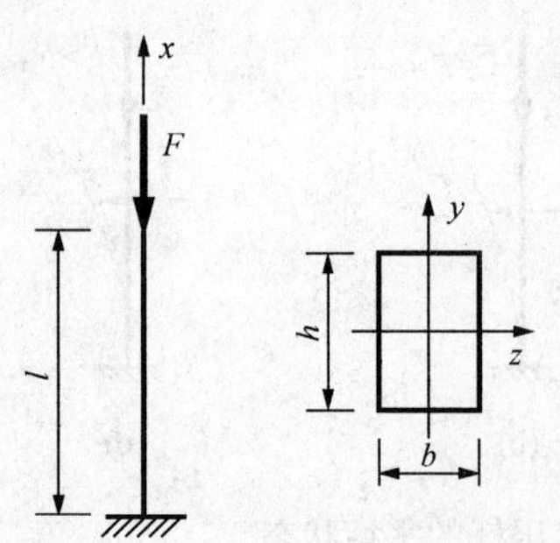

图 16-4 [例 16-1] 图

截面宽度 $b=20\text{mm}$，高度 $h=45\text{mm}$，材料的弹性模量 $E=200\text{GPa}$。试求：(1) 压杆的临界力；(2) 在面积大小不变的情况下，若将压杆改为正方形截面，其临界力又为多大？

解 (1) 压杆在最小刚度平面 xz 内先失稳，计算时应取最小的惯性矩 I_y，即

$$I_y=\frac{hb^3}{12}=\frac{45\times20^3}{12}=3.0\times10^4(\text{mm}^4)$$

长度系数 $\mu=2.0$，故临界力为

$$F_{cr}=\frac{\pi^2EI}{(\mu l)^2}=\frac{\pi^2\times200\times10^3\times3\times10^4}{(2\times2000)^2}\approx3697.3(\text{N})=3.70\text{kN}$$

(2) 若将截面改为正方形，则边长为

$$a=\sqrt{45\times20}=30(\text{mm})$$

惯性矩为

$$I_y=\frac{30^4}{12}=67500(\text{mm}^4)$$

压杆的临界力为

$$F_{cr}=\frac{\pi^2EI}{(\mu l)^2}=\frac{\pi^2\times200\times10^3\times67500}{(2\times2000)^2}\approx8437.5(\text{N})=8.44\text{kN}$$

分析以上两种情况，其横截面面积相等，支承情况也相同，但是，后者的临界力大，即将截面改为正方形后，压杆所能承受的最大压力较大。可见，在材料用料相同的情况下，选择恰当的截面形状可以提高压杆的临界力。

【例 16-2】 一细长木柱，长 $l=8\text{m}$，矩形截面 $b\times h=120\text{mm}\times200\text{mm}$，木柱的支承情况是：在最大刚度平面内弯曲时（弯曲时截面绕 y 轴转动），两端铰支，如图 16-5 (a) 所示。在最小刚度平面内弯曲（弯曲时截面绕 z 轴转动），两端固定，如图 16-5 (b) 所示。木材的弹性模量 $E=10\text{GPa}$，试求木柱的临界力。

解 (1) 计算在最大刚度平面内的临界力。在最大刚度平面内弯曲时，截面绕 y 轴转动，惯性矩为

$$I_y=\frac{120\times200^3}{12}=8.0\times10^7(\text{mm}^4)$$

长度系数 $\mu=1$，故临界力为

$$F_{cr}=\frac{\pi^2EI_y}{(\mu l)^2}=\frac{\pi^2\times10\times10^3\times8\times10^7}{(1\times8000)^2}$$

$$\approx123245(\text{N})=123.2\text{kN}$$

(2) 计算在最小刚度平面内的临界力。在最小刚度平面内弯曲时，截面绕 z 轴转动，惯性矩为

$$I_z=\frac{200\times120^3}{12}=2.88\times10^7(\text{mm}^4)$$

长度系数 $\mu=0.5$，所以，在此平面内临界力为

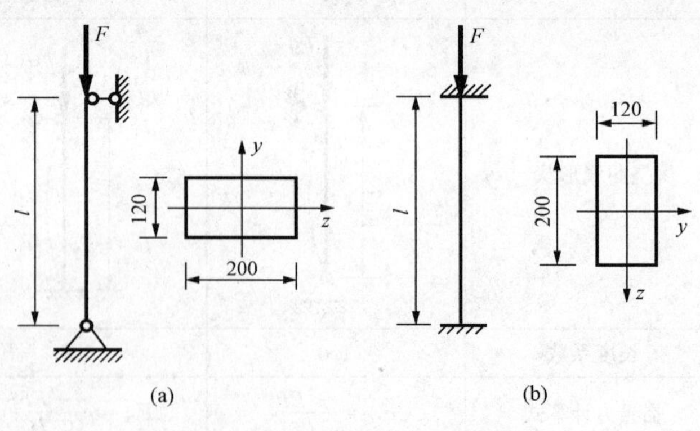

图 16-5 [例 16-2] 图

(a) 两端铰支；(b) 两端固定

$$F_{cr}=\frac{\pi^2EI_z}{(\mu l)^2}=\frac{\pi^2\times10\times10^3\times2.88\times10^7}{(0.5\times8000)^2}\approx177472.8(\text{N})=177.5\text{kN}$$

综合两个平面，木柱的临界力为 $F_{cr}=123.2\text{kN}$。

由此题的计算结果可以发现，木柱最大刚度平面内的临界力比最小刚度平面内的临界力小，将先失稳。因此，判断压杆在各个方向的稳定性时，不能单依据刚度来确定，还要考虑压杆两端的支承情况。

二、临界应力

在临界力作用下，压杆横截面上的正应力称为压杆的**临界应力**，用 σ_{cr} 表示。若用 A 表示压杆横截面积，则

$$\sigma_{cr}=\frac{F_{cr}}{A}=\frac{\pi^2EI}{(\mu l)^2A}$$

由式（9－7）可知，$\frac{I}{A}=i^2$，所以

$$\sigma_{cr}=\frac{\pi^2E}{(\mu l)^2}i^2=\frac{\pi^2E}{\left(\frac{\mu l}{i}\right)^2}=\frac{\pi^2E}{\lambda^2} \tag{16-2}$$

式中：$\lambda=\frac{\mu l}{i}$称为压杆的**柔度**或**长细比**，柔度 λ 综合反映了压杆的长度、截面形状和尺寸、压杆两端的支承情况对临界应力的影响。柔度 λ 越大，临界应力越小，压杆的稳定性越差；柔度 λ 越小，临界应力越大，压杆的稳定性越好。所以，柔度 λ 是压杆稳定计算的一个重要几何参数。

三、欧拉公式的适用范围

欧拉公式是在杆内应力不超过材料的比例极限时得出，因此，只适用于应力不超过比例极限的情况，即

$$\sigma_{cr}=\frac{\pi^2E}{\lambda^2}\leqslant\sigma_p$$

有

$$\lambda\geqslant\sqrt{\frac{\pi^2E}{\sigma_p}}$$

设 λ_p 为压杆临界应力 σ_{cr} 等于比例极限 σ_p 时的柔度值，即

$$\lambda_p=\sqrt{\frac{\pi^2E}{\sigma_p}} \tag{16-3}$$

则欧拉公式的适用范围可用柔度表示为

$$\lambda\geqslant\lambda_p \tag{16-4}$$

工程中把 $\lambda\geqslant\lambda_p$ 的压杆称为**细长杆**或**大柔度杆**。只有当压杆为细长杆时，其临界力、临界应力才能用欧拉公式计算。从式（16－3）可知，λ_p 的值取决于材料的性质，即 E 和 σ_p 值，不同材料的压杆，λ_p 值不同。例如 Q235 钢，$\sigma_p=200\text{MPa}$，$E=200\text{GPa}$，由式（16－3）即可求得，$\lambda_p=100$。

四、中长杆的临界力、临界应力的计算式——经验公式

（1）**经验公式**。前面指出，欧拉公式只适用于细长杆，即压杆的临界应力不超过材料的比例极限。当临界应力超过比例极限时，材料处于弹塑性阶段，此类压杆的柔度 $\lambda<\lambda_p$，

为中长杆，此时，欧拉公式不再适用，而要采用以实验为基础的经验公式进行计算。我国比较常用的经验公式有直线公式和抛物线公式等。本书只介绍抛物线经验公式，其表达式为

$$\sigma_{cr}=\sigma_s\left[1-\alpha\left(\frac{\lambda}{\lambda_s}\right)^2\right] \tag{16-5}$$

式中：σ_s 为材料的屈服极限；α 为系数，对于 Q235 钢、16Mn 钢，$\alpha=0.43$；λ_s 为对应于屈服强度 σ_s 时的柔度值，$\lambda_s=\sqrt{\dfrac{\pi^2 E}{0.57\sigma_s}}$。

对于 Q235 钢，$\sigma_s=235$MPa，$E=206$GPa，对于 16Mn 钢，$\sigma_s=343$MPa，$E=206$GPa，所以 Q235 钢、16Mn 钢的抛物线公式分别为

$$\sigma_{cr}=(235-0.00667\lambda^2)\text{MPa} \tag{16-6}$$

$$\sigma_{cr}=(343-0.0142\lambda^2)\text{MPa} \tag{16-7}$$

对于粗短杆，主要考虑强度条件，其临界应力为压缩时的强度极限。

(2) **临界应力总图**。综合中长杆和细长杆的临界应力，将临界应力 σ_{cr} 和柔度 λ 的函数关系用曲线表示，得到的函数曲线称为**临界应力总图**。图 16 - 6 绘出了 Q235 钢的临界应力总图。图 16 - 6 中 AC 段是以经验公式 $\sigma_{cr}=(235-0.00667\lambda^2)$MPa 绘出的抛物线，$CB$ 段是以欧拉公式 $\sigma_{cr}=\dfrac{\pi^2 E}{\lambda^2}$ 绘出的双曲线。两段曲线的交点 C 对应的柔度 $\lambda_C=123$。由理论计算，分界点 $\lambda_p=100$，但因实际轴向压杆不可能处于理想的中心受压状态，所以以实验为基础的 λ_C 值作为分解点更为适宜。

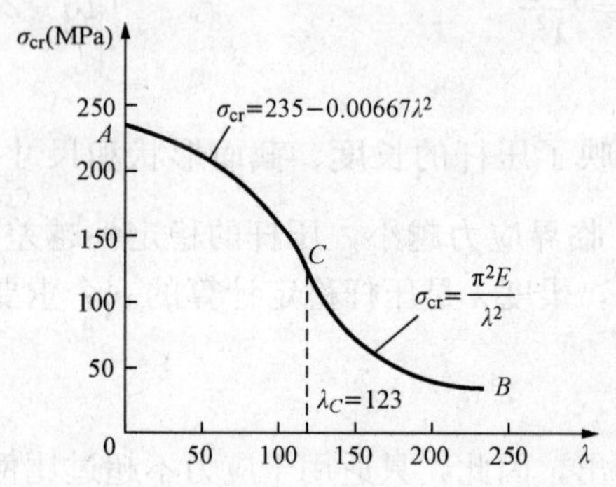

图 16 - 6　Q235 钢的临界应力总图

【例 16 - 3】　Q235 钢制成的矩形截面杆，受力及两端约束情况如图 16 - 7 所示，图 16 - 7 (a) 为正视图，图 16 - 7 (b) 为俯视图，在 A、B 两处为销钉连接。已知 $l=2.3$m，截面尺寸 $b=40$mm，$h=60$mm，材料的弹性模量 $E=205$GPa。试求此杆的临界力。

解　给定的压杆在 A、B 两处为销钉连接，它与球形铰不同。在正视图平面内弯曲时，A、B 两处可以自由转动，相当于两端铰支；而在俯视图平面内弯曲时，A、B 两处不能转动，这时可近似视为两端固定。

(1) 在正视图平面内弯曲时，截面绕 z 轴转动，故有

$$\mu=1$$

$$i_z=\frac{h}{\sqrt{12}}=\frac{60}{\sqrt{12}}\approx 17.32(\text{mm})$$

$$\lambda=\frac{\mu l}{i_z}=\frac{1\times 2.3\times 10^3}{17.32}\approx 132.79$$

(2) 在俯视图平面内弯曲时，截面绕 y 轴转动，故有

$$\mu=0.5$$

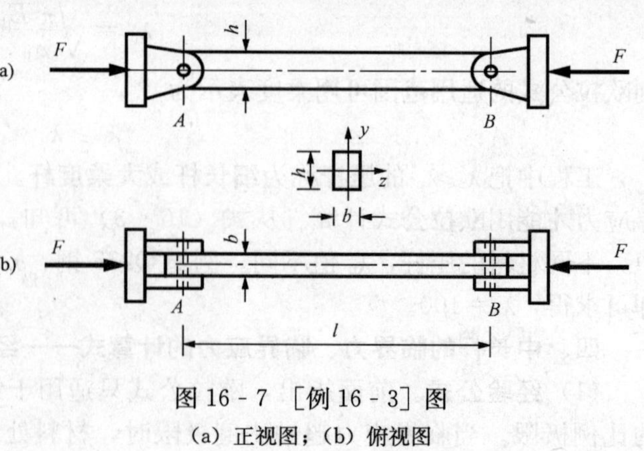

图 16 - 7　[例 16 - 3] 图

(a) 正视图；(b) 俯视图

$$i_y = \frac{b}{\sqrt{12}} = \frac{40}{\sqrt{12}} \approx 11.55(\text{mm})$$

$$\lambda = \frac{\mu l}{i_y} = \frac{0.5 \times 2.3 \times 10^3}{11.55} \approx 99.57$$

可见，压杆将在柔度较大的正视图平面内先失稳。因为$\lambda = 132.79 > \lambda_p$，故在此平面内，压杆为细长杆，临界力用欧拉公式计算，其值为

$$F_{cr} = \sigma_{cr} A = \frac{\pi^2 E}{\lambda^2} \times bh = \frac{\pi^2 \times 205 \times 10^3}{132.79^2} \times 40 \times 60 \approx 275.1 \times 10^3(\text{N}) = 275.1\text{kN}$$

第三节 压杆的稳定计算——折减系数法

一、压杆的稳定条件

要使压杆不丧失稳定，应使作用于压杆上的压力不能超过压杆的临界力，即

$$F \leqslant F_{cr} \quad ①$$

两边同除以压杆横截面面积 A，则式①可改写为

$$\sigma = \frac{F}{A} \leqslant \sigma_{cr} \quad ②$$

在工程中，为了保证压杆具有足够的稳定安全储备，将 σ_{cr} 缩小 n_{st} 倍作为衡量压杆稳定性的依据，即

$$\sigma = \frac{F}{A} \leqslant \frac{\sigma_{cr}}{n_{st}} \quad ③$$

式中：n_{st} 为稳定安全系数，随柔度 λ 而变化。λ 越大，杆越细长，所取安全系数 n_{st} 也越大。一般稳定安全系数 n_{st} 比强度安全系数 n 大。

为了计算方便，将式③变换为

$$\sigma = \frac{F}{A} \leqslant \frac{\sigma_{cr}}{n_{st}} \times \frac{1}{[\sigma]} \times [\sigma] = \varphi[\sigma] \quad (16-8)$$

式中：φ 为折减系数。$\varphi = \frac{\sigma_{cr}}{n_{st}} \times \frac{1}{[\sigma]}$，可见折减系数与材料、压杆的柔度有关。GB 50017—2003《钢结构设计规范》根据工程中常用构件的截面形式、尺寸和加工条件等因素，把截面归并为 a、b、c、d 四类，如表 16 - 2、表 16 - 3 仅列出了三类。不同材料的压杆，根据其截面形状和柔度，可查出相应的折减系数。表 16 - 4～表 16 - 6 列出 Q235 钢 a、b、c 三类截面在不同柔度下的 φ 值以供压杆稳定计算查用。实际工程中，其他材料可从 GB 50017—2003 中查到。

表 16 - 2　　轴向受压构件的截面分类（板厚 $t < 40$mm）

截面形式	对 x 轴	对 y 轴
（圆管截面，x—x、y—y 轴）轧制	a类	a类

续表

截 面 形 式	对 x 轴	对 y 轴
轧制，$b/h \leqslant 0.8$	a类	b类
轧制，$b/h > 0.8$；焊接，翼缘为焰切边；焊接；轧制；轧制等边角钢；轧制，焊接（板件宽厚比>20）；轧制或焊接；焊接；轧制截面和翼缘为焰切边的焊接截面；格构式；焊接，板件边缘焰切	b类	b类
焊接，翼缘为轧制或剪切边	b类	c类
焊接，板件边缘轧制或剪切；焊接，板件宽厚比≤20	c类	c类

表 16-3　　轴向受压构件的截面分类（板厚 $t \geqslant 40$mm）

截面形式		对 x 轴	对 y 轴
轧制工字形或 H 形截面	$t<80$mm	b类	c类
	$t \geqslant 80$mm	c类	d类
焊接工字形截面	翼缘为焰切边	b类	b类
	翼缘为轧制或剪切边	c类	d类
焊接箱形截面	板件宽厚比>20	b类	b类
	板件宽厚比≤20	c类	c类

表 16-4　　Q235 钢 a 类截面轴心构件稳定系数 φ

λ	0	1	2	3	4	5	6	7	8	9
0	1.000	1.000	1.000	1.000	0.999	0.999	0.998	0.998	0.997	0.996
10	0.995	0.994	0.993	0.992	0.991	0.989	0.988	0.986	0.985	0.983
20	0.981	0.979	0.977	0.976	0.974	0.972	0.970	0.968	0.966	0.964
30	0.963	0.961	0.959	0.957	0.955	0.952	0.950	0.948	0.946	0.944
40	0.941	0.939	0.937	0.934	0.932	0.929	0.927	0.924	0.921	0.919
50	0.916	0.913	0.910	0.907	0.904	0.900	0.897	0.894	0.890	0.886
60	0.883	0.879	0.875	0.871	0.867	0.863	0.858	0.854	0.849	0.844
70	0.839	0.834	0.829	0.824	0.818	0.813	0.807	0.801	0.795	0.789
80	0.783	0.776	0.770	0.763	0.757	0.750	0.743	0.736	0.728	0.721
90	0.714	0.706	0.699	0.691	0.684	0.676	0.668	0.661	0.653	0.645
100	0.638	0.630	0.622	0.615	0.607	0.600	0.592	0.585	0.577	0.570
110	0.563	0.555	0.548	0.541	0.534	0.527	0.520	0.514	0.507	0.500
120	0.494	0.488	0.481	0.475	0.469	0.463	0.457	0.451	0.445	0.440
130	0.434	0.429	0.423	0.418	0.412	0.407	0.402	0.397	0.392	0.387
140	0.383	0.378	0.373	0.369	0.364	0.360	0.356	0.351	0.347	0.343
150	0.339	0.335	0.331	0.327	0.323	0.320	0.316	0.312	0.309	0.305
160	0.302	0.298	0.295	0.292	0.289	0.285	0.282	0.279	0.276	0.273
170	0.270	0.267	0.264	0.262	0.259	0.256	0.253	0.251	0.248	0.246

续表

λ	0	1	2	3	4	5	6	7	8	9
180	0.243	0.241	0.238	0.236	0.233	0.231	0.229	0.226	0.224	0.222
190	0.220	0.218	0.215	0.213	0.211	0.209	0.207	0.205	0.203	0.201
200	0.199	0.198	0.196	0.194	0.192	0.190	0.189	0.187	0.185	0.183
210	0.182	0.180	0.179	0.177	0.175	0.174	0.172	0.171	0.169	0.168
220	0.166	0.165	0.164	0.162	0.161	0.159	0.158	0.157	0.155	0.154
230	0.153	0.152	0.150	0.149	0.148	0.147	0.146	0.144	0.143	0.142
240	0.141	0.140	0.139	0.138	0.136	0.135	0.134	0.133	0.132	0.131
250	0.130	—	—	—	—	—	—	—	—	—

表 16-5　　Q235 钢 b 类截面轴心构件稳定系数 φ

λ	0	1	2	3	4	5	6	7	8	9
0	1.000	1.000	1.000	0.999	0.999	0.998	0.997	0.996	0.995	0.994
10	0.992	0.991	0.989	0.987	0.985	0.983	0.981	0.978	0.976	0.973
20	0.970	0.967	0.963	0.960	0.957	0.953	0.950	0.946	0.943	0.939
30	0.936	0.932	0.929	0.925	0.922	0.918	0.914	0.910	0.906	0.903
40	0.899	0.895	0.891	0.887	0.882	0.878	0.874	0.870	0.865	0.861
50	0.856	0.852	0.847	0.842	0.838	0.833	0.828	0.823	0.818	0.813
60	0.807	0.802	0.797	0.791	0.786	0.780	0.774	0.769	0.763	0.757
70	0.751	0.745	0.739	0.732	0.726	0.720	0.714	0.707	0.701	0.694
80	0.688	0.681	0.675	0.668	0.661	0.655	0.648	0.641	0.635	0.628
90	0.621	0.614	0.608	0.601	0.594	0.588	0.581	0.575	0.568	0.561
100	0.555	0.549	0.542	0.536	0.529	0.523	0.517	0.511	0.505	0.499
110	0.493	0.487	0.481	0.475	0.470	0.464	0.458	0.453	0.447	0.442
120	0.437	0.432	0.426	0.421	0.416	0.411	0.406	0.402	0.397	0.392
130	0.387	0.383	0.378	0.374	0.370	0.365	0.361	0.357	0.353	0.349
140	0.345	0.341	0.337	0.333	0.329	0.326	0.322	0.318	0.315	0.311
150	0.308	0.304	0.301	0.298	0.295	0.291	0.288	0.285	0.282	0.279
160	0.276	0.273	0.270	0.267	0.265	0.262	0.259	0.256	0.254	0.251
170	0.249	0.246	0.244	0.241	0.239	0.236	0.234	0.232	0.229	0.227
180	0.225	0.223	0.220	0.218	0.216	0.214	0.212	0.210	0.208	0.206
190	0.204	0.202	0.200	0.198	0.197	0.195	0.193	0.191	0.190	0.188
200	0.186	0.184	0.183	0.181	0.180	0.178	0.176	0.175	0.173	0.172
210	0.170	0.169	0.167	0.166	0.165	0.163	0.162	0.160	0.159	0.158
220	0.156	0.155	0.154	0.153	0.151	0.150	0.149	0.148	0.146	0.145
230	0.144	0.143	0.142	0.141	0.140	0.138	0.137	0.136	0.135	0.134
240	0.133	0.132	0.131	0.130	0.129	0.128	0.127	0.126	0.125	0.124
250	0.123	—	—	—	—	—	—	—	—	—

表 16-6　　Q235 钢 c 类截面轴心构件稳定系数 φ

λ	0	1	2	3	4	5	6	7	8	9
0	1.000	1.000	1.000	0.999	0.999	0.998	0.997	0.996	0.995	0.993
10	0.992	0.990	0.988	0.986	0.983	0.981	0.978	0.976	0.973	0.970
20	0.966	0.959	0.953	0.947	0.940	0.934	0.928	0.921	0.915	0.909
30	0.902	0.896	0.890	0.884	0.877	0.871	0.865	0.858	0.852	0.846
40	0.839	0.833	0.826	0.820	0.814	0.807	0.801	0.794	0.788	0.781
50	0.775	0.768	0.762	0.755	0.748	0.742	0.735	0.729	0.722	0.715
60	0.709	0.702	0.695	0.689	0.682	0.676	0.669	0.662	0.656	0.649
70	0.643	0.636	0.629	0.623	0.616	0.610	0.604	0.597	0.591	0.584
80	0.578	0.572	0.566	0.559	0.553	0.547	0.541	0.535	0.529	0.523
90	0.517	0.511	0.505	0.500	0.494	0.488	0.483	0.477	0.472	0.467
100	0.463	0.458	0.454	0.449	0.445	0.441	0.436	0.432	0.428	0.423
110	0.419	0.415	0.411	0.407	0.403	0.399	0.395	0.391	0.387	0.383
120	0.379	0.375	0.371	0.367	0.364	0.360	0.356	0.353	0.349	0.346
130	0.342	0.339	0.335	0.332	0.328	0.325	0.322	0.319	0.315	0.312
140	0.309	0.306	0.303	0.300	0.297	0.294	0.291	0.288	0.285	0.282
150	0.280	0.277	0.274	0.271	0.269	0.266	0.264	0.261	0.258	0.256
160	0.254	0.251	0.249	0.246	0.244	0.242	0.239	0.237	0.235	0.233
170	0.230	0.228	0.226	0.224	0.222	0.220	0.218	0.216	0.214	0.212
180	0.210	0.208	0.206	0.205	0.203	0.201	0.199	0.197	0.196	0.194
190	0.192	0.190	0.189	0.187	0.186	0.184	0.128	0.181	0.179	0.178
200	0.176	0.175	0.173	0.172	0.170	0.169	0.168	0.166	0.165	0.163
210	0.162	0.161	0.159	0.158	0.157	0.156	0.154	0.153	0.152	0.151
220	0.150	0.148	0.147	0.146	0.145	0.144	0.143	0.142	0.140	0.139
230	0.138	0.137	0.136	0.135	0.134	0.133	0.132	0.131	0.130	0.129
240	0.128	0.127	0.126	0.125	0.124	0.124	0.123	0.122	0.121	0.120
250	0.119	—	—	—	—	—	—	—	—	—

对于木制压杆的稳定系数，根据 GB 50005—2003《木结构设计规范》，按树种的强度等级分别给出了两组计算公式。

树种强度等级为 TC17、TC15 和 TB20：

当 $\lambda \leqslant 75$ 时

$$\varphi = \frac{1}{1+\left(\frac{\lambda}{80}\right)^2}$$

当 $\lambda > 75$ 时

$$\varphi = \frac{3000}{\lambda^2}$$

树种强度等级为 TC13、TC11、TB17、TB15、TB13 和 TB11：

当 $\lambda \leqslant 91$ 时

$$\varphi = \frac{1}{1+\left(\frac{\lambda}{65}\right)^2}$$

当 $\lambda > 91$ 时

$$\varphi = \frac{2800}{\lambda^2}$$

二、稳定条件的应用

用压杆的稳定条件可以解决与稳定性有关的三类问题：

（1）校核压杆的稳定性。已知压杆的长度、截面尺寸、所用材料、支承情况以及所受荷载，检查此压杆是否有足够的稳定性。

对于这类问题，首先根据长度系数 μ、压杆的长度 l 和惯性半径 i 计算出柔度 λ，再根据柔度和材料查出折减系数 φ，最后验算压杆是否满足稳定条件 $\sigma = \frac{F}{A} \leqslant \varphi[\sigma]$。

（2）计算压杆的许可荷载。已知压杆的长度、截面尺寸、所用材料、支承情况，计算压杆所能承受的最大压力 $[F]$。

这类问题，应按长度系数 μ、压杆的长度 l 和惯性半径 i 计算出柔度 λ，再根据柔度和材料查出折减系数 φ，最后由压杆的稳定条件 $F \leqslant \varphi[\sigma]A$ 计算出许可荷载 $[F]$。

（3）设计截面尺寸。按稳定条件 $A \geqslant \frac{F}{\varphi[\sigma]}$ 确定压杆截面尺寸时，需先根据柔度 λ 查出折减系数 φ，而柔度 λ 与惯性半径 i 有关，i 则与 A 有关，所以当 A 未求得之前，φ 值也查不出。因此，工程中常采用试算法进行截面设计。其步骤如下：

1）先假设 $\varphi_1 = 0.5$，由稳定条件 $A_1 \geqslant \frac{F}{\varphi_1[\sigma]}$ 可确定截面积 A_1，根据 A_1 进一步计算出 i_1、λ_1，最后查出 φ_1'，比较假设的 φ_1 和 φ_1'，若两者接近，说明所设计的面积较为合理，再对其进行稳定性校核。若 φ_1 和 φ_1' 相差较大，需重新假设 φ_2，重新设计截面尺寸。

2）设 $\varphi_2 = \frac{\varphi_1 + \varphi_1'}{2}$，重复（1）步骤，直至所假设的 φ_n 值和求得的 φ_n' 接近为止。

【例 16-4】 图 16-8（a）所示，结构由两根直径相同的轧制圆杆组成，材料为 Q235 钢。已知 $h = 0.4$m，直径 $d = 20$mm，材料的许用应力 $[\sigma] = 170$MPa，荷载 $F = 15$kN。试校核两杆的稳定性。

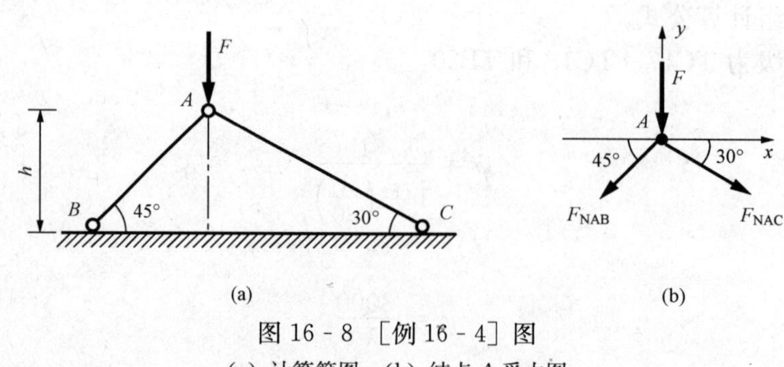

图 16-8 ［例 16-4］图

（a）计算简图；（b）结点 A 受力图

解 (1) 计算 AB 杆、AC 杆的轴力。取结点 A 为研究对象，受力图如图 16-8 (b) 所示。由平衡条件列平衡方程

$$\sum F_x = 0,\quad F_{NAC}\cos30° - F_{NAB}\cos45° = 0$$
$$\sum F_y = 0,\quad -F - F_{NAC}\sin30° - F_{NAB}\sin45° = 0$$

解得

$$F_{NAB} = -0.896F = -13.44\text{kN}$$
$$F_{NAC} = -0.732F = -10.98\text{kN}$$

(2) 计算两杆的柔度、查出折减系数。

两杆的截面积为

$$A_{AB} = A_{AC} = \frac{1}{4}\pi d^2 = \frac{1}{4}\times 3.14\times 20^2 = 314(\text{mm}^2)$$

惯性半径为

$$i_{AB} = i_{AC} = \frac{d}{4} = \frac{20}{4} = 5(\text{mm})$$

AB 杆

$$\mu_{AB} = 1,\quad l_{AB} = \sqrt{2}h = \sqrt{2}\times 0.4 = 0.566(\text{m})$$
$$\lambda_{AB} = \frac{\mu_{AB}l_{AB}}{i_{AB}} = \frac{1\times 0.566\times 10^3}{5} = 113,\quad \text{查得 } \varphi_{AB} = 0.541$$

AC 杆

$$\mu_{AC} = 1,\quad l_{AC} = \frac{h}{\sin30°} = \frac{0.4}{\frac{1}{2}} = 0.8(\text{m})$$
$$\lambda_{AC} = \frac{\mu_{AC}l_{AC}}{i_{AC}} = \frac{1\times 0.8\times 10^3}{5} = 160,\quad \text{查得 } \varphi_{AC} = 0.302$$

(3) 校核稳定性。

AB 杆

$$\frac{F_{AB}}{\varphi_{AB}A_{AB}} = \frac{13.44\times 10^3}{0.541\times 314} \approx 79.12(\text{MPa}) < [\sigma]$$

AC 杆

$$\frac{F_{AC}}{\varphi_{AC}A_{AC}} = \frac{10.98\times 10^3}{0.302\times 314} \approx 115.79(\text{MPa}) < [\sigma]$$

两杆均具有足够的稳定性。

【例 16-5】 两端铰支的立柱，如图 16-9 (a) 所示，由两根型号为 20 的槽钢组成一个整体，柱高 h=5.72m，材料为 Q235 钢，许用压应力 $[\sigma] = 160$MPa，试求：(1) 若柱的截面按图 16-9 (b) 所示布置时，计算许可荷载 $[F]$；(2) 若柱的截面按图 16-9 (c) 所示布置时，计算许可荷载 $[F]$；(3) 截面应怎样布置，柱的许可荷载 $[F]$ 最大？其值为多少？

解 (1) 计算截面按图 16-9 (b) 布置时的许可荷载 $[F]$。压杆失稳时将在最小刚度平面内发生，查附录型钢规格表得

$$I_{\min} = I_y = 2\times(I_{y0} + Az_0^2) = 2\times(143.6 + 32.83\times 1.95^2) \approx 536.87(\text{cm}^4)$$

所以

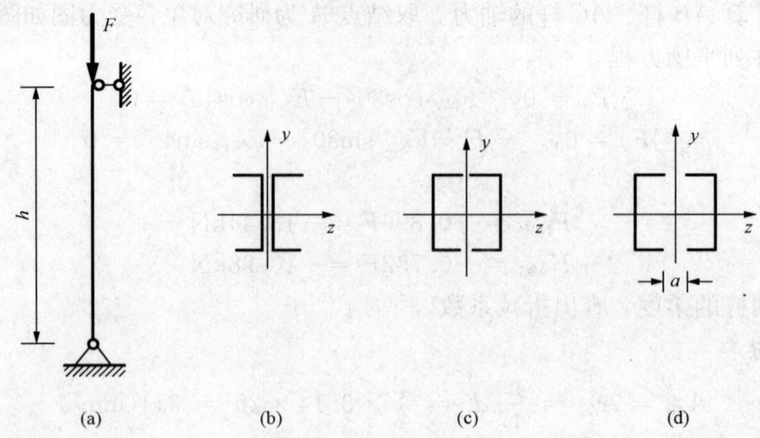

图 16-9 ［例 16-5］图
(a) 两端铰支的立柱；(b) 柱的截面布置形式 1；(c) 柱的截面布置形式 2；
(d) 将两根槽钢拉开

$$i_y=\sqrt{\frac{I_{min}}{2A}}=\sqrt{\frac{536.87}{2\times 32.83}}\approx 2.86(\text{cm})$$

柱两端铰支，$\mu=1$，最小刚度平面内的柔度为

$$\lambda=\frac{\mu l}{i}=\frac{1\times 5.72\times 10^2}{2.86}\approx 200$$

查表得 $\varphi=0.186$，所以

$$[F]=2A\varphi[\sigma]=2\times 32.83\times 10^2\times 0.186\times 160\approx 195.4\times 10^3(\text{N})=195.4\text{kN}$$

(2) 计算截面按图 16-9 (c) 布置时的许可荷载 $[F]$

$$I_y=2\times[I_{y0}+A(b-z_0)^2]=2\times[143.6+32.83\times(7.5-1.95)^2]\approx 2309.69(\text{cm}^4)$$

$$I_z=2I_{z0}=2\times 1913.7=3827.4(\text{cm}^4)$$

因为 $I_y<I_z$，所以

$$i_{min}=i_y=\sqrt{\frac{I_y}{2A}}=\sqrt{\frac{2309.69}{2\times 32.83}}\approx 5.93(\text{cm})$$

最小刚度平面内的柔度为

$$\lambda=\frac{\mu l}{i_{min}}=\frac{1\times 5.72\times 10^2}{5.93}\approx 97$$

查表得 $\varphi=0.575$，故

$$[F]=2A\varphi[\sigma]=2\times 32.83\times 10^2\times 0.575\times 160\approx 604.1\times 10^3(\text{N})=604.1\text{kN}$$

(3) 分析截面如何布置时，柱承受的许可荷载最大。

从以上两步的计算结果可看出，图 16-9 (c) 所示的截面布置比图 16-9 (b) 所示的布置方式合理，因为 I_y 值增大了，相应地增大了许可荷载。但是，图 16-9 (c) 所示的截面布置中，I_y 仍然小于 I_z。若使 $I_y=I_z$ ［见图 16-9 (d)］，则

$$2I_{z0}=2\times\left[I_{y0}+A\left(b-z_0+\frac{a}{2}\right)^2\right]$$

即

$$2\times1913.7=2\times\left[143.6+32.83\times\left(7.5-1.95+\frac{a}{2}\right)^2\right]$$

解得 $a=3.59\text{cm}$。

将两根槽钢拉开，且间距为 $a=3.59\text{cm}$，并采取构造措施使它们成为一个整体，则

$$I_y=I_z=3827.4\text{cm}^4,\quad i=\sqrt{\frac{I}{2A}}=\sqrt{\frac{3827.4}{2\times32.83}}=7.63(\text{cm})$$

$$\lambda=\frac{\mu l}{i}=\frac{1\times5.72\times10^2}{7.63}=75$$

查表得 $\varphi=0.72$，故最大许可荷载为

$$[F]=2\times32.83\times10^2\times0.72\times160\approx756.4\times10^3(\text{N})=756.4\text{kN}$$

【例 16-6】 某压杆由一对等边角钢铆接而成一整体，一端固定一端铰支，长度 $h=3.5\text{m}$，承受轴向压力 $F=400\text{kN}$，材料的许用应力 $[\sigma]=160\text{MPa}$，铆钉孔直径 $d=20\text{mm}$，如图 16-10 所示，试选择等边角钢的型号。

解 因为铆接时在角钢上开孔，所以此杆可能发生两种情况：一是失稳，局部截面的削弱，即个别截面上的铆钉孔对稳定性影响不大，因此，在稳定计算中仍采用未开孔的横截面面积（称为"毛面积"）；二是在有铆钉孔的截面上，由于截面削弱，可能会发生因强度不足而破坏。在强度计算时，要用削弱后的面积（称为"净面积"）。

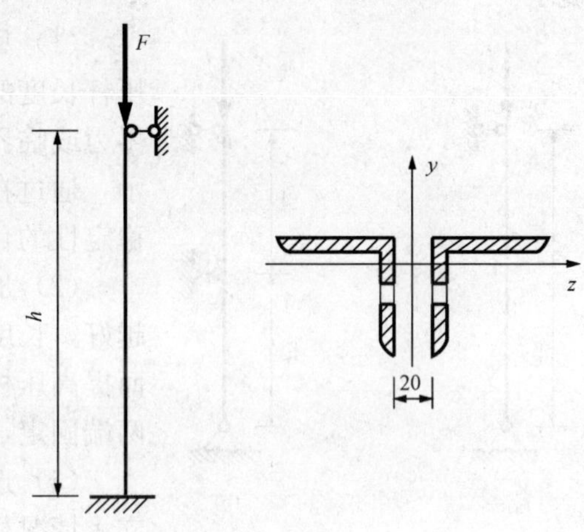

图 16-10 ［例 16-6］图

(1) 设 $\varphi_1=0.5$，则

$$A_1\geqslant\frac{F}{2\varphi[\sigma]}=\frac{400\times10^3}{2\times0.5\times160}=2.5\times10^3(\text{mm}^2)=25\text{cm}^2$$

查附录型钢规格表，选择两根型号为 110×110×12 的等边角钢，面积为 $A=25.2\text{cm}^2$。由图 16-10 可知 $I_z<I_y$，所以，查附录型钢规格表得

$$i_{\min}=i_z=3.35\text{cm},\quad \lambda=\frac{\mu l}{i_{\min}}=\frac{0.7\times3.5\times10^2}{3.35}=73$$

查表得 $\varphi_1'=0.732$，φ_1' 和 φ_1 相差较大，需重新选择。

(2) 设 $\varphi_2=\frac{\varphi_1+\varphi'_1}{2}=\frac{0.5+0.732}{2}=0.616$，则

$$A_2\geqslant\frac{F}{2\varphi_2[\sigma]}=\frac{400\times10^3}{2\times0.616\times160}\approx2.029\times10^3(\text{mm})^2=20.29\text{cm}^2$$

查附录型钢规格表，选择两根型号为 90×90×12 的等边角钢，面积为 $A=20.31\text{cm}^2$。

$$i_{\min}=i_z=2.71\text{cm},\quad \lambda=\frac{\mu l}{i_{\min}}=\frac{0.7\times3.5\times10^2}{2.71}=90$$

查表得 $\varphi_2'=0.621$，φ_2' 和 φ_2 较接近，不需再重新选择。

(3) 稳定性校核

$$\frac{F}{2A\varphi_2'}=\frac{400\times10^3}{2\times20.31\times10^2\times0.621}\approx158.57(\text{MPa})<[\sigma]$$

满足稳定性要求。

(4) 强度校核。因截面有局部削弱，需对被削弱后的截面进行强度校核。

$$\sigma=\frac{400\times10^3}{2\times(20.31\times10^2-20\times12)}\approx111.67(\text{MPa})<[\sigma]$$

所以，选型号为 90×90×12 的等边角钢是合适的。

第四节 提高压杆稳定性的措施

提高压杆的稳定性，关键在于提高压杆的临界力或临界应力，而压杆的临界力、临界应力与压杆的长度、支承情况、截面面积以及所用材料有关。因此，可以从以下几个方面考虑：

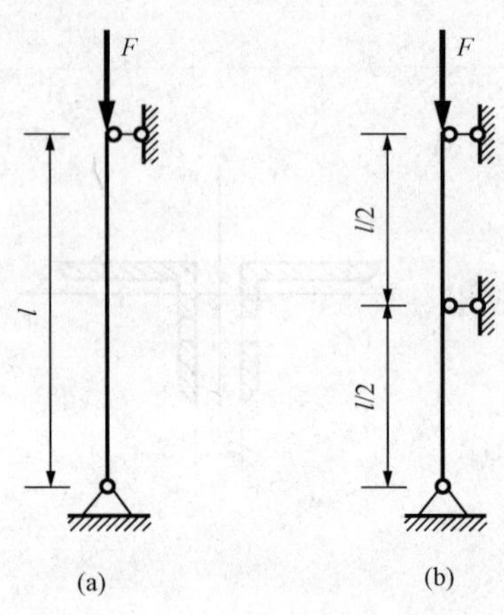

图 16-11 尽量减小压杆的长度
(a) 压杆；(b) 在压杆中间增加支点

(1) 尽量减小压杆的长度。压杆临界力、临界应力与压杆长度的平方成反比，减小压杆的长度可以大大提高临界力或临界应力，从而提高压杆的稳定性。如图 16-11 所示，通过在中间增加支点以达到减小压杆长度、提高压杆稳定性的目的。

(2) 加强压杆两端的支承情况。压杆两端的约束条件越好，长度系数 μ 值越低，临界力或临界应力就越大，从而提高压杆的承载能力。例如，将两端铰支的压杆，改为两端固定，其临界力将会增大为原来的 4 倍。

(3) 选择合理的截面形状。当压杆两端在各个方向的支承情况相同时，应选择惯性矩较大，且 $I_z=I_y$ 的截面最为经济、合理。例如，正方形截面、圆形截面比矩形截面合理；圆环形截面比圆形截面合理。

当压杆两端在不同平面内具有不同的约束条件时，应采用用两个方向惯性矩不等的截面，例如矩形截面。约束条件好的平面内，惯性矩应小些；而约束条件差的平面内，惯性矩应较大些，尽量使两个方向的柔度相互接近。

(4) 选择适当的材料。在其他条件均相同的情况下，选择弹性模量 E 较大的材料，可以提高压杆的稳定性。例如，钢材的弹性模量比铜、铸铁、铝较大。对于细长压杆，各种钢材的 E 值相差不大，若选用高强度钢对提高压杆稳定性甚微，反而造成材料的浪费，因此选择普通钢较为合理。对于粗短杆和中长杆，其临界力与材料的比例极限 σ_p 和屈服极限 σ_s 有关，这时选择高强度钢会提高压杆的稳定性。

思 考 题

16-1 何谓稳定平衡和不稳定平衡？如何区分压杆的稳定平衡和不稳定平衡？

16-2 图 16-12 所示为各种截面的中心受压直杆，两端均为球形铰支承，试问压杆失稳时，将绕横截面的哪一根形心轴转动？

16-3 什么是柔度？它与哪些因素有关？柔度的大小与压杆的稳定性有什么关系？

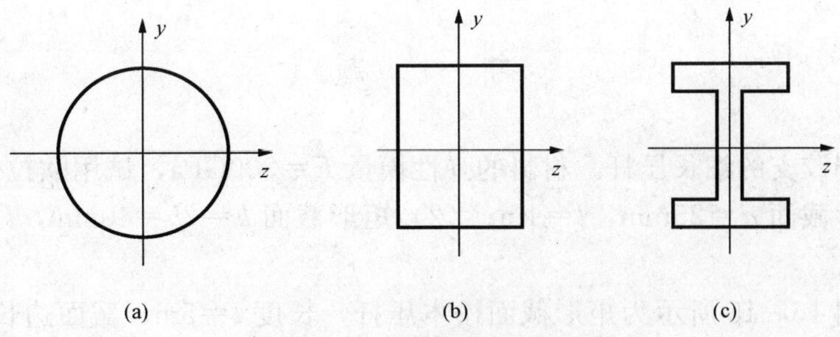

图 16－12　思考题 16－2 图

16－4　为什么计算临界力时必须首先计算柔度？

16－5　图 16－13 所示的四根理想压杆，其材料和截面均相同，试问哪根杆的承载力最大？哪根最小？

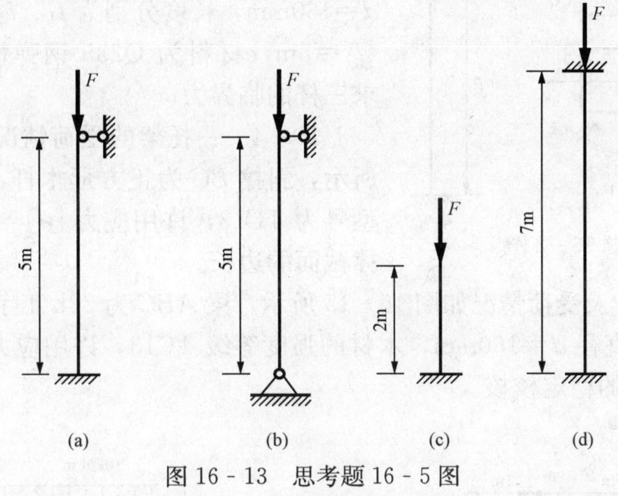

图 16－13　思考题 16－5 图

16－6　图 16－14 所示各组截面中，两个截面面积相同。试问作为压杆哪一种截面形状合理？为什么？

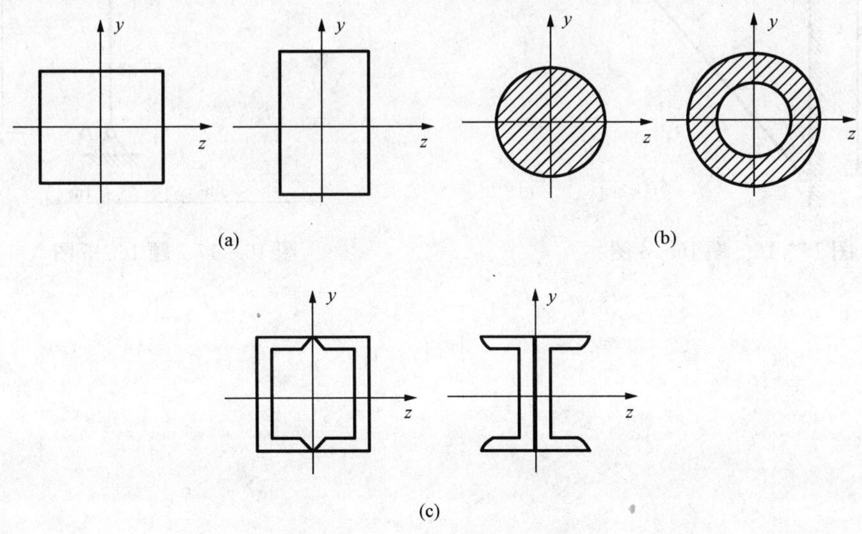

图 16－14　思考题 16－6 图

习 题

16 - 1 两端铰支的细长压杆，材料的弹性模量 $E=300\text{GPa}$，试用欧拉公式计算其临界力 F_{cr}。(1) 圆形截面 $d=25\text{mm}$，$l=1\text{m}$；(2) 矩形截面 $h=2b=40\text{mm}$，$l=1\text{m}$；(3) 22a 工字钢，$l=5\text{m}$。

16 - 2 如图 16 - 15 所示为矩形截面松木压杆，长度 $l=5\text{m}$，截面边长 $a=20\text{cm}$，$b=10\text{cm}$。松木的 $E=10\text{GPa}$，杆的下端固定，上端如图 16 - 15 所示，在 xy 面内为铰支，在 xz 面内为固定，试用欧拉公式计算该压杆的临界力。

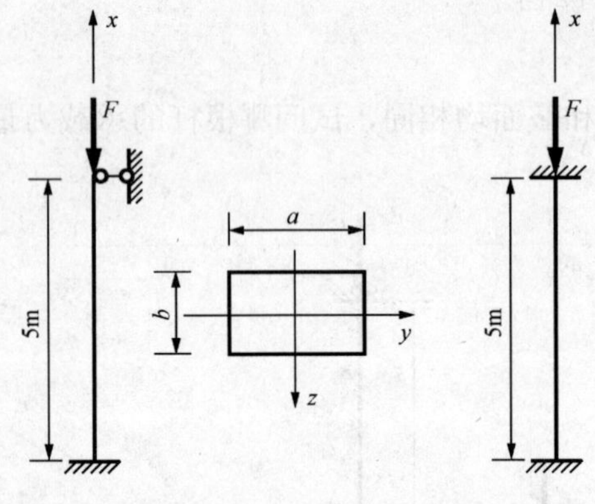

图 16 - 15 题 16 - 2 图

16 - 3 三根两端铰支圆截面压杆，直径均为 $d=160\text{mm}$，长度分别为 l_1、l_2 和 l_3，且 $l_1=2l_2=4l_3=5\text{m}$，材料为 Q235 钢弹性模量 $E=200\text{GPa}$，求三杆的临界力。

16 - 4 一托架的受荷情况及尺寸如图 16 - 16 所示，斜撑 BC 为正方形木杆，两端铰支。木材的型号为 TC13，许用应力 $[\sigma]=10\text{MPa}$。试选择斜撑截面的边长。

16 - 5 结构尺寸及受荷情况如图 16 - 15 所示，梁 ABC 为 22b 工字钢，$[\sigma]=170\text{MPa}$，BD 为圆截面木柱，直径 $d=160\text{mm}$，木材的强度等级 TC13，许用应力 $[\sigma]=10\text{MPa}$。试作梁的强度校核和柱的稳定校核。

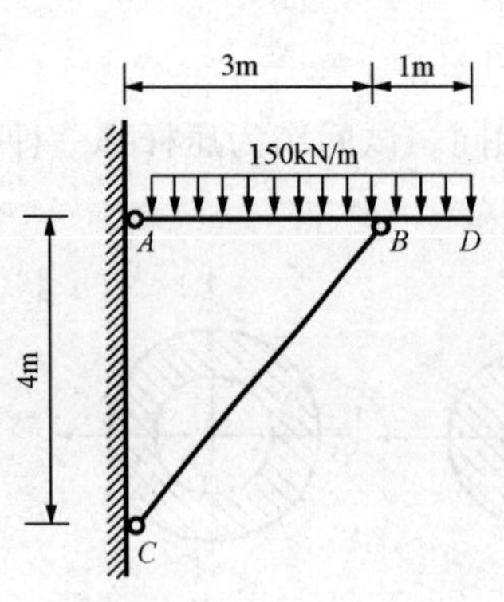

图 16 - 16 题 16 - 4 图

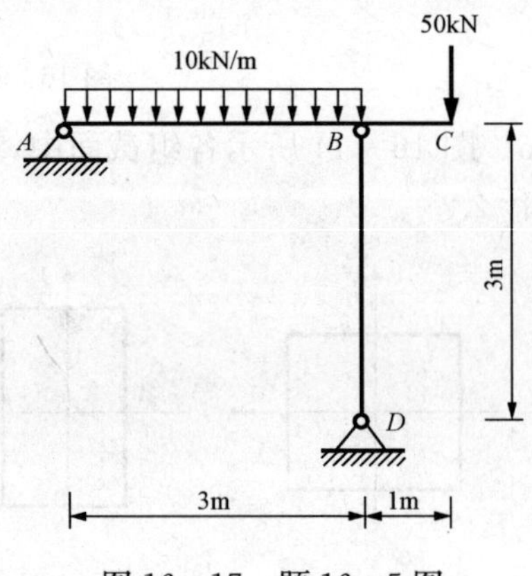

图 16 - 17 题 16 - 5 图

第三部分　结　构　力　学

结构分为杆系结构、薄壁结构和实体结构，本部分主要研究杆系结构的以下几个方面：

(1) 结构计算简图的合理选择。

(2) 分析杆系结构的组成规律，以便选择合理的结构形式。

(3) 分析结构的内力和变形的计算方法，以便进行强度、刚度和稳定性的计算。

第十七章　平面杆系结构的计算简图

实际结构是很复杂的，完全按照结构的实际情况进行力学计算是不可能的，也是不必要的。因此，在对实际结构进行力学计算之前，必须加以简化，略去一些不重要的细节，显示其主要特征，用一个简化了的图形来代替实际结构，这种图形称为**结构的计算简图**。计算简图的选择直接影响到计算的工作量和精确度，因此，必须慎重选择。

一、选择计算简图的原则

(1) 计算简图要尽可能反映实际结构的受力情况和变形特征，使计算结果接近实际情况。

(2) 分清主次，略去一些次要因素的影响，力求使计算简便。

二、计算简图的简化内容

将实际结构简化为计算简图，通常包括以下几个方面的内容：

(1) 平面简化。一般的结构都是空间结构，各部分相互连接成为一个空间整体，以承受各个方向可能出现的荷载。但是，当空间结构在某平面内的杆系结构主要承担该平面内的荷载时，可以把空间结构分解为若干个平面结构进行计算，这种简化称为**平面简化**。

如图 17-1 (a) 所示为一仓库房屋骨架示意图，也是工程中常见的一个空间结构。其上面的重量和屋面承受的荷载等由屋面板传到各横向刚架上，然后再传到基础。因此主要受力的部分是横向刚架，通常进行受力分析时可略去各横向刚架之间的纵向联系作用，把原来的空间结构简化为一系列的平面刚架 [见图 17-1 (b)] 来分析。

(2) 杆件简化。杆件结构中的杆件，由于其横截面尺寸通常远比长度小很多，所以，在计算简图中杆件可用其轴线来表示，杆件的长度则按轴线交点间的距离计取。杆件的自重或作用在杆件的荷载，按作用在杆件的轴线上来考虑。例如图 17-1 (b) 所示的平面刚架，各杆件就可以简化为轴线，如图 17-1 (c) 所示。

(3) 结点的简化。结构中杆件间相互连接的部分称为**结点**。根据结点的实际构造，通常简化为铰结点和刚结点。被连接的杆件在连接处不能相对移动，但可以相对转动，这种连接可简化为铰结点，如图 17-2 所示。被连接的杆件在连接处既不能移动，也不能转动，这种连接简化为刚结点，如图 17-3 所示。

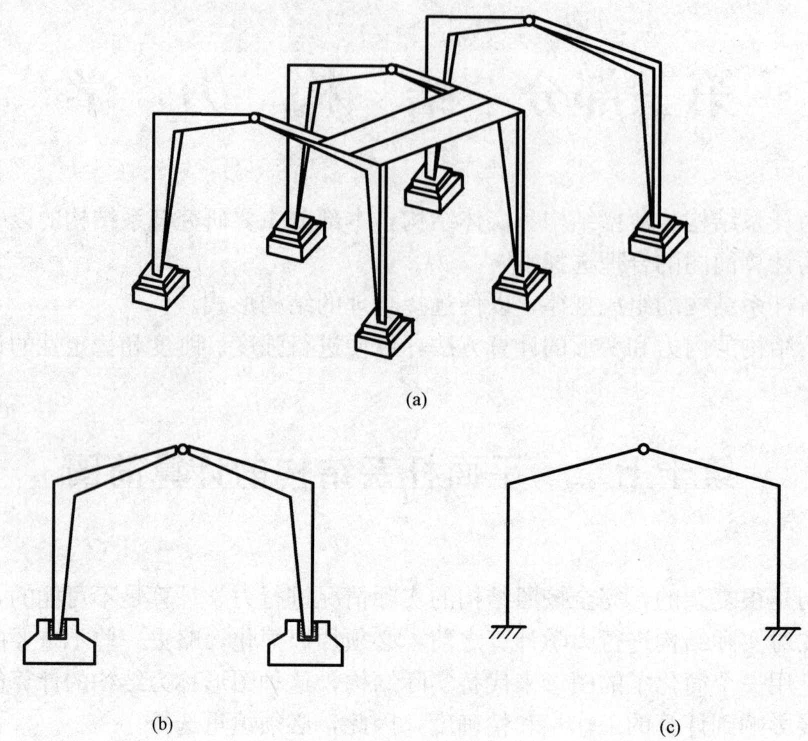

图 17-1 平面杆系结构

(a) 仓库房屋骨架示意图；(b) 平面刚架；(c) 平面刚架的简图

(4) 支座的简化。支座有四种形式：固定铰支座、可动铰支座、固定端支座和定向支座，其计算简图可参看第一章第三节相关内容。

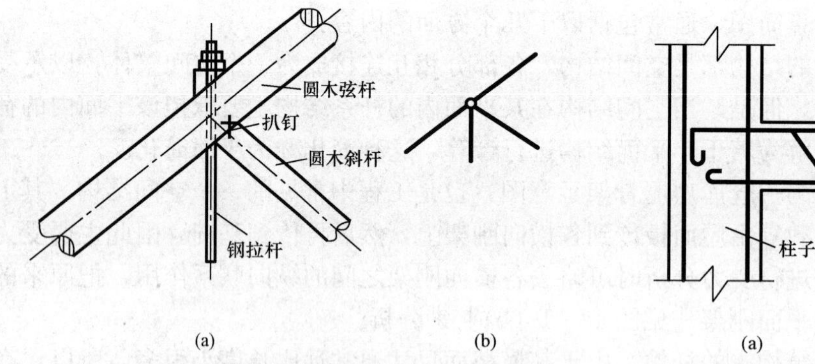

图 17-2 结点的简化示例 1

(a) 被连接的杆件在连接处不能相对移动，但可以相对转动；(b) 铰结点

图 17-3 结点的简化示例 2

(a) 被连接的杆件在连接处既不能移动，也不能转动；(b) 刚结点

三、结构计算简图示例

对图 17-4 (a) 所示的单层工业厂房结构进行简化分析。

(1) 对其进行平面简化，在横向平面内柱和屋架组成排架，各排架沿车间纵向以一定间距有规律地排列，这些排架借助于屋面板、吊车梁、柱间支承等纵向构件就连接成一个空间结构。从荷载传递来看，屋面荷载和吊车轮压等都主要通过屋面板和吊车梁等构件传递到一个个横向排架上，故在选择计算简图时，可略去排架间的纵向联系的作用，把空间结构简化为一系列的平面排架［见图 17-4（b)］来分析。

(2) 对平面排架进行简化，平面排架是由屋架和柱子连接而成，首先分析屋架的简化。屋架采用预埋钢板，在吊装就位后，再与柱顶预埋的钢筋焊接在一起，则屋架端部与柱顶不能发生相对线位移，但可以有微小的转动。因此屋架一端简化为固定铰支座，另一端简化为可动铰支座，屋架各杆简化为轴线，各杆之间通过铰连接，屋架的简图如图 17-4（c）所示。其次讨论柱子的计算简图。由于上下两段柱的截面不同，因此上下柱应分别用一条通过各自截面形心的轴线来表示。由于屋架的刚度很大，相应的变形很小，因此认为两柱顶之间的距离在受荷前后没有变化，即用 $EA=\infty$ 的梁来代替该屋架。经过上述处理，该排架的计算简图如图 17-4（d）所示。

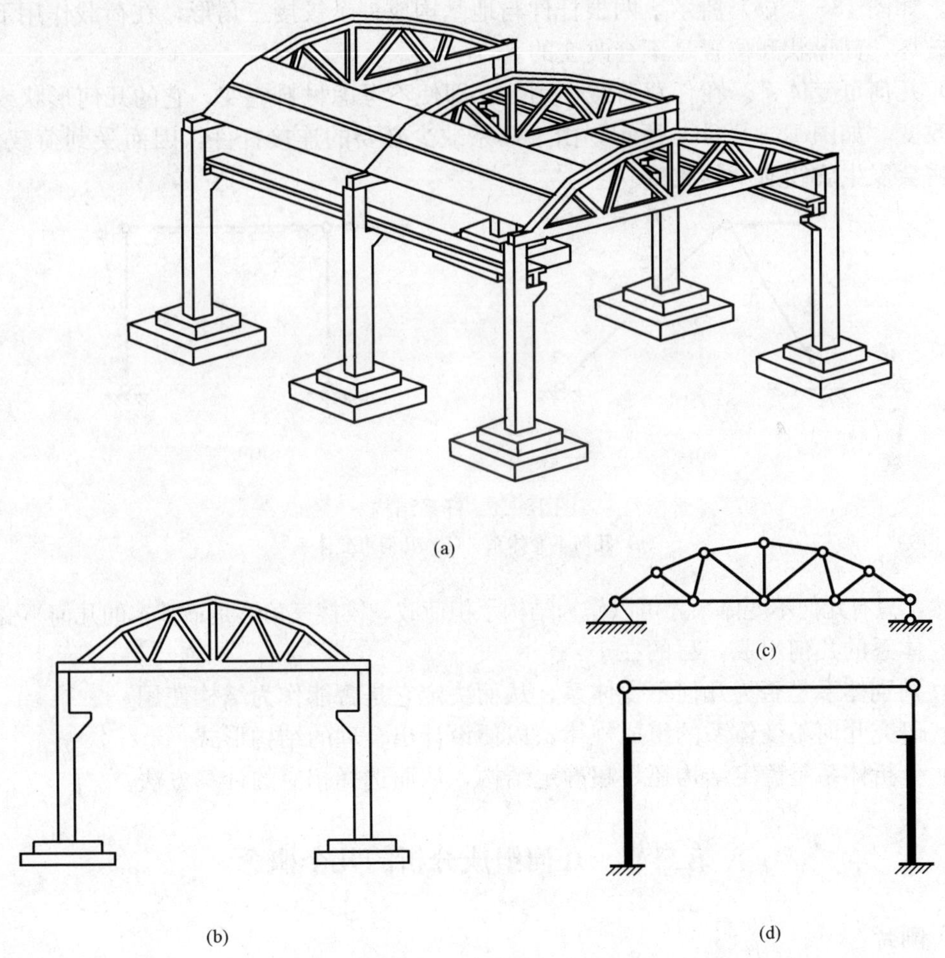

图 17-4　结构计算简图示例

(a) 单层工业厂房结构；(b) 平面排架；(c) 屋架的计算简图；(d) 排架的计算简图

第十八章　平面杆件结构的几何组成分析

第一节　几何组成分析的目的

杆件结构是由若干杆件按照一定的方式相互连接而成的一种体系，这种体系也可与地基相连接构成一个新的体系。体系受到荷载作用后，内部各杆件将会产生内力、应力和应变，而导致整个结构发生变形，这种变形一般是微小的，在进行几何组成分析时不予考虑，而将所有的杆件看作刚性杆件。这样，杆系结构可分为两类：

（1）几何不变体系。在荷载作用下，当不考虑材料应变时，其几何形状和位置保持不变的体系。如图 18-1（a）所示，两根杆件与地基构成一个铰接三角形，在荷载作用下，只要不发生破坏，其形状和位置是不会改变的。

（2）几何可变体系。在任意荷载作用下，即使不考虑材料应变，它的几何形状或位置都会发生改变。如图 18-1（b）所示，由于体系缺少必要的连接杆件，因而受到荷载作用后，其形状将会发生虚线所示的改变。

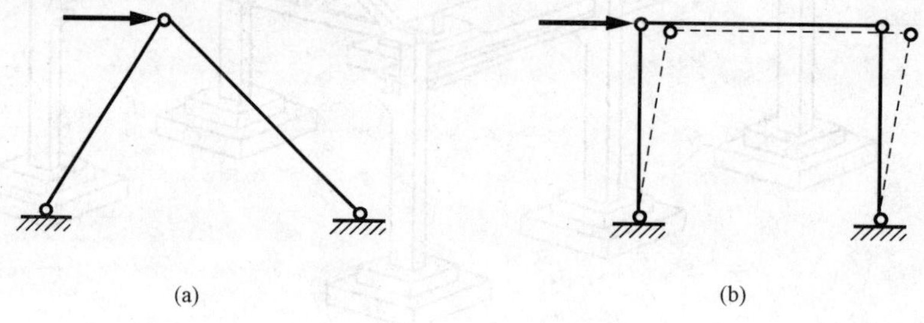

图 18-1　杆系结构
（a）几何不变体系；（b）几何可变体系

显然，只有几何不变体系才可以作为结构承担荷载，铰接三角形是最基本的几何不变体系。研究体系的几何组成，目的在于：

（1）判别体系是否为几何不变体系，从而决定它是否能作为结构使用。

（2）研究几何不变体系的组成规律，以便设计出合理的结构形式。

（3）分析体系是静定结构还是超静定结构，从而选择相应的计算方法。

第二节　几何组成分析的几个概念

一、刚片

在进行平面体系的几何组成分析时，由于不考虑材料的应变，因而可以把每根杆件、地基或已经判断出为几何不变的部分看作**刚片**。

二、自由度

体系在平面内可独立运动的几何参变数，或者确定体系位置所必需的独立坐标的个数，称为**自由度**。例如，在平面内确定一个点的位置需两个独立的坐标 x、y［见图 18-2（a）］，因此，一个点在平面内有两个自由度。一个刚片在平面内除了可以沿水平方向和垂直方向移动外，还可以自由转动［见图 18 - 2（b）］，它的位置可由其上任一点 A 的坐标 x、y 和通过 A 点的任一条直线 AB 与 x 轴的夹角 φ 来确定，因此，一个刚片在平面内有三个自由度。地基也可看作刚片，但它没有任何运动，其自由度为零。

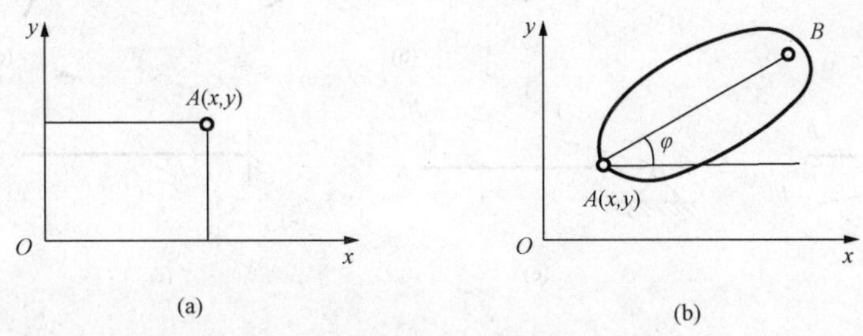

图 18 - 2　自由度

（a）一个点在平面内有两个自由度；（b）一个刚片在平面内有三个自由度

三、约束

能使体系减少自由度的装置称为**约束**。减少一个自由度的装置相当于一个约束，减少 n 个自由度的装置相当于 n 个约束，工程中常见的约束有以下几种：

（1）**链杆**。如图 18 - 3（a）所示，一个刚片被一根链杆与地基相连后，自由度由原来的三个变为两个，减少了一个自由度，所以，**一根链杆相当于一个约束。**

（2）**单铰**。如图 18 - 3（b）所示，两个刚片在平面内各自有三个自由度，共计有六个自由度，用单铰连接后，其中一个刚片在平面内有三个自由度，而另一刚片只能绕铰产生相对转动，体系共有四个自由度，相对原来减少了两个自由度。所以，**一个单铰相当于两个约束，或者说相当于两根链杆。**

（3）**复铰**。连接三个或三个以上刚片的圆柱铰链称为复铰。复铰的作用和单铰的分析相同。若一个复铰连接 n 个刚片，n 个刚片原有 $3n$ 个自由度，用一复铰连接后，剩 $3+(n-1)=n+2$ 个自由度，减少了 $3n-(n+2)=2(n-1)$ 个自由度，因此，**一个复铰相当于 2（n−1）个约束**。如图 18 - 3（c）所示，一个复铰连接四个刚片，该铰相当于六个约束。

（4）**可动铰支座**。如图 18 - 3（d）所示，可动铰支座和链杆的作用基本相同，**一个可动铰支座相当于一个约束。**

（5）**固定铰支座**。如图 18 - 3（e）所示，一个刚片原有三个自由度，用固定铰支座与地基连接后，只能绕铰转动，减少了两个自由度，所以，**一个固定铰支座相当于两个约束，也相当于两根链杆。**

（6）**固定端支座**。如图 18 - 3（f）所示，一个刚片用固定端支座与地基相连后，自由度由三个减少为零，所以，**一个固定端支座相当于三个约束。**

（7）**刚结点**。如图 18 - 3（g）所示，两个刚片刚性连接后，自由度由原来的六个减少为三个，所以一个刚结点相当于三个自由度。

不能使体系减少自由度的装置称为**多余约束**。如图 18 - 4（a）所示，一个点 A 在平面内有两个自由度，若用两根不共线的链杆 1、2 将其与地基相连，A 点被固定，减少了两个自由度。若用三根链杆 1、2、3 与地基相连［见图 18 - 4（b）］，仍然减少两个自由度，所以，其中必有一根链杆是多余约束。

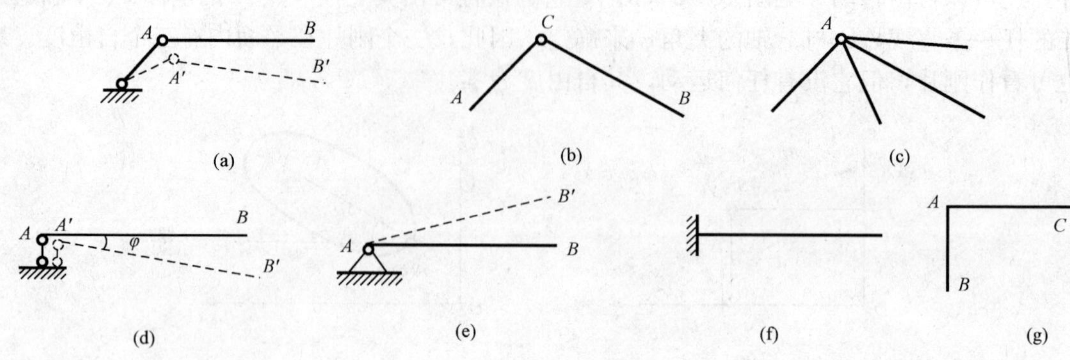

图 18-3 约束

（a）一根链杆相当于一个约束；（b）一个单铰相当于两个约束；（c）此复铰相当于六个约束；（d）一个可动铰支座相当于一个约束；（e）一个固定铰支座相当于两个约束；（f）一个固定端支座相当于三个约束；（g）一个刚结点相当于三个约束

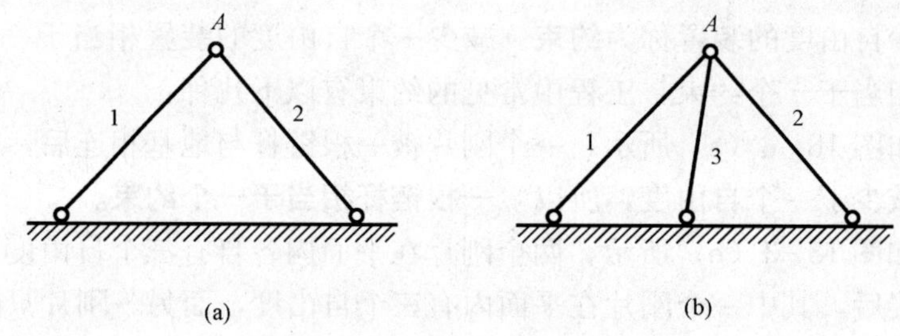

图 18-4 多余约束

（a）A 点被固定；（b）必有一根链杆是多余约束

四、实铰和虚铰

如图 18-5（a）所示，两个刚片由一个铰相连，此铰相当于两根链杆 1、2［见图 18-5（b）］，链杆 1、2 的实际交点 A 称为**实铰**。

如图 18-5（c）所示，两个刚片由两根链杆相连，这两根链杆延长线的交点称为**虚铰**。当连接两个刚片的两根链杆平行时［见图 18-5（d）］，则认为此虚铰在无穷远处。

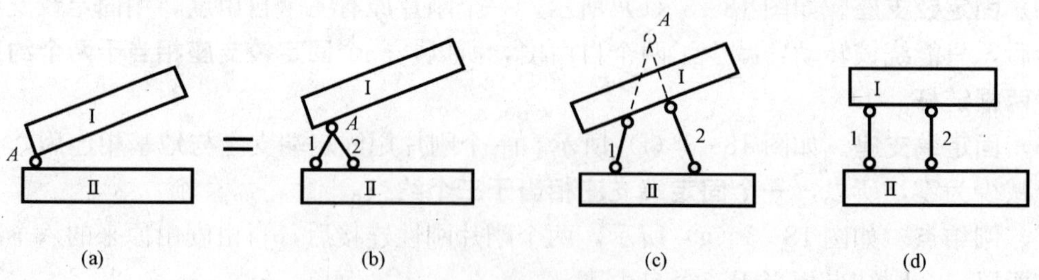

图 18-5 实铰和虚铰

（a）两个刚片由一个铰相连；（b）链杆 1、2 的实际交点 A 称为实铰；（c）两个刚片由两根链杆相连；（d）虚铰

第三节　几何不变体系的简单组成规则

铰接三角形是最基本的几何不变体系，几何不变体系的简单组成规则都可以利用铰接三角形分析而得出。

一、二元体规则

如图 18-6（a）所示，在铰接三角形 ABC 中，将 AB、AC 看作链杆，BC 看作刚片Ⅰ，则相当于点 A 由两根不共线的链杆 AB、AC 与刚片Ⅰ相连而组成几何不变体系，由此得出：

（1）**二元体规则 1。**一个点与一个刚片只有通过两根不共线的链杆相连，才能组成无多余约束的几何不变体系。

在体系的几何组成分析中，由两根不共线的链杆连接一个新结点的构造称为**二元体**。图 18-6（a）所示的 $B—A—C$ 即为一个二元体。

二元体规则 1 中强调用不共线的两根链杆相连方可组成几何不变体系。如图 18-6（b）所示，如果点 A 是由两根共线的链杆 BA、CA 与刚片Ⅰ相连，显然，当 A 处受到竖向荷载作用时，点 A 会沿竖向作微小的移动，这说明体系为几何可变体系。不过当 A 发生微小移动至 A' 点时，两根链杆将不再共线，运动亦将不继续发生。这种在某一瞬时经过微小移动后不再能继续移动的体系称为**瞬变体系**。

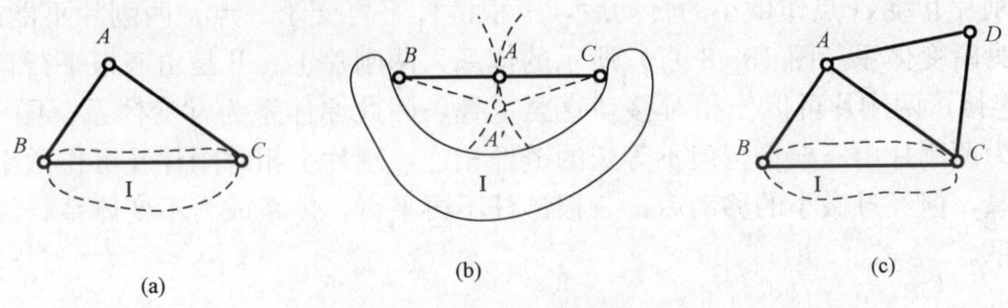

图 18-6　二元体规则

（a）二元体规则 1；（b）瞬变体系；（c）二元体规则 2

在图 18-6（c）所示的铰接三角形 ABC 中，将 BA、CA 看作链杆，而 BC 看作刚片Ⅰ，则相当于在刚片Ⅰ上增加一个二元体 $B—A—C$ 后体系仍为几何不变体系。同理，再增加二元体 $A—D—C$，体系仍为几何不变体等。

（2）**二元体规则 2。**在一个体系上依次增加或依次减少若干二元体，并不改变原体系的几何组成。

在二元体规则 2 中，增加或减少二元体时，一定要注意按顺序依次增加或依次减少。如图 18-6（c）所示，依次减少二元体 $A—D—C$、$B—A—C$ 后，剩余刚片Ⅰ，说明原体系为无多余约束的几何不变体系。若先拆除 $B—A—C$，体系就会错误的判断为可变体系。

二、两刚片规则

图 18-7（a）所示的铰接三角形 ABC，将杆 AC、AB 分别看作刚片Ⅰ、Ⅱ，杆 BC 看作链杆，体系仍为几何不变体系，由此得出：

（1）**两刚片规则 1：**两刚片由一个铰和一根不过此铰的链杆相连，组成无多余约束的几何不变体系。

两刚片规则1中强调链杆不能通过铰，否则为瞬变体系。如图18-6（b）所示，若将AB杆也看作刚片，则此刚片与刚片Ⅰ由铰B和链杆AC相连，铰B和链杆AC共线，显然是瞬变体系。

一个单铰相当于两根链杆，因此可将图18-7（a）所示的铰A改为两根链杆1、2，如图18-7（b）所示，体系仍为无多余约束的几何不变体系。由此得出：

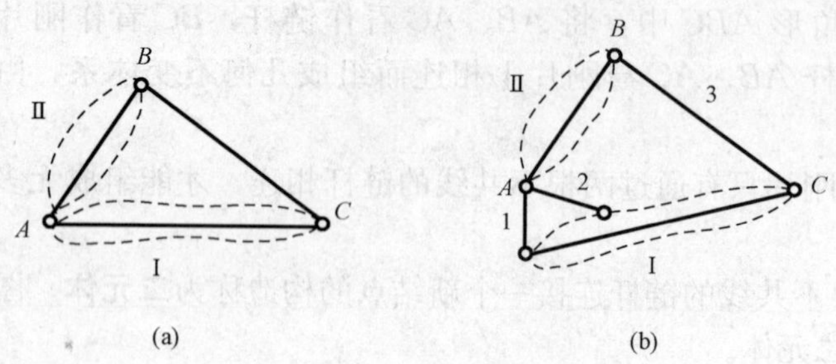

图18-7 两刚片规则1

（a）铰接三角形ABC为几何不变体系；

（b）将铰A改为两根链杆1、2，体系仍为几何不变体系

（2）**两刚片规则2**：两刚片由三根即不全平行也不全交于一点的链杆相连组成无多余约束的几何不变体系。

在两刚片规则2中，要注意附加条件是三根链杆不能全平行，也不能全交于一点，否则为可变体系。如图18-8（a）所示，刚片Ⅰ、Ⅱ是由交于A点的三根链杆相连，显然，刚片Ⅰ可以绕实铰A无限制的转动，所以此体系为**常变体系**。常变体系和瞬变体系都是可变体系，都不能作为结构使用。

图18-8（b）所示，刚片Ⅰ、Ⅱ是由三根链杆1、2、3相连，三根链杆有一个虚铰A，刚片Ⅰ相对刚片Ⅱ绕A点作微小的转动后，三根链杆不再交于一点，两刚片不能继续转动，所以原体系为瞬变体系。图18-8（c）所示的体系，两刚片Ⅰ、Ⅱ是由三根平行且等长链杆1、2、3相连接，两刚片可以作相对移动直至重叠，因此原体系为常变体系。图18-8（d）所示的体系为两刚片由三根平行但不等长的链杆相连，刚片Ⅰ相对刚片Ⅱ可作微小移动，体系为可变体系，但经过微小的移动后，三根链杆不再平行，体系成为不变体系，因此，原体系为瞬变体系。

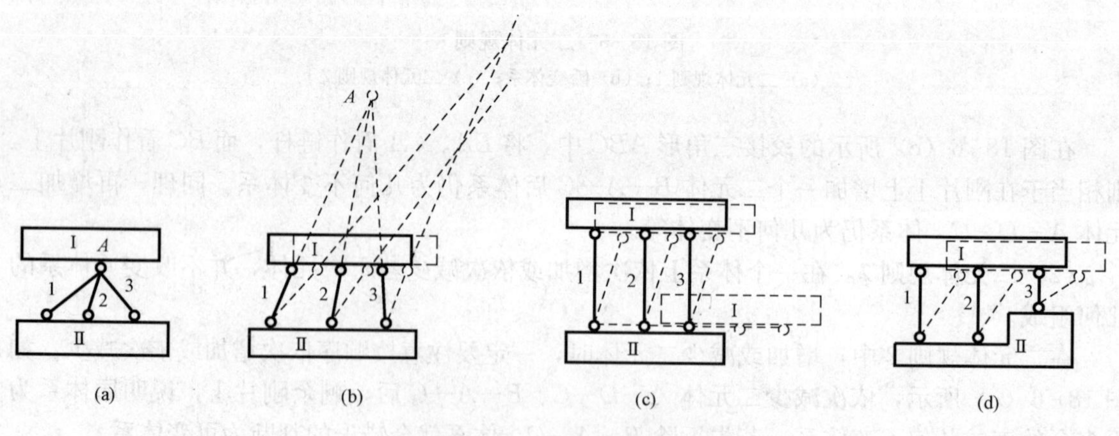

图18-8 两刚片规则2

（a）、（c）常变体系；（b）、（d）瞬变体系

三、三刚片规则

如图18-9（a）所示，将铰接三角形中的三根杆件AB、BC、AC分别看作刚片Ⅰ、Ⅱ、

Ⅲ，则相当于三个刚片两两分别由三个不共线的铰 A、B、C 相连，体系仍为几何不变体系。由此得：

（1）**三刚片规则 1**：三个刚片用不在一条直线上的三个铰两两相连，则组成无多余约束的几何不变体系。

三刚片规则 1 中，要注意连接刚片的三个铰不能共线。如图 18-6（b）所示，若将杆 AB 和 AC 也看作刚片，则三个刚片两两分别由三个共线的铰 B、A、C 相连，体系为瞬变体系。

由于一个铰相当于两根链杆，若将连接三个刚片的三个铰分别改为两根链杆构成的实铰或虚铰便可得出三刚片规则 2。

（2）**三刚片规则 2**：三个刚片两两之间用两根链杆相连，只要六根链杆中每两根链杆的交点不在一条直线上，则组成的体系为无多余约束的几何不变体系。如图 18-9（b）所示的体系为无多余约束的几何不变体系。

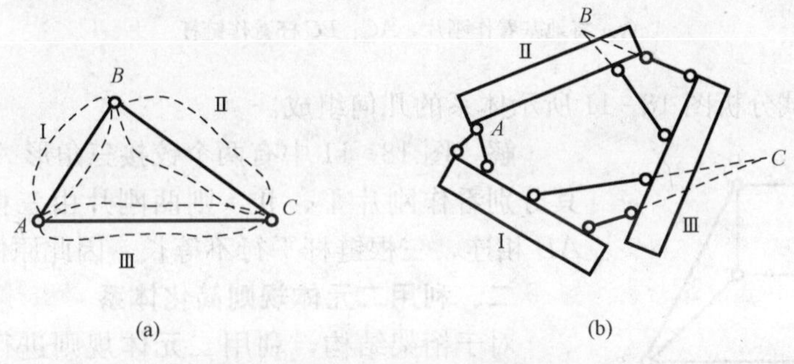

图 18-9　三刚片规则

（a）三刚片规则 1；（b）三刚片规则 2

第四节　平面体系的几何组成分析举例

几何不变体系的简单组成规则，是进行几何组成分析的依据。只要能正确灵活地运用它们，便可以分析出各种各样的体系。进行几何组成分析时注意从以下几个方面考虑：

一、选择刚片

对体系进行几何组成分析时，关键是体系中哪些杆件看作刚片，哪些杆件看作链杆。一般将地基、大杆件或已经分析出为几何不变的部分看作刚片，再进一步分析各刚片之间的连接是否满足组成规则。

【例 18-1】　试分析图 18-10 所示体系的几何组成。

解　方法一：如图 18-10（a）所示，将地基、AC 杆和 BC 杆分别看作刚片Ⅰ、Ⅱ、Ⅲ，则三刚片之间两两分别由铰 A、C、B 相连，三个铰不共线，符合三刚片规则，体系为无多余约束的几何不变体系。

方法二：如图 18-10（b）所示，将地基和 AC 杆分别看作刚片Ⅰ和刚片Ⅱ，CB 杆看作链杆，则刚片Ⅰ、Ⅱ是由铰 A 和链杆 CB 相连，符合两刚片规则，体系为无多余约束的几何不变体系。

方法三：如图 18-10（c）所示，利用二元体规则，将地基看作刚片，AC、BC 杆看作链杆，则点 C 通过两根不共线的链杆与刚片相连，组成无多余约束的几何不变体系，或在地基上增加一个二元体 $A—C—B$，体系仍为无多余约束的几何不变体系。

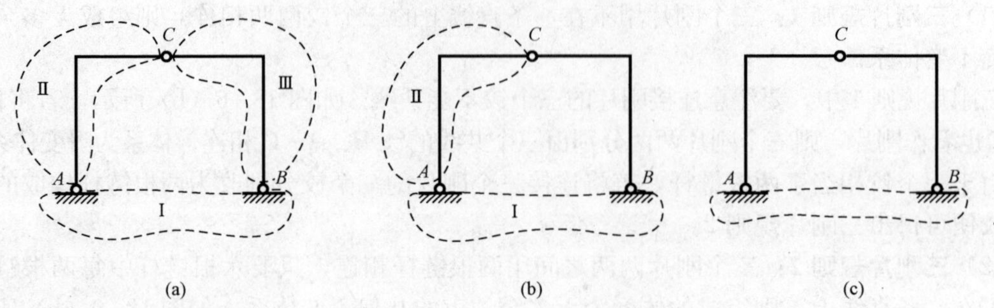

图 18-10 ［例 18-1］图

(a) 将地基、AC 杆和 BC 杆看作刚片；(b) 将地基和 AC 杆看作刚片；(c) 将地基看作刚片，AC、BC 杆看作链杆

【例 18-2】 试分析图 18-11 所示体系的几何组成。

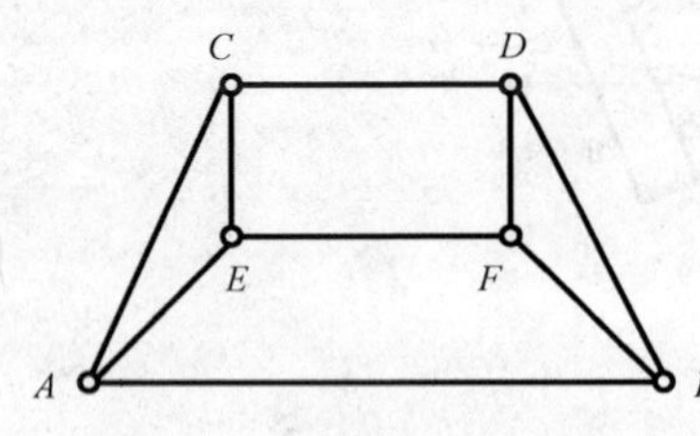

图 18-11 ［例 18-2］图

解 图 18-11 中有两个铰接三角形 ACE 和 BDF，将其分别看作刚片Ⅰ、Ⅱ，则两刚片由三根链杆 CD、EF、AB 相连，三根链杆平行不等长，因此原体系为瞬变体系。

二、利用二元体规则简化体系

对于桁架结构，利用二元体规则进行分析较为简单。遇到较复杂体系，当体系上有二元体时，可以利用二元体规则，先依次拆除二元体以简化体系。

【例 18-3】 对图 18-12 (a) 所示体系进行几何组成分析。

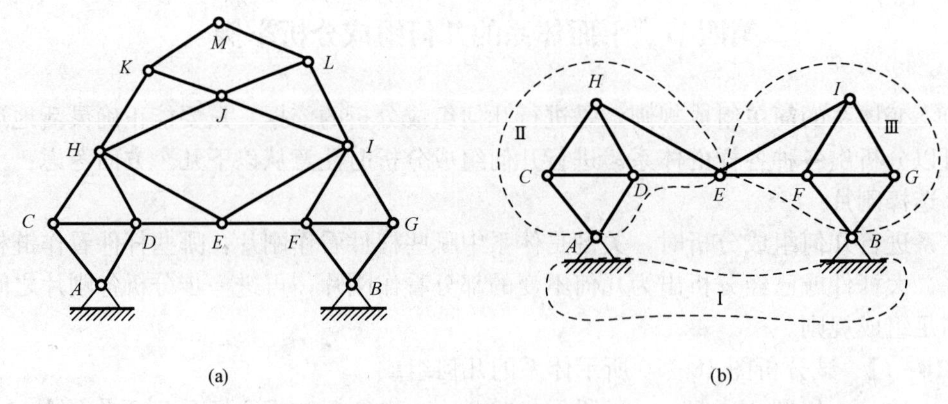

图 18-12 ［例 18-3］图

(a) 体系；(b) 依次拆除二元体后的体系

解 依次拆除二元体 $K—M—L$、$H—K—J$、$J—L—I$、$H—J—I$ 可得图 18-12 (b) 所示的体系。铰接三角形 ACD 上依次增加二元体 $C—H—D$、$H—E—D$ 得刚片Ⅱ，同理可得刚片Ⅲ，将地基看作刚片Ⅰ，则三刚片两两分别由三个铰 A、E、B 相连接，符合三刚片规则，原体系为无多余约束的几何不变体系。

【例 18-4】 试分析图 18-13 所示体系的几何组成。

解　首先拆除二元体 $B—C—D$，将地基、杆 AB 分别看作刚片Ⅰ、Ⅱ，则两刚片由三根链杆 1、2、3 连接即可。所以，原体系为有一个多余约束的几何不变体系。

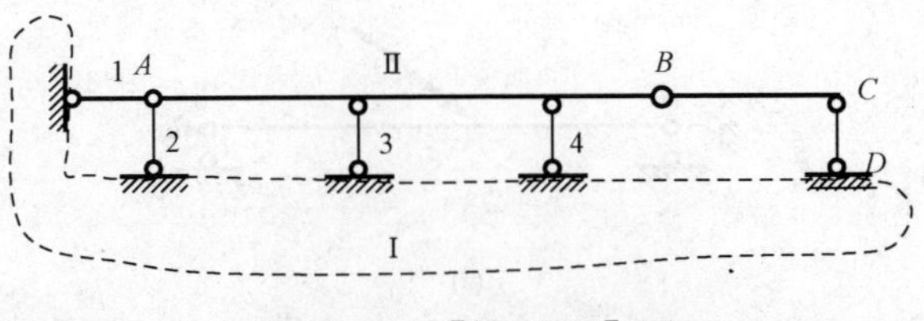

图 18-13　[例 18-4] 图

当体系与地基的连接符合两刚片规则时，可先拆除地基，再分析体系的几何组成；若体系与地基间的链杆数目超过三根，则可将体系与地基融为一体进行分析。

【例 18-5】　对图 18-14（a）所示的体系进行几何组成分析。

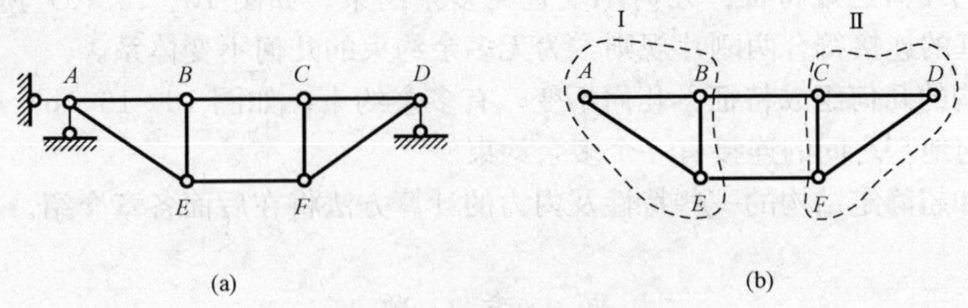

图 18-14　[例 18-5] 图

（a）体系；（b）拆除与地基连接后的体系

解　体系与地基的连接符合两刚片规则，因此，可以先拆除体系与地基的连接，再分析体系的几何组成。如图 18-14（b）所示，体系中将铰接三角形 ABE 和 FCD 分别看作刚片Ⅰ、Ⅱ，则两刚片之间由两根链杆 BC 和 EF 相连，不符合两刚片规则，原体系为几何可变体系。

【例 18-6】　试对图 18-15 所示的体系进行几何组成分析。

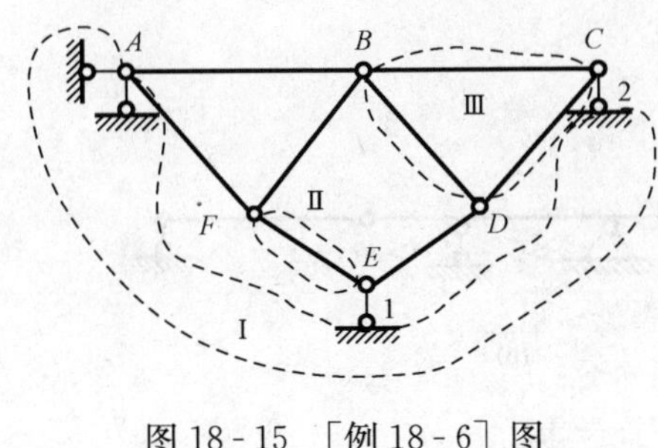

图 18-15　[例 18-6] 图

解　体系与地基之间有四根链杆，因此，要将体系与地基融为一体进行分析。如图 18-15 所示，将地基（包含铰 A）、杆 EF 和铰接三角形 BCD 分别看作刚片Ⅰ、Ⅱ、Ⅲ，则刚片Ⅰ、Ⅱ——用链杆 AF、1 相连接；刚片Ⅱ、Ⅲ——用链杆 BF、DE 相连接；刚片Ⅰ、Ⅲ——用链杆 AB、2 相连接。

由于六根链杆中每两根链杆的交点不共线，所组成的体系为无多余约束的几何不变体系。

第五节　静定结构与超静定结构

一、静定结构和超静定结构

在荷载作用下，结构所有的支座反力和内力均可由静力平衡条件求解出来，这样的结构称为**静定结构**。如图 18-16（a）所示的结构为静定结构。

若结构的支座反力和内力，不能利用静力平衡条件全部求解出来，这样的结构称为**超静定结构**。如图 18-16（b）所示的结构为超静定结构。

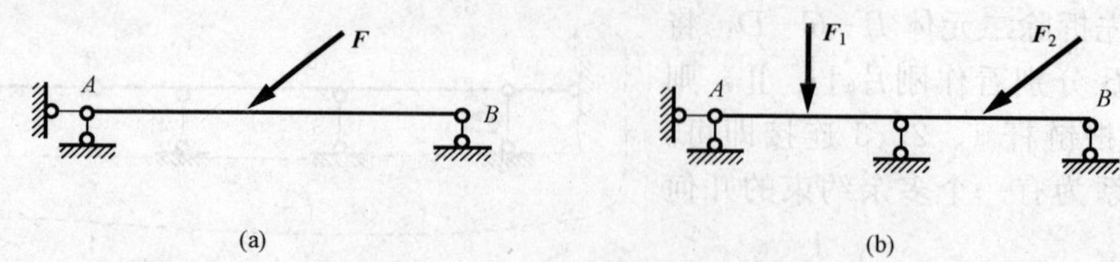

图 18-16 静定结构和超静定结构

(a) 静定结构；(b) 超静定结构

二、静定结构和超静定结构的几何组成特征

静定结构的几何组成特征： 几何不变且无多余约束。如图 18-16（a）所示静定结构，刚片 AB 与地基的连接符合两刚片规则，为无多余约束的几何不变体系。

超静定结构的几何组成特征： 几何不变，有多余约束。如图 18-16（b）所示超静定结构，刚片 AB 与地基之间的连接有一个多余约束。

静定结构和超静定结构的一些特性及内力的计算方法将在后面各章介绍。

思 考 题

18-1 杆件结构可分为哪两类体系？哪类体系不能作为结构使用？

18-2 何谓单铰？何谓复铰？平面内一个复铰连接七个钢片，它相当于几个约束？

18-3 什么是多余约束？结构中的多余约束可以随便拆除吗？

18-4 几何不变体系的简单组成规则有哪些？如何利用它们对体系进行几何组成分析？

18-5 何谓静定结构和超静定结构？它们的几何组成特征是什么？

习 题

18-1 对图 18-17 所示各体系进行几何组成分析。

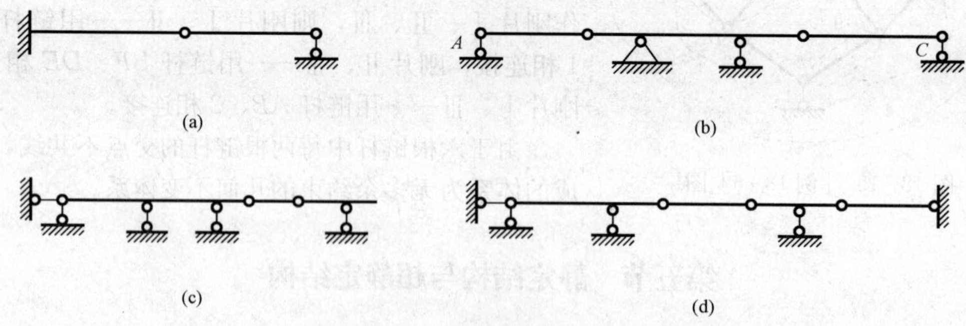

图 18-17 题 18-1 图

18-2 对图 18-18 所示各体系进行几何组成分析。

18-3 对图 18-19 所示各体系进行几何组成分析。

18-4 对图 18-20 所示各体系进行几何组成分析。

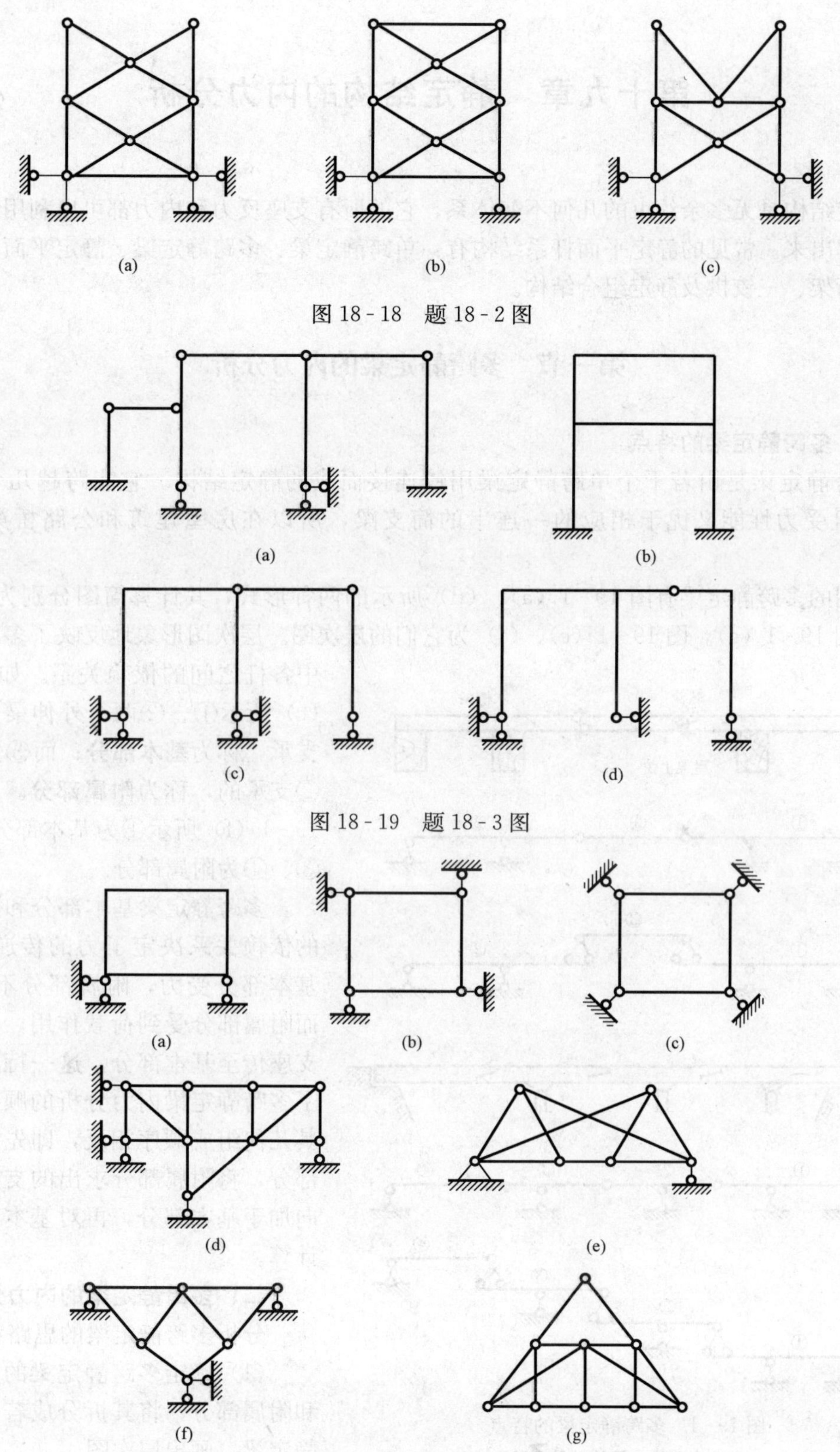

图 18-18　题 18-2 图

图 18-19　题 18-3 图

图 18-20　题 18-4 图

第十九章　静定结构的内力分析

静定结构是无多余约束的几何不变体系，它的所有支座反力和内力都可以利用静力平衡条件求解出来。常见的静定平面杆系结构有：单跨静定梁、多跨静定梁、静定平面刚架、静定平面桁架、三铰拱及静定组合结构。

第一节　多跨静定梁的内力分析

一、多跨静定梁的特点

多跨静定梁是由若干个单跨静定梁用铰连接而成的静定结构。它能跨越几个相连的跨度，且受力性能又优于相应的一连串的简支梁，所以在房屋建筑和公路桥梁中常被采用。

常用的多跨静定梁有图 19 - 1（a）、（d）所示的两种形式，其计算简图分别为图 19 - 1（b）和图 19 - 1（e）。图 19 - 1（c）、（f）为它们的**层次图**。层次图形象地反映了多跨静定梁中各杆之间的依赖关系。如图 19 - 1（c）所示①、②两个外伸梁是由基础支承，称为**基本部分**；而③是由①和②支承的，称为**附属部分**。同理，图 19 - 1（f）所示①为基本部分，而②、③、④为附属部分。

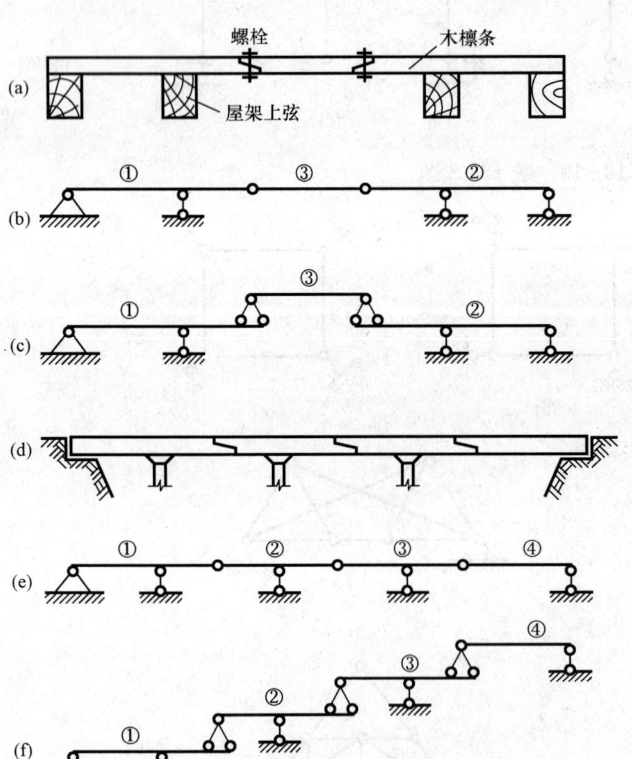

图 19 - 1　多跨静定梁的特点

（a）、（d）多跨静定梁的常见两种形式；（b）、（e）计算简图；（c）、（f）层次图

多跨静定梁基本部分和附属部分的依赖关系决定了力的传递特点是：基本部分受力，附属部分不受影响；而附属部分受到荷载作用，必须通过支座传至基本部分。这一特点也决定了多跨静定梁内力分析的顺序应该与其几何组成顺序相反，即先计算附属部分，将附属部分求出的支座反力反向加于基本部分，再对基本部分进行计算。

二、多跨静定梁的内力分析

分析多跨静定梁的思路和步骤：

（1）确定多跨静定梁的基本部分和附属部分，将其拆分成若干个单跨静定梁，画出层次图。

（2）画出各单跨静定梁的受力

图，按照先附属部分后基本部分的顺序，计算出各单跨静定梁的支座反力。

（3）画出各单跨静定梁的内力图，将其连接在一起，即得多跨静定梁的内力图。

【例 19-1】 试分析图 19-2 所示多跨静定梁的内力，并画其内力图。

解 （1）作层次图。由梁的计算简图 19-2（a）可知，该梁的几何组成顺序为：先固定 ABC 部分，再建立 CD 部分，因此 ABC 为基本部分，而 CD 为附属部分。层次图如图 19-2（b）所示。

（2）画各单跨梁的受力图［见图 19-2（c）］，并计算支座反力。

先计算附属部分 CD 的支座反力 $F_{Ax}=0$，$F_{Cy}=F_D=40\text{kN}$。

再计算基本部分 ABC 的支座反力

$$F_{Ax}=0,\quad F_{Ay}=20\text{kN},$$
$$F_B=140\text{kN}$$

（3）绘制各单跨梁的内力图，并将其连成一体即得多跨静定梁的内力图，如图 19-2（d）、（e）。

上例详细地讲述了多跨静定梁内力分析的基本方法和基本思路。可以总结出多跨静定梁弯矩图的一些特点：

（1）多跨静定梁中每根杆件的内力图仍然符合单跨静定梁内力图的规律。

（2）铰不承受和传递力矩，因此在每个连接铰处弯矩一定等于零。

（3）集中力作用于基本部分和附属部分相连的铰上时，此力只对基本部分起作用，而对附属部分不起作用。

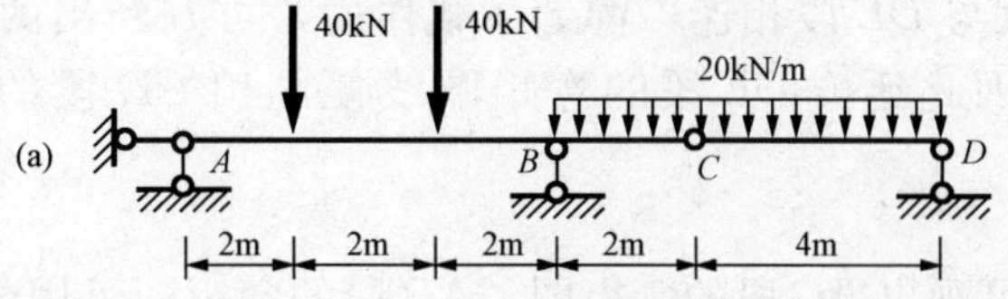

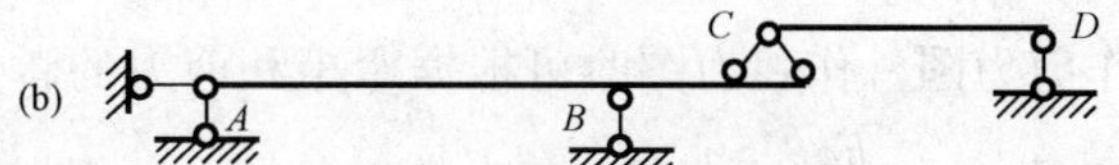

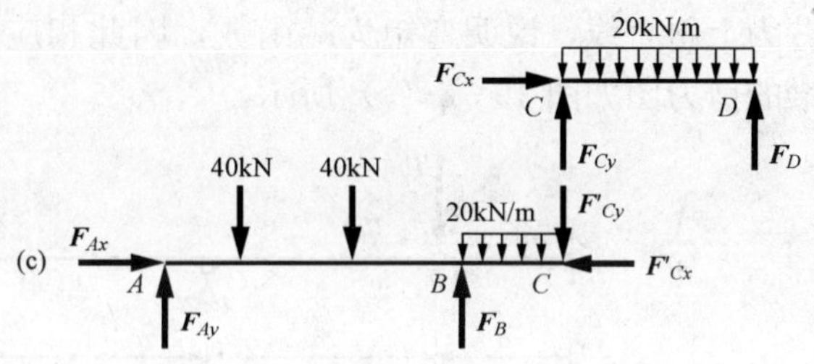

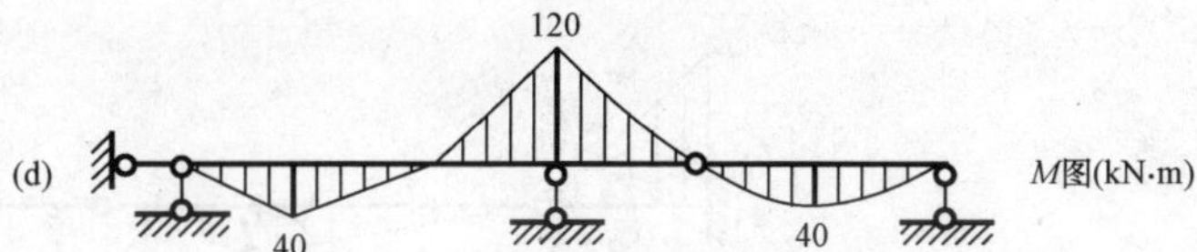

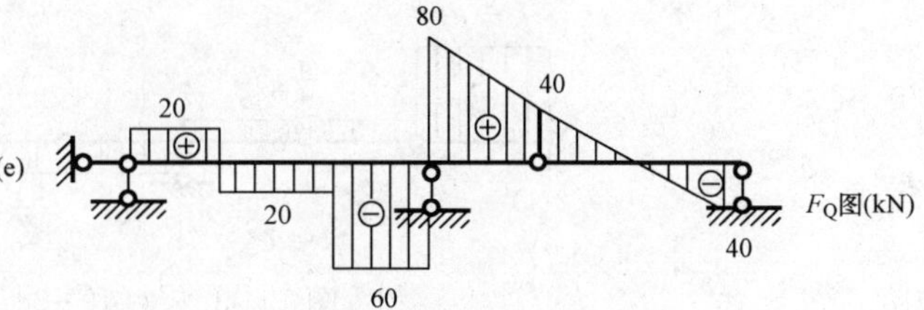

图 19-2 ［例 19-1］图
（a）计算简图；（b）层次图；（c）各单跨梁的受力图；
（d）弯矩图；（e）剪力图

掌握多跨静定梁内力图的特点，画内力图时亦可应用这些特点及区段叠加法直接作出内力图。

【例 19-2】 试作图 19-3（a）所示多跨静定梁的内力图。

解 （1）作弯矩图。由梁的几何组成顺序可知，AB 为基本部分，而 BD、DF 为附属部分。作内力图时按几何组成的相反顺序进行。

EF 段的弯矩图与悬臂梁相同，可直接画出。求得 $M_E=-Fa$，EF 段的弯矩图应画在基线的上方。

DE 段为无荷区段，其弯矩图应为一条直线，已知 $M_E=-Fa$，铰 D 弯矩为零，将两点用直线连接即得该段的弯矩图。

CD 段与 DE 段相连，皆无荷载作用，可判断出两段的剪力相同，因而弯矩图线的斜率一致，因此延长 DE 段的弯矩图线便画出 CD 段的弯矩图，且按比例关系可知 $M_C=\frac{1}{2}Fa$。

同理可画出 BC 段的弯矩图。AB 段的弯矩图可用叠加法画出。多跨静定梁的弯矩图如图 19－3（b）所示。

（2）作剪力图。作剪力图时可根据弯矩和剪力的微分关系求得。例如根据 DE 段弯矩图的斜率可知 $F_{QDE}=\frac{Fa}{2a}=\frac{1}{2}F$。剪力的正负号，可根据弯矩图的斜向判断。例如 DE 段弯矩图从左往右为上斜直线，说明弯矩为减函数，因此相应的剪力为负值，应画在基线的下方。多跨静定梁的剪力图如图 19－3（c）所示。

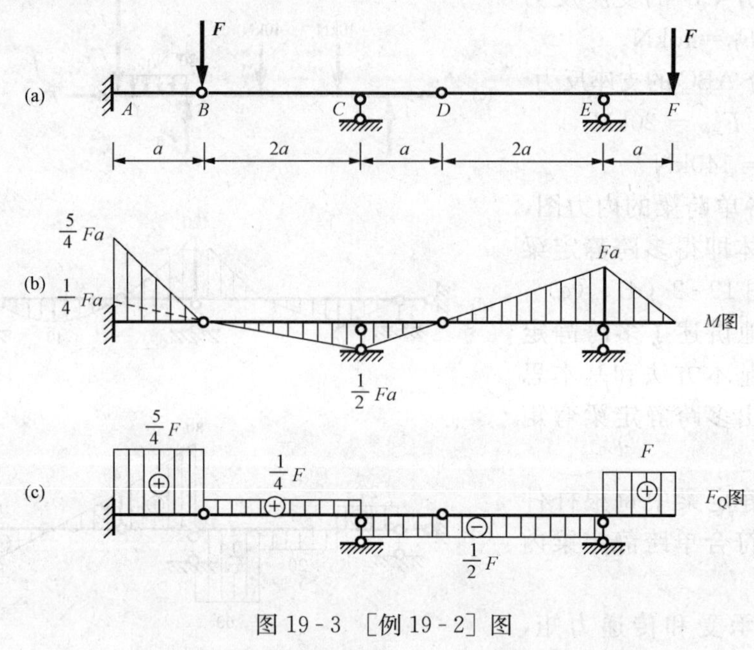

图 19－3　［例 19－2］图

（a）多跨静定梁的受荷情况；（b）弯矩图；（c）剪力图

第二节　静 定 平 面 刚 架

一、刚架的特点

由直杆组成具有刚结点的结构称为**刚架**。当组成刚架的各杆的轴线和外力都作用在同一平面内时，称为**平面刚架**。刚架的主要特点就是具有刚结点。

刚结点的特点：

（1）从变形角度来看，在刚结点处各杆不能发生相对转动，因而各杆间的夹角在变形前后始终保持不变。如图 19－4（a）、图 19－4（b）所示，当结构变形时，铰结点处各杆间的夹角随之变化，而刚结点处各杆间的夹角始终保持不变。

(2) 从受力角度来看，刚结点可以承受和传递弯矩，因而在刚架中弯矩是主要内力。如图 19-5 (a)、图 19-5 (b) 所示，比较刚架与梁柱体系受力后的内力情况，刚架中由于刚结点可以承受和传递弯矩，使得横梁跨中弯矩的峰值得到削减。

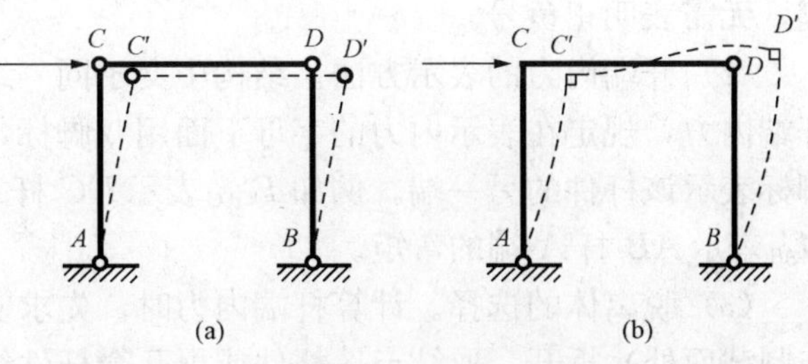

图 19-4　刚结点的特点（从变形角度看）
(a) 梁柱体；(b) 刚架

二、静定平面刚架的分类

静定平面刚架分类如下：

(1) 悬臂刚架。例如车站站台、雨棚结构等，如图 19-6 (a) 所示。

(2) 简支刚架。例如起重机的刚支架等，如图 19-6 (b) 所示。

(3) 三铰刚架。例如小型厂房、仓库等结构，如图 19-6 (c) 所示。

(4) 组合刚架。例如简易工棚等，如图 19-6 (d) 所示。

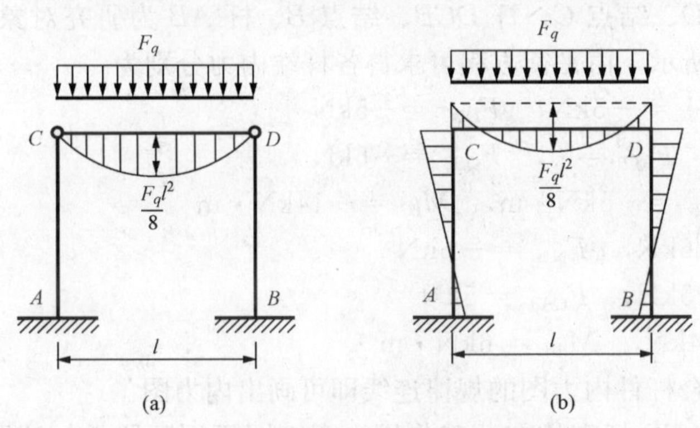

图 19-5　刚结点的特点（从受力角度看）
(a) 梁柱体；(b) 刚架

在土建工程中，平面刚架用得很普遍，而静定平面刚架又是分析超静定刚架的基础，所以，掌握静定平面刚架的内力分析方法具有十分重要的意义。

三、静定平面刚架的内力分析及内力图的绘制

1. 用截面法分析刚架的内力，并画内力图

静定平面刚架受荷载作用后，横截面上的内力一般有轴力、剪力和弯矩。计算三种内力的基本方法仍然是截面法。现结合刚架的特点说明几个问题。

(1) 内力正负号的规定。在刚架中规定，轴力以拉力为正、压力为负。剪力以使研究对象顺转为正、逆转为负。轴力图和剪力图可画在杆件的任意一侧，但必须表明正负号。弯矩以内侧受拉为正、外测受拉为负。正的弯矩画在内侧，即将弯矩图画在杆件受拉纤维的一

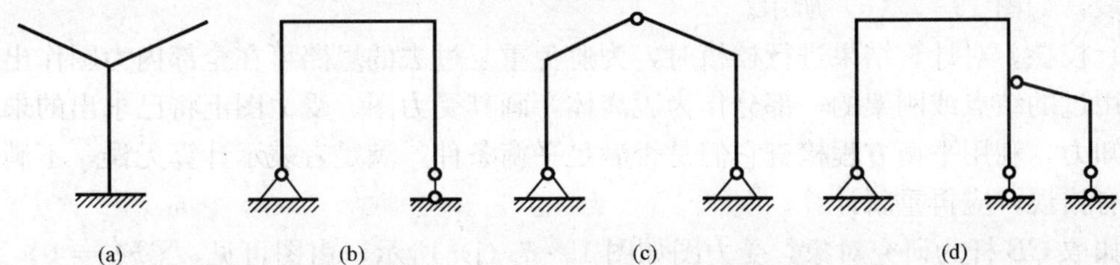

图 19-6　静定平面刚架的分类
(a) 悬臂刚架；(b) 简支刚架；(c) 三铰刚架；(d) 组合刚架

侧，无需表明正负号。

(2) 杆端内力的表示方法。结构中交于同一结点的杆件可能有若干根，为了明确表示各杆端内力，规定在表示内力的字母下面用双脚标，第一个脚标表示该内力所属杆端，第二个脚标表示该杆件的另一端。例如 F_{QDC} 表示 DC 杆 D 端的剪力，M_{BA} 表示 AB 杆 B 端的弯矩，M_{AB} 表示 AB 杆 A 端的弯矩。

(3) 脱离体的选择。计算杆端内力时，先求支座反力，再将刚架在要求内力的杆端（或控制截面处）拆开，取结点、杆件或由几个杆件组成的体系为脱离体进行受力分析，计算控制截面内力，画出各杆件内力图，最后将各杆的内力图连接起来就得到整个刚架的内力图。所选脱离体上最多只能有三个未知量。画脱离体受力图时，先假设截面内力都为正向进行计算，如果计算结果为正值，说明假设方向和实际方向相同；计算结果为负值，说明假设方向和实际方向相反。

【例 19-3】 作图 19-7（a）所示悬臂刚架的内力图。

解 先对整个刚架及组成刚架的各结点、杆件进行受力分析，根据研究对象最多只能与三个未知量有关的条件来确定选择研究对象的顺序，逐个计算各杆端的内力，画其内力图。

(1) 计算各杆端内力。依次取杆 CD、结点 C、杆 DCB、结点 B、杆 AB 为研究对象，受力图如图 19-7（e）～图 19-7（i）所示，由平衡方程可求得各杆端内力分别为

$$F_{NCD}=0,\quad F_{NCB}=-5\text{kN},\quad F_{NBC}=-5\text{kN}$$

$$F_{QCD}=-5\text{kN},\quad F_{QCB}=0,\quad F_{QBC}=-6\text{kN}$$

$$M_{CD}=-5\text{kN}\cdot\text{m},\quad M_{CB}=-5\text{kN}\cdot\text{m},\quad M_{BC}=-14\text{kN}\cdot\text{m}$$

$$F_{NBA}=-6\text{kN},\quad F_{NAB}=-6\text{kN}$$

$$F_{QBA}=5\text{kN},\quad F_{QAB}=5\text{kN}$$

$$M_{BA}=-14\text{kN},\quad M_{AB}=6\text{kN}\cdot\text{m}$$

(2) 画内力图。利用杆端内力，结合杆件内力图的规律连线即可画出内力图。

弯矩图：CD 杆弯矩图为一斜直线。CB 杆有均布荷载作用，弯矩图可用区段叠加法画出。BA 杆无荷载作用，将两端弯矩用直线连接起来即可得弯矩图如图 19-7（b）所示。

剪力图：CD 杆和 AB 杆中间无荷载作用，剪力是常数，剪力图是一条平行线。CB 是均布荷载区段，剪力图是一条斜线。注意同一杆件两端轴力、剪力正负不相同时，画在该杆件的两侧，如图 19-7（c）所示。

轴力图：对于无荷载作用的杆件，轴力一定是常数，轴力图是一条平行线，CB 杆虽然有均布荷载作用，但该荷载与杆轴线垂直，对轴力没有影响，所以，CB 杆的轴力图也是一条平行线，如图 19-7（d）所示。

(3) 校核。对计算结果进行校核时，为避免重复过去的思路可在全部内力图作出后，选择未曾用过的结点或刚架的一部分作为脱离体，画其受力图。受力图上将已求出的未知内力作为已知力，利用平衡方程检查它们是否满足平衡条件，满足者表示计算无误，不满足者表示计算有错误，应再重新计算。

例如取 CB 杆为研究对象，受力图如图 19-7（j）所示，由图可见，$\sum F_x=0$，$\sum F_y=0$，$\sum M_C(\boldsymbol{F})=0$，说明计算无误。

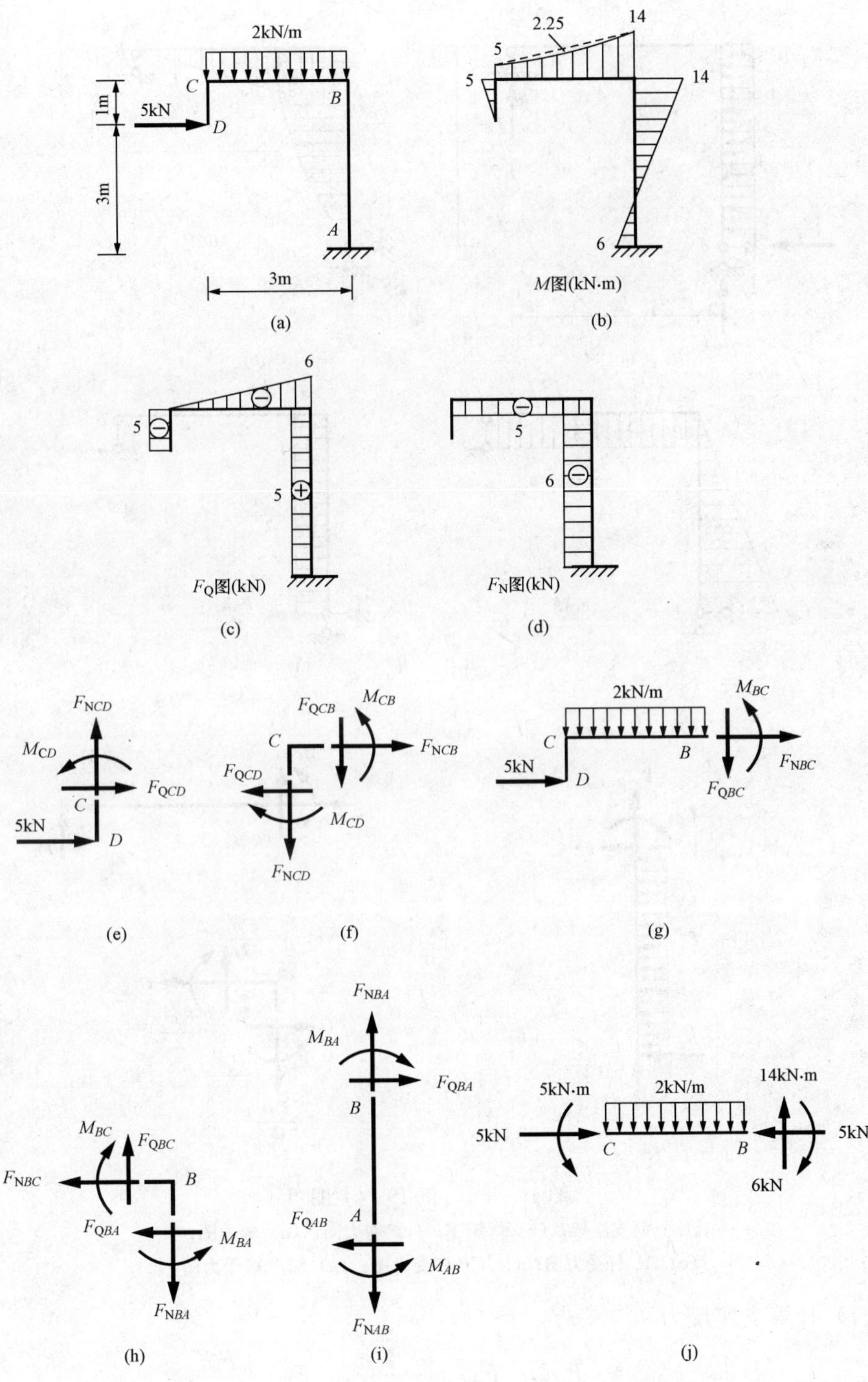

图 19-7 ［例 19-3］图

(a) 悬臂刚架；(b) 弯矩图；(c) 剪力图；(d) 轴力图；(e) *CD* 杆受力图；(f) 结点 *C* 受力图；(g) 杆 *DCB* 受力图；(h) 结点 *B* 受力图；(i) 杆 *AB* 受力图；(j) *CB* 杆受力图

【例 19-4】 绘制图 19-8 所示简支刚架的内力图。

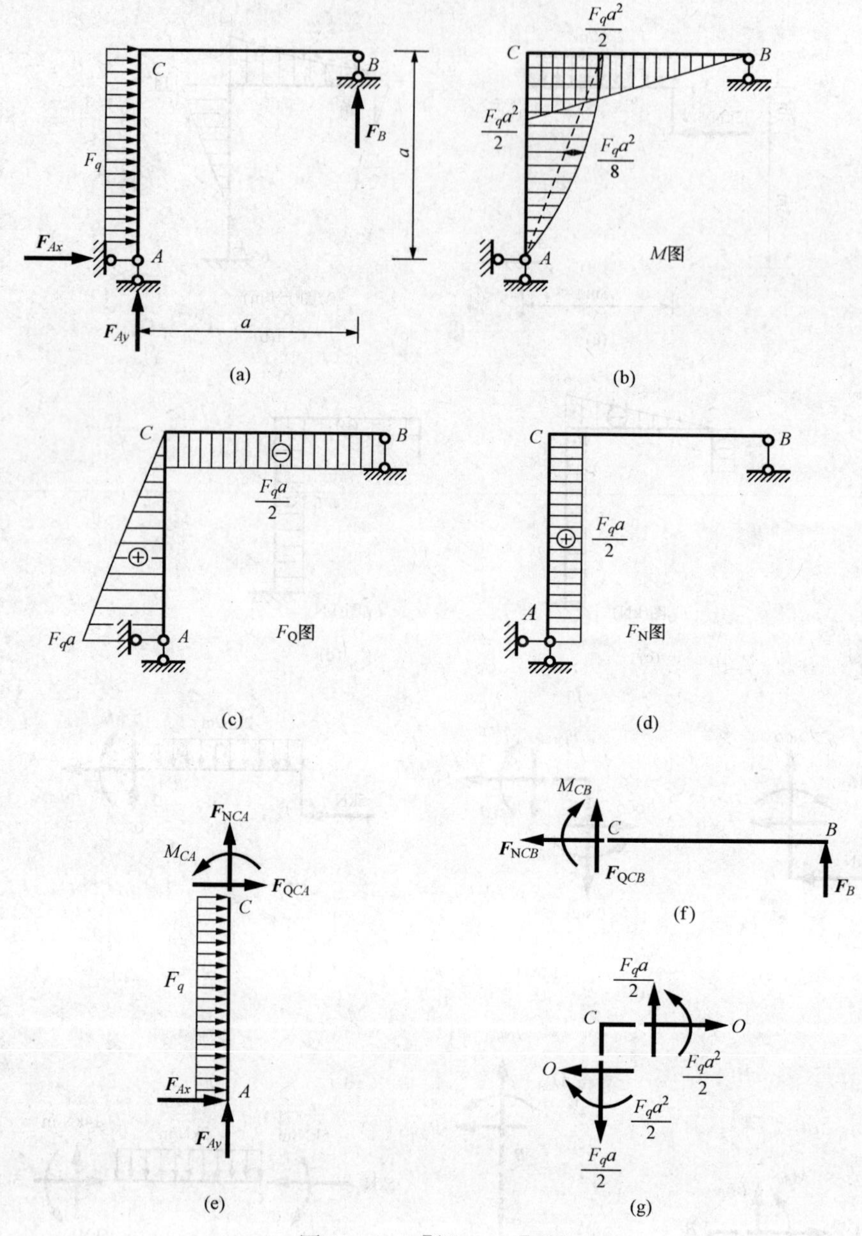

图 19-8　[例 19-4] 图

(a) 简支刚架；(b) 弯矩图；(c) 剪力图；(d) 轴力图；
(e) AC 杆受力图；(f) CB 杆受力图；(g) 结点 C 受力图

解　(1) 计算支座反力

$$F_{Ax}=-F_qa,\quad F_{Ay}=-\frac{F_qa}{2},\quad F_B=\frac{F_qa}{2}$$

(2) 计算各杆端内力。分别取 AC 杆、CB 杆为研究对象，受力图如图 19-8 (e)、图 19-8 (f) 所示，由平衡方程求得各杆端内力分别为

$$F_{NAC}=\frac{F_qa}{2},\quad F_{NCA}=\frac{F_qa}{2},\quad F_{NCB}=0,\quad F_{NBC}=0$$

$$F_{QAC}=F_qa,\quad F_{QCA}=0,\quad F_{QCB}=-\frac{F_qa}{2},\quad F_{QBC}=-\frac{F_qa}{2}$$

$$M_{AC}=0,\quad M_{CA}=\frac{F_qa^2}{2},\quad M_{CB}=\frac{F_qa^2}{2},\quad M_{BC}=0$$

（3）画内力图。

弯矩图：AC 杆受均布荷载作用，用区段叠加法画其弯矩图。CB 杆为无荷载区段，两端弯矩用直线连接起来，如图 19-8（b）所示。

剪力图：AC 杆为均布荷载区段，剪力图是一条斜直线，将两端剪力用直线连接起来。CB 杆为无荷载区段，剪力图是一条平行线，如图 19-8（c）所示。

轴力图：AC 杆上均布荷载与杆轴线垂直，对轴力没有影响，轴力图是一条平行线。CB 杆轴力为零，如图 19-8（d）所示。

（4）校核。取结点 C 为研究对象，将已求出的内力作为已知力，画其受力图，如图 19-8（g)所示，由图可见，$\sum F_x=0$，$\sum F_y=0$，$\sum M_c(\boldsymbol{F})=0$，说明计算无误。

2. 用简捷法计算刚架的内力

用简捷法计算刚架内力的方法和单跨梁基本相同。

（1）**弯矩的计算**。刚架内任一横截面上的弯矩等于截面一侧（指整半部刚架上）所有外力对该截面形心矩的代数和。外力使刚架内侧受拉取正号；反之，取负号。

（2）**剪力的计算**。杆件任一横截面上的剪力等于截面一侧（指整半部刚架上）所有与该杆件轴线垂直的外力的代数和。外力使所考虑的部分顺转时，取正号；反之，取负号。

（3）**轴力的计算**。杆件任一横截面上的轴力等于截面一侧（指整半部刚架上）所有与该杆件轴线平行的外力的代数和。外力背离截面时取正号；指向截面时取负号。

3. 内力图的规律

刚架中每根杆件内力图的规律和单跨梁基本相同。

在无荷区段：轴力和剪力是常数，轴力图和剪力图是零或者是一条平行线。当剪力图是零时，弯矩图可能是零或平行线；当剪力图是平行线时，弯矩图一定是斜线。

在均布荷载区段：剪力图是斜线，弯矩图是曲线，曲线的凸向与均布荷载的指向一致。在剪力等于零的截面上，弯矩有极值。当均布荷载不与杆件轴线垂直时，轴力图是一条斜线。

在刚结点处力矩应平衡。若交于刚结点的杆件只有两根，且结点上又无力偶作用，则这两杆的杆端弯矩一定相等，弯矩图在同侧（内侧或者外侧）。如［例 19-3］中 C、B 两结点的弯矩图，［例 19-4］中的 C 结点的弯矩图。

【例 19-5】 画图 19-9（a）所示三铰刚架的内力图。

解 （1）计算支座反力

$$F_{Ax}=F_{Bx}=20\text{kN},\quad F_{Ay}=F_{By}=80\text{kN}$$

（2）作弯矩图。由于结构和荷载都正对称，弯矩图也正对称，所以，内力只需计算一半。

$$M_{AD}=0,\quad M_{DA}=M_{DC}=-F_{Ax}\times 6=-120(\text{kN}\cdot\text{m}),\quad M_{CD}=0$$

AD 段为无荷区段，弯矩图是一条直线，将该段两端弯矩用直线连起来即得弯矩图。DC 段受均布荷载作用，弯矩图为一条抛物线，用区段叠加法画，如图 19-9（b）所示。

（3）作剪力图。结构和荷载正对称，剪力一定反对称，由于剪力图可以画在杆件的任意一侧，所以，剪力图形不一定反对称

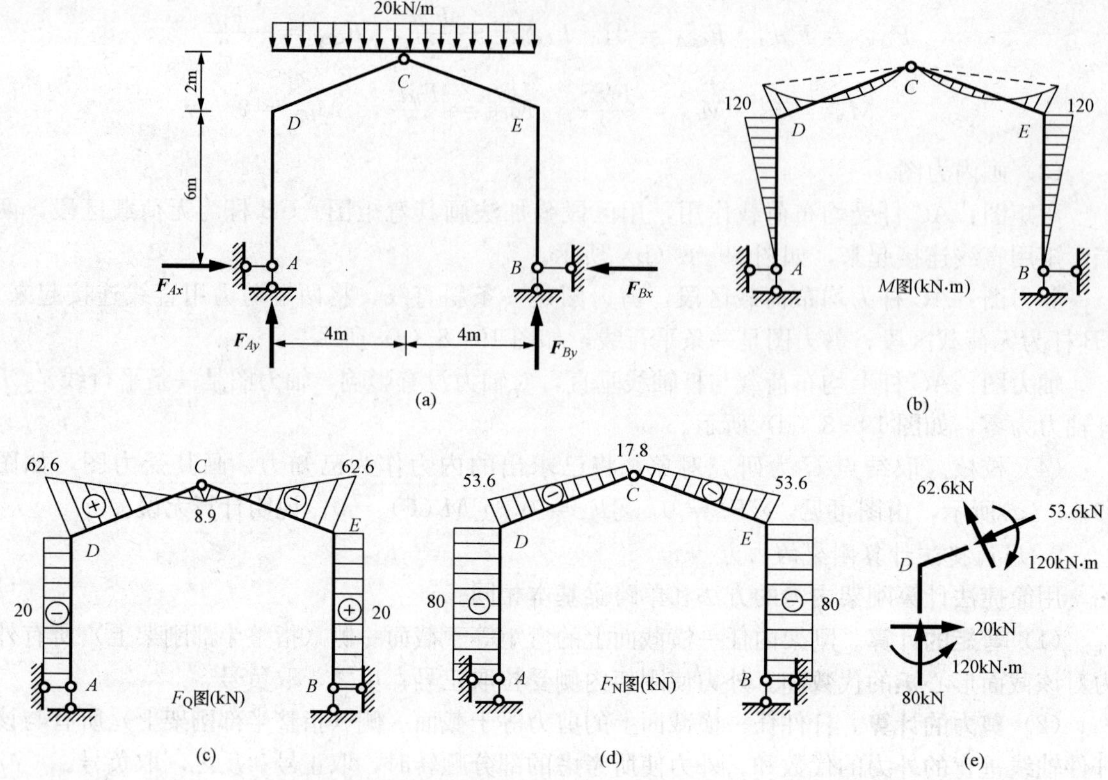

图 19-9 ［例 19-5］图

（a）三铰刚架；（b）弯矩图；（c）剪力图；（d）轴力图；（e）结点 D 的受力图

$$F_{QAD}=-F_{Ax}=-20\text{kN},\quad F_{QDC}=-F_{Ax}\times\frac{1}{\sqrt{5}}+F_{Ay}\times\frac{2}{\sqrt{5}}=62.6(\text{kN})$$

$$F_{QCD}=-F_{Ax}\times\frac{1}{\sqrt{5}}+F_{Ay}\times\frac{2}{\sqrt{5}}-20\times4\times\frac{2}{\sqrt{5}}=-8.9(\text{kN})$$

根据反对称性得

$$F_{QBE}=20\text{kN},\quad F_{QEC}=-62.6\text{kN},\quad F_{QCE}=8.9\text{kN}$$

AD、BE 段为无荷区段，剪力是常数，只需计算一个截面内力，由 $F_{QAD}=-20\text{kN}$，$F_{QBE}=20\text{kN}$ 可知，这两根杆件剪力图都是一条平行线。DC 段受均布荷载作用，剪力图是一条斜线，将两端剪力连接起来即得剪力图，如图 19-9（c）所示。

（4）作轴力图。结构、荷载正对称，轴力也是正对称，但因轴力图可以画在杆件任意一侧，所以轴力图形不一定正对称

$$F_{NAD}=-F_{Ay}=80\text{kN},\quad F_{NDC}=-F_{Ax}\times\frac{2}{\sqrt{5}}-F_{Ay}\times\frac{1}{\sqrt{5}}=-53.6(\text{kN})$$

$$F_{NCD}=-F_{Ax}\times\frac{2}{\sqrt{5}}-F_{Ay}\times\frac{1}{\sqrt{5}}+20\times4\times\frac{1}{\sqrt{5}}=-17.8(\text{kN})$$

AD 段为无荷区段，轴力图是一条平行线。DC 段受均布荷载作用，因均布荷载沿杆件轴向有分量，所以会引起轴力的改变，将两端轴力用直线连接即得轴力图，如图 19-9（d）所示。

（5）校核。可以截取刚架的任何部分校核。例如取结点 D 为研究对象，将已求出的内

力作为已知力画其受力图，如图 19-9（e）所示。由图可见，$\sum F_x=0$，$\sum F_y=0$，$\sum M_D(\boldsymbol{F})=0$，说明计算无误。

【例 19-6】 试作图 19-10（a）所示组合刚架的内力图。

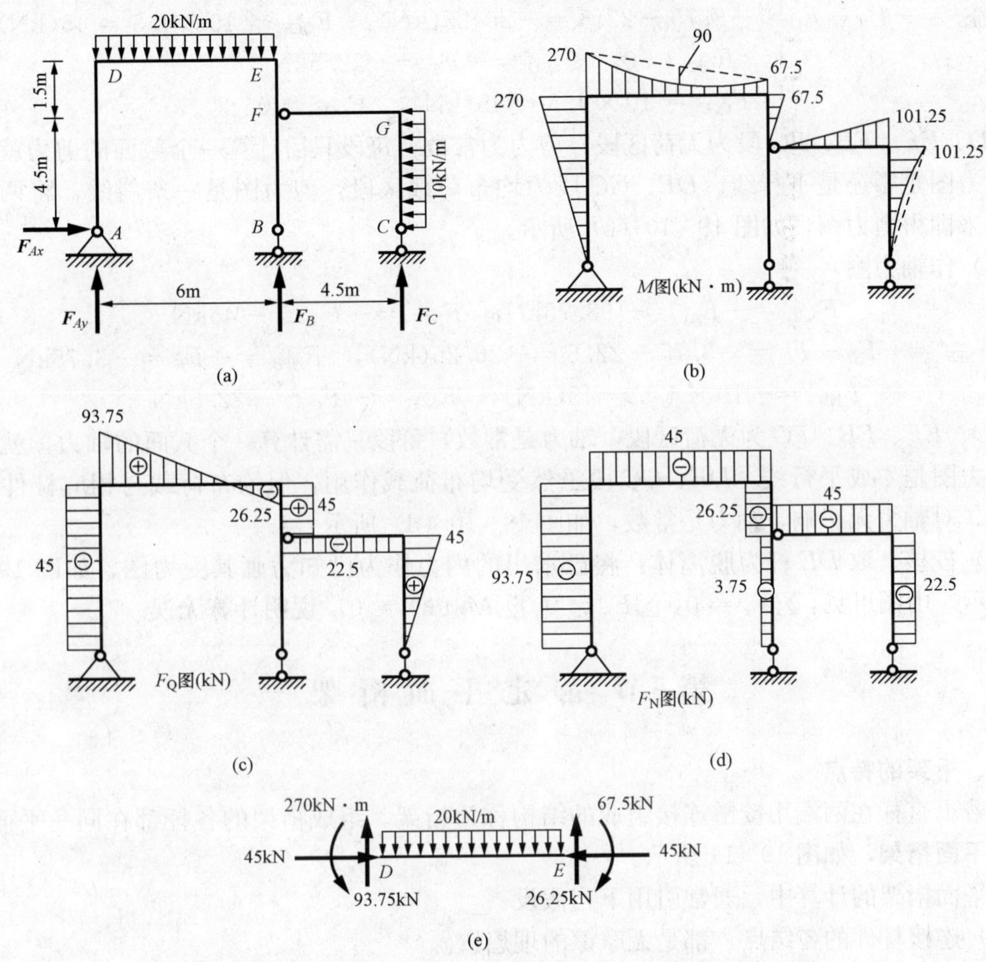

图 19-10 ［例 19-6］图

（a）组合刚架；（b）弯矩图；（c）剪力图；（d）轴力图；（e）DE 杆受力图

解 （1）计算支座反力

$$F_{Ax}=45\text{kN},\quad F_{Ay}=93.75\text{kN},\quad F_B=3.75\text{kN},\quad F_C=22.5\text{kN}$$

（2）作弯矩图。由结点 D、E、F、G 弯矩平衡得

$$M_{DA}=M_{DE}=-F_{Ax}\times 6=-270(\text{kN}\cdot\text{m})$$

$$M_{ED}=M_{EF}=-F_{Ax}\times 6+F_{Ay}\times 6-20\times 6\times 3=-67.5(\text{kN}\cdot\text{m})$$

$$M_{FE}=M_{FB}=F_C\times 4.5-10\times 4.5\times \frac{4.5}{2}=0$$

$$M_{GF}=M_{GC}=-10\times 4.5\times \frac{4.5}{2}=101.25(\text{kN}\cdot\text{m})$$

AD、EF、FG 段是无荷区段，弯矩图为一条直线，将两端弯矩连接起来即得弯矩图。DE、GC 段为均布荷载区段，用区段叠加法画，先将两端弯矩用虚线连接起来，再以虚线为基线叠加

该段对应简支梁在均布荷载作用下的弯矩图。FB 段的弯矩为零，如图 19 - 10（b）所示。

（3）作剪力图

$$F_{QAD}=-F_{Ax}=-45\text{kN},\quad F_{QDE}=F_{Ay}=93.75\text{kN}$$

$$F_{QED}=-F_B-F_C=-3.75-22.5=-26.25(\text{kN}),\quad F_{QEF}=10\times4.5=45(\text{kN})$$

$$F_{QFB}=0,\quad F_{QFG}=-F_C=-22.5\text{kN}$$

$$F_{QGC}=10\times4.5=45(\text{kN}),\quad F_{QCG}=0$$

AD、EF、FB、FG 段为无荷区段，剪力为常数，每段只需计算一个截面的剪力就可确定出剪力图是零还是平行线。DE、GC 段为均布荷载区段，剪力图是一条斜线，将两端剪力连起来即得剪力图，如图 19 - 10（c）所示。

（4）作轴力图

$$F_{NAD}=-F_{Ay}=-93.75\text{kN},\quad F_{NDE}=-F_{Ax}=-45\text{kN}$$

$$F_{NEF}=-F_B-F_C=-3.75-22.5=-26.25(\text{kN}),\quad F_{NFB}=-F_B=-3.75\text{kN}$$

$$F_{NFG}=-10\times4.5=45(\text{kN}),\quad F_{NGC}=-F_C=-22.5\text{kN}$$

AD、EF、FB、FG 为无荷区段，轴力是常数，每段只需计算一个截面的轴力，就可确定出轴力图是零或平行线。DE、GC 段虽然受均布荷载作用，但均布荷载与相应杆件的轴线垂直，对轴力无影响，轴力是常数，如图 19 - 10（d）所示。

（5）校核。取 DE 杆为脱离体，将已求出的内力作为已知力画其受力图，如图 19 - 10（e）所示。由图可见，$\sum F_x=0$，$\sum F_y=0$，$\sum M_D(\boldsymbol{F})=0$，说明计算无误。

第三节 静 定 平 面 桁 架

一、桁架的特点

由若干直杆在两端用铰链连接组成的结构称为**桁架**。组成桁架的各杆都在同一平面内，又称为**平面桁架**，如图 19 - 11 所示。

在平面桁架的计算中，通常引用下列假设：

（1）连接杆件的各结点，都是无摩擦的理想铰。

（2）所有杆轴都是在同一平面内的直线，且通过铰的中心。

（3）荷载和支座反力都作用在结点上，且位于桁架平面内。

由以上假设可知，组成桁架的各杆都是二力杆。这种桁架称为**理想桁架**。理想桁架中各杆只受轴力作用，应力在截面上均匀分布，材料能得到充分的利用，而梁和刚架承受荷载后，主要产生弯曲内力，截面上的应力分布是不均匀的，材料不能充分利用。因此，桁架在建筑工程中得到广泛的应用，如钢筋混凝土组合屋架、托架、跨度较大的桥梁、塔架、空间网架、施工建筑中用的支架等。

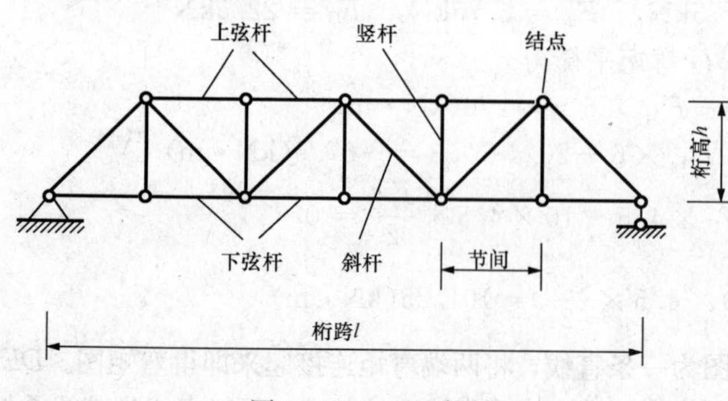

图 19 - 11 平面桁架

二、静定平面桁架的分类

如图 19 - 11 所示，组成平面桁架的杆件按其所在位置的不同，分为**弦杆**和**腹杆**。弦杆又分为**上弦杆**和**下弦杆**，腹杆又分为**斜杆**和**竖杆**。弦杆上两结点的间距称为**节间**，桁架最高点到两支座连线的距离称为**桁高**，两支座间的距离称为**桁跨**。

（1）按几何组成方式，静定平面桁架可分为：**简单桁架、联合桁架**和**复杂桁架**。

1）**简单桁架**是由一个铰接三角形为基础，依次增加二元体而组成的几何不变且无多余约束的静定结构，如图 19-12（a）～（c）所示。

2）**联合桁架**是由几个简单桁架按一定规则组成的几何不变且无多余约束的静定结构，如图 19-12（d）所示。

3）**复杂桁架**是指凡不属于简单桁架和联合桁架的另一种类型的静定桁架，如图 19-12（f）所示。

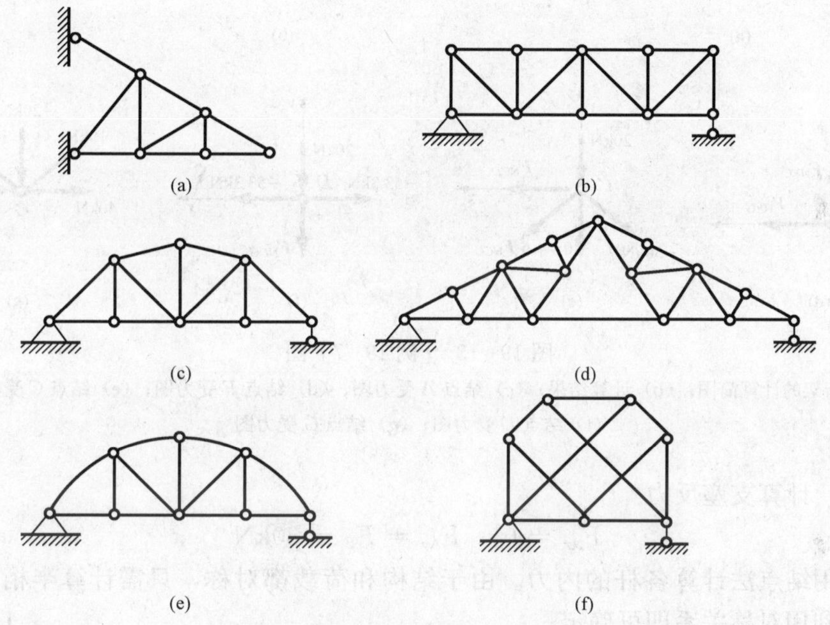

图 19-12　静定平面桁架的分类

(a) 三角形桁架；(b) 平行弦桁架；(c) 折线形桁架；(d) 联合桁架；(e) 曲线形桁架；(f) 复杂桁架

（2）按桁架外形分为：**三角形桁架**［见图 19-12（a）］、**平行弦桁架**［见图 19-12（b）］、**折线形桁架**［见图 19-12（c）］和**曲线形桁架**［见图 19-12（e）］。

三、桁架的内力分析

桁架内力分析的方法一般有：结点法、截面法和联合法。

1. 结点法

取桁架中的结点为研究对象，利用结点的静力平衡条件计算各杆件内力的方法称为**结点法**。

由于桁架中各杆都是通过铰心的二力杆，且外力或支座反力都作用于结点上，所以作用于任一结点上的力系都是平面汇交力系，对于每个结点只能建立两个独立的平衡方程，求解两个未知力。因此，在选取结点时，应考虑好选取结点的顺序，使所选结点上的未知数不多于两个。

在计算过程中，先假设每根杆件的轴力为拉力，计算结果为正值，表示是拉力，若为负值，则为压力。

计算简单桁架中所有杆件的内力时，多采用结点法。

【例 19-7】 试求图 19-13（a）所示桁架中各杆的内力。

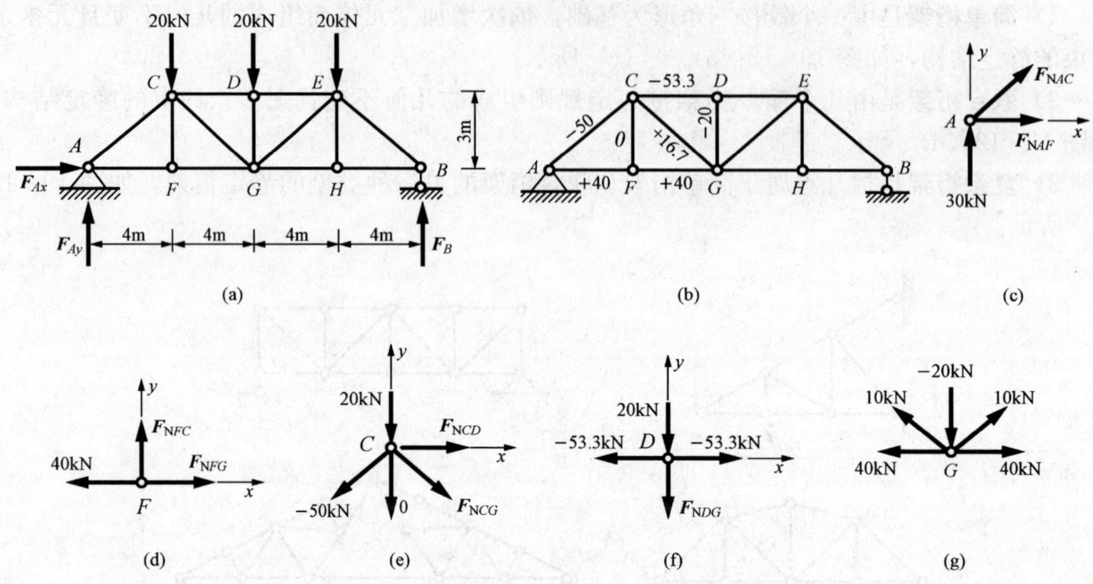

图 19-13 ［例 19-7］图

（a）桁架的计算简图；（b）计算结果；（c）结点 A 受力图；（d）结点 F 受力图；（e）结点 C 受力图；（f）结点 D 受力图；（g）结点 G 受力图

解 （1）计算支座反力

$$F_{Ax}=0,\quad F_{Ay}=F_B=30\text{kN}$$

（2）利用结点法计算各杆的内力。由于结构和荷载都对称，只需计算半桁架各杆的内力，另一半利用对称关系即可确定。

结点 A：受力图如图 19-13（c）所示，有

$$\sum F_x=0,\quad F_{NAF}+F_{NAC}\times\frac{4}{5}=0$$

$$\sum F_y=0,\quad F_{NAC}\times\frac{3}{5}+30=0$$

解得 $F_{NAC}=-50\text{kN}$，$F_{NAF}=40\text{kN}$。

结点 F：受力图如图 19-13（d）所示，有

$$\sum F_x=0,\quad F_{NFG}-40=0$$

$$\sum F_y=0,\quad F_{NFC}=0$$

解得 $F_{NFG}=40\text{kN}$，$F_{NFC}=0$。

结点 C：受力图如图 19-13（e）所示，有

$$\sum F_x=0,\quad F_{NCD}+F_{NCG}\times\frac{4}{5}+50\times\frac{4}{5}=0$$

$$\sum F_y=0,\quad -F_{NCG}\times\frac{3}{5}+50\times\frac{3}{5}-20=0$$

解得　$F_{NCG}=16.7kN$，$F_{NCD}=-53.3kN$。

结点 D：受力图如图 19-13（f）所示，有 $F_{NDG}=-20kN$。

计算结果标在图 19-13（b）所示桁架上。因为对称，图 19-13（b）中只注明了一半。

（3）校核。对计算结果，应取未曾用过投影方程的结点进行校核。例如取 G 点，受力图如图 19-13（g）所示，由图可见 $\sum F_x=0$，$\sum F_y=0$，说明计算结果无误。

2. 利用结点平衡的特殊情况判断杆件内力

从［例 19-7］的计算结果可知，桁架中有些杆件的内力为零，这种内力为零的杆件称为零杆。零杆可以利用以下几种特殊情况直接判断：

（1）不共线的两杆结点。当无荷载作用时，两杆内力均为零［见图 19-14（a）］；当结点上的荷载与其中一杆共线时，该杆的内力与荷载大小相等，性质相同（同为拉力或压力），而另一杆内力为零［见图 19-14（b）］。

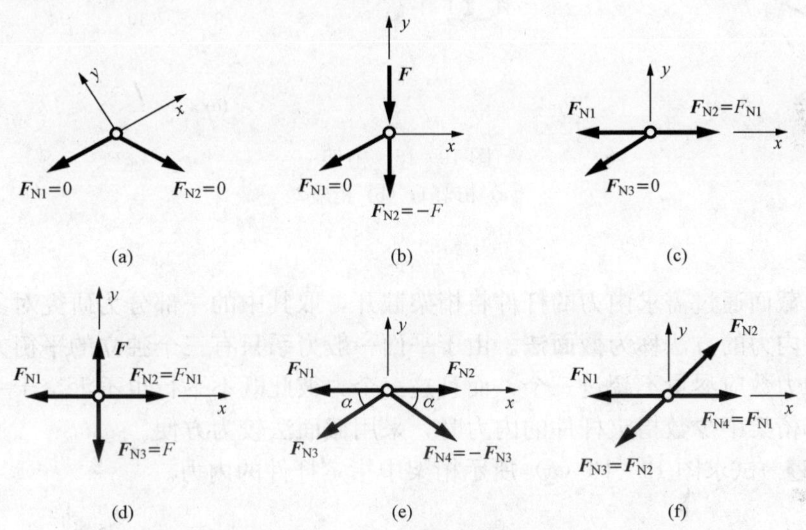

图 19-14　利用结点平衡的特殊情况判断杆件内力

（a）两杆结点无荷载作用；（b）两杆结点有荷载作用；（c）三杆结点无荷载作用；（d）三杆结点有荷载作用；（e）四杆 K 形结点；（f）四杆 X 形结点

（2）三杆结点。有两杆共线，当无荷载作用时，不共线的第三杆内力必为零，而共线的两杆内力大小相等，符号相同［见图 19-14（c）］。当此结点上的荷载与第三杆方位相同，则第三杆轴力与荷载大小相等，性质相同（同为拉力或压力），其余两杆的轴力仍相等［见图 19-14（d）］。

（3）四杆构成的 K 形结点。其中两杆共线，另两杆在此直线同侧且夹角相等，如图 19-14（e）所示，当结点无荷载作用时，不共线的两杆内力大小相等，符号相反。

（4）四杆构成的 X 形结点：各杆两两共线，当无荷载作用时，则共线的两杆内力大小相等，符号相同［见图 19-14（f）］。

以上各条均可由平衡方程证明。

计算桁架各杆内力时，可利用以上几种特殊情况先判断出零杆和某些杆件的内力，使计算工作得到初步简化。

如图 19-15（a）、（b）所示桁架中，虚线所示各杆均为零杆。在图 19-15（a）中还可以直接判断出 AB、BE、EF 三杆的内力相等，AC、CD、DG 三杆的内力相等，所以在计算桁架中所有杆件内力时，只需考虑 A 点就可确定出全部杆件内力。同样图 19-15（b）中也有一些杆件内力及内力间的关系可直接判断出。

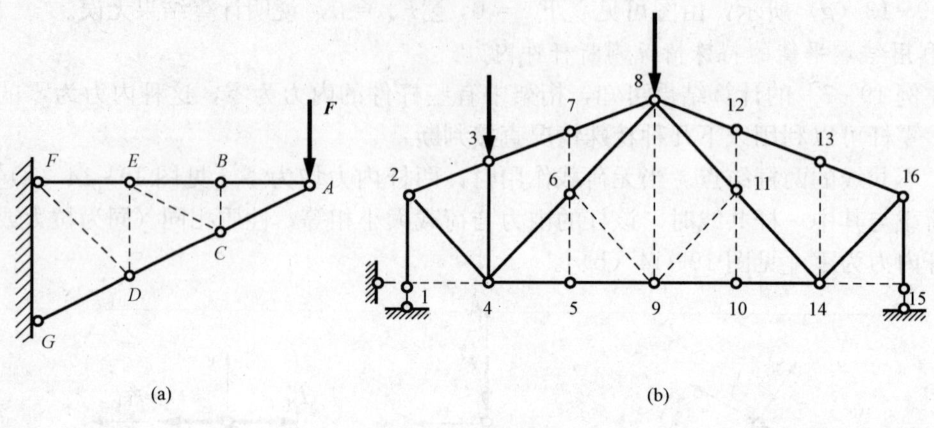

图 19-15 桁架

（a）桁架 1；（b）桁架 2

3. 截面法

用假想的截面通过需求内力的杆件将桁架截开，取其中的一部分为研究对象，利用平衡条件计算杆件内力的方法称为**截面法**。由于平面一般力系只有三个独立的平衡方程，每次切断各杆的未知力数应尽量不超过三个，而且这三个力彼此既不平行也不汇交于一点。

只需计算桁架中少数指定杆件的内力时，采用截面法较为方便。

【例 19-8】 试求图 19-16（a）所示桁架中指定杆件的内力。

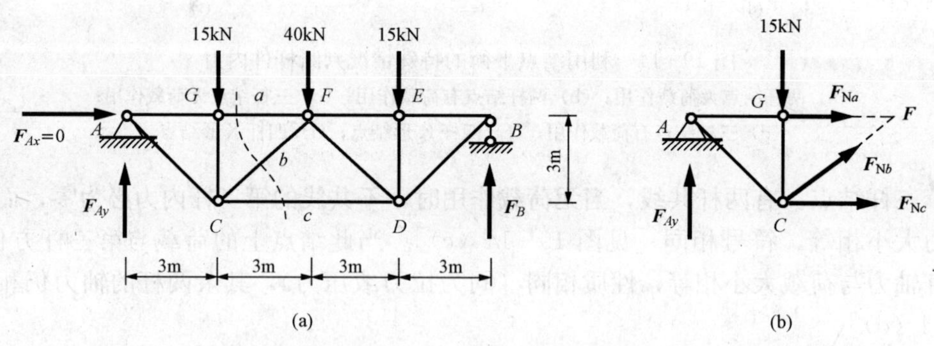

图 19-16 ［例 19-8］图

（a）桁架的计算简图；（b）左半部受力图

解 （1）计算支座反力

$$F_{Ax}=0,\quad F_{Ay}=F_B=35\text{kN}$$

（2）计算指定杆件内力。用假想截面［图 19-16（a）中虚线所示］通过 a、b、c 三杆将桁架截开，取左半部为研究对象，受力图如图 19-16（b）所示，则有

$$\sum F_x = 0,\quad F_{Na} + F_{Nb} \times \frac{\sqrt{2}}{2} + F_{Nc} = 0$$

$$\sum F_y = 0,\quad F_{Ay} - 15 + F_{Nb} \times \frac{\sqrt{2}}{2} = 0$$

$$\sum M_C(\boldsymbol{F}) = 0,\quad -F_{Ay} \times 3 - F_{Na} \times 3 = 0$$

解得　$F_{Na} = -35\text{kN}$(压力)，　$F_{Nb} = -28.28\text{kN}$(压力)，　$F_{Nc} = 55\text{kN}$(拉力)。

(3) 校核。利用未曾用过的方程进行校核。

由 $\sum M_F(\boldsymbol{F}) = -35 \times 6 + 15 \times 3 + 55 \times 3 = 0$ 知，计算结果无误。

4. 结点法和联合法的联合应用

在各种桁架的计算中，若只需求解某些指定杆件的内力，在单独应用结点法或截面法不能一次求解出结果时，则联合应用结点法和截面法，常可获得较好的效果。

【例 19-9】 试计算图 19-17 (a) 所示桁架中 a、b 两杆的内力。

解 (1) 计算支座反力

$F_{Ay} = 40\text{kN}$，　$F_B = 50\text{kN}$

(2) 计算指定杆件内力。用假想截面［图 19-17 (a) 中虚线所示］通过 a 杆将桁架截开，取左半部为研究对象，受力图如图 19-17 (b) 所示，则有

$$\sum F_y = 0$$

$$F_{Ay} - 30 - F_{Na} \times \frac{4}{\sqrt{4^2 + 6^2}} = 0$$

解得　$F_{Na} = 18.03\text{kN}$ (拉力)。

考虑结点 F 平衡的特殊情况可知，EF 杆受压力，大小为 30kN。

考虑结点 E，受力图如图 19-17 (c) 所示，则有

$$\sum F_y = 0,\quad -30 + F_{Nb} \times \frac{4}{5} = 0$$

解得　$F_{Nb} = 37.5\text{kN}$ (拉力)。

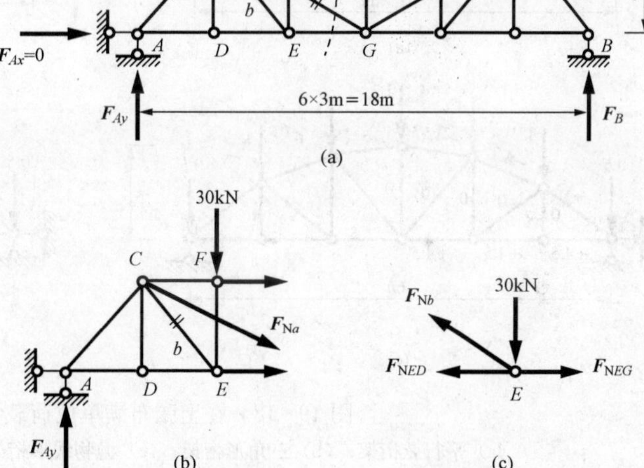

图 19-17 ［例 19-9］图

(a) 桁架的受荷情况；(b) 左半部受力图；(c) 结点 E 受力图

5. 几种常用桁架受力性能的比较

桁架的外形直接影响桁架的内力分布情况，设计桁架时，应根据不同形式的桁架的受力特性和工程的具体要求等因素，选用合理的桁架形式。

下面对最常用的三种形式桁架的受力性能进行分析。为分析并比较三种桁架的内力分布规律，现将三种相同节间的不同桁架，在上弦布满单位荷载情况下的内力示于图 19-18 中。根据图示情况具体分析各种桁架的内力变化规律，由此了解桁架的外形和承载能力的关系。

(1) 平行弦桁架［见图 19-18 (a)］。平行弦桁架的内力分布很不均匀。上弦杆和下弦杆内力值均是靠支座处小，向跨度中间增大。而腹杆则是靠近支座处内力大，向跨中逐渐减小。如果按各杆的内力大小选择截面，杆件制作和结点的构造处理较为复杂化。如果杆件采

用相同的截面积，则内力小的杆件材料不能得到充分利用。平行弦桁架的优点是结点构造统一，腹杆、弦杆长度相等，利于标准化，因此，多用于轻型桁架。

（2）三角形桁架［见图 19-18（b）］。三角形桁架内力分布也不均匀。端弦杆内力很大，向跨中减小较快。且端结点处上、下弦杆的夹角小，构造较复杂。但其外形符合普通黏土瓦屋顶构造要求，所以，在跨度较小，坡度较大的屋盖结构中多采用。

（3）抛物线形桁架［见图 19-18（c）］。弦杆内力分布较均匀，材料能得到充分的利用，是一种较理想的桁架形式。但上弦的弯折较多，构造复杂，结点处理较困难。所以一般在大跨度的桥梁中为节省材料而被采用。工程中多采用外形近似于抛物线形的折线形桁架［见图 19-18（d）］，其各弦杆的内力基本均匀。它的受力性能接近于抛物线形桁架而又避免了三角形桁架和抛物线桁架的不足之处。常用于中跨度的钢筋混凝土厂房屋盖中。

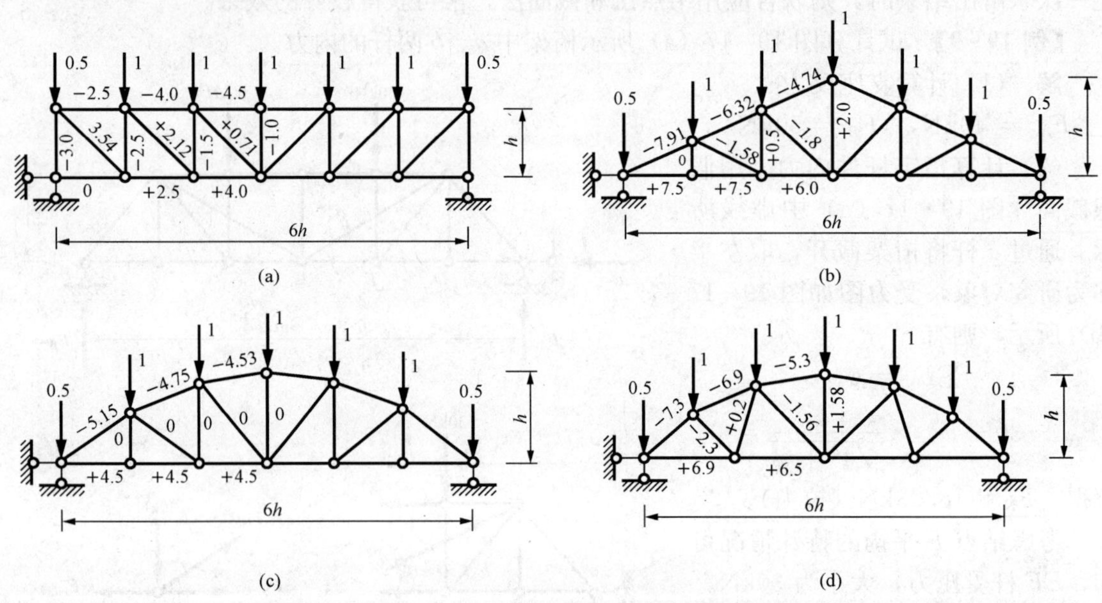

图 19-18 在上弦布满单位荷载情况下的内力

（a）平行弦桁架；（b）三角形桁架；（c）抛物线形桁架；（d）抛物线形的折线形桁架

第四节 桁 梁 组 合 结 构

在有些由直杆组成的结构中，一部分杆件是链杆，只受轴力作用；另一部分杆件是梁式杆，除受轴力作用外，还受剪力、弯矩作用，这种由链杆和梁式杆组成的结构，称为**组合结构**。组合结构常用于房屋建筑中的屋架、吊车梁以及桥梁等承重结构。图 19-19（a）所示为一下撑式五角形屋架，上弦由钢筋混凝土制成，下弦和腹杆为型钢，其计算简图如图 19-19（b）所示。

用截面法分析组合结构的内力时，要注意被截的杆件是链杆还是梁式杆。对于链杆，截面上只有轴力；对于梁式杆，截面上一般作用有轴力、剪力和弯矩。为了不使脱离体上的未知力过多，应尽可能避免截断梁式杆。因此，计算组合结构的步骤一般是先求出各链杆的轴力，再根据荷载和所求的轴力进一步计算梁式杆的内力。

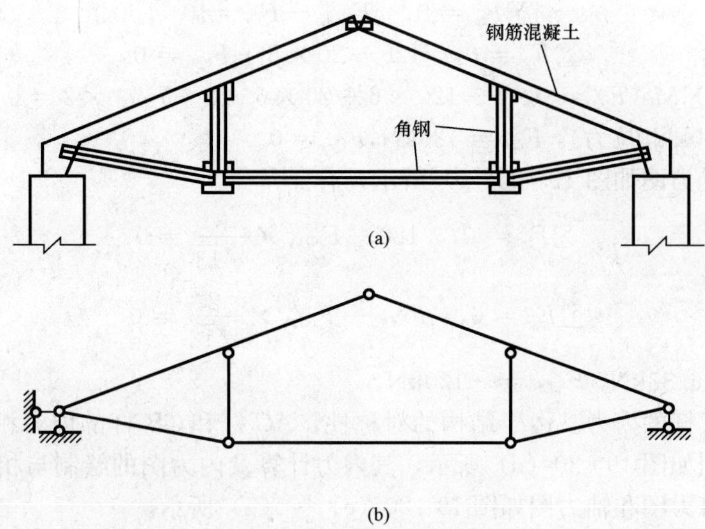

图 19-19　桁梁组合结构

(a) 下撑式五角形屋架；(b) 计算简图

【例 19-10】 试分析图 19-20 (a) 所示组合结构中各杆的内力情况。

解 (1) 计算支座反力

$$F_{Ax}=0,\quad F_{Ay}=F_B=120\text{kN}$$

(2) 计算链杆内力及铰 C 处的约束反力。用假想截面通过铰 C 以及链杆 DE 将组合结构截开，取左半部为研究对象，受力图如图 19-20 (b) 所示，则有

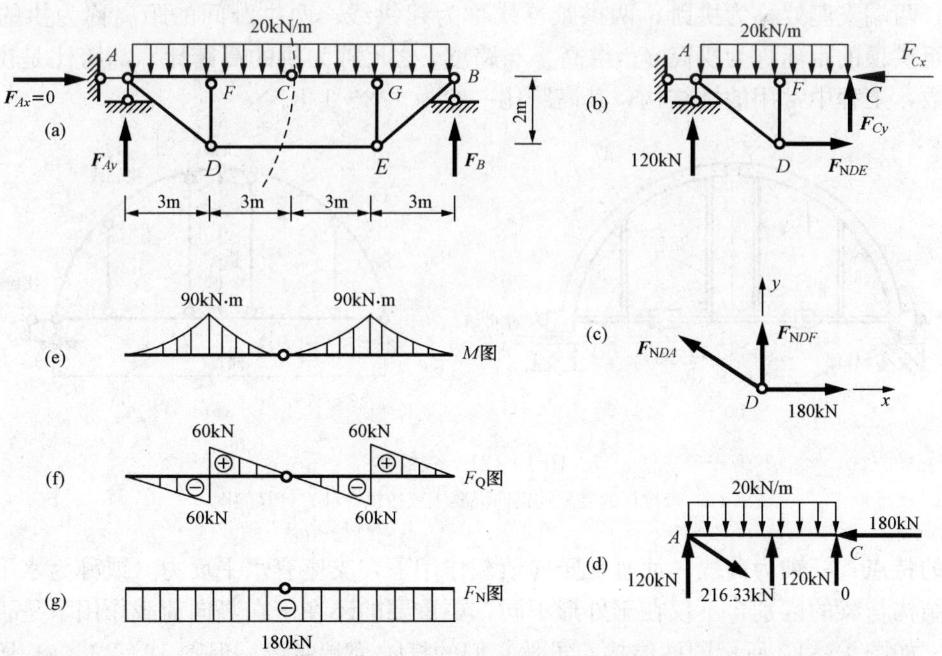

图 19-20 [例 19-10] 图

(a) 组合结构；(b) 左半部受力图；(c) 结点 D 受力图；(d) AC 杆受力图；(e) 弯矩图；(f) 剪力图；(g) 轴力图

$$\sum F_x = 0,\quad F_{NDE} - F_{Cx} = 0$$
$$\sum F_y = 0,\quad 120 - 20 \times 6 + F_{Cy} = 0$$
$$\sum M_C(F) = 0,\quad -120 \times 6 + 20 \times 6 \times 3 + F_{NDE} \times 2 = 0$$

解得　$F_{NDE} = 180\text{kN}$(拉力)，$F_{Cx} = 180\text{kN}, F_{Cy} = 0$。

取结点 D，受力图如图 19-20（c）所示，有

$$\sum F_x = 0,\quad 180 - F_{NDA} \times \frac{3}{\sqrt{13}} = 0$$
$$\sum F_y = 0,\quad F_{NDF} + F_{NDA} \times \frac{2}{\sqrt{13}} = 0$$

解得　$F_{NDA} = 216.33\text{kN}, F_{NDF} = -120\text{kN}$。

（3）分析梁式杆的内力。由于结构的对称性，AC 杆和 CB 杆的内力相同。取 AC 杆为研究对象，受力图如图 19-20（d）所示，其内力计算及内力图的绘制与相应的静定单跨梁相同，弯矩图、剪力图和轴力图如图 19-20（e）～（g）所示。

第五节　三　铰　拱

一、三铰拱的特点

轴线为曲线，在竖向荷载作用下支座处有水平反力的结构称为**拱**。两个曲杆刚片与基础由三个不共线的铰两两相连，组成的静定结构称为**三铰拱**。

图 19-21（a）所示为一带拉杆的装配式钢筋混凝土三铰拱，图 19-21（b）所示为其计算简图。曲杆各截面形心的连线称为**拱轴线**；常用的三铰拱多是对称形式，顶铰设于跨中称为**拱顶**；两端支座处称为**拱趾**；两拱趾连线称为**起拱线**；两拱趾间的距离称为**拱的跨度** l；起拱线至拱顶的距离称为**拱高** f；拱高 f 与跨度 l 之比称为**拱的高跨比**。高跨比是拱的一个重要参数，工程中常用的拱结构，其高跨比一般为 1/2～1/8。

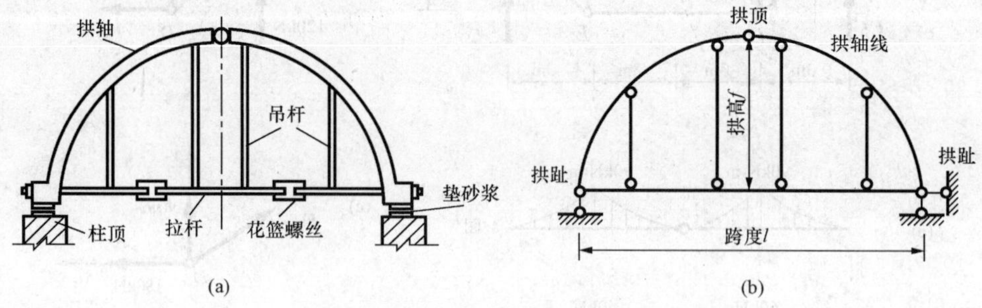

图 19-21　三铰拱
（a）带拉杆的装配式钢筋混凝土三铰拱；（b）计算简图

拱的特点：杆轴为曲线，而且在竖向荷载作用下，支座有水平反力（或称为水平推力）。

拱结构与梁的区别，不仅在于外形不同，更重要的还在于在竖向荷载作用下是否产生水平推力。如图 19-22 所示的两结构，虽然它们的杆轴都是曲线，但图 19-22（a）所示结构在竖向荷载作用下，不产生水平推力，故不是拱结构，而是曲梁。图 19-22（b）所示结构在竖向荷载作用下将产生水平推力 F_{HA} 和 F_{HB}，故属于拱式结构。

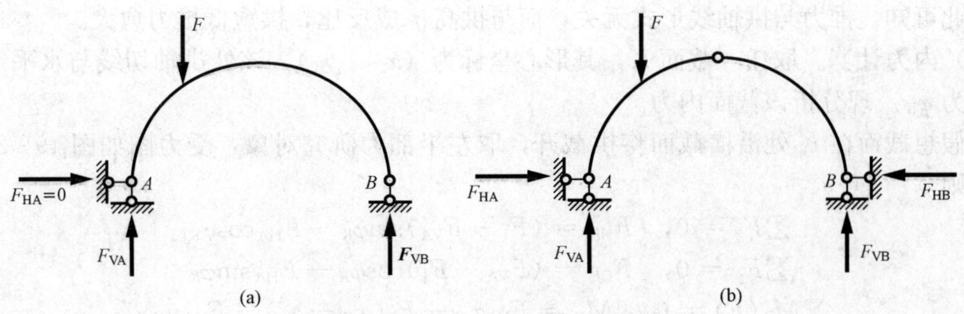

图 19-22　拱结构与梁的区别

(a) 曲梁；(b) 拱式结构

二、拱的分类

拱按其组成形式可分为：无铰拱［见图 19-23（a）］、两铰拱［见图 19-23（b）］和三铰拱。三铰拱又分为无拉杆的三铰拱［见图 19-23（c）］和有拉杆的三铰拱［见图 19-23（d）］。

拱结构是房屋建筑、桥梁建筑和水利建筑中常被采用的结构形式之一。

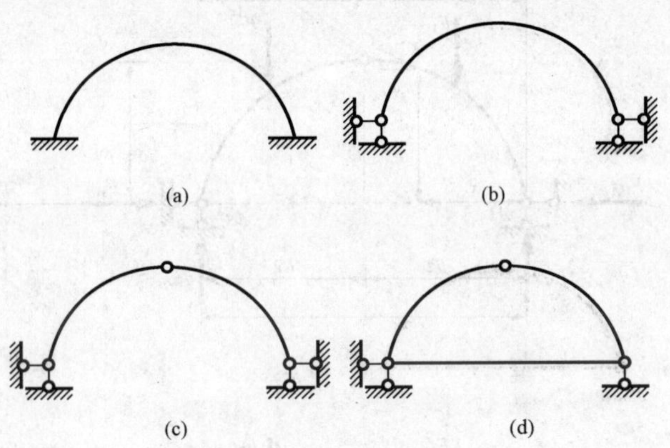

图 19-23　拱的分类

(a) 无铰拱；(b) 两铰拱；(c) 无拉杆的三铰拱；(d) 有拉杆的三铰拱

三、三铰拱的内力分析

拱截面内力正负号规定：弯矩以使拱内侧受拉为正，反之为负；剪力以使研究对象有顺转趋势时取正号，反之取负号；轴力以拉为正，压为负。

三铰拱为静定结构，其支座反力和内力均可由平衡条件确定。现以图 19-24（a）所示的三铰拱为例说明其支座反力和内力的计算方法。并将拱与梁［见图 19-24（b）］加以比较，用以说明拱的受力特性。

（1）计算支座反力。考虑整体的平衡条件，则

$$\sum M_A(F)=0,\quad F_{VB}=\frac{1}{l}(F_1a_1+F_2a_2)$$

$$\sum M_B(F)=0,\quad F_{VA}=\frac{1}{l}(F_1b_1+F_2b_2)$$

$$\sum F_x=0,\quad F_{HA}=F_{HB}=F_H$$

考虑左半拱的平衡条件，则

$$\sum M_C(F)=0,\quad F_{HA}=\frac{F_{VA}\times\frac{l}{2}-F_1\times\left(\frac{l}{2}-a_1\right)}{f}$$

注意到对应简支梁的支座反力及跨中 C 截面的弯矩可知

$$F_{VA}=F_{VA}^0,\quad F_{VB}=F_{VB}^0,\quad F_{HA}=F_{HB}=F_H=\frac{M_C^0}{f}\qquad(19-1)$$

由此可知，推力与拱轴线形式无关，而与拱高 f 成反比，拱愈低推力愈大。

（2）内力计算。取任一截面 K，其形心坐标为（x_K，y_K），该处拱轴切线与水平线所夹的锐角为 φ_K。现分析该截面内力。

用假想截面在 K 处沿横截面将拱截开，取左半部为研究对象，受力图如图 19-24（c）所示。则

$$\sum F_x = 0, \quad F_{NK} = (F_1 - F_{VA})\sin\varphi_K - F_{HA}\cos\varphi_K$$

$$\sum F_y = 0, \quad F_{QK} = (F_{VA} - F_1)\cos\varphi_K - F_{HA}\sin\varphi_K$$

$$\sum M_K(\boldsymbol{F}) = 0, \quad M_K = F_{VA}x_K - F_1(x_K - a_1) - F_{HA}y_K$$

注意到对应简支梁 K 截面内力，$F_{QK}^0 = F_{VA}^0 - F_1$，$M_K^0 = F_{VA}^0 x_K - F_1(x_K - a_1)$，则有

$$F_{NK} = -F_{QK}^0\sin\varphi_K - F_H\cos\varphi_K \tag{19-2}$$

$$F_{QK} = F_{QK}^0\cos\varphi_K - F_H\sin\varphi_K \tag{19-3}$$

$$M_K = M_K^0 - F_H y_K \tag{19-4}$$

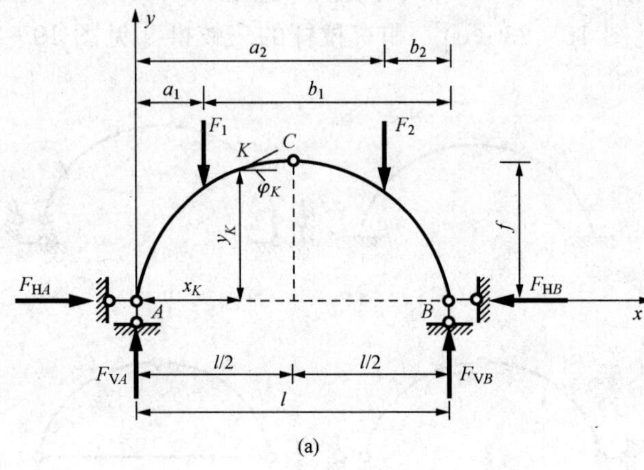

(a)

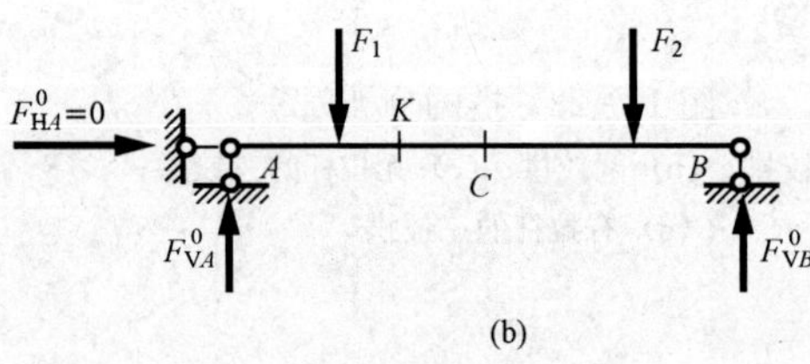

(b)

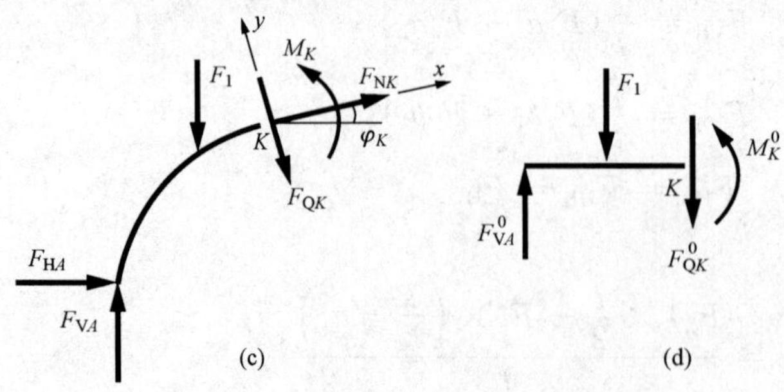

(c) (d)

图 19-24 三铰拱的内力分析

（a）三铰拱的受荷情况；（b）对应简支梁；（c）左半部受力图；（d）对应梁左半部受力图

（3）受力特点。由上述分析可知：

1）在竖向荷载作用下，梁没有水平反力，而拱有推力。

2）由式（19-4）可知，由于推力的存在，三铰拱截面上的弯矩比简支梁的弯矩小。弯矩的降低，使拱能更充分地发挥材料的作用。

3）由式（19-2）知，在竖向荷载作用下，梁的截面内没有轴力，而拱的截面内轴力较大，且一般为压力。

总起来看，拱比梁能更有效地发挥材料作用，因此适用于较大的跨度和较重的荷载。由于拱主要是受压，便于利用抗压性能好而抗拉性能差的材料，如砖、石、混凝土等。但拱在支座处受到向内的水平推力，也就给基础施加向外的推力，所以三铰拱的基础比梁的基础要大。因此，用拱作屋架时。都使用有拉杆的三铰拱，以减少对墙或柱的推力。

【例 19-11】 三铰拱及其所受荷载情况如图 19-25 所示，拱的轴线为抛物线 $y = \dfrac{4f}{l^2}(l-x)x$。试求支座反力，并绘制内力图。

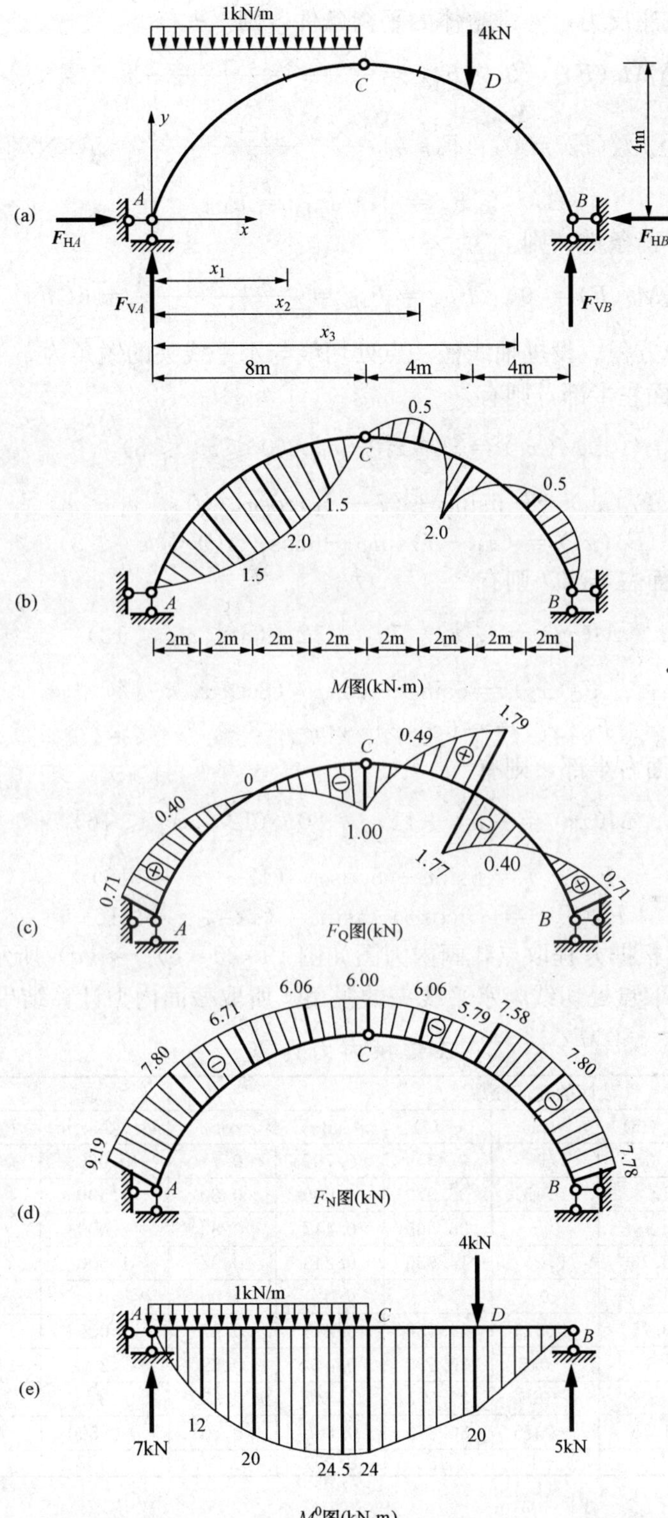

图 19-25 ［例 19-11］图

(a) 三铰拱及受荷载情况；(b) 弯矩图；(c) 剪力图；(d) 轴力图；(e) 对应简支梁的弯矩图

解 (1) 计算支座反力。考虑整体的平衡条件，则

$$\sum M_B(F)=0,\quad F_{VA}=\frac{1\times8\times12+4\times4}{16}=7(\text{kN})$$

$$\sum M_A(F)=0,\quad F_{VB}=\frac{1\times8\times4+4\times12}{16}=5(\text{kN})$$

$$\sum F_x=0,\quad F_{HA}=F_{HB}$$

考虑右半部的平衡条件，则

$$\sum M_C(F)=0,\quad F_{HA}=F_{HB}=\frac{5\times8-4\times4}{4}=6(\text{kN})$$

(2) 分段列内力方程。设拱轴线任一点处切线与水平线夹的锐角为 φ。

AC 段：考虑截面左半部，则有

$$M(x_1)=-\frac{1}{8}x_1^2+x_1\quad(0\leqslant x_1\leqslant8)$$

$$F_Q(x_1)=-6\sin\varphi+(7-x_1)\cos\varphi\quad(0<x_1<8)$$

$$F_N(x_1)=(x_1-7)\sin\varphi-6\cos\varphi\quad(0<x_1<8)$$

CD 段：考虑截面右半部，则有

$$M(x_2)=\frac{3}{8}x_2^2-7x_2+32\quad(8\leqslant x_2\leqslant12)$$

$$F_Q(x_2)=6\sin\varphi-\cos\varphi\quad(8\leqslant x_2<12)$$

$$F_N(x_2)=-6\cos\varphi-\sin\varphi\quad(8\leqslant x_2<12)$$

DB 段：考虑截面右半部，则有

$$M(x_3)=\frac{3}{8}x_3^2-11x_3+80\quad(12\leqslant x_3\leqslant16)$$

$$F_Q(x_3)=6\sin\varphi-5\cos\varphi\quad(12<x_3<16)$$

$$F_N(x_3)=-6\cos\varphi-5\sin\varphi\quad(12<x_3<16)$$

(3) 画内力图。根据方程取点，画内力图如图 19-25 (b) ～ (d) 所示。注意无论左半拱或右半拱，φ 为所取点处切线与水平线夹的锐角。所取截面内力计算结果见表 19-1。

表 19-1　　三铰拱内力计算

截面的几何参数							弯矩	剪力	轴力
参数	x (m)	y (m)	$\tan\varphi$	φ (°)	$\sin\varphi$	$\cos\varphi$	M (kN·m)	F_Q (kN)	F_N (kN)
AC 段	0	0	1	45	0.707	0.71	0.000	0.71	−9.19
	2	1.75	0.75	36.870	0.600	0.80	1.500	0.40	−7.80
	4	3	0.5	26.565	0.447	0.89	2.000	0.00	−6.71
	6	3.75	0.25	14.036	0.243	0.97	1.500	−0.49	−6.06
	8	4	0	0	0	1.00	0	−1.00	−6.000
CD 段	10	3.75	−0.25	14.036	0.243	0.97	−0.5	0.49	−6.06
	12	3	−0.5	26.565	0.447	0.89	2	1.79	−5.79
DB 段	12	3	−0.5	26.565	0.447	0.89	2	−1.77	−7.58
	14	1.75	−0.75	36.870	0.600	0.80	−0.500	−0.40	−7.80
	16	0	−1	45	0.707	0.71	0	0.71	−7.78

为了将拱与梁进行比较，图 19-25 (e) 所示为对应简支梁的弯矩图，由此看出，三铰拱的最大弯矩比简支梁要小很多（简支梁的最大弯矩为 24.5kN·m，而三铰拱的最大弯矩则降为 2kN·m）。由式 (19-4) 可知，三铰拱弯矩的下降完全是由于推力而造成的。因此，

在竖向荷载作用下存在推力，是拱结构的基本特点。

四、三铰拱的合理轴线

在一定荷载作用下，拱所有截面的弯矩都为零，这时拱的轴线称为在该荷载作用下的**合理轴线**。

确定合理轴线的方法是：建立求任意截面的弯矩通式，然后令其为零，从而解得拱的合理轴线方程。

具有合理轴线的拱，各截面均没有弯矩，只有轴力，因而正应力沿截面均匀分布，材料能得到充分利用。

【例 19-12】 试求图 19-26 所示三铰拱在竖向均布荷载作用下的合理拱轴线。

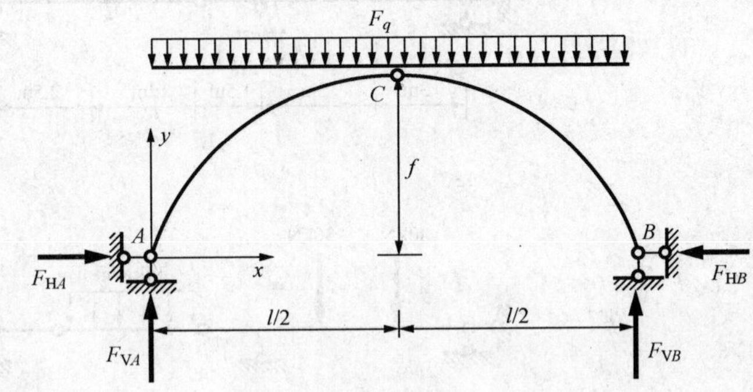

图 19-26 ［例 19-12］图

解 （1）计算支座反力

$$F_{VA}=F_{VB}=\frac{1}{2}F_q l$$

$$F_{HA}=F_{HB}=\frac{F_q l^2}{8f}$$

（2）列弯矩方程。取任意横截面，则有

$$M_K(x)=F_{VA}x-F_{HA}y-\frac{1}{2}F_q x^2=\frac{1}{2}F_q lx-\frac{F_q l^2}{8f}y-\frac{1}{2}F_q x^2 \quad ①$$

令 $M_K(x)=0$，则得　$y=\frac{4f}{l^2}(l-x)x$。

式①是一个以左趾为原点，起拱线为 x 轴的一个二次抛物线方程式，说明在竖向荷载作用下，三铰拱的合理轴线是二次抛物线。

思　考　题

19-1　分别说明多跨静定梁中基本部分和附属部分的几何组成特点和各自的受力特点。

19-2　画出图 19-27（a）、图 19-27（b）所示两梁的弯矩图，并说明静定多跨梁与对应的多跨简支梁在受力性能上有何差别？

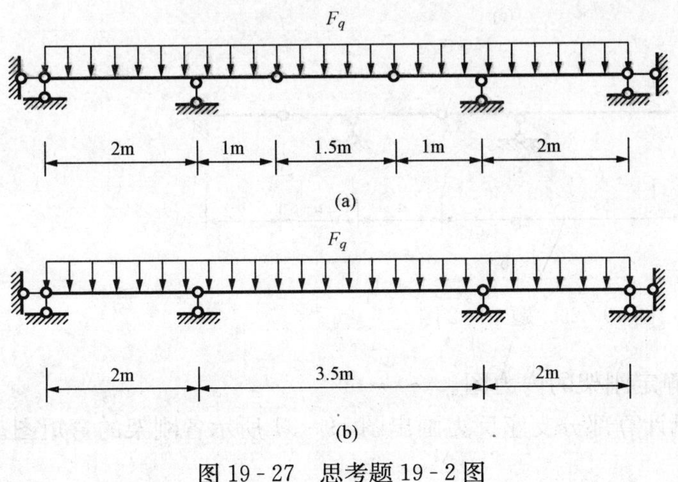

图 19-27　思考题 19-2 图

19-3　刚架的刚结点处内力图有什么特点？

19-4　为什么能采用理想桁架作为实际桁架的计算简图？桁架计算中的基本假定有哪些？

19-5　桁架中的零杆可否拆去？为什么？

19-6 什么是拱的合理轴线？具有合理轴线的拱有什么要点？

习 题

19-1 试作图 19-28 所示各多跨静定梁的内力图。

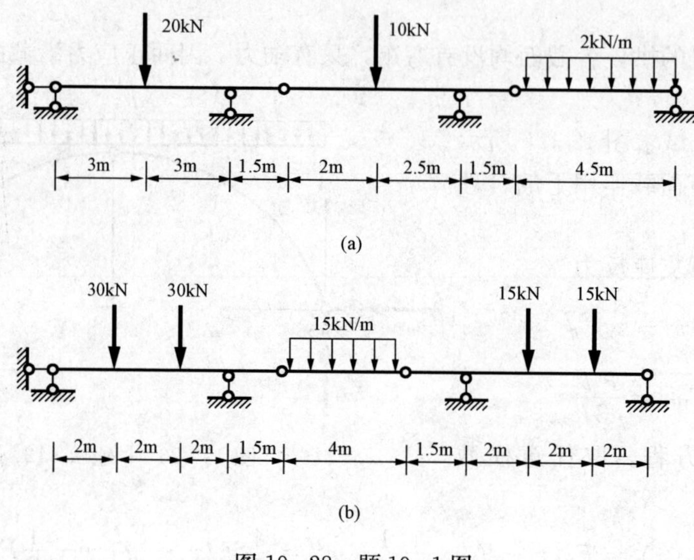

图 19-28 题 19-1 图

19-2 利用静定多跨梁内力图的特点和区段叠加法画图 19-29 所示各多跨静定梁的内力图。

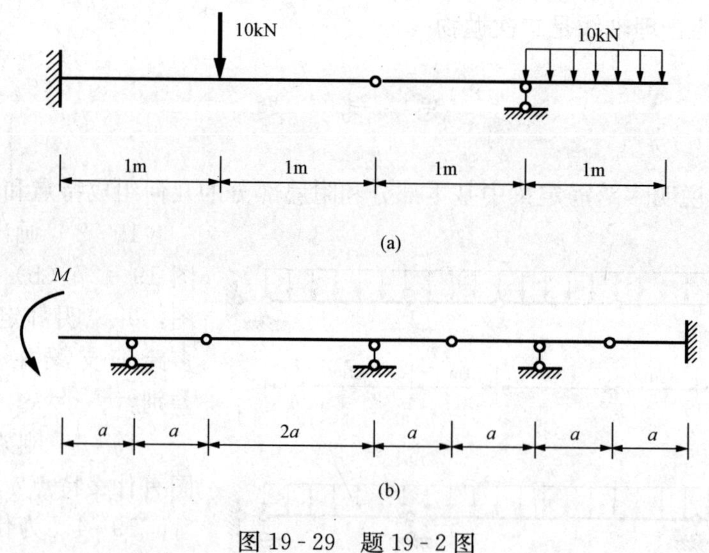

图 19-29 题 19-2 图

19-3 试作图 19-30 所示各静定刚架的内力图。

19-4 不计算支座反力或者只计算部分支座反力画出图 19-31 所示各刚架的弯矩图。

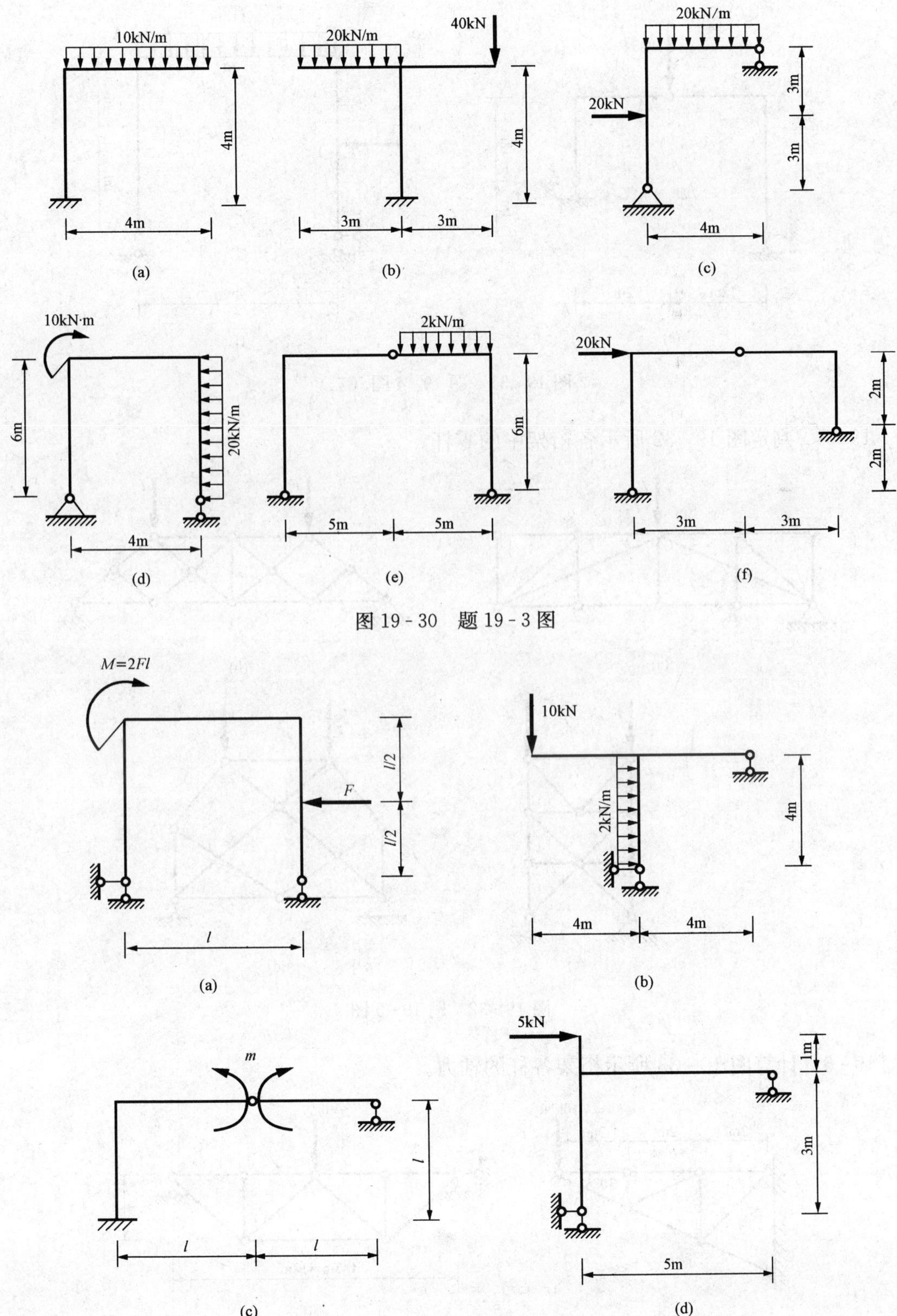

图 19-30　题 19-3 图

图 19-31　题 19-4 图（一）

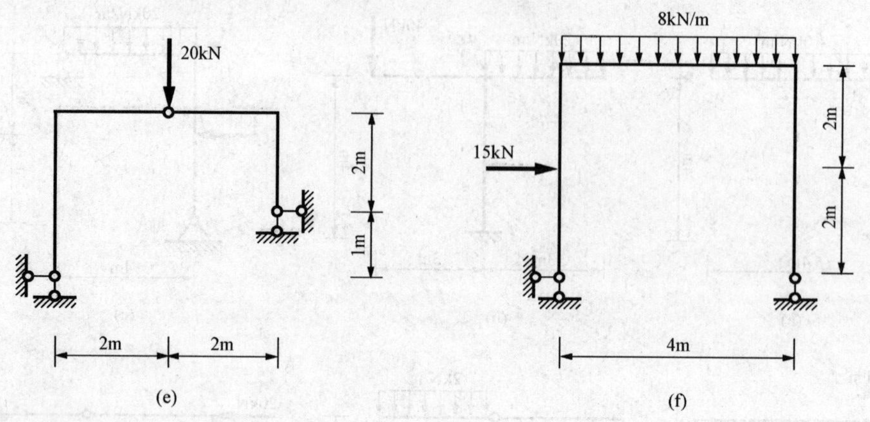

图 19-31 题 19-4 图（二）

19-5 判定图 19-32 所示各桁架中的零杆。

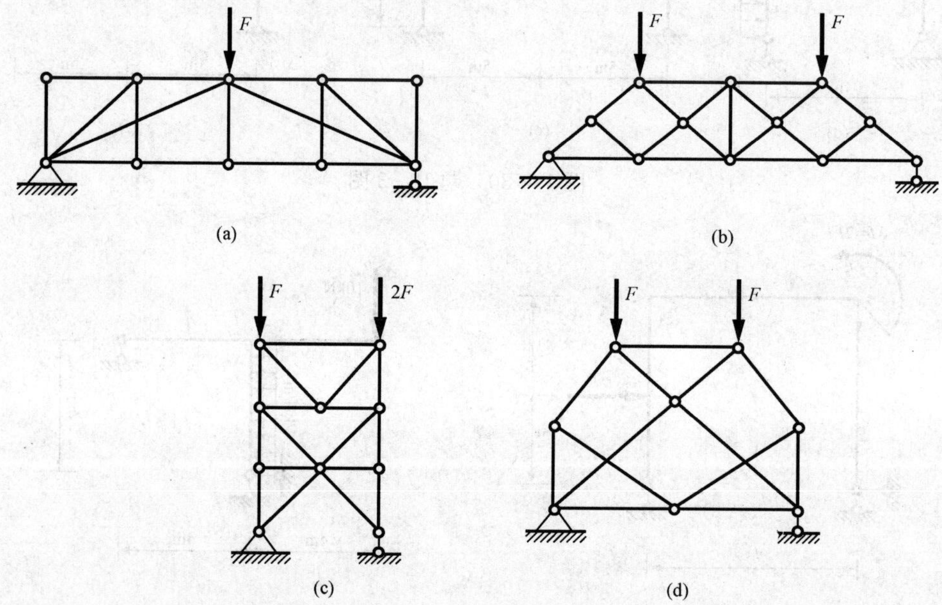

图 19-32 题 19-5 图

19-6 计算图 19-33 所示桁架各杆的轴力。

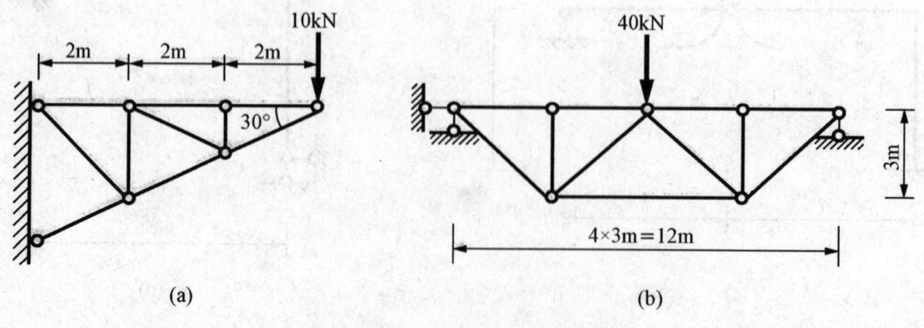

图 19-33 题 19-6 图

19-7　计算图 19-34 所示各桁架中指定杆的轴力。

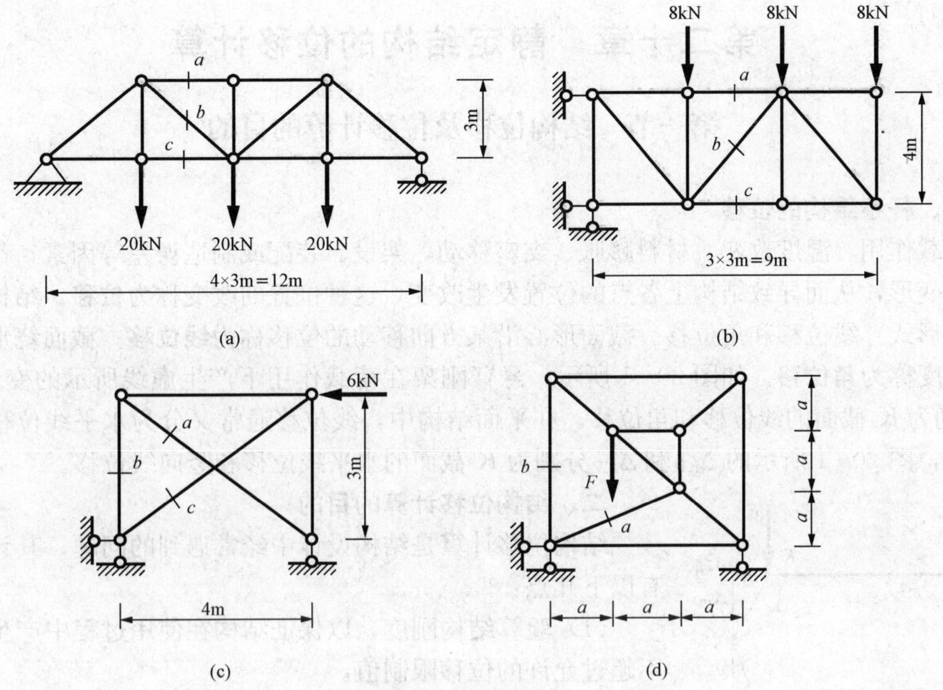

图 19-34　题 19-7 图

19-8　计算图 19-35 所示组合结构中二力杆的轴力，画出梁式杆的弯矩图。

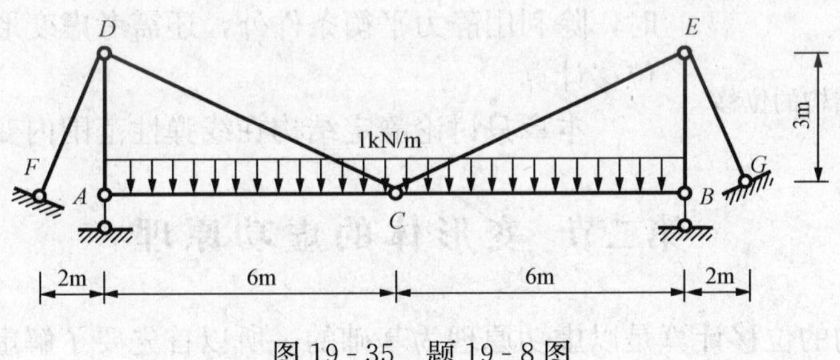

图 19-35　题 19-8 图

19-9　计算图 19-36 所示半圆弧三铰拱截面 K 的内力。

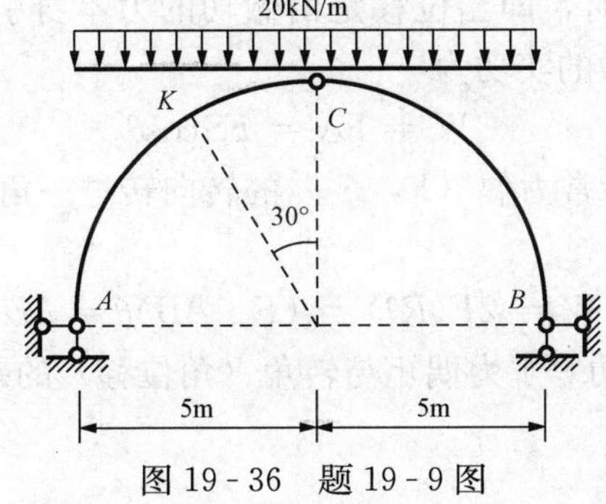

图 19-36　题 19-9 图

第二十章　静定结构的位移计算

第一节　结构位移及位移计算的目的

一、杆系结构的位移

荷载作用、温度改变、材料膨胀、支座移动，架设、装配或制造误差等因素，都会使结构产生变形，从而导致结构上各点的位置发生改变，这种位置的改变称为**位移**。结构的位移有两种形式：线位移和角位移。截面形心沿某方向移动的位移称为**线位移**；截面绕形心轴转过的角度称为**角位移**。如图 20-1 所示，悬臂刚架在荷载作用下产生虚线所示的变形，Δ_K、φ_K 分别为 K 截面的线位移和角位移。在平面结构中，线位移通常又分为水平线位移和竖向线位移，图 20-1 所示的 Δ_{KH} 和 Δ_{KV} 分别为 K 截面的水平线位移和竖向线位移。

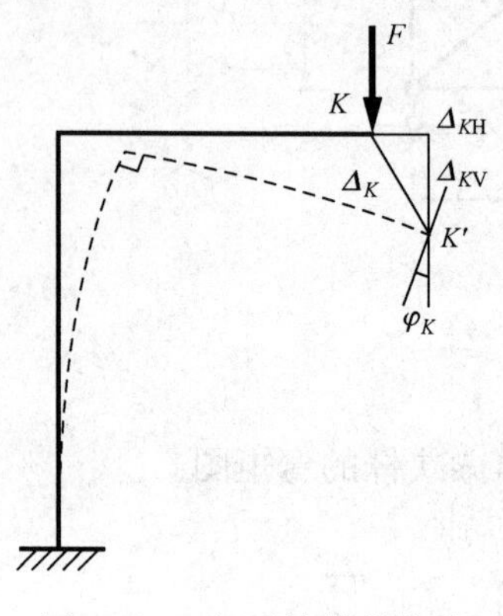

图 20-1　杆系结构的位移

二、结构位移计算的目的

结构位移计算是结构设计中经常遇到的问题，其计算目的有以下几点：

（1）验算结构刚度，以保证结构在使用过程中产生的位移不超过允许的位移限制值。

（2）在结构的制作、架设、养护等过程中，常需要事先估算出结构的可能变形位置，以便采取相应的施工措施。

（3）为分析超静定结构打下基础。在计算超静定结构内力时，除利用静力平衡条件外，还需考虑变形条件，即需要进行位移计算。

本章只讨论静定结构在线弹性范围内变形时的位移计算。

第二节　变形体的虚功原理

本章杆系结构的位移计算是以虚功原理为基础的，所以首先要了解虚功原理。

一、实功

常力对物体所做的功等于该力的大小与其作用点沿力作用线方向相应位移的乘积。当做功的力与相应位移彼此相关时，即当位移是由做功的力本身引起时，此功称为**实功**。如图 20-2 所示，力 F 对物体所做的实功为

$$W = F\Delta = FS\cos\theta$$

图 20-3 所示为一圆盘沿常力偶（F，F'）的转向转过一角度 θ，则力偶对圆盘所做的实功为

$$W = 2F(R\theta) = (F \cdot AB)\theta = M\theta$$

即力偶对物体所做的实功等于力偶矩与转角（角位移）的乘积。

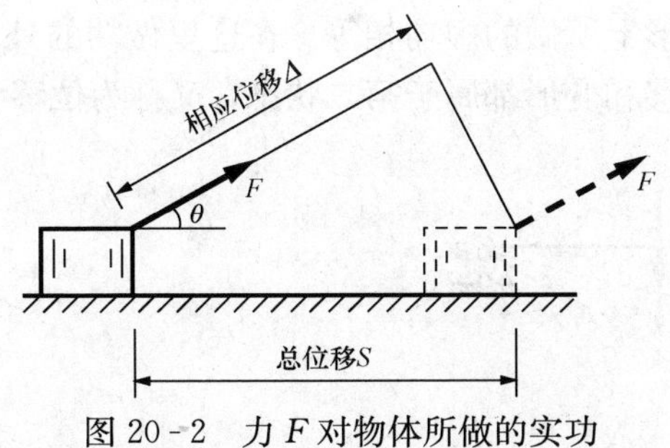

图 20-2　力 F 对物体所做的实功

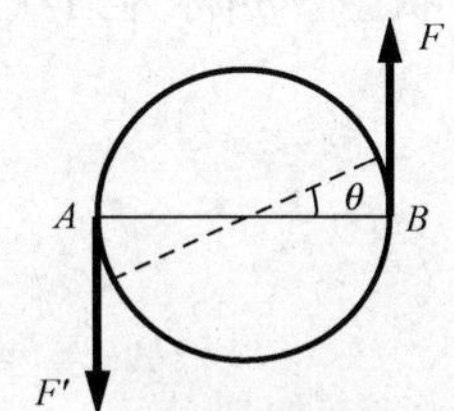

图 20-3　力偶对物体所做的实功

由图 20-2、图 20-3 所示两例可见，功包含了两个要素：力和力作用点沿力方向上的位移。做功的力可以是一个力、力偶，统称为**广义力**；位移可以是线位移、角位移，统称为**广义位移**。功的统一表达式为

$$W = F\Delta$$

式中：F 为广义力；Δ 为广义位移。

功的正负：当力与相应位移方向一致时，做正功；两者相反时，做负功。

功的常用单位：N·m 或 kN·m。

二、虚功

当做功的力与相应位移无关时，即相应位移并不是由做功的力本身引起的，而是由其他原因引起，这种功称为**虚功**。如图 20-4（a）所示，直杆受荷载 F 的作用，当温度升高 Δt 后，杆件伸长 Δl，如图 20-4（b）所示。已经作用于杆件上的力 F 就会在相应位移 Δl 上做功，这种功为虚功。

当位移与力的方向一致时，虚功为正；相反时为负。

三、变形体的虚功原理

如图 20-5（a）所示，简支梁在第一组荷载 F_1 作用下产生变形，F_1 作用点沿 F_1 方向产生的位移用 Δ_{11} 表示。位移 Δ 的第一个下标表示产生位移的地点和方向，第二个下标表示引起位移的原因。Δ_{11} 表示位移 Δ 是在 F_1 作用点沿 F_1 方向，由于 F_1 的作用而引起的。这时 F_1 沿位移 Δ_{11} 所做的功为**外力实功**。当第一组荷载 F_1 作用于结构，并达到稳定平衡后，再加上第二组荷载 F_2，这时结构将继续变形，F_1 作用点会由于 F_2 的作用沿 F_1 方向产生新的位移 Δ_{12}，已经作用于结构上的力 F_1 沿位移 Δ_{12} 所做的功为**外力虚功**。用 W_o 表示，则有

$$W_o = F_1\Delta_{12}$$

两组荷载都会使结构产生内力和变形。当第二组荷载使结构产生变形时，由于第一组荷载作用已经产生的内力将会沿此变形做功，称为**内力虚功**，用 W_i 表示。

变形体的虚功原理表明：**结构的第一组外力在第二组外力引起的位移上所做的外力虚功，等于第一组内力在第二组内力引起的变形上所做的内力虚功**。即

$$W_o = W_i \tag{20-1}$$

如果将第一组荷载作用下的平衡状态称为第一状态，第二组荷载作用下的平衡状态称为第二状态，如图 20-5（b）、图 20-5（c）所示，则变形体的虚功原理可叙述为：第一

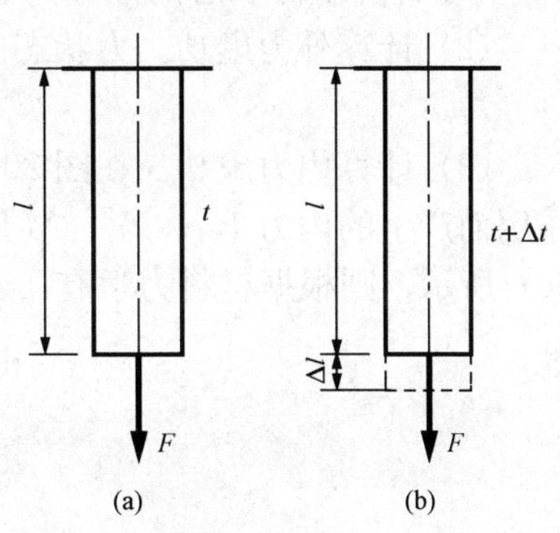

图 20-4　虚功

状态的外力和内力，在第二状态相应的位移和变形上所做的虚功相等。在这里做功的外力和内力都属于第一状态，亦称为**力状态**，而相应的位移和变形都属于第二状态，又称为**位移状态**。

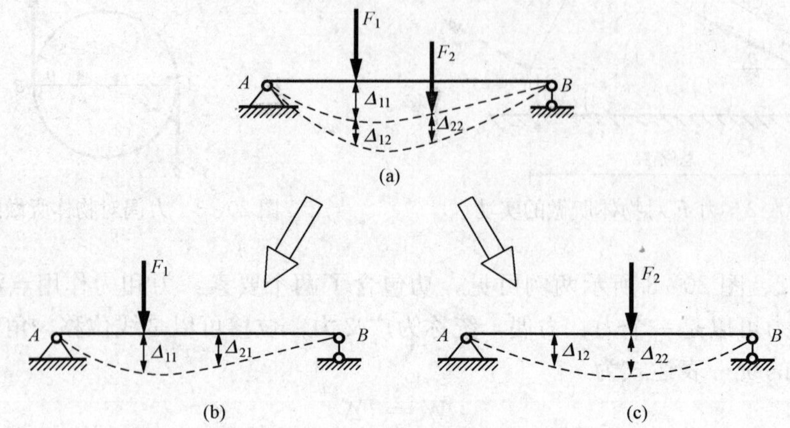

图 20-5 变形体的虚功原理

(a) 简支梁；(b) 第一状态（力状态）；(c) 第二状态（位移状态）

可见，力状态和位移状态是同一体系而又彼此独立无关的两个状态。

第三节 静定结构在荷载作用下的位移计算

一、荷载作用下位移计算的一般公式

利用虚功原理推导静定结构在弹性范围内变形时的位移计算，首先要确定做功的力系和引起变形的力系，即确定力状态和位移状态。下面以图 20-6 所示的刚架为例分析静定结构在荷载作用下位移计算的一般公式。

如图 20-6（a）所示的刚架在荷载作用下产生虚线所示的变形，计算 K 点的位移 Δ_K。

（1）确定力状态和位移状态。现在要求图 20-6（a）所示刚架在荷载作用下 K 点的位移，所以这种状态为位移状态，亦称为**实际状态**。

力状态和位移状态是同一体系而又彼此独立无关的两个状态。因而，可以根据计算需要假设力状态。为了使力状态的外力能够沿位移状态的所求位移 Δ_K 做功，就需要在 K 点处沿所求的位移方向虚加一个单位力 $F_K=1$，如图 20-6（b）所示，此状态为力状态。因为 $F_K=1$ 是为了计算实际状态的位移而假设的，故此状态亦称为**虚拟状态**。

（2）计算外力虚功。力状态的外力沿位移状态的所求位移做的功为

$$W_o = F_K\Delta_K = \Delta_K \quad ①$$

（3）计算内力虚功。在图 20-6（a）所示的位移状态上取一微段 ds，其上由于实际荷载作用而产生的内力 F_N、F_Q、M 所引起的相应变形分别为 $d\lambda$、$d\eta$、$d\theta$，如图 20-6（c）～（e）所示，则根据材料力学有

$$\left.\begin{aligned} d\lambda &= \frac{F_N ds}{EA} \\ d\eta &= \gamma ds = \frac{\tau}{G}ds = K\frac{F_Q ds}{GA} \\ d\theta &= \frac{ds}{\rho} = \frac{M ds}{EI} \end{aligned}\right\} \quad ②$$

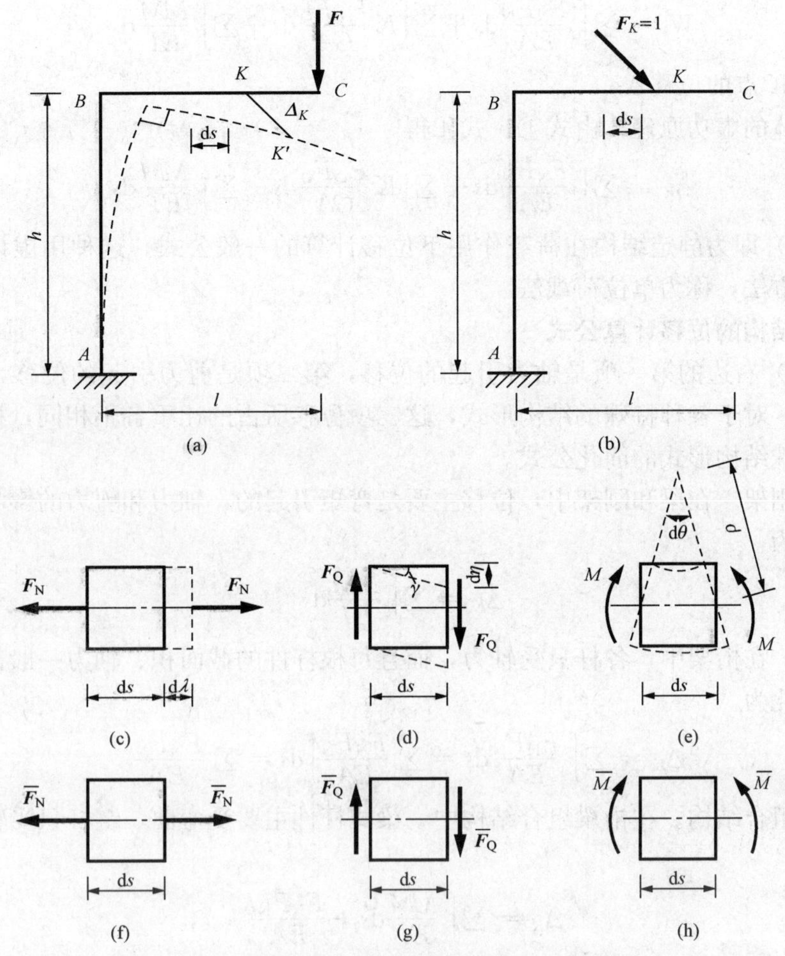

图 20-6　静定结构在荷载作用下位移计算

(a) 位移状态；(b) 力状态；(c) ～ (e) 位移状态中微段的变形；(f) ～ (h) 力状态中微段上的内力

式中：EA、GA 和 EI 分别为杆件的抗拉、抗剪和抗弯刚度；K 为截面切应力分布不均匀系数，与杆件横截面形状有关，圆形截面 $K=\frac{10}{9}$；薄壁圆环形截面 $K=2$；矩形截面 $K=\frac{6}{5}$。

在图 20-6 (b) 所示的力状态上取与图 20-6 (a) 相应的微段 ds，微段在单位荷载作用下的内力分别为 $\overline{F}_N$、$\overline{F}_Q$ 和 $\overline{M}$，则微段的内力虚功为

$$dW_i = \overline{F}_N d\lambda + \overline{F}_Q d\eta + \overline{M} d\theta \qquad ③$$

将式②代入式③得

$$dW_i = \frac{F_N\overline{F}_N}{EA}ds + K\frac{F_Q\overline{F}_Q}{GA}ds + \frac{M\overline{M}}{EI}ds$$

整个 BC 杆件的内力虚功为

$$W_i = \int_0^l \frac{F_N\overline{F}_N}{EA}ds + \int_0^l K\frac{F_Q\overline{F}_Q}{GA}ds + \int_0^l \frac{M\overline{M}}{EI}ds$$

当结构由若干个杆件组成时，将每根杆件内力虚功总和就是整个结构的内力虚功，可表示为

$$W_{\mathrm{i}}=\sum\int\frac{F_{\mathrm{N}}\overline{F}_{\mathrm{N}}}{EA}\mathrm{d}s+\sum\int K\frac{F_{\mathrm{Q}}\overline{F}_{\mathrm{Q}}}{GA}\mathrm{d}s+\sum\int\frac{M\overline{M}}{EI}\mathrm{d}s \quad ④$$

（4）计算 K 点的位移 Δ_K

根据变形体的虚功原理，由式①、式④得

$$\Delta_K=\sum\int\frac{F_{\mathrm{N}}\overline{F}_{\mathrm{N}}}{EA}\mathrm{d}s+\sum\int K\frac{F_{\mathrm{Q}}\overline{F}_{\mathrm{Q}}}{GA}\mathrm{d}s+\sum\int\frac{M\overline{M}}{EI}\mathrm{d}s \quad (20-2)$$

式（20-2）即为静定结构在荷载作用下位移计算的一般公式。这种用虚设单位荷载计算结构位移的方法，称为单位荷载法。

二、各类结构的位移计算公式

式（20-2）右边的第一项是轴力引起的位移，第二项是剪力引起的位移，第三项是弯矩引起的位移。对于各种特殊的结构形式，这三项位移所占的比重各不相同，摒弃次要位移后得到各类特殊结构形式的简化公式。

（1）梁和刚架。在梁和刚架中，位移主要是弯矩引起的，轴力和剪力的影响较小，因此位移公式简化为

$$\Delta_K=\sum\int\frac{M\overline{M}}{EI}\mathrm{d}s \quad (20-3)$$

（2）桁架。在桁架中，各杆只受轴力，而且每根杆件的截面积、轴力一般都是常数，因此位移公式简化为

$$\Delta_K=\sum\int\frac{F_{\mathrm{N}}\overline{F}_{\mathrm{N}}}{EA}\mathrm{d}s=\sum\frac{F_{\mathrm{N}}\overline{F}_{\mathrm{N}}}{EA}\int\mathrm{d}s=\sum\frac{F_{\mathrm{N}}\overline{F}_{\mathrm{N}}l}{EA} \quad (20-4)$$

（3）桁梁组合结构。在桁梁组合结构中，梁式杆件主要受弯曲，链杆只受轴力，故位移公式简化为

$$\Delta_K=\sum\int\frac{M\overline{M}}{EI}\mathrm{d}s+\frac{F_{\mathrm{N}}\overline{F}_{\mathrm{N}}l}{EA} \quad (20-5)$$

（4）拱。在拱中，主要考虑弯矩和轴力对位移的影响，即

$$\Delta_K=\sum\int\frac{F_{\mathrm{N}}\overline{F}_{\mathrm{N}}}{EA}\mathrm{d}s+\sum\int\frac{M\overline{M}}{EI}\mathrm{d}s \quad (20-6)$$

三、虚拟状态（力状态）的确定方法

用单位荷载法计算位移时，要确定虚拟状态（力状态），即在需求位移处沿位移方向虚设一广义单位力，下面列出了几种不同情况的例子。

（1）求结构某截面沿某方向的线位移，就在该截面处沿所求的位移方向虚设一单位力［见图 20-7（a）］。

（2）求结构某截面的转角时，应在该截面处虚设一单位力偶［见图 20-7（b）］。

（3）求结构中某两截面的相对线位移时，应在两截面处沿连线虚设一对反向单位力［见图 20-7（c）］。

（4）求结构中两截面的竖向相对位移，应在两截面处沿竖向虚设一对反向单位力［见图 20-7（d）］。

（5）求结构中某铰相邻两截面的相对角位移，应在相邻两截面处虚设一对转向相反的单位力偶［见图 20-7（e）］。

（6）求桁架中某杆的转角，应在该杆两端虚设一对大小相等（为 1/杆长）、方向相反且

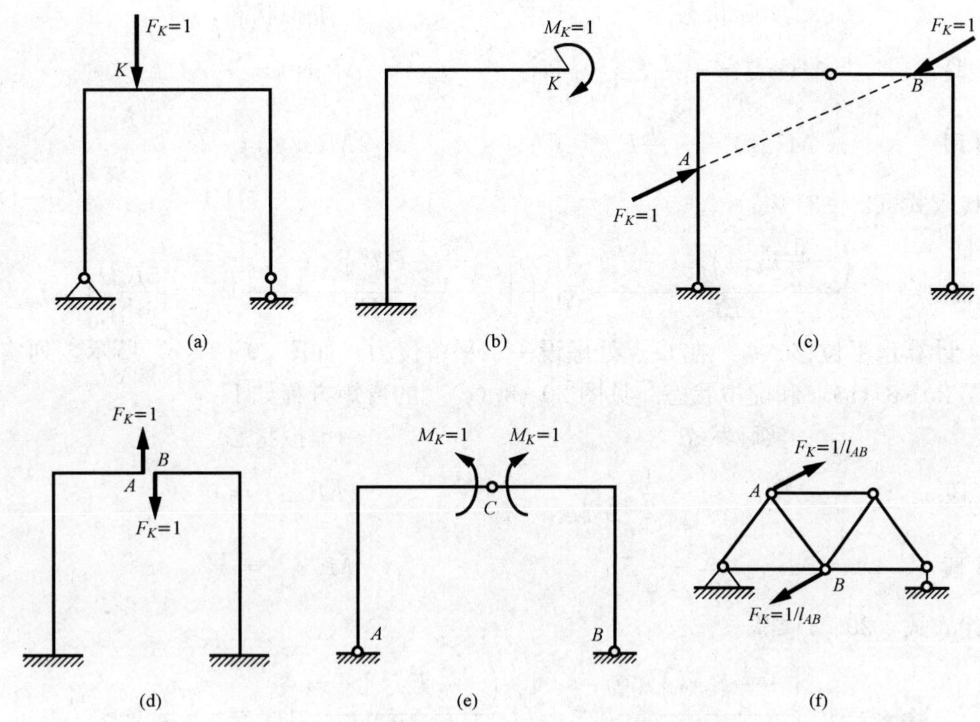

图 20-7　虚拟状态（力状态）的确定方法

(a) 求 K 截面的竖向位移；(b) 求 K 截面的转角；(c) 求 AB 两截面的相对线位移；(d) 求 AB 两截面的相对竖向线位移；(e) 求铰 C 两相邻截面的相对转角；(f) 求 AB 杆的转角

垂直于该杆的单位力偶［见图 20-7 (f)］。

【例 20-1】 求图 20-8 (a) 所示刚架 C 截面的竖向位移 Δ_{CV}、水平位移 Δ_{CH} 和角位移 φ_C。

解 (1) 计算竖向位移 Δ_{CV}。在 C 点处沿竖向虚设一单位力，如图 20-8 (b) 所示。列实际状态［见图 20-8 (a)］和虚拟状态［见图 20-8 (b)］的弯矩方程如下：

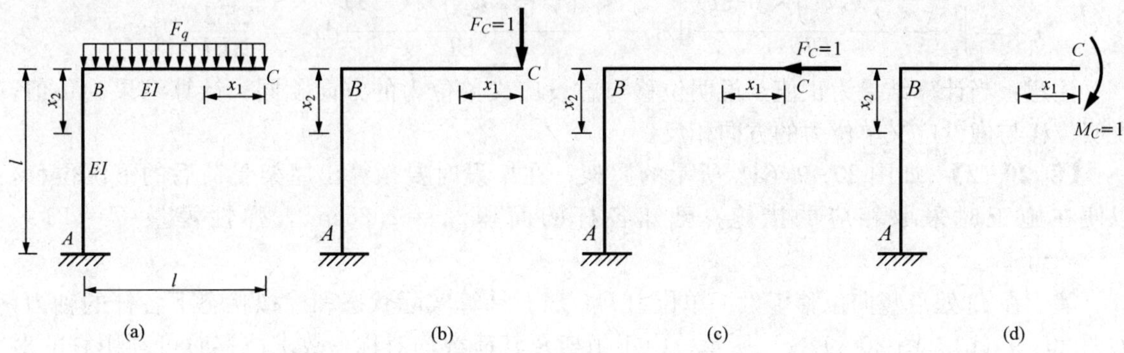

图 20-8 ［例 20-1］图

(a) 刚架的实际状态；(b) 在 C 点虚设一竖向单位力；(c) 在 C 点虚设一水平单位力；(d) 在 C 点处虚设一单位力偶

实际状态 虚拟状态

BC 段 $M(x_1)=-\frac{1}{2}F_q x_1^2$ $\overline{M}(x_1)=-x_1$

AB 段 $M(x_2)=-\frac{1}{2}F_q l^2$ $\overline{M}(x_2)=-l$

将方程代入式（20-3）得

$$\Delta_{CV}=\int_0^l \frac{\left(-\frac{1}{2}F_q x_1^2\right)\times(-x_1)}{EI}dx_1+\int_0^l \frac{\left(-\frac{1}{2}F_q l^2\right)\times(-l)}{EI}dx_2=\frac{5F_q l^4}{8EI}(\downarrow)$$

（2）计算水平位移 Δ_{CH}。在 C 点处虚设一水平单位力，如图 20-8（c）所示。列实际状态［见图 20-8（a）］和虚拟状态［见图 20-8（c）］的弯矩方程如下：

实际状态 虚拟状态

BC 段 $M(x_1)=-\frac{1}{2}F_q x_1^2$ $\overline{M}(x_1)=0$

AB 段 $M(x_2)=-\frac{1}{2}F_q l^2$ $\overline{M}(x_2)=x_2$

将方程代入式（20-3）得

$$\Delta_{CH}=\int_0^l \frac{\left(-\frac{1}{2}F_q x_1^2\right)\times 0}{EI}dx_1+\int_0^l \frac{\left(-\frac{1}{2}F_q l^2\right)\times x_2}{EI}dx_2=-\frac{F_q l^4}{4EI}(\rightarrow)$$

（3）计算角位移 φ_C。在 C 点处虚设一单位力偶，如图 20-8（d）所示。列实际状态［见图 20-8（a）］和虚拟状态［见图 20-8（d）］的弯矩方程如下：

实际状态 虚拟状态

BC 段 $M(x_1)=-\frac{1}{2}F_q x_1^2$ $\overline{M}(x_1)=-1$

AB 段 $M(x_2)=-\frac{1}{2}F_q l^2$ $\overline{M}(x_2)=-1$

C 截面的角位移为

$$\varphi_C=\int_0^l \frac{\left(-\frac{1}{2}F_q x_1^2\right)\times(-1)}{EI}dx_1+\int_0^l \frac{\left(-\frac{1}{2}F_q l^2\right)\times(-1)}{EI}dx_2=\frac{2F_q l^3}{3EI}\ (\curvearrowright)$$

注意：当计算结果为正值，说明位移与虚设广义单位力的方向相同；计算结果为负值，说明位移与虚设广义单位力的方向相反。

【例 20-2】 如图 20-9（a）所示的屋架，在架设时要预算出屋架受荷后的下沉位移，以便在施工时采取相应的措施。已知各杆的面积 $A=2.25\text{cm}^2$，弹性模量 $E=21\times10^6\text{N/cm}^2$。

解 在 D 处沿竖向位移虚设一单位力 $F_K=1$。计算实际状态和虚拟状态下各杆的轴力，如图 20-9（b）、图 20-9（c）所示。由于桁架及其荷载均对称，故求位移时可利用它的对称性，只需计算一半。具体计算过程见表 20-1。

利用式（20-4）得

$$\Delta_{DV}=\sum\frac{F_N\overline{F}_N l}{EA}=(0.27+0.18+0.19\times2)\times2+0.06=1.72(\text{cm})(\downarrow)$$

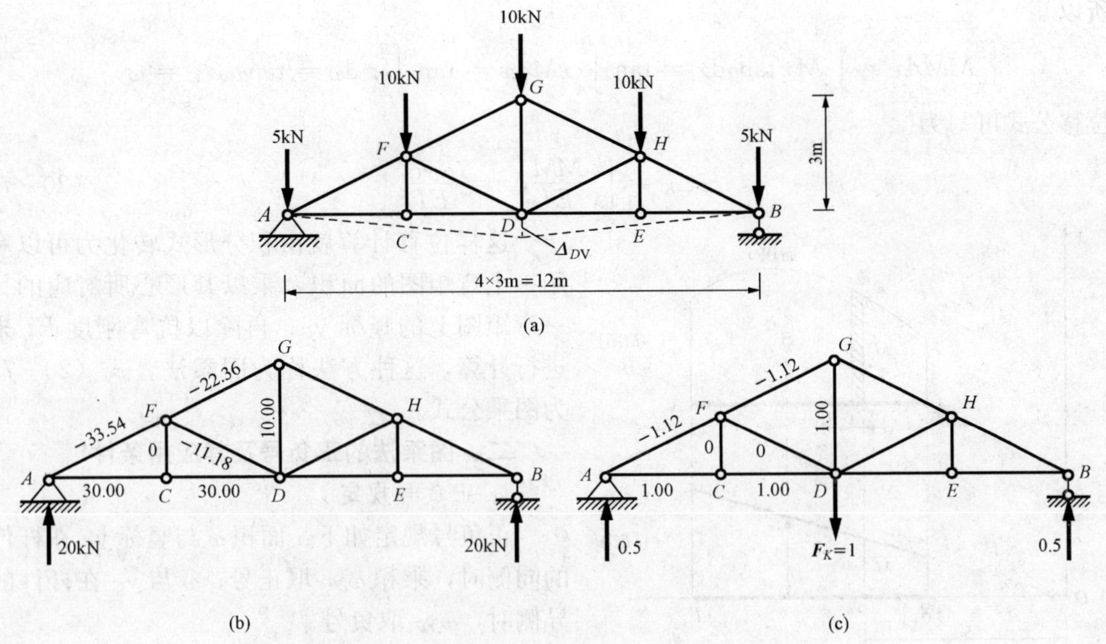

图 20-9 ［例 20-2］图

(a) 屋架的受荷情况；(b) 实际状态下各杆的轴力；(c) 虚拟状态下各杆的轴力

表 20-1　　**桁架位移计算数据表**

杆件	杆件长度 (cm)	F_N (N)	$\overline{F}_N$	$F_N\overline{F}_N l/EA$ (cm)
AF	336	−33540	−1.12	0.27
FG	336	−22360	−1.12	0.18
AC	300	30000	1.00	0.19
CD	300	30000	1.00	0.19
CF	150	0	0	0
FD	336	−11180	0	0
GD	300	10000	1.00	0.06

第四节　图乘法计算位移

一、图乘法

如图 20-10 所示为一段直杆 AB 在实际状态和虚拟状态下的弯矩图，其中 $\overline{M}$ 为一直线，直杆的 EI 为一常数。则计算梁和刚架的位移公式可写为

$$\Delta_K = \int_A^B \frac{M\overline{M}}{EI}\mathrm{d}x = \frac{1}{EI}\int_A^B M\overline{M}\mathrm{d}x$$

设 $\overline{M}$ 图线倾角为 α，建立图示直角坐标系，距原点 x 处取一微段 $\mathrm{d}x$，则有 $\overline{M}=x\tan\alpha$，微面积 $\mathrm{d}\omega=M\mathrm{d}x$。微面积对 y 轴的静矩为 $x\mathrm{d}\omega$，整个 M 图的面积 ω 对 y 轴的静矩 $\int_A^B x\mathrm{d}\omega=\omega x_C$，

所以

$$\int_A^B M\overline{M}\mathrm{d}x = \int_A^B Mx\tan\alpha\mathrm{d}x = \tan\alpha\int_A^B xM\mathrm{d}x = \tan\alpha\int_A^B x\,\mathrm{d}\omega = \tan\alpha\omega x_C = \omega y_C$$

位移公式可写为

$$\Delta_K = \int_A^B \frac{M\overline{M}}{EI}\mathrm{d}x = \frac{\omega y_C}{EI} \tag{20-7}$$

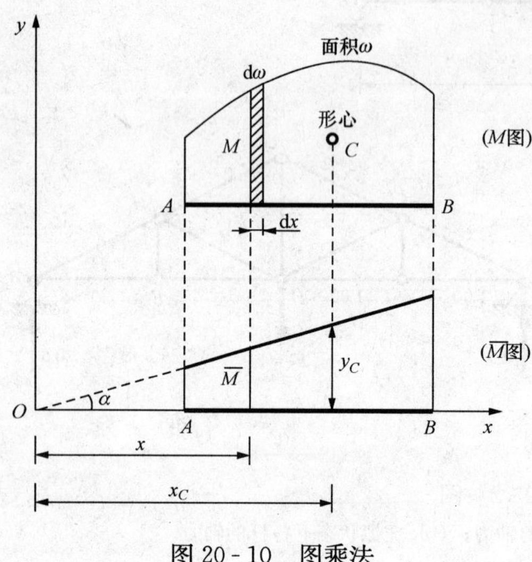

图 20-10 图乘法

这样位移计算就由积分形式转化为可以利用一个弯矩图的面积 ω 乘以其形心所对应的另一弯矩图上的竖标 y_C，再除以抗弯刚度 EI 来进行计算，这种方法称为**图乘法**。式（20-7）为图乘公式。

二、图乘法的正负号及其应用条件

1. 正负号规定

正负号规定如下：面积 ω 与竖标 y_C 在杆件的同侧时，乘积 ωy_C 取正号；ω 与 y_C 在杆件的异侧时，ωy_C 取负号。

2. 图乘法的应用条件

（1）杆件为等截面直杆，且 EI 为常数。

（2）M 和 $\overline{M}$ 图中，至少有一个是直线图形，竖标 y_C 应取自直线图中。

在图乘法中经常遇到求面积和形心位置的问题，为计算方便，图 20-11 所示为几种常见图形的面积和形心位置。

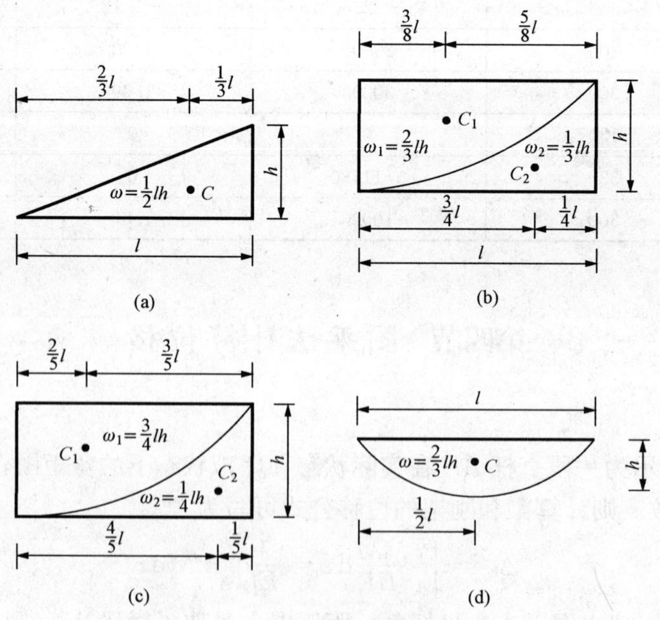

图 20-11 几种常见图形的面积和形心位置

（a）三角形；（b）二次抛物线；（c）三次抛物线；（d）二次抛物线

三、图乘法中经常遇到的几种问题

应用图乘法时，经常会遇到一些比较复杂的图形，面积和形心位置不易直接确定，这时宜采用叠加法，即将图形分成几个易于确定面积和形心位置的部分，分别用图乘法计算，然后取其代数和即可。

（1）若杆件为阶梯杆，则应在截面突变处将杆件分段图乘后，再叠加，如图 20-12（a）所示。

（2）M 和 $\overline{M}$ 图中，若一个图形是曲线，另一个图形是由几段直线组成的折线，则应分段图乘计算，最后叠加，如图 20-12（b）所示。

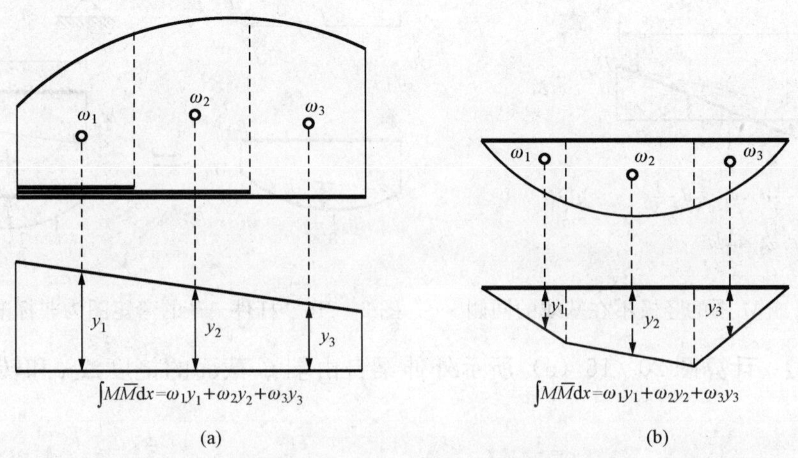

图 20-12　图乘法中经常遇到的几种问题

（a）阶梯杆；（b）一个图形是曲线，另一个图形是由几段直线组成的折线

（3）M 和 $\overline{M}$ 图都是梯形，如图 20-13（a）、图 20-13（b）所示，应将梯形分成两个三角形或一个矩形和一个三角形，分别图乘后再叠加。

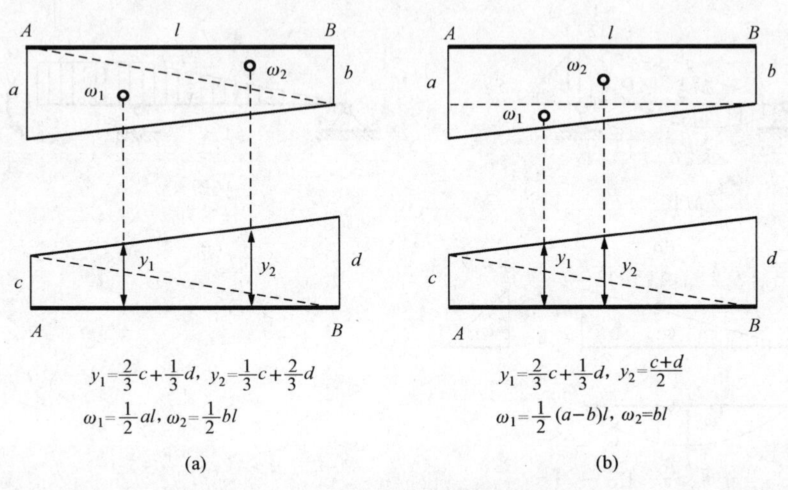

图 20-13　M 和 $\overline{M}$ 图都是梯形时的计算

（a）将梯形分成两个三角形；（b）将梯形分解成一个矩形和一个三角形

（4）M或$\overline{M}$图的竖标a、b、c、d不在基线的同侧时，如图 20-14 所示。连接BC、AD，将M图分为基线以上的三角形ABC和基线以下的三角形ABD，分别图乘后叠加。

（5）若杆件AB的弯矩图为非标准的抛物线时，如图 20-15 所示，应将图形划分为一个梯形和一个标准抛物线图形的叠加。这是因为AB段的弯矩图和对应简支梁在两端弯矩M_A、M_B、均布荷载F_q作用下的弯矩图相同。

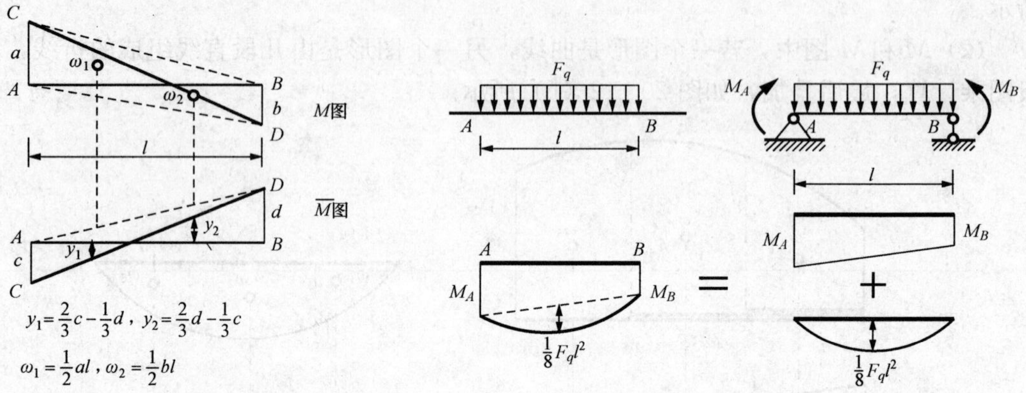

图 20-14 M或$\overline{M}$图的竖极不在基线的同侧　　图 20-15 杆件AB的弯矩图为非标准的抛物线

【例 20-3】 计算图 20-16（a）所示外伸梁自由端C截面的挠度Δ_{CV}和转角φ_C，$EI=$常数。

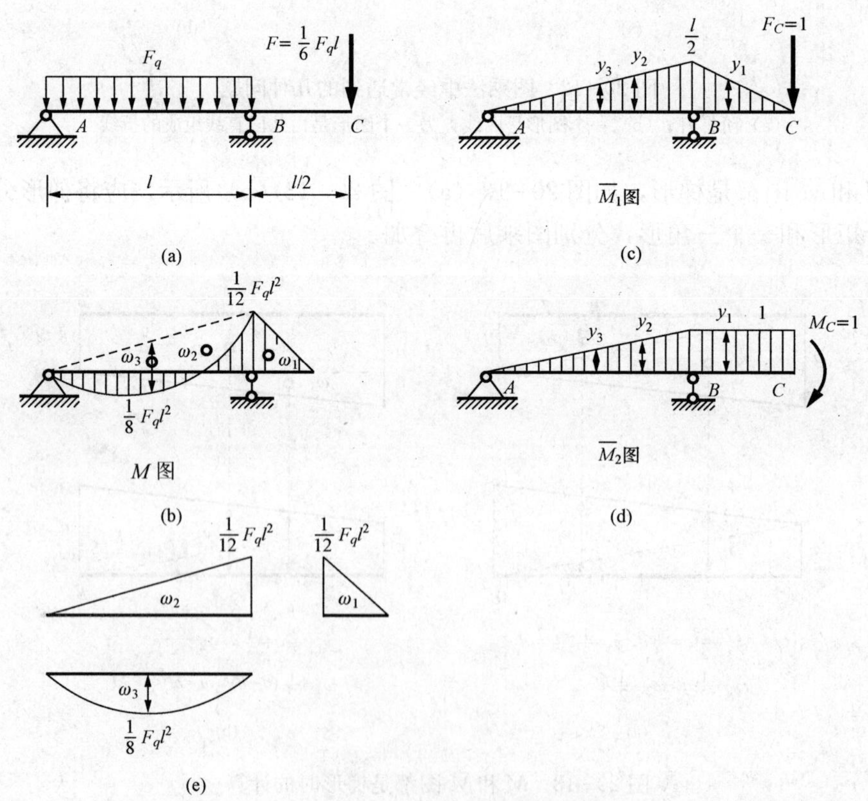

图 20-16 ［例 20-3］图

（a）实际状态；（b）实际状态M图；（c）虚拟状态$\overline{M}_1$图；（d）虚拟状态的$\overline{M}_2$图；（e）将M图划分为三部分

解　(1) 计算 Δ_{CV}。作实际状态 M 图和虚拟状态 $\overline{M}_1$ 图，如图 20-16 (b)、图 20-16 (c) 所示。将 M 图划分为图 20-16 (e) 所示的三部分，则

$$\Delta_{CV}=\frac{1}{EI}\left(\frac{1}{2}\times\frac{1}{12}F_ql^2\times\frac{l}{2}\times\frac{2}{3}\times\frac{l}{2}+\frac{1}{2}\times\frac{1}{12}F_ql^2\times l\times\frac{2}{3}\times\frac{l}{2}-\frac{2}{3}\times\frac{1}{8}F_ql^2\times l\times\frac{1}{2}\times\frac{l}{2}\right)=0$$

(2) 计算 φ_C。虚拟状态的 $\overline{M}_2$ 图，如图 20-16 (d) 所示，则

$$\varphi_C=\frac{1}{EI}\left(\frac{1}{2}\times\frac{1}{12}F_ql^2\times\frac{l}{2}\times1+\frac{1}{2}\times\frac{1}{12}F_ql^2\times l\times\frac{2}{3}-\frac{2}{3}\times\frac{1}{8}F_ql^2\times l\times\frac{1}{2}\right)=\frac{F_ql^3}{144}(\curvearrowleft)$$

【例 20-4】　用图乘法计算图 20-17 (a) 所示刚架 B 点的水平位移 Δ_{BH} 和 A 截面的转角 φ_A。

解　(1) 计算 Δ_{BH}。作实际状态和虚拟状态的弯矩图，如图 20-17 (b)、图 20-17 (c) 所示。则

$$\Delta_{BH}=-\frac{1}{2EI}\left(\frac{1}{2}\times36\times6\times6\right)-\frac{1}{EI}\left(\frac{1}{2}\times36\times6\times\frac{2}{3}\times6+\frac{2}{3}\times9\times6\times3\right)=-\frac{864}{EI}(\rightarrow)$$

(2) 计算 φ_A。虚拟状态的弯矩图，如图 20-17 (d) 所示。则

$$\varphi_A=\frac{1}{2EI}\left(\frac{1}{2}\times36\times6\times\frac{2}{3}\right)+\frac{1}{EI}\left(\frac{1}{2}\times36\times6\times1+\frac{2}{3}\times9\times6\times1\right)=\frac{180}{EI}(\curvearrowleft)$$

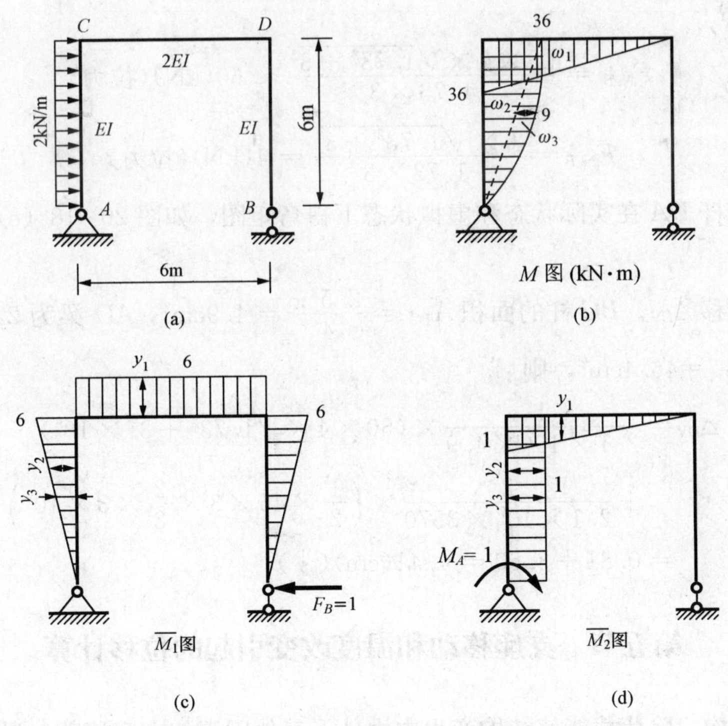

图 20-17 ［例 20-4］图

(a) 刚架的受荷情况；(b) M 图；(c) $\overline{M}_1$ 图；(d) $\overline{M}_2$ 图

【例 20-5】　求图 20-18 (a) 所示组合结构 D 点的竖向位移 Δ_{DV}。已知 BC 杆为直径

$d=25$mm 的圆钢，横梁 AD 为 22b 工字钢，$E=2.1\times10^7\text{N/cm}^2$。

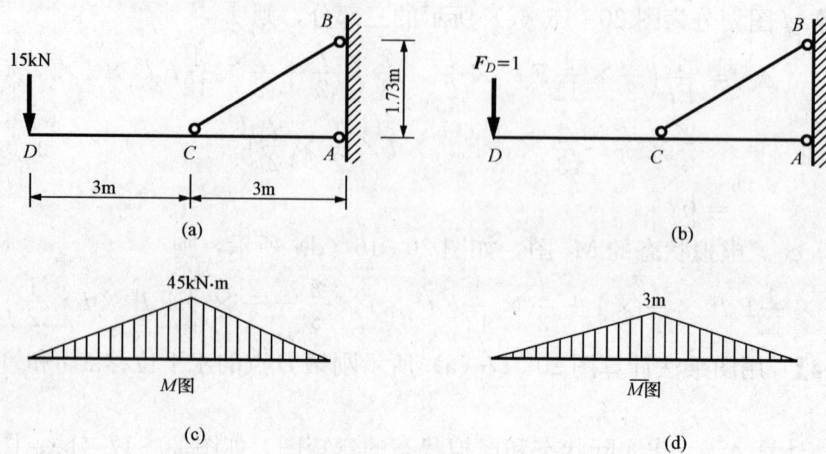

图 20-18 [例 20-5] 图

(a) 实际状态；(b) 虚拟状态；(c) 实际状态下，AD 梁的弯矩图；(d) 虚拟状态下，AD 梁的弯矩图

解 计算组合结构在荷载作用下的位移时，对链杆只计算轴力，对梁式杆主要考虑弯矩。

(1) 计算实际状态和虚拟状态下 BC 杆的轴力。取 DA 杆为研究对象，由平衡方程 $\sum M_A(\boldsymbol{F})=0$ 得

$$F_{NCB}=\frac{15\times6\times\sqrt{1.73^2+3^2}}{1.73\times3}\approx60(\text{kN})(\text{拉力})$$

$$\overline{F}_{NCB}=\frac{6\times\sqrt{1.73^2+3^2}}{1.73\times3}=4(\text{kN})(\text{拉力})$$

(2) 作梁式杆 DA 在实际状态和虚拟状态下得弯矩图，如图 20-18 (c)、图 20-18 (d) 所示。

(3) 计算位移 Δ_{DV}。BC 杆的面积 $A_{BC}=\dfrac{2.5^2\pi}{4}=4.9\text{cm}^2$，$AD$ 梁为 22b 工字钢，其中 $I=3570\text{cm}^4$，$A_{DA}=46.4\text{cm}^2$，则

$$\begin{aligned}\Delta_{DV}=&\frac{1}{2.1\times10^7\times4.9}\times(60\times4\times\sqrt{1.73^2+3^2}\times10^5)\\&+\frac{2}{2.1\times10^7\times3570}\times\left(\frac{1}{2}\times45\times3\times\frac{2}{3}\times3\times10^9\right)\\=&0.81+3.60=4.41(\text{cm})(\downarrow)\end{aligned}$$

第五节 支座移动和温度改变引起的位移计算

对于静定结构，除荷载能使结构产生内力外，其他因素如支座移动、温度改变、制造误差等，均不引起内力，但能产生位移。

一、支座移动引起的位移

静定结构在支座移动时，由于不产生内力与变形，结构的位移纯属刚体位移。如图 20-

19（a）所示的刚架由于支座移动产生位移，致使整个结构由实线位置移到虚线位置。现结合此图分析由于支座移动而引起的位移计算公式。

根据虚功原理首先要确定位移状态和力状态。现要求图 20-19（a）所示 K 点的位移 Δ_K，所以图 20-19（a）所示为位移状态。在要求位移的 K 点处沿位移方向虚设一单位力 $F_K=1$，如图 20-19（b）所示，支座反力分别为 $\overline{F}_{R1}$、$\overline{F}_{R2}$ 和 $\overline{F}_{R3}$，此状态为力状态。

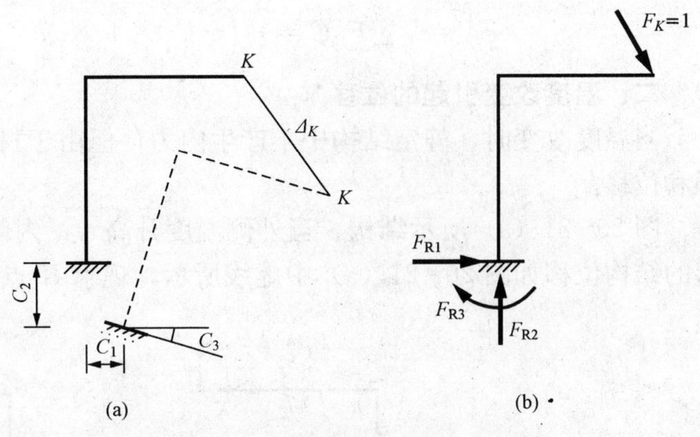

图 20-19　支座移动引起的位移

（a）位移状态；（b）力状态

由于支座移动不会引起任何内力和变形，故内力虚功等于零。外力虚功为

$$W_o = F_K\Delta_K + \overline{F}_{R1}C_1 + \overline{F}_{R2}C_2 + \overline{F}_{R3}C_3 = \Delta_K + \sum\overline{F}_R C$$

根据虚功原理，有

$$\Delta_K + \sum\overline{F}_R C = 0$$

所以

$$\Delta_K = -\sum\overline{F}_R C \tag{20-8}$$

式中：$\sum\overline{F}_R C$ 为反力虚功，当 $\overline{F}_R$ 与 C 方向一致时为正，反之为负。这就是静定结构在支座移动时的位移计算公式。

【例 20-6】 图 20-20（a）所示三铰刚架，支座 B 下沉 6cm，水平移动 4cm。求由此而引起 C 截面的竖向位移 Δ_{CV} 和 A 截面的转角 φ_A。

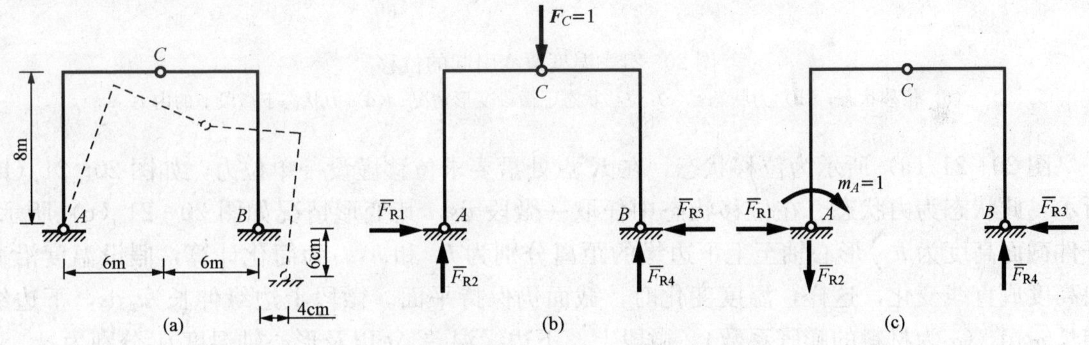

图 20-20 ［例 20-6］图

（a）实际状态；（b）虚拟状态 1；（c）虚拟状态 2

解　（1）计算 C 截面的竖向位移 Δ_{CV}。在 C 点沿竖向虚设一单位力 $F_C=1$，如图 20-20（b）所示，根据平衡条件可求得支座反力 $\overline{F}_{R1}=\overline{F}_{R3}=\dfrac{3}{8}$，$\overline{F}_{R2}=\overline{F}_{R4}=\dfrac{1}{2}$，由式(20-8)得

$$\Delta_{CV} = -\sum\overline{F}_R C = -\left(-\frac{1}{2}\times 6-\frac{3}{8}\times 4\right) = 4.5(\text{m})(\downarrow)$$

（2）计算 A 截面转角 φ_A。虚拟状态如图 20-20（c）所示，支座反力分别为 $\overline{F}_{R1}=\overline{F}_{R3}=\dfrac{1}{16\text{m}}$，$\overline{F}_{R2}=\overline{F}_{R4}=\dfrac{1}{12\text{m}}$，由式（20-8）得

$$\varphi_K=-\sum\overline{F}_{R}C=-\left(-\frac{1}{16}\times4-\frac{1}{12}\times6\right)=0.75(\text{rad})(\downarrow)$$

二、温度改变引起的位移

当温度改变时，静定结构中不产生内力，但由于材料的自由膨胀、收缩会使结构产生变形和位移。

图 20-21（a）所示结构，当外侧温度升高 t_1，内侧温度升高 t_2（设 $t_2>t_1$）时，由此引起的结构位移如图 20-21（a）中虚线所示，现求 K 点的竖向位移 Δ_K。

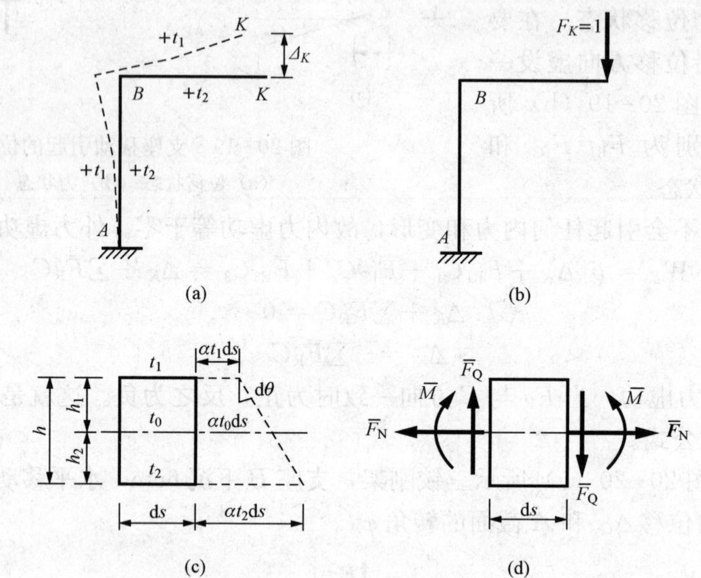

图 20-21　温度改变引起的位移

（a）位移状态；（b）力状态；（c）位移状态下微段变形情况；（d）力状态下微段上的内力

图 20-21（a）所示为位移状态，在 K 点处沿要求位移虚设一单位力，如图 20-21（b）所示，此状态为力状态。在位移状态中任取一微段 ds，其变形情况如图 20-21（c）所示。杆件截面高度为 h，形心轴至上下边缘的距离分别为 h_1 和 h_2。为简化计算，假设温度沿截面高度成直线变化，这样，温度变化时，截面仍保持平面。微段上边缘伸长 $\alpha t_1 ds$，下边缘伸长 $\alpha t_2 ds$（α 为材料的膨胀系数）。微段上、下边缘温差 Δt 以及形心轴温度 t_0 分别为

$$\Delta t=t_2-t_1,\quad t_0=\frac{h_1t_2+h_2t_1}{h}$$

若形心轴是对称轴，则 $h_1=h_2=\dfrac{1}{2}h$，$t_0=\dfrac{t_1+t_2}{2}$。温度变化时不会引起切应变，引起的轴向伸长和微段两端截面的相对转角分别为

$$d\lambda=\alpha t_0 ds,\quad d\theta=\frac{\alpha t_2 ds-\alpha t_1 ds}{h}=\alpha\frac{\Delta t}{h}ds$$

在力状态中取相应的微段，其截面上的内力如图 20-21（d）所示，则微段的内力虚功为

$$dW_i=\overline{F}_N d\lambda+\overline{M}d\theta=\overline{F}_N\alpha t_0 ds+\overline{M}\alpha\frac{\Delta t}{h}ds$$

整个杆件的内力虚功为

$$W_i = \int \overline{F}_N \alpha t_0 ds + \int \overline{M} \alpha \frac{\Delta t}{h} ds$$

整个结构的内力虚功为

$$W_i = \sum \int \overline{F}_N \alpha t_0 ds + \sum \int \overline{M} \alpha \frac{\Delta t}{h} ds$$

根据虚功原理，有

$$\Delta_K = \sum \int \overline{F}_N \alpha t_0 ds + \sum \int \overline{M} \alpha \frac{\Delta t}{h} ds$$

如果 t_0、Δt 和 h 沿杆件的全长为常数，则得

$$\Delta_K = \sum \alpha t_0 \int \overline{F}_N ds + \sum \alpha \frac{\Delta t}{h} \int \overline{M} ds \tag{20-9}$$

式（20-9）即为结构在温度变化时引起的位移计算式。轴力 $\overline{F}_N$ 以拉力为正，t_0 以升高为正。弯矩 $\overline{M}$ 和 Δt 使杆件同侧受拉时，其乘积取正值；反之取负值。

如果各杆沿其全长的温度变化相同，且截面高度不变，则有

$$\Delta_K = \sum \alpha t_0 \omega_{FN} + \sum \alpha \frac{\Delta t}{h} \omega_M \tag{20-10}$$

其中 $\omega_{FN} = \int \overline{F}_N ds = \overline{F}_N l$，$\omega_M = \int \overline{M} ds$ 分别为 $\overline{F}_N$ 图和 $\overline{M}$ 图的面积。

【例 20-7】 图 20-22（a）所示刚架，内侧温度升高 10℃，外测温度无变化，各杆截面为矩形，高 $h=60$cm，材料的膨胀系数 $\alpha = 0.00001$，求 C 点的竖向位移 Δ_{CV}。

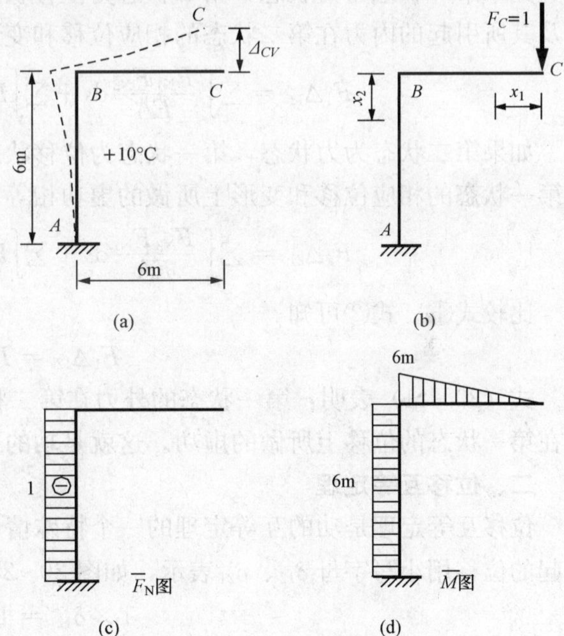

图 20-22 ［例 20-7］图

（a）位移状态；（b）力的状态；（c）轴力图；（d）弯矩图

解　（1）确定力状态如图 20-22（b）所示，形心轴处温度升高值为 $t_0 = \frac{0+10}{2} = 5$（℃），杆件内外温差 $\Delta t = 10 - 0 = 10$（℃）。

（2）作力状态下的轴力图和弯矩图，如图 20-22（c）、图 20-22（d）所示。

（3）计算位移 Δ_{CV}

$$\Delta_{CV} = 10^{-5} \times 5 \times (-1 \times 600) - 10^{-5} \times \frac{10}{60} \times \left(\frac{1}{2} \times 600^2 + 600 \times 600\right) \approx -0.93(\text{cm})(\uparrow)$$

第六节　互　等　定　理

本节介绍线弹性结构的两个互等定理，即功的互等定理和位移互等定理。其中最基本的是功的互等定理，而位移互等定理是由功的互等定理导出，位移互等定理将在超静定结构中

要经常用到。

一、功的互等定理

功的互等定理是根据变形体的虚功原理推导出来的。设有两组外力 $\boldsymbol{F}_1$ 和 $\boldsymbol{F}_2$ 分别作用在同一结构的 1 和 2 点上，为了便于分析，将其分为两种状态，如图 20 - 23（a）、（b）所示。

第一组外力 F_1 在第二组外力 F_2 作用点沿其方向引起的位移为 Δ_{21}，第二组外力 F_2 在第一组外力 F_1 的作用点沿其方向引起的位移为 Δ_{12}。

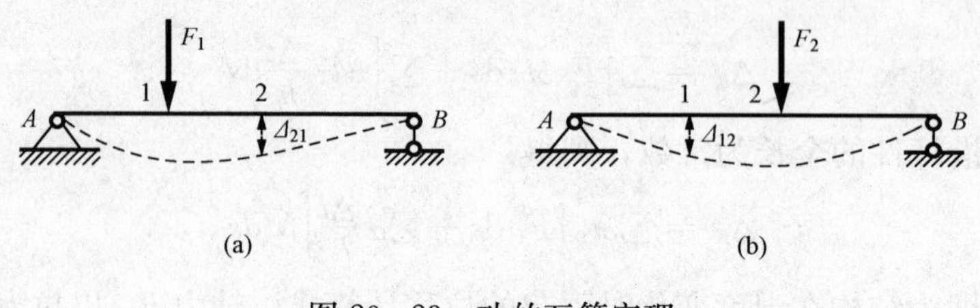

图 20 - 23 功的互等定理

（a）第一状态；（b）第二状态

如果第一状态为力状态，第二状态为位移状态，根据变形体的虚功原理，第一状态的外力及其所引起的内力在第二状态的相应位移和变形上所做的虚功相等，即

$$F_1\Delta_{12} = \sum\int \frac{F_{N1}F_{N2}}{EA}ds + \sum\int K\frac{F_{Q1}F_{Q2}}{GA}ds + \int \frac{M_1M_2}{EI}ds \qquad ①$$

如果第二状态为力状态，第一状态为位移状态，同理，第二状态的外力及其引起的内力在第一状态的相应位移和变形上所做的虚功相等，即

$$F_2\Delta_{21} = \sum\int \frac{F_{N2}F_{N1}}{EA}ds + \sum\int K\frac{F_{Q2}F_{Q1}}{GA}ds + \int \frac{M_2M_1}{EI}ds \qquad ②$$

比较式①、式②可知

$$F_1\Delta_{12} = F_2\Delta_{21} \qquad (20-11)$$

式（20 - 11）表明：第一状态的外力在第二状态的位移上所做的虚功等于第二状态的外力在第一状态的位移上所做的虚功。这就是**功的互等定理**。

二、位移互等定理

位移互等定理是功的互等定理的一个特殊情形。假如两种状态中的荷载都是单位力，所引起的位移用小写字母 δ_{12}、δ_{21} 表示，如图 20 - 24 所示。由式（20 - 11）可得

$$1\times\delta_{12} = 1\times\delta_{21}$$

即

$$\delta_{12} = \delta_{21} \qquad (20-12)$$

这就是**位移互等定理**。式（20 - 12）表明：第一个单位力在第二个单位力作用点沿其方向引起的位移 δ_{21}，等于第二个单位力在第一个单位力作用点沿其方向引起的位移 δ_{12}。

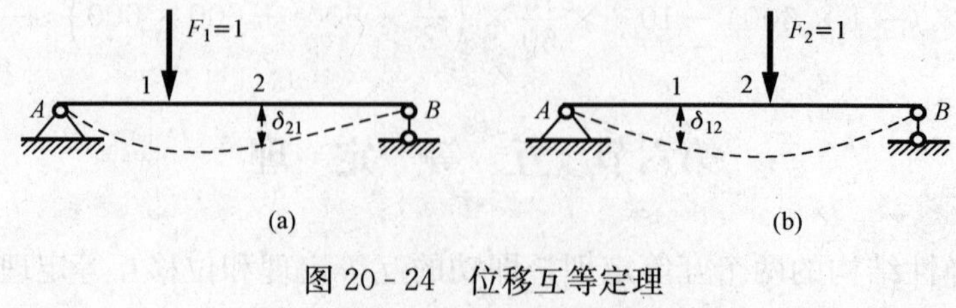

图 20 - 24 位移互等定理

（a）第一状态；（b）第二状态

这里的单位力是广义单位力，相应的位移是广义位移，如图 20 - 25 所示。

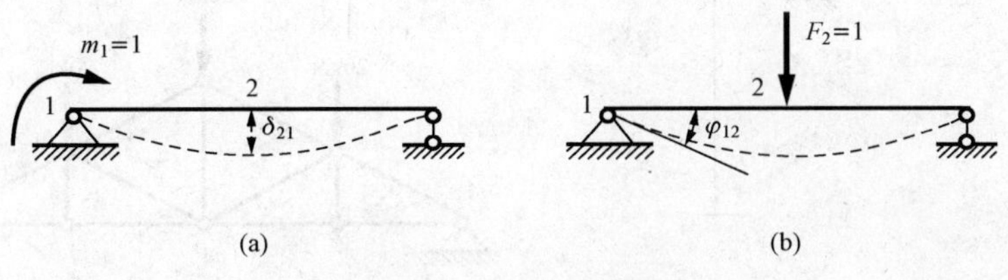

图 20 - 25　广义位移

(a) 第一状态；(b) 第二状态

1 点处的单位力偶在 2 点处沿 F_2 方向引起的线位移 δ_{21} 等于 2 点处的单位力在 1 点处沿 m_1 方向引起的角位移 φ_1，即 $\delta_{21}=\varphi_{12}$。这可以由材料力学得知

$$\delta_{21}=\frac{m_1 l^2}{16EI}=\frac{l^2}{16EI},\quad \varphi_{12}=\frac{F_2 l^2}{16EI}=\frac{l^2}{16EI}$$

可见，$\delta_{21}=\varphi_{12}$。

思　考　题

20 - 1　何谓变形体的虚功原理？如何利用变形体的虚功原理推导静定结构在荷载作用下的位移计算公式？

20 - 2　说明静定结构在荷载作用下位移计算公式中各项的物理意义。

20 - 3　计算位移时，为什么要虚设一个单位荷载？单位荷载应根据什么原则虚设？

20 - 4　图乘法的应用条件是什么？怎样确定图乘结果的正负号？

20 - 5　比较用单位荷载法计算支座移动、温度变化与荷载作用所引起位移的异同。

习　　题

20 - 1　用积分法计算图 20 - 26 所示各梁的指定位移。EI 为常数。

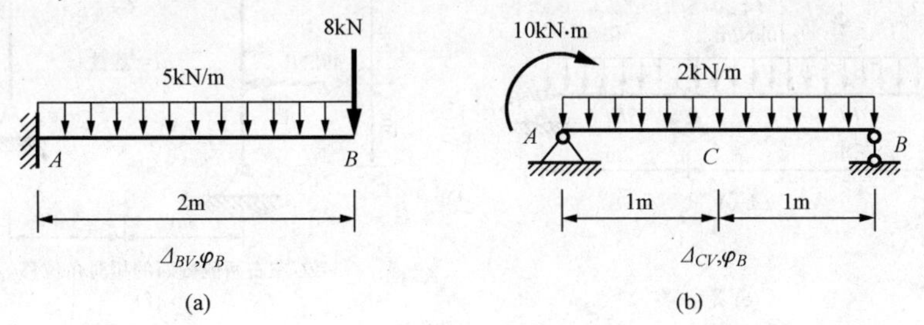

图 20 - 26　题 20 - 1 图

20 - 2　用积分法计算图 20 - 27 所示刚架 B 截面的水平位移 Δ_{BH}。

20 - 3　计算图 20 - 28 所示桁架结点 4 的竖向位移 Δ_{4V}，各杆的 EA 相同。

20 - 4　用图乘法计算图 20 - 29 所示各结构中指定截面的位移。EI 为常数。

20 - 5　计算图 20 - 30 所示组合结构 C 点的竖向位移 Δ_{CV}。EA＝常数，EI＝常数。

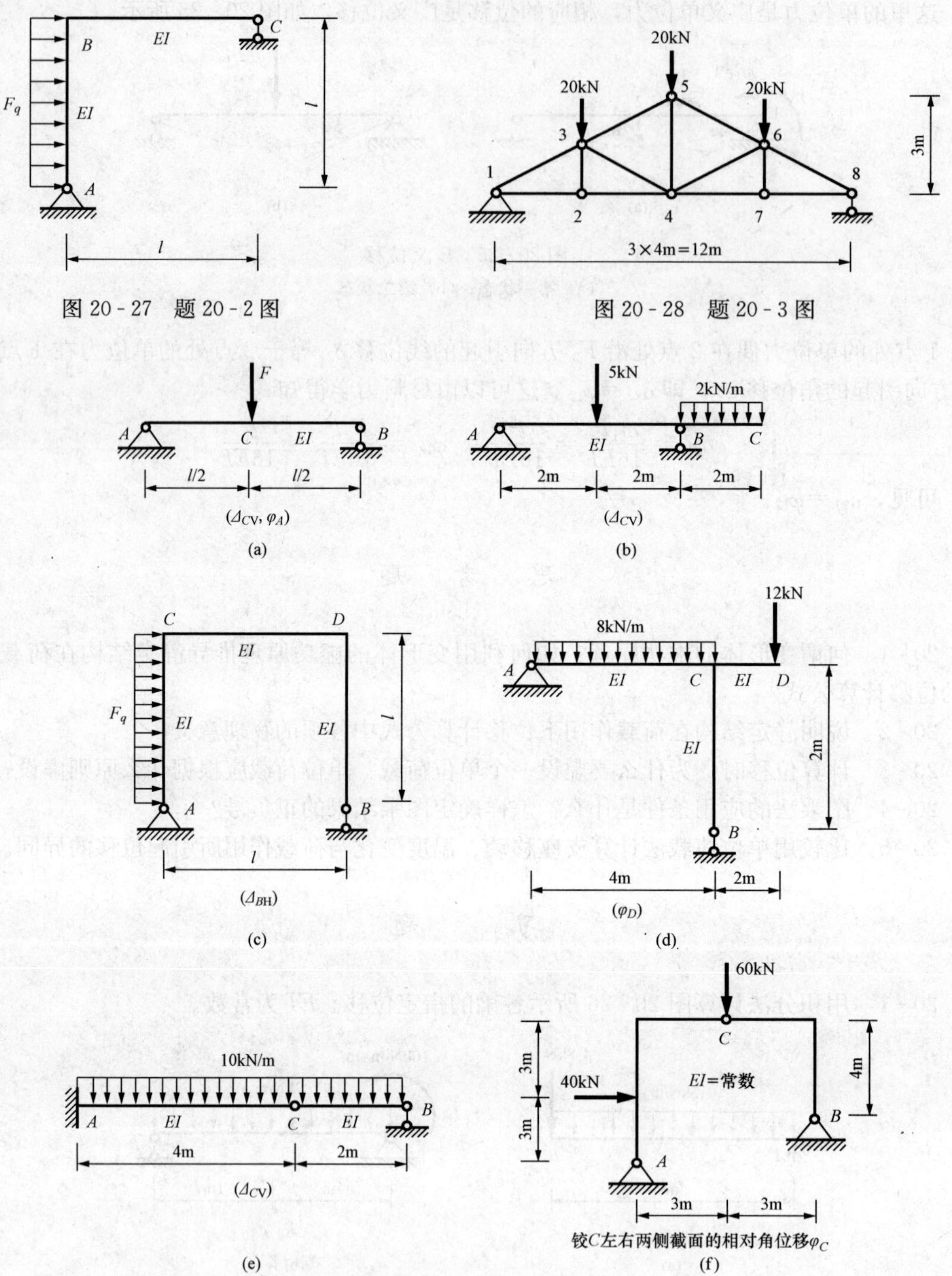

图 20-27　题 20-2 图

图 20-28　题 20-3 图

图 20-29　题 20-4 图

20-6　如图 20-31 所示的简支梁，试求 C 截面的竖向位移和水平位移。

20-7　如图 20-32 所示静定刚架，若支座 A 发生图 20-32 所示的位移，求 C 点的水平位移 Δ_{CH} 和竖向位移 Δ_{CV}。

20-8　如图20-33所示简支刚架，内部温度升高20℃，外部温度升高6℃，各杆截面为矩形，截面高度相同，并对称于形心轴。材料的膨胀系数为 α，试求 A 点的水平位移 Δ_{AH}。

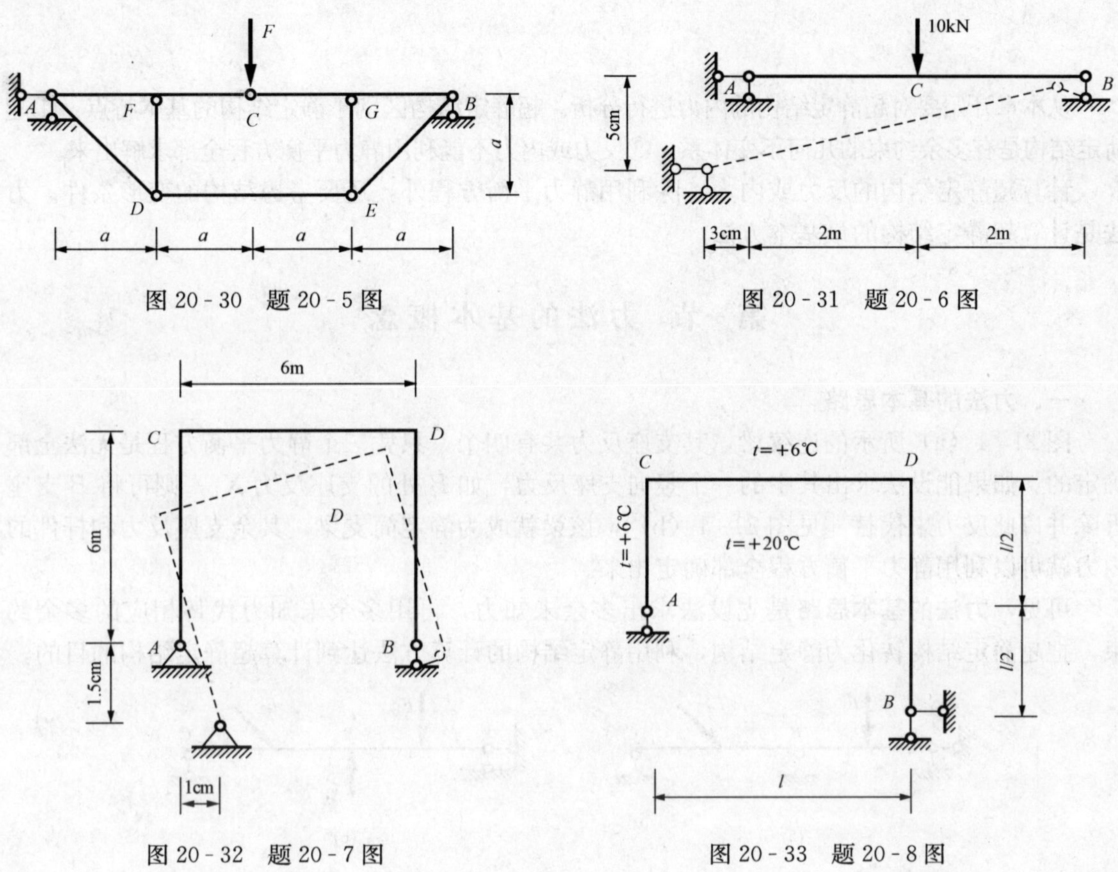

图20-30　题20-5图

图20-31　题20-6图

图20-32　题20-7图

图20-33　题20-8图

第二十一章　力　　法

从本章开始要对超静定结构的内力进行分析。超静定结构区别于静定结构的基本特点：①超荷定结构是有多余约束的几何不变体系；②反力或内力不能利用静力平衡方程全部求解出来。

计算超静定结构的反力或内力，除利用静力平衡方程外，还要考虑结构的变形条件。力法是计算超静定结构的最基本方法。

第一节　力法的基本概念

一、力法的基本思路

图 21-1（a）所示的连续梁，其支座反力共有四个，只凭三个静力平衡方程是无法全部确定的。如果能设法求出其中的一个竖向支座反力，如 B 处的支座反力 X_1，则可将 B 支座拆除并以此反力来代替［见图 21-1（b）］，该梁就成为静定简支梁，其余支座反力和杆件的内力就可以利用静力平衡方程全部确定出来。

可见，**力法的基本思路**是先设法求出多余未知力，再用多余未知力代替相应的多余约束，把超静定结构转化为静定结构，利用静定结构的计算方法达到计算超静定结构的目的。

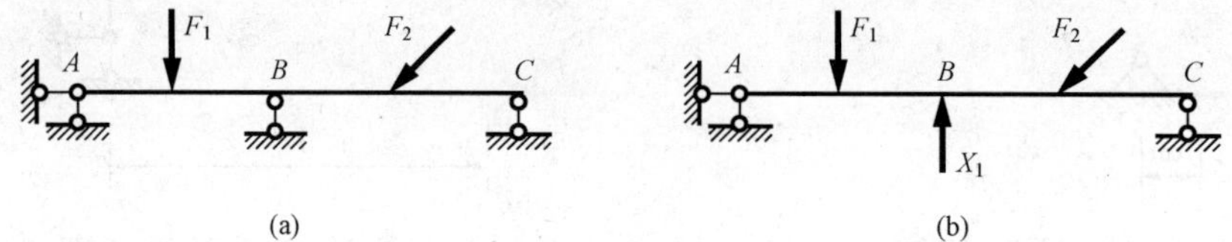

图 21-1　力法

（a）超静定梁；（b）将 B 支座拆除并以此反力 X 来代替

求解多余未知力是力法计算超静定结构的关键问题。下面以图 21-2（a）所示的超静定梁为例来分析力法是如何利用结构的变形条件确定多余未知力。杆件的抗弯刚度 EI 为常数。可以分析出该结构是具有一个多余约束的几何不变体系，称为**一次超静定结构**（有几个多余约束就是几次超静定结构）。如果撤去 B 处的支座并以相应的多余未知力 X_1 代替，便成为图 21-2（b）所示静定梁。这个静定梁称为原超静定梁的**基本结构**。原超静定结构简称为**原结构**。

比较图 21-2（a）和图 21-2（b），可以知道，原结构和基本结构的受力情况完全相同，因而变形也是相同的，基本结构在外荷载 F_q 和多余未知力 X_1 的共同作用下，在 X_1 作用处沿 X_1 方向的位移 Δ_1 和原结构在 B 支座处的竖向位移相等，即

$$\Delta_1 = \Delta_{BV} = 0$$

此式即为确定多余未知力 X_1 的变形条件，亦称位移条件。

根据叠加原理，基本结构在两种荷载 F_q、X_1 共同作用下在 B 处所产生的竖向位移 Δ_1，应等于基本结构在 F_q 和 X_1 分别单独作用时在 B 处产生的竖向位移的叠加［见图 21-2（c）、图 21-2（d）］。即

$$\Delta_1 = \Delta_{1F} + \Delta_{11} = 0 \tag{21-1}$$

式中：位移Δ_{1F}和Δ_{11}都有两个下标，第一个下标表示位移的地点和方向，第二个下标表示产生位移的原因。如Δ_{1F}表示基本结构在外荷载单独作用下，在X_1作用处沿X_1方向的位移。Δ_{11}表示基本结构在X_1单独作用下，在X_1作用处沿X_1方向的位移。

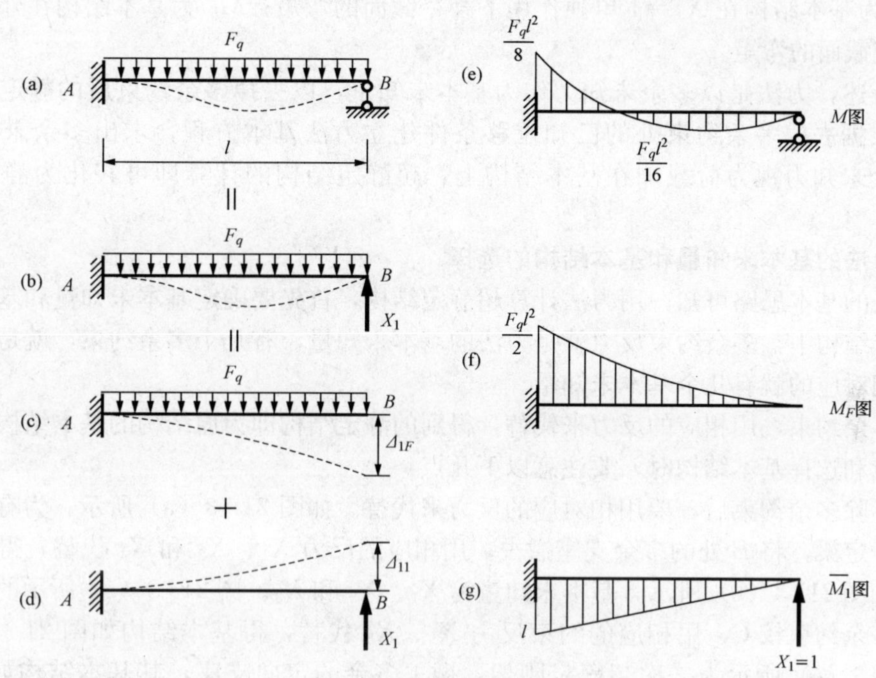

图 21-2　利用结构的变形条件确定多余未知力

(a) 原结构；(b) 基本结构；(c) 基本结构受F_q单独作用；(d) 基本结构受X_1单独作用；(e) M图；(f) M_F图；(g) $\overline{M}_1$图

根据叠加原理可知，位移Δ_{11}应与X_1成正比。若基本结构在$X_1=1$作用下，在X_1作用点沿X_1方向的位移为δ_{11}，则由正比关系可得$\Delta_{11}=\delta_{11}X_1$，于是式（21-1）可写成

$$\delta_{11}X_1 + \Delta_{1F} = 0 \tag{21-2}$$

这就是在线性变形条件下一次超静定结构的**力法基本方程**。其中系数δ_{11}和自由项Δ_{1F}都是利用静定结构的位移计算方法求得。于是多余未知力X_1由式（21-2）确定。

现利用图乘法计算位移δ_{11}和Δ_{1F}。首先，分别绘出基本结构在F_q和$X_1=1$单独作用下的M_F图和$\overline{M}_1$图［图 21-2（f）、图 21-2（g）］，则有

$$\delta_{11} = \frac{1}{EI} \times \frac{l^2}{2} \times \frac{2l}{3} = \frac{l^3}{3EI}$$

$$\Delta_{1F} = -\frac{1}{EI} \times \frac{1}{3} \times \frac{F_q l^2}{2} \times l \times \frac{3l}{4} = -\frac{F_q l^4}{8EI}$$

代入式（21-2）得

$$X_1 = \frac{3}{8}F_q l$$

求得未知力为正值，表示反力X_1方向与假设方向相同。

多余未知力求出以后，原结构就成为静定结构，再利用静定结构的计算方法进一步确定其余支座反力和内力，绘制其内力图。弯矩图如图 21-2（e）所示。

根据叠加原理，原结构任一截面的弯矩 M 也可以用下列公式计算

$$M=\overline{M}_1 X_1+M_F \tag{21-3}$$

式中：$\overline{M}_1$ 为基本结构在 $X_1=1$ 单独作用下某一截面的弯矩；M_F 为基本结构在外荷载单独作用下相应截面的弯矩。

综上所述，力法是以多余未知力作为基本未知量，以去掉多余约束后的静定结构为基本结构，根据去掉多余约束处的已知位移条件建立力法基本方程，求出多余未知力，将求出的多余未知力视为荷载加在基本结构上，超静定结构的计算即可转化为静定结构的计算。

二、力法的基本未知量和基本结构的选择

从力法的基本思路可知，用力法计算超静定结构，首先要确定基本未知量和基本结构。

超静定结构中，多余约束反力就是力法的基本未知量，有几个多余约束，就是几次超静定结构，相对应的就有几个基本未知量。

撤去多余约束，用相应的反力来代替，得到的静定结构即为原结构的基本结构。在确定基本未知量和选择基本结构时，要注意以下几点：

（1）拆除多余约束后，要用相对应的反力来代替。如图 21-3（a）所示，为有三个多余约束的超静定梁，将 B 处的多余支座撤去，用相应的反力 X_1、X_2 和 X_3 代替，得原结构的基本结构如图 21-3（b）所示，基本未知量为 X_1、X_2 和 X_3。图 21-3（c）所示的超静定刚架，撤去多余约束铰 C，用相应的约束反力 X_1、X_2 代替，得基本结构如图 21-3（d）所示。图 21-3（e）所示为二次超静定刚架，撤去多余的定向支座，其基本结构如图 21-3

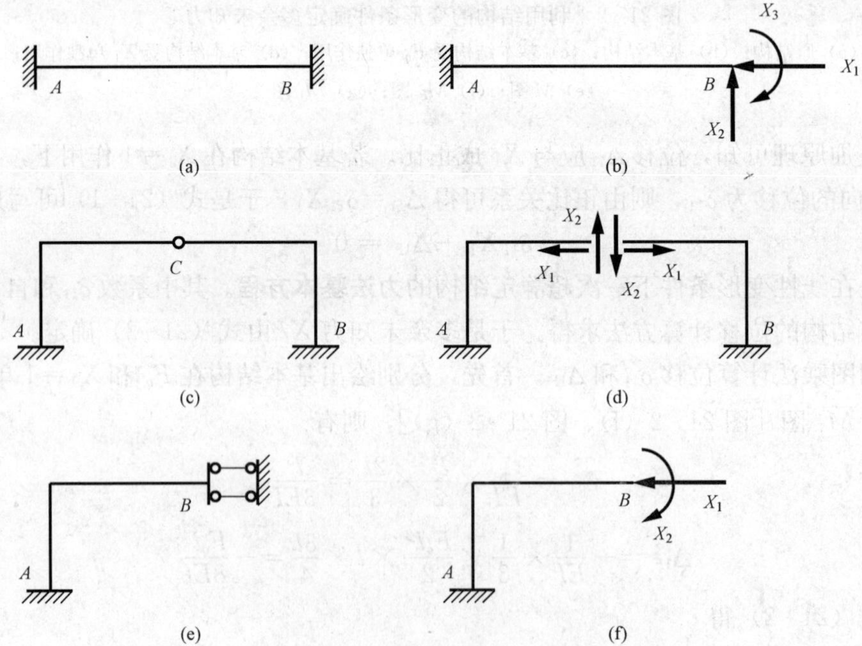

图 21-3　基本结构的选择

（a）、（c）、（e）超静定结构；（b）、（d）、（f）相应的基本结构

(f) 所示。

(2) 同一个超静定结构，可用各种不同的方式去掉多余约束而得到不同形式的基本结构。但不论采用哪种方式，去掉的多余约束的数目必然相等，基本结构必须是几何不变的。

如图 21-4 (a) 所示为一次超静定多跨梁，其基本结构可以是 21-4 (b) ～ (d) 所示的形式，无论哪种形式，其基本未知量都只有一个。但如果去掉 A 处的水平链杆，结构成为可变体系 [见图 21-4 (e)]，显然是不允许的，当然也就不能作为基本结构。

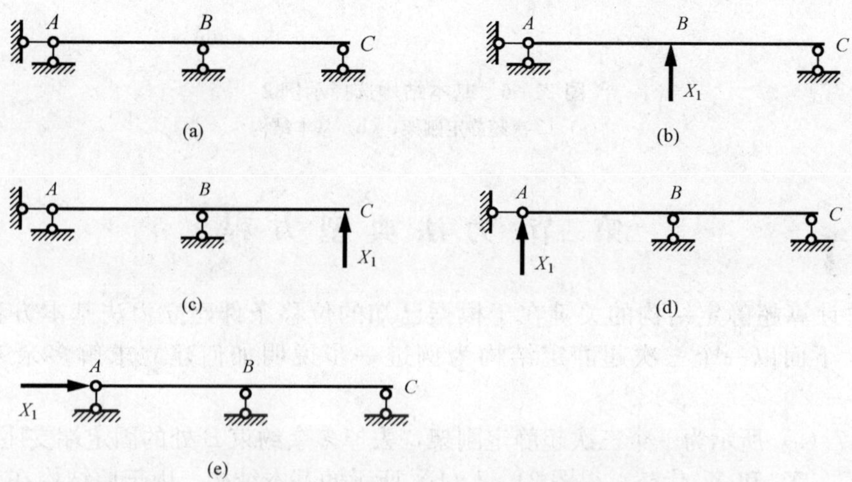

图 21-4　同一超静定结构，可用各种不同的方式去掉多余约束

(a) 一次超静定多跨梁；(b) 基本结构形式 1；(c) 基本结构形式 2；(d) 基本结构形式 3；(e) 去掉 A 处的水平链杆，结构变成可变体系

(3) 基本结构必须是无多余约束的静定结构。选择基本结构时，首先对结构进行几何组成分析，明确哪些是多余约束，有几个多余约束，不能拆错，也不能少拆。如图 21-5 (a) 所示的结构，除应去掉一根水平链杆支座外，还必须将封闭框架切开 [见图 21-5 (b)]，所以此结构为 4 次超静定结构。图 21-6 (a) 所示为 12 次超静定刚架，基本结构如图 21-6 (b) 所示。

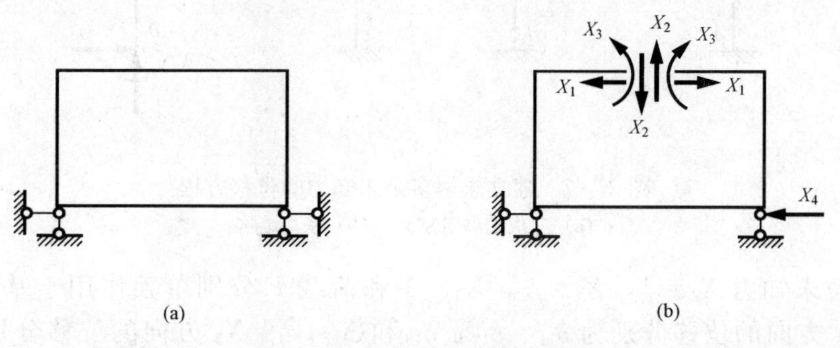

图 21-5　基本结构选择示例 1

(a) 4 次超静定结构；(b) 基本结构

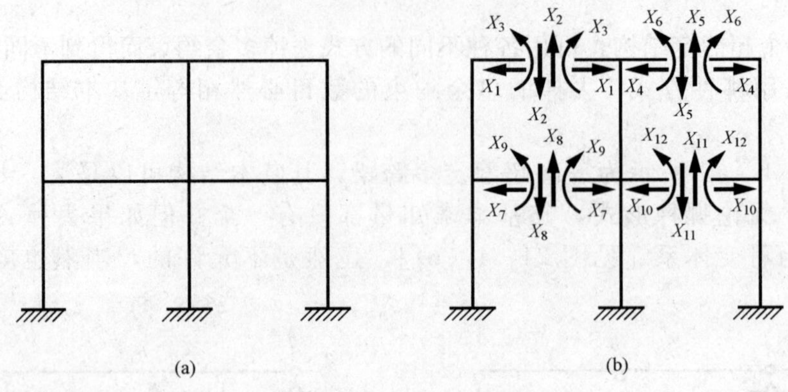

图 21-6 基本结构选择示例 2

(a) 12 次超静定刚架；(b) 基本结构

第二节 力 法 典 型 方 程

用力法计算超静定结构的关键在于根据已知的位移条件建立力法基本方程，求解多余未知力。下面以一个三次超静定结构为例进一步说明如何建立求解多余未知力的位移方程。

图 21-7（a）所示为一个三次超静定刚架，去掉多余约束 B 处的固定端支座，用相应的约束反力 X_1、X_2 和 X_3 代替，得图 21-7（b）所示的基本结构。由于原结构在 B 支座处不可能有任何方向的位移，因此，基本结构在荷载和多余未知力 X_1、X_2 和 X_3 共同作用下，在 B 处沿 X_1 方向、X_2 方向和 X_3 方向的位移 Δ_1、Δ_2、Δ_3 都等于零。即 B 处应满足的位移条件为

$$\Delta_1 = 0，\Delta_2 = 0，\Delta_3 = 0$$

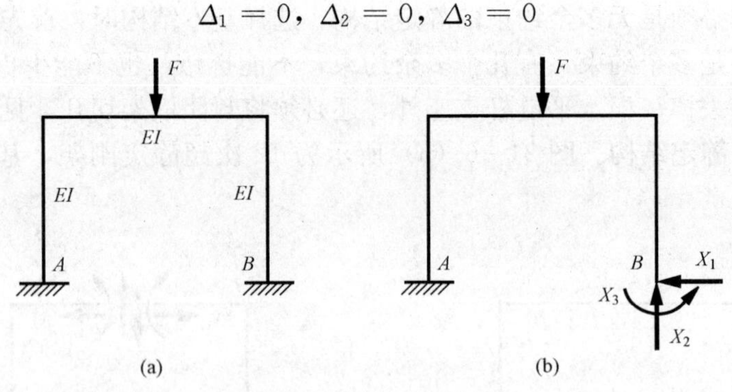

图 21-7 建立求解多余未知力的位移方程

(a) 三次超静定刚架；(b) 基本结构

设各单位未知力 $X_1=1$，$X_2=1$，$X_3=1$ 和荷载 F 分别单独作用于基本结构上时，在 B 处沿 X_1 方向的位移分别为 δ_{11}、δ_{12}、δ_{13} 和 Δ_{1F}，沿 X_2 方向的位移分别为 δ_{21}、δ_{22}、δ_{23} 和 Δ_{2F}，沿 X_3 方向的位移分别 δ_{31}、δ_{32}、δ_{33} 和 Δ_{3F}。根据叠加原理，B 处应满足的位移条件可写为

$$\left.\begin{aligned}\Delta_1 = \delta_{11}X_1 + \delta_{12}X_2 + \delta_{13}X_3 + \Delta_{1F} = 0\\ \Delta_2 = \delta_{21}X_1 + \delta_{22}X_2 + \delta_{23}X_3 + \Delta_{2F} = 0\\ \Delta_3 = \delta_{31}X_1 + \delta_{32}X_2 + \delta_{33}X_3 + \Delta_{3F} = 0\end{aligned}\right\} \tag{21-4}$$

以上三个位移条件式就构成了三次超静定结构的**力法基本方程**。由此组方程可求得多余未知力 X_1、X_2 和 X_3。

对于 n 次超静定结构，有 n 个多余未知力 X_1、X_2、…、X_n，在 n 个多余未知力作用处相应的就会有 n 个位移条件，从而建立 n 个方程。如果原结构在各个多余约束处位移均为零，则力法基本方程可写为

$$\left.\begin{aligned}\delta_{11}X_1 + \delta_{12}X_2 + \cdots + \delta_{1n}X_n + \Delta_{1F} = 0\\ \delta_{21}X_1 + \delta_{22}X_2 + \cdots + \delta_{2n}X_n + \Delta_{2F} = 0\\ \vdots\qquad\qquad\\ \delta_{n1}X_1 + \delta_{n2}X_2 + \cdots + \delta_{nn}X_n + \Delta_{nF} = 0\end{aligned}\right\} \tag{21-5}$$

式（21-5）即为 n 次超静定结构在荷载作用下力法方程的一般形式。因为无论结构为何种形式、几次超静定结构，力法的基本方程均为此形式，故常称为**力法典型方程**。其物理意义为：基本结构在全部多余未知力和已知荷载共同作用下，在每个多余未知力作用处，沿每个多余未知力方向的位移，应与原结构相应的位移相等。

在式（21-5）中，自左上角 δ_{11} 到右下角 δ_{nn} 的对角线称为**主对角线**。主对角线上的系数称为**主系数** δ_{ii}，其余各系数称为**副系数** δ_{ij}。各式中最后一项 Δ_{iF} 称为**自由项**。主系数 δ_{ii} 是基本结构在单位未知力 $X_i=1$ 单独作用下，沿 X_i 方向引起的位移，其值恒为正。副系数 δ_{ij} 是基本结构在 $X_j=1$ 单独作用下，在 X_i 作用处，沿 X_i 方向的位移，其值可为正、负或零。根据位移互等定理，在主对角线两边处于对称位置的副系数 δ_{ij} 和 δ_{ji} 是相等的，即

$$\delta_{ij} = \delta_{ji}$$

由力法方程解出全部多余未知力后，原超静定结构就转化为静定结构，根据已解出的全部多余未知力和已知荷载分析基本结构的内力，即为原超静定结构的内力。亦可根据叠加原理，利用下式计算超静定结构的弯矩

$$M = \overline{M}_1X_1 + \overline{M}_2X_2 + \cdots + \overline{M}_nX_n + M_F \tag{21-6}$$

第三节　力 法 的 应 用

用力法解算超静定结构的步骤：

（1）对原结构进行几何组成分析，确定基本未知量，选择合理的基本结构。

（2）根据多余约束处的已知位移条件建立力法典型方程。

（3）利用图乘法计算系数和自由项。

（4）将系数和自由项代入方程，求解基本未知量。

（5）作内力图。可以利用基本结构在全部基本未知力和荷载共同作用下的内力分析，达到分析原超静定结构内力的目的。亦可利用式（21-6）计算原超静定结构的弯矩，再根据杆端弯矩和荷载，利用平衡条件计算杆端剪力、轴力，画其内力图。

现结合例题分析几种常见超静定结构的内力。

【例 21-1】　试绘制图 21-8（a）所示超静定梁的内力图。梁的抗弯刚度 EI 为常数。

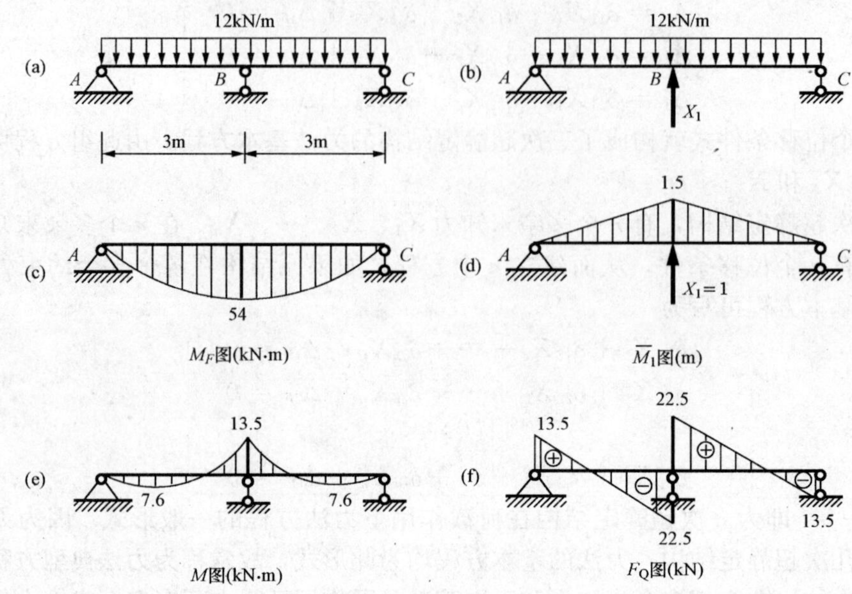

图 21-8 ［例 21-1］图

(a) 超静定梁；(b) 基本结构；(c) M_F 图；(d) $\overline{M}$图；(e) 弯矩图；(f) 剪力图

解 (1) 该梁为一次超静定梁，其基本结构如图 21-8（b）所示。

(2) 建立力法基本方程

$$\delta_{11}X_1+\Delta_{1F}=0$$

(3) 计算系数 δ_{11} 和自由项 Δ_{1F}。首先绘出基本结构分别在荷载、单位未知力单独作用下的 M_F 图和 $\overline{M}_1$ 图，如图 21-8（c）、图 21-8（d）所示。再利用图乘法计算系数 δ_{11} 和自由项 Δ_{1F}

$$\delta_{11}=\frac{2}{EI}\left(\frac{1}{2}\times1.5\times3\times\frac{2}{3}\times1.5\right)=\frac{4.5}{EI}$$

$$\Delta_{1F}=-\frac{2}{EI}\left(\frac{2}{3}\times54\times3\times\frac{5}{8}\times1.5\right)=-\frac{202.5}{EI}$$

(4) 计算基本未知力 X_1。将系数 δ_{11} 和自由项 Δ_{1F} 代入力法方程中，得

$$\frac{4.5}{EI}X_1-\frac{202.5}{EI}=0$$

解得　$X_1=45$kN（↑）。

(5) 绘制内力图。绘制基本结构在已知荷载和 $X_1=45$kN 共同作用下的内力图，即为原超静定结构的内力图，如图 21-8（e）、图 21-8（f）所示。

亦可根据叠加公式

$$M=\overline{M}_1X_1+M_F$$

计算各控制截面弯矩，如 $M_{BA}=-1.5\times45+54=-13.5$（kN·m）。再结合弯矩图的一些规律画出弯矩图。根据已知的杆端弯矩和荷载，利用杆件的平衡条件计算杆端剪力，并结合规律画其剪力图。

【例 21-2】 作图 21-9（a）所示超静定刚架的内力图。已知刚架各杆 EI 均为常数。

解 (1) 该刚架为二次超静定刚架，去掉 C 处的支座，用相应的反力 X_1 和 X_2 代替，

得图 21-9（b）所示的基本结构。

（2）建立力法方程

$$\delta_{11}X_1+\delta_{12}X_2+\Delta_{1F}=0$$
$$\delta_{21}X_1+\delta_{22}X_2+\Delta_{2F}=0$$

（3）用图乘法计算系数和自由项。绘制基本结构在荷载、单位力 $X_1=1$、$X_2=1$ 单独作用下的 M_F 图、$\overline{M}_1$ 图和$\overline{M}_2$ 图，如图 21-9（c）～图 21-9（e）所示。

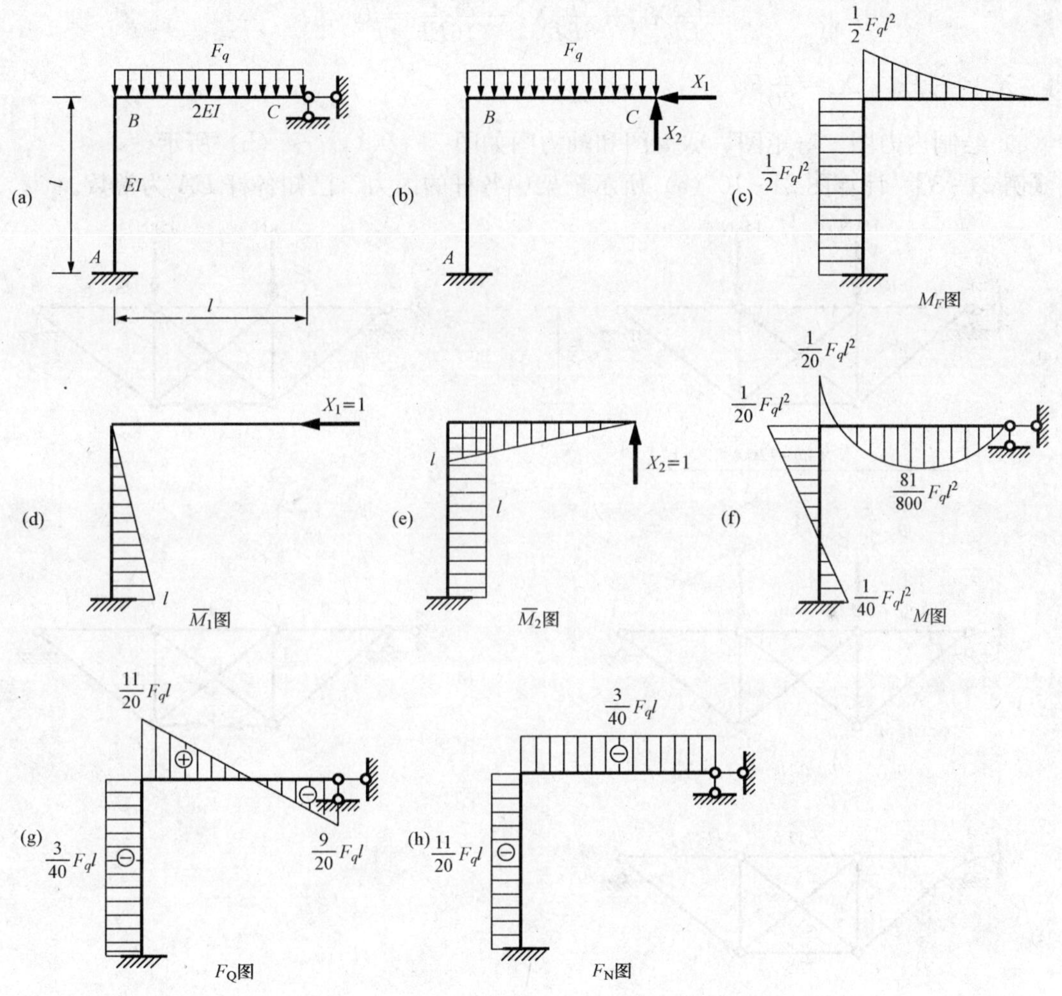

图 21-9 ［例 21-2］图

(a) 二次超静定刚架；(b) 基本结构；(c) M_F 图；(d) $\overline{M}_1$ 图；(e) $\overline{M}_2$ 图；(f) 弯矩图；(g) 剪刀图；(h) 轴力图

$$\delta_{11}=\frac{1}{EI}\left(\frac{1}{2}\times l\times l\times\frac{2}{3}l\right)=\frac{l^3}{3EI}$$

$$\delta_{22}=\frac{1}{2EI}\left(\frac{1}{2}\times l\times l\times\frac{2}{3}l\right)+\frac{1}{EI}(l\times l\times l)=\frac{7l^3}{6EI}$$

$$\delta_{12}=\delta_{21}=\frac{1}{EI}\left(\frac{1}{2}\times l\times l\times l\right)=\frac{l^3}{2EI}$$

$$\Delta_{1F}=-\frac{1}{EI}\left(\frac{1}{2}F_ql^2\times l\times\frac{1}{2}l\right)=-\frac{F_ql^4}{4EI}$$

$$\Delta_{2F}=-\frac{1}{2EI}\left(\frac{1}{3}\times\frac{1}{2}F_ql^2\times l\times\frac{3}{4}l\right)-\frac{1}{EI}\left(\frac{1}{2}F_ql^2\times l\times l\right)=-\frac{9F_ql^4}{16EI}$$

(4) 计算基本未知力。将各系数和自由项代入力法方程得

$$\frac{l^3}{3EI}X_1+\frac{l^3}{2EI}X_2-\frac{F_ql^4}{4EI}=0$$

$$\frac{l^3}{2EI}X_1+\frac{7l^3}{6EI}X_2-\frac{9F_ql^4}{16EI}=0$$

解得 $X_1=\frac{3}{40}F_ql$，$X_2=\frac{9}{20}F_ql$。

(5) 绘制内力图。弯矩图、剪力图和轴力图如图 21-9 (f) ～ (h) 所示。

【例 21-3】 计算图 21-10 (a) 所示桁架中各杆的内力。已知各杆 EA 为常数。

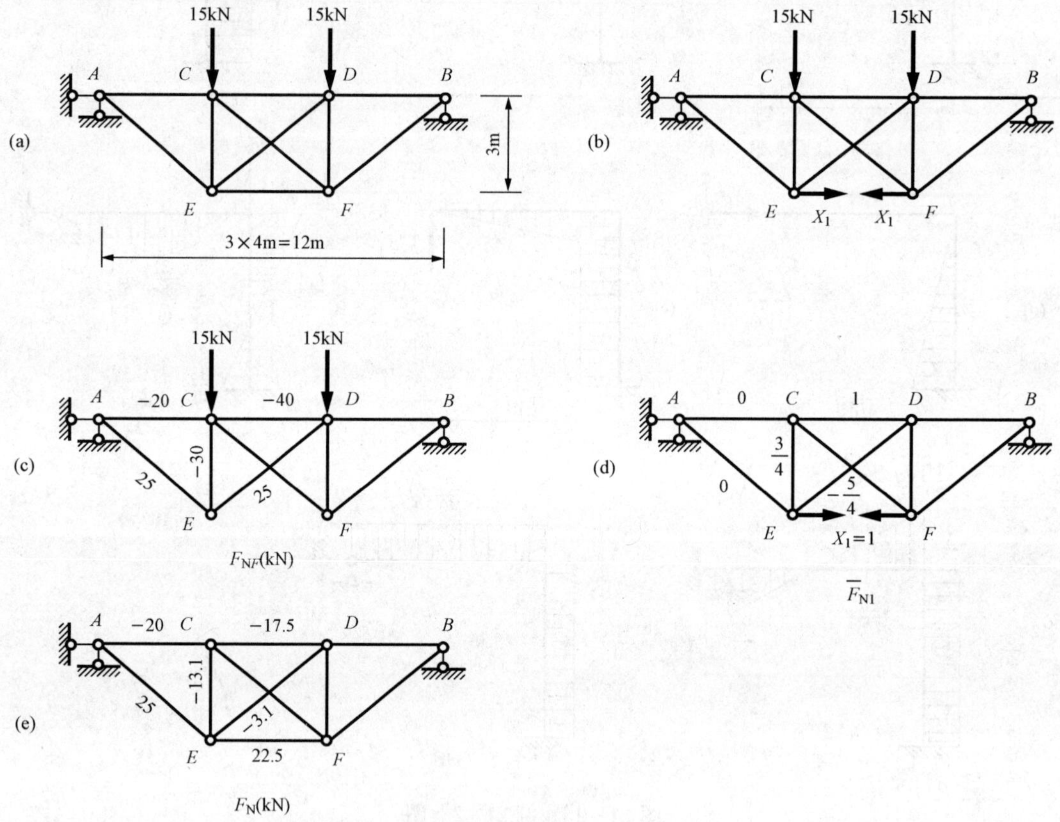

图 21-10 [例 21-3] 图

(a) 一次超静定桁架；(b) 基本结构；(c) F_{NF}；(d) $\overline{F}_{N1}$；(e) 轴力图

解 (1) 此桁架为一次超静定桁架，其基本结构如图 21-10 (b) 所示。

(2) 建立力法方程 $\delta_{11}X_1+\Delta_{1F}=0$。

(3) 计算系数和自由项。利用结点法计算基本结构分别在荷载、单位未知力单独作用下的内力。利用其对称性，只需计算半个桁架的杆件，计算结果如图 21-10 (c)、图 21-10 (d) 所示。

$$\delta_{11}=\frac{2}{EA}\left[1\times1\times4+\frac{3}{4}\times\frac{3}{4}\times3+\left(-\frac{5}{4}\right)\times\left(-\frac{5}{4}\right)\times5\right]=\frac{27}{EA}$$

$$\Delta_{1F}=\frac{1}{EA}\left\{1\times(-40)\times4+\left[\frac{3}{4}\times(-30)\times3+25\times\left(-\frac{5}{4}\right)\times5\right]\times2\right\}=-\frac{1215}{2EA}$$

（4）计算基本未知力。将系数和自由项代入力法方程，得

$$\frac{27}{EA}X_1-\frac{1215}{2EA}=0$$

解得　$X_1=22.5\text{kN}$（拉力）。

（5）计算原结构中各杆的轴力。计算基本结构在荷载和 $X_1=22.5\text{kN}$ 共同作用下各杆的轴力，即为原超静定桁架中各杆的轴力。

亦可根据叠加原理，由叠加公式 $F_N=\overline{F}_{N1}X_1+F_{NF}$ 计算各杆的轴力，计算结果如图 21-10（e）所示。

【例 21-4】 试分析图 21-11（a）所示组合结构的内力。各杆的刚度为，链杆 $EA=2.5\times10^5\text{kN}$，梁式杆 $EA=2.0\times10^6\text{kN}$，$EI=1.5\times10^4\text{kN}\cdot\text{m}$。

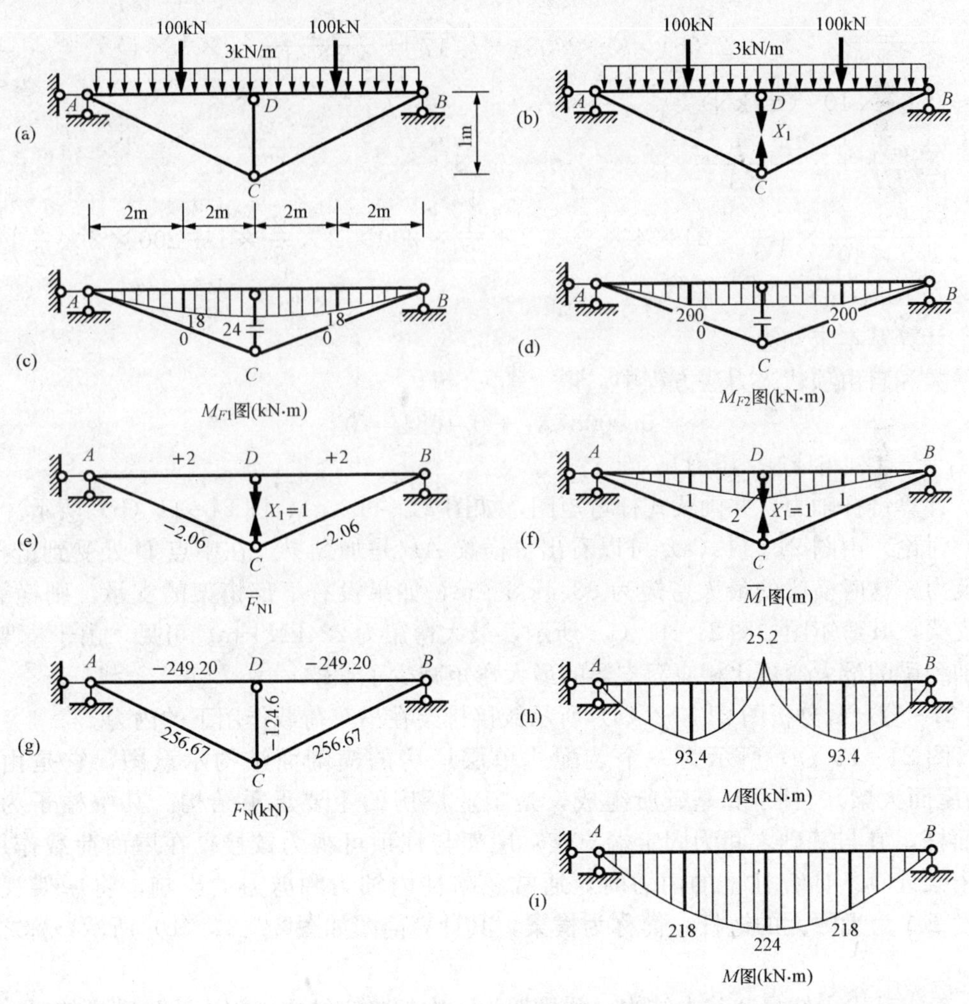

图 21-11 ［例 21-4］图

（a）一次超静定结构；（b）基本结构；（c）梁式杆在均布荷载单独作用下的弯矩图；（d）梁式杆在集中荷载单独作用下的弯矩图；（e）F_{N1} 图；（f）梁式杆的弯矩图；（g）轴力图；（h）弯矩图；（i）没有下部桁架支承时 AB 梁的弯矩图

解 (1) 此结构为一次超静定结构，截断 CD 杆代之以多余未知力 X_1，得基本结构如图 21-11 (b) 所示。

(2) 建立力法方程

$$\delta_{11}X_1+\Delta_{1F}=0$$

(3) 计算系数和自由项。组合结构中有链杆、梁式杆，链杆内力为轴力，而梁式杆的内力在这里主要考虑轴力和弯矩。

基本结构在荷载单独作用下，链杆均为零杆。梁式杆在均布荷载单独作用下的弯矩图如图 21-11 (c) 所示。在集中荷载单独作用下的弯矩图如图 21-11 (d) 所示。

基本结构在 $X_1=1$ 单独作用下，各链杆及梁式杆的轴力如图 21-11 (e) 所示，梁式杆的弯矩图如图 21-11 (f) 所示。

$$\delta_{11}=\sum\frac{\overline{\omega}\,\overline{y}_C}{EI}+\sum\frac{\overline{F}_{N1}^2 l}{EA}=\frac{2}{1.5\times10^4}\times\left(\frac{1}{2}\times2\times4\times\frac{2}{3}\times2\right)+\frac{1}{2\times10^6}(2\times2\times8)+$$

$$\frac{2}{2.5\times10^5}\times[(-2.06)\times(-2.06)\times\sqrt{17}]+\frac{1}{2.5\times10^5}(1\times1\times1)$$

$$\approx0.87\times10^{-3}(\text{m/kN})$$

$$\Delta_{1F}=\sum\frac{\omega y_C}{EI}+\sum\frac{F_{NF}\overline{F}_{N1}l}{EA}$$

$$=\frac{2}{1.5\times10^4}\times\left(\frac{2}{3}\times24\times4\times\frac{5}{8}\times2+\frac{1}{2}\times200\times2\times\frac{2}{3}\times1+200\times2\times\frac{3}{2}\right)$$

$$\approx0.1084(\text{m})$$

(4) 计算基本未知力。

将系数和自由项代入力法方程中，得

$$0.00087X_1+0.1084=0$$

解得 $X_1=-124.61\text{kN}$ (压力)。

(5) 计算链杆轴力，并画梁式杆弯矩图，如图 21-11 (g)、图 21-11 (h) 所示。

(6) 讨论。由图 21-11 (a) 可以看出，横梁 AB 是加劲梁，在中点 D 处受到链杆 CD 的支承反力，这时横梁的最大弯矩为 93.4kN·m，如果没有下部桁架的支承，则横梁 AB 为一简支梁，其弯矩图如图 21-11 (i) 所示，最大弯矩为 224kN·m。可见，由于桁架的支承，使加劲梁的最大弯矩比相应简支梁的最大弯矩减少了 58%。

【例 21-5】 试分析图 21-12 (a) 所示铰接排架在吊车荷载作用下的内力。

解 图 21-12 (a) 所示为一个装配式单层厂房的横剖面结构示意图，它是由屋架(也称为屋面大梁)、柱子和基础所组成，是工业厂房的主要承重结构。其中柱子为阶梯形变截面杆，它与基础之间为固定端支座，屋架与柱顶可视为铰接。在屋面荷载作用下，屋架按桁架计算。计算柱子的内力时，通常忽略柱内轴力和剪力的影响，将屋架视为一轴向刚度 EA 为无限大的链杆，简称为**横梁**，其计算简图如图 21-12 (b) 所示，称之为**铰接排架**。

(1) 确定基本未知量和基本结构。此排架为一次超静定结构，用力法计算排架时，一般把横梁作为多余约束切断代之以多余未知力，基本结构如图 21-12 (c) 所示。图 12-12 (c) 中吊车荷载等效平移到柱轴线上时，得到一力和一力偶，而力只使下柱产生轴力，对计算柱的弯矩没有影响，故图中没有标出。

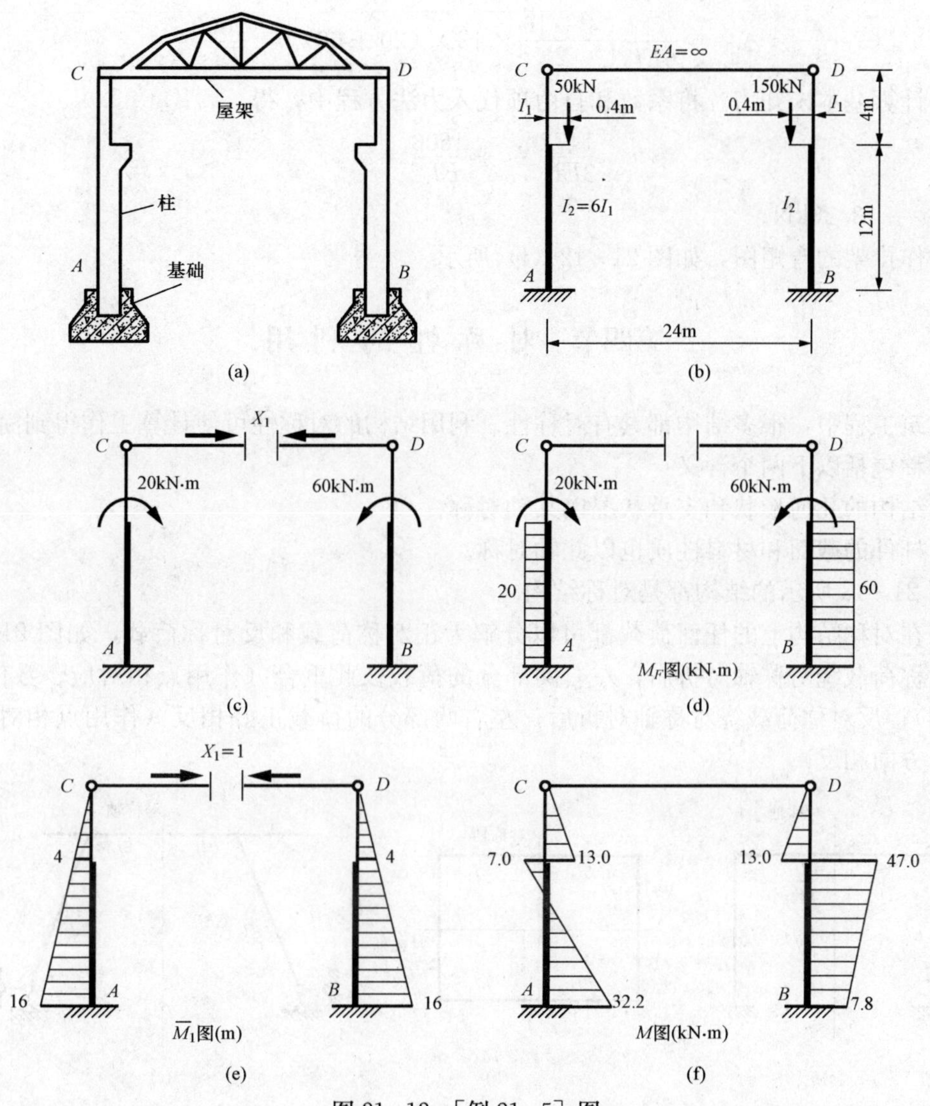

图 21-12 ［例 21-5］图

(a) 单层厂房的横剖面结构示意图；(b) 铰接排架；(c) 铰接排架的基本结构；

(d) M_F 图；(e) $\overline{M}_1$ 图；(f) M 图

(2) 建立力法方程。链杆 CD 的抗拉压刚度 $EA=\infty$，所以在切口处两侧截面沿轴向的相对位移应等于零，根据此位移条件建立力法典型方程为

$$\delta_{11}X_1+\Delta_{1F}=0$$

(3) 计算系数和自由项。绘制基本结构在荷载、单位未知力分别作用下的 M_F、$\overline{M}_1$ 图，如图 21-12 (d)、图 21-12 (e) 所示。

$$\delta_{11}=\frac{2}{EI_1}\left(\frac{1}{2}\times4\times4\times\frac{2}{3}\times4\right)+\frac{2}{6EI_1}\left[\frac{1}{2}\times4\times12\times\left(\frac{2}{3}\times4+\frac{1}{3}\times16\right)+\frac{1}{2}\times12\times16\times\left(\frac{2}{3}\times16+\frac{1}{3}\times4\right)\right]$$

$$=\frac{1472}{3EI_1}$$

$$\Delta_{1F}=\frac{1}{6EI_1}\left[\frac{4+16}{2}\times 12\times(20+60)\right]=\frac{1600}{EI_1}$$

(4) 计算基本未知力。将系数和自由项代入力法方程中，得

$$\frac{1472}{3EI_1}X_1+\frac{1600}{EI_1}=0$$

解得　$X_1=-3.26\text{kN}$。

(5) 作排架的弯矩图，如图 21-12 (f) 所示。

※第四节　对 称 性 的 利 用

在建筑工程中，很多结构都具有对称性。利用结构的对称性可使计算工作得到简化。所谓**结构对称**包括以下两个含义：

(1) 结构的几何形状和支承状况以某轴对称。

(2) 杆件的截面和材料性质也以此轴对称。

如图 21-13 所示的结构都是对称结构。

作用在对称结构上的任何荷载都可以分解为正对称荷载和反对称荷载，如图 21-14 所示。正对称荷载绕对称轴对折后，左右两部分的荷载彼此重合（作用点相对应、数值相等、方向相同）；反对称荷载绕对称轴对折后，左右两部分的荷载正好相反（作用点相对应、数值相等、方向相反）。

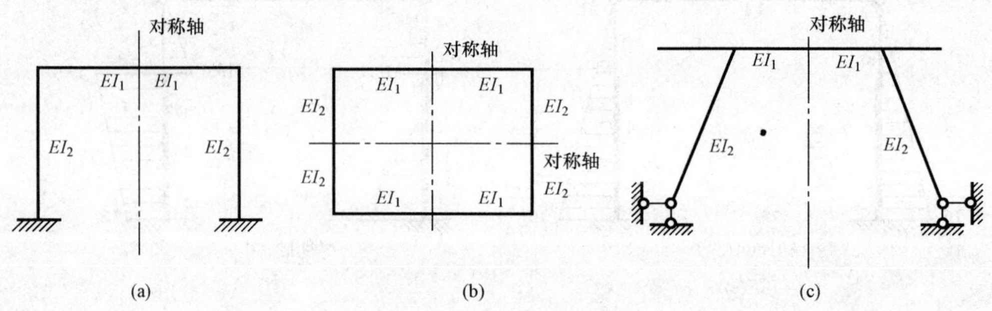

图 21-13　对称结构

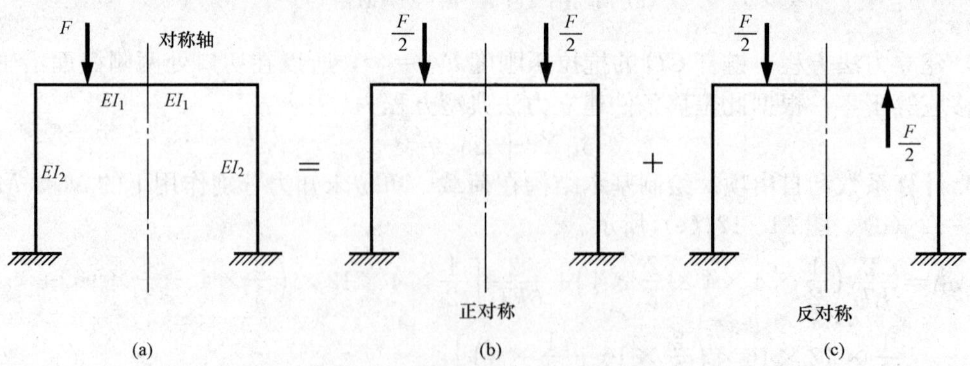

图 21-14　作用在对称结构上的任何荷载的分解

(a) 对称结构；(b) 正对称荷载；(c) 反对称荷载

计算超静定对称结构时，为了简化计算，应当选取对称的静定结构作为基本结构。

一、对称结构在正对称荷载作用下的情况

以图 21-14（b）所示的荷载为例，其基本结构如图 21-15（a）所示，可以看出未知力 X_1、X_3 是对称的，而 X_2 是反对称的。

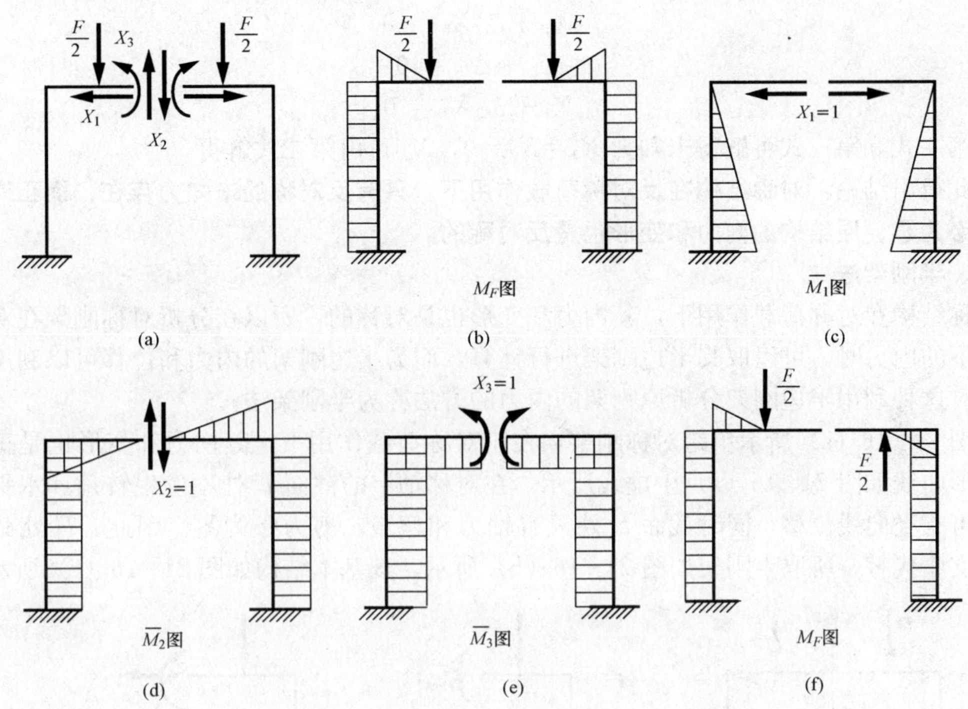

图 21-15　对称结构在正对称荷载作用下的情况

（a）基本结构；（b）基本结构在对称荷载作用下 M_F 图；（c）基本结构在单位力 X_1 作用下的 $\overline{M}_1$ 图；（d）基本结构在单位力 X_2 作用下的 $\overline{M}_2$ 图；（e）基本结构在单位力 X_3 作用下的$\overline{M}_3$ 图；（f）基本结构反对称荷载作用下 M_F 图

其力法典型方程为

$$\left.\begin{aligned}\delta_{11}X_1+\delta_{12}X_2+\delta_{13}X_3+\Delta_{1F}=0\\ \delta_{21}X_1+\delta_{22}X_2+\delta_{23}X_3+\Delta_{2F}=0\\ \delta_{31}X_1+\delta_{32}X_2+\delta_{33}X_3+\Delta_{3F}=0\end{aligned}\right\} \qquad ①$$

基本结构分别在荷载、单位未知力作用下的弯矩图如图 21-15（b）～图 21-15（e）所示。由于图 21-15（d）的是反对称的，故有 $\delta_{12}=\delta_{21}=0$，$\delta_{23}=\delta_{32}=0$，$\Delta_{2F}=0$。所以，式①可写为

$$\begin{aligned}\delta_{11}X_1+\delta_{13}X_3+\Delta_{1F}=0\\ \delta_{22}X_2=0\\ \delta_{31}X_1+\delta_{33}X_3+\Delta_{3F}=0\end{aligned}$$

由第二式可知，$X_2=0$，而未知力 X_1、X_3 可根据其他两式计算。

由此得出结论：**对称结构在正对称荷载作用下，只有正对称的未知力存在，而反对称的未知力必为零。原结构的内力和变形也是正对称的。**

二、对称结构在反对称荷载作用下的情况

以图 21-14（c）所示的荷载为例，选取的基本结构和图 21-15（a）相同，基本结构在

单位未知力作用下的弯矩图如图 21-15（b）～图 21-15（e）所示，在荷载作用下的弯矩图如图 21-15（f）所示。力法方程与式①相同。由于图 21-15（d）、图 21-15（f）反对称，而图 21-15（c）、图 21-15（e）正对称，故有 $\delta_{12}=\delta_{21}=0$，$\delta_{23}=\delta_{32}=0$，$\Delta_{1F}=\Delta_{3F}=0$。力法方程可写为

$$\delta_{11}X_1+\delta_{13}X_3=0$$
$$\delta_{22}X_2+\Delta_{2F}=0$$
$$\delta_{31}X_1+\delta_{33}X_3=0$$

由第一式和第三式可解得未知力 $X_1=X_3=0$，X_2 可由第二式解得。

由此得出结论：**对称结构在反对称荷载作用下，只有反对称的未知力存在，而正对称的未知力必为零，原结构的内力和变形也是反对称的。**

三、半刚架法

对称结构在对称荷载作用下，其内力和变形也是对称的，所以在分析对称刚架在对称荷载作用下的内力时，可以取其半边刚架进行计算，而另半边刚架的内力和位移可以利用对称性求得。这种利用半边刚架分析原刚架的内力的方法称为**半刚架法**。

如图 21-16（a）所示单跨对称刚架，在正对称荷载作用下，其内力和变形也是正对称的，变形曲线如图 21-16（a）中虚线所示，在对称轴上的截面 E 处不发生转角和水平线位移，但可有竖向线位移，同时截面 E 处只有轴力和弯矩，剪力必为零。因此，E 处截开后用定向支座代替，所取半刚架如图 21-16（b）所示，其基本结构如图 21-16（c）所示。

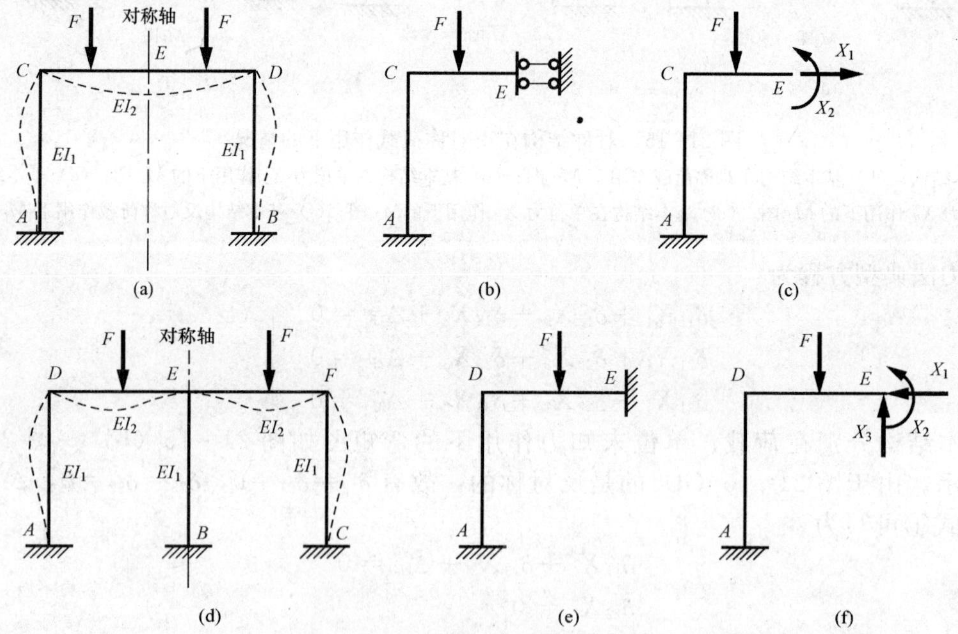

图 21-16 半刚架法

（a）单跨对称刚架受正对称荷载作用；（b）单跨对称刚架在正对称荷载作用下的半刚架；（c）图（b）的基本结构；（d）两跨对称刚架；（e）两跨对称刚架在正对称荷载作用下的半刚架；（f）图（e）的基本结构

图 21-16（d）所示为两跨对称刚架在正对称荷载作用下，变形曲线如图 21-16（a）中虚线所示。在对称轴上的截面 E 处，不产生任何位移，相当于固定端支座。因此，取图

21 - 16（e)所示的半刚架，其基本结构如图 21 - 16（f）所示。同时可以判定，立柱 BE 只有轴力，没有弯矩和剪力。

图 21 - 17（a）所示为单跨对称刚架受反对称荷载作用，其变形曲线如图 21 - 17（a）中虚线所示。在对称轴上的截面 E 没有竖向位移，但可有水平位移和转角。同时截面 E 处只有反对称的剪力，没有正对称的弯矩和轴力，故取图 21 - 17（b）所示的半刚架，其基本结构如图 21 - 17（c）所示。另半边刚架的内力与该半边反对称。

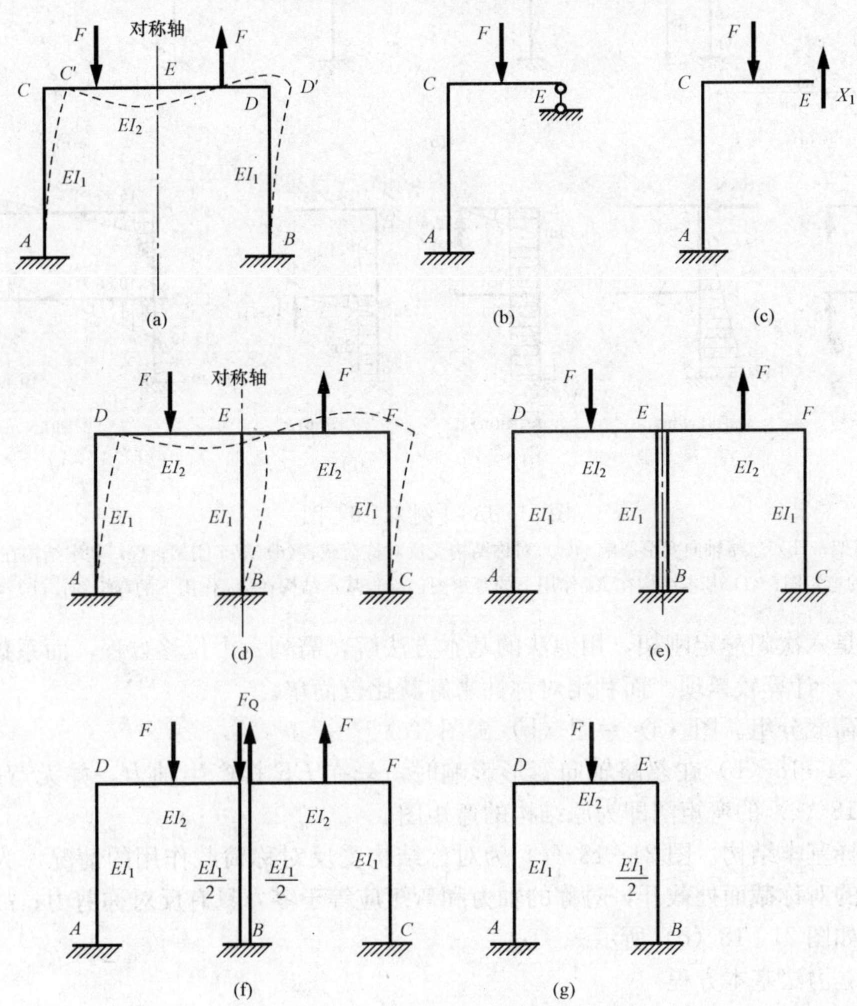

图 21 - 17　反对称荷载作用的半刚架法

（a）单跨对称刚架受反对称荷载作用；（b）单跨对称刚架在反对称荷载作用下的半刚架；（c）半刚架的基本结构；（d）两跨对称刚架受反对称荷载作用；（e）等效结构；（f）在切口处只有反对称的剪力 F_Q 存在；（g）图（f）的半刚架

图 21 - 17（d）所示的两跨对称刚架受反对称荷载作用。可以将其中间柱设想为两根刚度为 $EI_1/2$ 的竖柱组成，它们在顶端分别与横梁刚性连接，如图 21 - 17（e）所示，显然这与原结构是等效的。再设想将此两柱中间的横梁切开，由于荷载是反对称的，故在切口处只有反对称的剪力 F_Q 存在［见图 21 - 17（f)］，这对剪力只使两柱分别产生等值、反向的轴力而不影响其他杆件的弯矩。原中间柱的内力等于该两柱内力之和，而剪力 F_Q 对原结构内力

和变形都无影响，可略去不计，基本结构取其半刚架进行分析，如图 21 - 17（g）所示。

【例 21 - 6】 利用对称性作图 21 - 18（a）所示刚架的弯矩图。

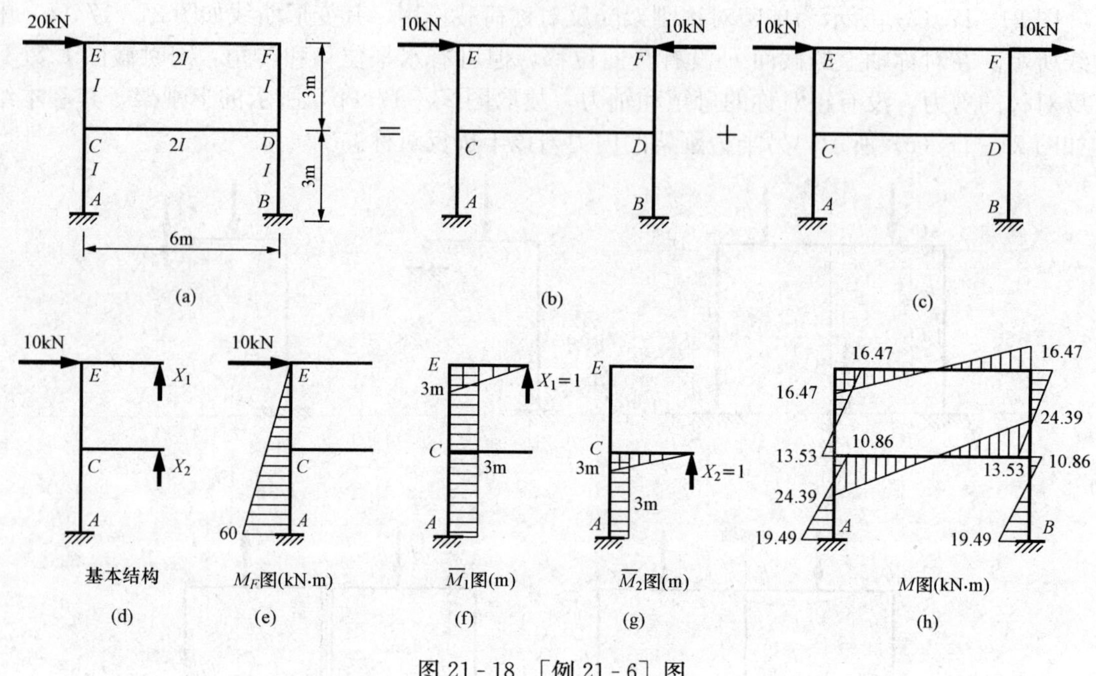

图 21 - 18 ［例 21 - 6］图

（a）刚架；（b）忽略轴向变形影响；（c）对称结构受反对称荷载；（d）取半刚架；（e）基本结构在荷载作用下的弯矩图；（f）基本结构在 X_1 作用下的弯矩图；（g）基本结构在 X_2 作用下的弯矩图；（h）弯矩图

解 这是六次超静定刚架，用力法的基本方法解，需列六个位移方程，而系数和自由项总共有 42 个，计算较繁琐。而利用对称性来解就比较简单。

（1）将荷载分组。图（a）＝图（b）＋图（c）。

其中图 21 - 18（b）在忽略轴向变形影响时，只在 EF 杆产生轴力，并无弯矩和剪力，因而图 21 - 18（c）的弯矩图即为原结构的弯矩图。

（2）选择基本结构。图 21 - 18（c）为对称结构受反对称荷载作用的情况，为了简化计算，在结构的对称截面处截开，对称的轴力和弯矩应等于零，只有反对称剪力，故取半刚架的基本结构如图 21 - 18（d）所示。

（3）建立力法基本方程

$$\delta_{11}X_1+\delta_{12}X_2+\Delta_{1F}=0$$
$$\delta_{21}X_1+\delta_{22}X_2+\Delta_{2F}=0$$

（4）计算系数和自由项。绘制基本结构在荷载、单位未知力作用下的弯矩图如图 21 - 18（e）～图 21 - 18（g）所示则

$$\delta_{11}=\frac{1}{2EI}\left(\frac{1}{2}\times 3\times 3\times\frac{2}{3}\times 3\right)+\frac{1}{EI}(3\times 6\times 3)=\frac{117}{2EI}$$

$$\delta_{22}=\frac{1}{2EI}\left(\frac{1}{2}\times 3\times 3\times\frac{2}{3}\times 3\right)+\frac{1}{EI}(3\times 3\times 3)=\frac{63}{2EI}$$

$$\delta_{12}=\delta_{21}=\frac{1}{EI}(3\times 3\times 3)=\frac{27}{EI}$$

$$\Delta_{1F}=-\frac{1}{EI}\left(\frac{1}{2}\times 60\times 6\times 3\right)=-\frac{540}{EI}$$

$$\Delta_{2F}=-\frac{1}{EI}\left(\frac{30+60}{2}\times 3\times 3\right)=-\frac{405}{EI}$$

（5）计算基本未知力。将各系数和自由项代入基本方程中得

$$\frac{117}{2EI}X_1+\frac{27}{EI}X_2-\frac{540}{EI}=0$$

$$\frac{27}{EI}X_1+\frac{63}{2EI}X_2-\frac{405}{EI}=0$$

解得　$X_1=5.49\text{kN}$，$X_2=8.13\text{kN}$。

（6）绘制弯矩图。画出半刚架的弯矩图，而另一半可利用反对称性画出，如图 20-18（h）所示。

※第五节　支座移动和温度改变时超静定结构的内力计算

工程中超静定结构有时没有荷载作用，而由于其他原因也会产生内力，例如支座移动、温度改变、材料膨胀、制造误差、架设等因素的影响，都会产生内力，这是超静定结构的重要特性之一。本节主要介绍支座移动、温度改变时的内力计算。

一、支座移动时超静定结构的内力计算

超静定结构的支座移动在工程实际中多出现在结构物支座的沉陷或加工制造的误差等方面。超静定结构在支座移动时，其内力计算的基本原理和步骤与荷载作用下的情形基本相同。力法典型方程都是根据基本结构在已知外因和多余未知力共同作用下，在多余未知力处的位移与原结构相应位移相同的条件建立的。唯一的区别是：支座移动情况下，力法典型方程中的自由项不是由于外荷载作用引起的位移，而是由于实际支座移动，使基本结构在多余未知力处沿多余未知力方向产生的位移。下面通过例题作具体分析。

【例 21-7】　图 21-19（a）所示的单跨超静定梁，支座 A 发生转角 φ，支座 B 下沉位移 a，求作该梁的弯矩图。

解　（1）选择基本结构，确定基本未知量。这是一次超静定结构，去掉 B 处的支座，代之以相应的约束反力 X_1，得到图 21-19（b）所示的基本结构。

（2）建立力法典型方程。根据基本结构在 X_1 和支座移动共同作用下在多余未知力处沿多余未知力方向的位移与原结构在相应处位移相等的条件建立力法典型方程

$$\delta_{11}X_1+\Delta_{1c}=-a$$

式中：Δ_{1c}是基本结构由于支座 A 的转动而引起的沿 X_1 方向的位移；原结构支座 B 处的位移 a 与基本未知力 X_1 方向相反，故取负值。

（3）计算系数和自由项。

1）计算系数 δ_{11}。基本结构在 $X_1=1$ 单独作用下的弯矩图，如图 21-19（e）所示，则

$$\delta_{11}=\frac{1}{EI}\left(\frac{1}{2}\times l\times l\times\frac{2}{3}l\right)=\frac{l^3}{3EI}$$

2）自由项 Δ_{1c}的计算通常有两种方法：①简单情况下，可直接利用几何关系确定；②在比较复杂情况下，可利用第二十章第五节静定结构在支座移动时的位移计算公式 $\Delta_K=$

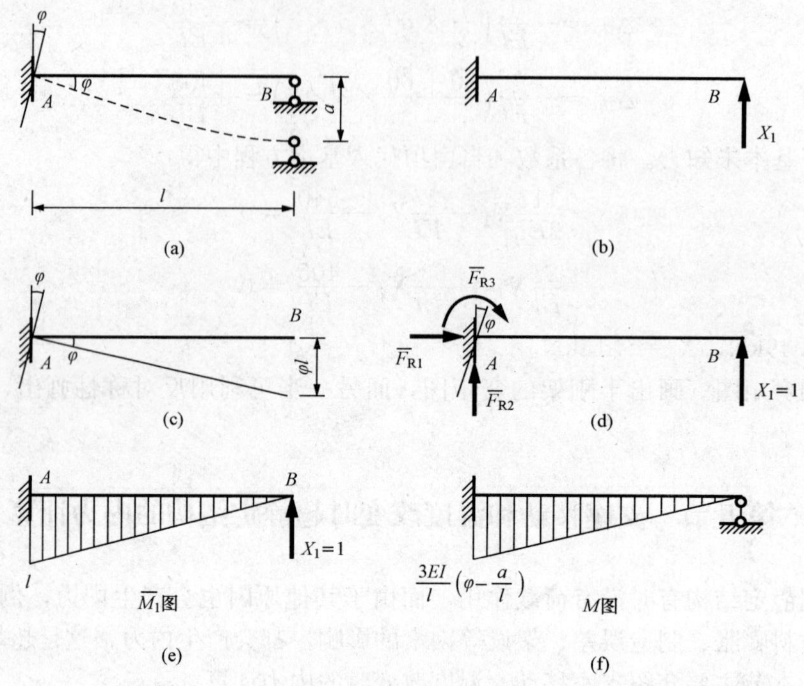

图 21-19 ［例 21-7］图

(a) 单跨超静定梁；(b) 基本结构；(c) 几何关系；(d) 利用单位荷载法确定 Δ_{1c}；
(e) 基本结构在 $X_1=1$ 单独作用下的弯矩图；(f) 弯矩图

$-\sum\overline{F}_RC$ 计算。

此题 Δ_{1c} 可直接由几何关系看出［见图 21-19 (c)］，当 φ 是微小转角时，$\Delta_{1c}=-\varphi\times l$（负号表示位移与虚设单位力 $X_1=1$ 的方向相反）。

若由公式 $\Delta_K=-\sum\overline{F}_RC$ 确定时［见图 21-19 (d)］，设 $X_1=1$，则 $\overline{F}_{R1}=0$，$\overline{F}_{R2}=-1$，$\overline{F}_{R3}=l$，相应的位移 $C_1=0$，$C_2=0$，$C_3=\varphi$，故有

$$\Delta_{1c}=-\varphi\times l$$

(4) 计算基本未知力。将 Δ_{1c} 和 δ_{11} 代入力法方程得

$$\frac{l^3}{3EI}X_1-\varphi\times l=-a$$

解得　$X_1=\frac{3EI}{l^2}\left(\varphi-\frac{a}{l}\right)$。

(5) 绘制弯矩图。绘制基本结构在多余未知力作用下的弯矩图，即为原超静定结构的弯矩图，如图 21-19 (f) 所示。也可根据叠加法计算弯矩，因为基本结构是静定结构，支座移动时不会引起内力，因此内力全部是由多余未知力引起的，即弯矩的叠加公式为

$$M=\overline{M}_1X_1$$

【例 21-8】 图 21-20 (a) 所示的刚架，当支座 B 向右发生水平位移 a 时，试作该刚架的弯矩图。

解 (1) 选择基本结构，确定基本未知量。拆除 B 处的水平支座，用相应的反力代替得基本结构如图 21-20 (b) 所示。

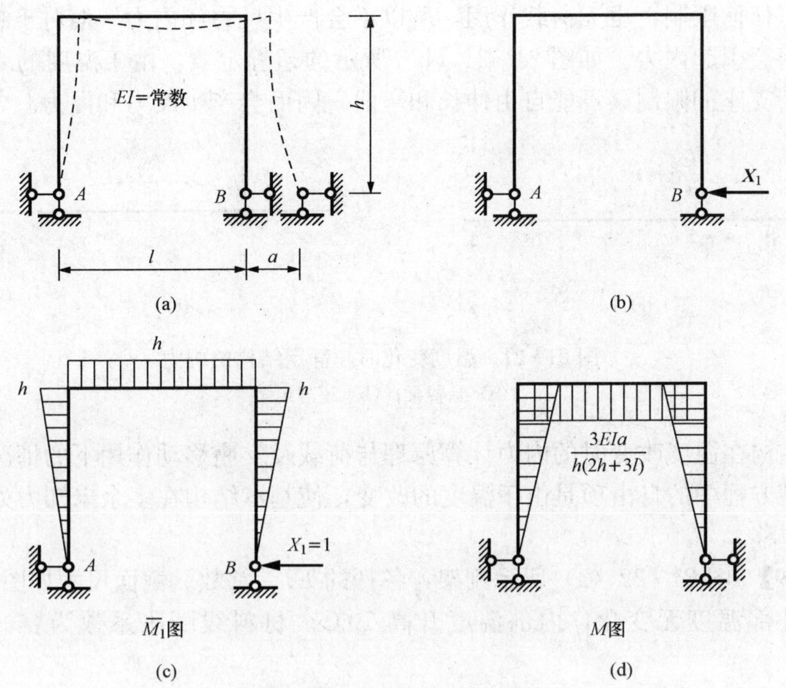

图 21-20 ［例 21-8］图

(a) 刚架；(b) 基本结构；(c) 基本结构在 X_1 单独作用下的弯矩图；(d) 弯矩图

(2) 建立力法典型方程。原结构在支座 B 处的水平位移与多余未知力 X_1 的方向相反，故取负值，则

$$\delta_{11}X_1+\Delta_{1c}=-a$$

(3) 计算系数和自由项。

1) 计算系数 δ_{11}。基本结构在 $X_1=1$ 单独作用下的弯矩图如图 21-20 (c) 所示，则

$$\delta_{11}=\frac{1}{EI}\left(\frac{1}{2}h\times h\times\frac{2}{3}h\times 2+h\times l\times h\right)=\frac{h^2}{3EI}(2h+3l)$$

2) 计算自由项 Δ_{1c}。因为基本结构在支座 A、B 处均没有位移，当然也就不会使基本结构在 X_1 处沿 X_1 方向引起位移，即

$$\Delta_{1c}=0$$

(4) 计算基本未知量。将 δ_{11} 和 Δ_{1c} 代入力法方程中得

$$\frac{h^2}{3EI}(2h+3l)X_1=-a$$

解得　$X_1=-\dfrac{3EIa}{h^2(2h+3l)}$。

负号表示 B 支座水平反力的实际方向与虚设未知力的方向相反。

(5) 绘制弯矩图，如图 21-20 (d) 所示。

二、温度变化时超静定结构的内力计算

静定结构在温度改变时会产生变形，但不会引起内力，如图 21-21 (a) 所示的悬臂梁，当上侧温度小于下侧温度时，梁将自由伸长和弯曲，如图 21-21 (a) 中虚线所示。由于梁

在变形时没有任何限制，也无荷载作用，所以不会产生反力和内力。但对于超静定结构，在温度改变时将会引起内力。如图 21 - 21（b）所示的超静定梁，由于温度的变化，使梁产生变形，但由于支座的限制梁不能自由伸长和弯曲，因而会产生反力和内力。

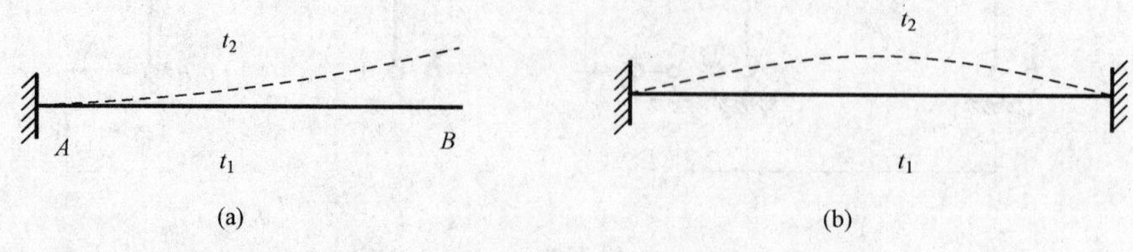

图 21 - 21 温度变化时超静定结构的内力

（a）悬臂梁；（b）超静定梁

超静定结构在温度改变时的内力计算原理与荷载及支座移动作用下的情况基本相同，区别是力法典型方程中的自由项是由于温度的改变，使基本结构在多余未知力处沿多余未知力方向产生的位移。

【例 21 - 9】 图 21 - 22（a）所示刚架，各杆的 EI＝常数。截面尺寸如图 21 - 22（a）所示。设刚架外部温度无变化，内部温度升高 10℃。材料线膨胀系数为 α，试作刚架的弯矩图。

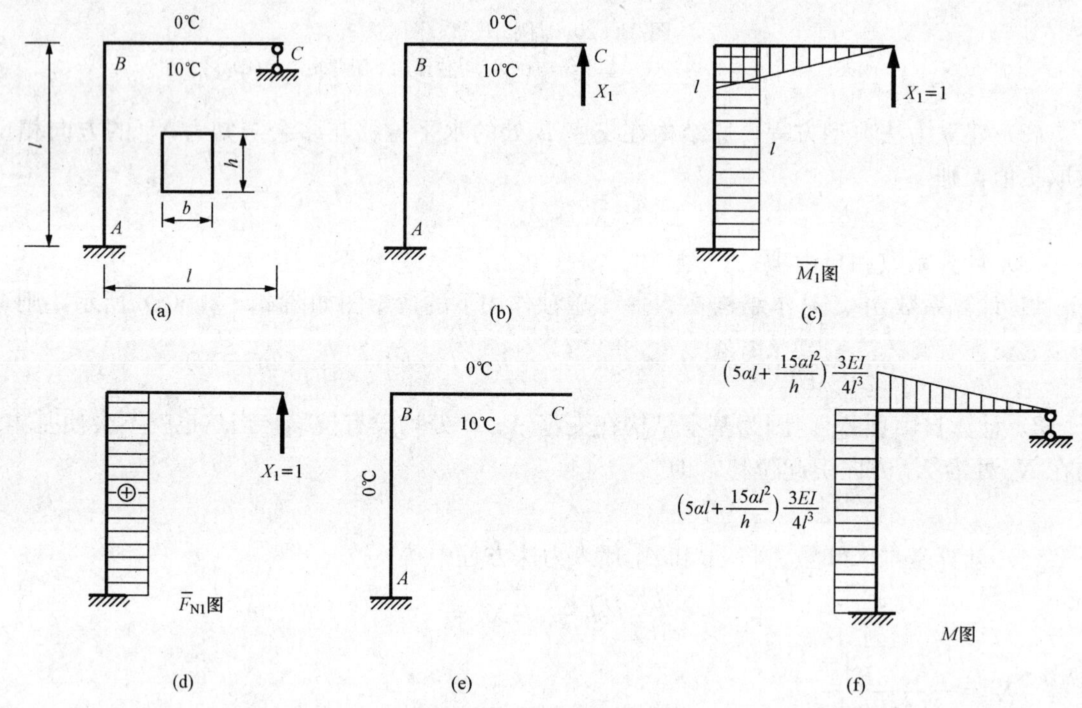

图 21 - 22 ［例 21 - 9］图

（a）刚架；（b）基本结构；（c）$\overline{M}_1$ 图；（d）$\overline{F}_{N1}$图；（e）基本结构的温度情况；（f）弯矩图

解 （1）选择基本结构，确定基本未知量。这是一次超静定结构，拆除 B 处的支座，代之以相应的约束反力 X_1，所得基本结构如图 21 - 22（b）所示。

（2）建立力法典型方程。根据基本结构由于基本未知力 X_1 和温度变化的共同作用在 X_1

处沿 X_1 方向引起的位移与原结构在该处位移相等的条件建立力法方程

$$\delta_{11}X_1+\Delta_{1t}=0$$

式中：Δ_{1t}为基本结构由于温度改变在 X_1 处沿 X_1 方向引起的位移。

（3）计算系数和自由项。

1）计算系数 δ_{11}。基本结构在 $X_1=1$ 单独作用下的弯矩图如图 21-22（c）所示，则

$$\delta_{11}=\frac{1}{EI}\left(\frac{1}{2}\times l\times l\times\frac{2}{3}\times l+l\times l\times l\right)=\frac{4l^3}{3EI}$$

2）计算自由项 Δ_{1t}。如图 21-22（c）、图 21-22（d）所示，计算自由项时，需要同时考虑弯矩和轴力的影响。由于温度的改变沿杆长为常数，所以可根据第二十章第五节静定结构在温度改变时的位移计算式（20-10）计算，即

$$\Delta_K=\sum\alpha t_0\omega_{\overline{F}_N}+\sum\alpha\frac{\Delta t}{h}\omega_{\overline{M}}$$

其中 $$t_0=\frac{t_1+t_2}{2}=\frac{0+10}{2}=5(℃),\quad \Delta t=t_2-t_1=10-0=10(℃)$$

$$\omega_{\overline{F}_{N1}}=1\times l=l,\quad \omega_{\overline{M}_1}=\frac{1}{2}\times l\times l+l\times l=\frac{3}{2}l^2$$

故 $$\Delta_{1t}=\alpha\times 5\times l+\alpha\times\frac{10}{h}\times\frac{3}{2}\times l^2=5\alpha l+\frac{15\alpha l^2}{h}$$

（4）计算基本未知量。将 δ_{11}和 Δ_{1t}代入力法方程中，有

$$\frac{4l^3}{3EI}X_1+5\alpha l+\frac{15\alpha l^2}{h}=0$$

解得 $X_1=-\left(5\alpha l+\frac{15\alpha l^2}{h}\right)\frac{3EI}{4l^3}$。

（5）绘制弯矩图，如图 21-22（f）所示。

第六节 超静定结构的位移计算

超静定结构和静定结构一样也需要验算刚度，还需要在结构制作、架设等过程中，预先确定其位移，以便拟定出相应的施工措施。所以，超静定结构的位移计算是必要的。

用力法计算超静定结构，求出多余未知力后，将其作为已知力作用在基本结构上，就可将超静定结构变成静定结构，因为基本结构在多余未知力和荷载共同作用下的内力、变形与原结构完全相同，因而求超静定结构位移的问题就归结为计算静定的基本结构的位移问题，其计算方法有积分法和图乘法。下面主要介绍图乘法：

（1）计算超静定结构，画其弯矩图或轴力图（对于桁架结构），即为实际状态下的内力图。

（2）选择一个计算简便的基本结构作为虚拟状态，在需求位移处沿位移方向虚设一单位力，画其相应的弯矩图或轴力图。

（3）用图乘法计算位移。

【例 21-10】 试计算图 21-23（a）所示刚架 B 点的水平位移 Δ_{BH}。

解 （1）画出原刚架的弯矩图，如图 21-23（b）所示。

（2）选择基本结构，在要求位移处沿位移方向虚设一单位力 $F=1$，并画其弯矩图，如

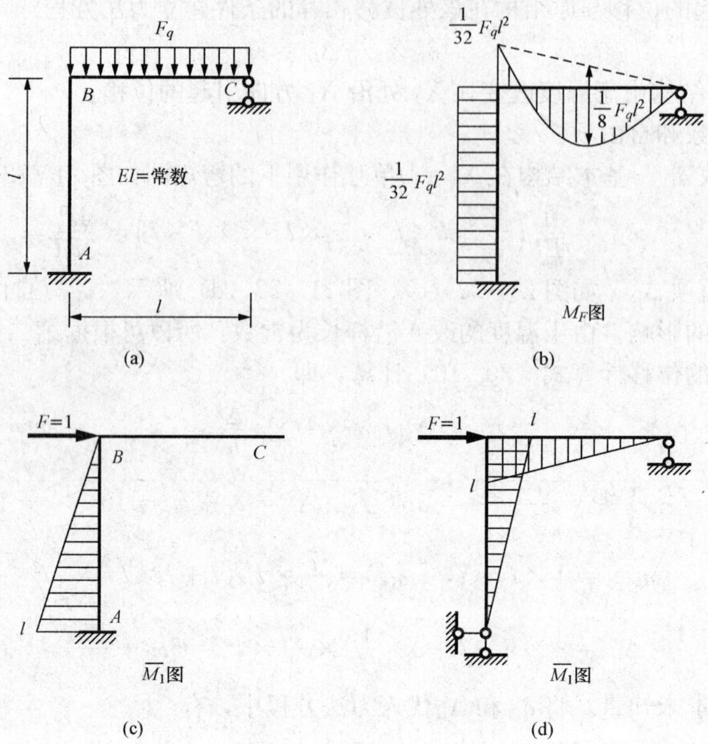

图 21-23 [例 21-10] 图

(a) 刚架；(b) 原刚架的弯矩图；(c) 基本结构在虚拟状态下的弯矩图 1；(d) 基本结构在虚拟状态下的弯矩图 2

图 21-23（c）所示。

（3）用图乘法计算 Δ_{BH}

$$\Delta_{BH}=\frac{1}{EI}\left(\frac{1}{2}\times l\times l\times\frac{1}{32}F_ql^2\right)=\frac{1}{64EI}F_ql^4\,(\rightarrow)$$

（4）若选取图 21-23（d）所示的基本结构，则

$$\Delta_{BH}=\frac{1}{EI}\left(-\frac{1}{2}\times\frac{1}{32}F_ql^2\times l\times\frac{2}{3}l+\frac{2}{3}\times\frac{1}{8}F_ql^2\times l\times\frac{1}{2}l-\frac{1}{2}\times l\times l\times\frac{1}{32}F_ql^2\right)$$

$$=\frac{1}{64EI}F_ql^4\,(\rightarrow)$$

可见选取不同的基本结构，其计算结果相同，显然选择悬臂刚架作为基本结构，计算要简便很多。

第七节 超静定结构内力图的校核

为了确保超静定结构内力图的正确性，除计算过程中谨慎细心外，还必须对其内力图加以校核。校核需要从两个方面考虑：一是静力平衡条件的校核；二是位移条件的校核。

一、平衡条件的校核

平衡条件的校核是取结构的整体或任何局部为脱离体，考察其是否满足静力平衡条件。注意画脱离体受力图时，脱离体截面上的内力要按已经绘制出的内力图确定。

二、位移条件的校核

位移条件的校核是要检查各个多余约束处的计算位移是否符合原结构的实际位移。所以，有几个多余未知力，相应的就需要进行几次位移校核。校核时取原结构的最终弯矩图作为实际状态的弯矩图，取基本结构在单位未知力作用下的弯矩图为虚拟状态的弯矩图，利用图乘法计算，看所得结果是否与原结构的实际位移相符合。

【例 21-11】 图 21-24（a）为一个二次超静定刚架，其内力图如图 21-24（b）～（d）所示，试校核内力图的正确性。

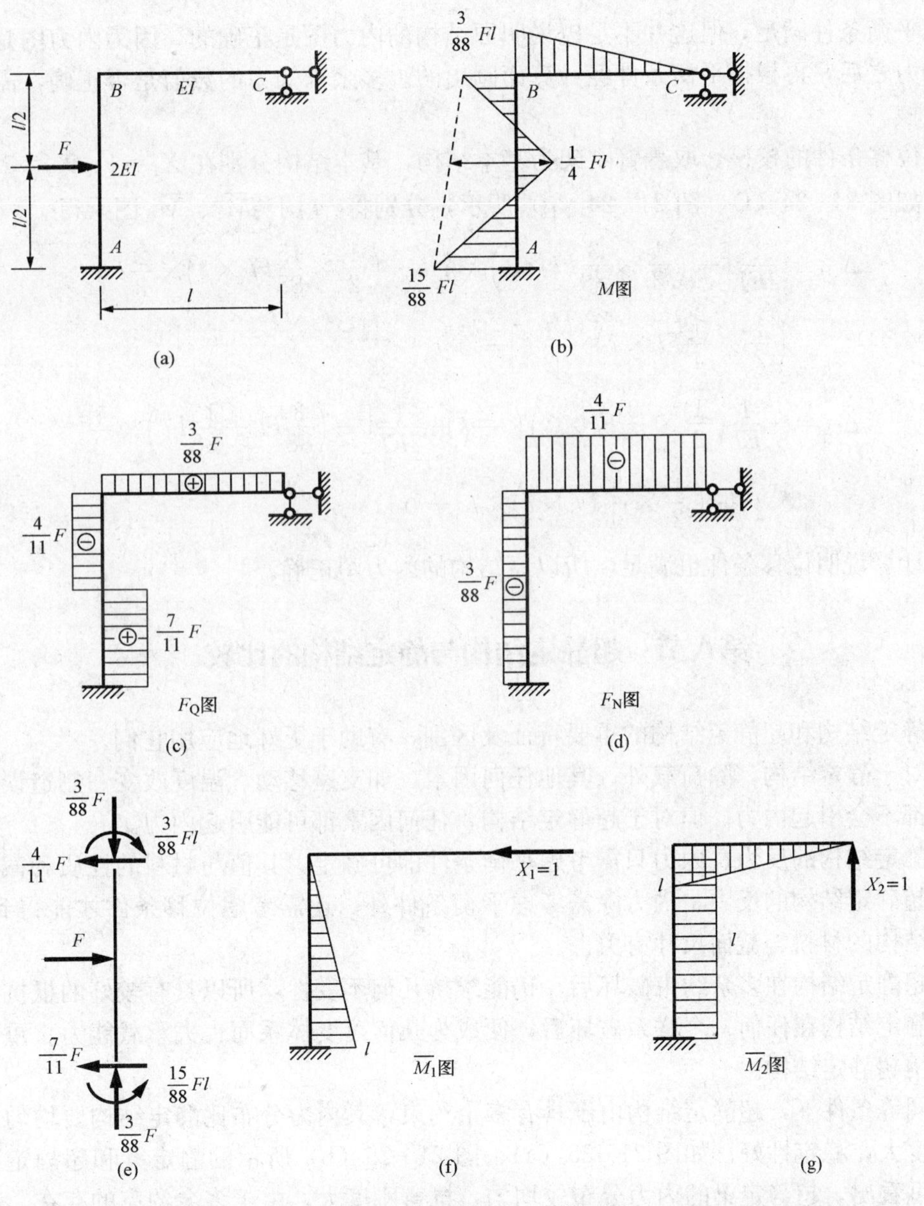

图 21-24 ［例 21-11］图

（a）二次静定刚架；（b）弯矩图；（c）剪力图；（d）轴力图；（e）AB 杆受力图；（f）基本结构在 X_1 作用下的弯矩图；（g）基本结构在 X_2 作用下的弯矩图

解 （1）平衡条件的校核。取 AB 杆为研究对象，受力图如图 21 - 24（e）所示，则有

$$\sum F_y = \frac{3}{88}F - \frac{3}{88}F = 0$$

$$\sum F_x = -\frac{4}{11}F + F - \frac{7}{11}F = 0$$

$$\sum M(\overline{F}) = -\frac{3}{88}Fl + \frac{4}{11}F \times l - F \times \frac{1}{2}l + \frac{15}{88}Fl = 0$$

可见平衡条件满足，但这并不足以说明原结构的内力图是正确的，因为内力图是在求出多余未知力之后，再根据平衡条件经计算而画出的。多余未知力的数值是否正确，需根据位移条件校核。

（2）位移条件的校核。取悬臂刚架为基本结构，基本结构分别在 $X_1=1$、$X_2=1$ 作用下的弯矩图如图 21 - 24（f）、图 21 - 24（g）所示，分别将 M 图与 $\overline{M}_1$、$\overline{M}_2$ 图乘得

$$\Delta_{CH} = \frac{1}{2EI}\left[-\left(\frac{1}{2} \times \frac{3}{88}Fl \times l\right) \times \frac{1}{3}l - \left(\frac{1}{2} \times \frac{15}{88}Fl \times l\right) \times \frac{2}{3}l + \left(\frac{1}{2} \times \frac{1}{4}Fl \times l\right) \times \frac{1}{2}l\right] = 0$$

$$\Delta_{CV} = -\frac{1}{EI}\left(\frac{1}{2} \times \frac{3}{88}Fl \times l\right) \times \frac{2}{3}l + \frac{1}{2EI}\left[-\left(\frac{3}{88}Fl + \frac{15}{88}Fl\right) \times \frac{1}{2} \times l^2 + \left(\frac{1}{2} \times \frac{1}{4}Fl \times l\right) \times l\right] = 0$$

以上计算说明位移条件也满足，所以原结构的内力图正确。

第八节 超静定结构与静定结构的比较

了解静定结构和超静定结构的重要特征及区别，有助于更好地应用它们。

（1）对于静定结构，除荷载外，其他任何因素，如支座移动、温度改变、制造误差、材料膨胀等都不会引起内力。但对于超静定结构，任何因素都可能引起内力。

（2）静定结构的反力、内力只需考虑平衡条件即可确定，其值与材料的性质和截面尺寸无关；而超静定结构的反力、内力除需考虑平衡条件外，还需考虑位移条件才能得到解答，故其值与结构的材料、截面尺寸有关。

（3）超静定结构在多余约束破坏后，仍能维持几何不变性，所以具有较好的抵抗破坏的能力。而静定结构在任何一个联系破坏后，便成为几何可变体系而丧失承载能力。重要的建筑物多采用超静定结构。

（4）同等条件下，超静定结构由于具有多余约束，其内力分布比静定结构要均匀，变形较小，刚度大，稳定性好。如图 21 - 25（a）、图 21 - 25（b）所示的静定梁和超静定梁，从弯矩图就可看出，超静定梁的内力分布较均匀，抗弯刚度大，由于多余约束的存在，稳定性比相应的简支梁要好。

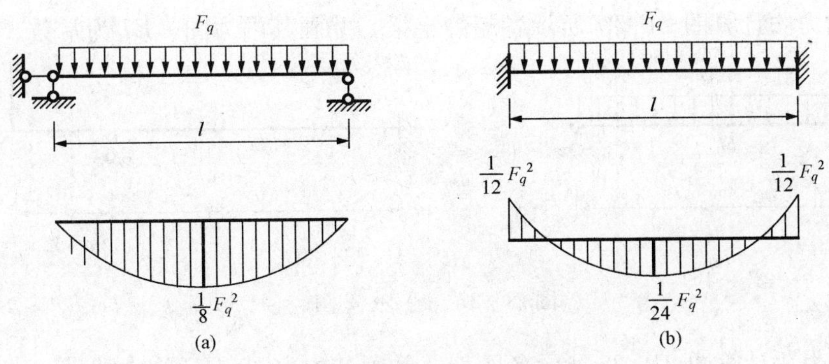

图 21 - 25　超静定结构与静定结构比较

（a）静定梁；（b）超静定梁

思　考　题

21 - 1　用力法计算超静定结构的基本思路是什么？

21 - 2　力法的基本未知量如何确定？基本结构又如何选取？

21 - 3　力法典型方程的物理意义是什么？方程中的自由项和系数的物理意义是什么？

21 - 4　力法方程中为什么主系数必为大于零的正值？而副系数可为正值、负值或零？

21 - 5　怎样利用结构的对称性简化计算？

21 - 6　什么是半刚架？如何选取半刚架？

21 - 7　没有荷载就没有内力，这个结论在什么情况下适用？在什么情况下不适用？

习　　题

21 - 1　确定图 21 - 26 所示各结构的超静定次数。并确定其用力法时的基本结构。

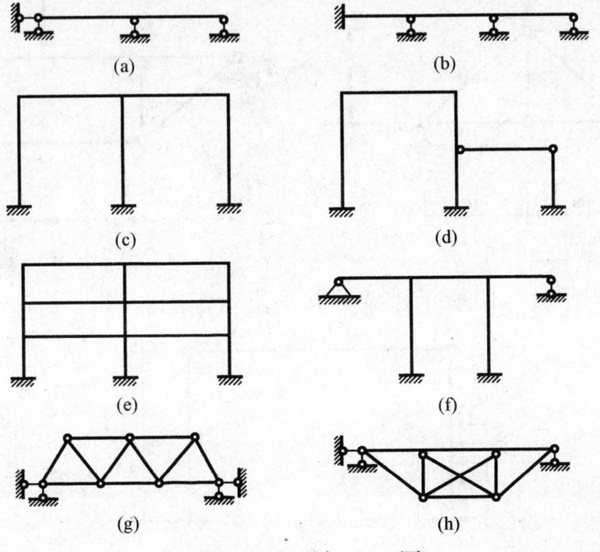

图 21 - 26　题 21 - 1 图

21-2 用力法计算图 21-27 所示各超静定梁，并画其内力图，EI 为常数。

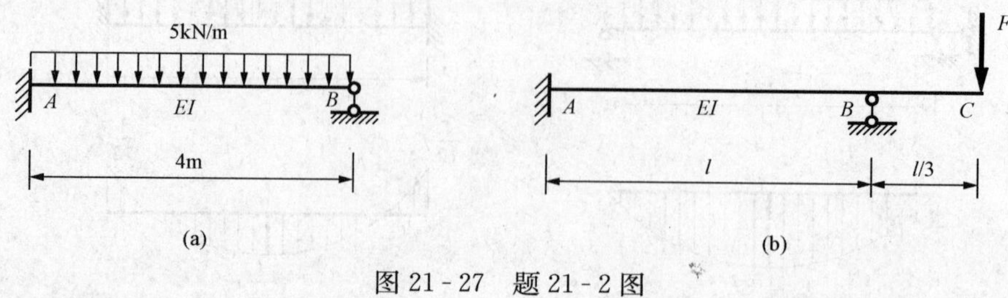

图 21-27 题 21-2 图

21-3 用力法计算图 21-28 所示各刚架，并画其内力图。EI 为常数。

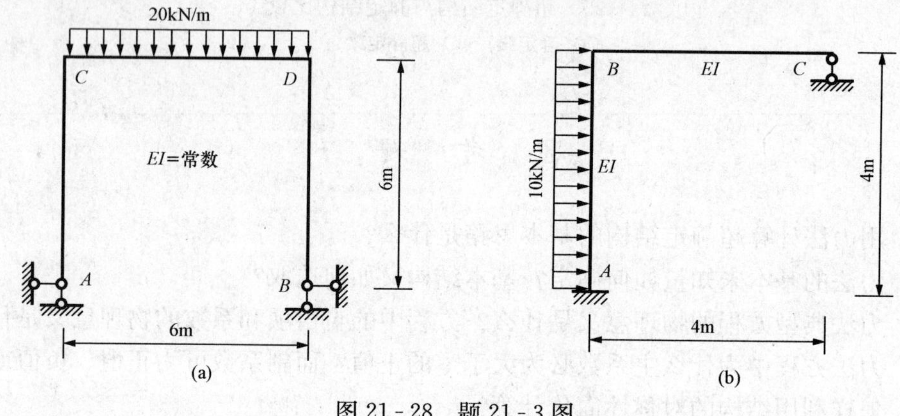

图 21-28 题 21-3 图

21-4 用力法计算图 21-29 所示桁架各杆的轴力。设各杆的 EA 均相等，且为常数。

21-5 用力法计算图 21-30 所示组合结构中二力杆的轴力，并画梁式杆的弯矩图。梁式杆 AB $EI=1.989\times10^4\text{kN}\cdot\text{m}^2$，各二力杆的 EA 均相同，且 $EA=2.646\times10^5\text{kN}$。

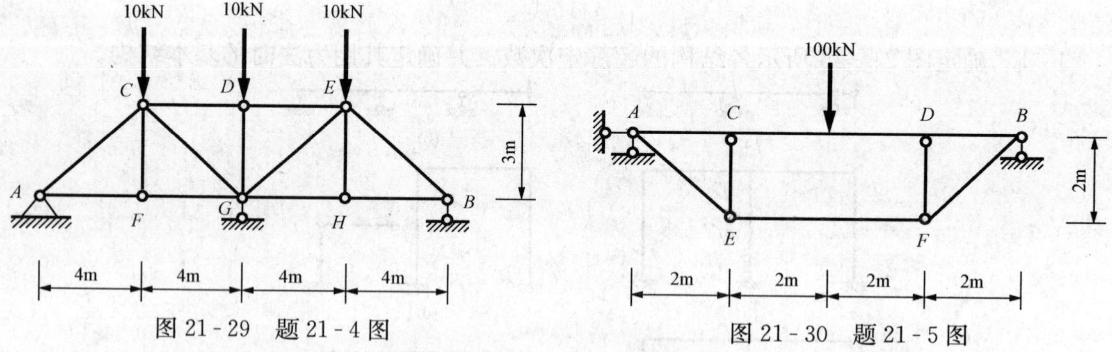

图 21-29 题 21-4 图　　图 21-30 题 21-5 图

21-6 用力法计算图 21-31 所示排架，并画出弯矩图。

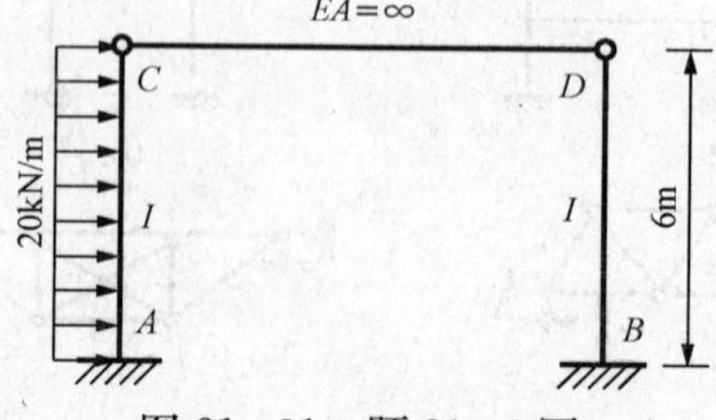

图 21-31 题 21-6 图

21-7　利用对称性计算图 21-32 所示各刚架，并画弯矩图。

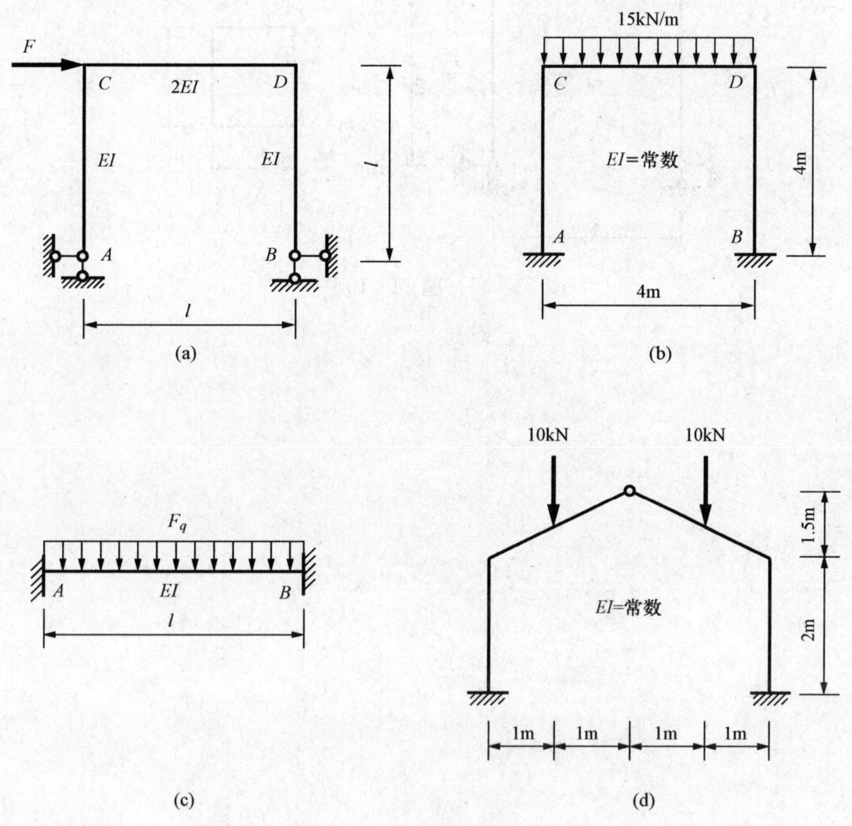

图 21-32　题 21-7 图

21-8　设如图 21-33 所示梁的 B 端下沉 a，试作梁的弯矩图和剪力图。

21-9　如图 21-34 所示，支座 B 下沉 0.5m，试作刚架的内力图。

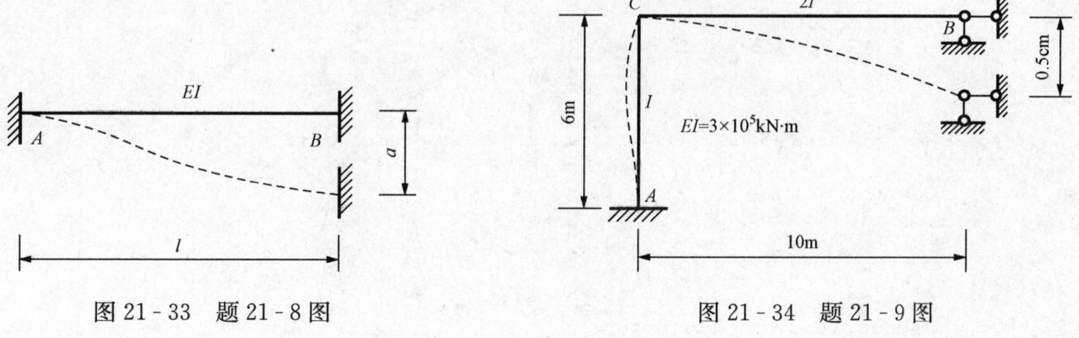

图 21-33　题 21-8 图

图 21-34　题 21-9 图

21-10　如图 21-35 所示刚架，施工时的温度为 15℃，图 21-35 中所标注为使用时冬季室外温度为−35℃，室内温度为 15℃，求此时由于温度改变在刚架中引起的内力。各杆 EI＝常数，截面尺寸如图 21-35 所示，混凝土的弹性模量为 $E=2\times10^7\text{kN/m}^2$，材料的线膨胀系数为 0.00001。

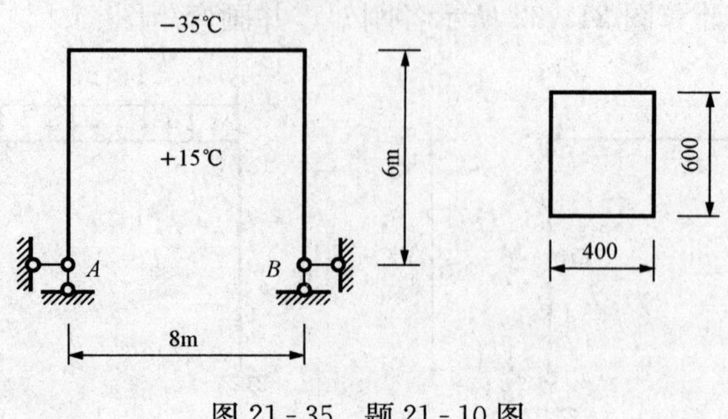

图 21-35 题 21-10 图

第二十二章 位 移 法

力法和位移法是解算超静定结构的两种基本方法。用力法计算超静定结构时，是以多余未知力为基本未知量，所以超静定次数越高多余未知力就越多，计算也就越繁琐。而对于工程中最常用的钢筋混凝土结构，多采用的是高次超静定结构，显然用力法计算就比较困难，必须寻求一种比较简单的计算方法，这样，便出现了位移法。

第一节 位移法的基本概念

一、位移法的基本思路

如图 22-1（a）所示的刚架，在荷载 F_q 作用下产生图中虚线所示的变形曲线，其中固定端 A、C 处均无任何位移，结点 B 是刚结点，汇交于该结点的 BA、BC 杆的夹角在变形前后保持不变。在忽略轴向变形和剪切变形影响的情况下，当实际变形很小时，可认为 BA 杆和 BC 杆的长度在变形前后保持不变，这样，B 结点既无水平线位移也无竖向线位移，只发生角位移 φ_B。根据变形连续条件可知，汇交于 B 结点的 BA 杆和 BC 杆的 B 端亦发生与 B 结点相同的角位移 φ_B。如果将刚结点 B 看成固定端支座，设想将刚架在 B 结点处拆开，可分为两个两端固定的单跨超静定梁，如图 22-1（b）、图 22-1（c）所示。则各单跨超静定梁在荷载和角位移共同作用下的杆端弯矩可用力法计算出，分别为

$$\left.\begin{aligned} M_{BC} &= 4i\varphi_B - \frac{F_q l^2}{12} \\ M_{CB} &= 2i\varphi_B + \frac{F_q l}{12} \\ M_{BA} &= 4i\varphi_B, \quad M_{AB} = 2i\varphi_B \end{aligned}\right\} \quad ①$$

取结点 B 为研究对象，画其示力图如图 22-1（d）所示，则有

$$M_{BA} + M_{BC} = 0 \quad ②$$

即

$$4i\varphi_B + 4i\varphi_B - \frac{F_q l^2}{12} = 0 \quad ③$$

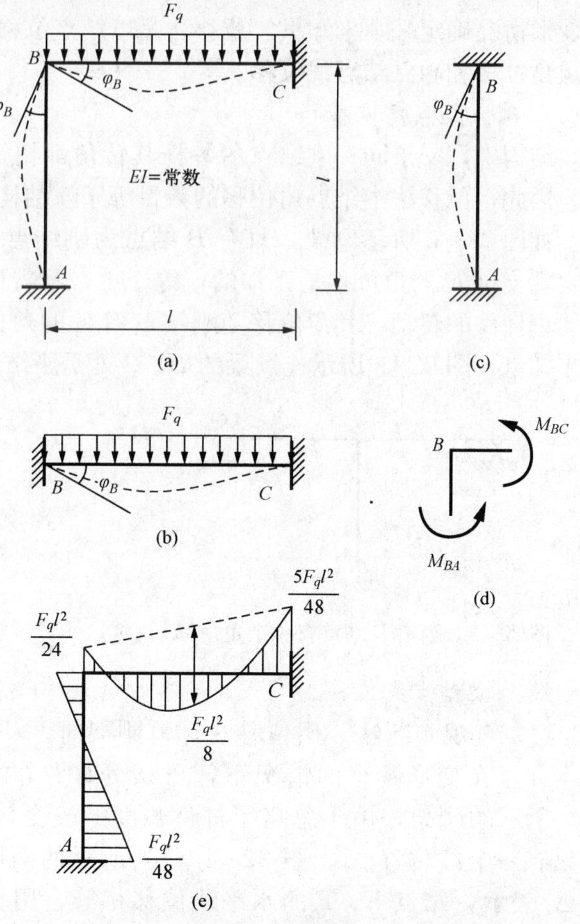

图 22-1 位移法

（a）刚架；（b）分解为单跨超静定梁 BC；（c）分解为单跨超静定梁 AB；（d）结点 B 示力图；（e）弯矩图

解得 $\varphi_B=\dfrac{F_ql^2}{96i}$。

将此值代入式①，得各杆的杆端弯矩值为

$$M_{BC}=-\frac{F_ql^2}{24},\quad M_{CB}=\frac{5F_ql^2}{48}$$

$$M_{BA}=\frac{F_ql^2}{24},\quad M_{AB}=\frac{F_ql^2}{48}$$

最后根据杆端弯矩和荷载画原结构的弯矩图，如图 22-1（e）所示。

由此可见，位移法的基本思路是：①以结点位移为基本未知量；②将整体刚架拆分成若干根单元杆件，每根单元杆件均可看作单跨超静定梁，建立这些杆件的杆端弯矩与结点位移间的关系式；③把各单元杆件又组装成原结构，进行整体分析，利用平衡条件建立基本方程求解基本未知量，从而进一步求出各杆的杆端弯矩；④根据杆端弯矩和荷载画出原结构的弯矩图。下面按这个思路一一进行分析。

二、位移法的基本未知量

从位移法的基本思路可知，利用位移法计算超静定结构，首先要根据结构在荷载作用下的变形情况确定基本未知量。位移法是以结点位移作为基本未知量，结点位移有两种：**独立结点角位移和独立结点线位移**。

1. 独立结点角位移

结构中，交于同一刚结点的各杆其转角都相等，即每一个刚结点只有一个独立的角位移。因此，位移法中结点角位移的数目等于该结构中刚结点的数目。

如图 22-2 所示刚架，只有 B 结点为刚结点，所以只有一个角位移 φ_B。这里要注意：固定端支座 D 的角位移是已知的，等于零，不需作为未知量。而固定铰支座和可动铰支座不约束杆件的转动，其角位移随刚结点 B 处的角位移而变化，不是独立的，故不能作为基本未知量。图 22-3 所示连续梁的 B、C 处是刚结点，有两个角位移 φ_B 和 φ_C。

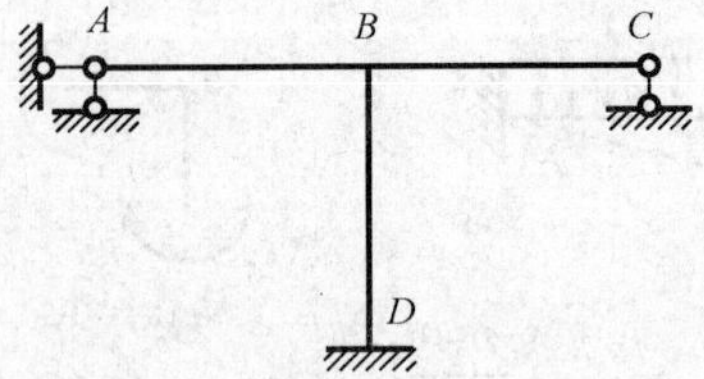

图 22-2 刚架 B 结点有一个角位移

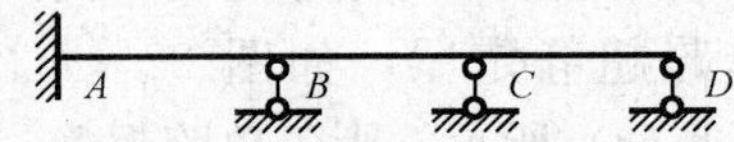

图 22-3 连续梁的 B、C 有两个角位移

2. 独立结点线位移

（1）直观判断法。用位移法计算刚架时，一般忽略杆件的轴向变形和剪切变形的影响，并且在变形微小的情况下，可认为杆件的长度在变形前后保持不变。如图 22-4（a）所示的刚架，由于忽略了杆件长度的改变，所以 C、D 两点的线位移相同，即此结构只有一个线位移 Δ_1。图 22-4（b）所示的两层刚架，结点 C、D 的水平线位移相等，用 Δ_1 表示，结点 E、F 的水平线位移相等，用 Δ_2 表示，因此，此刚架有两个独立结点线位移。这种根据结构变形情况直接观察并确定独立结点线位移的方法称为**直观判断法**。

（2）铰化结点判断法。对于形式复杂的刚架，可将刚架的各刚结点（包括固定端支座）

全部改为铰结点，然后对其进行几何组成分析，如果此铰接体系仍然是几何不变体系，说明原结构没有结点线位移。若需增加链杆才能组成几何不变体系，则所需增加链杆的数目等于原结构的独立结点线位移的数目。

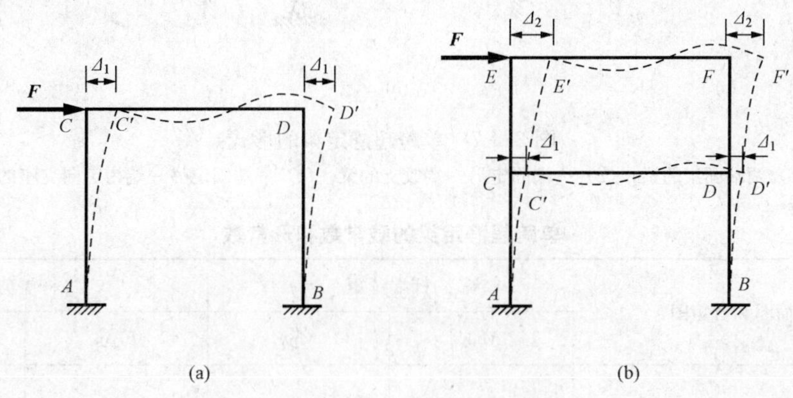

图 22-4　独立结点线位移

(a) 只有一个线位移 Δ_1；(b) 有两个独立结点线位移

如图 22-2 所示的刚架，将结点 B、D 改为铰结点后得图 22-5 所示的铰接体系，此体系为几何不变体系，所以原结构无结点线位移。

图 22-4（b）所示的刚架，将结点 A、B、C、D、E、F 改为铰结点后得图 22-6（a）所示的铰接体系，需增加两根链杆方可成为几何不变体系，如图 22-6（b）所示，所以原结构有两个独立结点线位移。

位移法基本未知量的数目等于独立结点角位移和独立结点线位移数目的总和。

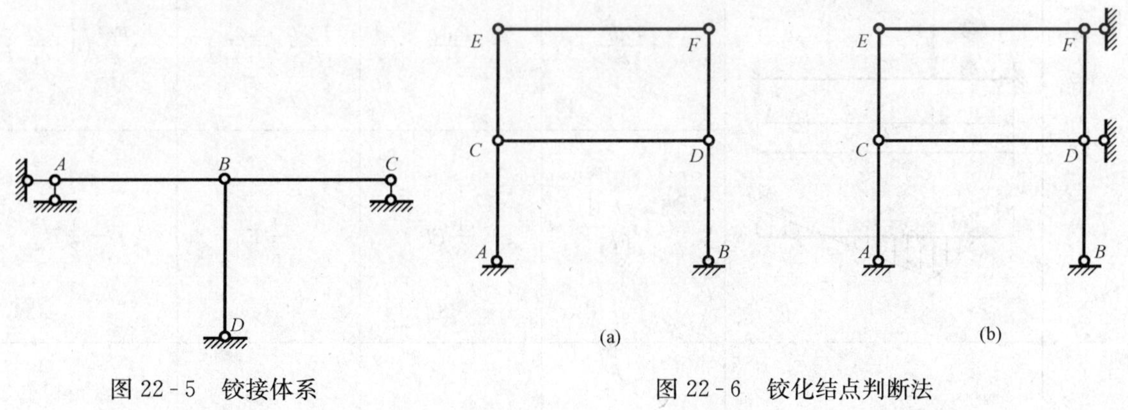

图 22-5　铰接体系

图 22-6　铰化结点判断法

(a) 铰接体系；(b) 几何不变体系

三、单跨超静定梁的杆端弯矩和杆端剪力

常见的单跨超静定梁，根据其支座情况的不同，可分为图 22-7 所示的三种形式，其中图 22-7（a）所示为两端固定的梁；图 22-7（b）所示为一端固定另一端为铰支的梁（在竖向荷载作用下，固定铰支座与可动铰支座的作用相同）；图 22-7（c）所示为一端固定另一端为定向支座的梁。这三种形式的梁在各种荷载作用下，或由于其他因素的影响，所引起的杆端弯矩和杆端剪力都可以用力法计算出来。为了便于使用，表 22-1 给出了各

种等截面单跨超静定梁，在各种不同荷载作用及支座移动情况下所引起的杆端弯矩和杆端剪力值。

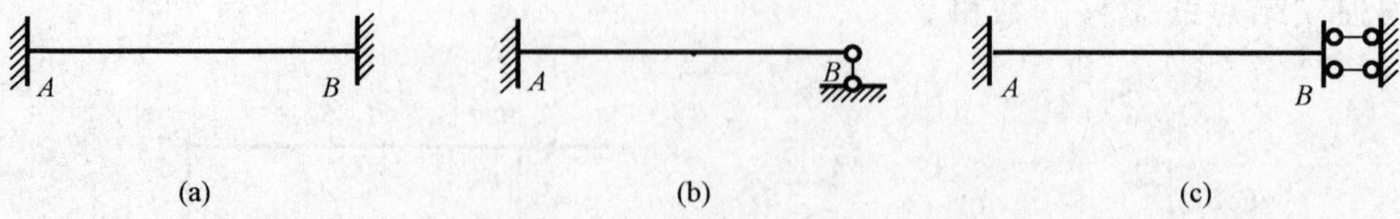

图 22-7 单跨超静定梁的形式

(a) 两端固定的梁；(b) 一端固定另一端铰支的梁；(c) 一端固定另一端为定向支座的梁

表 22-1 **单跨超静定梁的载常数和形常数**

序号	简图和弯矩图	杆端弯矩		杆端剪力	
		M_{AB}	M_{BA}	F_{QAB}	F_{QBA}
1	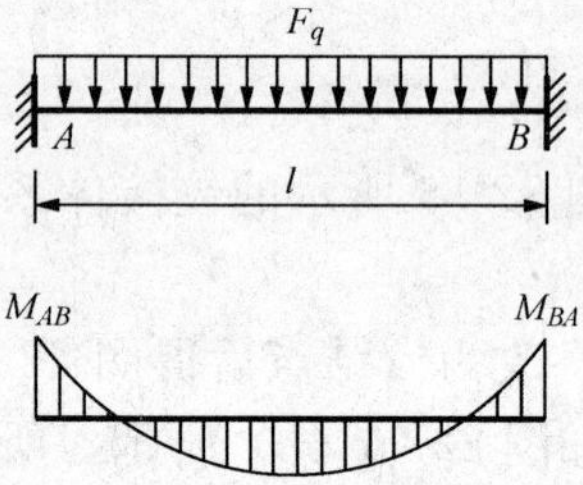	$-\frac{1}{12}F_ql^2$	$\frac{1}{12}F_ql^2$	$\frac{1}{2}F_ql$	$-\frac{1}{2}F_ql$
2	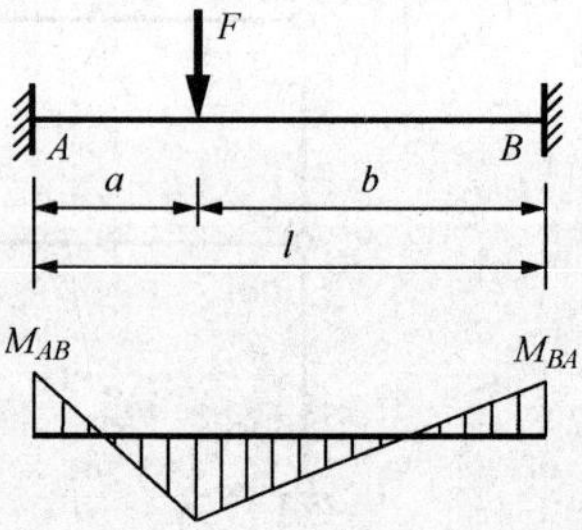	$-\frac{Fab^2}{l^2}$	$\frac{Fa^2b}{l^2}$	$\frac{Fb^2}{l^2}\left(1+\frac{2a}{l}\right)$	$-\frac{Fa^2}{l^2}\left(1+\frac{2b}{l}\right)$
		当 $a=b$ 时 $-\frac{Fl}{8}$	$\frac{1}{8}Fl$	$\frac{1}{2}F$	$-\frac{1}{2}F$
3	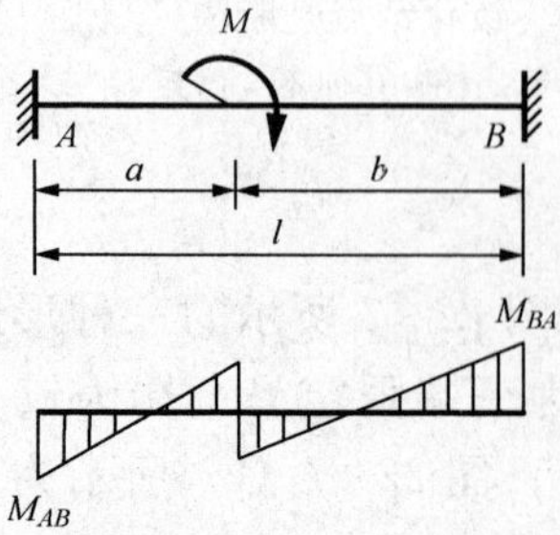	$\frac{Mb(3a-l)}{l^2}$	$\frac{Ma}{l^2}(3b-l)$	$-\frac{6ab}{l^3}M$	$-\frac{6ab}{l^3}M$

续表

序号	简图和弯矩图	杆端弯矩		杆端剪力	
		M_{AB}	M_{BA}	F_{QAB}	F_{QBA}
4	$\varphi=1$ A B l M_{BA} M_{AB}	$4i$	$2i$	$-\frac{6i}{l}$	$-\frac{6i}{l}$
5	A B $\Delta=1$ l M_{AB} M_{BA}	$-\frac{6i}{l}$	$-\frac{6i}{l}$	$\frac{12i}{l^2}$	$\frac{12i}{l^2}$
6	F_q A B l M_{AB}	$-\frac{1}{8}F_ql^2$	0	$\frac{5}{8}F_ql$	$-\frac{3}{8}F_ql$
7	F A C B a b l M_{AB}	$-\frac{Fab(l+b)}{2l^2}$	0	$\frac{Fb(3l^2-b^2)}{2l^3}$	$-\frac{Fa^2(2l+b)}{2l^3}$
		当 $a=b$ 时 $-\frac{3}{16}Fl$	0	$\frac{11}{16}F$	$-\frac{5}{16}F$
8	M A C B a b l M_{AB}	$\frac{M(l^2-3b^2)}{2l^2}$	0	$-\frac{3M(l^2-b^2)}{2l^3}$	$-\frac{3M(l^2-b^2)}{2l^3}$

续表

序号	简图和弯矩图	杆端弯矩		杆端剪力	
		M_{AB}	M_{BA}	F_{QAB}	F_{QBA}
9	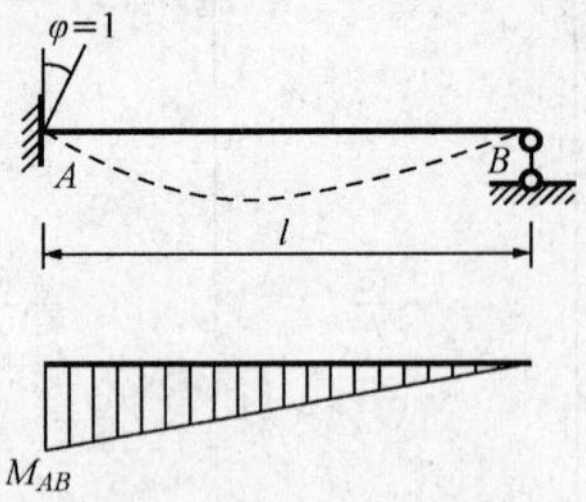 $\varphi=1$ A B l M_{AB}	$3i$	0	$-\frac{3i}{l}$	$-\frac{3i}{l}$
10	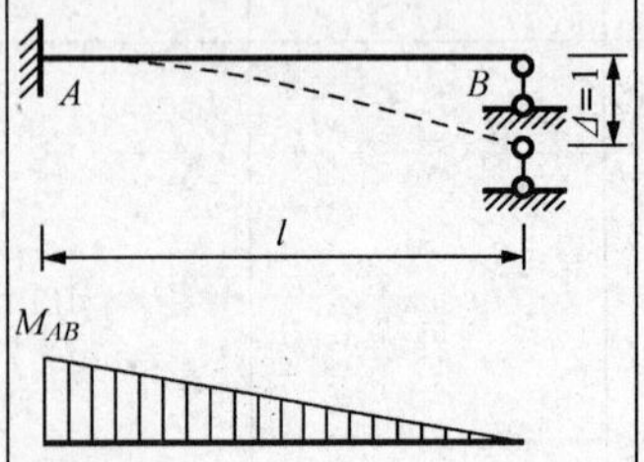 A B $\Delta=1$ l M_{AB}	$-\frac{3i}{l}$	0	$\frac{3i}{l^2}$	$\frac{3i}{l^2}$
11	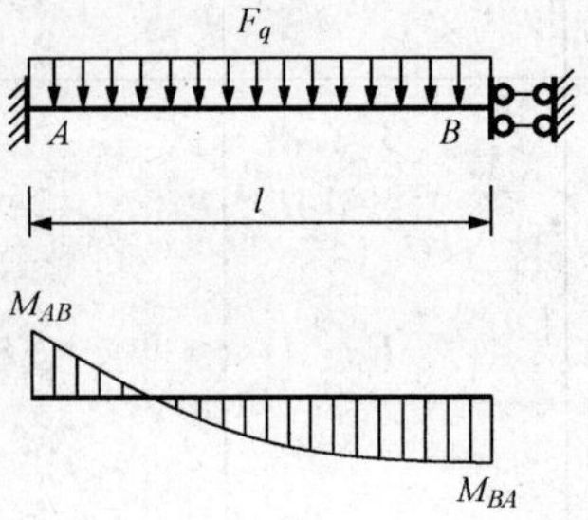 F_q A B l M_{AB} M_{BA}	$-\frac{F_ql^2}{3}$	$-\frac{F_ql^2}{6}$	F_ql	0
12	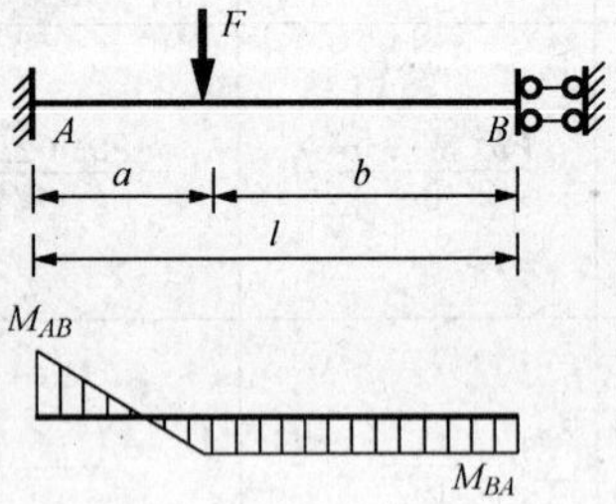 F A B a b l M_{AB} M_{BA}	$-\frac{Fa(l+b)}{2l}$	$-\frac{Fa^2}{2l}$	F	0
		当$a=b$时 $-\frac{3Fl}{8}$	$-\frac{Fl}{8}$	F	0
13	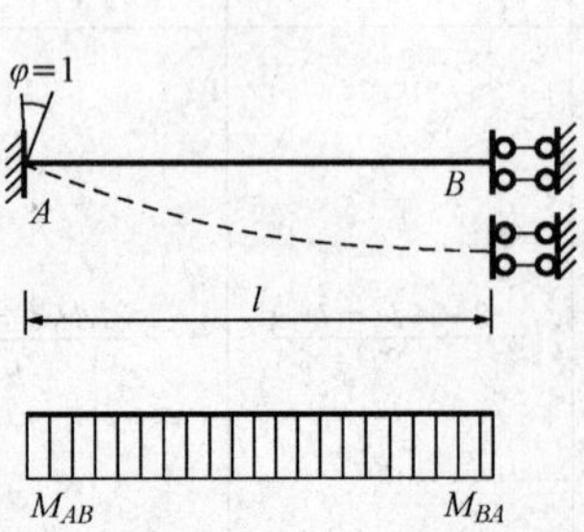 $\varphi=1$ A B l M_{AB} M_{BA}	i	$-i$	0	0

对于表 22-1 有以下说明：

(1) 杆端弯矩和杆端剪力正负号规定。表 22-1 中杆端弯矩以绕杆端顺转为正，逆转为负（与此相应，绕结点逆转为正，顺转为负）。如图 22-8 所示，杆端弯矩均为正值。应注意：这种弯矩正负号的规定，只适用于杆端弯矩，杆间任意截面的弯矩还是画在受拉的一侧。

杆端剪力正负号规定与前相同，以使研究对象顺转为正，逆转为负。

(2) 杆端转角和相对线位移正负号的规定。杆端转角 φ 以顺时针转向为正，逆时针转向为负。杆件两端的相对线位移 Δ 以使杆件产生顺时针转向时为正，逆时针转向时为负。如图 22-9 所示，转角 φ_{AB}、φ_{BA} 和相对线位移 Δ 均为正。

图 22-8 杆端弯矩正负号规定

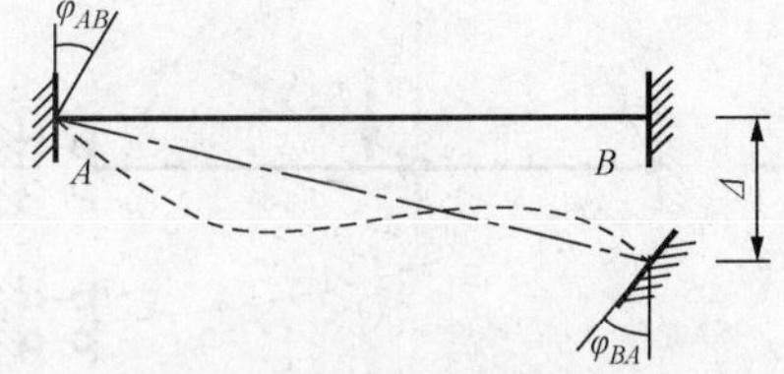

图22-9 杆端转角和相对线位移正负号的规定

(3) 载常数和形常数。单跨超静定梁在荷载作用下的杆端弯矩和杆端剪力分别称为**固端弯矩**和**固端剪力**。固端弯矩用 M^F_{AB}、M^F_{BA} 表示，固端剪力用 F^F_{QAB}、F^F_{QBA} 表示。由于固端弯矩和固端剪力是只与荷载形式有关的常数，故又称为**载常数**。

由单位位移引起的杆端弯矩和杆端剪力是与梁的支承情况、几何尺寸和材料性质有关的常数，故称为**形常数**。

(4) 当荷载的指向与图中所示的指向相反、当结点位移为负向时，表 22-1 中所列载常数和形常数的正负号应作相应的改变。

(5) 表 22-1 中 i 为线刚度，$i=\dfrac{EI}{l}$。

四、等截面直杆的转角位移方程

等截面直杆的转角位移方程，是指单跨超静定梁在各种位移以及荷载作用下的杆端弯矩的计算式。

(1) 两端固定的单跨超静定梁。如图 22-10 (a) 所示，若 AB 梁既受荷载作用，同时又发生转角 φ_A、φ_B 和与轴线垂直的相对线位移为 Δ，则根据叠加原理，利用表 22-1 可查得

$$M_{AB} = 4i\varphi_A + 2i\varphi_B - \frac{6i}{l}\Delta + M^F_{AB},$$

$$M_{BA} = 2i\varphi_A + 4i\varphi_B - \frac{6i}{l}\Delta + M^F_{BA}$$

(2) 一端固定一端铰支的单跨超静定梁。如图 22-10 (b) 所示，若 AB 梁既受荷载作用，同时又发生转角 φ_A 和与轴线垂直的相对线位移为 Δ，则

$$M_{AB} = 3i\varphi_A - \frac{3i}{l}\Delta + M^F_{AB}, \quad M_{BA} = 0$$

(3) 一端固定一端为定向支座。如图 22-10 (c) 所示，若 AB 梁既受荷载作用，同时

又发生转角 φ_A，则

$$M_{AB}=i\varphi_A+M_{AB}^F,\ M_{BA}=-i\varphi_A+M_{BA}^F$$

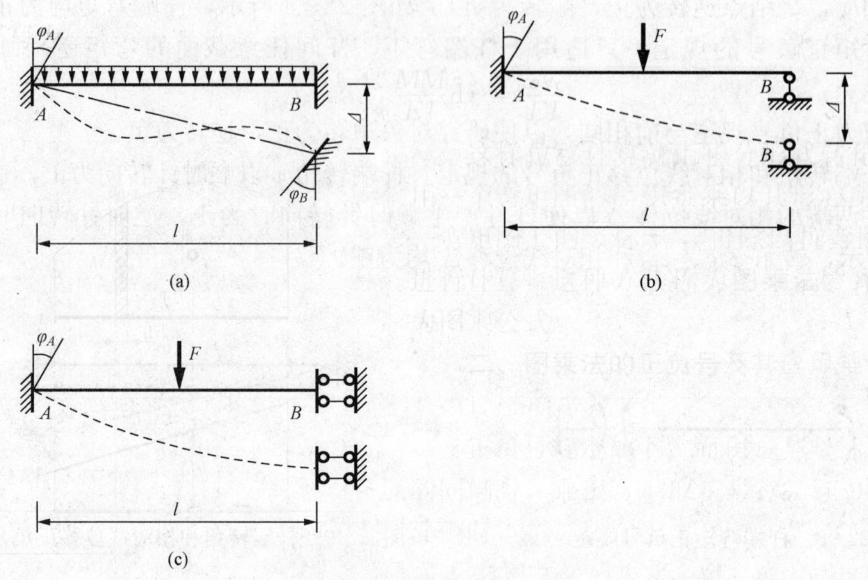

图 22 - 10　等截面直杆的转角位移方程

(a) 两端固定的单跨超静定梁；(b) 一端固定一端铰支的单跨超静定梁；

(c) 一端固定一端为定向支座的单跨超静定梁

第二节　计算连续梁和无结点线位移刚架的内力

计算连续梁和无结点位移刚架的内力步骤如下：①确定基本未知量；②建立各单元杆件的转角位移方程；③利用结点的力矩平衡条件建立位移法的基本方程，求解基本未知量；④计算各杆的杆端弯矩；⑤绘制原结构的弯矩图。

【例 22 - 1】 试作图 22 - 11 (a) 所示连续梁的内力图。各杆的 EI 为常数。

解 (1) 确定基本未知量。连续梁有两个刚结点，所以基本未知量为 φ_B、φ_C。

(2) 建立各杆的转角位移方程。

令　$i_{AB}=\dfrac{EI}{4}=2i$，$i_{BC}=\dfrac{EI}{8}=i$，$i_{CD}=\dfrac{EI}{4}=2i$，则

$$M_{AB}=0 \qquad ①$$

$$M_{BA}=3\times 2i\varphi_B+\frac{1}{8}\times 10\times 4^2=6i\varphi_B+20 \qquad ②$$

$$M_{BC}=4i\varphi_B+2i\varphi_C-\frac{1}{12}\times 10\times 8^2=4i\varphi_B+2i\varphi_C-\frac{160}{3} \qquad ③$$

$$M_{CB}=2i\varphi_B+4i\varphi_C+\frac{1}{12}\times 10\times 8^2=2i\varphi_B+4i\varphi_C+\frac{160}{3} \qquad ④$$

$$M_{CD}=3\times 2i\varphi_C-\frac{3}{16}\times 40\times 4=6i\varphi_C-30 \qquad ⑤$$

$$M_{DC}=0 \qquad ⑥$$

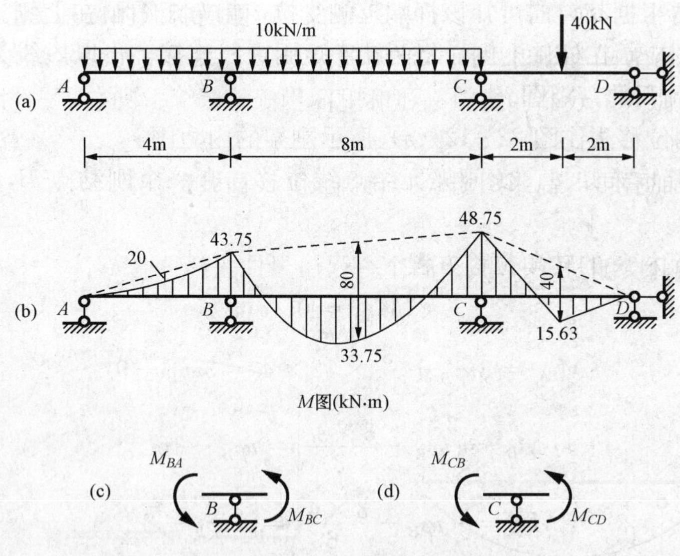

图 22-11 ［例 22-1］图

(a) 连续梁；(b) 弯矩图；(c) 结点 B 示力图；(d) 结点 C 示力图

(3) 建立基本方程，并求解基本未知量。分别取结点 B、C 为脱离体，画其示力图如图 22-11 (c)、图 22-11 (d) 所示，利用结点 B 和 C 的力矩平衡条件列出平衡方程，即为位移法的**基本方程**。

由式 $\sum M_B=0$ 得 $M_{BA}+M_{BC}=0$ ⑦

由 $\sum M_C=0$ 得 $M_{CB}+M_{CD}=0$ ⑧

将式②～式⑤分别代入式⑦和式⑧解得

$$\varphi_B=\frac{95}{24i},\quad \varphi_C=-\frac{75}{24i}$$

(4) 计算各杆的杆端弯矩。将基本未知量的数值代入转角位移方程即得各杆的杆端弯矩

$$M_{AB}=0$$

$$M_{BA}=6i\times\frac{95}{24i}+20\approx 43.75(\text{kN}\cdot\text{m})$$

$$M_{BC}=4i\times\frac{95}{24i}-2i\times\frac{75}{24i}-\frac{160}{3}\approx -43.75(\text{kN}\cdot\text{m})$$

$$M_{CB}=2i\times\frac{95}{24i}-4i\times\frac{75}{24i}+\frac{160}{3}\approx 48.75(\text{kN}\cdot\text{m})$$

$$M_{CD}=-6i\times\frac{75}{24i}-30\approx -48.75(\text{kN}\cdot\text{m})$$

$$M_{DC}=0$$

(5) 作弯矩图。根据杆端弯矩和荷载的分布情况画出原结构的弯矩图，如图 22-11 (b) 所示。

画弯矩图时，杆端弯矩应按其正负号，先判断其转向，再根据转向判断杆件哪侧受拉，将弯矩图画在受拉的一侧。例如画 BC 段的弯矩图，$M_{BC}=-43.75\text{kN}\cdot\text{m}$，所以 M_{BC} 应绕

BC 杆的 B 逆转，再根据其转向可知该杆端上侧受拉，将弯矩图画在上侧。同理，可判断出 BC 杆的 C 端弯矩图应画在杆件上侧。将两端弯矩用虚线连接，再以虚线为基线叠加对应简支梁在均布荷载作用下的弯矩图。

【例 22-2】 用位移法作图 22-12（a）所示刚架的内力图。

解 （1）确定基本未知量。此刚架无结点线位移，有一个刚结点 B，因此基本未知量为 φ_B。

（2）建立各单元杆件的转角位移方程

$$M_{AB}=0 \quad ①$$

$$M_{BA}=3i\varphi_B+\frac{3}{16}\times 12\times 4=3i\varphi_B+9 \quad ②$$

$$M_{BC}=i\varphi_B-\frac{3\times 4^2}{3}=i\varphi_B-16 \quad ③$$

$$M_{CB}=-i\varphi_B-\frac{3\times 4^2}{6}=-i\varphi_B-8 \quad ④$$

$$M_{BD}=4i\varphi_B \quad ⑤$$

$$M_{DB}=2i\varphi_B \quad ⑥$$

（3）建立基本方程，求解基本未知量。取刚结点 B，画其示力图如图 22-12（b）所示。由 $\sum M_B=0$ 得

$$M_{BA}+M_{BC}+M_{BD}=0 \quad ⑦$$

将式②、式③、式⑤代入式⑦得

$$\varphi_B=\frac{7}{8i}$$

（4）计算各杆的杆端弯矩。将 $\varphi_B=\frac{7}{8i}$代入转角位移方程得各杆杆端弯矩分别为

$$M_{AB}=0$$

$$M_{BA}=3i\times\frac{7}{8i}+9=11.625(\text{kN}\cdot\text{m})$$

$$M_{BC}=i\times\frac{7}{8i}-16=-15.125(\text{kN}\cdot\text{m})$$

$$M_{CB}=-i\times\frac{7}{8i}-8=-8.875(\text{kN}\cdot\text{m})$$

$$M_{BD}=4i\times\frac{7}{8i}=3.5(\text{kN}\cdot\text{m})$$

$$M_{DB}=2i\times\frac{7}{8i}=1.75(\text{kN}\cdot\text{m})$$

（5）作弯矩图。根据杆端弯矩和荷载的分布情况画弯矩图，如图 22-12（e）所示。

（6）作剪力图。计算杆端剪力的方法有两种：

1）画各杆段的示力图，如图 22-12（c）所示。利用平衡条件，列平衡方程求解各杆的杆端剪力，根据杆端剪力，结合剪力图的一些规律画剪力图，如图 22-12（f）所示。

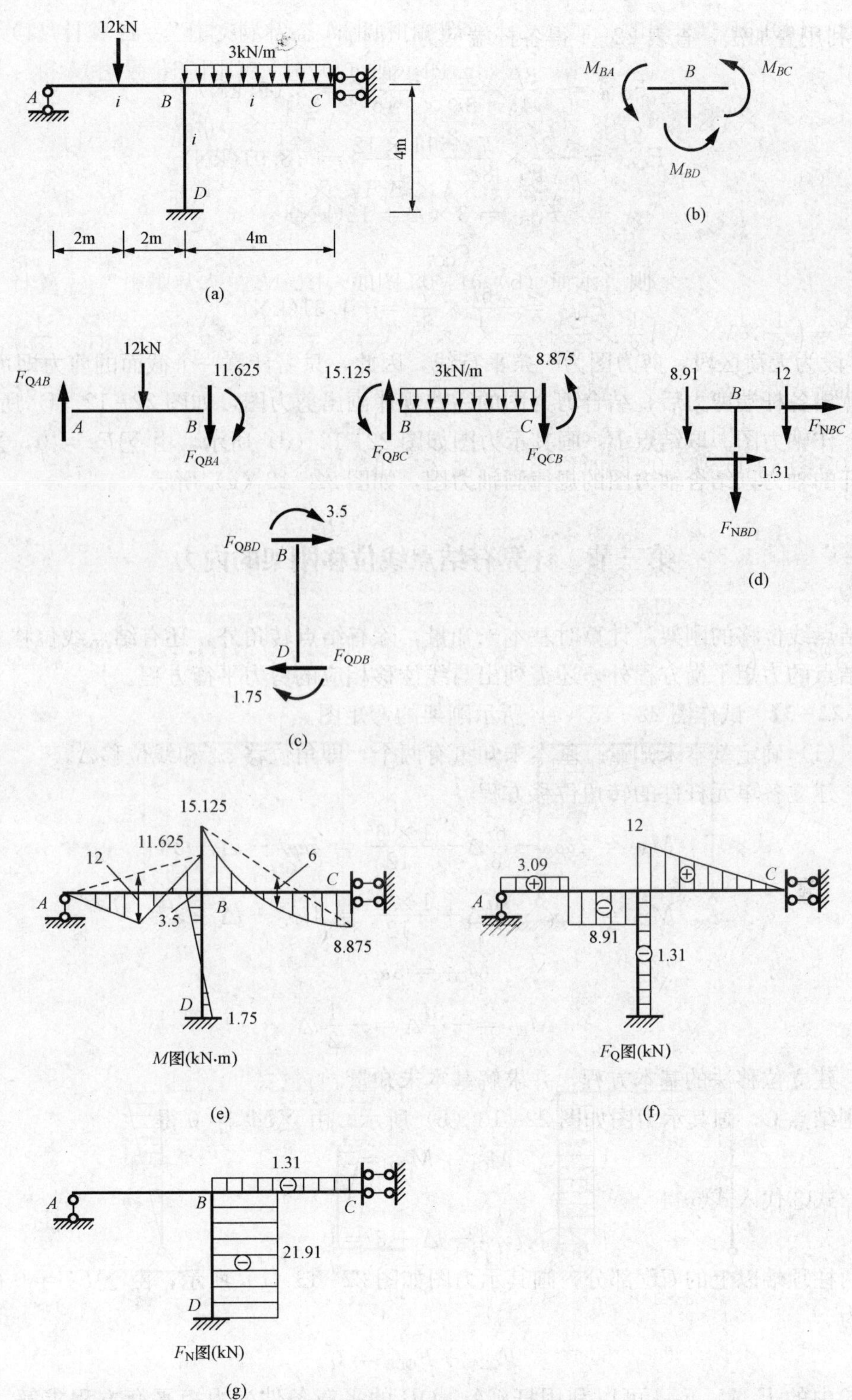

图 22-12 ［例 22-2］图

（a）刚架；（b）刚结点 B 示力图；（c）各杆段的示力图；（d）结点 B 示力图；

（e）弯矩图；（f）剪力图；（g）轴力图

2）利用叠加法，查表 22-1 得各杆端剪力，例如

$$F_{QAB}=-\frac{3i}{4}\times\frac{7}{8i}+\frac{5\times 12}{16}=3.09(\mathrm{kN})$$

$$F_{QBA}=-\frac{3i}{4}\times\frac{7}{8i}-\frac{11\times 12}{16}=-8.91(\mathrm{kN})$$

$$F_{QBC}=3\times 4=12(\mathrm{kN})$$

$$F_{QCB}=0$$

$$F_{QBD}=-\frac{6i}{4}\times\frac{7}{8i}=-1.31(\mathrm{kN})$$

BD 段为无荷区段，剪力图为一条平行线，因此，只需计算一个截面的剪力即可。

计算出各杆端剪力后，结合剪力图的一些规律画出剪力图，如图 22-12（f）所示。

（7）作轴力图。取结点 B，画其示力图如图 22-12（d）所示，由 $\sum F_x=0$，$\sum F_y=0$ 解出各杆的轴力，结合轴力图的规律画轴力图，如图 22-12（g）所示。

第三节　计算有结点线位移刚架的内力

有结点线位移的刚架，计算时基本未知量，除有结点转角外，还有结点线位移。基本方程除刚结点的力矩平衡方程外，还需列出与线位移相应的剪力平衡方程。

【例 22-3】 试作图 22-13（a）所示刚架的弯矩图。

解 （1）确定基本未知量。基本未知量有两个，即角位移 φ_C 和线位移 Δ。

（2）建立各单元杆件的转角位移方程

$$M_{AC}=2i\varphi_C-\frac{6i}{6}\Delta-\frac{1\times 6^2}{12}=2i\varphi_C-i\Delta-3 \quad ①$$

$$M_{CA}=4i\varphi_C-\frac{6i}{6}\Delta+\frac{1\times 6^2}{12}=4i\varphi_C-i\Delta+3 \quad ②$$

$$M_{CD}=3i\varphi_C \quad ③$$

$$M_{BD}=-\frac{3i}{6}\Delta=-\frac{1}{2}i\Delta \quad ④$$

（3）建立位移法的基本方程，并求解基本未知量。

取刚结点 C，画其示力图如图 22-13（b）所示，由 $\sum M_C=0$ 得

$$M_{CA}+M_{CD}=0 \quad ⑤$$

将式②、式③代入式⑤得

$$7i\varphi_C-i\Delta+3=0 \quad ⑥$$

取两柱顶端以上的 CD 部分，画其示力图如图 22-13（c）所示，由 $\sum F_x=0$ 得剪力平衡方程为

$$F_{QCA}+F_{QDB}=0 \quad ⑦$$

式⑦中的 F_{QCA}、F_{QDB} 可以利用杆 CA、DB 的平衡条件列力矩平衡方程求解，杆 CA、DB 的示力图如图 22-13（d）、图 22-13（e）所示。亦可利用叠加法查表 22-1 得

$$F_{QCA}=-i\varphi_C+\frac{1}{3}i\Delta-3 \quad ⑧$$

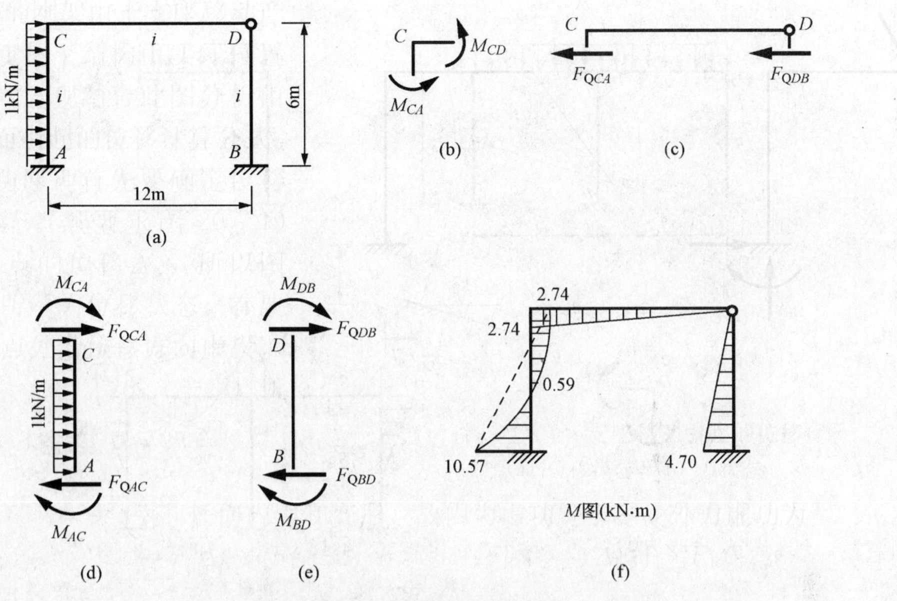

图 22-13 ［例 22-3］图

(a) 刚架；(b) 刚结点 C 示力图；(c) CD 示力图；
(d) CA 杆示力图；(e) DB 杆示力图；(f) 弯矩图

$$F_{QDB}=\frac{1}{12}i\Delta \tag{⑨}$$

将式⑧、式⑨代入式⑦得

$$-i\varphi_C+\frac{5}{12}i\Delta-3=0 \tag{⑩}$$

式⑥、式⑩即为该结构位移法的基本方程。联立求解得

$$\varphi_C=\frac{21}{23i},\quad \Delta=\frac{216}{23i}$$

(4) 计算各杆的杆端弯矩。将基本未知量的数值代入转角位移方程，得

$$M_{AC}=-10.57\text{kN}\cdot\text{m},\quad M_{CA}=-2.74\text{kN}\cdot\text{m}$$

$$M_{CD}=2.74\text{kN}\cdot\text{m},\quad M_{BD}=-4.70\text{kN}\cdot\text{m}$$

(5) 作弯矩图。根据各杆的杆端弯矩以及荷载的分布情况画其弯矩图，如图 22-13 (f) 所示。

※第四节　对 称 性 的 利 用

位移法和力法一样也可以利用结构和荷载的对称性简化计算。其半刚架的取法和力法中介绍的相同，下面通过例题来分析解题思路。

【例 22-4】 如图 22-14 (a) 所示的刚架，先利用对称性对其进行简化，再用位移法计算并画弯矩图。

解 (1) 利用对称性对刚架进行简化。如图 22-14 (a) 所示的刚架，在荷载作用下的变形曲线如图 22-14 (a) 中虚线所示。由于荷载的正对称性，在对称轴的截面 E 处，没有

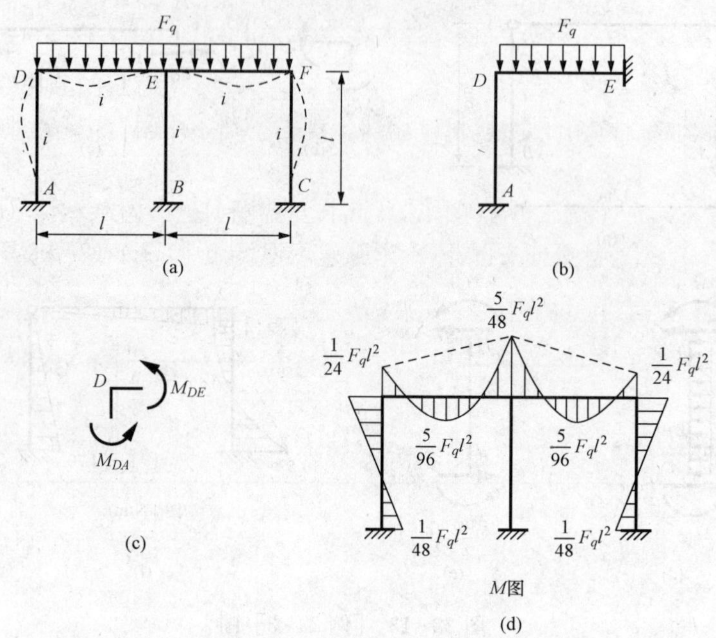

图 22-14 ［例 22-4］图

(a) 刚架；(b) 半刚架；(c) 结点 D 的示力图；(d) 弯矩图

线位移和角位移，EB 杆只有轴力，而没有弯矩和剪力。故取图 22-14（b）所示的半刚架。

（2）确定基本未知量。从半刚架中可分析出，基本未知量为 φ_D。

（3）建立各单元杆件的转角位移方程

$$M_{AD}=2i\varphi_D \quad ①$$

$$M_{DA}=4i\varphi_D \quad ②$$

$$M_{DE}=4i\varphi_D-\frac{1}{12}F_ql^2 \quad ③$$

$$M_{ED}=2i\varphi_D+\frac{1}{12}F_ql^2 \quad ④$$

（4）建立位移法的基本方程，并求解未知力。如图 22-14（c）所示，根据结点力矩平衡的条件建立基本方程为

$$M_{DA}+M_{DE}=0 \quad ⑤$$

将式②、式③代入式⑤解得 $\varphi_D=\frac{1}{96i}F_ql^2$。

（5）计算各杆端弯矩。将 $\varphi_D=\frac{1}{576i}F_ql^2$ 代入式①～式④得各杆端弯矩分别为

$$M_{AD}=\frac{1}{48}F_ql^2,\quad M_{DA}=\frac{1}{24}F_ql^2$$

$$M_{DE}=-\frac{1}{24}F_ql^2,\quad M_{ED}=\frac{5}{48}F_ql^2$$

（6）绘制弯矩图。画出半刚架的弯矩图，再利用对称性画出另一半。整个刚架的弯矩图如图 22-14（d）所示。

思　考　题

22-1　位移法的基本思路是什么？

22-2　位移法的基本未知量如何确定？

22-3　位移法中杆端弯矩正负号是如何规定的？与其他方法作弯矩图时的弯矩正负号规定有何不同？

22-4　什么是等截面直杆的转角位移方程？怎样列等截面直杆的转角位移方程？

习　　题

22-1　试确定用位移法计算图 22-15 所示各结构时的基本未知量。

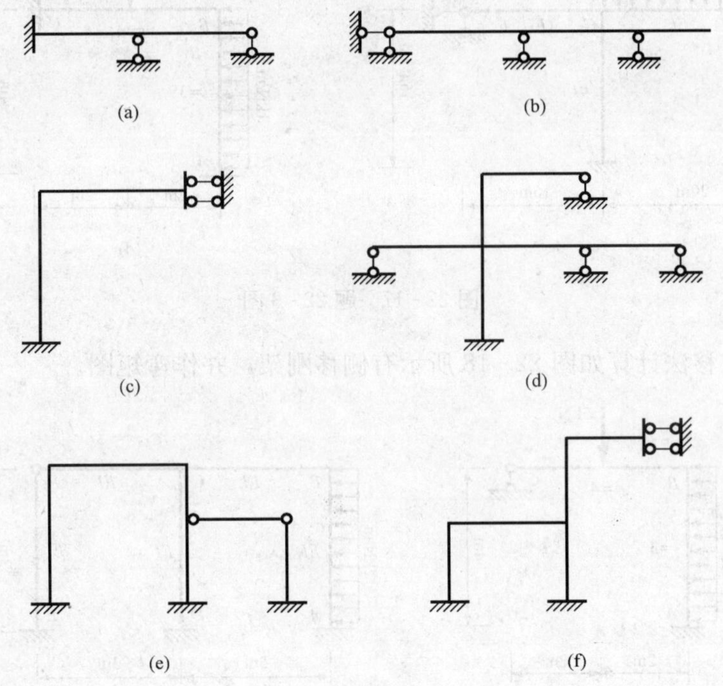

图 22-15　题 22-1 图

22-2　用位移法计算图 22-16 所示各连续梁，并作内力图。EI 为常数。

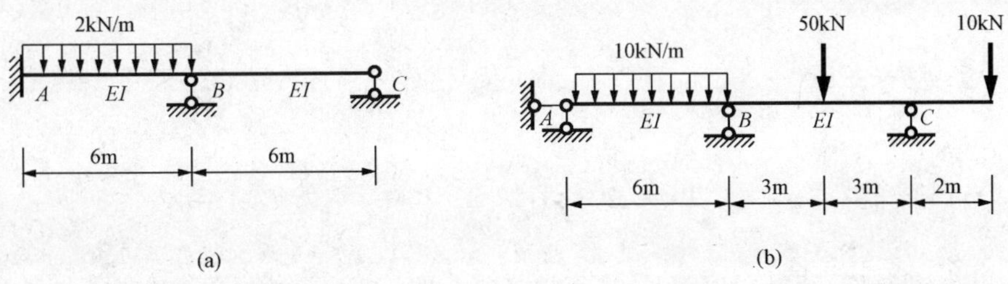

图 22-16　题 22-2 图

22-3 用位移法计算图 22-17 所示各刚架，并作内力图。

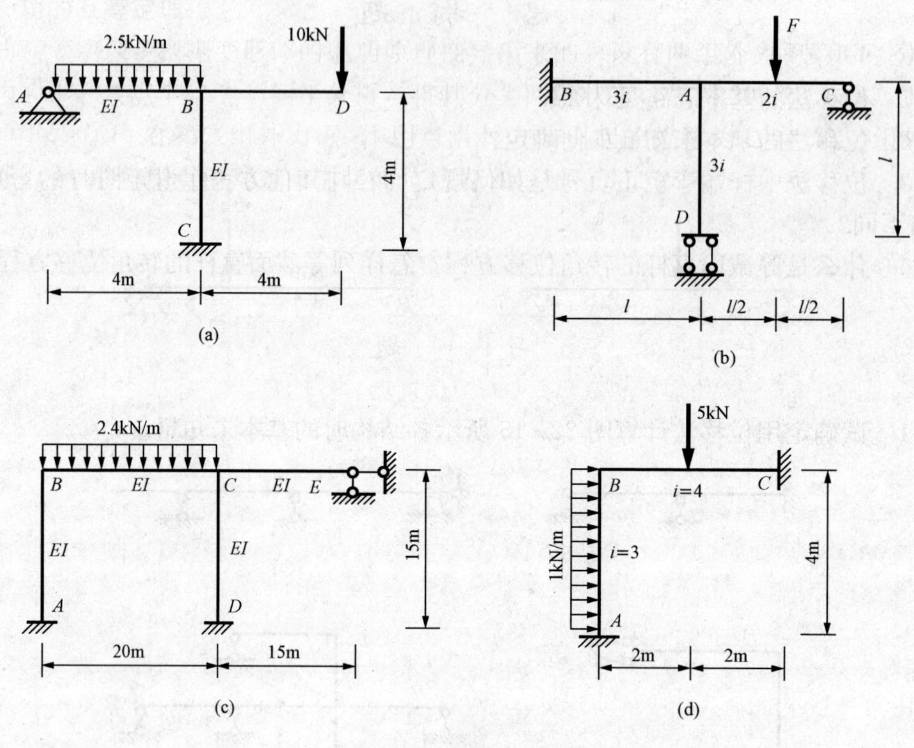

图 22-17 题 22-3 图

22-4 用位移法计算如图 22-18 所示有侧移刚架，并作弯矩图。

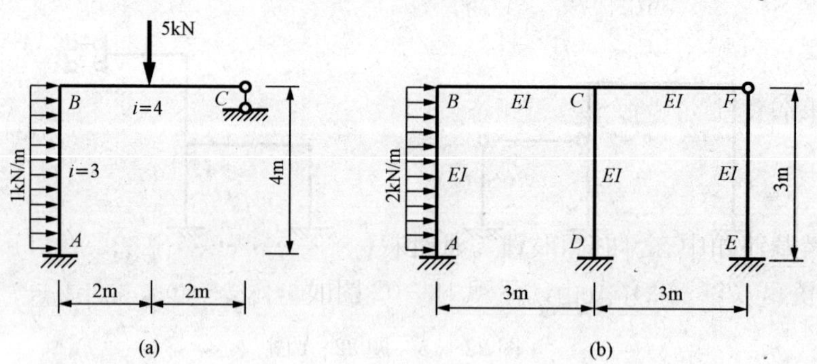

图 22-18 题 22-4 图

第二十三章　力矩分配法

前面介绍的力法和位移法是计算超静定结构的两种基本方法。这两种方法的优点是计算结果准确可靠，但都需要建立和解算联立方程组，当基本未知量较多时，其计算工作就十分繁琐。为此，人们提出了许多实用计算方法，以简化计算。本章将要介绍的是在工程中应用较为广泛的力矩分配法。

力矩分配法是建立在位移法基础上的一种渐进计算法，利用这种方法计算时，没有基本未知量，不必求解联立方程组即可直接计算杆端弯矩。但这种方法只适用于连续梁和无结点线位移超静定刚架的内力计算。

力矩分配法是以位移法为基础。因此，在力矩分配法中，有关计算的假定、杆端弯矩正负号的规定与位移法相同，即杆端弯矩以绕杆端顺时针转向为正，逆时针转向为负。与之相应杆端弯矩绕结点逆时针转向为正，顺时针转向为负。而结点上的外力偶矩以顺时针转向为正，逆时针转向为负。

第一节　力矩分配法的基本要素

用力矩分配法计算超静定结构内力时，首先要确定以下几个基本要素。

一、转动刚度

如表 23-1 所示为各单跨超静定梁 AB，使 A 端产生单位转角 $\varphi_A=1$ 时，所需施加的力矩称为 AB 杆在 A 端的**转动刚度**，用 S_{AB} 表示。在位移法中通常把产生转角的一端称为**近端**，而另一端称为**远端**。

表 23-1　　各等截面直杆的转动刚度和传递系数

简图	$\varphi_A=1$ A　i　B	$\varphi_A=1$ A　i　B	$\varphi_A=1$ A　i　B
转动刚度	$S_{AB}=4i$	$S_{AB}=3i$	$S_{AB}=i$
传递系数	1/2	0	−1

由表 23-1 可见，转动刚度不仅与线刚度 i 有关，而且与远端的约束情况有关。

转动刚度反映了杆件抵抗转动的能力。转动刚度越大，表示杆件产生单位转角所需施加的力矩越大。

当 $\varphi_A\neq1$ 时，A 端的弯矩 $M_{AB}=S_{AB}\varphi_A$。

二、传递系数

对于单跨超静定梁，当近端产生弯矩时，杆件的远端也将同时产生弯矩，各杆的远端弯矩与近端弯矩的比值称为**传递系数**，用 C 表示。例如表 23-1 中两端固定的单跨超静定梁，当近端 A 产生转角 φ_A 时，近端弯矩为 $M_{AB}=4i\varphi_A$，远端 B 的弯矩为 $M_{BA}=2i\varphi_A$，所以 AB

杆由 A 端至 B 端的传递系数为

$$C_{AB}=\frac{M_{BA}}{M_{AB}}=\frac{2i\varphi_A}{4i\varphi_B}=\frac{1}{2}$$

传递系数与杆件远端的约束情况有关，当杆件远端为铰支座或定向支座时，杆件由近端至远端的传递系数如表 23-1 所示。

三、分配系数

如图 23-1（a）所示三杆刚架，A 处为刚结点，为了便于说明问题，设 B 端为铰支座，C 端为固定端支座，D 端为定向支座。

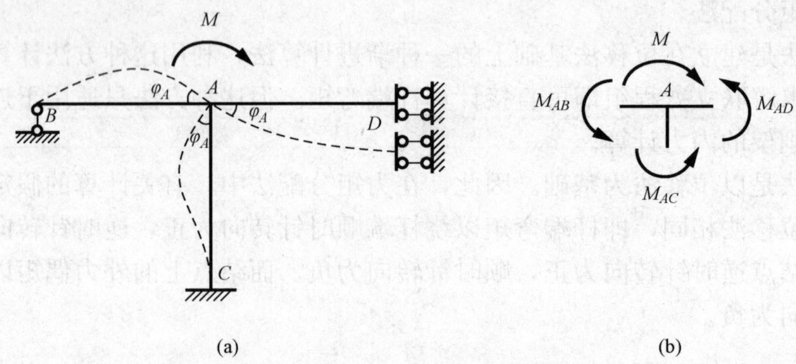

图 23-1 分配系数

（a）三杆刚架；（b）结点 A 示力图

由于结点 A 上力偶矩 M 的作用，使结点 A 产生转角 φ_A，汇交于 A 结点各杆的转角应相等。由转动刚度可知，各杆近端 A 的弯矩分别为

$$M_{AB}=S_{AB}\varphi_A=3i\varphi_A,\ M_{AC}=S_{AC}\varphi_A=4i\varphi_A,\ M_{AD}=S_{AD}\varphi_A=i\varphi_A \qquad ①$$

取结点 A，画其示力图如图 23-1（b）所示，由 $\sum M_A=0$ 得

$$M=M_{AB}+M_{AC}+M_{AD} \qquad ②$$

将式①代入式②得

$$\left.\begin{aligned}M&=S_{AB}\varphi_A+S_{AC}\varphi_A+S_{AD}\varphi_A=(S_{AB}+S_{AC}+S_{AD})\varphi_A\\ \varphi_A&=\frac{M}{S_{AB}+S_{AC}+S_{AD}}=\frac{M}{\sum\limits_A S}\end{aligned}\right\} \qquad ③$$

其中 $$\sum_A S=S_{AB}+S_{AC}+S_{AD}$$

式中：$\sum S$ 是交于 A 结点各杆端转动刚度之和。

将式③代入式①，便得各杆 A 端的弯矩分别为

$$\left.\begin{aligned}M_{AB}^{\mu}&=\frac{S_{AB}}{\sum\limits_A S}M=\mu_{AB}M\\ M_{AC}^{\mu}&=\frac{S_{AC}}{\sum\limits_A S}M=\mu_{AC}M\\ M_{AD}^{\mu}&=\frac{S_{AD}}{\sum\limits_A S}M=\mu_{AD}M\end{aligned}\right\} \qquad ④$$

其中
$$\mu_{AB}=\frac{S_{AB}}{\sum_A S},\quad \mu_{AC}=\frac{S_{AC}}{\sum_A S},\quad \mu_{AD}=\frac{S_{AD}}{\sum_A S}$$

可统一表示为

$$\mu_{Aj}=\frac{S_{Aj}}{\sum_A S} \tag{23-1}$$

式中：μ_{Aj}称为**分配系数**。显然，汇交于同一结点的各杆的分配系数之和应等于1，即

$$\sum\mu_{Aj}=\mu_{AB}+\mu_{AC}+\mu_{AD}=1 \tag{23-2}$$

式④是结点外力偶矩M按分配系数分配到各杆A端的弯矩，称为**分配弯矩**。分配弯矩乘以传递系数得到杆件的远端弯矩称为**传递弯矩**。如图23-1（a）所示，汇交于A点各杆远端的传递弯矩分别为

$$M_{BA}^{C}=3i\varphi_A\times0=0,\quad M_{CA}^{C}=4i\varphi_A\times\frac{1}{2}=2i\varphi_A,\quad M_{DA}^{C}=i\varphi_A\times(-1)=-i\varphi_A$$

第二节　力矩分配法的基本思路

如图23-2（a）所示的等截面连续梁，在荷载作用下，产生如图中虚线所示的变形。现以该梁为例分析力矩分配法的基本思路。

受荷前，在刚结点B处附加阻止转动的刚臂“◁”将其锁住，连续梁被附加刚臂分隔为两个单跨超静定梁AB和BC，再对梁施加荷载，产生如图23-2（b）所示虚线的变形。各单跨超静定梁的固端弯矩由表22-1可查得。附加刚臂限制结点B转动时，相当于**约束力矩**，该约束力矩可由结点B的力矩平衡条件求得，如图23-2（d）所示，由$\sum M_B=0$得

$$M=M_{BA}^{F}+M_{BC}^{F} \tag{23-3}$$

式（23-3）说明，约束力矩等于各杆端固端弯矩的代数和。约束力矩以顺时针转向为正，逆时针转向为负。

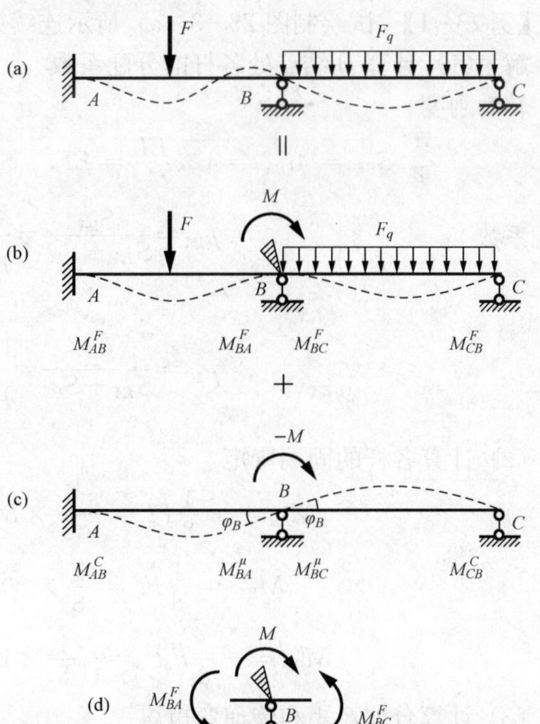

图23-2　力矩分配法

（a）等截面连续梁；（b）锁住刚结点B；（c）放松附加刚臂，相当于在结点B上加一反向的约束力矩；（d）结点B的示力图

为了使图23-2（b）所示有附加刚臂的连续梁能和原图23-2（a）所示连续梁有相同的变形，必须放松附加刚臂，放松附加刚臂的同时，相当于在结点B上加一反向的约束力矩，即$(-M)$，如图23-2（c）所示，这时结点B产生转角φ_B，同时交于B结点各杆的近端，得到由$(-M)$按分配系数分配给各杆的分配弯矩，各杆的远端得到分配弯矩按传递系数传递给远端的传

递弯矩，如图 23-2（c）所示。

显然，图 23-2（b）和图 23-2（c）叠加起来就是图 23-2（a）所示的受力和变形情况。最后将图 23-2（b）各杆端的弯矩与图 23-2（c）中相应杆端弯矩叠加起来，就得到原图 23-2（a）所示各杆端的弯矩。

第三节 力矩分配法的应用

一、单结点的力矩分配法

用力矩分配法分析具有一个刚结点的连续梁或刚架的内力，其计算思路如下：

（1）确定刚结点处各杆端的分配系数。确定刚结点处各杆端的转动刚度，再根据式(23-1)计算各杆端的分配系数。

（2）计算各杆端的固端弯矩。各杆端的固端弯矩查表 22-1 即可。

（3）计算刚结点上的约束力矩。刚结点上的约束力矩等于交于该结点各杆端固端弯矩的代数和。

（4）计算分配弯矩和传递弯矩。

各杆近端的分配弯矩＝约束力矩的负值×分配系数

各杆远端的传递弯矩＝分配弯矩×传递系数

（5）计算杆端弯矩。将各杆端所有弯矩叠加起来就得到杆端弯矩。

（6）根据杆端弯矩和荷载的分布情况画出弯矩图。

【例 23-1】 试绘制图 23-3（a）所示连续梁的弯矩图。

解 （1）计算 B 结点处各杆的分配系数

转动刚度

$$S_{BA}=4i_{BA}=4\times\frac{EI}{4}=EI,\quad S_{BC}=3i_{BC}=3\times\frac{EI}{4}=\frac{3}{4}EI$$

分配系数

$$\mu_{BA}=\frac{S_{BA}}{S_{BA}+S_{BC}}=\frac{EI}{EI+\frac{3}{4}EI}=\frac{4}{7}$$

$$\mu_{BC}=\frac{S_{BC}}{S_{BA}+S_{BC}}=\frac{\frac{3}{4}EI}{EI+\frac{3}{4}EI}=\frac{3}{7}$$

（2）计算各杆的固端弯矩

$$M_{AB}^{F}=-\frac{1}{8}Fl=-\frac{1}{8}\times80\times4=-40(\text{kN}\cdot\text{m})$$

$$M_{BA}^{F}=\frac{1}{8}Fl=\frac{1}{8}\times80\times4=40(\text{kN}\cdot\text{m})$$

$$M_{BC}^{F}=-\frac{1}{8}F_{q}l^{2}=-\frac{1}{8}\times10\times4^{2}=-20(\text{kN}\cdot\text{m})$$

（3）计算分配弯矩和传递弯矩

约束力矩 $M=M_{BA}^{F}+M_{BC}^{F}=40-20=20(\text{kN}\cdot\text{m})$

分配弯矩 $M_{BA}^{\mu}=(-20)\times\frac{4}{7}\approx-11.43(\text{kN}\cdot\text{m})$

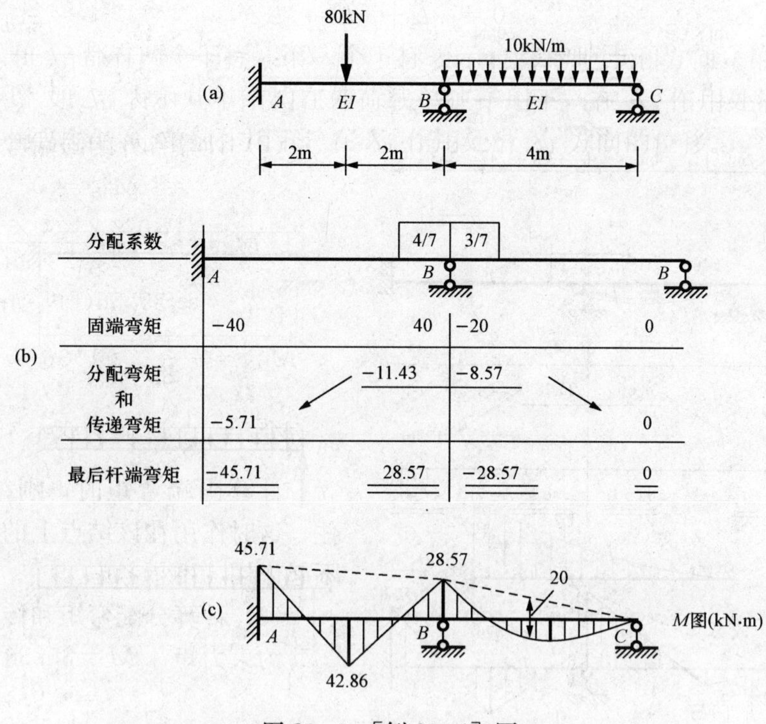

图 23-3 ［例 23-1］图

(a) 连续梁的受荷情况；(b) 计算各杆弯矩的过程；(c) 弯矩图

$$M_{BC}^{\mu}=(-20)\times\frac{3}{7}\approx-8.57(\text{kN}\cdot\text{m})$$

传递弯矩 $$M_{AB}^{C}=M_{BA}^{\mu}C_{BA}=-11.43\times\frac{1}{2}\approx-5.71(\text{kN}\cdot\text{m})$$

$$M_{CB}^{C}=M_{BC}^{\mu}C_{BC}=0$$

(4) 计算各杆端的最后弯矩

$$M_{AB}=M_{AB}^{F}+M_{AB}^{C}=-40-5.71=-45.71(\text{kN}\cdot\text{m})$$

$$M_{BA}=M_{BA}^{F}+M_{BA}^{\mu}=40-11.43=28.57(\text{kN}\cdot\text{m})$$

$$M_{BC}=M_{BC}^{F}+M_{BC}^{\mu}=-20-8.57=-28.57(\text{kN}\cdot\text{m})$$

$$M_{CB}=0$$

(5) 绘制连续梁的弯矩图，如图 23-3 (c) 所示。以上计算过程也可用表格的形式表示出来。如图 23-3 (b) 所示，表中分配弯矩下面画一横线，表示该结点达到平衡。箭头表示弯矩的传递方向。杆端的最后弯矩画双横线。

【例 23-2】 试绘制图 23-4 (a) 所示连续梁的内力图。

解 (1) 计算刚结点 B 处各杆的分配系数

转动刚度 $$S_{BA}=3\times\frac{2EI}{6}=EI,\quad S_{BC}=4\times\frac{EI}{6}=\frac{2}{3}EI$$

分配系数 $$\mu_{BA}=\frac{S_{BA}}{S_{BA}+S_{BC}}=\frac{EI}{EI+\frac{2}{3}EI}=0.6$$

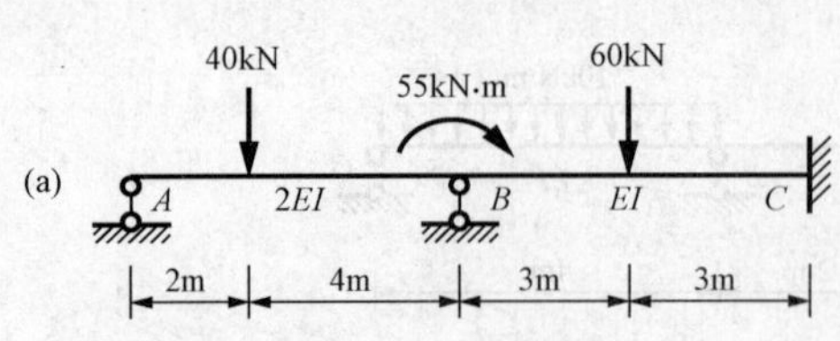

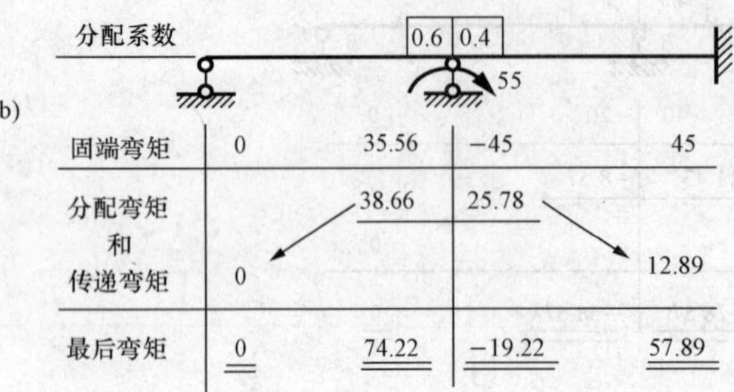

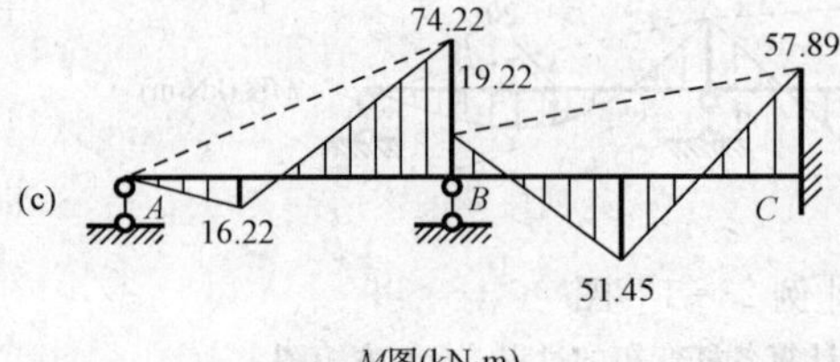

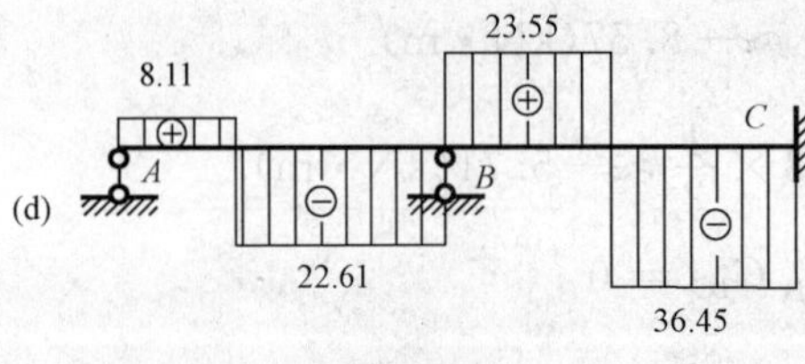

图 23-4 ［例 23-2］图

(a) 连续梁的受荷情况；(b) 计算各杆端弯矩的过程；(c) 弯矩图；(d) 剪力图

$$\mu_{BC}=\frac{S_{BC}}{S_{BA}+S_{BC}}=\frac{\frac{2}{3}EI}{EI+\frac{2}{3}EI}=0.4$$

(2) 计算各杆的固端弯矩

$$M_{AB}^F=0$$

$$M_{BA}^F=\frac{40\times2\times4\times(6+2)}{2\times6^2}\approx35.56(\text{kN}\cdot\text{m})$$

$$M_{BC}^F=-\frac{1}{8}\times60\times6=-45(\text{kN}\cdot\text{m})$$

$$M_{CB}^F=\frac{1}{8}\times60\times6=45(\text{kN}\cdot\text{m})$$

计算固端弯矩时，刚结点 B 已被锁住，这时作用在该结点上的外力偶矩对梁不起作用，不予考虑。

(3) 计算分配弯矩和传递弯矩。

约束力矩 $M=35.56-45=-9.44(\text{kN}\cdot\text{m})$

当放松刚结点 B 上的刚臂进行分配与传递弯矩时，外力偶矩对梁有作用，计算该结点不平衡力矩时应加以考虑。因外力偶是本来就存在的，不是附加刚臂产生的，在分配和传递时不变号，仍以顺时针转向为正。即

分配弯矩=(约束力矩的负值±外力偶矩)×分配系数

式中正负号的取法：当外力偶顺转时取正号；逆转时取负号。所以分配弯矩为

$$M_{BA}^{\mu}=(9.44+55)\times0.6\approx38.66\ (\text{kN}\cdot\text{m})$$

$$M_{BC}^{\mu}=(9.44+55)\times0.4\approx25.78(\text{kN}\cdot\text{m})$$

传递弯矩 $M_{AB}^C=M_{BA}^{\mu}\times C_{BA}=38.66\times0=0$

$$M_{CB}^C=M_{BC}^{\mu}\times C_{BC}=25.78\times\frac{1}{2}=12.89(\text{kN}\cdot\text{m})$$

(4) 计算各杆端最后弯矩

$$M_{AB}=0$$
$$M_{BA}=35.56+38.66=74.22(\text{kN}\cdot\text{m})$$
$$M_{BC}=-45+25.78=-19.22(\text{kN}\cdot\text{m})$$
$$M_{CB}=45+12.89=57.89(\text{kN}\cdot\text{m})$$

(5) 作弯矩图，如图 23-4 (c) 所示。

(6) 作剪力图。计算各控制截面剪力时，可根据各段杆件的平衡条件列平衡方程求解，也可利用前面单跨梁内力图的规律计算。剪力图如图 23-4 (d) 所示。

【例 23-3】 绘制图 23-5 (a) 所示刚架的弯矩图。

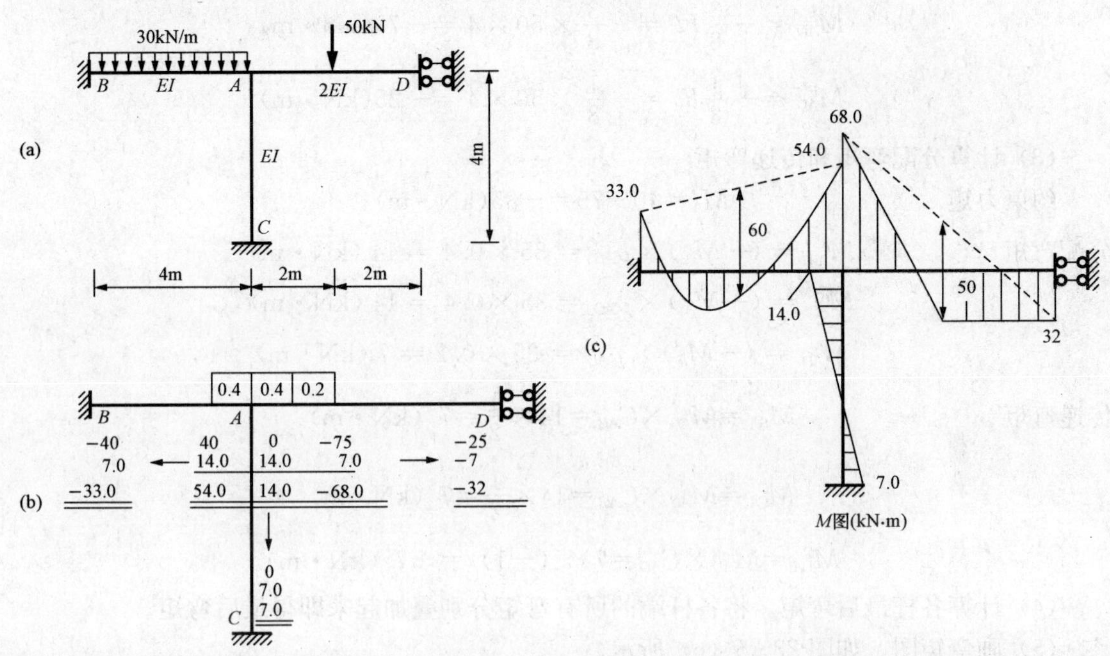

图 23-5 ［例 23-3］图

(a) 刚架的受荷情况；(b) 计算各杆端弯矩的过程；(c) 弯矩图

解 (1) 计算分配系数

转动刚度
$$S_{AB}=4i_{AB}=4\times\frac{EI}{4}=EI$$

$$S_{AC}=4i_{AC}=4\times\frac{EI}{4}=EI$$

$$S_{AD}=i_{AD}=\frac{2EI}{4}=\frac{1}{2}EI$$

分配系数
$$\mu_{AB}=\frac{S_{AB}}{S_{AB}+S_{AC}+S_{AD}}=\frac{EI}{EI+EI+\frac{1}{2}EI}=0.4$$

$$\mu_{AC}=\frac{S_{AC}}{S_{AB}+S_{AC}+S_{AD}}=\frac{EI}{EI+EI+\frac{1}{2}EI}=0.4$$

$$\mu_{AD}=\frac{S_{AD}}{S_{AB}+S_{AC}+S_{AD}}=\frac{\frac{1}{2}EI}{EI+EI+\frac{1}{2}EI}=0.2$$

(2) 计算各杆的固端弯矩。查表 22-1 得

$$M_{BA}^{F}=-\frac{1}{12}F_ql^2=-\frac{1}{12}\times30\times4^2=-40(\text{kN}\cdot\text{m})$$

$$M_{AB}^F = \frac{1}{12}F_q l^2 = \frac{1}{12} \times 30 \times 4^2 = 40(\text{kN} \cdot \text{m})$$

$$M_{AC}^F = M_{CA}^F = 0$$

$$M_{AD}^F = -\frac{3}{8}Fl = -\frac{3}{8} \times 50 \times 4 = -75(\text{kN} \cdot \text{m})$$

$$M_{AD}^F = -\frac{1}{8}Fl = -\frac{1}{8} \times 50 \times 4 = -25(\text{kN} \cdot \text{m})$$

(3) 计算分配弯矩和传递弯矩

约束力矩 $M_A = 40 - 75 = -35(\text{kN} \cdot \text{m})$

分配弯矩 $M_{AB}^{\mu} = (-M_A) \times \mu_{AB} = 35 \times 0.4 = 14\ (\text{kN} \cdot \text{m})$

$$M_{AC}^{\mu} = (-M_A) \times \mu_{AC} = 35 \times 0.4 = 14\ (\text{kN} \cdot \text{m})$$

$$M_{AD}^{\mu} = (-M_A) \times \mu_{AD} = 35 \times 0.2 = 7\ (\text{kN} \cdot \text{m})$$

传递弯矩 $M_{BA}^C = M_{AB}^{\mu} \times C_{AB} = 14 \times \frac{1}{2} = 7\ (\text{kN} \cdot \text{m})$

$$M_{CA}^C = M_{AC}^{\mu} \times C_{AC} = 14 \times \frac{1}{2} = 7\ (\text{kN} \cdot \text{m})$$

$$M_{DA}^C = M_{AD}^{\mu} \times C_{AD} = 7 \times (-1) = -7\ (\text{kN} \cdot \text{m})$$

(4) 计算各杆最后弯矩。将各杆端的所有弯矩分别叠加起来即得最后弯矩。

(5) 画弯矩图，如图 23-5（c）所示。

二、多结点的力矩分配法

对于单结点的连续梁或刚架，只需一次放松刚臂，进行一次分配和传递就可使结点上各杆的力矩达到平衡，且所得结果是精确解答。而对于具有多个刚结点的连续梁和无侧移刚架，需逐个结点轮流放松，即把各结点的不平衡力矩轮流进行分配、传递，直到各结点的不平衡力矩可略去不计时，即可停止分配和传递。最后根据叠加原理求得各杆端弯矩。计算步骤如下：

(1) 计算所有刚结点处杆件的分配系数。

(2) 计算各杆端的固端弯矩。

(3) 计算约束力矩、分配弯矩和传递弯矩。注意应先从约束力矩大的结点进行分配，如果分配结点多，可先间隔选取结点同时进行分配和传递，再对余下结点分配传递，一轮完成后，再进行下一轮计算，这样可得到收敛快的效果。

(4) 计算各杆端弯矩。将各杆端所有弯矩叠加起来即得杆端最后弯矩。交于同一刚结点各杆端的最后弯矩应是平衡的。

(5) 绘制弯矩图。

【例 23-4】 试绘制图 23-6（a）所示连续梁的弯矩图。

解 (1) 计算各刚结点的分配系数

$$S_{BA} = 4i_{BA} = 4, \quad S_{BC} = 4i_{BC} = 4 \times 1.5 = 6$$

$$\mu_{BA} = \frac{S_{BA}}{S_{BA} + S_{BC}} = \frac{4}{4+6} = 0.4, \quad \mu_{BC} = \frac{S_{BC}}{S_{BA} + S_{BC}} = \frac{6}{4+6} = 0.6$$

$$S_{CB} = 4i_{CB} = 4 \times 1.5 = 6, \quad S_{CD} = 3i_{CD} = 3 \times 2 = 6$$

$$\mu_{CB}=\frac{S_{CB}}{S_{CB}+S_{CD}}=\frac{6}{6+6}=0.5,\quad \mu_{CD}=\frac{S_{CD}}{S_{CB}+S_{CD}}=\frac{6}{6+6}=0.5$$

将分配系数填入图 23 - 6（b）所示的方格内。

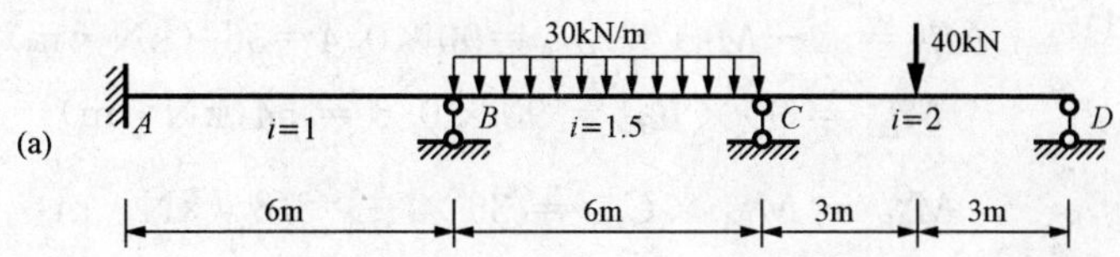

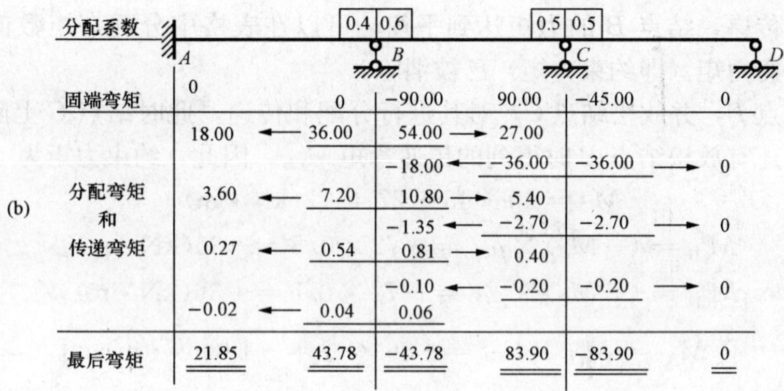

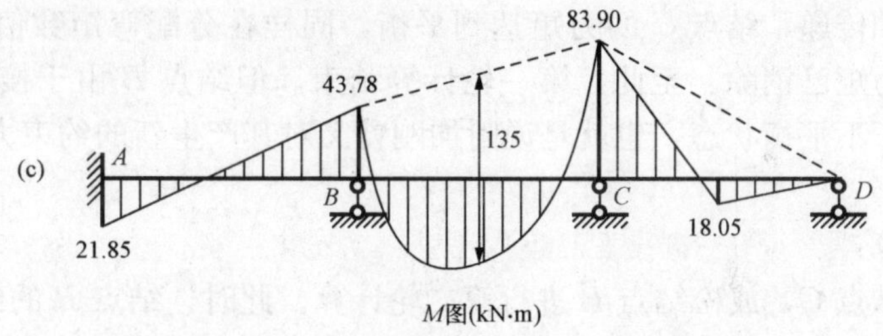

图 23 - 6 ［例 23 - 4］图

（a）连续梁的受荷情况；（b）计算各杆端弯矩的过程；（c）弯矩图

（2）计算各杆的固端弯矩。用附加刚臂固定结点 B 和 C，将连续梁分隔为三个单跨超静定梁，查表 22 - 1 得

$$M^F_{AB}=M^F_{BA}=M^F_{DC}=0$$

$$M^F_{BC}=-\frac{F_q l^2}{12}=-\frac{30\times 6^2}{12}=-90(\mathrm{kN\cdot m})$$

$$M^F_{CB}=\frac{F_q l^2}{12}=\frac{30\times 6^2}{12}=90(\mathrm{kN\cdot m})$$

$$M^F_{CD}=-\frac{3}{16}Fl=-\frac{3}{16}\times 40\times 6=-45(\mathrm{kN\cdot m})$$

将固端弯矩列于表中的第一行，如图 23 - 6（b）所示。

（3）对结点 B 和 C 轮流进行力矩分配和传递计算。

第一轮计算：

结点 B、C 的约束力矩分别为 $M_B=-90\text{kN}\cdot\text{m}$，$M_C=90-45=45\text{kN}\cdot\text{m}$。

可见，结点 B 的约束力矩大，放松该结点的附加刚臂，先对其进行分配和传递，结点 C 仍然固定。

分配弯矩　$M_{BA}^{\mu}=(-M_B)\times\mu_{BA}=90\times0.4=36\ (\text{kN}\cdot\text{m})$

$$M_{BC}^{\mu}=90\times\mu_{BC}=90\times0.6=54(\text{kN}\cdot\text{m})$$

传递弯矩　$M_{AB}^{C}=M_{BA}^{\mu}\times C_{BA}=36\times\frac{1}{2}=18\ (\text{kN}\cdot\text{m})$

$$M_{CB}^{C}=M_{BC}^{\mu}\times C_{BC}=54\times\frac{1}{2}=27(\text{kN}\cdot\text{m})$$

经过分配和传递，结点 B 的力矩达到平衡，可以在表格中分配弯矩数值下画一横线，表明此结点不平衡力矩（即约束力矩）已被消除。

重新固定结点 B，并放松结点 C，对其进行分配和传递，此时结点 C 上除 CB 杆和 CD 的固端弯矩外，还有放松结点 B 时得到的传递弯矩 M_{CB}^{C}，因此，约束力矩为

$$M_C=90-45+27=72(\text{kN}\cdot\text{m})$$

分配弯矩　$M_{CB}^{\mu}=(-M_C)\times\mu_{CB}=-72\times0.5=-36(\text{kN}\cdot\text{m})$

$$M_{CD}^{\mu}=(-M_C)\times\mu_{CD}=-72\times0.5=-36(\text{kN}\cdot\text{m})$$

传递弯矩　$M_{BC}^{C}=M_{CB}^{\mu}\times C_{CB}=-36\times\frac{1}{2}=-18(\text{kN}\cdot\text{m})$

$$M_{CD}^{C}=M_{CD}^{\mu}\times C_{CD}=-36\times0=0$$

经过分配和传递，结点 C 的力矩达到平衡，同样在分配弯矩数值下面画一横线，表示该结点的约束力矩已消除。至此，第一轮计算结束。但结点 B 由于接受到结点 C 的传递弯矩 M_{CB}^{C}，又处于不平衡状态，也就是说附加刚臂又对其产生新的约束力矩，需再次放松，重新分配和传递。

第二轮计算：

再次固定结点 C，放松结点 B 进行第二轮计算。此时，结点 B 的约束力矩为

$$M_B=-18\text{kN}\cdot\text{m}$$

分配弯矩　$M_{BA}^{\mu}=(-M_B)\times\mu_{BA}=18\times0.4=7.2(\text{kN}\cdot\text{m})$

$$M_{BC}^{\mu}=(-M_B)\times\mu_{BC}=18\times0.6=10.8(\text{kN}\cdot\text{m})$$

传递系数　$M_{AB}^{C}=M_{BA}^{\mu}\times C_{BA}=7.2\times\frac{1}{2}=3.6(\text{kN}\cdot\text{m})$

$$M_{CB}^{C}=M_{BC}^{\mu}\times C_{BC}=10.8\times\frac{1}{2}=5.4(\text{kN}\cdot\text{m})$$

分配和传递完毕后，结点 B 再次达到平衡，而结点 C 因得到传递弯矩，又处于不平衡状态，需再次分配和传递，如此对结点 B 和 C 轮流进行多次分配和传递，直到结点上的不平衡力矩很小，可忽略不计时停止计算。此时结构已经非常接近于自然平衡状态了。应注意停止计算时结点的约束力矩只分配不再传递，以免引起近邻结点出现不平衡力矩，应使每个结点力矩处于平衡。

（4）计算各杆端最后弯矩。将各杆端的固端弯矩和多次的分配弯矩、传递弯矩叠加即得最后弯矩。汇交于同一结点各杆端最后弯矩的代数和应等于零。如图 23-6（b）所示中加双横线的数值。

上面的计算过程，通常可在表格中进行。

（5）绘制弯矩图，如图 23-6（c）所示。

【例 23-5】 用力矩分配法绘制图 23-7（a）所示连续梁的弯矩图。EI=常数。

解 此梁的悬臂部分 EF 为一静定部分，这部分的内力可由静力平衡条件求得 $M_{EF}=-40\text{kN}\cdot\text{m}$，$F_{QEF}=20\text{kN}$，若将外伸部分去掉，而将 M_{EF}、F_{QEF} 作为外荷载作用于结点 E 处，则该结点可视为铰支座进行分析，整个超静定梁的计算可按简图 23-7（b）来考虑。

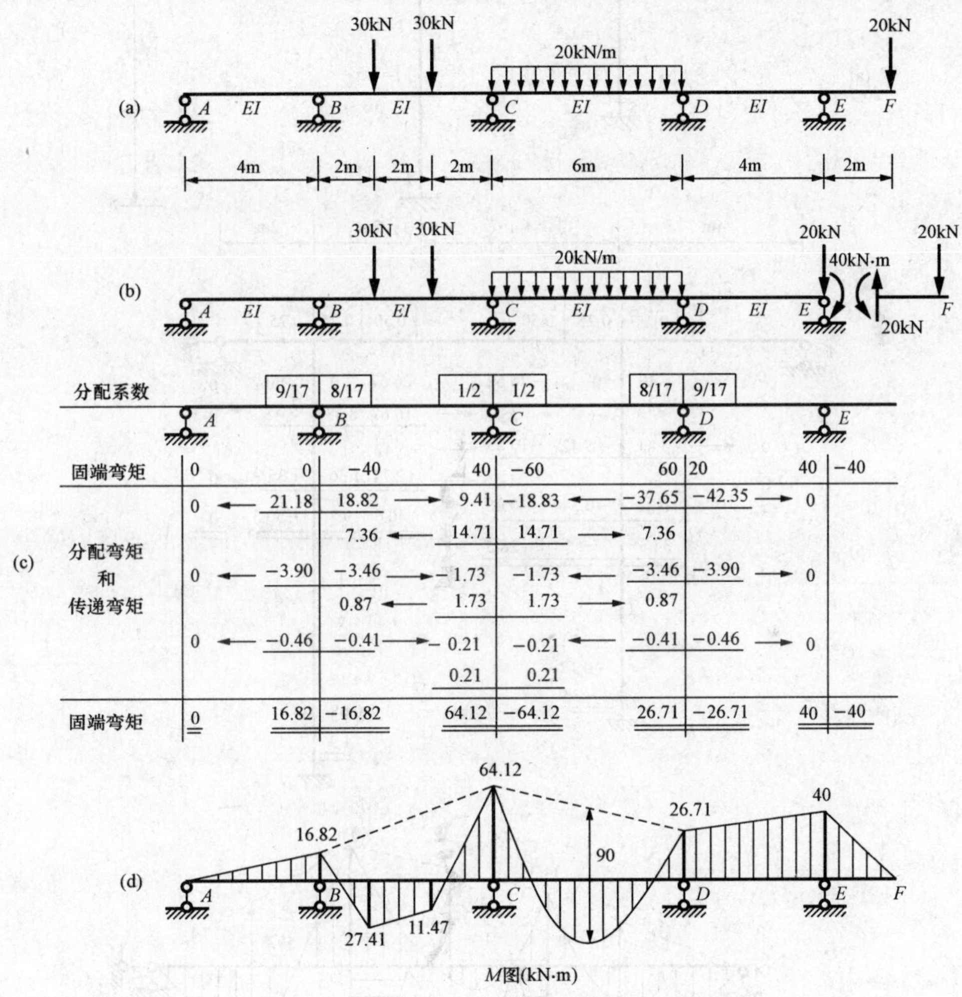

图 23-7 ［例 23-5］图

（a）连续梁的受荷情况；（b）计算简图；（c）计算各杆端弯矩的过程；（d）弯矩图

（1）计算各结点的分配系数。各结点的分配系数如图 23-7（c）方格内的数值。

（2）计算各杆的固端弯矩。注意 DE 段为一端固定一端铰支的单跨超静定梁，由于结点 E 处力矩 M_{EF} 的作用两端产生的固端弯矩分别为 $M_{DE}^F=20\text{kN}\cdot\text{m}$，$M_{ED}^F=40\text{kN}\cdot\text{m}$，而 E 处集中力直接由支座承担，不产生力矩。各杆固端弯矩如图 23-7（c）所示表格中第一行。

（3）计算分配弯矩。此梁有三个结点，分配时可先对结点 B、D 进行分配传递，其次结点 C。如此循环交替进行分配和传递，计算过程如图 23-7（c）所示表格中。

（4）计算各杆端最后弯矩。如图 23 - 7（c）所示表格中划有双横线的数值。

（5）绘制弯矩图，如图 23 - 7（d）所示。

【例 23 - 6】 试绘制图 23 - 8（a）所示刚架的弯矩图。

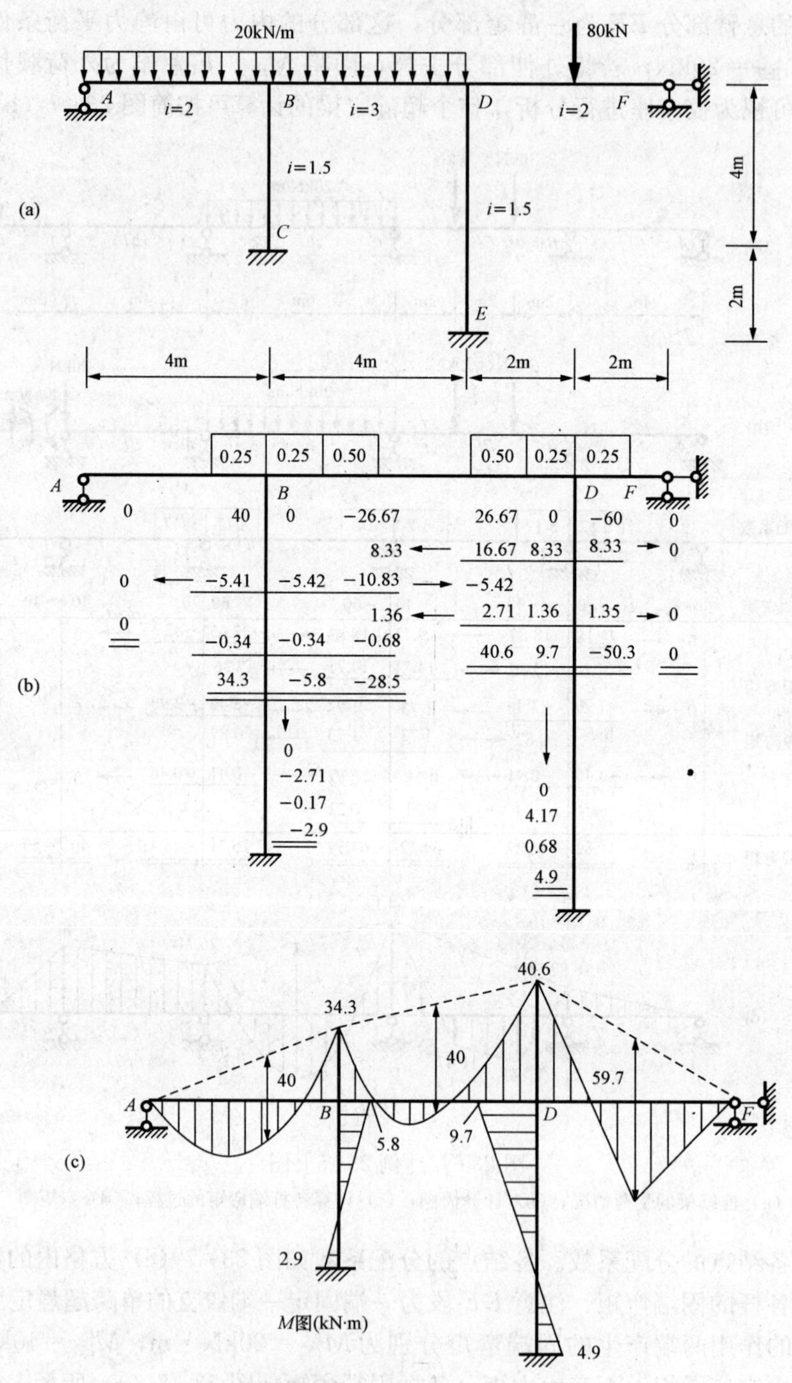

图 23 - 8 ［例 23 - 6］图

（a）刚架；（b）计算各杆端弯矩的过程；（c）弯矩图

解　(1) 计算结点 B、D 的分配系数。

结点 B　　$S_{BA}=3\times2=6$，　$S_{BC}=4\times1.5=6$，　$S_{BD}=4\times3=12$

$$\mu_{BA}=\frac{S_{BA}}{S_{BA}+S_{BC}+S_{BD}}=\frac{6}{6+6+12}=0.25$$

$$\mu_{BC}=\frac{S_{BC}}{S_{BA}+S_{BC}+S_{BD}}=\frac{6}{6+6+12}=0.25$$

$$\mu_{BD}=\frac{S_{BD}}{S_{BA}+S_{BC}+S_{BD}}=\frac{12}{6+6+12}=0.5$$

结点 D　　$S_{DB}=4\times3=12$，　$S_{DE}=4\times1.5=6$，　$S_{DF}=3\times2=6$

$$\mu_{DB}=\frac{S_{DB}}{S_{DB}+S_{DE}+S_{DF}}=\frac{12}{12+6+6}=0.5$$

$$\mu_{DE}=\frac{S_{DE}}{S_{DB}+S_{DE}+S_{DF}}=\frac{6}{12+6+6}=0.25$$

$$\mu_{DF}=\frac{S_{DF}}{S_{DB}+S_{DE}+S_{DF}}=\frac{6}{12+6+6}=0.25$$

(2) 计算各杆端弯矩。查表 22-1 计算各杆端弯矩

$$M_{AB}^F=M_{BC}^F=M_{CB}^F=M_{DE}^F=M_{ED}^F=0$$

$$M_{BA}^F=\frac{1}{8}F_ql^2=\frac{1}{8}\times20\times4^2=40(\text{kN}\cdot\text{m})$$

$$M_{BD}^F=-\frac{1}{12}F_ql^2=-\frac{1}{12}\times20\times4^2\approx-26.67(\text{kN}\cdot\text{m})$$

$$M_{DB}^F=\frac{1}{12}F_ql^2=\frac{1}{12}\times20\times4^2\approx26.67(\text{kN}\cdot\text{m})$$

$$M_{DF}^F=-\frac{3}{16}Fl=-\frac{3}{16}\times80\times4=-60(\text{kN}\cdot\text{m})$$

(3) 计算分配弯矩和传递弯矩。按照 D、B 的顺序分配传递，计算过程及数据如图 23-8 (b) 所示。放松结点的次序可以任意取，并不影响最后的结果。但为了缩短计算过程，最好先放松约束力矩较大的 D 结点。

(4) 计算各杆端最后弯矩。

(5) 绘制弯矩图，如图 23-8 (c) 所示。

思　考　题

23-1　什么是转动刚度？它与哪些因素有关？

23-2　什么是传递系数？如何确定传递系数？

23-3　什么是分配系数？如何计算交于同一点的各杆端的分配系数？

23-4　什么是约束力矩？怎样确定结点的约束力矩？

23-5　力矩分配法的基本运算步骤有哪些？每一步的物理意义是什么？

习　　题

23-1　用力矩分配法计算如图 23-9 所示各连续梁的杆端弯矩，并作弯矩图。

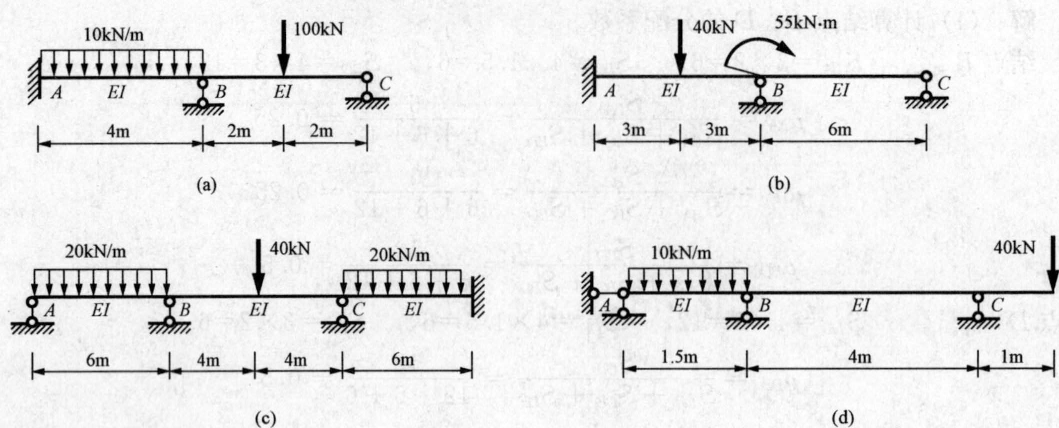

图 23-9　题 23-1 图

23-2　用力矩分配法计算如图 23-10 所示各刚架的杆端弯矩，并作弯矩图。

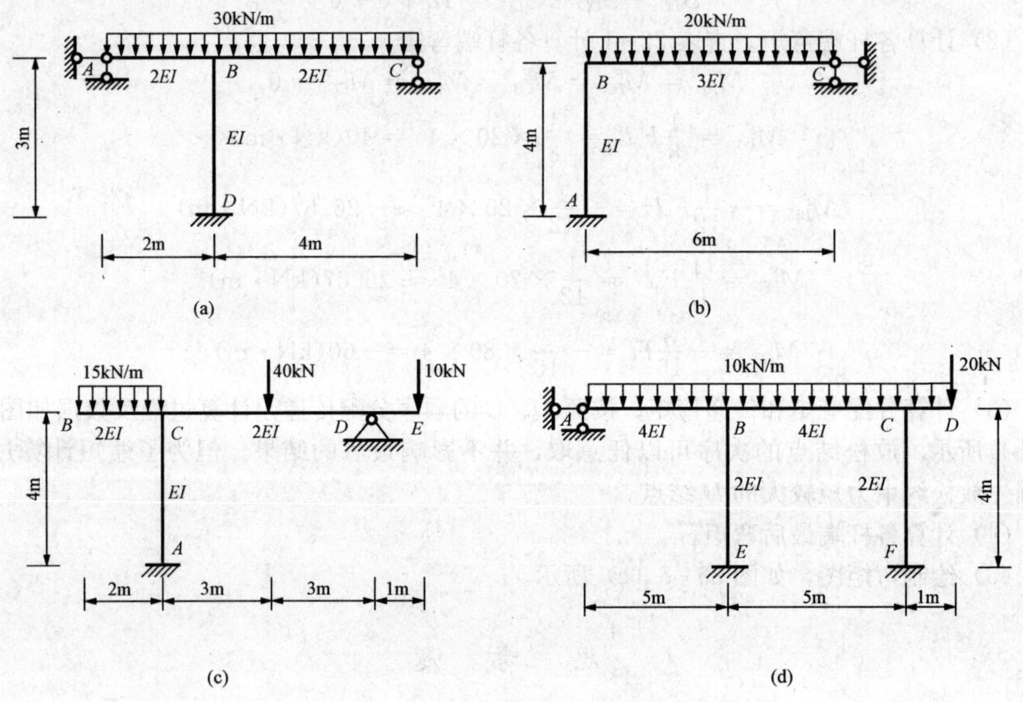

图 23-10　题 23-2 图

23-3　试作如图 23-11 所示刚架的内力图。

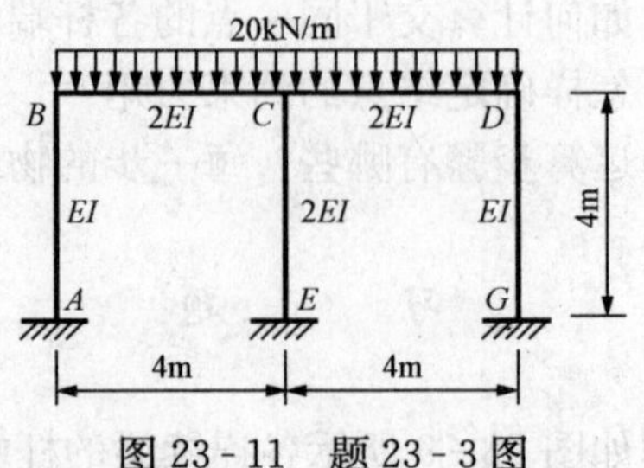

图 23-11　题 23-3 图

23 - 4　试作如图 23 - 12 所示连续梁的弯矩图。

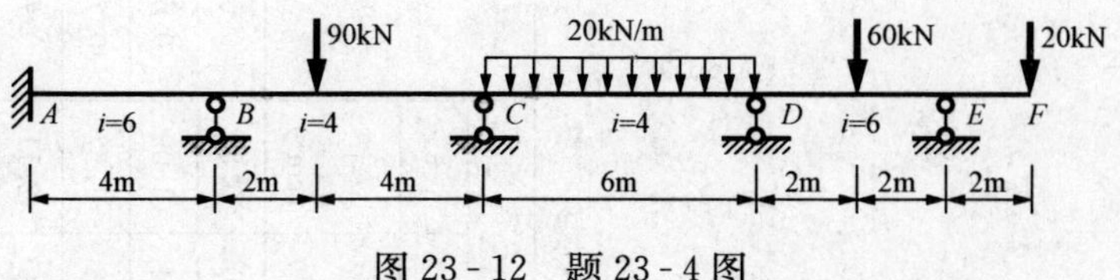

图 23 - 12　题 23 - 4 图

附录 型钢规格表

附表 1 **热轧等边角钢(GB 9787—1988)**

符号意义：

b—边宽度； I—惯性矩；

d—边厚度； i—惯性半径；

r—内圆弧半径； W—截面系数；

r_1—边端内圆弧半径； z_0—重心距离。

角钢号数	尺寸 (mm)			截面面积 (cm²)	理论重量 (kg/m)	外表面积 (m²/m)	参考数值										z_0 (cm)
							$x-x$			x_0-x_0			y_0-y_0			x_1-x_1	
	b	d	r				I_x (cm⁴)	i_x (cm)	W_x (cm³)	I_{x_0} (cm⁴)	i_{x_0} (cm)	W_{x_0} (cm³)	I_{y_0} (cm⁴)	i_{y_0} (cm)	W_{y_0} (cm³)	I_{x_1} (cm⁴)	
2	20	3	3.5	1.132	0.889	0.078	0.40	0.59	0.29	0.63	0.75	0.45	0.17	0.39	0.20	0.81	0.60
		4	3.5	1.459	1.145	0.077	0.50	0.58	0.36	0.78	0.73	0.55	0.22	0.38	0.24	1.09	0.64
2.5	25	3	3.5	1.432	1.124	0.098	0.82	0.76	0.46	1.29	0.95	0.73	0.34	0.49	0.33	1.57	0.73
		4	3.5	1.859	1.459	0.097	1.03	0.74	0.59	1.62	0.93	0.92	0.43	0.48	0.40	2.11	0.76
3	30	3	4.5	1.749	1.373	0.117	1.46	0.91	0.68	2.31	1.15	1.09	0.61	0.59	0.51	2.71	0.85
		4	4.5	2.276	1.786	0.117	1.84	0.90	0.87	2.92	1.13	1.37	0.77	0.58	0.62	3.63	0.89
3.6	36	3	4.5	2.109	1.656	0.141	2.58	1.11	0.99	4.09	1.39	1.61	1.07	0.71	0.76	4.68	1.00
		4	4.5	2.756	2.163	0.141	3.29	1.09	1.28	5.22	1.38	2.05	1.37	0.70	0.93	6.25	1.04
		5	4.5	3.382	2.654	0.141	3.95	1.08	1.56	6.24	1.36	2.45	1.65	0.70	1.09	7.84	1.07

续表

角钢号数	尺寸 (mm)			截面面积 (cm^2)	理论重量 (kg/m)	外表面积 (m^2/m)	参考数值										
							$x-x$			x_0-x_0			y_0-y_0			x_1-x_1	z_0 (cm)
	b	d	r				I_x (cm^4)	i_x (cm)	W_x (cm^3)	I_{x_0} (cm^4)	i_{x_0} (cm)	W_{x_0} (cm^3)	I_{y_0} (cm^4)	i_{y_0} (cm)	W_{y0} (cm^3)	I_{x_1} (cm^4)	
4	40	3	5	2.359	1.852	0.157	3.59	1.23	1.23	5.69	1.55	2.01	1.49	0.79	0.96	6.41	1.09
		4		3.086	2.422	0.157	4.60	1.22	1.60	7.29	1.54	2.58	1.91	0.79	1.19	8.56	1.13
		5		3.791	2.976	0.156	5.53	1.21	1.96	8.76	1.52	3.01	2.30	0.78	1.39	10.74	1.17
4.5	45	3		2.659	2.088	0.177	5.17	1.40	1.58	8.20	1.76	2.58	2.14	0.90	1.24	9.12	1.22
		4		3.486	2.736	0.177	6.65	1.38	2.05	10.56	1.74	3.32	2.75	0.89	1.54	12.18	1.26
		5		4.292	3.369	0.176	8.04	1.37	2.51	12.74	1.72	4.00	3.33	0.88	1.81	15.25	1.30
		6		5.076	3.985	0.176	9.33	1.36	2.95	14.76	1.70	4.64	3.89	0.88	2.06	18.36	1.33
5	50	3	5.5	2.971	2.332	0.197	7.18	1.55	1.96	11.7	1.96	3.22	2.98	1.00	1.57	12.50	1.34
		4		3.897	3.059	0.197	9.26	1.54	2.56	14.70	1.94	4.16	3.82	0.99	1.96	16.69	1.38
		5		4.803	3.770	0.196	11.21	1.53	3.13	17.79	1.92	5.03	4.64	0.98	2.31	20.90	1.42
		6		5.688	4.465	0.196	13.05	1.52	3.68	20.68	1.91	5.85	5.42	0.98	2.63	25.14	1.46
5.6	56	3	6	3.343	2.624	0.221	10.19	1.75	2.48	16.14	2.20	4.08	4.24	1.13	2.02	17.56	1.48
		4		4.390	3.446	0.220	13.18	1.73	3.24	20.92	2.18	5.28	5.46	1.11	2.52	23.43	1.53
		5		5.415	4.251	0.220	16.02	1.72	3.97	25.42	2.17	6.42	6.61	1.10	2.98	29.33	1.57
		8		8.367	6.568	0.219	23.63	1.68	6.03	37.37	2.11	9.44	9.89	1.09	4.16	47.24	1.68
6.3	63	4	7	4.978	3.907	0.248	19.03	1.96	4.13	30.17	2.46	6.78	7.89	1.26	3.29	33.35	1.70
		5		6.143	4.822	0.248	23.17	1.94	5.08	36.77	2.45	8.25	9.57	1.25	3.90	41.73	1.74
		6		7.288	5.721	0.247	27.12	1.93	6.00	43.03	2.43	9.66	11.20	1.24	4.46	50.14	1.78
		8		9.515	7.469	0.247	34.46	1.90	7.75	54.56	2.40	12.25	14.33	1.23	5.47	67.11	1.85
		10		11.657	9.151	0.246	41.09	1.88	9.39	64.85	2.36	14.56	17.33	1.22	6.36	84.31	1.93

续表

角钢号数	尺寸 (mm)			截面面积 (cm^2)	理论重量 (kg/m)	外表面积 (m^2/m)	参考数值										参考数值
							$x-x$			x_0-x_0			y_0-y_0			x_1-x_1	z_0 (cm)
	b	d	r				I_x (cm^4)	i_x (cm)	W_x (cm^3)	I_{x_0} (cm^4)	i_{x_0} (cm)	W_{x_0} (cm^3)	I_{y_0} (cm^4)	i_{y_0} (cm)	W_{y0} (cm^3)	I_{x_1} (cm^4)	
7	70	4	8	5.570	4.372	0.275	26.39	2.18	5.14	41.80	2.74	8.44	10.99	1.40	4.17	45.74	1.86
		5		6.875	5.397	0.275	32.21	2.16	6.32	51.08	2.73	10.32	13.34	1.39	4.95	57.21	1.91
		6		8.160	6.406	0.275	37.77	2.15	7.48	59.93	2.71	12.11	15.61	1.38	5.67	68.73	1.95
		7		9.424	7.398	0.275	43.09	2.14	8.59	68.35	2.69	13.81	17.82	1.38	6.34	80.29	1.99
		8		10.667	8.373	0.274	48.17	2.12	9.68	76.37	2.68	15.43	19.98	1.37	6.98	91.92	2.03
(7.5)	75	5	9	7.367	5.818	0.295	39.97	2.33	7.32	63.30	2.92	11.94	16.63	1.50	5.77	70.56	2.04
		6		8.797	6.905	0.294	46.95	2.31	8.64	74.38	2.90	14.02	19.51	1.49	6.67	84.55	2.07
		7		10.160	7.976	0.294	53.57	2.30	9.93	84.96	2.89	16.02	22.18	1.48	7.44	98.71	2.11
		8		11.503	9.030	0.294	59.96	2.28	11.20	95.07	2.88	17.93	24.86	1.47	8.19	112.97	2.15
		10		14.126	11.089	0.293	71.98	2.26	13.64	113.92	2.84	21.48	30.05	1.46	9.56	141.71	2.22
8	80	5		7.912	6.211	0.315	48.79	2.48	8.34	77.33	3.13	13.67	20.25	1.60	6.66	85.36	2.15
		6		9.397	7.376	0.314	57.35	2.47	9.87	90.98	3.11	16.08	23.72	1.59	7.65	102.50	2.19
		7		10.860	8.525	0.314	65.58	2.46	11.37	104.07	3.10	18.40	27.09	1.58	8.58	119.70	2.23
		8		12.303	9.658	0.314	73.49	2.44	12.83	116.60	3.08	20.61	30.39	1.57	9.46	136.97	2.27
		10		15.126	11.874	0.313	88.43	2.42	15.64	140.09	3.04	24.76	36.77	1.56	11.08	171.74	2.35
9	90	6	10	10.637	8.350	0.354	82.77	2.79	12.61	131.26	3.51	20.63	34.28	1.80	9.95	145.87	2.44
		7		12.301	9.656	0.354	94.83	2.78	14.54	150.47	3.50	23.64	39.18	1.78	11.19	170.30	2.48
		8		13.944	10.946	0.353	106.47	2.76	16.42	168.97	3.48	26.55	43.97	1.78	12.35	194.80	2.52
		10		17.167	13.476	0.353	128.58	2.74	20.07	203.90	3.45	32.04	53.26	1.76	14.52	244.07	2.59
		12		20.306	15.940	0.352	149.22	2.71	23.57	236.21	3.41	37.12	62.22	1.75	16.49	293.76	2.67

续表

角钢号数	尺寸 (mm)			截面面积 (cm²)	理论重量 (kg/m)	外表面积 (m²/m)	参考数值										z_0 (cm)
							$x-x$			x_0-x_0			y_0-y_0			x_1-x_1	
	b	d	r				I_x (cm⁴)	i_x (cm)	W_x (cm³)	I_{x_0} (cm⁴)	i_{x_0} (cm)	W_{x_0} (cm³)	I_{y_0} (cm⁴)	i_{y_0} (cm)	W_{y_0} (cm³)	I_{x_1} (cm⁴)	
10	100	6	12	11.932	9.366	0.393	114.95	3.01	15.68	181.98	3.90	25.74	47.92	2.00	12.69	200.07	2.67
		7		13.796	10.830	0.393	131.86	3.09	18.10	208.97	3.89	29.55	54.74	1.99	14.26	233.54	2.71
		8		15.638	12.276	0.393	148.24	3.08	20.47	235.07	3.88	33.24	61.41	1.98	15.75	267.09	2.76
		10		19.261	15.120	0.392	179.51	3.05	25.06	284.68	3.84	40.26	74.35	1.96	18.54	334.48	2.84
		12		22.800	17.898	0.391	208.90	3.03	29.48	330.95	3.81	46.80	86.84	1.95	21.08	402.34	2.91
		14		26.256	20.611	0.391	236.53	3.00	33.73	374.05	3.77	52.90	99.00	1.94	23.44	470.75	2.99
		16		29.627	23.257	0.390	262.53	2.98	37.82	414.16	3.74	58.57	110.89	1.94	25.63	539.80	3.06
11	110	7		15.196	11.928	0.433	177.16	3.41	22.05	280.94	4.30	36.12	73.38	2.20	17.51	310.64	2.96
		8		17.238	13.532	0.433	199.46	3.40	24.95	316.49	4.28	40.69	82.42	2.19	19.39	355.20	3.01
		10		21.261	16.690	0.432	242.19	3.38	30.60	384.39	4.25	49.42	99.98	2.17	22.91	444.65	3.09
		12		25.200	19.782	0.431	282.55	3.35	36.05	448.17	4.22	57.62	116.93	2.15	26.15	534.60	3.16
		14		29.056	22.809	0.431	320.71	3.32	41.31	508.01	4.18	65.31	133.40	2.14	29.14	625.16	3.24
12.5	125	8	14	19.750	15.504	0.492	297.03	3.88	32.52	470.89	4.88	43.28	123.16	2.50	25.86	521.01	3.37
		10		24.373	19.133	0.491	361.67	3.85	39.97	573.89	4.85	64.93	149.46	2.48	30.62	651.93	3.45
		12		28.912	22.695	0.491	423.16	3.83	41.17	671.44	4.82	75.96	174.88	2.46	35.03	783.42	3.53
		14		33.367	26.193	0.490	481.65	3.80	54.16	763.73	4.78	86.41	199.57	2.45	39.13	915.61	3.61
14	140	10		27.373	21.488	0.551	514.65	4.34	50.58	817.27	5.46	82.56	212.04	2.78	39.20	915.11	3.82
		12		32.512	25.522	0.551	603.68	4.31	59.80	958.79	5.43	96.85	248.57	2.76	45.02	1099.28	3.90
		14		37.567	29.490	0.550	688.81	4.28	68.75	1093.56	5.40	110.47	284.06	2.75	50.45	1284.22	3.98
		16		42.539	33.393	0.549	770.24	4.26	77.46	1221.81	5.36	123.42	318.67	2.74	55.55	1470.07	4.06

续表

角钢号数	尺寸 (mm)			截面面积 (cm^2)	理论重量 (kg/m)	外表面积 (m^2/m)	参考数值										z_0 (cm)
							$x-x$			x_0-x_0			y_0-y_0			x_1-x_1	
	b	d	r				I_x (cm^4)	i_x (cm)	W_x (cm^3)	I_{x_0} (cm^4)	i_{x_0} (cm)	W_{x_0} (cm^3)	I_{y_0} (cm^4)	i_{y_0} (cm)	W_{y0} (cm^3)	I_{x_1} (cm^4)	
16	160	10	16	31.502	24.729	0.630	779.53	4.98	66.70	1237.30	6.27	109.36	321.76	3.20	52.76	1365.33	4.31
		12		37.441	29.391	0.630	916.58	4.95	78.98	1455.68	6.24	128.67	377.49	3.18	60.74	1639.57	4.39
		14		43.296	33.987	0.629	1048.36	4.92	90.95	1665.02	6.20	147.17	431.70	3.16	68.244	1914.68	4.47
		16		49.067	38.518	0.629	1175.08	4.89	102.63	1865.57	6.17	164.89	484.59	3.14	75.31	2190.82	4.55
18	180	12		42.241	33.159	0.710	1321.35	5.59	100.82	2100.10	7.05	165.00	542.61	3.58	78.41	2332.80	4.89
		14		48.896	38.388	0.709	1514.48	5.56	116.25	2407.42	7.02	189.14	625.53	3.56	88.38	2723.48	4.97
		16		55.467	43.542	0.709	1700.99	5.54	131.13	2703.37	6.98	212.40	698.60	3.55	97.83	3115.29	5.05
		18		61.955	48.634	0.708	1875.12	5.50	145.64	2988.24	6.94	234.78	762.01	3.51	105.14	3502.43	5.13
20	200	14	18	54.642	42.894	0.788	2103.55	6.20	144.70	3343.26	7.82	236.40	863.83	3.98	111.82	3734.10	5.46
		16		62.013	48.680	0.788	2366.15	6.18	163.65	3760.89	7.79	265.93	971.41	3.96	123.96	4270.39	5.54
		18		69.301	54.401	0.787	2620.64	6.15	182.22	4164.54	7.75	294.48	1076.74	3.94	135.52	4808.13	5.62
		20		76.505	60.056	0.787	2867.30	6.12	200.42	4554.55	7.72	322.06	1180.04	3.93	146.55	5347.51	5.69
		24		90.661	71.168	0.785	2338.25	6.07	236.17	5294.97	7.64	374.41	1381.53	3.90	166.55	6457.16	5.87

注 截面图中的 $r_1=\frac{1}{3}d$ 及表中 r 值的数据用于孔型设计，不做交货条件。

附表 2

热轧不等边角钢(GB 9788—1988)

符号意义：

B—长边宽度；　b—短边宽度；

d—边厚度；　r—内圆弧半径；

r_1—边端内圆弧半径；　I—惯性矩；

i—惯性半径；　W—截面系数；

x_0—重心距离；　y_0—重心距离。

角钢号数	尺寸 (mm)				截面面积	理论重量	外表面积	参考数值													
								$x-x$			$y-y$			x_1-x_1		y_1-y_1		$u-u$			
	B	b	d	r	(cm²)	(kg/m)	(m²/m)	I_x (cm⁴)	i_x (cm)	W_x (cm³)	I_y (cm⁴)	i_y (cm)	W_y (cm³)	I_{x_1} (cm⁴)	y_0 (cm)	I_{y_1} (cm⁴)	x_0 (cm)	I_u (cm⁴)	i_u (cm)	W_u (cm³)	$\tan\alpha$
2.5/1.6	25	16	3	3.5	1.162	0.912	0.080	0.70	0.78	0.43	0.22	0.44	0.19	1.56	0.86	0.43	0.42	0.14	0.34	0.16	0.392
			4		1.499	1.176	0.079	0.88	0.77	0.55	0.27	0.43	0.24	2.09	0.90	0.59	0.46	0.17	0.34	0.20	0.381
3.2/2	32	20	3		1.492	1.171	0.102	1.53	1.01	0.72	0.46	0.55	0.30	3.27	1.08	0.82	0.49	0.28	0.43	0.25	0.382
			4		1.939	1.522	0.101	1.93	1.00	0.93	0.57	0.54	0.39	4.37	1.12	1.12	0.53	0.35	0.42	0.32	0.374
4/2.5	40	25	3	4	1.890	1.484	0.127	3.08	1.28	1.15	0.93	0.70	0.49	6.39	1.32	1.59	0.59	0.56	0.54	0.40	0.386
			4		2.467	1.936	0.127	3.93	1.26	1.49	1.18	0.69	0.63	8.53	1.37	2.14	0.63	0.71	0.54	0.52	0.381
4.5/2.8	45	28	3	5	2.149	1.687	0.143	4.45	1.44	1.47	1.34	0.79	0.62	9.10	1.47	2.23	0.64	0.80	0.61	0.51	0.383
			4		2.806	2.203	0.143	5.69	1.42	1.91	1.70	0.78	0.80	12.13	1.51	3.00	0.68	1.02	0.60	0.66	0.380
5/3.2	50	32	3	5.5	2.431	1.908	0.161	6.24	1.60	1.84	2.02	0.91	0.82	12.49	1.60	3.31	0.73	1.20	0.70	0.68	0.404
			4		3.177	2.494	0.160	8.02	1.59	2.39	2.58	0.90	1.06	16.65	1.65	4.45	0.77	1.53	0.69	0.87	0.402

续表

角钢号数	尺寸 (mm)				截面面积	理论重量	外表面积	参考数值													
								x—x			y—y			x_1-x_1		y_1-y_1		u—u			
	B	b	d	r	(cm^2)	(kg/m)	(m^2/m)	I_x (cm^4)	i_x (cm)	W_x (cm^3)	I_y (cm^4)	i_y (cm)	W_y (cm^3)	I_{x_1} (cm^4)	y_0 (cm)	I_{y_1} (cm^4)	x_0 (cm)	I_u (cm^4)	i_u (cm)	W_u (cm^3)	tanα
5.6/3.6	56	36	3	6	2.743	2.153	0.181	8.88	1.80	2.32	2.92	1.03	1.05	17.54	1.78	4.70	0.80	1.73	0.79	0.87	0.408
			4		3.590	2.818	0.180	11.45	1.79	3.03	3.76	1.02	1.37	23.39	1.82	6.33	0.85	2.23	0.79	1.13	0.408
			5		4.415	3.466	0.180	13.86	1.77	3.71	4.49	1.01	1.65	29.25	1.87	7.94	0.88	2.67	0.78	1.36	0.404
6.3/4	63	40	4	7	4.058	3.185	0.202	16.49	2.02	3.87	5.23	1.14	1.70	33.30	2.04	8.63	0.92	3.12	0.88	1.40	0.398
			5		4.993	3.920	0.202	20.02	2.00	4.74	6.31	1.12	2.71	41.63	2.08	10.86	0.95	3.76	0.87	1.71	0.396
			6		5.908	4.638	0.201	23.36	1.96	5.59	7.29	1.11	2.43	49.98	2.12	13.12	0.99	4.34	0.86	1.99	0.393
			7		6.802	5.339	0.201	26.53	1.98	6.40	8.24	1.10	2.78	58.07	2.15	15.47	1.03	4.97	0.86	2.29	0.389
7/4.5	70	45	4	7.5	4.547	3.570	0.226	23.17	2.26	4.86	7.55	1.29	2.17	45.92	2.24	12.26	1.02	4.40	0.98	1.77	0.410
			5		5.609	4.403	0.225	27.95	2.23	5.92	9.13	1.28	2.65	57.10	2.28	15.39	1.06	5.40	0.98	2.19	0.407
			6		6.647	5.218	0.225	32.54	2.21	6.95	10.62	1.26	3.12	68.35	2.32	18.58	1.09	6.35	0.98	2.59	0.404
			7		7.657	6.011	0.225	37.22	2.20	8.03	12.01	1.25	3.57	79.99	2.36	21.84	1.13	7.16	0.97	2.94	0.402
(7.5/5)	75	50	5	8	6.125	4.808	0.245	34.86	2.39	6.83	12.61	1.44	3.30	70.00	2.40	21.04	1.17	7.41	1.10	2.74	0.435
			6		7.260	5.699	0.245	41.12	2.38	8.12	14.70	1.42	3.88	84.30	2.44	25.37	1.21	8.54	1.08	3.19	0.435
			8		9.467	7.431	0.244	52.39	2.35	10.52	18.53	1.40	4.99	112.50	2.52	34.23	1.29	10.87	1.07	4.10	0.429
			10		11.590	9.098	0.244	62.71	2.33	12.79	21.96	1.38	6.04	140.80	2.60	43.43	1.36	13.10	1.06	4.99	0.423
8/5	80	50	5		6.375	5.005	0.255	41.96	2.56	7.78	12.82	1.42	3.32	85.21	2.60	21.06	1.14	7.66	1.10	2.74	0.388
			6		7.560	5.935	0.255	49.49	2.56	9.25	14.95	1.41	3.91	102.53	2.65	25.41	1.18	8.85	1.08	3.20	0.387
			7		8.724	6.848	0.255	56.16	2.54	10.58	16.96	1.39	4.48	119.33	2.69	29.82	1.21	10.18	1.08	3.70	0.384
			8		9.867	7.745	0.254	62.83	2.52	11.92	18.85	1.38	5.03	136.41	2.73	34.32	1.25	11.38	1.07	4.16	0.381

续表

角钢号数	尺寸(mm)				截面面积	理论重量	外表面积	参考数值													
								x—x			y—y			x_1-x_1		y_1-y_1		u—u			
	B	b	d	r	(cm²)	(kg/m)	(m²/m)	I_x (cm⁴)	i_x (cm)	W_x (cm³)	I_y (cm⁴)	i_y (cm)	W_y (cm³)	I_{x_1} (cm⁴)	y_0 (cm)	I_{y_1} (cm⁴)	x_0 (cm)	I_u (cm⁴)	i_u (cm)	W_u (cm³)	tanα
9/5.6	90	56	5	9	7.212	5.661	0.287	60.45	2.90	9.92	18.32	1.59	4.21	121.32	2.91	29.53	1.25	10.98	1.23	3.49	0.385
			6		8.557	6.717	0.286	71.03	2.38	11.74	21.42	1.58	4.96	145.59	2.95	35.58	1.29	12.90	1.23	4.18	0.384
			7		9.880	7.756	0.286	81.01	2.86	13.49	24.36	1.57	5.70	169.66	3.00	41.71	1.33	14.67	1.22	4.72	0.382
			8		11.183	8.779	0.286	91.03	2.85	15.27	27.15	1.56	6.41	194.17	3.04	47.93	1.36	16.34	1.21	5.29	0.380
10/6.3	100	63	6	10	9.617	7.550	0.320	99.06	3.21	14.64	30.94	1.79	6.35	199.71	3.24	50.50	1.43	18.42	1.38	5.25	0.394
			7		11.111	8.722	0.320	113.45	3.29	16.88	35.26	1.78	7.29	233.00	3.28	59.14	1.47	21.00	1.38	6.02	0.393
			8		12.584	9.878	0.319	127.37	3.18	19.08	39.39	1.77	8.21	266.32	3.32	67.88	1.50	23.50	1.37	6.78	0.391
			10		15.467	12.142	0.310	153.81	3.15	23.32	47.12	1.74	9.98	333.06	3.40	85.73	1.58	28.33	1.35	8.24	0.387
10/8	100	80	6		10.637	8.350	0.354	107.04	3.17	15.19	61.24	2.40	10.16	199.83	2.95	102.68	1.97	31.65	1.72	8.37	0.627
			7		12.301	9.656	0.354	122.73	3.16	17.52	70.08	2.39	11.71	233.20	3.00	119.98	2.01	36.17	1.72	9.60	0.626
			8		13.944	10.946	0.353	137.92	3.14	19.81	78.58	2.37	13.21	266.61	3.04	137.37	2.05	40.58	1.71	10.80	0.625
			10		17.167	13.476	0.353	166.87	3.12	24.24	94.65	2.35	16.12	333.63	3.12	172.48	2.13	49.10	1.69	13.12	0.622
11/7	110	70	6		10.637	8.350	0.354	133.37	3.54	17.85	42.92	2.01	7.90	265.78	3.53	69.08	1.57	25.36	1.54	6.53	0.403
			7		12.301	9.656	0.354	153.00	3.53	20.60	49.01	2.00	9.09	310.07	3.57	80.82	1.61	28.95	1.53	7.50	0.402
			8		13.944	10.946	0.353	172.04	3.51	23.30	54.87	1.98	10.25	354.39	3.62	92.70	1.65	32.45	1.53	8.45	0.401
			10		17.167	13.476	0.353	208.39	3.48	28.54	65.88	1.96	12.48	443.13	3.70	116.83	1.72	39.20	1.51	10.29	0.397
12.5/8	125	80	7	11	14.096	11.066	0.403	227.98	4.02	26.86	74.42	2.30	12.01	454.99	4.01	120.32	1.80	43.81	1.76	9.92	0.408
			8		15.989	12.551	0.403	256.77	4.01	30.41	83.49	2.28	13.56	519.99	4.06	137.85	1.84	49.15	1.75	11.18	0.407
			10		19.712	15.474	0.402	312.04	3.98	37.33	100.67	2.26	16.56	650.09	4.14	173.40	1.92	59.45	1.74	13.64	0.404
			12		23.351	18.330	0.402	364.41	3.95	44.01	116.67	2.24	19.43	780.39	4.22	209.67	2.00	69.35	1.72	16.01	0.400

续表

角钢号数	尺寸(mm)				截面面积	理论重量	外表面积	参考数值														
								$x-x$			$y-y$			x_1-x_1		y_1-y_1		$u-u$				
	B	b	d	r	(cm²)	(kg/m)	(m²/m)	I_x (cm⁴)	i_x (cm)	W_x (cm³)	I_y (cm)	i_y (cm)	W_y (cm³)	I_{x_1} (cm⁴)	y_0 (cm)	I_{y_1} (cm⁴)	x_0 (cm)	I_u (cm⁴)	i_u (cm)	W_u (cm³)	tanα
14/9	140	90	8	12	18.038	14.160	0.453	365.64	4.50	38.48	120.69	2.59	17.34	730.53	4.50	195.79	2.04	70.83	1.98	14.1	0.411
			10		22.261	17.475	0.452	445.50	4.47	47.31	146.03	2.56	21.22	913.20	4.58	245.92	2.12	85.82	1.96	17.48	0.409
			12		26.400	20.724	0.451	521.59	4.44	55.87	169.79	2.54	24.95	1096.09	4.66	296.89	2.19	100.21	1.95	20.54	0.406
			14		30.456	23.908	0.451	594.10	4.42	64.18	192.10	2.51	28.54	1279.26	4.74	348.82	2.27	114.13	1.94	23.52	0.403
16/10	160	100	10	13	25.315	19.872	0.512	668.69	5.14	62.13	205.03	2.85	26.56	1362.89	5.24	336.59	2.28	121.74	2.19	21.92	0.390
			12		30.054	23.592	0.511	784.91	5.11	73.49	239.06	2.82	31.28	1635.56	5.32	405.94	2.36	142.33	2.17	25.79	0.388
			14		34.709	27.247	0.510	896.30	5.08	84.56	271.20	2.80	35.83	1908.50	5.40	476.42	2.43	162.2	2.16	29.56	0.385
			16		39.281	30.835	0.510	1003.04	5.05	95.33	301.60	2.77	40.24	2181.79	5.48	548.22	2.51	182.57	2.16	33.44	0.382
18/11	180	110	10	14	28.373	22.273	0.571	956.25	5.80	78.96	278.11	3.13	32.49	1940.40	5.89	447.22	2.44	166.50	2.42	26.88	0.376
			12		33.712	26.464	0.571	1124.72	5.78	93.53	325.03	3.10	38.32	2328.38	5.98	538.94	2.52	194.87	2.40	31.66	0.374
			14		38.967	30.589	0.570	1286.91	5.75	107.76	369.55	3.08	43.97	2716.60	6.06	631.95	2.59	222.30	2.39	36.32	0.372
			16		44.139	34.649	0.569	1443.06	5.72	121.64	411.85	3.06	49.44	3105.15	6.14	726.46	2.67	248.94	2.38	40.87	0.369
20/12.5	200	125	12		37.912	29.761	0.641	1570.90	6.44	116.73	483.16	3.57	49.99	3193.85	6.54	787.74	2.83	285.79	2.74	41.23	0.392
			14		43.867	34.436	0.640	1800.97	6.41	134.65	550.83	3.54	57.44	3726.17	6.62	922.47	2.91	326.58	2.73	47.34	0.390
			16		49.739	39.045	0.639	2023.35	6.38	152.18	615.44	3.52	64.69	4258.86	6.70	1058.86	2.99	366.21	2.71	53.32	0.388
			18		55.526	43.588	0.639	2238.30	6.35	169.33	677.19	3.49	71.74	4792.00	6.78	1197.13	3.06	404.83	2.70	59.18	0.385

注 1. 括号内型号不推荐使用。

2. 截面图中的 $r_1=\frac{1}{3}d$ 及表中 r 的数据用于孔型设计，不做交货条件。

附表 3

热轧槽钢(GB 707—1988)

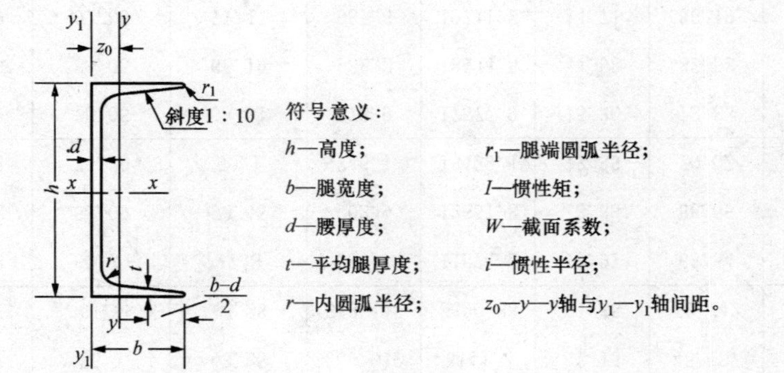

符号意义：

h—高度； r1—腿端圆弧半径；
b—腿宽度； I—惯性矩；
d—腰厚度； W—截面系数；
t—平均腿厚度； i—惯性半径；
r—内圆弧半径； z_0—y—y轴与y_1—y_1轴间距。

型号	尺寸(mm)						截面面积	理论重量	参考数值							z_0
									x—x			y—y			y_1—y_1	
	h	b	d	t	r	r_1	(cm^2)	(kg/m)	W_x (cm^3)	I_x (cm^4)	i_x (cm)	W_y (cm^3)	I_y (cm^4)	i_y (cm)	I_{y_1} (cm^4)	(cm)
5	50	37	4.5	7	7	3.5	6.93	5.44	10.4	26	1.94	3.55	8.3	1.1	20.9	1.35
6.3	63	40	4.8	7.5	7.5	3.75	8.444	6.63	16.123	50.786	2.453		11.872	1.185	28.38	1.36
8	80	43	5	8	8	4	10.24	8.04	25.3	101.3	3.15	5.79	16.6	1.27	37.4	1.43
10	100	48	5.3	8.5	8.5	4.25	12.74	10	39.7	198.3	3.95	7.8	25.6	1.41	54.9	1.52
12.6	126	53	5.5	9	9	4.5	15.69	12.37	62.137	391.466	4.953	10.242	37.99	1.567	77.09	1.59
14a	140	58	6	9.5	9.5	4.75	18.51	14.53	80.5	563.7	5.52	13.01	53.2	1.7	107.1	1.71
14b	140	60	8	9.5	9.5	4.75	21.31	16.73	87.1	609.4	5.35	14.12	61.1	1.69	120.6	1.67
16a	160	63	6.5	10	10	5	21.95	17.23	108.3	866.2	6.28	16.3	73.3	1.83	144.1	1.8
16	160	65	8.5	10	10	5	25.15	19.74	116.8	934.5	6.1	17.55	83.4	1.82	160.8	1.75
18a	180	68	7	10.5	10.5	5.25	25.69	20.17	141.4	1272.7	7.04	20.03	98.6	1.96	189.7	1.88
18	180	70	9	10.5	10.5	5.25	29.29	22.99	152.2	1369.9	6.84	21.52	111	1.95	210.1	1.84

续表

型号	尺寸 (mm)						截面面积	理论重量	参考数值							参考数值
									x—x			y—y			$y_1—y_1$	
	h	b	d	t	r	r_1	(cm^2)	(kg/m)	W_x (cm^3)	I_x (cm^4)	i_x (cm)	W_y (cm^3)	I_y (cm^4)	i_y (cm)	I_{y_1} (cm^4)	z_0 (cm)
20a	200	73	7	11	11	5.5	28.83	22.63	178	1780.4	7.86	24.2	128	2.11	244	2.01
20	200	75	9	11	11	5.5	32.83	25.77	191.4	1913.7	7.64	25.88	143.6	2.09	268.4	1.95
22a	220	77	7	11.5	11.5	5.75	31.84	24.99	217.6	2393.9	8.67	28.17	157.8	2.23	298.2	2.1
22	220	79	9	11.5	11.5	5.75	36.24	28.45	233.8	2571.4	8.42	30.05	176.4	2.21	326.3	2.03
a	250	78	7	12	12	6	34.91	27.47	269.597	3369.62	9.823	30.607	175.529	2.243	322.256	2.065
25b	250	80	9	12	12	6	39.91	31.39	282.402	3530.04	9.405	32.657	196.421	2.218	353.187	1.982
c	250	82	11	12	12	6	44.91	35.32	295.236	3690.45	9.065	35.926	218.415	2.206	384.133	1.921
a	280	82	7.5	12.5	12.5	6.25	40.02	31.42	340.328	4764.59	10.91	35.718	217.989	2.333	387.566	2.097
28b	280	84	9.5	12.5	12.5	6.25	45.62	35.81	366.46	5130.45	10.6	37.929	242.144	2.304	427.589	2.016
c	280	86	11.5	12.5	12.5	6.25	51.22	40.21	392.594	5496.32	10.35	40.301	267.602	2.286	426.597	1.951
a	320	88	8	14	14	7	48.7	38.22	474.879	7598.06	12.49	46.473	304.787	2.502	552.31	2.242
32b	320	90	10	14	14	7	55.1	43.25	509.012	8144.2	12.15	45.157	336.332	2.471	592.933	2.158
c	320	92	12	14	14	7	61.5	48.28	543.145	8690.33	11.88	52.642	374.175	2.467	643.299	2.092
a	360	96	9	16	16	8	60.89	47.8	659.7	11874.2	13.97	63.54	455	2.73	818.4	2.44
36b	360	98	11	16	16	8	68.09	53.45	702.9	12651.8	13.63	66.85	496.7	2.7	880.4	2.37
c	360	100	13	16	16	8	75.29	50.1	746.1	13429.4	13.36	70.02	536.4	2.67	947.9	2.34
a	400	100	10.5	18	18	9	75.05	58.91	878.9	17577.9	15.30	78.83	592	2.81	1067.7	2.49
40b	400	102	12.5	18	18	9	83.05	65.19	932.2	18644.5	44.98	82.52	640	2.78	1135.6	2.44
c	400	104	14.5	18	18	9	91.05	71.47	985.6	19711.2	14.71	86.19	687.8	2.75	1220.7	2.42

注 截面图和表中标注的圆弧半径 r、r_1 的数据用于孔型设计，不做交货条件。

附表 4 热轧工字钢(GB 706—1988)

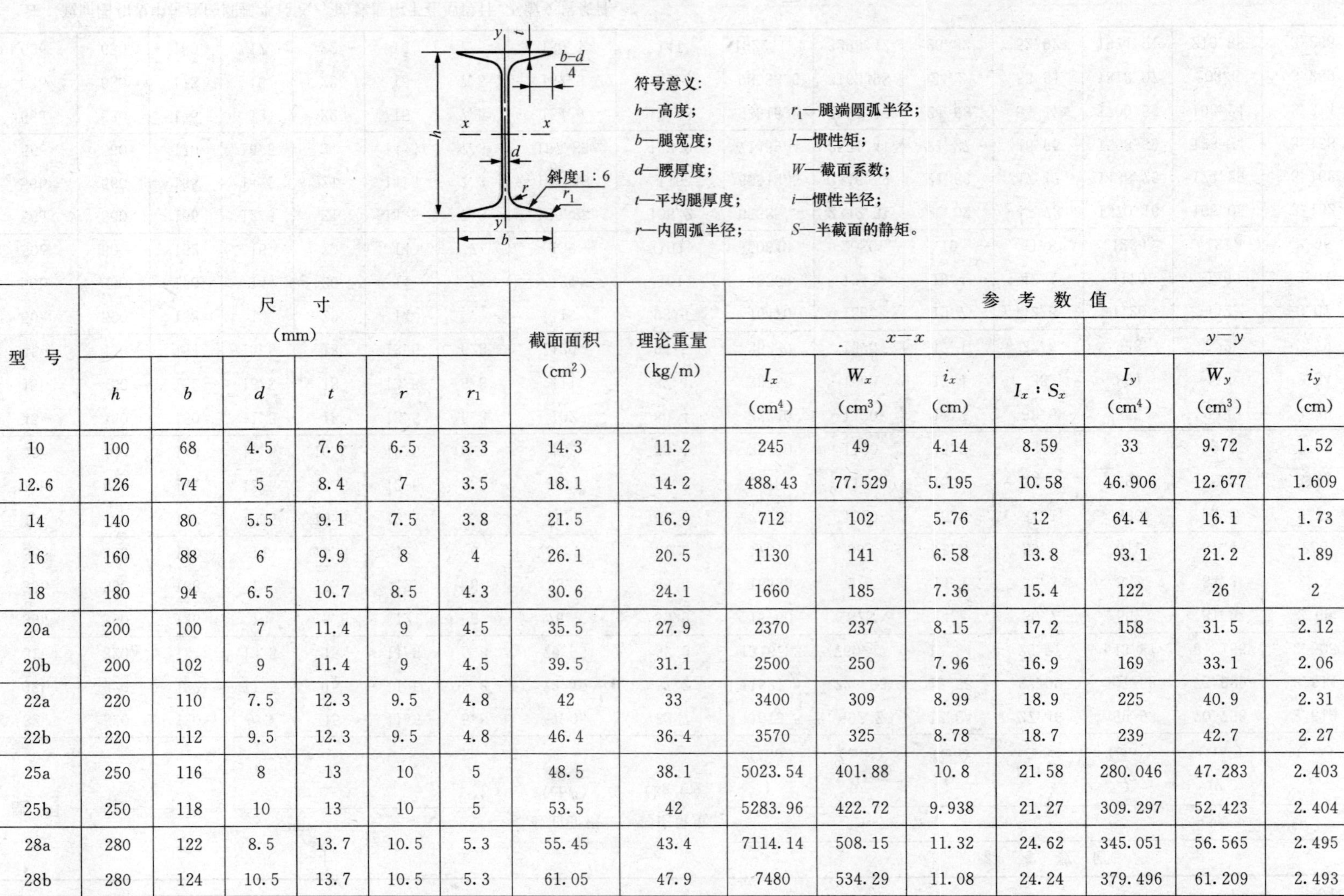

符号意义:

h—高度; r_1—腿端圆弧半径;
b—腿宽度; I—惯性矩;
d—腰厚度; W—截面系数;
t—平均腿厚度; i—惯性半径;
r—内圆弧半径; S—半截面的静矩。

型号	尺寸 (mm)						截面面积 (cm^2)	理论重量 (kg/m)	参考数值						
									x—x				y—y		
	h	b	d	t	r	r_1			I_x (cm^4)	W_x (cm^3)	i_x (cm)	$I_x:S_x$	I_y (cm^4)	W_y (cm^3)	i_y (cm)
10	100	68	4.5	7.6	6.5	3.3	14.3	11.2	245	49	4.14	8.59	33	9.72	1.52
12.6	126	74	5	8.4	7	3.5	18.1	14.2	488.43	77.529	5.195	10.58	46.906	12.677	1.609
14	140	80	5.5	9.1	7.5	3.8	21.5	16.9	712	102	5.76	12	64.4	16.1	1.73
16	160	88	6	9.9	8	4	26.1	20.5	1130	141	6.58	13.8	93.1	21.2	1.89
18	180	94	6.5	10.7	8.5	4.3	30.6	24.1	1660	185	7.36	15.4	122	26	2
20a	200	100	7	11.4	9	4.5	35.5	27.9	2370	237	8.15	17.2	158	31.5	2.12
20b	200	102	9	11.4	9	4.5	39.5	31.1	2500	250	7.96	16.9	169	33.1	2.06
22a	220	110	7.5	12.3	9.5	4.8	42	33	3400	309	8.99	18.9	225	40.9	2.31
22b	220	112	9.5	12.3	9.5	4.8	46.4	36.4	3570	325	8.78	18.7	239	42.7	2.27
25a	250	116	8	13	10	5	48.5	38.1	5023.54	401.88	10.8	21.58	280.046	47.283	2.403
25b	250	118	10	13	10	5	53.5	42	5283.96	422.72	9.938	21.27	309.297	52.423	2.404
28a	280	122	8.5	13.7	10.5	5.3	55.45	43.4	7114.14	508.15	11.32	24.62	345.051	56.565	2.495
28b	280	124	10.5	13.7	10.5	5.3	61.05	47.9	7480	534.29	11.08	24.24	379.496	61.209	2.493

续表

型号	尺寸 (mm)						截面面积 (cm^2)	理论重量 (kg/m)	参考数值						
									x—x				y—y		
	h	b	d	t	r	r_1			I_x (cm^4)	W_x (cm^3)	i_x (cm)	$I_x : S_x$	I_y (cm^4)	W_y (cm^3)	i_y (cm)
32a	320	130	9.5	15	11.5	5.8	67.05	52.7	11075.5	692.2	12.84	27.46	459.93	70.758	2.619
32b	320	132	11.5	15	11.5	5.8	73.45	57.7	11621.4	726.33	12.58	27.09	501.53	75.989	2.614
32c	320	134	13.5	15	11.5	5.8	79.95	62.8	12167.5	760.47	12.34	26.77	543.81	81.166	2.608
36a	360	136	10	15.8	12	6	76.3	59.9	15760	875	14.4	30.7	552	81.2	2.69
36b	360	138	12	15.8	12	6	83.5	65.6	16530	919	14.1	30.3	582	84.3	2.64
36c	360	140	14	15.8	12	6	90.7	71.2	17310	962	13.8	29.9	612	87.4	2.6
40a	400	142	10.5	16.5	12.5	6.3	86.1	67.6	21720	1090	15.9	34.1	660	93.2	2.77
40b	400	144	12.5	16.5	12.5	6.3	94.1	73.8	22780	1140	15.6	33.6	692	96.2	2.71
40c	400	146	14.5	16.5	12.5	6.3	102	80.1	23850	1190	15.2	33.2	727	99.6	2.65
45a	450	150	11.5	18	13.5	6.8	102	80.4	32240	1430	17.7	38.6	855	114	2.89
45b	450	152	13.5	18	13.5	6.8	111	87.4	33760	1500	17.4	38	894	118	2.84
45c	450	154	15.5	18	13.5	6.8	120	94.5	35280	1570	17.1	37.6	938	122	2.79
50a	500	158	12	20	14	7	119	93.6	46470	1860	19.7	42.8	1120	142	3.07
50b	500	160	14	20	14	7	129	101	48560	1940	19.4	42.4	1170	146	3.01
50c	500	162	16	20	14	7	139	109	50640	2080	19	41.8	1220	151	2.96
56a	560	166	12.5	21	14.5	7.3	135.25	106.2	65585.6	2342.31	22.02	47.73	1370.16	165.08	3.182
56b	560	168	14.5	21	14.5	7.3	146.45	115	68512.5	2446.69	21.63	47.17	1486.75	174.25	3.162
56c	560	170	16.5	21	14.5	7.3	157.85	123.9	71439.4	2551.41	21.27	46.66	1558.39	183.34	3.158
63a	630	176	13	22	15	7.5	154.9	121.6	93916.2	2981.47	24.62	54.17	1700.55	193.24	3.314
63b	630	178	15	22	15	7.5	167.5	131.5	98083.6	3163.98	24.2	53.51	1812.07	203.6	3.289
63c	630	180	17	22	15	7.5	180.1	141	102251.1	3298.42	23.82	52.92	1924.91	213.88	3.268

注 截面图和表中标注的圆弧半径 r、r_1 的数据用于孔型设计，不做交货条件。

参 考 文 献

[1] 沈伦序. 建筑力学. 北京：高等教育出版社，1990.
[2] 中国机械工业教育协会组. 建筑力学. 北京：机械工业出版社，2002.
[3] 胡兴国. 结构力学. 湖北：武汉工业出版社，1997.
[4] 张流芳. 材料力学. 湖北：武汉工业出版社，2002.
[5] 龙驭球，包世华. 北京：高等教育出版社，2000.
[6] 于英. 工程力学. 北京：中国建筑工业出版社，2005.
[7] 吴惠华. 结构力学. 北京：高等教育出版社，1989.
[8] 沈养中，董平. 材料力学. 北京：科学出版社，2001.